제5판

정책분석의 정치경제

전상경

POLITICAL ECONOMY OF POLICY ANALYSIS

박영사

머리말

초판을 발간한 지 벌써 20년의 세월이 흘렀다. 책이름이 암시하듯이 정형적인 교과서형태로 집필한 것도 아닐 뿐만 아니라 다루는 주제도 행정학계에는 다소 생소한 것들이어서 초판을 출간할 무렵에는 혹시나 이것이 저자의 '원맨쇼'로 끝나지는 않을까 하는 두려움이 있었다. 그러나 저자는 본서의 출간 이후 선배·동료 선생님들로부터 기대 이상으로 많은 격려를 받았고, 1998년에는 문화관광부의 사회과학분야 우수학술도서로 선정되기도 하였다. 또한 학술원의 회원이며 고려대 명예교수인 백완기 교수는 「한국행정학 50년」(서울: 나남, 2005: 181)에서 본서를 "정책학 분야에서 거둔 대어라고 할 수 있다. 한국행정학의 위상과 그 이론성을 높이는 데 기여한 연구서라 하겠다"라고 평가해 주셨다.

이와 같은 과분한 평가는 저자에게 무한한 영광이었지만 동시에 커다란 책임감도 안겨 주었다. 그러한 책임감은 저자로 하여금 초판 발간 후 4년이 지난 2001년 9월에 전면적 개정판을, 개정판 발간 후 4년이 지난 2005년 8월에 제3판을, 제3판 발간 후 약 7년이 지난 2012년 2월에 제4판을, 그리고 제4판 발간 후 6년이 지난 지금 제5판을 준비하게끔 만들었다.

본 개정판은 비록 제4판의 체제를 그대로 따르긴 하였지만, 그간 발생한 정치·경제·사회적 변화의 흐름을 최대한 반영하도록 노력하였다. 본서의 소개에 해당되는 제1장과 게임이론을 다루는 제6장을 제외하고는 각 장별로 곳곳에 상당 부분 수정하였다. 특히 제3장에서는 '국회선진화법'을, 그리고 제7장에서는 '김영란법'을 추가적으로 다루었다.

i

제4판 이전까지 2개의 장으로 되어 있었던 게임이론은 제4판부터 대폭 개정한 후 하나의 장으로 만들었다. 본서에서 게임이론을 다루는 주목적은 게임이론 그 자체의 분석보다도 게임이론에 문외한인 독자들이 이 분야의 유용성과 한계를 느껴 게임이론에 흥미를 갖도록 만드는 것이다. 딕싯(Dixit)과 스키드(Skeath)의 「게임이론」(Games of Strategy)은 저자의 이러한 의도를 실현하는 데 큰 도움이 되었다. 게임이론을 다루는 저자의 이와 같은 목적에 비추어 볼 때 제6장의 내용은 그대로 두어도 무방하다고 생각되었다.

다소 외람되게 들릴지 모르겠으나 저자는 본서가 판을 거듭할수록 부족한 부분이 상당히 보완되어 가고 있다고 생각한다. 하지만 아직도 개선해야 할 점이 많다는 것은 부인하지 않는다. 그러한 부족한 점들은 독자 여러분들의 기탄없는 조언과 비판을 겸허하게 수용하여 앞으로 계속해서 보완해 나갈 것이다. 저자는 그것이 본서를 아껴 주시는 많은 독자들에 대한 의무라고 생각한다.

저자는 어려운 출판사정에도 불구하고 제5판을 발간할 수 있도록 배려해 주신 박영사의 안종만 회장님과 안상준 전무이사님, 좋은 책을 만들기 위해 정성을 다해 주신 편집부의 전채린 과장님과 전략기획팀의 박세기 부장님, 그리고 지금까지 본서를 아껴주신 독자들에게 감사드린다. 물론 가장 고마움을 표해야 할 사람은 저자의 오늘이 있기까지 옆에서 도와준 가족들이며 제5판도 그들에게 바친다.

2018년 1월 15일
청빈(清斌) 全相京
(skjun@donga.ac.kr)

머리말

우리나라에서는 1980년대 초반까지만 하더라도 조직·인사·재무 분야가 행정학연구의 핵심으로 되어 있었다. 뿐만 아니라 그와 같은 주요 분야는 거의 사회학적 또는 사회(산업)심리학적 시각과 제도론적 접근방법의 입장에서 연구되어 왔다고 생각된다. 행정학의 학문적 성격상 지금도 앞에서 열거한 세 분야가 중요하며, 앞으로도 중요할 것임은 누구도 부인할 수 없을 것이다. 1980년대부터는 위의 세 분야에 덧붙여 정책학이 주요 관심분야로 등장하였다. 정책학에 대한 최초의 개론서가 출간된 지 거의 21년이 지난 지금은 정책학을 연구하는 행정학자들의 수가 크게 증가하여 독자적인 학회가 생겨나기까지 하였다.

행정학이나 정책학을 연구하는 학자들의 연구결과를 대표하는 「한국행정학보」나 「한국정책학회보」를 보면 우리나라 행정학계나 정책학계는 엄청난 변화를 겪고 있음을 알 수 있다. 세계적 수준의 논문들도 많이 발표되고 있기는 하지만, 그러한 주제나 접근방법들이 국내의 행정학 또는 정책학 교과서에는 취급되지 않는 것이 많기 때문에 어떤 논문들은 (좀 과장한다면) 거의 '원맨쇼'에 가까울 정도라는 생각이 들기도 한다. 이것은 결코 그러한 논문을 발표한 사람의 잘못이 아님은 말할 필요도 없다.

학회보라는 것이 학자들 간에는 지적 교류의 장으로서, 그리고 후학들에게는 학문연마의 장으로서 활용되어야 하는 점을 감안한다면, 그렇게 훌륭한 논물들은 되도록 많은 사람들에게 읽혀져야만 한다. 최근의 많은 논문들은 전통적 행정학과는 다른 새로운 시각에 바탕하고 있고, 또한 생소한 용어들을 많이 원용하고 있기 때문에 행정학도들 간에 의사소통이 단절되어 훌륭한 아이디어들이 사장(死藏)되는 듯한 느낌을 받아왔다. 그러므로 훌륭한 논문들이 많은 사람들에게 읽혀져서 지적교류를 원만히 하기 위해서는 그러한 의사소통을 원만하게 해줄 수 있는 지적 도구가 필요하다는 것이 저자가 평소에 생각해왔던 바이다.

저자가 본서를 구상하게 된 것은 학도들간의 의사소통을 위한 지적도구의 마련에 미력(微力)이나마 조그만 도움을 주고자 함이다. 그래서 능력부족에도 용기를 내어 본서를 집필하게 되었다. 본서는 저자 자신의 세부적 전공분야에 대한 연구결과의 축적물은 아니기 때문에 국내외를 망라한 많은 학자들의 연구결과에 크게 의존하였고, 그분들에게 지면을 빌어 감사드린다. 그렇지만 본서는 저자 나름대로의 뚜렷한 체제를 갖추려고 매우 고심하고 노력하였으며, 시종일관 동일한 시각을 견지하였다.

위와 같은 저자의 집필의도를 생각한다면 제목이 「정책분석의 정치경제」로 되어있다고 해서 본서를 굳이 정책학에 한정시켜 생각할 필요는 없다. 행정학이나 정치학을 전공하든, 경제학을 전공하든, 또는 사회학을 전공하든 공공영역에 관심을 가진 학도들에게는 도움될 수 있도록 노력하였다. 그러나 제목이 「정책분석의 정치경제」로 되어 있는 이상 여기에 대한 약간의 설명은 필요하다고 생각된다.

'정책분석'이라고 하면 무엇인가 복잡하고 계량적(計量的)인 것을 의미한다는 선입관을 강요하는 것 같아 항상 아쉬움을 느껴왔다. 그리하여 정책분석이라고 하면 으레 비용편익분석, 선형계획, PERT/CPM기법, 그리고 각종의 통계적 분석방법 등이 그 핵심내용을 이루는 것처럼 여겨지기도 한다. 그래서 이와 같은 정책분석에 관한 '편협적'인 고정관념이 정책현상에 관심은 가지면서도 전술한 제 기법들에 부담감을 느끼는 많은 사람들로 하여금 정책학에의 거리감을 더욱 느끼게 하지는 않았는가 하는 의문을 품게 한다. 또한 많은 학생들이 복잡한 수량적 분석이나 각종의 모형을 배우고 나서 그것이 어떤 맥락에서 사용되고 또 어떠한 적용성을 갖는가에 대해·회의를 품는 모습도 종종 발견된다.

본서는 비록 '정책분석'이라는 제목을 달고 있지만, 그것이 곧 '계량적'(計量的)인 것을 의미하기 위한 것은 아니다. 여기서는 분석을 엄밀한 논리적 추론(logical reasoning)이라는 의미로 사용하려고 한다. 물론 엄밀한 논리적 추론을 위해서 계량적(計量的) 접근이 필요할 때가 많음은 부인할 수 없다. 그러나 그러한 계량분석은 그 자체가 목적이 아니라 어디까지나 논리적 추론을 위한 한 도구(道具)로서만 사용될 뿐이다.

최근 우리사회는 정치적으로는 민주화가 급속히 진전되었고, 경제적으로 도 1인당 국민소득 1만 달러를 향유할 수 있게 되었다. 이와 같은 급속한 정치· 사회·경제적 변화로 인하여 전통적인 가치관도 상당히 바뀌어 개인주의적(個人 主義的)인 성향이 두드러지게 나타나고 있다. 즉 많은 사람들이 전통적인 사회 적 규범보다도 개인적인 이익의 우선이라는 입장에서 행동하려는 경향이 대두 되고 있다. 옛날과는 달리 개인주의적 입장에서 자기의 견해를 스스럼없이 밝 히고 자기들의 이익을 위해 집단행동도 불사하는 모습도 쉽게 볼 수 있다. 그 러므로 공공부문을 연구하는 학도들은 이러한 시대적 조류를 간과하지 말아야 한다고 생각한다.

종래의 권위주의적 시대에서는 시민들의 이익표출(interest articulation)기능 이 극히 취약하였고, 또한 의회도 정상적 기능을 발휘하기가 어려운 형편이었 다. 그러므로 자연히 국민들의 선호보다는 집권자의 선호가 강요될 수밖에 없 었다. 그러나 전술한 바 있는 정치·경제·사회 각 분야에서의 급격한 환경변화 는 정책학이나 행정학의 연구에 새로운 관점을 필요로 하게끔 만든다. 즉 전통 적 가치관의 붕괴로 개인주의적 성향이 크게 부각되고, 사회의 민주화로 이제 는 국민 개개인의 선호가 매우 중요하게 되었다.

그러므로 이제 행정학의 연구도 마땅히 그러해야 한다는 당위론적(當爲論 的) 입장에서보다도 오히려 현재 일어나고 있는 상황을 그대로 생동감 있게 파악하려는 노력에 더 많은 비중이 주어져야 한다고 생각한다. 그래야만 행정 학의 적실성을 높일 수 있다. 공무원의 복지부동이나 부정·부패를 그들의 공직관 부족이나 사명감 부족으로 설명하려 하기보다도 불확실성을 이용하여 복지부동을 설명하거나, 또는 지대추구의 관점에서 부정·부패를 설명하면 훨 씬 설득력 있게 현상을 파악할 수 있다. 경제학에서의 극대화모형은 그러한 노력에 상당히 유용한 분석의 틀을 제시한다. 그러므로 저자는 본서의 전반에 걸쳐 모든 행위주체자들의 효용극대화 행태(utility maximizing behavior)를 전제 한다.

사회가 복잡다기해짐에 따라 불확실성(uncertainty)이 높아졌다. 그러므로 오늘날의 정책이나 행정의 연구에는 이러한 불확실성이 크게 내포되어 있다. 벌써 오래전에 사이몬(Herbert Simon)은 인간의 합리성의 제약에 관해 언급하였다. 오늘날 그러한 합리성을 제고하기 위한 노력이 꾸준히 진행되고 있다. 최근 추진되고 있는 정보화 사회는 그러한 불확실성을 감소시키기 위한 노력의 일환이라고 생각된다. 이와 같은 불확실성과 원자화된 개인주의적 성향은 전략적 행태 연구의 필요성을 환기시킨다. 그러므로 본서에서는 이러한 주제들도 주요한 관심거리로 부각시켰다.

본서가 지향하는 가장 큰 목적은 건전한 민주시민으로서 우리의 일상생활에서 부딪히는 각종의 정치·사회적 문제에 대하여 자기나름대로의 시각(perspective)에서 바라볼 수 있게 해 주는 분석력(分析力)의 함양이다. 저자는 어떤 문제에 대한 해답의 발견도 중요하지만, 거기에 앞서 무엇이 문제인가를 스스로 지각할 수 있고, 그것을 논리적으로 조망해 볼 수 있는 능력의 배양이 더욱 중요하다고 생각한다. 즉 한 마리의 고기를 잡아 주는 것보다도 스스로 많은 고기를 잡을 수 있도록 하는 정신적 그물망을 만들어 주는 것이 더욱 필요한 것이다.

「정책분석의 정치경제」에서 '정치경제'의 의미는 1980년대 초반에 한국 사회과학계를 열병처럼 휩쓸고 간 그러한 맥락에서 사용된 것은 아니다. 한동안 우리나라에서 정치경제학이라고 하면 곧 마르크스(Karl Marx)의 사회주의 정치경제학(socialist political economy), 즉 마르크시즘을 지칭하는 것으로 일방적으로 이해되어 왔다. 그러나 본서에서의 정치경제학은 정치행정현상을 경제학적 시각에서 바라보려는 의도로 사용되었다. 이 같은 접근방법은 현실을 보다 생동감 있게 분석할 수 있게 해준다. 왜냐하면 경제학자들이 즐겨 사용하는 소위 '극대화 준칙'은 여러 가지 문제를 당위론적인 시각에서보다도 있는 그대로를 분석하게 해 주기 때문이다. 이러한 입장은 소위 공공선택론에 잘 나타나고 있는데, 여기서의 정치경제학은 공공선택론적인 시각에서 정책이나 행정문제를 조망해 보려는 시도로 사용되고 있는 용어인 것이다.

본서를 집필함에 있어 저자는 몇 가지를 염두에 두었다. 즉 모든 내용은 개인들의 극대화행동을 전제로 하였으며, 또한 풍부한 상상력을 동원한 규범적 논의에 의존하기보다 비록 명확하고 뚜렷한 대안의 제시가 다소 미흡하더라도 엄격한 논리에 바탕한 분석적 시각을 고양하려고 노력하였다. 본서에는 다소간의 경제학적 개념이 사용된다. 이것은 현상을 분석하기 위한 도구로서 사용되는 것이지 그 자체가 목적이 아니기 때문에 다양한 배경의 독자층을 염두에 두어 경제학의 개념이 잘 이해될 수 있도록 각별한 주의를 기울였다. 뿐만 아니라 주요한 개념의 설명을 돕기 위하여 우리 주변의 생생한 자료를 많이 활용하려고 노력하였다.

본서의 전체적 수준은 사회과학을 전공하는 학생들로서 경제학 원론과 약간의 통계학 개념 및 행정학 개론 정도를 이해하는 학생들이면 극히 몇 군데를 제외하고는 별다른 어려움 없이 읽을 수 있도록 하였다. 물론 학술서적이 소설처럼 쉽게 줄줄 읽어져 내려가지는 않겠지만, 처음에는 다소 어려워 보이더라도 시간을 들여서 정독하면 내용파악에 어려움이 없으리라고 생각한다. 그리고 특히 군데군데 사용된 수식(數式)에 당황하기보다는 그것의 의미를 이해하려는 자세를 가질 것을 간곡히 권하고자 한다. 수식은 그 자체가 목적이 아니라 현상분석을 간편하게 해 주는 하나의 언어적 도구일 뿐이기 때문이다. 그러므로 수식 그 자체보다도 그 수식이 나타내고자 하는 바를 생각하면서 읽는 자세가 요구된다.

본서의 집필을 구상할 때에는 꽤나 자긍심(自矜心)을 가지기도 하였는데, 막상 집필을 마치고 나니 쑥스럽기도 하고 부끄럽기도 할 뿐 아니라 두려움이 앞서기도 한다. 본서는 여러 가지 부족한 부분도 있을 것이지만, 독자들의 기탄없는 비판을 통해서 앞으로 개선해 나갈 생각이다. 서두에서 '원맨쇼'에 대한 이야기를 하였지만, 본서가 저자의 '원맨쇼'로 끝나지만 않았으면 하는 것이 최대의 바람이다.

본서의 집필에는 여러분들의 자극과 도움이 크게 작용하였다. 먼저 필자가 유학한 University of Pennsylvania의 독특한 지적 분위기는 저자의 학문활동에 큰 영향력을 주고 있다. 특히 저자의 박사학위논문 지도교수였던 인만 (Robert P. Inman)은 저자로 하여금 학자로서 현실을 인식하는 시각을 길러주셨다. 또한 저자가 Fulbright Research Associate로서 켈리포니아 버클리 대학의 경제학과에 머무르는 동안 여러 가지 좋은 기회와 뜻있는 학문적 자극을 준 퀴그리(John M. Quigley)와 러빈펠드(Daniel Rubinfeld) 두 교수에게도 감사함을 느낀다. 그리고 비록 두 달 정도의 짧은 기간이었지만 큐슈대학의 국제교류기금을 제공하여 저자의 학문적 시각을 넓혀 주신 큐슈대학 경제학부의 이토 히로부미(伊東弘文) 선생님께도 은혜를 지고 있으며, 저자가 학문의 길을 걷는 데 무언의 도움을 주신 서울대학교 행정대학원의 김동건 교수님께도 이 자리를 빌어 감사드리고 싶다. 또한 여러 가지 어려운 사정에도 불구하고 본서의 출간을 허락해 주신 영업부의 황인욱 국장님, 기획과의 이선주 선생님, 그리고 좋은 책을 만들기 위해 많은 애를 쓰신 편집부의 우석진 선생님께도 감사드린다. 마지막으로 저자의 학문생활에 정신적·물질적 도움을 아끼지 않는 가족들에게 무한한 감사를 느끼며 본서를 그들에게 바친다.

1997년 6월

저 자 씀

제 3 장
집합적 의사결정의 논리

제 4 장
정책의 평가기준: 효율성과 형평성

제 5 장
불확실성 · 비대칭정보와 정책

제 6 장
불확실성과 전략적 행위: 게임이론

제 7 장
지대추구와 사회적 비용

서 론

제 1 절 ▌「정책분석의 정치경제」라는 책이름에 대하여

본서의 책이름은 통상적인 책이름과 다소 거리가 있다. 대체로「…론」또는「…학」의 형식을 띠거나 특정 전공부분을 따서 명명되는 경우가 대부분인데 본서는 그렇지 못하다. 따라서 독자들은 도대체「정책분석의 정치경제」라는 말로 무엇을 전달하려고 하는지 궁금해 할 수도 있을 것이다. 특히 '정책분석'이라고만 해도 딱히 무엇을 어떻게 어떤 범위까지 포함해야 하는지 합의를 보기가 어려운데, 거기에다 '정치경제'라는 말까지 덧붙여 있으니 더욱 애매하게 느껴질 수 있을 것이다.

대체적으로 특정 부분의 교과서는 그 분야에서 다루어야 할 범위가 저자들간에 암묵적으로 공유되어 있기 때문에, 비록 내용의 전개방식에는 차이가 있을지라도 다루는 주제들은 대동소이하다. 본서는 그러한 제약을 받지 않기 때문에, 딱히 어떤 영역은 꼭 다루어야만 한다는 구속감을 느끼지 않은 채 저자가 관심을 갖고 있는 영역의 일부를 중심으로 구성하였다. 따라서 저자는 여기에 대해 간단하게 언급할 필요성을 느낀다.

본서는 이런 방식으로 구성되었기 때문에 솔직히 고백하자면 본서에 딱히 어울리는 이름을 붙이기가 매우 어려웠다. 이것은 본서가 다루려고 하는 내용이 아무런 특색이 없기 때문이 아니라, 어찌 보면 각 장 또는 한두 개의 장에서 다루어지고 있는 내용들이 한 권의 책으로 출판될 수 있는 몇 개의 서로 다른 주제들을 포함하고 있기 때문이다. 비록 몇 개의 서로 다른 주제들이 다루어 지고 있어도 그런 것들을 얽어맬 수 있는 공통적인 밧줄이 전혀 없는 것은 아니 지만, 그 밧줄을 적절하게 묘사할 수 있는 이름을 찾지 못하여 궁리하던 끝에 생각해 낸 것이 「정책분석의 정치경제」였다.

본서는 행정학도들을 독자층으로 생각하고 집필되었지만 공공부문에 관 심을 가진 모든 사람들에게도 유용하게 이용될 수 있을 것이다. 오늘날 학문 간의 벽은 허물어져가고 있으며 소위 학제적 접근(interdisciplinary approach)이 사회현상의 연구에 필요불가결하게 되었다. 그렇지만 저자는 지금의 우리나라 행정학 교과과정은 아직도 그러한 사회적 또는 학문적 조류에 능동적으로 대 처하지 못하고 있다고 느낀다. 그러므로 본서는 미미하지만 그러한 빈자리의 조그만 한 구석을 메꾸는 데 필요하다고 생각되는 주제들을 다루었다. 이와 같 이 본서의 집필 동기는 어디까지나 행정학도들의 관심영역을 좀 더 풍부하게 하고 그들의 시야를 넓히기 위한 것이었다. 그렇지만 본서가 공공부문에 관심 을 갖는 다른 인접사회과학도들에게도 도움될 수 있도록 저자 나름대로 노력 하였다.

'정치경제'는 다양한 의미로 사용될 수 있는 용어이다. 그러나 본서에서 사 용되는 정치경제를 한 마디로 정의한다면 '공공선택론적 시각'이라고 할 수 있 다. 공공선택론은 비시장영역에 시장적 의사결정기법을 적용하여 연구하는 접 근방법이라고 정의되지만, 좀 더 쉽게 말하자면 경제학의 시각으로 정치행정현 상을 연구하는 한 접근방법인 것이다. 여기에서의 핵심은 방법론적 개인주의 (methodological individualism)[1]와 각 행위주체들의 효용극대화에 대한 전제이다.

저자는 이러한 접근방법이 언제나 옳다고 주장하지는 않지만, 이러한 접 근법은 전통적 행정학의 울타리 안에서는 볼 수 없었던 새로운 시야를 열어준 다고 생각한다. 아무튼 본서는 이와 같은 맥락에서 집필되었기 때문에 본서에 서 인용하는 상당수의 문헌은 전통적 행정학이나 정치학 교과서에서 볼 수 있 는 문헌이 아니라 오히려 경제학자들, 좀 더 정확히 말하자면 정치경제학자로 분류되는 사람들의 연구물들이다.

미국 인디아나(Indiana)대학의 오스트롬(V. Ostrom) 교수는 행정학 연구에

---

1) 분석방법으로서의 개인주의와 사회적 질서체제로서의 개인주의는 엄격히 구분되어야 한다. 이것에 관한 자세한 설명은 뷰캐넌(Buchanan)과 털럭(Tullock)(1999: 427-430)에 기술되어 있다.

공공선택론적 시각을 접목시키는 데 크게 공헌한 학자로 널리 알려져 있다. 그가 미국 행정학회지인 *Public Administration Review*(*PAR*)의 편집장으로 있을 때, 그는 뷰캐넌(J.M. Buchanan)과 털럭(G. Tullock)을 중심으로 서서히 태동하기 시작한 공공선택론이 행정학 연구에 갖는 유용성을 인식하여 그것에 대한 관심을 제고시킬 목적에서 "행정학의 이름 없는 분야에서의 발전"(Developments in the 'No-Name' Fields of Public Administration)이라는 편집장의 글에서 공공선택론에 관하여 언급하였다(Ostrom, 1964). 물론 그 글의 목적은 공공선택론에 국한하여 새로운 분야를 소개하려는 것은 아니었다.

그 당시 미국 행정학회는 *PAR*가 지적 발전의 선도적 역할을 할 수 있도록 하기 위해서 '행정학의 동향'이라는 주제로 여러 가지 특집을 기획하고 있었다. 편집장인 오스트롬은 그러한 노력의 일환으로서 행정학 연구에 도움될 수 있는 사회과학의 여러 분야에서 선도적 역할을 하고 있는 학자들을 포함시키기 위하여 *PAR*의 편집진을 확대하는 조치를 취하였다. 그렇게 함으로써 다양한 학문적 배경을 지닌 편집진들이 행정학 발전에 필요하고도 중요하지만, 기존의 전통적 행정학 영역에서는 찾을 수 없는 '이름 없는' 분야에 관한 동향을 지속적으로 행정학자들에게 제공할 수 있었다.

오스트롬은 뷰캐넌과 털럭이 주축이 되어 1963년 11월 버지니아주의 샤롯스빌(Charlottesville)에서 개최된 소위 '이름 없는 학술'회의의 연구방법을 확대·발전시켜 그의 부인인 엘리나 오스트롬(Elinor Ostrom)과 함께 1971년도에 "공공선택론: 행정학 연구를 위한 색다른 접근방법"이라는 논문을 집필하였으며, 1973년에는 그 논문의 기본적 골격을 확대·발전시켜 공공선택론의 시각으로서 「미국행정학의 지적위기」(*Intellectual Crisis of American Public Administration*)라는 책을 집필하기도 하였다.

공공선택론의 창시자로 알려져 있는 뷰캐넌과 털럭은 그들의 명저 「국민합의의 분석」(*The Calculus of Consent*)에서[2] 정통적이지 않은 다소 애매한 영역의 주제를 다루는 상황에 대해서 다음과 같이 말한다. 즉 그들은 학제적 노력에 입각한 자신들의 저서가 정치학과 경제학의 경계선에 자리잡고 있는 것으로 묘사하면서, 자신들의 학제적 노력을 "두 학문간의 경계를 가로지르는 울타

---

2) 오스트롬은 뷰캐넌과 털럭의 「국민합의의 분석」은 정치학과 경제학의 공통영역을 연구하는 대표적 연구물이라고 지적하며, 그 저서는 학문생활과 행정에서의 다양한 지적 및 전문적 경험을 갖고 있는 두 사람간의 오랜 기간 동안의 협력결과라고 평가한다(Ostrom, 1964: 62).

리 밑의 경작되지 않는 땅을 가꾸는 노력"으로 비유하고 있다.

울타리 밑의 땅은 대체로 소홀하게 되기 쉽고 그래서 경작되지 않지만, 아마도 그러한 위치 때문에 잘 가꾸기만 하면 오히려 밭 한가운데 있는 땅보다도 더 비옥하고 더 생산적일 수 있다는 것이다. 그렇지만 여기에도 문제가 없는 것은 아닌데, 그들은 그 문제를 다음과 기술하고 있다. 즉 울타리 밑은 경계에 있기 때문에 소홀히 취급되므로 밭 한가운데보다도 훨씬 많은 부스러기나 돌부리들과 마주칠 가능성이 있을 뿐만 아니라, 좋은 울타리는 좋은 이웃을 만들지만 울타리의 경계선에 너무 가깝게 골을 파게 되면 이웃관계가 훼손될 위험도 그만큼 커지게 된다(전상경·황수연(공역), 1999: 24−25).

뷰캐넌과 털럭의 위의 비유로부터 짐작할 수 있듯이 정통적인 것의 경계를 벗어나서 학제간 연구를 하는 데는 상당한 위험이 수반될 수 있지만, 정통적인 것의 울타리 안에서는 기대할 수 없는 많은 수확도 얻을 수 있는 것이 사실이다. 그들은 자신들이 취하는 정치학과 경제학간의 울타리를 넘나드는 접근방법 때문에, 정치학자들로부터는 어떤 전통적 정치학의 논제를 다루는 그들의 방법이 소박하거나 세련되지 못하다는 비난을 받을 수도 있을 것이고, 경제학자들로부터는 후생경제학을 다루는 그들의 논의가 복잡하고 어려운 것을 무시하고 있다는 비난을 받을 수도 있을 것이다.

본서를 출판하면서 저자도 그들과 비슷한 부담감을 갖는다. 즉 전통적 행정학에 익숙한 사람들에게는 본서에서 다루는 내용이 어떤 의미에서는 매우 어려울 수도 있을지 모르지만, 경제학, 특히 후생경제학 분야에 익숙한 사람들에게는 너무 단순한 이야기로 들릴지 모르기 때문이다. 그렇지만 저자는 뷰캐넌과 털럭의 비유에서처럼 울타리 경계선 밑에 있는 땅의 생산성에 더 높은 점수를 주고 싶기 때문에 정치학·경제학·행정학 등의 경계선에서 소홀히 다루어지고 있는 듯한, 그러면서도 공공문제의 이해에 도움될 수 있는 몇 가지 주제들을 선택하여 그것을 중심으로 본서를 구성하기로 하였다.

저자는 1991년도에 잭슨(P.M. Jackson)의 「관료제의 정치경제학」(The Political Economy of Bureaucracy)이라는 책을 번역한 적이 있다(전상경·홍완식(공역), 1991). 잭슨은 그 책의 서문에서 아지리스(C. Argyris)의 말을 인용하면서 학제간 연구의 어려움에 관해 언급하고 있다. 저자는 그의 말에 깊은 공감을 느꼈기 때문에 그때 느낀 저자의 감정을 독자들과 공감하기 위하여 여기에 인용해 보았다.

"…학자들은 그들의 학문영역에 안주함으로써, 더욱이 그 학문영역 내의 특정한 이론적 관점에 안주함으로써 득을 누린다는 사실을 나 역시 알고 있다. 그렇지 않을 경우, 그들은 동료들로부터 '이론적으로 어설픈 사람' 또는 '믿을 수 없는 절충주의자,' 더 심하게는 '이론적으로 일관성이 없는 사람'이라는 극렬한 비난의 위험을 감수하게 된다. 특정한 이론적 틀에 기울인 투자에는 '매몰비용'이 존재하고, 그러한 이론적 틀을 바꾸는 데에 '기회비용'이 관련된다는 것은 의심할 여지가 없다. 그렇지만 과학적 연구가 결실을 맺으려면 그와 같은 이론간에 연계가 이루어져야 한다는 것이 나의 주장이다…."

아무튼 본서의 책이름이 다소 애매한 사실은 부인할 수 없다. 그러나 저자는 공공영역의 제반문제들을 정치경제학적 관점에서 바라볼 수 있도록 한다는 의도에서 그렇게 하였다. 이와 같은 설명을 통하여 독자들은 이 책의 성격과 이 책의 접근방법에 대해 다소나마 이해할 수 있으리라 생각한다. 즉「정책분석의 정치경제」에서는 특정 영역의 울타리를 치는 데 도움을 주기보다도 여러 경계에 걸쳐 있는 울타리 밑 부분들에 눈길을 돌리는 데 도움이 되도록 노력하였다. 이러한 노력을 포장하는 적절한 포장지로서「정책분석의 정치경제」라는 용어를 선택하였다고 이해해 주면 독자들은 일단 저자의 의도를 간파한 셈이다.

제 2 절 ┃ 본서가 염두에 두고 있는 독자층과 본서의 구성

저자는 행정학과에서 근무하고 있기 때문에 본서는 기본적으로 행정학도를 염두에 두고 집필되었지만, 공공분야에 관심을 갖는 학도들이라면 누구에게도 도움이 될 수 있도록 그 내용을 구성하려고 노력하였다. 행정학은 공공분야를 다루는 응용사회과학이기 때문에 행정학이라는 독자적인 울타리 속에서는 그 한계가 있을 수밖에 없다(안병영, 2000). 그렇기 때문에 주변의 여러 사회과학과 교호작용을 통해서 행정학의 적실성을 제고하도록 노력해야 한다는 것이 저자의 학문적 신념이기 때문에 저자는 독자들의 학과구분은 특별하게 강조하고 싶지 않다. 그러므로 좀 더 정확하게 말하자면, 본서는 공공부문을 이해하는 데 필요한 기본 지식을 제공하려는 것이기 때문에 공공부문에 관심을 갖는 모든 사람들을 독자로 상정하여 집필되었다.

앞에서 설명하였듯이 본서는 특정 학문영역에 바탕한 이론을 전개한 것이라기보다도 공공부문의 어떤 현상을 이해하는 데 필요한 주제들을 정치경제학적 시각으로 분석하고 있다. 그렇기 때문에 본서에서 다루는 내용을 이해하기 위해서는 최소한 경제학원론이나 정치학·행정학·기초통계학 등의 지식이 요구된다. 그러므로 대학 1~2학년에서 이와 유사한 교과목을 이수하였거나 동일한 소양을 갖춘 사람이라면 누구든지 접근할 수 있도록 최선을 다하였지만, 그렇다고 해서 본서가 그들에게 소설처럼 읽힐 수 있는 것은 아니다.

본서에서 다루는 큰 주제는 자원배분의 주요 메커니즘인 시장과 정부 및 시민사회, 집합적 의사결정, 정책평가기준으로서의 형평성과 효율성, 불확실성과 인간의 행태, 지대추구이론 등의 다섯 가지이다. 본서는 이들 다섯 가지의 주제를 중심으로 모두 7개의 장으로 구성되었고, 각 장들은 다른 장과 독립적으로 읽힐 수 있도록 꾸며져 있기 때문에 독자들은 어느 장부터 읽어도 특별한 어려움은 없을 것이다.

제1장은 본서의 전체적 구성에 대한 것으로서 본서의 집필의도와 본서의 체계에 대한 설명이다. 제2장은 시장과 정부 그리고 시민사회와의 관계를 다룬다. 한때 행정학의 주요 연구주제였던 공공서비스의 민영화나 신자유주의에 대한 논의 그리고 신공공관리론은 기본적으로 자원배분에 관한 두 메커니즘인 시장과 정부에 대한 정확한 이해를 필요로 한다. 행정학이라는 울타리 속에 지나치게 갇혀 있는 사람들에게는 이러한 논의 그 자체가 생소하게 느껴질지 몰라도, 사실 그 내용이 전혀 새로운 것만이라고는 할 수 없다.

제3장은 집합적 의사결정을 다룬다. 시장에서의 의사결정은 그 기본이 분권화된 개인행태에 근거하여 이루어진다. 여기에 비해 공공영역에서의 의사결정의 특색은 그것이 집합적 의사결정의 형태를 띤다는 것이다. 민주주의 사회에서는 집단을 구성하는 개인의 의사를 바탕으로 하여 어떻게 전체의 선호를 도출하는가가 매우 중요하다. 그렇기 때문에 공공영역에서의 의사결정은 시장영역에서의 의사결정과는 매우 다른 특성을 지닐 수밖에 없다. 따라서 본 장에서는 공공영역과 시장영역에서 이루어지는 의사결정상의 기본적 차이를 설명하고, 집합적 의사결정에 관한 기본 개념, 각종 선호통합방법의 문제점, 집합적 의사결정을 위한 각종 규칙, 그리고 대의제민주주의하에서의 집합적 의사결정 문제를 체계적으로 소개한다.

제4장은 정책평가기준으로서의 효율성과 형평성이 그 중심을 이룬다. 여기서는 효율성과 형평성에 대한 개념을 고찰한 후, 후자에 대한 기준설정은 전자의 경우와는 달리 매우 어렵다는 사실을 체계적으로 설명한다. 뿐만 아니라 정책분석에서는 형평성에 관한 특정의 철학적 사조에 바탕하여 효율성을 따지는 것이 보다 적실성 있는 접근방법이라는 것을 강조한다. 일반적으로 공공정책의 타당성분석에서 가장 널리 활용되는 것이 편익비용분석이므로, 본 장에서는 편익비용분석의 일반적 절차와 그 방법에 대해서도 다룬다.

제5, 6장은 불확실성과 인간행태에 관한 것이다. 현실적으로 사회가 복잡해짐에 따라 불확실성은 증가될 수밖에 없으며, 행정의 역할도 그러한 불확실성에 능동적으로 대처할 수 있어야만 한다. 그렇지만 이와 같은 불확실성은 우리나라 행정학계에서 비교적 소홀하게 다루어지고 있는 분야 중의 하나인 것 같다.

불확실성은 그 유형에 따라 크게 다음과 같은 세 가지로 구분될 수 있다. 첫 번째 유형의 불확실성은 보험이나 복권처럼 우리가 구입하는 상품의 결과에 대한 불확실성이다. 이러한 유형의 불확실성에서 주요한 이슈들은 확률개념과 기대치 및 효용이론, 불확실성에 대한 인간의 태도와 인식, 그리고 그러한 불확실성을 회피할 수 있는 사회적 제도로서의 보험 등이다.

두 번째 유형의 불확실성은 정보의 부족으로 인한 것이다. 우리사회에서는 거래당사자들간의 정보가 서로 다른 경우가 많다. 이렇게 되면 정보를 많이 가진 자가 정보를 적게 가진 자를 이용하려고 하며, 그 결과 소위 역선택(adverse selection)이나 도덕적 위해·해이(moral hazard)가 초래된다. 이와 같은 비대칭적 정보로 인한 문제는 소위 위임자와 대리인관계에서도 매우 중요한 주제이다. 제5장은 첫 번째 및 두 번째 유형의 불확실성에 관한 주제들을 다룬다.

마지막 유형의 불확실성은 다른 사람과의 거래행위와 관련된 것으로서 거래당사자들간의 적대적 관계에 관한 상황이다. 최근 우리나라에서도 사회가 복잡해지고 민주화됨에 따라 집단간의 갈등이 매우 심각해지고, 행정에서도 노사문제라든지 쓰레기처리와 연관된 주민들간의 갈등문제 등이 크게 부각되고 있다. 이와 같은 관련당사자들간의 갈등관계는 곧 적대적 관계인 것이며, 이러한 상황은 게임이론을 통해서 가장 잘 설명될 수 있다.

게임이론은 사회과학에서 매우 유용한 접근방법이다. 하지만 게임이론 그 자체는 지나치게 공식이론(formal theory) 중심으로 발전해 왔기 때문에 그 분야의 전문가가 아니면 게임이론이 전달하려는 메시지를 얻기가 어려운 것도 사실이다. 본서에서 게임이론을 다루는 주목적은 사회과학도들에게 게임이론의 기본을 체계적으로 소개함으로써 그들에게 게임이론이 줄 수 있는 함의를 깨닫게 하는 것이다. 제6장은 이와 같은 목적의식하에 쓰여졌으며, 딕싯(A. Dixit)과 스키드(S. Skeath)가 1999년에 출판한 「게임이론」(*The Strategy of Games*)은 이러한 목적을 달성하는 데 큰 도움이 되었다.

　　제7장은 지대추구이론(rent−seeking)에 관한 것이다. 지대추구이론은 다소 생소하게 들릴지 모르지만, 이 이론은 우리 사회의 곳곳에서 발생하는 부조리에 대한 근본적 원인과 그것이 초래하는 사회적 비용의 체계적 고찰에 필요한 이론적 틀을 제시해 준다. 그렇기 때문에 공무원의 부정부패를 그들의 공직관의 결여로만 돌리기보다도 지대추구행위의 한 측면으로 이해하면, 그것이 초래하는 사회적 비용과 그러한 문제를 해결하기 위한 보다 심층적이고 적실성 있는 대안의 도출도 훨씬 용이해질 것이다. 이 장에서는 이와 같은 지대추구이론에 대한 이론적 설명과 더불어 지대추구행위가 내포하고 있는 함의를 고찰한다.

참고문헌

안병영.(2000). "자초한 위기: 위기의 원인은 한국행정학의 역사속에서 찾아야," 「kapa @포럼」(한국행정학회), 제92호: 6-14.

Buchanan, J.M. and G. Tullock.(1962), 「국민합의의 분석」, 전상경 · 황수연(공역)(1999), 서울: 시공아카데미.

Dixit, A. and S. Skeath.(1999). *The Games of Strategy*. New York: W.W. Norton & Company.

Jackson, P.M.(1982). 「관료제의 정치경제학」. 전상경 · 홍완식(공역)(1991), 서울: 대영문화사.

Ostrom, V.(1964). "Development in the 'No-Name' Fields of Public Administration," *Public Administration Review*, 31(1): 62-63.

02

시장·정부·NGO의 역할과 정책

제1절 ▌ 서 론

　　흔히 시장실패는 정부가 공공정책의 형태로 시장에 개입하게 되는 정당한 이유로 인정되고 있다. 그러나 1세기 전의 영국의 경제학자인 시지위크(Henry Sidgwick)는 "자유방임주의에 결점이 생긴다고 해서 정부개입이 언제나 바람직하다는 논리는 옳지 않다. 왜냐하면 어떤 상황에서는 후자의 불가피한 결점이 민간기업에 의한 그것보다 더 심할 수 있기 때문이다"라고 지적하였다. 시지위크의 이 말이 시사하는 바는, 비록 시장에 의한 결과의 부적절성이 공공정책에 의한 시장간섭의 이론적 근거가 되기는 하지만 그것은 정책형성을 위한 필요조건일 뿐이지 결코 충분조건은 아니라는 것이다. 그러므로 실현된 시장실패의 결과는 그것을 개선하기 위한 정부의 노력이 초래하는 잠재적인 부적절성과 비교되어야만 한다.

　　우리는 앞서 인용한 시지위크의 언명으로부터 "정부실패(government failure)의 경우에도 시장에 의존한다고 해서 모든 것이 잘 해결되지는 않는다"라는 명제를 유추할 수 있으며, 실제로 보헤딩(Borcherding)과 폼메렌스(Pommerehence) 및 슈나이더(Schneider)(1982: 130-133)가 수행한 연구결과도 이러한 명제를 뒷받침해 준다. 즉 그들은 공공서비스와 민간서비스 전달상의 상대적 효율성에 관한 여러 학자들의 경험적 연구결과를 19개의 서비스 분야로 나누어서 검토한 결과 민영화가 반드시 우월한 결과를 초래하지는 않는다는 결론을 내렸다

(전상경(역), 1991: 191-198). 울프(Wolf) 교수는 이러한 사실을 염두에 두고서 중요한 선택은 '완전한 시장과 불완전한 정부' 또는 '완전한 정부와 불완전한 시장'간에 이루어지는 것이 아니라 '불완전한 시장과 불완전한 정부'간에서 이루어진다고 주장한다.

사실 시장과 정부의 결점과 역할에 대한 기대는 시대의 흐름에 따라 되풀이되어 전개되어 왔다. 즉 정부의 주요 역할이 재산권의 보호 및 국방과 치안에 주어졌던 자유방임주의 시대에는 시장의 역할이 상대적으로 부각되었다. 하지만 1929년의 세계대공황을 극복하는 과정에서 미국 루즈벨트(F.D. Roosevelt) 대통령이 취한 뉴딜(New Deal) 정책과 1960년대에 존슨(L.B. Johnson) 대통령이 제창한 '위대한 사회(Great Society)' 그리고 영국과 유럽제국에서 실시되었던 다양한 복지정책 등은 시장보다 정부역할의 중요성을 반영하는 시대적 조류의 결과였다.

하지만 1970년대 후반과 1980년대 초반에 들어서면서 글로벌 인플레이션위기로 야기된 여러 가지 경제적 문제를 해결하기 위해 영국의 대처(M. Thatcher) 수상과 미국의 레이건(R. Reagan) 대통령을 주축으로 자유시장혁명이 제창되었다.[1] 이러한 움직임은 소련 및 동구권의 몰락과 더불어 큰 위력을 발휘하였으며, 정부에 대한 시장의 우월성이 위세를 떨치는 계기가 되었다. 그러나 2008년 9월에 일어난 리먼브라더스(Lehman Brothers) 파산을[2] 계기로 촉발된 세계금융위기는 정부의 구제금융과 지급보증 없이 해결될 수 없었다. 이에 따라 금융시장의 합리성과 자유경제의 효율성에 대한 신뢰는 무너졌으며 정부역할의 중요성이 새롭게 부각되었다.[3]

---

1) 대처 수상과 레이건 대통령이 추구한 개혁의 이론적 근거는 각각 대처리즘(Thatherism)과 레이거노믹스(Reagonomics)라고 불리며, 여기에는 밀턴 프리더만(Milton Friedman)을 위시한 자유주의 경제학자들의 영향력이 절대적이었다.

2) 리먼브라더스(Lehman Brothers)는 1850년에 설립된 다각화된 국제금융회사였다. 이 회사는 주로 투자은행, 증권과 채권판매, 연구 및 거래, 투자관리, 사모투자, 프라이빗뱅킹 등에 관여하였고 미국 국채시장에서의 주 딜러였으나 2008년 9월 15일 약 6천억 달러에 이르는 부채를 감당하지 못해 파산신청을 하였다.

3) 영국 일간지 타임즈(The Times)의 경제칼럼니스트인 켈레츠키(A. Kaletsky)는 시장과 정부간의 역할변천에 입각하여 자본주의의 발전과정을 컴퓨터 소프트웨어의 버전(version)처럼 네 단계로 묘사하고 있다. 즉 시장의 역할이 강조되었던 자유방임주의 시대의 자본주의를 '자본주의 1.0,' 자유방임이 야기했던 문제점을 해결하기 위해 정부의 역할이 강조되었던 자본주의를 '자본주의 2.0,' 시장의 자율성이 크게 강조된 신자유주의의 자본주의를 '자본주의 3.0,' 그리

김대중 정부 출범 이후 시장의 중요성에 대한 인식이 크게 증가하였고, 정부부문에서도 시장메커니즘적 요소의 도입이 이루어졌다. 이에 따라 우리나라에서도 민영화에 대한 논의가 많은 사람들의 관심대상이 되었다(최병선, 1991). 전통적으로 정부의 고유영역으로서 간주되어 온 교정업무(矯正業務)를 담당하는 교도소마저도 민영화의 대상이 되고 있다. 즉 2005년부터 종교단체를 중심으로 시범적으로 운영되었던 민영교도소가 2008년 3월 민영교도소등의설치·운영에관한법률에 따라 정식으로 설립허가를 얻어 2010년부터 경기도 여주에서 '아가페 소망교도소'라는 이름으로 출범하였다. 처음 30명이던 수용자는 2011년 12월 현재 300명으로 늘어났다. 우리나라 교도소의 평균 재복역률은 22% 정도인 데 반해 소망교도소의 경우 그동안 12명이 출소하였지만 아직 재범자는 한 사람도 없다고 한다(조선일보, 2011년 12월 2일).

특히 1997년의 IMF구제금융 이후 민간부문의 개혁과 더불어 제기된 정부부문 개혁에 대한 처방의 방향으로서 시장요소의 도입에 대한 필요성이 강력하게 제기되었다. 즉 정부부문에서도 과감한 기구축소 및 경쟁 요소의 도입을 통하여 지금까지의 비능률성을 제거하려고 하였는데, 그와 같은 구체적인 사례들로서는 정부고위직에 대한 개방형 공무원제도, 계약직 공무원제도, 연봉제도, 팀(team)제도,[4] 다양한 분야의 행정서비스에 대한 민간위탁 등을 들 수 있다.

또한 1990년대에 들어서면서 급격하게 진척된 민주화로 인하여 시민들의 발언권도 점점 커지게 되었다. 특히 NGO(Non-Governmental Organization)라고 일컬어지는 각종의 '시민'단체들은[5] 정부실패와 시장실패의 사례를 집중적으로 파고들어 공개함으로써 사회적 효율성의 제고를 위하여 상당한 노력을 기울이고 있다. 즉 경제정의실천시민연합(경실련)이나 참여민주사회시민연대(참여연대) 등과 같은 '시민'단체들은 국회의원들의 의정활동을 평가하여 공개하기도

고 2008년을 전후하여 발생한 세계경제위기를 해결하는 과정에서 신자유주의가 안고 있는 문제점을 직시함으로써 정부역할의 필요성이 새삼 부각된 자본주의를 '자본주의 4.0'으로 묘사한다(위선주(역), 2011).

4) 행정자치부(i.e., 현재의 행정안전부 전신임)는 2005년 3월 정부기관 최초로 기존의 조직구조를 성과와 책임중심의 본부·팀제조직으로 개편함으로써 관료조직사회에 커다란 변화를 초래하였다.

5) '시민'단체라는 단어에 붙어 있는 따옴표는 저자가 의도적으로 붙인 것이며, 이러한 표기방식은 본서의 전체를 통해서 그대로 준수될 것이다.

하고, 각 정당의 국회의원 공천부적격자를 선별하여 이들에 대한 낙선운동[6]을 벌이기도 하였으며, 재벌기업들의 부당한 횡포를 막기 위하여 소액주주운동을 일으키기도 하였다. 또한 녹색환경연합 등과 같은 각종 환경단체들은 환경보호를 위하여 무분별한 개발에 상당한 제동을 걸기도 하였다. '시민'단체들은 국가의 영역을 벗어나서 국제적으로 연대하여 움직이기도 하는데, 그와 같은 대표적 사례가 1999년 10월 서울에서 개최된 NGO대회라고 할 수 있다.

'시장실패'나 '정부실패'를 경험한 미국이나 영국 그리고 일본 등지에서는 사회적 자본(social capital)[7]에 관한 인식이 크게 대두되었고, 신보수주의를 택하든지 혹은 제3의 길을 택하든지 국가와 시민사회간의 새로운 관계설정의 필요성이 강조되고 있다. 우리나라에서도 정부와 시장이라는 지금까지의 단순한 이분법에서 벗어나 공공영역에서 정부와 시장 및 시민사회간의 유기적 관계설정이 요구되고 있으며, 공공영역에서 이들간의 파트너십 형성에 대한 필요성이 점증하고 있다. 최근 활발한 활동을 하고 있는 '시민'단체라는 공익단체들의 존재이유도 바로 여기에 있는 것이다.

따라서 적실성 있는 정책형성과 정책집행에 관한 연구를 위해서는 자원배분의 주요 메커니즘인 시장과 정부의 불완전성에 대한 연구는 물론이고 이들과 유기적 관계를 맺으면서 상호간의 결점들을 보완할 수 있는 NGO의 활동들에 대한 충분한 이해가 요구된다. 따라서 본 장에서는 시장실패이론과 정부실패이론을 체계화하고 또한 최근 우리사회 곳곳에서 활발하게 활동하고 있는 NGO를 공공정책이라는 맥락 속에서 설명하려고 한다. 이러한 목적을 위하여 우리는 제2절에서 시장실패와 정부의 역할에 대해서 설명하고, 제3절에서는 정부의 실패와 시장의 역할을 다룬다. 제4절에서는 불완전한 시장과 불완전한 정부간의 선택문제를 고찰하며, 마지막으로 제5절에서는 시장과 정부 결점들의 보완을 주목적으로 하는 NGO의 역할과 그 한계에 대해서 고찰하려고 한다.

---

6) 이러한 낙선운동이 정치적으로는 상당한 효과를 거두었지만 그 자체는 법원으로부터 실정법 위반이라는 판결을 받기도 하였다.

7) 사회적 자본에 대한 개념은 본 장의 제5절을 볼 것.

제 2 절 ┃ 시장실패와 정부의 역할

1. 시장과 시장실패의 개념

'시장'이라는 용어는 일련의 개인과 기업군이 어떤 물건을 사고 팔기 위하여 상호접촉하는 장소를 지칭하는 물리적 의미로서도 사용되지만, 본서에서 사용되는 '시장'이란 용어는 자원배분 '기제'(機制)[8]로서의 시장을 뜻한다. 즉 재화나 서비스가 교환되는 장소로서의 의미가 아니라, 그러한 재화나 서비스가 각 경제주체의 자발적 교환행위(voluntary exchange behavior)에 의하여 이루어지는 기제를 나타내는 것이다.

시장실패는 시장기제에 의한 자원배분이 파레토 효율적이지 못할 때를 지칭한다. 파레토 효율(Pareto efficiency)이란 "다른 경제주체의 후생을 손상시키지 않고서는 한 경제주체의 후생을 증가시킬 수 없는 상태"를 뜻하는 개념으로서 매우 한정적인 가치기준이다.[9] 왜냐하면 이 기준은 사회전체의 총량적 측면에서 자원배분의 효율성을 파악하는 것이기 때문에, 한정된 자원이 사회 내에서 누구에게 얼마만큼 분배되는 것이 바람직하냐는 측면은 도외시되고 있기 때문이다. 흔히 시장에서의 자원배분의 효율성을 따질 때에는 소득분배와 같은 문제가 배제되는 경우가 많은데 이는 파레토 효율성이란 용어의 정의에 충실한 결과이다.

소득분배문제는 대단히 가치지향적 개념이기 때문에 사회의 모든 구성원들이 동의하는 바람직한 소득분배의 기준을 설정하는 것은 매우 어렵다.[10] 이와 같은 이유 때문에 많은 경제학 문헌은 시장실패의 논의에서 이러한 소득분배 문제를 제외하는 경우가 많다.

파레토 효율이라는 기준에 의하면, 어떤 사회에서 한 사람에게 모든 자원이 집중되어 있고 나머지 구성원들에게는 아무것도 없는 경우도 효율적이라고 할 수 있다. 비록 무엇이 바람직한 결과이냐에 대한 기준설정이 어렵기는 하지

---

8) 기제(機制)는 메커니즘(mechanism)의 번역어이다.
9) 파레토 효율(Pareto efficiency)에 관한 보다 상세한 설명은 본서의 제4장 제2절을 볼 것.
10) 이것과 관련하여 집단구성원의 선호(preference)를 토대로 한 집합적 선호도출의 어려움에 관해서는 본서의 제3장을 참고할 것.

만, 이와 같은 시장에 의한 극단적 분배결과가 사회적으로 바람직하지 않다는 것은 자명하다. 따라서 경제학을 전공하지 않은 사회과학자들은 대체적으로 이러한 분배문제도 시장실패의 범주에 포함시킨다. 하지만 RAND연구소[11]의 울프 같은 경제학자는 소득분배문제를 시장실패의 한 범주로 포함시키고 있다. 정책을 연구하는 우리들은 이러한 소득분배 문제도 시장실패라는 유형에 포함시키고자 한다.

2. 시장실패의 제 유형과 정부의 대응

앞서 지적하였듯이 우리는 소득분배의 문제점도 시장실패의 범주에 포함시키려고 한다. 이럴 경우 시장실패는 크게 다음과 같이 세 가지로 유형화시킬 수 있다. 즉 첫째 유형의 시장실패는 시장의 구조적 전제가 파괴되는 경우로서 시장의 기능장애라고 불릴 수 있다. 독점이 초래하는 시장지배력 그리고 불황이나 실업문제 등이 여기에 속한다. 둘째 유형의 시장실패는 시장이 효율적으로 작동할 수 있도록 하는 제반 가정이 무너지는 경우로서 시장의 내재적 결함이라고 불릴 수 있다. 외부효과, 공공재, 불확실성 등이 여기에 해당된다. 마지막 유형의 시장실패는 시장이 이상적으로 작동되더라도 해결되지 못하는 문제로서 시장의 외재적 결함이라고 불릴 수 있다. 소득분배나 가치재의 공급 등과 같은 문제가 이 부류에 속한다.

아무튼 어떤 유형의 시장실패이든지 그 핵심은 분권화된 민간시장체제하에서는 어떤 재화가 전혀 공급될 수 없거나 또는 공급이 가능하다고 하더라도 그 수준이 바람직하지 못하거나 사회적 최적이 아니라는 것이다.

---

11) 미국의 민간연구소로서 캘리포니아 주의 산타모니카(Santa Monica)에 위치하고 있다. 1948년에 설립되었으며, 주로 미국의 국방에 관한 계획과 예산을 연구하는 기관인데 기획예산제도(PPBS)의 발전에 큰 공헌을 하였다. RAND연구소에 관한 보다 자세한 설명은 본서의 제6장 각주 3)을 참조할 것.

(1) 시장의 기능장애로 인한 시장실패와 정부의 대응

1) 경쟁의 실패

흔히 시장메커니즘의 작동은 보이지 않는 손(invisible hand)의 작동에 비유된다. 보이지 않는 손이 작동되려면 우선 경쟁이 필요하다. 그러나 자동차나 화약산업 같은 특정 산업에는 오직 몇 개의 기업이 전 시장을 점유하고 있어 경쟁이 크게 결여되고 있음을 알 수 있다. 그렇지만 몇 개의 기업만 시장에 있다는 그 사실 자체가 그러한 기업들이 반드시 경쟁적으로 행동하지 않는다는 것을 의미하지는 않는다. 즉 버몰(Baumol)은 그의 경쟁가능시장(contestable market)이론에서 지금 당장에는 경쟁기업이 적다고 해도 진입(進入)이나 전출(轉出)에 소요되는 거래비용(transaction cost)이 크지 않다면, 비록 소수의 기업만이 존재한다고 하더라도, 그러한 기업들은 잠재적 진입자(potential entrant)를 염두에 두어야 하기 때문에 경쟁상태에 있는 것과 다름없는 행동을 하게 된다고 주장한다.

시장의 경쟁성 여부를 파악하는 또 다른 어려움은 시장의 정의문제로부터도 생긴다. 예를 들면 듀퐁(DePont)회사는 셀로판, 즉 투명포장용지에 대해서 독점권을 행사하고 있다. 만약 듀퐁의 투명포장용지가 아닌 다른 비슷한 포장용지가 있다고 하면, 이 같은 투명포장용지의 대체재의 존재가 듀퐁회사로 하여금 경쟁적인 행동을 유발시킬 것이다.

수송비용이 크면 관련 시장은 지리적으로 한정될 수 있다. 미국에는 많은 시멘트회사가 산재해 있지만, 수송비용이 클 경우 오하이오 주의 고객이 캘리포니아 주의 값싼 시멘트를 구하기는 어려운 것이다. 따라서 특정 지역에 오직 하나의 시멘트 회사만 있다면, 경쟁이 거의 없거나 제한적일 수밖에 없다.

어떤 경우에는 정부가 독점을 창출할 수도 있다. 즉 영국 정부는 동인도회사(East India Company)에 인도와 거래할 수 있는 독점권을 부여하였다. 또한 정부가 기술개발에 대한 유인을 제공하기 위해서 기업들에 보장해 주는 특허권(patent)제도는 일정기간 동안 독점권을 법률적으로 부여해 주는 것이라고 생각할 수 있다.

생산규모의 증대에 따라 단위당 생산비용이 줄어드는 경제적 현상은 규모에 의한 수확체증이라고 한다. 이것은 새로운 기업의 진입을 제약하는 요인이 될 수 있다. 어떤 기업이 규모에 의한 수확체증의 성질 때문에 독점의 지위를 누리게 되면 그것은 자연독점(natural monopoly)이라고 불린다. 자연독점의 대표적 사례로서는 전신전화사업, 전력사업, 수도사업 등을 들 수 있다.

우리는 앞에서 어떤 특수한 경우 다수의 기업 대신에 소수의 기업만이 존재하더라도 효율적일 수 있다는 점을 지적하였다. 그렇다면 도대체 무엇 때문에 독점은 나쁜 것으로 간주되는가? 여기에 대한 대답은, 자연독점을 포함한 모든 독점은 적절한 규제가 없다면 더 높은 가격을 얻기 위하여 산출물을 제한하기 때문이라는 것이다. 이것은 결과적으로 소비자의 후생감소를 초래할 뿐만 아니라 그것으로 인한 분배적 문제까지 야기한다. 특히 털럭(Tullock, 1967)에 의하면 독점은 필연적으로 지대(rent)를 발생시키게 되고, 그것을 둘러싼 이해당사자들의 지대추구행위(rent−seeking behavior)는 갖가지 부정부패와 사회적 후생손실을 초래하는 원인이 되기도 한다.[12]

독점이 초래하는 이와 같은 문제를 해결하기 위하여 정부는 독과점 금지법이나 또는 공정거래법 등을 제정한다. 또한 자연독점산업 같은 경우는 사회적 효율성을 보장하기 위하여 그 독점산업을 국유화하여 정부가 직접 경영하기도 하고, 보조금을 지급하기도 하며, 공급가격을 규제하기도 한다.

2) 불완전한 시장

민간시장에서 적절하게 공급될 수 없는 재화나 서비스는 다음 절에서 설명하게 될 순수공공재(pure public goods)뿐만 아니다. 즉 어떤 재화나 서비스의 공급비용이 소비자들이 기꺼이 부담하려고 하는 가격보다 낮은 데도 불구하고 민간시장에 의해서는 그와 같은 재화나 서비스가 공급되지 못할 수가 있다. 이러한 경우에도 시장이 실패하였다고 할 수 있으며, 특히 그러한 시장은 불완전시장(incomplete market)이라고 불린다. 이것과 대조적으로 재화나 서비스의 공급비용이 소비자가 지불하려고 하는 가격보다 낮을 경우 언제나 모든 재화와 서비스가 공급되면 그러한 시장은 완전시장(complete market)이라고 불린다.

우리는 여기에서 보완적 시장(complementary markets)의 부재로 인한 공급상의 문제점들을 살펴보기로 하자. 이를 위해 모든 사람들은 설탕을 탄 커피만을 즐기며, 설탕이 없으면 커피가 매우 써서 맛을 느끼지 못한다고 가정하자.

---

12) 지대추구행위에 관한 상세한 설명은 본서의 제7장을 참고할 것.

여기에 덧붙여서, 커피가 없었다면 설탕시장이 없었다고 가정하자.[13] 이 경우 커피생산을 고려하는 기업가는 설탕이 없을 것이라고 생각하면 커피생산을 하지 않는다. 왜냐하면 설탕 없이는 커피가 팔리지 않을 것을 알기 때문이다. 마찬가지로 커피가 생산되지 않은 상태에서는, 설탕생산을 계획하는 기업가 또한 결국 설탕생산을 포기하게 될 것이다. 왜냐하면 설탕이 팔리지 않을 것을 알기 때문이다. 그렇지만 만약 두 기업가가 잘 조정한다면 설탕과 커피시장은 생기게 될 것이다. 이와 같이 각자 개별적으로 행동하면 이익을 추구할 수 없게 되지만, 같이 힘을 합하여 조정하면 그것이 가능하게 된다.

위의 보기는 비교적 단순하기 때문에 정부개입 없이도 잠재적 커피생산자와 잠재적 설탕생산자가 스스로 필요한 조정을 할 수 있다. 그러나 상황이 보다 복잡하여 대규모의 조정이 필요한 경우가 많이 있을 수 있는데, 특히 후진국가에서 그러하다. 이럴 경우 엄청난 거래비용 때문에 그러한 조정이 실패할 가능성이 크므로 정부기획(government planning)이 요구되는 것이다.

3) 불완전 고용과 인플레이션 및 불균형

아마도 가장 널리 인정되고 있는 시장실패의 징후는 지난 2세기 동안에 걸쳐 자본주의 국가에서 만성적으로 발생되었던 주기적인 높은 불완전 고용이라고 할 수 있다. 그와 같은 경기침체나 불황은 제2차 세계대전 이후에는 매우 잘 조정되어 왔는데, 그것은 부분적으로는 케인즈(J.M. Keynes) 경제이론에 입각한 정부정책 덕택이라고 할 수 있다.

높은 수준의 불완전 고용은 무엇인가 시장이 잘 작동하지 않고 있다는 명백한 증거이다. 그렇지만 시장이 완전고용을 이루지 못하고 있다는 사실 그 자체가 곧 정부가 해야 할 역할이 있음을 의미하는 것은 아니다. 그러기 위해서는 시장기능을 향상시킬 수 있다는 정부정책이 있음을 입증해야만 한다. 이것은 오랫동안 논쟁거리로 되어 왔다. 사실 불완전 고용, 그리고 총수요와 총공급의 불균형으로부터 유발되는 인플레이션과 같은 문제는 매우 중요할 뿐 아니라 또한 매우 복잡한 것이어서 거시경제학에서 별도로 심도 있게 다루어진다.

---

13) 이 가정은 매우 현실성이 없는 것이지만, 설명의 편의를 위한 것으로서 매우 중요한 것이다.

(2) 시장의 내재적 결함으로 인한 시장실패와 정부의 대응

1) 공공재의 공급과 공유재의 사용

(가) 공공재의 공급

일반적으로 공공재란 비배재성(nonexcludability)과 비경합성(nonrivalry)이라는 두 가지 주요한 성질에 의해서 정의되거나 확인된다. 어떤 재화에 대한 시장이 이루어지려면, 그 재화에 대한 비용을 지불하지 않은 사람들은 그 재화의 사용으로부터 배제될 수 있어야 한다. 만약 그렇지 않을 경우 합리적 개인이라면 누구라도 그 재화에 대한 비용을 지불하지 않고 무임승차(free-riding)하려고 할 것이기 때문이다.

그렇지만 일단 어떤 재화나 서비스가 공급되면, 그 공급비용을 부담하지 않은 사람들은 그와 같은 재화와 서비스를 사용하지 못하도록 금지시키는 것이 불가능한 상황도 발생할 수 있다. 우리는 그러한 상황을 비배제성(nonexcludability)이라고 부른다. 어떤 재화나 용역이 비배제성이라는 성질을 띠면 그것들의 시장이 구성될 수 없기 때문에, 그 재화나 용역은 정부에 의해서 공급되거나 아니면 전혀 공급되지 않을 수도 있다.

비경합성(nonrivalry)이란 어떤 재화나 용역에 대한 한 사람의 소비가 그 재화나 용역에 대한 다른 사람의 소비를 방해하지 않음을 뜻한다. 비경합성의 대표적인 보기는 일상생활에서 우리가 마시는 공기이다. 공기의 경우 옆 사람이 아무리 심호흡을 한다 하더라도 내가 마실 공기의 양이 감소되어 호흡곤란이 발생하지 않기 때문이다.

비경합성을 순수공공재의 한 판단기준으로 요구하는 것은 효율성 때문이다. 만약 어떤 재화가 비경합적이라면, 그 재화에 대해 조그만 효용이라도 느끼는 사람이면 누구든지 그것을 이용할 수 있도록 허용되어야 한다는 것이 효율성의 논지이다. 등대의 불빛은 항해자들에게는 생사가 걸린 문제이지만 해변의 휴양객들에게는 조그마한 즐거움일 뿐이다. 그렇다고 해서 해변의 휴양객들로 하여금 이러한 불빛을 즐기지 못하도록 금지해야 할 이유는 조금도 없다. 왜냐하면 휴양객들이 등대의 불빛을 즐기더라도 그것이 다른 사람들의 등대사용을 방해하지는 않기 때문이다. 환언하면 다른 사람들의 등대사용에 대한 한계비용은 0이 되는 것이다.

이와 같이 비경합적인 재화의 효율적 가격은 0이다. 하지만 그러한 재화는 0의 가격으로는 시장에서 공급될 수 없기 때문에 정부에 의한 공적 공급(public provision)의 필요성이 제기된다. 그렇지만 비배제성과는 달리 비경합성은 반드시 공적 공급을 필요로 하지는 않는다. 재화의 공급에 기여하지 않는 자의 배제가 가능한 한, 완전한 비경합적 재화도 시장을 통해서 공급될 수 있다. 바로 이런 이유 때문에 비경합성은 공공재의 기준으로서 비배제성보다 다소 약하다.

노벨 경제학상 수상자인 새무엘슨(Paul Samuelson, 1954)에 의하면 이와 같은 두 가지 속성을 지니는 재화는 분권화된 시장메커니즘에서는 사회적 최적 수준으로 공급되지 못한다. 왜냐하면 합리적 개인이라면 공공재에 대한 자신의 선호를 속여 무임승차자(free−rider)로서 행동하려 할 것이고, 다른 모든 사람들도 똑같은 행태를 보일 것으로 예측되기 때문이다. 따라서 공공재의 공급은 정치적 과정에 의존할 수밖에 없다는 것이 그의 주장이다.[14]

사실 현실적으로 많은 재화들은 순수공공재와 순수민간재의 중간적 성격을 띠고 있다. 다음의 〈표 2-1〉은 경합성과 배제성의 정도에 따라 재화와 서비스를 분류한 행렬이다. 유형 I과 유형 IV는 각각 전형적인 순수민간재와 순수공공재로 분류되지만, 유형 II와 유형 III은 혼합재라고 불린다. 특히 유형 II의 경우는 후술할 공유재로서의 성격을 지니고, 유형 III의 경우는 부캐넌이 말하는 이른바 클럽재(club goods)로서의 성격을 지닌다(이정전, 2005: 80−81).[15]

기술의 발전은 공공재와 민간재의 영역을 바꿀 수도 있다. 예를 들면 이전에는 TV방송은 비용을 지불하지 않은 사람들로 하여금 수신을 못하도록 방지할 수 없었기 때문에 공공재적 성격을 띠었다. 그 결과 TV방송이 시청자에게는 무료이지만 그 비용을 광고주들이 부담하는 방식으로 방송산업이 발전해

---

14) 정부역할을 강조하는 이와 같은 새뮤엘슨의 주장에 대해 티보(C. Tiebout)는 순수공공재와는 달리 지방공공재(local public goods)의 경우 인구의 이동성, 공공서비스와 조세에 대한 완전 정보, 다수 지방정부의 존재, 배당금(dividend)에 의한 소득, 지방정부간 외부효과의 배제, 지방정부의 최적 규모의 존재, 그리고 각 지방정부의 최적규모의 추구 등과 같은 일곱 가지의 전제하에서는 분권화된 시장메커니즘에 의해서도 그 효율적 공급이 가능하다고 주장하면서 그의 유명한 티보가설을 제시하였다(C. Tiebout, 1956: 419−420).

15) 부캐넌의 클럽재이론이란 회원가입을 통하여 배제가 가능한 클럽이 생산하는 재화를 클럽의 소속 회원모두 혼잡비용과 편익의 감소 없이 이용할 수 있는 클럽의 적정 회원수와 적정시설 규모를 정할 수 있다는 이론이다.

■ ■ 표 2-1 배제성과 경합성에 의한 재화의 분류

		배제성	
		배제가능	배제불가
경합성	경합적	I: 순수민간재 - 배제비용이 낮음 - 민간기업이 생산 - 시장에 의해 배분 - 판매로부터 재원조달 [보기] 라면, 옷, 구두	II: 혼합재 - 집합적으로 소비되지만 혼잡(混雜)이 발생 - 민간기업이 생산 또는 공공부분에 의해서 생산 - 시장 또는 공공예산을 통해 배분 - 판매 또는 조세로부터 재원을 조달함 [보기] 공원, 출근길의 세종로, 　　　공공수영장
	비경합적	III:혼합재 - 외부성이 존재함 - 민간기업이 생산 - 보조금을 받고 시장에서 생산 - 판매로부터 재원조달 [보기] 케이블 TV, 예방접종, 　　　사설수영장, 보건서비스	IV: 순수공공재 - 배제비용이 높음 - 정부가 직접생산하거나 정부와의 계약에 의해 민간기업이 생산 - 공공예산을 통해 배분 - 강제적 조세수입을 통해 재원조달 [보기] 국방, 등대

왔다. 그렇지만 케이블 송신기나 무단수신 차단장치(scrambling devices)가 이용 가능한 요즈음은 방송도 배제가 가능해졌으며, 그 결과 방송은 연결 그 자체나 또는 수신시간에 따라 시청자가 비용을 부담하는 민간재로 취급될 수 있다.

　　우리나라의 경우 지금까지 일기예보는 국가가 공급하는 공공재로 간주되어 왔었다. 그러나 최근에는 기상청의 일기예보만으로 만족하지 못하는 기업들, 즉 영화사·해운회사·스키장·골프장을 대상으로 '정확하고 정밀한 예보'라는 기치하에 날씨정보를 파는 민간예보업체가 출현하였다. 이 민간예보업자는 기상청에서 공급하는 종합기상정보시스템의 기본자료를 가공하여 고객들에게 판매함으로써 일기예보도 민간재의 성격을 띠게 된 것이다.

　　(나) 공유재의 사용

　　공유재(CPRs: Common Pool Resources)란 다수의 개인들이 공유하고 사용하기 때문에 ① 잠재적 사용자들의 배제가 불가능하거나 곤란하고, ② 한 개인의 사용량이 증가함에 따라 나머지 사람들이 사용할 수 있는 양이 감소하는 자연적 혹은 인위적 시설물들을 총칭한다. 전자의 성질은 공공재의 경우와 마찬가지로 비배제성(nonexcludability)이라고 불리고, 이러한 성질 때문에 개인적 합리

성을 추구하는 자들은 가능한 많은 양의 공유재를 사용함으로써 자신의 효용을 극대화하려고 한다. 후자는 편익감소성(subtractability)이라고 불리며, 이러한 성질 때문에 개인적 합리성을 추구하는 사람들은 공유재가 고갈되기 전에 더 많은 공유재를 사용하려고 할 것이다. 이와 같은 두 가지 성질 때문에 공유재의 효율적인 관리가 어렵게 되고, 종국적으로는 고갈되어 버린다.

공유재를 효율적으로 관리하려면 적정 수준 이상의 공유재사용을 자제하여야 한다. 그렇지만 개인들은 자신들만의 합리성을 추구하기 때문에, 사회전체의 공유재가 감소해 버리는 딜레마가 발생한다. 하딘(Hardin)은 이러한 딜레마상황을 공유목초지의 비극(tragedy of commons)이라고 부른다(Hardin, 1968). 공유목초지의 비극은 개인들의 합리성과 집단의 합리성이 상충되는 용의자들의 딜레마게임16)으로 구성될 수 있으며, 결국 이러한 딜레마상황은 공공재의 경우와 마찬가지로 정부의 간섭이나 규제를 정당화시키게 된다.

공유목초지뿐만 아니라 연안어장이나 지하수 등도 대표적인 공유재이다. 그동안 우리나라에서는 지하수가 토지소유자 권리로 인식되었기 때문에 그 개발과 이용이 남용됨으로써 지하수가 오염되는 한 원인이 되어왔다. 이에 정부는 중요한 보조 수자원인 지하수를 국민 전체의 자산으로 관리하기 위한 규제를 시작하였다. 즉 정부는 지하수도 지표수(하천수)와 마찬가지로 공수화(公水化)해서 공적 관리체계를 강화하고 지하수이용부담금제도를 도입하는 등 지하수관리체계를 개선하기로 하였다(매일경제, 2000년 2월 26일). 뿐만 아니라 모래와 자갈과 같은 건축용 골자재의 무분별한 채취를 막기 위한 허가제의 실시나, 전국의 유명산들을 보호하기 위하여 산림 안식년제(安息年制)의 실시는 공유재를 보호하기 위한 정부의 노력인 것이다.

공유목초지문제의 전통적 해결책으로서는 정부가 목초지에 풀어놓을 수 있는 소의 마릿수를 제한하는 규제를 하거나 아니면 목초지의 소유권을 소를 키우는 사람들에게 배분하는 것으로 이해되어 왔다. 하지만 오스트롬(E. Ostrom) 교수17)는 "정말 모두의 것은 누구의 것도 아닌가? 공유자원은 언제나 남용되며

---

16) 용의자들의 딜레마게임은 본서의 제6장 제3절에서 다룬다.

17) 오스트롬(Elinor Ostom) 교수(1933년 8월~2012년 6월)는 공유자원관리에 관한 연구업적을 인정받아 여성 최초로 2009년도에 노벨 경제학상을 수상하였다. 여성으로서는 최초로 미국정치학회 회장을 역임하였으며 공공선택론의 선구자적 연구자 중의 한 사람인 남편 오스트롬(Vincent Ostrom) 교수와 함께 인디아나대학교의 석좌교수로 재직하였다.

이것을 막으려면 반드시 정부개입이 필요한가?"라는 의문을 제기하였다.

오스트롬 교수는 미국, 아프리카, 캐나다, 터키, 일본 등의 여러 국가들을 대상으로 공유자원의 관리를 연구한 결과 많은 지역에서 정부개입 없이 지역주민들의 자발적 노력만으로도 공유자원이 잘 관리되어 왔다는 사실을 발견하였다. 오스트롬 교수가 자주 인용하는 공유재의 자치적 해결사례는 미국 메인(Maine) 주 연안의 바닷가재 어장이다. 즉 1920년대 메인 주 연안의 바닷가재 어장은 남획으로 바닷가재의 씨가 마를 정도였다. 문제의 심각성을 깨달은 주민들은 한데 모여 바닷가재잡이를 위한 자치적 규칙을 만들었고 그 결과 메인 주 연안은 미국 북동부의 다른 해안과 캐나다의 바닷가재 어장이 완전히 붕괴되는 가운데서도 살아남았다고 한다.

오스트롬 교수는 여러 국가들의 사례를 연구한 후 공유재가 자치적으로 해결되기 위한 다음과 같은 몇 가지 조건들을 도출해 내었다(E. Ostrom, 1990). ① 명확한 경계: 공유자원의 범위와 그 사용자가 분명할 것, ② 규칙의 부합성: 자원이용규칙과 자원제공규칙이 현지조건에 부합할 것, ③ 규칙제정에의 참여: 자원체제의 운영규칙에 영향을 받는 사람들은 운영규칙의 제정·수정에 참여할 수 있을 것, ④ 감시활동: 공유자원의 자원은 적극적으로 감시되어야 하고, 감시요원은 사용자 가운데에서 선발될 것, ⑤ 점증적 제재: 규칙위반자에게는 잘못의 경중에 따라 강도가 높아지는 점증적 제재를 가할 것, ⑥ 갈등해결장치: 이용자간의 분쟁해결을 위한 갈등해결장치가 존재하고 그러한 장치가 용이하게 이용될 수 있을 것, ⑦ 최소한의 자치권보장: 정부로부터 이용자들이 스스로 제도를 만들 수 있는 최소한의 자치권이 주어질 것 등이다.[18]

2) 외부성의 존재

한 경제주체의 경제행위가 다른 경제주체에게 좋거나 나쁜 영향을 미치지만 이렇게 발생한 편익과 비용에 대한 보상이 이루어지지 않을 경우 외부성이 있다고 한다. 전자의 경우는 정(正)의 외부성 또는 외부경제, 후자의 경우는 부(負)의 외부성 또는 외부 불경제라고 불린다. '외부성'이라는 용어는 가격기제의 작동영역 밖에 있음을 나타내는 것이며, 그러한 외부성이 가격기제 안으로

---

18) 이명석(1995)은 공유재문제의 자치적 해결가능성을 동태적 게임이론모형을 이용하여 설명하고 있다.

들어오게 하는 것을 '내부화'라고 부른다.

외부효과의 보기는 수없이 많다. 운전자가 과속운전이나 음주운전을 하면 사고발생확률이 높아지고 그렇게 되면 조심스럽게 운전하는 사람들까지도 위험에 빠뜨린다. 또한 공공장소에서 담배를 피우면 비흡연자에게 간접흡연의 효과를 유발시켜 피해를 주게 된다. 이것들은 부(負)의 외부효과를 유발시키는 사례들이며, 그것을 방지하기 위하여 정부는 속도제한을 설정하고 음주운전자에게는 무거운 벌을 내리며 또한 공공장소에서의 금연을 제도화한다.[19]

훌륭한 국민교육은 교육당사자에게는 말할 것도 없고 사회전체에도 좋은 영향을 준다. 즉 노동생산성의 향상으로 인한 사회후생의 증대, 민주사회에서 올바른 대표를 선출할 수 있는 식견의 증가, 인격도야를 통한 건전한 사회분위기 조성 등은 국민교육이 가져다주는 정(正)의 외부효과이며, 이 때문에 정부는 교육에 많은 예산을 투입하게 된다.

정부는 여러 가지 방법으로 외부효과에 대처할 수 있으며, 가장 우선적으로 고려되는 것이 정부규제이다. 즉 환경오염을 유발하는 기업을 규제하고 또한 일정 수준의 건물 앞에는 예술품들을 설치하도록 강제하는 경우가 그 예이다.[20] 정부는 또한 부(負)의 외부효과에는 벌금을 물리고 정(正)의 외부효과에는 장려금을 지급함으로써 외부효과에 대처할 수도 있다. 즉 환경오염을 유발하는 기업을 규제하는 대신 환경오염에 따른 오염배출금을 물리거나 혹은 일정한 기준이 넘는 대형건축물에 환경미화장려금 등을 지급할 수도 있는 것이다.

규제를 통하여 외부효과를 해결하려는 방안은 정부기제를 이용하는 것이고, 벌금이나 장려금 등을 이용하여 외부효과를 해결하려는 방안은 시장기제를 이용하는 것이다. 어느 것이 효과적일 것인가는 본 장의 주제인 시장과 정부의 특징을 잘 이해함으로써 판단할 수 있다. 즉 시장메커니즘을 이용할 경우 정보의 비대칭성으로 인한 문제 및 분배적 문제가 야기될 수 있고, 정부메커니

---

19) 금연에 관한 것은 외부효과에 의해서도 설명되지만 후술하는 부정적(父情的) 간섭주의 (paternalism)에 의해서도 설명이 가능하다. 그러나 부정적 간섭주의에 입각하면 개인의 자유에 대한 침해의 논쟁을 불러일으킬 소지가 있다.

20) 한동안 우리나라에서는 일정규모의 대형건축물에는 건축비의 1%를 들여 조각 등 미술품을 설치하도록 규정한 소위 1%제도가 시행되었다. 그 결과 고층 신축건물에는 여러 가지 조형물들이 등장하였으나, 그것이 건물주에게 과도한 비용부담을 유발한다는 지적에 따라 그 규정이 1% 이하로 다소 완화되기도 하였다.

■ ■ ■ 그림 2-1　정(正)의 외부성

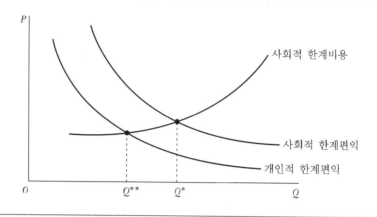

즘을 이용할 경우 규제의 집행에 수반되는 각종의 사회적 비용이 문제가 될 수
있다.[21)]

　　어떤 재화가 정(正)의 외부성을 유발시킬 경우 그 재화의 공급결정자는 의
사결정시에 다른 수요자들의 편익을 모두 고려하지 않는다. 그렇기 때문에 [그
림 2-1]에서처럼 그 재화에 대한 개인적 한계효용과 사회적 한계효용간에 괴
리가 생기고, 사회적으로 바람직한 수준인 OQ^*보다 Q^*Q^{**}만큼 과소 공급된다.
한편 어떤 재화가 부(負)의 외부성을 유발시킬 경우 그 유발자는 그것으로 인
한 추가적 비용을 부담하지 않는다. 그렇기 때문에 [그림 2-2]에서처럼 사회적
한계비용과 개인적 한계비용의 차이로 인하여 바람직한 사회적 수준인 OQ^*보
다 Q^*Q^{**}만큼 과잉 공급된다. 따라서 외부성이 존재할 때는 바람직한 사회적
수준의 산출물을 공급하기 위하여 정부개입이 필요하게 된다.[22)]

---

21) 환경오염으로 인한 외부효과의 여러 가지 해결방안들에 대해서는 전상경(1992)을 참고할 것.
22) 쓰레기는 부(負)의 외부성이 발생되는 한 예인데, 정부는 쓰레기발생량의 감소를 위하여 1995
　　년부터 쓰레기종량제를 실시하였다. 환경부산하 국립환경연구원의 자료에 의하면 쓰레기종량
　　제 실시 이후 쓰레기감소량은 1995년 464만 4,000톤, 1996년 450만 8,000톤, 1997년 554만
　　9,000톤, 1998년 736만 4,000톤으로 나타났다.

■ ■ 그림 2-2 부(負)의 외부성

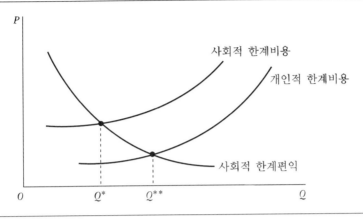

3) 비대칭적 정보

거래의 두 당사자 중 한 당사자가 모르는 사실을 다른 당사자는 알고 있는 상황을 가리켜 비대칭적 정보(asymmetric information)가 개재된 상황이라고 부른다.[23] 즉 예를 들면 생선에 물감을 들여 파는 생선장수는 소비자보다 그 생선의 품질에 대해 더 많이 알며, 근로자는 자기 자신의 생산성에 대해서 자신의 고용주보다 더 잘 알고, 중고차 판매자는 구매자보다 그 차의 성능에 대해 더 잘 알며, 의사는 환자보다도 질병의 특성이나 약의 성질에 대해 더 잘 알고, 변호사는 소송의뢰인들보다 훨씬 많은 법률지식을 갖고 있다. 이러한 모든 상황이 곧 비대칭적 정보가 개재되어 있는 경우이다.

비대칭적 정보로 인하여 시장의 어느 한 쪽에 있는 경제주체가 시장의 다른 쪽에 있는 경제주체의 재화나 용역에 대한 '질'(quality)을 관찰할 수 없는 상황, 즉 감추어진 특성(hidden characteristic)과 연관된 상황은 역선택(逆選擇; adverse selection)이라는 문제를 낳게 되고, 시장의 다른 쪽에 있는 경제주체의 행동을 관찰할 수 없는 보이지 않은 행동(hidden action)과 관련된 상황은 도덕적 위해(危害)·해이(解弛)(moral hazard)[24]라는 문제를 낳게 된다. 이와 같은 역선택이나

---

23) 본서의 제5장은 비대칭적 정보에 관해서 보다 상세하게 설명하고 있다.

24) 흔히 moral hazard는 도덕적 위해(危害) 또는 도덕적 해이(解弛)라고 번역되지만, 저자는 moral hazard를 '도덕적 위해(危害)·해이(解弛)'라고 번역한다. 왜냐하면 moral hazard는 사람의 생명 등을 위협하는 해나 위험을 뜻하는 위해(危害)와 마음이나 규율이 풀리어 느슨해

도덕적 위해(危害)·해이(解弛)는 시장실패의 또 다른 원인이다.

정보는 여러 가지 측면에서 공공재적 성격을 갖는다. 사회적 효율성의 증가를 위해서 정보는 적정 공급가격으로 자유롭게 유통되어야 하지만 민간시장에 의존할 경우 그렇지 못하다. 바로 이러한 이유 때문에 비대칭적 정보로 인한 시장실패문제를 해결하기 위해서 정부개입이 필요하게 된다. 정부개입의 대표적 예는 각종 전문인들의 면허에 대한 국가차원의 관리, 각종 자격증의 관리, 공산품에 대한 KS마크제도, 안전인증 S마크제의 시행 등을 들 수 있다.[25] 여기에 덧붙여 최근에는 리콜(recall)제,[26] 제조물책임(PL: Product Liability)법,[27] 집단소송제가[28] 도입되어 비대칭적 정보의 감소를 위한 제도적 장치로서의 기능을 발휘하고 있다.

(3) 시장의 외재적 결함으로 인한 시장실패와 정부의 대응

지금까지 지적한 시장실패의 요인들은 적절한 정부의 개입이 없다면 시장작동의 결과가 파레토 효율적으로 되지 못하는 보기들이다. 그렇지만 시장작

짐을 뜻하는 해이(解弛)의 두 가지 요소를 모두 내포하고 있기 때문이다. 이것에 대한 자세한 설명은 본서의 제5장 제5절을 참고할 것.

25) 이와 같은 비대칭 정보로 인한 문제가 반드시 국가에 의해서만 해결되는 것은 아니다. 즉 최근 의사협회에서는 국가주도의 전문의 면허제도로부터 의사협회주도의 전문의 면허제도로의 전환을 검토하고 있고, 또한 상품의 품질을 보증하기 위한 민간인 주도의 Q마크제도도 실시되고 있으며, 세계적으로도 ISO인증제도가 실시되고 있다.

26) 리콜제란 소비자의 생명 또는 신체에 피해를 입히거나 그럴 우려가 있다고 판단되는 제품에 대해 제조업자나 수입업자가 해당 제품의 위험성을 공개적으로 알리고 제품을 수리·교환·환불·파기하는 제도를 일컫는다.

27) 생산제품의 결함으로 인하여 야기되는 모든 책임을 그 제품의 생산자가 져야 하는 제도이다. 민사책임을 규정한 현행 민법에 따르면 소비자가 통상적으로 제조물과 관련해 발생한 피해를 보상받기 위해서는 소비자가 제조자의 고의나 과실을 입증해야 하지만, PL법에 의하면 제조자의 고의나 과실을 따지지 않고 제조물 결함의 존재 및 결함과 피해간의 인과관계만 객관적으로 입증되면 제조자가 배상책임을 져야 한다.

28) 집단소송제란 이해관계가 같은 집단으로 묶을 수 있을 정도로 밀접한 다수의 피해자 중에서 그 집단을 대표하는 대표당사자가 나와 소송을 하지만, 그 판결효력은 피해자 중에서 별도로 제외신고를 하지 않는 한 피해자 전체에 미치게 하는 일종의 집단구제제도이다. 이 제도는 기업에 대한 소비자들의 권익을 보호할 뿐만 아니라 기업의 투명성과 신뢰성을 고취시킨다는 장점이 있지만, 불필요한 재판이 증가함에 따라 재판으로 인한 사회적 비용이 증가하고 다른 긴급한 재판의 지연을 초래할 수 있다는 단점도 있다.

동의 결과가 파레토 효율적이라고 하더라도 정부개입의 필요성이 대두되는 경우가 있는데 소득분배와 가치재의 공급이 바로 그와 같은 보기들이다.

1) 소득분배

경제체제가 파레토 효율적이라고 하는 것은 소득분배와는 아무런 상관이 없다. 경쟁시장은 매우 불공평한 소득분배를 초래할 수 있어 어떤 사람들은 생계의 위협을 느낄 정도의 소득밖에 얻지 못할 수도 있다. 이와 같은 소득분배의 불공평성은 물론이고 지역간 및 산업간의 불공평성도 시장실패의 주요한 요인이 되고 있기 때문에 정부의 조정을 필요로 한다. 정부는 생산요소의 소유량 조정과 생산요소의 가격조정 방법을 통하여 이러한 문제를 해결할 수 있다. 전자의 보기로는 토지개혁이나 상속세와 같은 각종의 세제개혁 등을 들 수 있고 후자의 보기로는 최저임금제를 들 수 있다.

2) 가치재의 공급

경제가 파레토 효율적임에도 정부의 관여가 필요한 또 다른 이유는 각 경제주체들이 무지로 인하여 자기 자신에게 가장 유익한 것이 무엇인지 모를 수 있기 때문이다. 즉 많은 사람들은 파레토 효율성의 조건에서 요구하는 것처럼 각 개인의 후생을 오직 그 개인 자신만의 인식(perception)에 따라 평가하는 것은 후생평가의 올바른 기준일 수 없다고 믿는다. 왜냐하면 아무리 완벽한 정보가 주어졌다고 하더라도 개인들은 여전히 잘못된 결정을 내릴 수 있기 때문이다.

부모들은 무엇이 그들의 자녀들에게 가장 바람직한 것인가를 자녀들보다도 더 잘 알고 있다고 믿는다. 즉 그들은 자녀들이 근시안적인 생각에 사로잡혀 오직 단기적인 쾌락이나 고통에만 관심을 두고 자기들의 행동이 가져올 장기적인 비용이나 편익을 생각하지 못한다고 믿기 때문에 자녀들의 행동에 적극적으로 관여하게 된다. 이와 마찬가지 논리로 어떤 경우 정부는 국민 개개인들보다도 그들 자신의 이익에 가장 부합되는 것이 무엇인지를 더 잘 알고 있다고 생각한다. 그래서 부모들이 자녀들의 행동에 관여하는 것처럼 정부가 국민들의 행위에 간섭하게 되며, 이러한 논리가 정책에서의 부정적(父情的) 간섭주의(paternalism)를[29] 낳게 된다.

---

29) 'paternalism'은 종종 온정주의(溫情主義) 또는 온정적 간섭주의 등으로 번역되고 있다. 본서

상당수의 소비자들은 충분한 정보가 주어지더라도 종종 자기들의 이익에 반하는 행동을 한다. 지나친 음주와 흡연 및 마약 복용 등이 대표적인 예이다. 그러므로 정부가 부모와 같은 입장에서 이러한 행위를 금지시키도록 하는 규제조치를 취하게 되는데, 이것이 곧 가치재의 공급이다. 특히 담뱃갑이나 주류(酒類)판매 용기에 "⑲세 미만 청소년에게의 판매금지," "흡연으로 야기되는 각종 끔직한 후유증," "지나친 음주와 간경화·간암간의 연관성, 음주와 운전·작업중 사고발생간의 연관성" 등을 내용으로 하는 경고문을 부착하도록 한 것은 정부에 의한 일종의 가치재 공급인 것이다.

최근 휴대폰은 국민들의 생활필수품이 되었고, 많은 사람들이 자동차 운전중에도 곧잘 휴대폰을 이용한다. 운전중에 휴대폰을 이용하면 사고를 일으킬 위험성이 매우 높아진다는 것을 알면서도 많은 운전자들은 자신의 목숨뿐만 아니라 다른 사람의 귀중한 목숨을 담보한 채[30] 휴대폰을 이용하고 있다. 운전중에 휴대폰을 이용하다가 일단 사고가 발생하고 나면 후회할 것은 명약관화한 사실이다. 이처럼 각 경제주체들은 사건이 터지고 난 후에야 비로소 자신의 행동이 잘못이라는 것을 깨닫게 되는 경우가 많기 때문에 정부개입의 필요성이 제기되는 것이다.[31]

한편 상당수의 경제학자나 사회철학자들은 소비자 개개인의 선호를 존중하여야 한다는 생각을 갖고 있다. 즉 그들은 "어떠한 기준으로 한 집단이 그들의 선호와 의지를 다른 집단에 강요할 수 있는가?"라는 의문에서 출발한다. 그들이 염려하는 바는 만약 정부가 부정주의에 입각하여 간섭하게 되면, 어떤 특수 이익집단(special-interest group)이 출현하여 개인이 어떠한 행동을 하여야 하고 또한 어떤 특정 물품을 소비하여야만 한다는 그들의 견해를 정부를 통하여 확신시킬 위험이 있다는 것이다(Stiglitiz, 1988: 55).

부정적(父情的) 간섭주의에 입각한 정부활동은 앞에서 논의한 외부효과 때문에 요구되는 정부활동과 명백히 구분된다. 즉 병원이나 기차 및 비행기 등과 같이 사람들이 모이는 공공장소에서의 금연은 간접흡연으로 인하여 비흡연자

의 초판에서는 부정주의(父情主義)로 번역하였으나 앞으로는 부정적 간섭주의로 번역하기로 한다.

30) 이 같은 관점에서는 외부효과의 시정이라는 측면도 있다.

31) 자가용 자동차의 경우 2001년 6월 30일부터 운전중에 휴대전화를 사용하지 못하도록 도로교통법이 개정되었다.

가 겪는 외부효과를 시정하기 위한 대응책이라고 생각할 수 있다. 만약 정부가 공공장소가 아닌 사적인 장소에서조차도 담배를 피우지 못하게 한다면 그것은 담배가 가져다주는 병폐를 인식하여 정부가 부모와 같은 입장에서 내리는 규제행위인 것이다.

미국에서는 대부분의 주에서 식당을 비롯한 사람들이 많이 모이는 곳은 금연으로 하고 있고, 1995년 8월 클린턴(Clinton) 대통령은 담배의 니코틴을 마약성분으로 규정하여 청소년들을 겨냥한 담배판매를 규제할 수 있도록 연방식품 의약청(FDA)에 그 권한을 부여하는 획기적인 청소년 흡연대책을 발표하였다. 이것은 부정적 간섭주의에 입각한 가치재 창출의 대표적 사례인 것이다.

제 3 절 ▌ 정부(비시장)실패와 시장의 역할

1. 정부(비시장)실패의 개념

시장조직(market organization)이란 (구매자가 살 것인가 말 것인가를 결정하는 것뿐만 아니라 무엇을 살 것인가도 결정할 수 있는) 시장에서 판매되는 자신의 산출물에 부과된 가격으로부터 그 주된 수입을 조달하는 조직을 뜻한다. 이에 반하여 소위 비시장조직(non-market organization)은 세금이나 헌금 그리고 가격이 붙여지지 않은 다른 원천으로부터 그 주된 수입을 조달하는 조직을 지칭한다. 여기에는 정부를 비롯하여 각종 재단, 국공립대학, 종교단체 등과 같은 공공단체 및 비영리단체가 포괄적으로 포함된다(전상경(역), 1991: 38).

RAND연구소의 울프 교수는 비시장조직 중에서 정부가 그 규모나 영향력이 가장 크다고 주장하면서 비시장을 정부라는 의미로 사용한다. 그러나 엄격히 따진다면 정부는 다음과 같은 두 가지 점에서 다른 비시장조직들과 구분된다(Stiglitz, 1988: 9). 즉 정부는 주로 공직 보유에 대한 정당성 부여의 수단인 선거를 통하여 선출되었거나 또는 그렇게 선출된 사람에 의해 임명된 사람들로 구성된다. 뿐만 아니라 정부에는 민간조직에서는 주어지지 않는 강제력을 행사할 수 있는 권한이 주어진다.

울프 교수는 비시장실패(nonmarket failure) 이론을 체계화한 것으로 알려져 있으며, 비시장실패 이론을 정부실패 이론이라는 말과 같은 뜻으로 사용한다. 그가 굳이 '정부실패' 대신 '비시장실패'라는 용어를 사용한 것은 시장실패를 고찰한 논리적 시각을 응용하여 정부실패 이론을 구축하려고 하였기 때문이다.

NGO가 크게 부각되지 않았을 때는 시장에 대응되는 자원배분 메커니즘인 정부를 지칭하기 위하여 '비시장'이라는 용어를 사용하더라도 개념적으로 큰 혼란은 없었다. 엄격한 의미에서 본다면 NGO도 비시장조직의 한 부류이며, 최근 정부와 시장에 버금가는 자원배분 메커니즘으로서의 역할을 수행하고 있다. 만약 정부와 비시장이라는 용어를 같은 맥락에서 사용한다면 정부와 NGO 간의 관계설정이 모호해진다. 따라서 비록 저자가 울프의 비시장실패 이론을 많이 원용하지만 본서에서는 앞으로 비시장실패라는 용어 대신 정부실패라는 용어를 사용하기로 한다.[32]

정부개입이 필요한 이유는 효율성에 대한 시장의 실재적 및 잠재적 실패뿐 아니라 그것이 지니는 분배적 결점 때문이다. 시장결점을 보완하기 위한 공공정책은 그러한 결점을 해결해 줄 수 있을 것으로 기대되는 특정한 산출물을 생산하기 위하여 어떤 특정 기관에다 특정 기능을 법률적으로나 행정적으로 부여하는 형식을 띠게 된다. 시장결점을 개선하기 위한 그와 같은 정부산출물들은 환경규제와 같은 각종의 규제업무, 국방과 같은 순수공공재의 공급, 교육이나 보건과 같은 준공공재 공급, 그리고 각종 사회복지사업에 소요되는 이전지출의 관리 등과 같은 네 가지 유형으로 구분될 수 있다(전상경(역), 1991: 39−40). 하지만 이와 같은 각종의 정부활동이 본래 의도한 결과를 나타내지 못하거나 기존의 상태를 오히려 더 악화시키는 경우가 있는데 우리는 이것을 정부실패라고 부른다.

이와 같은 잠재적 정부실패의 가능성과 연관하여 자유주의의 신봉자인 프리드만(M. Friedman)[33]은 지난 10년간 미국이 경제적으로 성공할 수 있었던 이유 중의 하나로서 최소화된 정부개입을 들고 있다. 즉 그에 의하면 미국의 행정부는 민주당이 장악하고 있지만 의회는 공화당이 다수당이기 때문에 행정부

---

32) 본서의 초판에서는 정부실패를 지칭하기 위하여 줄곧 비시장실패라는 용어를 사용하였었다.

33) 프리드만(Milton Friedman: 1912~2006)은 자유시장경제를 옹호한 미국의 경제학자로서 시카고 대학교수(1948~1976)를 지냈으며 통화주의(monetarism)의 주창자로서 시카고학파의 지도자로 알려져 있다. 1976년 노벨경제학상을 수상하였고, 그의 이론은 1980년대 영국의 대처리즘 (Thatcherism)과 미국의 레이거노믹스(Reagonomics)의 형성에 큰 영향을 주었다.

와 의회가 서로 난관에 봉착하였다. 그래서 지난 7년간 어떠한 특별 프로그램도 창출되지 못하였기 때문에 정부개입이 최소화될 수 있었고 이것이 미국경제에 긍정적으로 작용하였다는 정부기능에 관한 냉소적 견해를 피력하고 있다 (매일경제, '석학과의 대담,' 2000년 1월 4일).

도대체 어떠한 조건에서 정부가 잘 작동하지 못하는가? 정부실패는 순전히 우발적인 것인가 아니면 정부활동이 갖는 고유한 성질 때문에 나타나는 예측될 수 있는 결과인가? 그러한 실패를 통하여 앞으로의 정부정책수립을 위한 교훈을 얻을 수 있는가? 우리는 다음 절에서 이러한 문제점들을 고찰하기로 한다.

2. 정부실패의 제 원인과 시장의 잠재적 역할

(1) 정부수요와 공급의 특징

시장실패가 시장수요와 시장공급에서의 왜곡 때문에 초래되듯이 정부실패도 정부수요와 정부공급의 왜곡으로부터 초래된다. 그렇기 때문에 정부실패의 원인을 체계적으로 고찰하기 위해서는 정부수요 및 정부공급의 특징들을 자세하게 고찰할 필요가 있다.

1) 정부수요의 특징

정부서비스 전달상의 결점은 그와 같은 정부서비스의 수요를 과장하게끔 하는 다음과 같은 몇 가지 특징 때문에 유발된다고 생각된다.

시장실패에 대한 일반인들의 인식고조

극심한 환경오염이나 기업의 독점 등과 같이 시장활동의 결과가 사회적으로 최적 상태가 아니라는 인식과 정보가 일반인들 사이에 널리 퍼지게 되면 정부개입에 대한 요구가 커진다. 급속한 경제성장은 그것에 수반되는 부작용으로서 시장실패의 빈도나 폭을 증가시키게 되고, 그러한 실패들은 언론매체나 환경보호자단체 및 소비자단체 등의 집요한 표적이 된다. 특히 이와 같은 시장실패에 대한 인식확대는 시민사회의 형성과 더불어 싹트기 시작한 '시민'운동으로부터 큰 영향을 받고 있다.

최근 수십 년 동안, 특히 1980년대부터 1990년대에 이르기까지 시장결점에 대한 일반 국민들의 인식은 급속히 확산되었다. 이와 같은 현상은 한편으로는 일반 국민들의 지적 수준의 향상 때문에 가능하였지만, 다른 한편으로는 언론의 자유가 크게 신장되었기 때문에 가능하였다. 우리나라에서는 극히 몇 년 전까지만 하더라도 환경오염에 관한 연구자료의 발표나 직업병의 실태에 대한 보도 그 자체도 금기시 되었지만, 현재는 그와 같은 제약들이 상당히 누그러졌다.

정부수요에 영향을 주는 국민들의 인식은 다음과 같은 몇 가지 요인들 때문에 왜곡되거나 사실과 동떨어질 수 있다. 즉 첫째, 언론매체나 정치꾼들 및 특수 이익집단들은 부정부패나 환경오염 그리고 독점이윤 등과 같은 실제적인 시장실패 중에서 뉴스거리가 될 만한 것들을 확대하려고 하는 유인을 갖는다. 왜냐하면 만족스러운 성과보다도 문제점이나 결점 및 실패가 본질적으로 더욱 극적이며 많은 사람들의 눈을 끌 수 있기 때문이다.

둘째, 기존의 관행이나 정책에 적대적이지는 않을지라도 항상 비판적 태도를 견지하는 정치 및 시사평론가들의 자기선택적 편견(self−selection bias)도 한 요인이 될 수 있다.

셋째, 정부개입을 통해 자기들의 특수이익을 강화시킬 수 있는 압력단체들은 정치적 노력을 효과적으로 동원하여 시장결점을 과장하려 하고 또한 정부행위로부터 얻을 수 있는 편익을 강조한다.

넷째, 뿐만 아니라 관료들이 정부가 시장결점을 개선할 수 있는 수단을 보유하고 있다는 낙관적인 생각을 갖기 때문에 시장결점에 대하여 정부가 지나치게 대응하려는 경향도 하나의 원인일 수 있다.

정치적 조직화와 권익신장

이전에는 정보가 부족하였거나 또는 정치과정에서 소극적이었던 많은 이익집단들이 점차 정치적으로 조직화됨에 따라 그들의 권익이 크게 신장되었다. 그 결과 실제 발생하는 시장실패로 인한 사회적 문제들이 그들의 행동에 크게 영향을 미쳤으며, 그들 집단의 행위는 시장실패에 대한 국민들의 인식을 더욱 일깨워 주게 되었다.

우리나라의 경우 그동안 진행된 민주화로 인하여 이전에는 정치과정에서 소외되었을 뿐만 아니라 유익한 정보조차도 확보할 수 없었던 많은 이익집단들이 최근에는 시장실패를 시정할 수 있는 각종의 입법이나 규제조치 및 다른 계획들을 수립하게끔 정부에 압력을 행사할 수 있게 되었다. 즉 오랫동안 법으로 금지되어 있었던 노동조합결성이 합법화됨에 따라 근로자들은 정부로 하여금 자신들의 권익신장을 위한 여러 가지 제도적 장치를 마련하도록 압력을 행사할 수 있게 되었다. 또한 여성들의 지위향상을 위한 여성단체들의 꾸준한 노력의 결과 남녀고용평등법이 제정되었고 가족법이나 상속법 등도 개정되었으며, 2005년 2월 3일에는 헌법재판소가 "아버지를 중심으로 가(家)를 편제한 호주제는 가족생활에서 개인의 존엄과 남녀평등을 규정한 헌법에 위배된다"는 위헌법률심판 제청사건에 대해 헌법불합치판결을 내림으로써 1999년부터 여성단체연합이 추구해 온 호주제폐지가 결실을 맺기도 했다.

종래 몇몇 명망가들의 헌신적 노력으로 그 명맥이 유지되어온 환경보호운동이나 소비자보호운동도 이제는 대중적으로 조직화되었다. 특히 1980년대 후반부터 등장한 경제정의실천시민연합(경실련)과 참여민주사회시민연대(참여연대) 등은 전국적 조직망을 구축하면서 정부의 각종 정책을 비판하고 또한 그 대안을 제시하기도 한다.

정치행위자들의 높은 시간할인율

한편으로는 정치적 보상구조의 왜곡 때문에 그리고 다른 한편으로는 선거직의 짧은 임기 때문에 정치인들이 갖는 시간할인율(time-discount rate)은 사회의 시간할인율보다 높다. 따라서 특별한 사회적 문제나 정부결점에 대한 개선책을 마련하기 위하여 그것들을 정확하게 이해하고 분석하며 실험하는 데 최소한으로 요구되는 시간과 정치인들이 갖는 짧은 시계(視界)간에는 상당한 간극이 발생한다.

정치인들은 종종 미래에 생기는 편익과 비용에 대해서는 무감각한 반응을 보이는 데 반하여, 현재 또는 가까운 장래에 생기는 편익이나 비용에는 지나치게 집착하려는 경향이 있다. 레이건(Reagon) 대통령시절 대통령경제자문회의 의장을 역임한 바 있는 펠드슈타인(M. Feldstein)은 이러한 현상을 '정치과정 고유의 근시안'(myopia)이라고 부른다. 결국 이와 같은 근시안적 사고방식 때문에 장기적 시계에서 결정되어야만 국가 전체적으로 합리성을 확보할 수 있는 여러 정책들이 단기적 관점에서 운영되어 국가적인 자원낭비를 초래하게 된다.

이와 같이 높은 시간할인율은 비단 선거직에만 한정되지 않고 임기가 확실하게 보장되어 있지 않는 행정부 고위직에서도 발견된다. 즉 우리나라의 경우 장관의 임기가 평균 2년도 못되는 것은 잘 알려진 사실이다.[34] 따라서 장관직에 오래 머물기를 원하는 사람이라면 자신이 퇴임한 후에 국가 전체에 미칠 영향보다도 임면권자의 주의를 끌 수 있는 단기적 문제에 집착하기가 쉽다. 장관이 바뀔 때마다 정책방향이 크게 바뀌는 것도 따지고 보면 그들이 갖는 높은 시간할인율 때문이다.

우리나라의 경우 이러한 문제는 중간관리층에서도 발견될 수 있는데, 그 가장 큰 이유는 계급제와 순환보직제 때문이라고 생각된다. 즉 중간관리층의 경우 현재 맡고 있는 직책은 '잠깐 거쳐가는' 업무로 인식되기 때문에 장기적 시계(時界)를 기대하기란 처음부터 어려운 것이다.

정부정책으로 인한 편익과 비용간의 절연

정부정책으로 인하여 편익을 누리는 집단과 비용을 부담하는 집단이 서로 다른 것을 우리는 편익과 비용간의 절연(decoupling)이라고 부른다.[35] 편익과 비용간의 절연이 발생하면 잠재적 수혜자 집단은 정치적 조직화와 로비를 통해서 정부수요를 창출하려고 한다. 그렇지만 이렇게 창출된 수요는 정치적으로 효과적일런지 몰라도 경제적으로는 비효율적이다.

편익의 수혜자와 비용 부담자간의 절연은 정부의 적극적 개입뿐만 아니라 정부의 비개입(非介入)까지도 설명할 수 있다.[36] 이것은 미국에서의 총기통제에

---

34) 우리나라 역대장관들의 평균임기를 보면 이승만 정부하에서는 14.9개월, 장면 정부하에서는 3.2개월, 과도정부하에서는 8.7개월, 박정희 정부하에서는 유신 전은 21.14개월이고 유신 후는 24.2개월, 최규하 정부하에서는 5.3개월, 전두환 정부하에서는 17.1개월, 노태우 정부하에서는 12.9개월, 김영삼 정부하에서는 11.5개월, 그리고 김대중 정부하에서는 10.5개월이다(이시원·민병익, 2002: 61). 교육부장관의 경우는 정부수립 후부터 현 노무현 정부하인 2005년 현재까지 평균재임기간이 14개월이었는데, 김영삼 정부하에서는 1년, 김대중 정부하에서는 8.6개월, 출범 2년이 지난 노무현 정부하에서도 벌써 3명의 교육부장관이 교체되었다. 특히 김대중 정부하에서 교육부장관은 1년 동안에 문용린, 송자, 이돈희, 한완상 등 4명이 교체되기도 하였다. 노무현 대통령은 2005년 개각을 단행하면서 장관임기는 2년이 알맞다고 언급하였는데 전술한 통계치는 이 기준에 크게 못 미치는 것이다.

35) 고전적 무임승차자 문제는 편익과 비용간의 절연으로 인하여 발생하는 한 가지 특수한 경우이다. 무임승차가 가능한 것은 어떤 사업에 소요되는 비용의 부담자가 누구인가와는 관계없이 그 사업으로부터 발생하는 편익이 비용을 부담하지 않는 다른 사람들에게도 향유될 수 있기 때문이다.

36) 이와 같은 정부의 비개입은 바흐라흐(Bachrach)와 바라츠(Baratz)가 말하는 소위 무의사결정

관한 사례로부터 잘 알 수 있다. 즉 총기통제로 인하여 혜택을 볼 것으로 예상
되는 사람은 일반국민 전체로서 그 수도 많고 널리 퍼져 있으나, 총기통제 때문
에 불편을 느끼는 집단은 집중되어 있을 뿐만 아니라 잘 조직되어 있다. 흩어져
있는 대다수 국민들의 유인은 집중되어 있는 소수의 저항을 극복할 만큼 충분
히 크지 못하다. 그렇기 때문에 총기통제로부터 얻을 수 있는 사회적 편익이 총
기소지자들에게 부과되는 비용을 초과하더라도 정부통제는 일어날 수 없다. 이
것은 일종의 집합행동(collective action)[37]의 딜레마상황이라고 할 수 있다.

편익과 비용간의 절연은 미시적 절연(microdecoupling)과 거시적 절연
(macrodecoupling)의 두 가지 유형으로 구분된다. 전자는 정부사업으로부터 나
오는 편익은 특정 집단에 집중되어 있지만 그것에 소요되는 비용은 납세자나
소비자인 일반대중에게 널리 퍼져 있는 경우를 가리킨다. 소수의 잘 조직된 편
익의 수혜자는 그러한 정부사업을 주창하고 유지하며 또는 확장시키려는 강력
한 유인을 갖게 되고, 정치적으로도 매우 효과적인 노력을 기울인다. 이와 대
조적으로 다수의 잘 조직되지 못한 비용 부담자들은 그렇게 효율적인 대처를
하지 못한다. 즉 미시적 절연은 잘 조직된 소수가 잘 조직되지 못한 다수를 이
용하는 것이라고 할 수 있으며, 그것의 결과로 비효율적이거나 불공평한 정부
사업이나 규제가 발생하게 된다.[38]

한편 후자인 거시적 절연은 정부사업으로부터 나오는 편익은 다수에게 돌
아가지만 그것에 소요되는 비용은 소수의 납세자에게 돌아가는 경우를 가리킨
다. 재분배사업의 수요는 다수로부터 나오지만 그것에 필요한 재원을 부담할
수 있는 사람은 소수이다. 따라서 재분배사업의 확장은 거시적 절연의 대표적
보기라고 할 수 있다. 이와 같이 거시적 절연은 투표권을 갖고 있는 다수가 비
용을 부담하게 될 소수를 이용하는 것이라고 할 수 있다.[39] 거시적 절연은 서

(non-decision making), 즉 엘리트들이 정책문제의 채택과정에서 자신들에게 이익이 되는 이
슈들만 논의하고 불리한 문제는 처음부터 봉쇄하기 위하여 비밀리에 권력을 행사하는 현상으
로도 설명된다.

37) 본서의 초판에서는 'collective action'을 '집단행동'으로 번역하였으나, '집단'이 주는 용어상의
뉘앙스 때문에 개정판에서는 '집합행동'으로 번역하기로 한다. 집합행동의 딜레마상황에 관한
자세한 설명은 최병선(1992: 121-124)을 참고할 것.

38) 이와 같은 미시적 절연은 윌슨(James Q. Wilson)이 말하는 고객정치(client politics)와 같은 맥
락이다(Wison 1980: 369). 이것에 관한 자세한 설명은 최병선(1992: 128-130)을 참고할 것.

39) 이와 같은 거시적 절연은 윌슨의 기업가 정치(entrepreneur politics)와 같은 맥락이다. 기업가

구 민주주의 사회에서 정부사업의 수요가 안고 있는 근원적이고 본질적인 문제로서 순수한 경제적 문제라기보다도 정치경제적 문제이다. 왜냐하면 정치권력은 투표권을 갖고 있는 다수로부터 나오지만, 정부사업의 재원인 조세기반 (tax base)은 극소수에 달려 있기 때문이다.

만약 하위소득 계층에 속하는 다수가 소득 재분배의 강력한 유혹을 가지면 상위소득 계층에게 과도한 누진세를 부과하는 정책을 요구하게 된다. 그렇게 되면 상위소득 계층에 속하는 소수는 투자의욕을 상실할 수도 있다. 이와 같이 거시적 절연은 다수인의 적절한 자제가 없을 경우 기술개발과 투자를 통한 경제성장의 맥을 끊을 수도 있다.

정부정책에 필요한 재원의 출처와 용도간의 부정합

우리가 돈을 쓸 때 그 돈은 자신의 것일 수도 있고 또한 타인의 것일 수도 있으며, 그 돈을 쓰는 목적이 자신을 위해서일 수도 있고 또한 타인을 위해서일 수도 있다. 프리드만(M. and R. Friedman) 부부는 (i) 돈(i.e. 재원)의 주인이 자신인가 타인인가? (ii) 그 돈(i.e. 재원)이 자신을 위해 사용되는가 아니면 타인을 위해 사용되는가를 기준으로 그 돈(i.e. 재원)을 사용하는 인간의 행태를 다음과 같이 네 가지 유형으로 분류하였다(민병균 외 3인(공역), 1980: 170).

■ ■ 표 2-2

		누구를 위해 사용되는가?	
		자신	타인
누가 주인인가?	자신	I	II
	타인	III	IV

프리드만 부부에 의하면 유형 I은 백화점에서 개인용도의 상품을 사는 경우에 해당된다. 이 경우는 자신의 돈을 자신을 위해 사용하므로 자신의 돈을 절약하려는 유인을 가질 뿐만 아니라 자신의 효용극대화를 위해 돈을 가장 가치있게 사용할 유인도 갖는다. 유형 II는 친구에게 선물을 주는 경우에 해당된다. 이 경우도 자신의 돈을 사용하기 때문에 절약하려는 유인은 갖지만 타인의 효용극대화를 위해 사용하기 때문에 유형 I만큼 가치있게 사용하려는 유인은

정치에 관한 상세한 설명은 최병선(1992: 131-134)을 참고할 것.

줄어든다. 유형 III은 회사접대비로 자신이 점심을 먹는 경우에 해당된다. 이 경우 자신의 돈이 아니기 때문에 절약할 유인은 적지만, 자신을 위해 사용하므로 가치있게 사용하려는 유인은 갖는다. 마지막으로 유형 IV는 회사접대비로 남을 대접하는 경우이다. 이 경우는 돈을 절약할 유인도 작고 그 돈을 가치있게 사용할 유인도 작다(민병균 외 3인(공역), 1980: 171-172).

정부정책, 특히 복지정책은 유형 III과 유형 IV에 속한다. 예를 들면 현금보조는 자신의 돈이 아닌 타인의 돈(i.e. 세금)으로 자신의 편익을 위해 사용하는 것으로 유형 III에 속하고, 저소득층을 위한 공공주택건설은 타인의 돈(i.e. 세금)으로 타인을 위해 사용하는 것으로 유형 IV에 속한다. 특히 유형 III과 관련된 복지정책들은 관료들도 그 수혜자로 하고 있다는 특징을 갖는다.

복지정책과 관련된 지출의 이와 같은 특징은 복지제도 그 자체가 갖고 있는 내생적 결함이라고 할 수 있다. 대의민주주의하에서 국회의원들은 자신의 돈이 아닌 국민이 낸 세금을 대상으로 지출관련 의사결정에 참여한다. 국회의원과 유권자들은 자신의 돈이 아닌 타인의 돈으로 복지지출을 모색한다. 복지정책을 담당하는 관료들 또한 자신의 돈이 아닌 타인의 돈을 갖고 지출결정을 한다. 그 결과 이들은 타인의 돈을 갖고 자신 또는 타인을 위해 쓰기 때문에 절약의 유인은 생기지 않으며, 따라서 복지지출은 폭발적으로 증가할 수밖에 없다. 뿐만 아니라 유형 IV의 경우는 여기에 관계하는 사람들을 부패에 빠뜨리게 할 위험성도 내포하고 있다(민병균 외 3인(공역), 1980: 172-173).

2) 정부공급의 특징

정부수요와 마찬가지로 정부공급은 시장공급과 구별되는 몇 가지 뚜렷한 특징들을 지니고 있으며, 이런 특징들이 정부실패를 초래하는 요인이 된다.

산출물의 정의와 측정상의 어려움

정부산출물들은 본질적으로 정의 그 자체가 곤란할 뿐만 아니라 실제로 이루어지는 정의도 부적절한 경우가 많아서, 그것을 양으로써 측정하는 것이나 질로써 평가하는 것이 매우 어렵다. 바로 이와 같은 이유 때문에 정부산출물들은 국민계정(national account) 속에 그것의 생산에 사용된 투입물의 가치로서 측정되는 것이 용인된다.

정부산출물은 기껏해야 의도된 최종 산출물의 대용물(proxies)인 중간재적 성격을 띠는 경우가 많다. 예를 들면 군대에서 사용되는 여러 장비와 군인력들은 국방서비스를 산출하기 위한 투입물이지만, 국방서비스는 무형적인 것이기 때문에 통상적으로 그와 같은 중간재의 투입량으로 간주된다. 이 경우 중간재적 정부산출물이 의도된 최종 산출물에 어느 정도로 기여하는가는 매우 애매하여 측정하기 어렵다.

정부산출물의 질을 확인하는 것도 어렵다. 왜냐하면 시장산출물의 경우 소비자의 행동이나 선택으로부터 그것의 품질에 대한 정보가 전달될 수 있지만, 정부산출물의 경우는 그와 같은 정보가 결여되어 있기 때문이다. 그렇기 때문에 오늘날의 교육이나 국방 그리고 각종규제사업들이 10년 전의 그것과 비교해서 개선되었는가 악화되었는가를 파악하는 것은 용이한 일이 아니다.

독점생산

정부산출물은 독점적 관할권이 법률적으로 위임되거나 행정적으로 용인되거나 또는 두 경우 모두 허용되는 단일 기관에 의해 공급되며, 이와 같은 독점상태가 경쟁으로 연결되는 경우는 거의 없다. 이와 같은 지속적인 경쟁의 결여는 정부산출물의 질에 대한 평가를 어렵게 한다.

대처(Thatcher)정권하의 영국의 보수당 정부는 소위 의무경쟁입찰제도(CCT: Compulsory Competitive Tendering)의 도입을 통하여 지방정부의 공공서비스공급에서 그때까지 당연시되었던 지방정부의 독점적 지위를 과감하게 철폐하였다. 의무경쟁입찰제도(CCT)란 1979년 집권한 보수당의 대처(Thatcher)정권이 내세운 소위 New Right[40]를 모토로 하여 형성된 정책으로 지방정부가 민간기업과의 경쟁을 통하여 주민들에게 저렴한 가격으로 양질의 서비스를 공급함으로써 지방정부의 효율성을 제고할 수 있다는 것이 그 주된 논리이다(양형일, 1997).

김대중 정부하의 정부개혁에서 이념적 기조의 한 축을 이루었던 소위 신자유주의적 사고방식은 정부관료들에게 경쟁력에 대한 관심을 불러일으키는 좋은 자극제가 되었다. 쓰레기 수거서비스의 경우 우리나라의 지방정부수준에서도 경쟁원리가 도입되고 있으며, 이것에 관한 실증적 연구도 이루어지고 있다(홍완식, 1998).

---

40) New Right는 고전적 자유주의 경제이론을 정치이념에 접목시킨 것으로서 자유시장체제와 개인주의 그리고 경쟁과 민영화 등이 그 핵심내용이다. New Right는 특히 영국 보수당의 이념과 조직 그리고 정책을 총체적으로 표현하는 의미로서 자주 사용된다.

불확실한 생산기술

정부산출물의 생산기술은 알려져 있지 않는 것이 보통이며, 설령 알려져 있다고 해도 상당히 불확실하고 애매하다. 교육서비스 부문에서의 생산기술의 불확실성은 표준화 점수를 이용하여 학생들의 학업성취도를 평가하려고 시도한 '콜만(Coleman)보고서'에 잘 나타나고 있다. 즉 사회학자인 콜만(James S. Coleman)이 1966년에 그의 동료들과 함께 미국 교육정책에 관해 제출한 동 보고서에 의하면, 학생들의 학업성취도는 흔히들 교육서비스의 투입요소라고 생각되는 교사 1인당 학생 수, 학교시설에 대한 투자, 교사의 봉급, 교육과정의 질 등과 같은 요소보다도 오히려 학생들의 가정환경과 동료 학생들의 역할에 의해서 더 많은 영향을 받는 것으로 드러났다.

기술발전이 이루어졌을 뿐 아니라 그것이 비교적 잘 이해된다고 일반적으로 간주되는 국가안보 부문에서조차도 군사장비, 인력, 훈련, 병참지원, 명령, 통제 및 정보와 같은 투입요소와 국가안보라는 최종 산출물 사이의 기술적 관계를 나타내는 생산함수에 대해서 우리는 극히 한정된 이해를 하고 있을 뿐이다. 이 같은 사정 때문에 관련 관료들은 비효율적 생산방법을 채택함으로써 자신들의 사리를 추구하려는 유인을 갖게 되어 정부실패가 유발될 수 있다.

종결메커니즘의 결여

정부산출물은 시장산출물에 적용되는 손익계산서와 같은 업적평가를 위한 분기점(分岐占; bottom-line)과 연결되어 있지 않은 것이 일반적이다. 이 같은 분기점이 없기 때문에 정부활동이 성공적이지 못할 때 그것을 종결시킬 수 있는 신뢰할 만한 종결메커니즘이 존재할 수 없게 된다. 따라서 일단 한번 정부정책으로 반영되면 쉽사리 사라지지 않는다. 즉 어떤 기구가 신설되거나 예산항목이 설정되면 그러한 것들은 좀처럼 폐지되지 않는다. 특히 각종 조세감면 조치의 경우 그 정책적 목적이 지났음에도 계속 그대로 유지되는 경우가 많다. 이러한 현상은 종결메커니즘이 결여되어 있기 때문에 발생하는 것이고, 이것은 정부부문에 비용의식이 결여되어 있기 때문에 가능한 것이다. 소위 일몰법(Sunset Law)[41]이나 영기준 예산제도(ZBB) 등은 이러한 정부결점을 보완하기

---

41) 행정개혁에 일몰방식을 적용한 것에 대해서는 하혜수·임도빈·채원호·김성수(1999)를 참조할 것.

위한 목적으로 고안된 장치이다.

(2) 정부실패의 제 원인과 시장의 잠재적 역할

전술한 정부산출물의 수요 특성과 그것의 공급 특성으로부터 비용과 수입 간의 절연, 내부성, 파생적 외부성, 그리고 분배적 불공평과 같은 네 가지 유형의 정부실패 요인들을 도출할 수 있다. 이와 같은 정부실패는 정부의 수요와 공급을 결정하는 여러 가지 특징에 내재되어 있기 때문에 정부산출물의 수요와 공급이 어떤 점에서 균형을 이루든지 관계없이 발생하게 된다.

1) 비용과 수입간의 절연

시장에서는 어떤 활동에 소요되는 비용과 그 활동을 지속하게끔 하는 수입이 비록 완전하지는 않다고 하더라도 어떤 형태로든지 연계된다. 그와 같은 연계고리는 시장산출물에 부과되어 소비자들이 지불하는 가격이다. 여기에 반해 정부는 시장가격이 아닌 세금으로서 그 활동에 필요한 재원을 마련하기 때문에 시장에서의 가격기능을 대체할 수 있는 연결고리가 없다. 이와 같은 연결고리의 결여 때문에 정부산출물의 적절성 및 가치는 그 생산비용과 분리된다. 어떤 활동을 유지케 하는 수입이 그 활동비와 연결되어 있지 않으면, 일정한 산출물을 생산하는 데 필요 이상의 자원이 소모되거나 또는 시장실패 때문에 정당화되는 수준보다 더 많은 정부활동이 일어날 수 있다. 그 결과 비효율성이 발생하게 된다.

공공서비스 공급기관을 독립채산제 형태로 운영하든지 아니면 민영화하는 것이 필요하다는 주장은 이와 같은 비용과 수입간의 절연에서 초래되는 비효율을 제거하기 위한 것이다. 김대중 정부시절 기획예산처가 2000년도부터 예산절약 인센티브제를 활성화하여 자발적인 직제 축소로 정원을 줄였을 경우 감축된 인원의 1년치 인건비로서 해당 부처·기관이 원하는 사업을 할 수 있도록 한 것이나, 예산절감노력이 다른 행정기관에 확대 적용되어 절약효과가 큰 경우 예산성과금 지급한도의 30%에서 성과금을 추가로 지급할 수 있도록 한 것은(매일경제, 2000년 1월 21일) 이와 같은 비용과 수입간의 절연을 시정하기 위한 구체적 방안인 것이다.

2) 내부성(內部性; internality)

모든 활동기관들은 자신들의 행동지침으로서 사용될 수 있는 어떤 명백한 기준설정을 필요로 한다. 이 같은 기준설정은 그 기관의 활동을 대외적으로 정당화시키기 위한 목적에서가 아니라 그 기관의 내부적인 일상적 관리를 위한 실무적 필요성 때문에 이루어진다. 시장조직에서는 소비자 행동이나 시장점유율 그리고 손익분기점과 같은 직접적인 성과기준이 있지만, 공공기관들은 그와 같은 직접적인 성과척도가 없다. 그렇기 때문에 공공기관들은 그들 자신의 행동지침으로 사용될 수 있는 기준을 개발하게 된다.

우리는 공공기관들이 자신들의 행동지침으로서 개발하는 그러한 내부적 기준을 내부성(internality)이라고 부르기로 한다. 그것은 어떤 기관의 성과 및 그 기관의 인력의 성과를 유도하고 조절하며 평가하기 위하여 정부조직 내부에서만 적용되는 목표를 지칭하는 것으로서 '사적'(私的)인 조직목적과 같은 뜻으로 사용된다. 왜냐하면 그것은 그 기관이 부여받은 책무 속에 규정된 공식적 목표보다 그 기관 내부의 개인적 또는 집합적 행위 이면에 있는 유인체제를 나타내기 때문이다. 공공기관들은 종종 표면적으로 내세우는 공식적 목표와 유리된 사적인 내부목표를 가지며, 이것이 그 기관의 실질적인 관심사항이 되는 경우가 많다. 이와 같은 상벌구조(賞罰構造)는 애로우(Arrow)가 말하는 '내부적 가격체제'(internal version of price system)를 이룬다.

시장조직 역시 어떤 조직관리에서도 요구되는 동일한 일상적 기능을 조정하기 위하여 그들 자신의 내부적 기준을 개발한다. 그렇지만 시장조직의 내부성과 비시장조직의 내부성은 서로 다르다. 즉 시장조직의 내부적 기준은 비록 간접적이긴 하더라도 시장에서의 평가(market test)나 소비자의 반응 및 손익분기점 등과 연관되며, 따라서 '내부적 가격체제'가 외부적 가격체제와 연결된다. 만약 그것들이 서로 절연된다면 그 시장조직은 살아남기 어렵다.

정부조직의 경우 그 산출물의 정의와 측정이 어렵고 소비자로부터의 환류와 신호(signalling)가 없거나 부정확하다. 따라서 정부조직의 내부적 기준은 그와 같은 원천으로부터 도출될 수 없다. 더욱이 경쟁이 결여되어 있기 때문에 비용을 통제하기 위한 내부적 기준을 개발하려는 유인도 매우 약하다. 이러한 상황하에서 정부조직은 그 기관의 표면적(ostensible)인 공식적 목표와 유리된 내부성을 개발하게 된다.

내부성은 조직구성원이 극대화를 추구하는 효용함수의 주요 구성요소이다. 외부성(externalities)이 시장활동의 결과에 영향을 미치는 것처럼 내부성(inernalities)도 비시장활동의 결과에 영향을 미친다. 즉 외부성이 존재하면 어떠한 사회적 비용이나 편익이 사적(私的) 의사결정시에 전혀 고려되지 않지만, 내부성이 존재하면 사적(私的) 또는 조직 내의 비용이나 편익이 공적(public) 의사결정자들의 계산을 지배하게 된다. 어느 경우에서나 실제적 결과와 사회적으로 바람직한 결과간에 괴리가 발생한다. 시장실패 이론에서 외부성이 매우 중요한 것처럼 공공관료제 내부에서 발생하는 이와 같은 내부성은 정부실패 이론에서 매우 중요하다.

시장에서의 외부성은 그것이 정(正)의 외부성이냐 부(負)의 외부성이냐에 따라 사회적으로 바람직한 수준보다 낮거나 높은 수준의 활동을 유발시켜 사회적 비효율을 초래한다.[42] 이와 대조적으로 정부조직에서의 내부성은 언제나 그 조직의 비용을 기술적으로 가능한 수준보다 확대시킴으로써 비효율을 유발시킨다.

시장부문에서는 외부성이 비용 또는 편익으로서 일반대중에게 실현되지만 비용 또는 편익의 생산자가 그것들을 부담하거나 거두어들일 수 없다. 이에 반하여 정부산출물의 내부성은 대체로 그것을 유발시키는 사람 자신이 향유하는 편익이며, 그것 때문에 야기되는 비용은 정부산출물의 생산대가의 일부로서 일반 국민들의 세금으로 귀결된다. 공공관료제 속에서 발생하는 이와 같은 내부성은 다음과 같은 세 가지의 구체적인 극대화 대상을 낳는다.

예산극대화

시장에서는 이윤이라는 기준에 따라 그 조직의 성과가 평가되고 동기가 부여되지만, 정부영역에서는 그와 같은 이윤을 생각할 수 없기 때문에 예산규모가 그 기관의 주요한 성과기준으로 설정된다. 그 결과 비용절감을 위해서 노력하는 기관의 구성원들보다 비용을 부풀리거나 그것을 정당화시키는 데 참여한 구성원들이 보상받는다. 예산극대화의 다른 형태는 그 조직의 고용수준에서도 찾을 수 있다. 즉 이윤극대화 목표가 배제되는 공공기관은 자신의 관할하에 있는 인력규모의 극대화를 도모할 수도 있다.[43]

---

42) 본 장의 [그림 2-1]과 [그림 2-2]는 이것을 설명한 것이다.
43) 이러한 현상은 니스카넨(Niskanen)의 관료제 모형(전상경, 2000)을 통해서도 설명되고 소위

최신 기술에의 집착

정부 기관들은 높은 기술수준의 유지를 자신들이 추구해야 할 목표로 설정하는 경우가 많다. 따라서 그들은 필요 이상으로 복잡한 첨단기술을 선호하게 된다. 정부기관들은 이윤극대화를 목표로 하고 있지 않기 때문에 원가의식이 결여되기 쉽다. 따라서 첨단기술의 확보를 위한 추가적 경비의 필요성 여부를 검토할 유인을 갖지 못한다. 그 결과 실제로 활용되지 못하고 사장(死藏)되는 첨단장비의 구입사례가 발생한다.[44]

정보의 획득과 통제

정부조직에서는 적시정보(適時情報; timely information)의 획득과 통제가 영향력과 권력으로 쉽게 바뀔 수 있다. 그렇기 때문에 다른 사람들이 갖지 않는 정보를 가지면 그만큼 영향력과 권력이 커진다. 울프는 미국의 경우 이러한 현상은 외교 및 안보분야에서 극히 뚜렷하다고 지적한다.

우리나라의 경우 국정의 최고 책임자인 대통령 주변에 존재하는 '인(人)의 장막'으로 인한 폐해는 건국 초기부터 줄곧 제기되어 왔다. 인의 장막은 유용한 정보의 흐름을 차단하거나 또는 정보자체를 왜곡시킴으로써 정확한 민의가 전달되는 것을 방해하지만, 인의 장막을 구축하는 사람들은 그것을 통해서 자신들의 입지를 강화시키려고 한다.

예산극대화나 최신 기술에의 집착 그리고 정보의 획득과 통제 등과 같은 내부성의 구체적 요소들은 결국 관료조직 내의 목표대치(goal displacement)로 귀결된다. 즉 수단이 종종 목표가 되어 수단-목표간의 구분이 모호해진다. 그러므로 이러한 문제의 해결을 위해서는 조직목표와 개인목표간의 괴리를 가능한 줄일 수 있는 관리전략의 구사가 필요하다.

3) 파생적 외부성(derived externality)

파생적 외부성이란 시장실패를 시정하려는 정부개입이 초래하는 예기치 않은 결과를 뜻한다. 정부는 대규모 조직을 통하여 움직인다. 그와 같은 대규

파킨슨(Parkinson)법칙을 통해서도 설명된다.

[44] 또한 이것과는 정반대의 경우도 생각해 볼 수 있다. 즉 새로운 기술이 구성원들에게 가져다줄지도 모를 위협 때문에 '친숙하고 간단한 것'을 더 선호할 수도 있다. 이것에 대한 예로서 감원의 우려로 인한 사무자동화의 회피 등을 들 수 있다.

모조직은 그 결과를 예측하기에는 너무나도 원대하고(far-reaching) 무딘 정책수단(blunt instrument)을 활용하기 때문에 파생적 외부성이 발생될 가능성이 그만큼 높다.

자유시장경제의 대표적 주창자인 프리더만(M. Friedman)은 "정부가 내놓는 해결책은 대부분 문제 그 자체만큼 나쁘다"라고 하였는데, 이것은 파생적 외부성 때문이다. 정부부문에서의 파생적 외부성은 그것을 야기한 책임이 있는 기관이 미처 깨닫지도 못하기 때문에 그 기관의 계산이나 행동에 아무런 영향도 줄 수 없다.

파생적 외부성은 대체로 늦게 나타난다. 정치가들이나 임기가 보장되지 않는 고위직 관료들은 그들의 좁은 시계(視界)와 높은 시간할인율 때문에 이와 같은 파생적 외부성을 간과하는 경향이 있다. 뿐만 아니라 정부산출물의 질과 양이 모두 정의될 수 없는 경우가 많기 때문에 그 산출물이 낳게 되는 의도되지 않는 잠재적 부작용에 대해 진지하게 생각할 수 있는 수단이나 동기도 없다.

다음의 에피소드는 파생적 외부성의 의미를 잘 파악하게 해준다. 옛날 이탈리아의 아브루치라는 작은 마을에서는 독사가 자주 출현하여 목숨을 잃는 사람들이 많았다. 이에 정부당국이 주민들의 불안감을 덜어 주기 위하여 독사를 없앨 목적으로 독사를 잡아오는 사람들에게는 얼마간의 상금을 주기로 하였다. 그렇지만 이와 같은 정부당국의 방침이 알려지자 정부의 상금을 탈 목적으로 자기 집 지하실에서 독사를 사육시키는 사람들이 등장하게 되었다고 한다. 독사를 없애려고 한 정부의 목적은 오히려 엉뚱한 결과를 초래하게 된 것이다. 이것은 파생적 외부성의 좋은 보기라고 생각된다(일경 비즈니스, 1982: 23).

파생적 외부성은 조급한 정책결정과 정책결정자의 근시안적 사고방식 때문에 발생한다. 그러므로 정책결정시 충분한 대안과 그 결과를 검토해야만 하고, 즉흥적인 대응은 삼가야 할 것이다. 특히 관료조직 내의 권위주의적 풍토로 인하여 수직적 의사전달체계에 문제가 있을 때에는, 정책이 초래할 수 있는 부수적 효과에 대한 실무진의 검토가 무시되기 쉽고 고위직의 의사만이 정당화되는 경향이 있다. 이렇게 되면 파생적 외부성의 발생가능성은 더욱 높아질 수밖에 없는 것이다.

4) 분배적 불공평

형평성(equity)이나 공정성(fairness)의 개념은 매우 다양하며 따라서 그 판단기준의 설정도 그만큼 어렵다. 즉 기회균등으로서의 형평성, 균등한 소득으로서의 형평성, 동일한 상황에 처한 사람은 동일하게 다룬다는 의미에서의 수평적 형평성(horizontal equity), 서로 다른 상황에 처해 있으면 그러한 상황에 따라 다르게 취급해야 한다는 수직적 형평성(vertical equity), 능력껏 일하고 필요한 만큼 받는다는 마르크스적 형평성, '눈에는 눈, 귀에는 귀'라는 구약(舊約)에서의 형평성 등 철학적 관점에 따라서 여러 가지의 형평성 기준이 존재한다. 이러한 형평성에 관한 다양한 기준은 많은 사상가들의 논쟁대상이 되어 왔고 앞으로도 그럴 것으로 생각되기 때문에 일의적인 기준설정은 불가능하다.

전술한 여러 가지 형평성의 기준들 중에서 지난 몇 십년 동안 가장 많은 주목을 받아 온 것이 수직적 형평성이다. 이 같은 사실은 연령이나 성별 및 신체적 불구 때문에 불리한 대우를 받는 것으로 생각되는 집단들을 보호하고 우대해 주려고 노력하는 여러 가지 조직들이나 법률안들이 많이 생겨나고 있는 데서도 알 수 있다. 최근 우리나라에서는 남녀차별을 금지하는 법률이 제정되어 실시되고 있으며, 장애자들의 고용을 촉진하기 위한 법률도 실시되고 있다.

시장활동은 전술한 여러 가지 형평성의 기준들 중 상당부분 또는 거의 전부에 비추어 볼 때 분배적 불공평성(distributional inequity)을 초래한다. 정부의 공공정책은 그것이 시장의 분배적 불공평을 시정하기 위한 것이든지, 외부성이나 수확체증으로 인한 산업을 규제하기 위한 것이든지, 공공재를 생산하거나 다른 시장결점들을 개선하기 위한 것이든지 관계없이 어떤 사람들의 수중에 다른 사람에게 영향을 미칠 수 있는 권한을 부여한다. 그러한 권한은 의도적으로 또는 불가피하게 몇 사람에게만 귀속되고 다른 사람에게는 배제되는데, 바로 그것이 정부활동으로 인한 불공평성을 발생시키는 요인이다.

시장활동에서의 불공평문제는 개인들의 소득과 부(富)의 형태로 나타나지만, 정부정책으로 인한 불공평성은 권력과 특혜(power and privilege)로 나타난다. 즉 정부 활동으로 인한 경제적 비용과 편익은 권력에의 접근가능성의 차이, 개인소득의 차이, 기업규모의 차이, 지역 차이에 따라 각 개인에게 서로 다르게 귀속될 수 있으므로 정부활동의 결과에 따라 득을 보는 사람과 손해를 보는 사람들이 생기게 된다.

특히 앞서 설명한 편익과 비용간의 절연(미시적 절연과 거시적 절연)은 이와 같은 분배적 불공평을 초래하는 주요한 요인이 될 수 있다. 그린벨트 내에 건설되는 호화별장 및 러브호텔에 대한 허가나 상수도원 근처에 성업중인 음식점의 허가는 미시적 절연의 전형적인 보기이다. 이 경우 허가를 얻은 소수의 사람들은 그러한 자연환경으로부터 잠재적 편익을 누리는 대다수 사람들의 희생 위에서 엄청난 편익을 누리기 때문에 분배적 불공평이 야기되는 것이다.

제4절 ┃ 시장과 정부간의 선택

1. 조직문화로 본 시장과 정부간의 차이

시장과 정부간의 차이를 살펴보기 위한 하나의 간단한 방법은 시장조직인 기업과 비시장조직인 정부간의 조직문화를 고찰하는 것이다. 김대중 정부하에서는 민·관 교류의 차원에서 "민간근무휴직제"와 "개방형직위제"를 운용하였다. 전자는 공무원이 민간기업에 일정기간 파견형식으로 취직함으로써 실무경험과 최신경영기업을 배울 수 있는 기회를 갖도록 하기 위한 것이고, 후자는 민간전문가의 공직참여통로를 확대하기 위한 것이다.

민간근무휴직제의 일환으로서 삼성전자[45]를 체험한 공무원들과 자체교환근무협약을 통해 어느 지방정부에 근무한 바 있는 삼성전자 직원이 함께 모여 교환근무경험담을 허심탄회하게 논의한 것이 일간 신문에 보도된 적이 있었다 (조선일보, 2005년 3월 A2면). 비록 체계적으로 분석된 것은 아니지만 그들의 경험담은 공공조직과 민간조직간의 차이를 이해하는 데 상당한 시사점을 줄 수 있다고 생각되어 다음과 같이 간단히 정리해 보았다.

사무실 분위기

삼성전자의 경우 오전 7시 30분에 사무실에 들어서면 경쾌한 음악이 흘러나오고 50분부터 사내 자체 제작된 방송으로 하루의 소식이 전해지며 8시부터 근무가 시작된다. 직원들은 근무시간중 사적인 전화를 거의 하지 않는다고 한다. 여기에 비해 H시청의 경우 업무는 9시부터 시작되며 출근 때 복도나 엘리

---

45) 삼성전자는 2004년도 순이익을 기준으로 할 때 세계 10대 기업의 반열에 올라선 우리나라의 대표적 기업으로 조직관리의 벤치마킹대상으로 자주 거론된다.

베이터에서 만난 동료들과 반갑게 인사하며 다소 사적인 대화도 스스럼없이 나누는데 삼성전자에서는 보기 힘든 광경이라고 한다.

　삼성전자의 경우 공공기관과는 달리 사무실 내에 캐비넷이 거의 없다고 하는데 그것은 전자결재를 실시함으로써 종이문서가 없어졌기 때문이다. 온라인상에서 보고서를 올리면 최고경영진이 자신의 의견을 첨부하여 신속하게 결재가 이루어진다고 한다. 정부에서도 전자결재가 실시되고 있지만 아직 컴퓨터에 익숙하지 못한 상사를 위해서 종이 한 장으로 정리된 보고서를 갖고 직접 설명하는 모습이 드물지 않다고 한다.

보수와 고용안정성

　삼성전자직원들은 성과급을 받으며 그와 같은 성과급의 액수는 생각보다 크다고 한다. 그렇지만 월급을 많이 주는 대신 그것에 상응하는 일을 시킨다. 삼성전자에 교환근무한 공무원은 "업무량을 볼 때 솔직히 나 같으면 해낼 수 있을까라는 생각이 들 정도로 부담스런 수준이었다"고 언급하고 있었다. 한편 삼성전자직원들은 45세 이후에 90%가 회사를 떠나는 것으로 밝혀져 40대 중반 이후 미래에 대한 불안감이 크지만 공무원의 경우는 정년보장으로 신분에 대한 불안감이 훨씬 적다고 한다.

업무추진방식

　삼성전자에선 효율성이 높다고 판단되면 윗사람부터 "이것은 꼭 해야 한다"고 밀어부친다. 일욕심이 대단하여 직원들이 직접 일을 찾아 나선다. 또한 새로운 사업이 제안되면 회사는 업무의 중요성과 우선순위에 따라 전담팀을 구성하고 인원과 예산을 전폭적으로 지원한다. 뿐만 아니라 직원들에게 권한도 상당히 위임되어 있는 편이다. 관료들은 '평균적 수준'을 기대하고 의사결정하지만, 경영진은 '최상의 결과'를 기대하고 의사결정을 내린다.

　공무원들은 목표뿐만 아니라 과정도 중시하지만 기업은 과정보다도 목표를 중시하는 것 같다. 그렇기 때문에 공무원의 경우 새 정책을 추진할 때 "나중에 문제가 되지나 않을까?"라는 부정적인 생각부터 먼저 하게 된다. 즉 감사원이나 국회로부터의 감사를 의식해 "일을 많이 하면 깨진다"라는 분위기가 팽배해 있다.

업무에 대한 애착과 열의

공무원이 민간기업 조직원들에 비하여 자신의 업무에 대한 애착과 열의가 다소 부족하다. 잦은 순환보직근무 때문인지 몰라도 일에 대한 자부심과 책임감이 그렇게 강하게 보이질 않는다고 한다. 그리하여 민원문제가 발생했을 때 부서간에 책임을 전가하는 경우가 종종 목격되지만, 이러한 상황은 민간기업에서는 쉽게 상상할 수 없는 일이라고 한다.

직원들의 교육훈련

업무와 직접 관련되는 내용만 교육하는 공무원사회에서와는 달리 삼성전자에서는 조직·개인·자기시간관리에서 재(財)테크방법까지 가르친다고 한다. 여기에 덧붙여 삼성전자는 가족에게까지 관심을 기울여 봄·가을별로 사업장마다 축제를 열어 인기가수 초청은 물론이고 식사와 선물까지 제공한다. 최고경영진이 '회사의 경쟁력은 곧 인재의 경쟁력'이라는 인식을 갖고 있음을 쉽게 느낄 수 있다고 한다.

전술한 다섯 가지는 시장조직인 삼성전자와 정부조직인 지방자치단체를 상호 교환하여 근무한 사람들의 경험담을 토대로 정리한 것이다. 이익창출의 극대화를 목표로 하는 기업(삼성전자)과 서비스를 통한 국민의 후생증대를 목표로 하는 지방정부가 동일한 조직구조나 운영방식을 갖기란 처음부터 기대할 수 없다. 아무튼 두 조직간의 근본적 차이는 "효율은 높지만 살벌하더라"와 "인정은 있지만 느슨하더라"라는 말로 집약될 수 있다. 전자는 공무원이 본 삼성전자의 인상이고 후자는 삼성직원이 본 공무원에 대한 인상이다.

한국행정연구원은 1990년대 초부터 약 3년을 주기로 "행정에 관한 공무원과 국민의 의식조사"를 수행하고 있다. 이러한 연구들은 표본조사에 바탕한 것이기 때문에 전술한 삼성전자와 공무원간의 교류를 통한 경험담보다 훨씬 일반성이 높다고 하겠다. 〈표 2−3〉은 함종석(2010)이 2010년 4월 현재 전국의 중앙 및 지방공무원 총 정원을 모집단으로 하여 비례층화추출법에 따라 추출된 2,004명의 공무원 중에서 유효한 표본 1,774명을 대상으로 분석한 결과이고, 〈표 2−4〉는 서성아(2010)가 2010년 1월 1일 현재 제주도를 포함한 전국에 거주하는 만 20세 이상의 성인남녀를 모집단으로 층화무작위추출방법에 따라 추출된 1,000명을 대상으로 분석한 결과이다.

■ ■ 표 2-3 공무원이 보는 공무원과 민간기업종사자간의 비교   (단위: %)

	공무원이 매우 유리	공무원이 약간 유리	비슷하다	민간인이 약간 유리	민간인이 매우 유리
신분보장	26.3	57.5	12.5	2.1	1.2
보수	0.3	3.1	10.1	31.3	55.0
승진가능성	0.9	7.3	30.3	40.2	21.0
후생복지	1.1	9.2	18.0	37.0	34.5
노후생활보장	9.4	46.4	24.8	11.0	8.0
사회적 지위	3.8	37.1	38.8	12.6	7.4
업무의 생산성	0.5	5.9	34.2	44.0	15.1
환경변화에의 대응력	0.5	4.7	23.7	49.5	21.3
독자적 업무처리권한	1.2	11.2	33.4	40.5	13.4

자료: 함종석(2010: 207-228)

〈표 2-3〉와 〈표 2-4〉를 비교하면 신분보장이나 노후생활보장의 경우는 공무원이나 일반국민 모두 공무원이 민간인에 비해 절대적으로 유리하다고 생각한다. 보수와 후생복지의 경우 공무원은 민간인이 유리하다고 생각하지만 일반국민은 공무원이 더 유리하다고 생각하여 정반대이다. 승진의 경우 공무원은 민간인이 유리하다고 생각하지만 일반국민들은 공무원과 민간인이 엇비슷하다고 평가하고 있다. 사회적 지위의 경우 공무원도 자신들이 약간 유리하다고 생각하지만 일반국민들은 공무원이 훨씬 유리하다고 생각한다. 국가발전에 기여하는 부분에서 공무원은 일반국민들이 평가하는 것보다도 자신들의 기여도가 민간인보다 더 높다고 생각하고 있다.

한국행정연구원이 약 3년을 주기로 "행정에 관한 공무원과 국민의 의식조사"를 수행하기 때문에 시대별로 공무원과 일반국민의 인식에 어떤 변화가 초래되었는가를 비교하는 것은 매우 흥미로울 것 같다. 하지만 매 조사 때마다 구체적인 설문문항구성이 달라 직접적인 비교에는 약간의 무리가 따른다. 본서의 3판에서는 2004년도에 한국행정연구원의 황인수·안상현·서성아(2004)가 조사한 결과가 수록되어 있는데 전체적으로 비슷한 경향을 나타내고 있다.

■ ■ 표 2-4 국민이 보는 공무원과 민간기업종사자간의 비교   (단위: %)

	공무원이 매우 유리	공무원이 약간 유리	비슷하다	민간인이 약간 유리	민간인이 매우 유리
신분보장	52.5	34.3	10.5	2.1	0.2
보수	21.8	26.5	24.7	21.1	5.7
근무환경	30.5	34.8	22.9	10.4	1.7
승진가능성	17.3	24.7	30.7	30.7	4.2
후생복지	44.0	34.3	13.6	7.1	0.9
노후생활보장	56.0	30.4	10.7	2.5	0.3
사회적 지위	33.8	31.2	23.9	2.7	8.3
업무실적평가	15.8	28.4	31.8	20.8	3.1

자료: 서성아(2010: 140-146).

2. 시장기능의 개선과 확장을 위한 정부의 역할: 동유럽과 러시아의 사례

시장기능의 개선과 확장을 위한 정부의 역할은 시장실패를 초래하는 여러 가지 원인들을 파악하여 그것을 제거하는 데서 찾을 수 있다. 우리는 앞서 시장실패를 초래하는 여러 가지 유형들을 고찰하였는데, 그와 같은 여러 유형에 따라 시장기능의 촉진방안도 다를 것이다. 울프는 그의 「시장과 정부」 초판에서(전상경(역), 1991: 160-166) 정부의 개입을 통하여 시장기능을 개선할 수 있는 여러 가지 구체적인 미국의 사례들을 들고 있으나, 재판(再版)(Wolf, 1993: 170-176)에서는 그것에 덧붙여서 1990년대 러시아와 동구 유럽, 우크라이나, 구 소련연방에 속했던 다른 여러 나라의 경험을 예로 들면서 통제경제체제가 시장경제체제로 전환되는 과정에서의 정부역할에 대해 설명하고 있다.

울프에 의하면 경제체제의 전환에 내재된 문제는 그 장소가 구 소련이든, 동유럽이든, 중국이든, 또는 제3세계에 속하는 중앙통제하의 국가든간에 본질적으로 동일하다. 이들 국가간에는 역사적 환경, 문화적 동질성, 제도적 선례(institutional antecedents), 물리적·사회적·정치적 하부구조상 분명한 차이가 존재한다. 하지만 비록 그와 같은 차이가 중요하긴 하지만 본질적으로 유사한 과업인 경제체제의 전환에 비해서는 부차적 문제일 뿐이다. 통제경제체제에서 시장경제체제로의 전환은 상호 밀접하게 연관되고 의존적인 다음과 같은 여섯 가지 요소들로 구성된 패키지가 유기적으로 작동되어야만 하며, 정부정책은 그 각 요소마다 매우 핵심적인 역할을 해야만 한다.

울프가 지적하는 경제체제의 전환과정에 연관된 여섯 가지의 요소들은 다음과 같다: ① 통화공급 및 신용의 통제를 보증할 수 있는 금융개혁(monetary reform), ② 균형예산을 보증해 줄 뿐만 아니라 만약 적자예산이 발생할 경우 그것을 보전하기 위한 목적에서의 화폐발행(monetization)을 제한시킬 수 있는 재정통제, ③ 전환과정중 발생하는 실업자들의 보호를 위한 사회적 안전망(safety net)의 설치, ④ 가격과 임금을 비용과 생산성에 연계시키기 위한 가격 및 임금에 대한 규제철폐(deregulation), ⑤ 시장에서의 상대가격 변화를 반영하는 노사(勞使)간의 유인체계뿐만 아니라 민영화, 재산권의 법적 보호, 경쟁유발을 위한 국가독점 기업들의 해산, ⑥ 전환되는 경제체제를 세계경제와 국제시장에서의 경쟁과 연계시킬 수 있는 통화전환성(current convertability).

첫 번째 세 요소인 금융개혁과 재정개혁 그리고 사회적 안전망은 나머지 세 요소가 자원을 더욱 효율적이고 성장지향적으로 활용케 하도록 해 주는 거시경제적 환경을 창출한다. 시장기능의 개선과 확장을 위해 정부가 취해야 하는 이와 같은 역할은 매우 결정적이기도 하지만 또한 매우 역설적이기도 하다. 즉 전술한 모든 요소들을 주도해야 한다는 점에서는 매우 결정적이지만, 정부가 주도하는 이러한 제반 과정들이 정부의 역할 그 자체를 축소하고 정부의 과도한 기능을 대체하며 그 절대적 규모를 축소하려는 의도를 띠고 있기 때문에 역설적인 것이다.[46]

아무튼 전술한 각 요소들은 상호간 호혜적이고 유기적인 지원이 없다면 그 효과를 충분히 발휘하지 못할 것이다. 그러므로 통제체제의 경제(nonmarket economy)를 단계적으로 개혁하려는 시도는 성공하기보다도 실패하기가 쉽다. 경제체제의 효과적 전환에 요구되는 전술한 여섯 가지의 요소들을 좀 더 구체적으로 살펴보면 다음과 같다.

금융개혁과 신용통제

통화공급량을 실물경제의 성장률에 맞게 조정하기 위해서 금융개혁이 필

---

[46] 시장기능개선을 위한 이와 같은 정부의 역설적인 노력 그 자체는 공공정책의 주요한 과제가 된다.

요하다. 뿐만 아니라 신용창출은 차용인의 정치적 연줄이나 정치적 신임에 의해서가 아니라 그의 경제적 능력과 그가 처해 있는 위험(risk)에 근거하여 이루어져야 한다.

재정개혁과 예산통제

정부지출을 세입과 비슷한 수준으로 억제시키고, 균형예산뿐만 아니라 통화규율(monetary discipline)을 무너뜨리는 예산 외 보조금(off-budget subsidies) 및 다른 거래들을 제한시키기 위한 재정개혁이 요구된다. 구 소련, 중국, 그리고 다른 통제경제체제에서는 적자에 허덕이는 국영기업체들의 어려움을 해결하기 위한 예산 외 보조금이 관행적으로 활용되어 왔다. 금융개혁과 재정개혁을 통하여 그와 같은 관행의 재발이 방지되어야만 한다.

가격과 임금규제의 철폐

공급부족이거나 원가상승이 있는 상품은 그렇지 않은 상품들에 비하여 상대적으로 가격이 상승되어야 하며, 보다 생산적인 노동력과 기술에 대한 임금은 그렇지 못한 것에 비하여 상대적으로 인상되어야만 한다. 왜냐하면 이러한 가격상승이나 임금인상은 생산증가 및 보다 효율적인 생산을 위한 신호와 유인으로 작동될 수 있기 때문이다. 아무튼 이와 같이 인플레이션을 유발하지 않고 가격과 임금을 실제의 비용과 생산성에 연계하려면 금융 및 재정제약(monetary and fiscal restraint)이 필요하다.

민영화 · 사유재산권 보호 · 국가독점기업의 해산

가격 및 임금규제의 철폐가 자원의 효율적 사용을 촉진하기 위해서는 민영화, 사유재산권의 보호, 그리고 국가 독점기업들의 분할·해체 같은 조치들이 동시에 실행되어야만 한다. 이를 위해서는 소유권주장에 대한 소송, 재산거래 및 재산취득과 관련된 분쟁 등을 해결하기 위한 적절한 법률과 절차가 필요하다. 뿐만 아니라 국가소유로부터 민간소유로 전환시키는 여러 방안 중에서 적절한 방안의 선택도 요구된다.

사유재산권(private ownership)은 시장의 효율적 작동에 필요한 유인체계를 제공함으로써 통제경제체제로부터 시장경제체제로의 전환에 결정적인 역할을 한다. 사회적으로 받아들이기 곤란한 소득불공평은 사유재산권과 시장경쟁의 맥락 속에서 공공지출정책과 조세정책을 통해서 추구되어야 할 새로운 과제이다.

사회보장제도

통제경제에서 시장경제로의 전환이 성공하려면 사회보장제도로서의 사회적 안전망(social safety network)의 설치가 절대적으로 필요하다. 만약 그러한 안전망이 없다면, 전환과정에서 발생할 수 있는 실업으로 인한 사회적 긴장감 및 정치적 불안은 궁극적으로 전환과정 그 자체를 심각하게 위협할 수 있다. 대부분의 통제경제체제의 경우 질병과 신체적 장애 및 노화나 실업 등에 대한 사회적 보호는 주로 국가기업들(state enterprises)의 책임이었다. 민영화가 진척됨에 따라 그러한 책임들은 정부가 수행해야만 할 주요한 기능들 중의 하나로 될 것이며, 그 재원은 주로 조세나 피보험자에게 부과되는 보험금에 의존한다.

통화 전환성

국내시장에서의 가격, 임금, 생산성, 기술 등을 국제시장의 그것들과 연계시킴으로써 전환과정을 마무리짓기 위해서는 통화 전환성(currency convertability)이 절실히 요구된다. 이러한 연계는 비교우위가 국민경제의 전환에 유리하도록 작동할 수 있는 기회를 제공해 준다. 즉 통화전환성은 다른 나라들에 비해서 더 유리하게 생산할 수 있거나 또는 더 불리하게 생산할 수밖에 없는 재화와 서비스가 무엇인지 쉽게 파악하게 해준다. 그 결과 자국에서 생산하기에 유리한 재화의 수출은 확대될 것이고 그렇지 않은 재화의 수입은 증대될 것이다.

[그림 2-3]은 통제경제체제에서 시장경제체제로의 전환과정상에 필요한 여섯 가지 요인들의 상호작용과 상호의존적 관계를 나타낸 것이다. 그림에서

■ ■ 그림 2-3 통제경제 전환과정상에 필요한 각 요소들의 상호작용

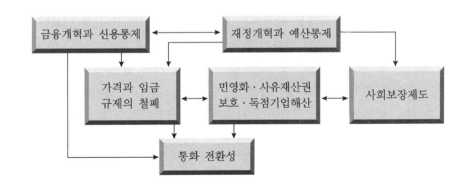

각 요소들을 연결짓고 있는 실선은 어떤 특정 요소가 화살표 방향에 있는 다른 요소에 기여하고 있음을 나타낸다. 예를 들면 금융개혁과 재정개혁은 가격과 임금규제의 철폐에 기여한다.

3. 정부기능의 개선을 위한 시장력(market forces)의 잠재적 역할

정부의 새로운 정책이 시장기능의 확장과 개선에 기여할 수 있는 것처럼 여러 가지의 시장적 과정 및 유인들 또한 정부기능의 개선에 기여할 수 있다. 즉 정부의 여러 가지 활동영역에 시장력(市場力; market forces)의 요소들을 주입시킴으로써 정부실패의 가능성을 상당히 감소시킬 수 있다.

슐츠(Charles Schultze, 1977)는 그의 저서 「사익의 공공활용」[47]에서 "지금까지 공공영역이 민간영역에 개입하는 것만 생각해 왔지 그 반대의 경우는 생각하지 않았다"고 지적하면서, 그와 같은 선입관을 바꾸면 상당한 잠재적 이점들이 실현될 수 있다고 주장하였다. 즉 정부부문에 시장적 요소를 가미하면 정부실패를 개선할 수 있는 매우 효과적인 개혁방안이 될 수 있다는 것이다. 그렇게 함으로써 ① 사회전반에 걸쳐 행해지는 정부의 강제적 개입 및 관료화로부터 초래되는 비효율성을 감소시킬 수 있고, ② 정부규제의 정당화에 필요한 편익비용분석이나 그 밖의 여러 가지 정보의 생산에 소요되는 비용을 감소시킬 수 있으며, ③ 환경오염의 통제, 교통체증의 완화, 환경질(環境質)의 개선 등과 같은 여러 분야에서 민간부분의 기술진보가 사회적으로 바람직한 방향으로 일어날 수 있게끔 하는 유인을 제공할 수 있다.

법률이나 행정규제를 통하기보다 시장적 요소를 활용함으로써 다소 우회적인 방법으로 사회적 목표를 달성하는 것이 사회적으로는 권장할 만하다. 하지만 실제로는 그렇게 되지 못하는 경우가 많다. 이것에 대한 그럴듯한 이유 중의 하나는 국회의원들이나 정부관료들이 시장과 가격 및 경쟁이 어떻게 사회적 효율성을 증진시킬 수 있는가를 잘 모른다는 것이다. 하지만 그보다 더 중요한 다른 이유는 국회의원들이나 관료들이 직접적이고 조직화된 정부개입을 통해서 사회적 목표의 달성을 시도하면 그들은 그러한 과정에서 일정한 역

---

47) 이 책은 정용덕(1986) 교수에 의하여 번역되었다.

할을 하게 되어 보다 많은 예산과 인력 및 정치적 출세의 기회를 얻을 수 있다고 생각하기 때문이다.

최근에는 공공부문에 시장메커니즘의 특정 요소들을 적극적으로 도입함으로써 정부실패의 제 요인들을 제거하려는 시장지향적 대안이 '정부혁신'이나 '정부의 재창조'(박세일 외(공역), 1992; 이계식·문형표, 1995) 또는 '민영화'나 '작고 효율적인 정부'라는 기치 아래 급속히 확산되고 있다. 이러한 움직임은 정부부문 그 자체의 시장화와 민간부문에 대한 불필요한 정부개입을 감소시키자는 규제완화의 두 가지 유형으로 대별된다. 전자는 주로 서구 선진국들을 중심으로 활발히 전개되고 있으며, 후자는 일본이나 우리나라에서 특히 강조되고 있다(신희권, 1996: 9).

특히 서구 선진국들은 정부행정전반에 대한 소위 시장성평가(market-testing)를 통하여 경쟁을 통한 효율성 증대를 꾀하고 있다.[48] 시장성평가의 주요 내용은 지금까지 정부의 당연한 업무로 간주되어 온 행정의 여러 업무에 대하여 ① 그것이 반드시 필요한 업무인가? ② 정부가 반드시 그 업무를 맡아야만 하는가? ③ 정부가 맡을 경우(government provision) 정부가 직접 생산해야만 하는가(government production)? ④ 정부가 수행할 경우 효율성의 증대방안은 무엇인가? 등과 같은 몇 가지 질문들로 구성된다. 이와 같은 시장성평가의 결과에 따라 정부서비스의 계약제로의 전환, 기업화, 민영화, 구조조정 등과 같은 다양한 방식의 해결방안이 도출된다(이계식·문형표, 1995: 28).

미국 공공교육의 효율적 운영을 위하여 시장력의 위력을 활용해야 한다는 프리드만(M. Friedman)의 주장은 주목해 볼 필요가 있다. 프리드만은 효율적 공공교육을 위해 정부가 관심을 기울여야 할 것은 '건물'이 아니라 '학생' 자체라고 주장한다. 즉 부모들이 그들의 자녀가 다니길 바라는 학교를 선택할 수 있게 하는 바우처제도(voucher system)[49]의 활용을 통하여 학교간 경쟁을 유발시

---

48) 시장성평가는 시장성테스터 혹은 시장성검증이라고도 불린다. 이 제도는 영국정부가 1991년 「품질을 위한 경쟁」(*Competing for Quality*)이라는 정책백서를 통해서 구체화된 중앙정부 개혁을 위한 프로그램이다. 이와 같은 시장성평가가 영국에서 가능했던 것은 1980년대부터 영국의 지방정부에 도입된 소위 의무경쟁입찰제도(CCT)의 성과이다. 영국의 시장성평가에 대해서는 최영출·옥동석(1999)을 참고할 것.

49) 바우처제도(voucher system)란 공립학교체제 내에서 경쟁·실험·개혁과 같은 시장적 요소를 도입하기 위하여 고안된 장치이다. 이 제도하에서 자녀를 둔 학부모들을 정부로부터 자녀교육비에 해당되는 바우처(voucher)를 받으며, 학부모들을 여러 공립학교들 중에서 교육서비스가

킴으로써 더욱 효율적인 교육제도가 달성될 수 있다는 것이다. 미국의 초·중등학교는 세계에서 학력수준이 가장 낮은 편에 속하지만 대학과 같은 고등교육기관의 학력수준은 세계 최고라고들 한다. 프리드만은 그 이유를 '선택'에 두고 있다. 즉 초·중등학교에서는 학교가 학생을 선택하지만, 대학에서는 학생이 학교를 선택하기 때문이라는 것이다.[50]

우리나라의 경우도 비록 학교의 선택은 아니지만 학교 내의 교실의 선택을 통해서 교육효과를 달성시킨 사례가 있다(조선일보, 2005년 4월 7일 A31면). 즉 지역 내에 학원이라고는 단 한 곳도 없는 경북 경산시 하양읍에 있는 무학고등학교에서는 2005년도 졸업생 280명 전원이 4년제 대학에 합격하였다고 한다. 이와 같은 성과의 비결은 학생들이 듣고 싶은 수업을 자신들이 직접 골라 들을 수 있게 한 '선택형강좌'의 운영이라고 한다. 즉 정규수업 후의 보충 및 특기적성 수업은 교사가 자신의 이름을 걸고 강좌를 개설하여 학습계획서를 발표한 후 학생들로 하여금 그 중에서 자신이 듣고 싶은 강좌를 선택하는 방식으로 운영되었다. 이러한 방식하에서 학생들은 능력에 따라 자신에 맞는 수업을 선택함으로써 수업효과를 극대화할 수 있고, 교사는 정성스레 학습계획서의 작성과 수업에 열을 쏟지 않으면 학생들이 오지 않기 때문에 분발하지 않을 수 없는 것이다.

이러한 선택형강좌는 일종의 시장메커니즘이 가미된 운영방식이다. 이에 반하여 현행 우리나라 대부분의 학교교육은 교육서비스의 수요자인 학생들에게는 거의 아무런 선택권이 없는 완전한 배급제라고 할 수 있다. 학교선정은 컴퓨터가 해주고, 수업시간표는 학교가 정해주며, 어느 선생님에게 배우는가도 학생들과는 무관하게 결정된다. 교사들은 잘 가르치느냐 못 가르치느냐에 따라 대우가 달라지는 것도 아니기 때문에 머리를 싸매고 교재개발을 할 유인도 없는 것이다.

가장 마음에 드는 학교에 가서 바우처를 제출하고 학생을 입학시킨다. 이렇게 되면 교육서비스의 질이 좋은 학교는 상대적으로 많은 바우처를 모을 수 있어 더욱 좋은 서비스를 생산할 것이고, 학부모들로부터 외면당하는 학교는 좋은 교육서비스를 공급하기 위하여 더욱 분발하게 될 것이다. 바우처제도에 관한 보다 자세한 설명은 전상경(역)(1991: 168-169)를 참고할 것.
50) 교육에 대한 프리드만의 이와 같은 생각은 그의 저서 제6장에 잘 정리되어 있다(민병균 외 3인 (공역), 1980: 217-268).

4. 시장과 정부간의 선택을 위한 지침

시장과 정부간의 선택은 칼로 두부를 자르는 듯한 이분법적인 것이라기보다도 이들이 서로 다른 비율로 조합된 것들 중에서의 선택인 경우가 대부분이다. 시장이 선호되는 지배적 선택인 경우에도 시장실패와 연관되는 제반 문제점들 때문에 정부의 역할은 여전히 남는다. 또한 정부에 의한 배분적 의사결정이 선호되는 지배적 선택일지라도 정부영역에서 불가피하게 나타나는 실패 때문에 시장역할의 중요성은 여전히 존재한다. 이와 같은 이유 때문에 매우 중앙집권화된 개혁개방전의 중국이나 구(舊) 소련 같은 나라에서조차도 시장활동이 지하경제와 같은 형태로서 존재할 수 있는 것이다.

신희권(1996: 11)은 현실을 뚫고 들어가 보면 시장과 정부는 단순히 상반된 사회적 조직 양식이 아니라 복잡한 연결고리로 묶여 있다는 것을 발견할 수 있다고 지적하면서 양자간의 상호의존성을 강조한다. 이와 같이 시장과 정부간의 선택은 강조점과 정도에 관한 상대적인 것이지만, 그러한 차이는 경제사회체제의 성과 및 공정성(fairness)에 심각한 영향을 미친다. 본 절에서는 지금까지의 여러 가지 논의를 바탕으로 하여 바람직한 '시장과 정부간의 조합'의 선택에 도움될 수 있는 몇 가지 지침들에 관하여 언급하려고 한다.

(1) 정태적 효율성과 동태적 효율성

정태적 효율성(static efficiency)은 자원배분의 효율성(allocative efficiency) 개념이다. 주어진 투입물로 최대한의 산출물을 얻거나 또는 주어진 산출물의 생산에 최소의 투입물을 사용하는 이른바 생산적 효율성(production efficiency)의 개념도 정태적 효율성의 개념에 포함된다. 여기에 반해 동태적 효율성(dynamic efficiency)은 생산비용을 줄이거나 산출물의 품질 향상을 초래하는 기술혁신을 뜻하는 것으로서 시간이 지남에 따라 보다 높은 경제성장을 유지할 수 있는 상황을 가리킨다.[51] 즉 주어진 특정 시점에서의 자원활용의 효율성을 따지는 것이 정태적 효율성이라면 주어진 일정 기간에 걸친 자원활용의 효율성을 따지

---

51) 이러한 동태적 효율성은 슘페터(Shumpeter)에 의해서 특히 강조되고 있다(Schumpeter, 1934).

는 것은 동태적 효율성이라고 할 수 있다.

전술한 두 가지 효율성의 관점에서 볼 때 일반적으로 시장은 정부보다 모두 우월한 것으로 인정된다. 왜냐하면 어떤 특정 시점에서나 단기적으로 볼 때 시장실패가 중요하지 않는 것은 아니지만 정부실패의 문제점들이 시장실패의 그것들을 능가하기 때문이다. 뿐만 아니라 비록 시장체제가 최적 가격설정의 관행에서 벗어난다고 하더라도 장기적으로는 시장체제의 유인과 경쟁에 의한 가격설정외적 효율성(nonpricing efficiencies)이 최적 가격설정으로부터의 일탈로 야기되는 비효율을 능가하기 때문이다.[52]

(2) 형 평 성

형평성(equity) 혹은 공정성(fairness)의 관점에서 볼 때 시장이나 정부 모두 결점을 지닌다. 인력(人力)과 아이디어 선발과정상의 시장의 몰정적(impersonal)이고 객관적인 절차는 이러한 기능을 수행하는 다른 불완전한 제도(i.e., 비시장)와 비교해 볼 때 공정성을 유지하는 데 매우 유리하다. 그렇지만 시장에서는 (타고난 행운에 의해서든 다른 이유에 의해서든) 사람들의 초기자원(endowments)이 서로 다르다. 그렇기 때문에 비록 인력과 아이디어 선발과정이 아무리 객관적이고 몰정적이라 하더라도 처음부터 불공평성(inequities)이 내재될 수밖에 없다.

시장결점을 개선하기 위한 정부의 의도적 노력 또한 여러 가지 결점을 지닌다. 왜냐하면 아무리 좋은 목적으로 시도된 정부개입이라도 그것을 수행하는 과정에서 원래의 문제점을 더 악화시킬 가능성이 상존하기 때문이다. 이것은 노래자랑에서 처음 나온 가수가 노래를 잘 못했다고 해서 그 다음 등장한 가수가 처음 가수보다 노래를 더 잘한다는 보장이 없는 것과 같은 이치이다.

관료적 의사결정에서 나타나는 자의성(恣意性)이나 특혜 및 지연(delay) 등은 시장조직보다도 정부조직에서 훨씬 심각하다. 그렇기 때문에 중앙기획체제에서처럼 정부의 역할이 클수록 그만큼 전술한 특징들이 만연하게 된다. 왜냐하면 시장과정을 지배하는 것은 거래와 경쟁에 관련된 비교적 객관적인 권위인 데 반해, 정부의 제반과정을 지배하는 것은 공무원들에 의한 비교적 주관적

---

52) 시장의 가격설정 효율성과 가격설정외적 효율성에 관한 자세한 논의는 전상경(역)(1991: 124-129)를 참고할 것.

권위이기 때문이다. 그 결과 비합리성과 경직성이 만연하게 된다.

(3) 참여와 책임

참여와 책임성의 관점에서 볼 때 다원주의적 민주주의 사회에서의 정부는 순수시장체제에 대하여 장점을 지닐 수도 있다. 즉 시민들은 자기들의 의사를 관철시킬 목적으로 국회의원들이나 정부관료들의 의사결정에 영향을 미치기 위하여 투표력(投票力)을 조직화함으로써 정치적 힘을 행사할 수 있다. 뿐만 아니라 시민들은 투표력의 행사를 통하여 자기들의 마음에 들지 않는 정부를 다음 번 선거에서 탈락시키거나 탈락시킬 수도 있다는 위협을 줄 수도 있다. 그러므로 시민들에 대한 정부의 책임성은 이와 같이 조직화된 시민들의 투표력을 통해서 확보될 수 있다.

이러한 메커니즘에도 불구하고 정부의 참여 및 책임성 확보를 위한 제 과정들은 그렇게 매끄럽게 작동되질 못한다. 자원배분과정에의 참여와 책임을 효과적으로 달성하려는 사람들은 지역사회나 공익을 대변할 목적에서가 아니라 오히려 어떤 사업이 추진될 경우 그것 때문에 득을 보거나 손해를 입게 되는 사람들의 특수 이익을 보호하기 위한 목적에서 움직이는 경우가 대부분이다. 그렇기 때문에 정부영역에서의 참여와 책임은 정부사업의 규모와 방향을 형성하는 데 필요한 충분한 시간과 돈을 가진 사람들이 그들 자신의 목표를 추구하기 위한 노력의 형태로서 나타나는 경우가 많다.

앞에서도 이미 지적하였듯이 시장과 정부는 칼로 두부를 자르듯이 명확하게 구분되는 조직양식이 아니다. 시장이 잘 작동되기 위해서는 정부가 필요하기도 하고, 또한 정부가 잘 작동되기 위해서는 시장이 필요하기도 하다. 이러한 이야기는 자칫 다람쥐 쳇바퀴 도는 것과 같은 느낌을 줄 수 있다. 시장과 정부간에 생기는 이와 같은 딜레마는 최근 시민사회의 성숙과 더불어 우리사회에서 활발히 활동하고 있는 소위 비정부조직(NGO: Non-Government Organization)을 통해서 다소 해소될 수 있을 것이다. 왜냐하면 종종 '시민'단체와 동일한 의미로 사용되는 비정부조직(NGO)은 소위 '시민'운동이라는 형식으로서 정부실패와 시장실패를 해결하기 위한 여러 가지 활동들을 전개하고 있기 때문이다. 우리는 다음 절에서 시장실패와 정부실패의 개선을 목표로 하는 비정부조직(NGO)의 의의와 그 역할 및 한계에 대해서 살펴보기로 한다.

제 5 절 ▮ 시장실패와 정부실패 및 NGO

지금까지 우리는 가격과 자발적 교환으로 특징지어지는 시장메커니즘이 효율적으로 작동하지 못하는 시장실패와 그 잠재적 해결방안을 살펴보았고, 또한 계층제 및 강제적 제재로 특징지어지는 정부가 효율적으로 작동하지 못하는 정부실패의 원인들과 그것들을 치유하기 위한 잠재적인 방안들을 살펴보았다. 특히 정부실패를 논의할 때는 정부 그 자체의 효율적 작동이 이루어지지 않는 경우는 물론이고, 현대 대의제 민주주의하에서 시민의 선호가 정부의 정책결정과정에 정확하게 반영되지 못하는 경우도 정부실패의 한 형태로 간주되어야만 한다. 이 같은 인식에 바탕하여 정부실패를 시정한다는 차원에서 각종의 '시민'단체들이 정부정책에 적극적으로 참여하게 됨에 따라 국가와 시민사회간에 새로운 관계정립의 필요성이 제기된다.

현대사회에서 시민의 지위가 향상되고 또한 시장실패와 정부실패의 원인들이 밝혀짐에 따라 정부와 시장의 이분법적 관계로부터 벗어나 국가(정부)·시장·시민사회의 삼자간 유기적 관계설정의 필요성이 대두되었다. 이와 같은 시민사회를 대표하는 하나의 축이 소위 비정부조직(非政府組織; NGO: Non−Governmental Organization)이다.[53] 이러한 비정부조직은 특정 국가 내에서뿐만 아니라 전세계적 연결망을 통하여 다른 국가의 행정이나 국제연합(UN)과 같은 국제기구의 정책에도 강력한 영향력을 행사한다. 즉 1992년의 리우 환경회의, 1993년의 빈 인권회의, 1994년의 카이로 인구회의, 1995년의 베이징 여성대회, 1996년의 이스탄불 세계주거회의, 1999년의 빈 평화회의와 서울 NGO회의 등이 세계 각국의 정책에 많은 영향을 주고 있다는 것은 잘 알려진 사실이다.

제2차 세계대전 이후부터 급속히 확산되기 시작한 이와 같은 NGO의 역할 증대는 20세기 후반 서구 정치와 행정에서 정치인, 관료 그리고 정부조직이 담

---

53) 강제력을 갖는 정부에 대응되는 개념으로서 자발성을 모토로 하는 '시민'단체를 지칭하기 위하여 '비정부'조직이라는 용어가 사용된다. 엄밀한 의미로 볼 때 '비정부'라는 용어에는 자발적 시민단체 이외에 '시장'도 포함된다. 그렇지만 본서에서 '비정부'조직이라고 할 때는 '시장' 조직을 염두에 두지 않는다. '비정부'조직과 대칭되는 '비시장'조직의 개념도 NGO를 포함할 수 있지만 본서에서 사용되는 '비시장'이라는 용어는 '정부'에 한정되고 있음은 이미 앞에서 지적하였다.

당해 왔던 전통적 역할을 근본적으로 변화시켰다. 특히 1990년대에 접어들면서 NGO는 입법·행정·사법·언론에 이어 '제5의 권력'이라고 일컬어지고 있으며 또한 정부와 기업에 맞서는 '제3의 영역'이라고도 불린다. 20세기가 유엔(UN)과 세계무역기구(WTO)로 대변되는 '국제기구'의 시대였다면, 21세기는 'NGO의 세기' 또는 '시민사회의 세기'가 될 것이라고도 한다.

1. NGO의 개념 및 유형

(1) NGO의 개념

통상적으로 비정부조직이라고 불리는 NGO(Non-governmental Organization)는 '시민'운동단체를 지칭하는 것으로 이해되고 있는데, 비영리조직(非營利組織; NPO: Non-Profit Organization),[54] 제3섹터, 자발적 조직(VO: Voluntary Organization),[55] 시민사회단체(CSO: Civil Society Organization)[56] 등의 용어들이 NGO와 거의 동일한 뜻으로 사용되고 있다. 비록 이들의 명칭이 모두 다르긴 하지만 비영리적이며 비정부적이라는 공통점을 지닐 뿐만 아니라, 국제연합(UN)에서도 통상적으로 NGO라는 용어를 사용하기 때문에(임승빈, 1999: 5) 본서에서는 이들 용어를 모두 NGO라는 하나의 범주에 넣는다.

여러 가지 사회조직은 그 주체의 기준에 따라 ① 공공조직과 민간조직으로 구분될 수 있으며, 또한 그 조직의 목적에 ② 영리조직과 비영리조직으로 구분될 수 있다. 이 같은 두 기준을 이용한다면 사회조직은 다음의 〈표 2-5〉와 같이 네 유형으로 세분화된다. NGO는 이 네 가지 유형 중에서도 민간비영리조직에 속하고, 그 중에서도 특히 사회운동단체 등을 지칭한다. 따라서 NGO는 ① 자발성(voluntarism)에 입각하여, ② 경제적 이익(economic interest) 대신에 공익을 추구하고, ③ 사회운동(social movement) 차원에서 활동하는, ④ 민간결사

---

54) 김준기(1998)는 비영리단체의 개념과 유형화를 시도한 후 비영리단체에 관한 정치경제학적 이론을 소개하고 있다.

55) 신희권(1996: 2)은 자발적 조직(voluntary organization)은 '시민사회의 꽃'이라고 지칭하면서 "공식적이고, 자치적이며, 정부로부터 독립적이면서, 이윤분배를 하지 않는(비기업적), 자발성에 근거한 조직"이라고 정의한다. 그는 이와 같은 자발적 조직은 NGO보다 범위가 좁다고 한다.

56) 시민단체들은 NGO라는 용어 대신에 CSO라는 용어를 더 선호한다.

■ ▪ ▪ 표 2-5   주체와 목적을 기준으로 한 사회조직의 분류

	민간조직	공공조직
영리조직	민간영리조직 [보기] 각종 기업이나 민간조합	공공영리적 조직 [보기] 정부투자기관 등과 같은 공사형조직
비영리조직	민간비영리조직 [보기] 종교단체, 문화단체, 학술단체, 정치 단체, 자선단체, 사회운동단체 등	공공비영리조직 [보기] 각종 복지기관이나 교도소 등

체(civic association)라고 정의할 수 있다(신광영, 1999: 31).

이 같은 성격을 지니는 NGO는 국가권력과 시장횡포에 대한 견제와 비판을 통해서 사회정의와 시민권리를 강화시키고 사회문제를 해결하며 휴먼서비스를 제공하려고 노력한다. 특히 간접민주주의 및 정부관료제가 여러 가지 결점들을 노정하고 있는 오늘날 NGO와 같은 조직을 통하여 정부정책에 보다 적극적으로 참여하려는 시민들의 요구가 더욱 거세어지고 있다. NGO의 가장 큰 특징은 그 자발성과 도덕적 규범의 추구를 통한 공익의 실현이지만, 인간의 합리적 행태[57]나 조직으로서 NGO가 안고 있는 내생적 문제점들[58]을 고려할 때 NGO가 정부실패나 시장실패를 완전하게 대체할 수 있는 만병통치약이라고는 할 수 없다. 그러므로 NGO·시장·정부는 각기 자신의 특성을 살리면서 상호간 유기적 관계를 유지함으로써 자신의 결점을 개선하도록 노력할 것이 요구된다. 〈표 2-6〉은 이들의 특성들을 간단하게 비교하여 정리한 것이다.

■ ▪ ▪ 표 2-6   국가(정부) · 시장 · NGO간의 특성비교

	국가(정부)	시장	NGO
조직이념	국가적 목표(국시)	이윤극대화	사회적 규범(공익)
행동원리	강제적 제재	자발적 교환	규범에의 순응
행동특성	형평성 · 책임성 · 민주성	효율성	자발성 · 신뢰성
수혜범위	사회전체	선택적	부분적
활동영역	공공영역	민간영역	준공공영역
재정동원	조세	판매금액	회비 및 헌금

---

57) 여기서 말하는 인간의 합리적 행태는 사려 깊고 지적인 의미로서가 아니라 소위 공공선택론에서 가정하는 합리성의 의미이다.

58) 가장 전형적인 문제는 자발적 참여로 인한 느슨한 조직 응집력, 비전문성, 부족한 재원 등이다.

(2) NGO의 유형

현실세계에서 적극적으로 활동하고 있는 NGO는 매우 다양하지만 크게 두 유형으로 분류될 수 있다. 즉 NGO가 시장이나 정부의 결점을 적극적으로 파헤쳐서 개선하려는 목적을 지닌 유형도 있을 것이지만, 시장이나 정부의 잔여적(殘餘的; residual) 영역에서 그 기능을 보완하려는 유형도 있다. 우리는 전자를 갈등형 비정부조직(conflict NGOs), 후자를 합의형 비정부조직(consensus NGOs)이라고 부르기로 한다.

1) 갈등형 NGO

갈등형 NGO는 기존의 사회질서와 국가정책의 잘못된 점을 인식하고 적극적인 반대나 저항을 통해서 그러한 결점들을 개선하려고 노력하는 '시민'단체들이라고 할 수 있다. 지역주민의 자발적 조직을 통하여 대기업이나 시장경제에 저항하는 생활협동조합이나, 현대사회의 조직원리를 거부하고 대안적 사회조직체를 추구하는 다양한 형태의 공동체운동들도 여기에 속한다. 이 같은 조직체들보다 더욱 적극적으로 기존의 체제질서나 국가정책에 저항하는 NGO는 환경운동에서 찾을 수 있다. 특히 그린피스(Green Peace)나 세계야생동물보호협회(WWF: World Wildlife Fund) 그리고 시에라클럽(Sierra Club) 등은 산업화로 인한 환경파괴에 적극적으로 대응하는 국제적 네트워크를 형성하고 있으며, 종종 극단적 수단을 동원하여 기업이나 정부의 환경정책에 저항한다.

이와 같은 갈등형 비정부조직의 대표적인 보기로서는 전술한 환경분야 이외에도 국제적 인권단체인 국제사면위원회(Amnesty International), 미국 유색인종의 권리증진협회(NAACP: National Association for the Advancement of Colored People), 각국의 여성운동단체, 소비자보호단체, 민권운동단체 등을 들 수 있다.

2) 합의형 NGO

합의형 비정부조직은 시장이나 정부의 잔여적(殘餘的) 영역을 메꾸어 주는 역할을 하는 것으로서 대체적으로 인도주의적 활동을 그 주된 목적으로 한다. 2000년 6월의 역사적인 남북정상회담이 이루어지기 전까지 정부차원에서 북한에 대한 각종 구호사업을 실시하는 것이 어려웠지만, 대한적십자사를 통해서는 식량원조를 비롯한 각종 구호사업이 가능하였다. 이와 같은 적십자사는 합의형 NGO의 대표적 유형이다.

갈등형 비정부조직과는 달리 이 유형의 비정부조직은 비정치적 성격을 지니며 또한 다수의 인구로부터 심정적인 지지를 받을 수 있는 목적을 실현하기 위해 활동한다. 이 유형에 속하는 대표적 NGO로서는 전술한 적십자사뿐만 아니라, 음주운전의 위험성에 대한 인식을 높이고 음주운전에 대한 처벌을 강화시키며 또한 음주운전 때문에 피해를 입는 사람들을 돌보기 위하여 1980년에 미국에서 창설된 음주운전을 반대하는 어머니모임(MADD: Mothers Against Drunk Driving)이나, 1999년도 노벨 평화상을 수상한 바 있는 국경없는 의사회 등을 들 수 있다.

특정 NGO의 성격은 언제나 이와 같이 고정되어 있지는 않다. 즉 제3세계의 노조가 점점 국가의 통제 속으로 들어가서 관변단체의 성격을 띠게 되는 것과 같이 갈등형 비정부조직에서 합의형 비정부조직으로 변하는 경우도 있지만, 그 반대의 경우도 있을 수 있다.

2. NGO의 역할과 한계

NGO의 주요한 활동분야는 정부권력에 대한 감시, 대 주주(株主)의 횡포로부터 소액 주주들의 권익을 보호하기 위한 소액주주운동, 인도주의적인 봉사활동, 환경보호, 여성의 지위향상, 인권문제, 노인문제, 빈민구제, 난민구호, 국가간 분쟁중재 등에 이르기까지 매우 다양하다. NGO 활동영역의 다양성과 그 수적 팽창에 따라 정부의 정책결정 및 집행과정에서 NGO의 참여와 영향력행사가 현저하게 증가하고 있다. 그 결과 정부와 민간간의 협력적 네트워크를 통한 정책결정과 정책집행의 사례가 늘어나서 국정운영의 패러다임이 국가중심적인 정부(government)에서 민·관이 협력하는 거버넌스(governance)로 변모하고 있는 실정이다(유재원, 2004: 98). 여기서는 다양한 영역에서 활동하고 있는 NGO의 역할과 그 한계점을 살펴보기로 한다.

(1) NGO의 역할

1) 사회적 자본의 형성

많은 사람들은 NGO의 주요한 역할로서 사회적 자본(social capital)의 형성을 들고 있다. 사회적 자본이라는 용어는 1920년에 하니판(L.J. Hanifan)이 최초로 사용하였다. 그가 말하는 사회적 자본이란 "우리들의 사회적 삶의 주요 부분을 차지하는 선의, 동료애, 동정, 사회적 교제 등과 같은 사회적 실체"였다(김준기, 2006: 310). 사회적 자본이란 개념을 사회과학에 널리 소개한 콜만(James Coleman)은 "집단과 조직 내에서 공동목적을 위해 함께 일할 수 있는 사람들의 능력"을 사회적 자본이라고 정의한다(최창수, 2000: 218). 한편 풋남(R. Putnam)은 사회적 자본의 개념을 NGO라는 맥락에서 파악하여 시민사회에 연결시켜 "상호간의 이익증진을 위한 조정과 협조를 용이하게 하는 네트워크, 규범, 그리고 사회적 신뢰 등과 같은 사회조직의 특색"을 사회적 자본이라고 규정한다(최창수, 2000: 219).

전통적으로 자본의 개념은 천연(natural), 물리적(physical), 인적(human)자원의 세 가지를 중심으로 논의되어 왔다. 이들 자본의 개념은 경제행위와 시민들이 상호작용하는 방식이나 상호조직화하는 과정을 간과하기 때문에 공동체나 경제발전의 일부분밖에 설명하지 못한다. 하지만 사회적 자본의 개념은 그러한 잃어버린 연결고리(missing link)를 제공해 준다(김준기, 2006: 310). 사회적 자본은 사용할수록 더욱 축적된다는 점과, 그것이 사회 내에 존재하는 신뢰로부터 도출되고 또한 사회 내에 존재하는 종교·전통·역사적 관습 등과 같은 문화적 메커니즘에 의해 생겨난다는 점에서 다른 자본과 구분되는 특징을 지닌다(최창수, 2000: 219).

풋남은 사회적 자본을 사람들간의 관계를 더욱 밀접하게 하는 결합사회자본(bonding social capital)과 서로 모르는 사람들을 가깝게 해주는 연결사회자본(bridging social capital)의 두 가지 종류로 구분한다. 전자는 특정 집단내부의 결속을 강화시키기 때문에 외부에 대해서 상당한 적대감을 표출할 수 있지만, 후자는 사회전체적인 정체성(identity)과 상호호혜성(reciprocity)을 생산할 수 있다(최창수, 2000: 219).

2) 정책과정에서의 역할

NGO는 그것이 시장이나 정부의 잔여적(殘餘的) 영역에서 활동하든지 또는 시장결점과 정부결점을 개선하기 위해서 적극적으로 행동하든지 간에 정부의 정책과정에 큰 영향력을 행사할 수 있다. 우리는 모든 사회문제가 곧바로 정부의 정책으로 연결되지 않는다는 것을 안다. 이것은 많은 시민들이 그와 같은 사회문제가 초래할 심각성을 인식하지 못하기 때문이기도 하지만 보다 근본적으로는 사회기득권층들이 의도적으로 교묘하게 무의사결정(non-decision making)을 꾀하기 때문이기도 하다.59) 어느 경우든지 NGO는 각종의 사회문제(social problem)를 사회적 쟁점(social issue)으로 만드는 데 기여하며 궁극적으로 그것을 정책의제(policy agenda)로 끌어올리기 위하여 노력한다.

동강댐 건설백지화, 새만금간척사업의 일부중단, 소액주주운동결과 도입된 증권집단소송제, 국민기초생활보장법, 부패방지법, 상가임대차보호법 등은 NGO의 활약에 힘입어 결실을 맺은 대표적 사례들이다. NGO는 예산감시운동이나 의정활동감시운동 등을 통해 행정부나 입법부가 사회적으로 바람직한 특정 정책결정을 내리도록 유도할 수도 있다. 뿐만 아니라 NGO는 정책집행단계나 그 이후의 단계에서 정책모니터로서의 역할을 수행함으로써 정책실패의 예방 및 재발을 방지하는 데도 기여할 수 있다.

3) 국제사회에서의 역할

오늘날 같은 인터넷시대에서 NGO는 국경을 초월하여 영향력을 행사할 수 있다. 세계적 환경단체인 그린피스(Green Peace), 국제지뢰금지캠페인, 야생동물보호협회, 국제사면위원회(Amnesty International), 그리고 국경없는 의사회 등과 같이 국제적 활동을 하는 NGO는 국제정치사회에서 그 존재가 인식되고 있다. 특히 1992년의 리우 환경회의, 1993년의 빈 인권회의, 1994년의 카이로 인구회의, 1995년의 베이징 여성회의, 그리고 1999년의 서울 NGO회의 등은 국제사회에서 NGO의 위력과 존재를 부각시키기에 충분하였다.

NGO는 어떤 과제가 국제적으로 중요하다고 판단할 경우 타협하지 않고 그 주장을 표명한다. 또한 국가를 초월한 직접적 상호연대를 결성함으로써 전문적 지식을 손쉽게 획득할 수 있다. NGO는 개발도상국가에 대한 직접적인 협력을 제공하기도 하고, 국제회의에서 논의된 문제의 초점들을 자국민들에게 쉽게 이해시키기 위해 노력하기도 한다(임승빈, 1999: 12-13).

---

59) 무의사결정에 관해서는 본 장의 각주 36)에서 언급하였지만, 이것에 관한 보다 자세한 사항은 정정길(1997: 265-268)을 참고할 것.

(2) NGO의 한계

NGO의 정의에서 보았듯이 NGO의 가장 큰 특징은 공익을 추구하는 자발적 조직이라는 데 있다. 이익집단에 관한 전통적인 정치학적 시각을 견지하는 학자들과는 달리 경제학적 시각에서 이익집단이론을 분석하여 크게 주목받은 올슨(Olson, 1965)[60]은 비배제성과 비경합성이라는 공공재(public goods)의 특징을 설명하고 그것을 통해 집합행동(collective action)의 문제점을 제기하였다.

올슨에 의하면 집합행동으로서 얻을 수 있는 이익은 공공재적 성격을 띠기 때문에 무임승차(free-riding)의 문제가 발생하게 되고, 따라서 자발성에 입각하여 공익실현을 목적으로 하는 NGO의 활동은 선별적 유인(selective incentive)이 없다면 매우 어려울 수밖에 없다.[61] 뿐만 아니라 자발적 조직이 곧 시장실패와 정부실패를 치유할 수 있는 만병통치약은 아니며, 자발적 조직 그 자체도 실패할 수 있다. 살라몬(L. Salamon)은 이와 같은 자발적 조직의 실패[62]는 정부개입이나 정부의 지원을 정당화시켜준다고 주장하였다(L. Salamon 1987: 111-113).

집합재의 공급자로서 자발적 조직의 주된 실패요인은 선진 산업사회에서 발생하는 여러 가지 인간적 문제들을 해결하기에 충분한 규모의 재원을 동원

---

60) 올슨(1932~1998)은 정치학자나 사회학자로 훈련받은 적이 없지만 그의 이론은 경제학뿐만 아니라 사회학·역사학·정치학 등과 같은 인접사회과학에서도 많이 수용되고 있다. 그의 제자인 최광 교수는 그를 가리켜 사회과학자 중의 왕이라고 칭하는데 1965년에 출간한 「집합행동의 논리」(The Logic of Collective Action)는 그의 하버드대학 박사학위논문이었다. 그는 1972~1974년 동안 공공선택학회장을 역임하였고, 1985년 이래로 미국학술원회원이었다(최광, 2000).

61) 이와 같은 올슨의 지적에도 불구하고 우리나라에서의 NGO의 활동은 매우 활발한 편이다. 올슨의 논리를 따른다면 우리나라에서 NGO의 활동이 활발한 것은 참가자들에 대한 선별적 유인(selective incentive)이 크기 때문이라고 할 수 있을 것이다. 최근의 언론보도에 의하면(조선일보, 2011년 10월 5일 사설) 상당수의 NGO활동가들이 정부의 주요 공직에 진출하기도 하였고 정치계로 진출하기도 하였는데, 바로 그것이 하나의 선별적 유인일 수도 있는 것이다. 하지만 이러한 선별적 유인이 지나치면 주객이 전도되어 오히려 NGO활동의 순수성을 크게 저해시킬 수 있다.

62) 비록 살라몬(L. Salamon)이 NGO라는 용어를 사용하지는 않았지만 우리는 자발적 조직과 NGO를 같은 의미로 사용하기 때문에 자발적 조직의 실패를 NGO의 실패와 같은 맥락에서 고찰할 수 있을 것이다. 그는 자발적 조직의 실패유형을 박애적 불충분성(philanthropic insufficiency), 배타주의적 박애성(philanthropic particularism), 간섭주의적 박애성(philanthropic paternalism), 아마추어리즘적 박애성(philanthropic amateurism)의 4가지로 분류하고 있다. 이들에 관한 자세한 내용은 본서의 제4판을 참고할 것(전상경, 2012: 75-77).

할 수 없다는 점이다. 이와 같은 재원동원의 어려움은 무임승차의 문제에서 찾을 수 있다. 왜냐하면 어떤 사회에서 자발적 조직이 공급하는 집합재로부터 혜택을 누리는 모든 사람들은 그 집합재의 공급에 필요한 비용을 자신이 부담하기보다도 자신의 이웃에 전가시키려는 유인을 갖기 때문이다.

우리나라의 '시민'단체 중 역사가 비교적 오래된 경제정의실천시민연합(경실련)은 2000년 11월 '후원의 밤' 행사를 주최하면서 기업체와 정부투자기관에 거액의 협찬금을 요구하는 문서를 보내 사회적 물의를 야기하였다. 즉 한편으로는 기업을 비판하고 다른 한편으로는 기업에게 돈을 요구했다는 사실 때문에 많은 비난이 쏟아졌다. 경실련의 중앙조직운영에는 연간 약 10억원이 소요된다고 하는데 3만 5천명 정도 되는 회원의 회비가 차지하는 비중은 오직 30~40%에 불과하다고 한다(조선일보, 2001년 1월 5일). 여기에 비해 불법정치자금을 감시할 목적으로 1970년 가드너(John W. Gardner)가 창설한 미국의 콤먼코즈(Common Cause)는 연간 1,000만 달러의 예산 중 약 85% 이상을 22만 5천명들의 회원들로부터 직접 조달하고, 기업이나 정치권 또는 노조로부터는 단 한 푼도 받지 않는다고 하여 우리와 좋은 대조를 이룬다.

참고문헌

김준기.(2006). 「정부와 NGO」. 서울: 박영사.

_____.(1998). "비영리단체(NPOs)의 생성과 일반적 행태: 주인-대리인 이론의 관점에서." 「행정논총」(서울대행정대학원), 36(1): 61-86.

서성아.(2010). 「행정에 관한 국민의 인식조사」. 서울: 한국행정연구원.

신광영.(1999). "비정부조직(NGO)과 국가정책: 외국의 사례를 중심으로." 「한국행정연구」, 8(1): 29-43.

신희권.(1996). "정부, 시장, 그리고 자발적 조직."(1996년도 한국정책학회 동계학술대회 및 정기총회 발표논문): 1-20.

양형일.(1997). "영국 지방정부 의무경쟁입찰제(CCT)의 성과와 함의." 「한국지방자치학회보」, 9(4): 107-124.

유재원.(2004)."정책과정에서 비정부기구(NGO)의 역할변화." 「행정논총」, 42(4): 77-105.

이계식·문형표.(1995). 「정부혁신: 선진국의 전략과 교훈」. 서울: 한국개발연구원.

이명석.(1995). "공유재문제의 자치적 해결가능성." 「한국행정학보」, 29(4): 1291-1312.

이시원·민병익.(2002)."우리나라 역대정부장관의 재임기간 및 배경 분석." 「한국행정연구」, 11(3): 53-82.

이정전.(2005). 「경제학에서 본 정치와 정부」. 서울: 박영사.

일경비즈니스(편).(1982). 「지하경제의 정체」. 서울: 매일경제신문사.

임승빈.(1999). 「행정과 NGO간의 네트워크 구축에 관한 연구」. 서울: 한국행정연구원.

전상경.(2000). "William A. Niskanen의 관료제 모형." 오석홍·송하중·박정수(편). 「행정학의 주요이론」. 서울: 법문사: 137-147.

_____.(1992). "시장과 비시장 및 공공정책: 환경오염을 중심으로." 「한국행정학보」, 26(1): 81-101.

정정길.(1997). 「정책학원론」(개정판). 서울: 대명출판사.

최광.(2000). "올슨교수의 생애와 학문세계." 「공공경제」, 5(2): 251-268.

최병선.(1992). 「정부규제론」. 서울: 박영사.

최병선.(1991). "민영화의 정치경제." 「한국행정학보」, 25(2): 465-480.

최영출·옥동석.(1999). "영국의 '시장성평가'(Market Testing)제도의 적용가능성에 관한 연구." 「밀레니엄 전환기 행정(학)의 회고와 전망」(1999 한국행정학회

동계학술대회발표논문집): 53-74.

최창수.(2000). "사회적 자본형성을 위한 지방정부의 역할: 미국의 교훈." 「지방행정
연구」, 14(1): 213-230.

하혜수·임도빈·채원호·김성수.(1999). "일몰방식의 행정개혁에 관한 비교연구:
미국·프랑스·독일·일본을 중심으로." 「한국행정학보」, 33(2): 89-106.

홍완식.(1998). 「쓰레기 수거서비스 공급의 경쟁화에 관한 연구」(동아대학교 대학원
행정학박사학위논문).

함종석.(2010). 「행정에 관한 공무원인식조사」. 서울: 한국행정연구원.

황인수·안상현·서성아.(2004). 「행정에 관한 공무원과 국민의 의식조사」. 서울: 한
국행정연구원.

Borcherding, Thomas E., Werner W. Pommerehne, and Friedrich Schneider.(1982).
*Comparing the Efficiency of Private and Public Production: The Evidence
from Five Countries*. Institute for Empirical Research in Economics, University
of Zurich, Switzerland.

Friedman, M. and Rose Friedman.(1979). 민병균 외3인(공역).(1980). 「선택의 자유」.
서울: 협동연구사.

Hardin, G.(1968). "The Tragedy of Commons." *Science*, 162: 1,243-1,248.

Kaletsky, Anatole.(2010). 위선주(역).(2011). 「자본주의 4.0」. 서울: 컬처앤스토리.

Olson, M., Jr.(1965). *The Logic of Collective Actions: Public Goods and the Theory of
Groups*. Cambridge: Havard University Press.

Osborne, David, and Ted Gaebler.(1992). 박세일 외 (공역).(1994). 「정부혁신의 길」.
서울: 삼성경제연구소.

Ostrom, E.(1990). *Governing the Commons: The Evolution of Institutions for
Collective Action*. Cambridge: Cambridge University Press.

Salamon, Lester M.(1987). "Partners in Public Service: The Scope and Theory of
Government-Nonprofit Relations." in Walter W. Powell (ed.) *The Nonprofit
Sector: A Research Handbook*. New Haven: Yale University Press: 99-117.

Samuelson, P.(1954). "The Pure Theory of Public Expenditure." *Review of Economics
and Statistics*, 36(November): 387-389.

Schultze, Charles L.(1977). 정용덕(역).(1986). 「사익의 공공활용」. 서울: 성균관대학
교출판부.

Schumpeter, J.A.(1934). *The Theory of Economic Development*. Cambridge, Mass.:
Harvard University Press.

Stiglitz, Joseph E.(1988). *Economics of Public Sector*. (2nd ed.). New York: W.W.
Norton & Company.

Tiebout, C.(1956). "A Pure Theory of Local Expenditure." *Journal of Political Economy*, 64: 416–424.

Tullock, G.(1967). "The Welfare Costs of Tariffs, Monopolies and Theft." *Western Economic Journal*, 5(3): 224–232.

Wilson, James Q.(1980). "The Politics of Regulation." pp. 357–394 in Wilson (ed.) *The Politics of Regulation*. New York: Basic Books, Inc., Publishers.

Wolf, Charles, Jr.(1993). *Markets or Governments: Choosing between Imperfect Alternatives*. (2nd ed.). Cambridge, Mass.: The MIT Press.

_____.(1988). 전상경(역).(1991). 「시장과 정부: 불완전한 선택대안」(한국학술진흥재단 번역총서 119). 서울: 교문사.

03

집합적 의사결정의 논리

제1절 ▎ 서 론

우리는 앞장에서 시장과 정부 및 NGO가 자원배분 메커니즘으로서 중요한 역할을 수행하고 있음을 보았다. 시장은 경제주체들의 자발적 교환에 토대를 두고 있기 때문에 시장에서 이루어지는 의사결정은 경제주체 한 사람 한 사람의 분권화된 의사결정의 결과이고, 각 의사결정자들은 그 결과에 따른 책임을 스스로 져야만 하는 것이다. 이에 반하여 민주주의하에서 정부나 NGO에서 이루어지는 의사결정은 구성원 개개인의 선호를 바탕으로 하여 전체의 선호를 도출하는 집합적 의사결정(collective decision making)[1]에 의존한다. 이 경우 각 구성원들은 자신의 선호가 집합적 선호와 다르더라도 거기에 복종해야 한다. 비록 정부와 NGO는 뚜렷이 구별되는 조직이지만 이들이 조직으로서의 의사결정을 내릴 때는 집합적 의사결정과정에 의존한다는 점에서는 유사점이 많다.

집합적(사회적) 선택이론이란 국가나 어떤 조직이 국가나 그 조직의 이름으로서 의사결정을 내릴 때 그 집합체의 결정과 그 개개 구성원들이 갖는 선호(選好; preferences)와의 관계에 관한 것이다. 이와 같은 관계에는 여러 가지 가능한 유형이 있다. 예를 들면 자유민주주의 체제하에서는 투표라는 절차를 통

---

1) 본서의 초판에서는 'collective decision-making' 및 'collective choice'를 '집단적 의사결정'과 '집단적 선택'으로 번역하였다. 그러나 '집단'이라는 용어가 주는 뉘앙스 때문에 제2판부터 이 용어들을 '집합적 의사결정'과 '집합적 선택'으로 대체한다.

하여 개인들은 자신의 견해를 대표해 줄 사람들을 선출하며, 그렇게 선출된 집단은 자신을 뽑아준 다양한 부류의 사람들을 위하여 각종 결정을 내리기도 하고 선택행위도 하게 된다.

다른 한편 독재체제하에서는 국가나 어떤 조직을 구성하는 개개인의 선호와 지배집단이 갖는 선호와의 관계는 매우 단순하다. 즉 그와 같은 체제하에서의 집합적 선호관계는 아야톨라 호메니(Ayatollah Khomeini)와 같은 카리스마적 종교지도자에 의해 정의될 수 있고,[2] 레닌(Vladmir Lenin)이나 마오쩌둥(毛澤東)처럼 카리스마적 정치지도자들에 의해서 정의될 수 있다. 집합적 선호가 이와 같은 방식으로도 결정될 수 있지만, 이러한 형태의 집합적 선택은 우리의 주요한 관심사가 아니다.

많은 경우 투표가 집합적 의사결정 메커니즘으로서 활용된다. 시장에서 이루어지는 각종 구매행위도 궁극적으로는 화폐를 이용한 일종의 투표행위라고 해석될 수 있다. 시장에서의 구매행위와 같은 화폐투표는 구매자가 자신의 대표를 통하여 행사하지 않고 그 자신이 직접 행사한다. 여기에 비해 비시장(non-market)에서의 집합적 결정을 위한 투표의 경우 각 구성원이 직접 투표에 참여할 수도 있고 또한 자신들의 대표를 선출하여 그들로 하여금 대신 투표케 할 수도 있다.

오늘날 대부분의 정부나 대규모 조직들은 그 구성원들의 대표가 구성원들의 이름으로 집합적 의사결정을 내리지만, 미국 New England 지방의 타운미팅, 1978년에 이루어진 캘리포니아 주의 주민발의 13(Proposition 13),[3] 우리나라의 국민투표나 주민투표처럼 구성원들이 직접 집합적 결정에 참가하는 경우도 있다. 오늘날 직접투표(direct voting)는 각종 소규모단체, 노동조합의 결의사항 인준, 대학교수회의 등에서도 널리 이용된다. 특히 정보통신기술의 발달로 인한 이른바 전자민주주의의 등장은 직접투표제의 활용가능성을 더욱 높여주고 있다.

---

2) 아야톨라 호메니는 1970년대 말에서 1980년대에 왕성하게 활동했던 이란의 종교지도자로서 팔레비(Pahlevi) 왕정을 무너뜨린 이란 혁명지도자였다. 호메이니뿐만 아니라 가끔씩 보도되는 특정 종교집단의 교주도 그 종교집단 내에서는 보통사람이 상상하기 어려운 카리스마적 권위를 갖는다.

3) 주민발의 13(Proposition 13)의 구체적 내용에 관해서는 전상경(1995)과 강명구(1994: 912)를 참고할 것.

집합적 의사결정은 경제학 특히 후생경제학과 기획이론 및 공공경제학의 주요한 분야이지만, 그것은 정치학 특히 국가론 및 의사결정절차와 밀접히 관련된다. 뿐만 아니라 그것은 정의론과도 밀접히 관련되어 있다. 왜냐하면 무엇이 사회정의인가를 논하려면 정의의 기준에 대한 구성원 개개인들의 의견수렴이 필요하기 때문이다. 형평성과 효율성은 정책분석의 주요한 두 기준인데, 전자의 논리는 집합적 선택에 관한 연구로부터 도출되어야 한다. 이와 같이 집합적 선택이론은 여러 분야에 광범위하게 적용될 수 있는 중요한 주제이다.

제2절에서는 시장과 비시장에서 이루어지는 집합적 의사결정의 특성을 설명하며, 제3절에서는 집합적 선택과 개인적 선호와의 기본관계, 집합적 선택의 기본적 특성, 집합적 선택이 안고 있는 본질적 제약을 중심으로 고찰한다. 제4절에서는 직접민주주의제하에서의 집합적 의사결정규칙으로서 널리 이용되고 있는 여러 가지 유형의 투표를 다룬다. 마지막으로 제5절에서는 간접민주주의제하에서 이루어지는 집합적 의사결정의 몇 가지 사례들을 고찰하고 그 문제점들을 살펴본다.

제2절 ▌ 시장과 비시장에서의 집합적 의사결정 및 그 특징

1. 의사결정과정으로서의 교환과 투표

앞장에서 우리는 자원배분 메커니즘을 시장, 정부, NGO의 세 가지로 구분하였다. 만약 이것을 두 가지로 구분한다면 시장과 비시장으로 구분할 수 있고, 비시장에는 당연히 정부와 NGO가 포함된다. 시장조직은 자신의 산출물을 시장에서 판매하고 그 판매재원으로부터 그 조직의 생존에 필요한 주된 수입을 조달하는 조직이다. 여기에 반해 비시장조직은 그 조직의 생존에 필요한 재원을 그 조직 자신의 산출물을 판매함으로써 조달하는 것이 아니라 주로 그 조직 구성원으로부터 조세, 회비, 헌금 또는 기부금의 형태로 조달한다. 이와 같은 비시장조직의 보기로는 정부, 교회, 동창회, 학회, 각종의 공익사회단체 등을 들 수 있다.

시장의 가장 큰 특징은 교환에서의 자발성이고 NGO의 특징도 자발성인 반면 정부의 특징은 강제성이다. 흔히 정부는 비시장이라는 용어로 표현되지만, 비시장에는 그 근본적 성격이 다른 두 가지 메커니즘이 포함되어 있기 때문에 비시장을 정부와 동일한 개념으로 사용하게 되면 다소 혼란이 생길 수도 있다. 아무튼 강제성의 관점에서 본다면 정부와 NGO는 뚜렷이 구별되지만, 그 조직 내부에서 이루어지는 집합적 의사결정과정이라는 특성의 관점에서 본다면 양자 모두 시장과 뚜렷이 구별되고 오히려 정부와 NGO 상호간에는 공통점이 발견된다. 우리의 주목적은 의사결정과정의 특성을 고찰하려는 것이다. 따라서 우리는 자원배분 메커니즘을 시장과 비시장으로서 양분하고 이들 과정에서의 의사결정과정에 대해 설명하려고 한다.

교환은 하나의 사회적 의사결정과정이며, 투표는 그러한 의사결정과정의 한 가지 구체적 수단이다. 비록 투표자체가 완벽하지는 않지만[4] 집합적 의사결정 메커니즘으로서 가장 널리 활용되고 있다. 인간은 자신에게 부여된 주권의 행사를 통하여 여러 가지 유형의 사회적 질서에 참여한다. 시장질서에 참가할 때 인간이 갖는 주권은 소비자주권(consumer sovereignty)으로 불리며, 정치질서에 참가할 때 그것은 투표자주권(voter sovereignty)으로 불린다.

시장에서 소비자들이 행사하는 소비자주권도 좀 더 다른 각도에서 생각하면 궁극적으로는 투표자주권이라고 생각할 수 있다. 왜냐하면 정치인들이 득표를 목적으로 유권자들 사이에서 경쟁을 벌이는 것처럼, 시장에서 소비자들과 생산자들이 벌이는 구매행위나 판매행위는 화폐투표권을 두고 벌이는 경쟁으로 생각할 수 있기 때문이다. 즉 시장에서 수요자가 특정 재화나 용역을 손 안에 넣기 위해 벌이는 구매행위는 수요자가 갖는 화폐투표권을 행사하는 것으로 생각할 수 있으며, 공급자가 그러한 재화나 용역을 공급하고 판매하는 행위는 수요자들로부터 화폐투표권을 확보하는 과정으로 이해할 수 있다.

투표가 시장에서 이루어지든 아니면 비시장의 영역에서 이루어지든 간에 투표자는 사표(死票)를 원하지 않는다. 사표에는 두 가지의 유형이 있다. 그 하나는 의사결정에 기여하는 데 실패하는 소위 낙선자의 표이고, 다른 하나는 의사결정에 기여하고도 남는 소위 당선에 요구되는 최소 득표수를 초과하는 잉여표이다. 연구자에 따라서는 전자를 제1의 사표, 후자를 제2의 사표라고 부르

---

4) 다음 절에서 설명하는 애로우(Kennth Arrow)의 불가능성의 정리는 어떠한 투표제도도 완벽하지 않음을 말해준다.

기도 하는데(박지웅, 2000), 본서에서도 그러한 구분을 그대로 원용하기로 한다.

시장에서 이루어지는 의사결정은 개인수준에서의 분권화된 의사결정을 그 특징으로 한다. 그렇지만 상품구매와 관련하여 시장에서 이루어지는 의사결정도 자세히 관찰하면 일종의 집합적 의사결정과정으로 이해될 수 있다. 여기에 비하여 비시장조직에서 이루어지는 결정이 집합적 의사결정과정의 결과임은 자명하다. 본 절에서는 시장영역과 비시장영역에서 이루어지는 집합적 의사결정의 특성을 몇 가지 관점에서 비교하려고 한다.

2. 시장과 비시장에서의 집합적 의사결정

시장에서 이루어지는 의사결정에는 상품시장에서 개별 시장참가자들이 내리는 극도로 분권화된 의사결정과 주식회사의 주주총회에서 내리는 결정과 같은 두 부류가 있다. 주식회사의 주주총회에서 내리는 의사결정은 개별 주주들의 선호를 토대로 주식회사 전체의 선호를 도출하는 과정이기 때문에 집합적 의사결정임을 누구든지 쉽게 이해할 수 있다. 여기에 반해 상품시장에서 개별구매자들이 구매행위시에 내리는 의사결정과정은 얼핏 보면 집합적 의사결정이 아닌것처럼 생각된다. 그렇지만 앞서 언급하였듯이 시장에서의 의사결정도 궁극적으로는 투표를 통해서 이루어지는 것으로 설명될 수 있기 때문에, 상품시장의 교환과정도 화폐투표권을 이용한 일종의 집합적 의사결정으로 간주될 수 있다. 우리는 여기서 시장영역에서 이루어지는 이들 두 집합적 의사결정 메커니즘을 설명하려고 한다.

(1) 시장에서의 집합적 의사결정

1) 상품시장에서의 집합적 의사결정

시장영역과 비시장 영역에서 이루어지는 투표간의 가장 큰 차이점은, 전자에서는 투표권이 1원 1표의 원칙하에 시장에 참여하는 화폐소유자들에게 배분되지만 후자에서는 투표권이 1인 1표라는 원칙하에 일정한 자격을 갖춘 구성원들에게 배분된다는 사실이다. 시장에서 화폐투표권 획득의 극대화를 꾀하는 판매자는 화폐투표자인 구매자들에게 각종 재화나 용역 그리고 소유권 및 사용권의 양도와 같은 거래는 물론이고, 심지어 마약이나 매춘과 같은 비도덕적 거래까지도 행한다.

비시장영역에서의 투표와 달리 시장영역에서의 투표에는 사표가 존재하지 않는데 이것은 양자간의 또 다른 뚜렷한 차이점이다. 앞서 언급하였듯이 사표는 편의상 제1사표와 제2사표의 두 가지로 구분할 수 있다. 우선 시장영역에서 제1사표가 존재하지 않는 경우를 설명하기로 한다. 시장에서 두 소비자인 갑과 을이 하나의 재화 G를 놓고 서로 경쟁적으로 구매하는 상황을 생각해 보자. 즉 G라는 상품을 구입하기 위해 갑은 100,000원을 걸고 을은 90,000원을 건다고 생각하자. 이것은 G를 획득하기 위하여 갑은 100,000표, 을은 90,000표의 화폐투표권을 행사하는 것으로 간주될 수 있다. 다수결원칙에 따르면 G는 갑에게 돌아간다. 비록 현실에서는 G의 판매자가 을의 화폐투표권을 받아서 되돌려주는 과정이 생략되어 있지만 90,000표는 고스란히 을에게로 돌아간다. 그러므로 여기에는 앞서 언급한 소위 제1사표는 발생되지 않는 것이다.

다른 한편 시장에서 어떤 재화의 가격이 10,000원으로 결정되어 있다면 실제로 그 재화에 대해 10,000원 이상의 가치를 부여하는 소비자라 할지라도 그 이상의 화폐투표권을 행사하지 않는다. 즉 자신이 그 재화에 대해서 15,000원의 가치를 부여하고 있다고 하더라도 10,000표의 화폐투표권만 행사하면 그 재화를 얻을 수 있다. 자신이 생각하는 가치와 자신이 실제로 지불하는 가치간의 이와 같은 차이는 다름 아닌 소비자 잉여인 것이다. 즉 소비자는 시장에서 결정된 최소가격 이상으로 필요 없는 금액을 지불하지 않기 때문에 전술한 제2의 사표도 발생되지 않는다.[5]

2) 주주총회에서의 집합적 의사결정

오늘날 시장조직의 대표적 형태는 주식회사이다. 그러므로 주주총회에서 이루어지는 집합적 의사결정은 시장영역에서의 집합적 의사결정을 이해하는데 가장 기본이 된다. 외형상으로 볼 때 주주총회의 집합적 의사결정은 전술한 개별상품시장의 집합적 의사결정보다도 후술할 비시장에서의 집합적 의사결정에 더 가깝다고 할 수 있다. 그렇지만 주주총회의 집합적 의사결정은 비시장에

---

5) 박지웅(2000: 135–138)은 이와 같은 사표의 개념을 정립한 후 경쟁시장에서의 사표기피의 원리를 자세하게 설명하고 있다.

서의 집합적 의사결정과 근본적으로 다르다.

주주총회에서 강력한 경쟁 주주집단이 존재하더라도 민주적인 다수결방식을 채택할 경우 집합적 의사결정을 내리는 데 필요한 최소한의 투표권 총수, 즉 주식총수는 전체의 51%이다. 그러므로 이 수치를 초과하는 주식은 다수결원칙에 도움되지 않는 소위 잉여주식이므로 일종의 제2사표라고 할 수 있다. 그러므로 지배주주는 이와 같은 사표를 줄이기 위하여 다수결에 필요한 최소한의 주식만을 보유할 것이며, 사표의 감소로부터 발생하는 여유자금을 다른 곳에 투자하려고 할 것이다. 다른 한편 주주총회에서 다수결 확보에 실패한 주식은 일종의 제1사표라고 할 수 있다. 소위 개미군단으로 불리는 소액주주들이 갖는 주식은 이와 같은 유형의 사표인 것이다.

통상적으로 비시장에서의 집합적 의사결정에는 1인 1표의 투표권이 부여되지만, 주주총회의 집합적 의사결정에는 1주 1표의 투표권이 부여된다. 비시장에서의 투표권은 투표권 그 자체로서만 의미를 가지나, 주주총회에서의 주식은 투표권으로서의 역할도 하지만 동시에 유가증권으로서의 의미를 갖는다. 뿐만 아니라 그것을 사고파는 것이 비난의 대상이 될 수도 없으며 오히려 당연시된다. 특히 1주 1표는 궁극적으로 1원 1표라는 형식으로 전환될 수 있다. 이와 같은 특징들 때문에 주주총회에서의 집합적 의사결정에도 외형적으로 볼 때 사표가 생길 수밖에 없는 것처럼 보이지만, 앞에서 고찰한 상품시장에서의 집합적 의사결정에서와 마찬가지로 사표가 발생되지 않는 것으로도 해석될 수 있다.[6]

(2) 비시장에서의 집합적 의사결정

시장에서의 집합적 의사결정에 필요한 투표권은 1원 1표방식이고, 각 개인에게 유동적으로 부여된다. 여기에 비해 비시장영역에서의 집합적 의사결정을 위한 투표권은 원칙적으로 1인 1표방식의 평등한 투표권이고 각 개인에게 고정적으로 부여된다. 시장에서의 투표권은 자유롭게 거래될 수 있을 뿐만 아니라 그러한 거래가 비난의 대상이 되지 않는다. 여기에 비하여 비시장에서의

---

[6] 의사결정 그 자체는 사표를 발생시키는 것이 분명하지만 투표권이 갖는 유가증권으로서의 자산가치 때문에 사표에 대한 해석이 달라진다. 이것에 관한 자세한 설명은 박지웅(2000: 138–142)을 참조할 것.

투표권은 비록 연합(coalition)이나 로그롤링(logrolling)[7] 등과 같은 형식으로 거래될 수 있지만 시장에서처럼 자유롭지는 못하다.

비시장에서 이루어지는 집합적 의사결정은 의제의 중요성에 따라 단순다수결에서 만장일치제에 이르기까지 다양한 결정방식을 취한다. 시장영역에서의 의사결정방식과 비시장영역에서의 의사결정간에 존재하는 중요한 차이점은 사표의 존재와 그것이 가져다주는 함의이다. 이와 같은 사표의 크기는 투표방식에 따라 달라질 수 있다. 예를 들면 대통령 선거에서 후보자가 난립하여 어떤 후보자가 총유권자의 20%의 지지로 당선되었다고 가정하자. 이 경우에는 제1유형의 사표가 발생할 수 있다. 그러나 만약 상위 득표자 2인을 대상으로 결선투표제도를 실시한다면 그와 같은 사표는 상당히 감소될 수 있다. 국회의원선거에서 비례대표제도는 또한 이와 같은 사표의 발생을 줄이기 위한 일종의 보완적 장치이다.

시장영역에서와는 달리 비시장영역에서 이루어지는 집합적 의사결정은 간접민주주의방식을 채택하는 경우가 많다. 즉 조직 구성원이 직접 집합적 의사결정에 참여하기보다 자신들을 대변해 줄 수 있는 대표를 선출해서 그들로 하여금 자신들의 입장에서 집합적 의사결정을 하게 한다. 국회의원이 국회에서 국민의 이름으로 내리는 결정과 노동조합의 대의원들이 노조원들의 이름으로 내리는 결정이 바로 그러한 사례들이다. 이와 같은 간접민주주의 방식하에서의 집합적 의사결정상황에서는 "선출된 대표가 과연 자신을 대표자로 선출한 구성원들의 선호를 여과 없이 반영하는가?"라는 문제가 발생한다. 이것은 소위 위임자-대리인 문제[8]를 불러일으킨다. 이상에서 보았듯이 집합적 의사결정은 시장이나 비시장을 막론하고 존재하지만, 그것이 심각한 문제를 야기하는 것은 비시장에서이다.

3. 시장과 비시장에서 이루어지는 집합적 의사결정의 특징

우리는 앞에서 시장에서 이루어지는 집합적 의사결정을 상품시장과 주식

---

7) 로그롤링은 투표거래라고도 불린다. 여기에 대해서는 본 장의 제4절에서 자세하게 설명될 것이다.

8) 위임자-대리인문제는 본서의 제5장에서 자세하게 다룬다.

시장의 두 가지 유형으로 구분하여 설명하였으나 여기서는 상품시장에서 이루어지는 집합적 의사결정에 한정하기로 한다. 이렇게 되면 1원 1표의 원칙에 입각한 개인의 민간재 구매행위는 곧 개인이 시장에서 이루어지는 집합적 의사결정에 참여하는 행위로 간주될 수 있다. 여기에 반해 1인 1표의 원칙에 입각한 정치인을 선출하기 위한 투표행위는 정치적 서비스의 구매행위이고 이는 곧 개인이 비시장에서 이루어지는 집합적 의사결정에 참여하는 행위로 간주될 수 있다. 이와 같은 정치적 서비스의 구매행위는 궁극적으로 개인이 세금으로서 공공재를 구매하는 것으로 간주될 수 있다. 따라서 우리는 시장과 비시장에서 이루어지는 집합적 의사결정의 특징을 용이하게 고찰하기 위하여 의도적으로 집합적 의사결정의 두 극단적 사례를 민간재 구입과 공공재 구입에서 찾으려고 한다.

시장영역에서 이루어지는 개인의 집합적 의사결정(i.e., 민간재 구매)행위는 그 개인이 직면하고 있는 예산제약하의 효용극대화행위이며, 그 결과에 대한 책임은 전적으로 그 개인에게 있다. 즉 주어진 돈으로 시장에서 옷을 구매하려는 사람은 좋은 옷을 값싸게 샀든 아니면 바가지를 썼든 간에 그 구매행위로 인한 즐거움과 괴로움은 모두 본인에게 귀착된다. 그렇기 때문에 개인이 시장에서 내리는 일종의 집합적 의사결정에서 의사결정당사자인 개인은 매우 신중해질 수밖에 없다.

여기에 반해 비시장영역에서 이루어지는 개인의 집합적 의사결정(i.e., 정치인선출을 위한 투표)행위는 일종의 비예산제약하의 효용극대화행위라고 할 수 있다. 투표권은 조세부담과는 무관하게 일정 조건에만 부합되면 모든 사람에게 주어지므로 투표자가 특별한 예산상의 제약을 느끼지 않고 선택행위를 하게 된다. 뿐만 아니라 선택의 결과는 선택자 자신뿐만 아니라 다른 선택을 한 사람들에게까지도 광범위하게 미치며, 경우에 따라서는 오히려 정반대의 선택을 한 사람들에게 더 많은 영향을 미치기도 한다.

이와 같이 비시장영역의 집합적 의사결정에 참여하는 개인은 일종의 비예산제약하에서 의사결정을 내리기 때문에 비용의식을 느끼지 않는다. 뿐만 아니라 사회 전체적으로는 큰 비용이 수반된다고 하더라도 그러한 부담이 국민 모두에게 세금의 형태로 조금씩 돌아가기 때문에 개인적으로는 자신의 행위로 인한 별도의 비용이 없는 것처럼 느끼게 된다. 따라서 정치적 서비스를 구입(i.e., 정치인을 선출)할 때 비용은 큰 문제로 부각되지 않기 때문에 득표극대화를 추구하는 정치인들의 무모한 공약에 쉽게 속아 넘어갈 수도 있다.

　　이와 같이 개인이 민간재를 구입할 때는 속지 않기 위해서 주도면밀한 분석을 하지만, 정치인의 선출과 같은 비시장영역에서의 의사결정에 참여할 때는 상대적으로 덜 신중해진다. 그렇기 때문에 정치인들이 내거는 공약의 실현가능성보다도 듣기에 좋은 공약을 보고 결정을 내리게 된다. 뿐만 아니라 잘못된 선택으로 인한 피해도 자신뿐만 아니라 다른 사람에게까지 골고루 돌아가기 때문에 사회적으로는 엄청난 비용이 초래될지라도 개인은 그렇게 심각하게 느끼지 못한다. 설령 느낄 수 있다 하더라도 민간재 구입 때와는 달리 상당 기간이 지난 후에라야 비로소 인지된다.

　　"대표 없는 과세는 없다"(No taxation without representation)는 케치프레이즈는 미국 독립전쟁의 시발점이 되었던 것으로 잘 알려져 있다. 즉 조세를 부담하는 만큼 그것에 부응하는 목소리를 낼 수 있어야 한다는 것이다. 이것은 현대 민주주의의 원리에서도 매우 중요한 원칙이다. 세금을 내면서도 국가전체의 의사결정에 전혀 참가하지 못한다면 그야말로 억울한 것이다. 그렇지만 "조세부담 없는 대표는 없다"(No representation without tax payment)는 정반대의 명제는 어떨까? 아무런 기여도 하지 않으면서 목소리만 내는 것은 문제가 없을까?

　　사실 많은 단체나 학자들의 모임인 학회에서는 회비를 납부하지 않으면 선거권이 주어지지 않기 때문에 집합적 의사결정에 참여조차 할 수 없다. 그렇지만 1원 1표라는 화폐투표권이 주어지는 시장에서의 집합적 의사결정과는 달리 1인 1표의 원칙이 적용되는 비시장에서의 집합적 의사결정에서는 아무런 부담도 하지 않으면서 큰 소리치거나 또는 부담에 걸맞지 않게 큰 목소리를 내는 것을 막을 수가 없다. 이것은 궁극적으로 비용의식을 느끼지 못하는 결과를 초래하여 사회적 효율성을 저하시킬 위험성을 낳게 되는데 그것은 1인 1표제라는 민주주의의 가치에 대한 대가로 생각된다. 이와 같이 비시장영역에서의 집합적 의사결정에는 상당한 사회적 비용이 수반될 가능성이 상존한다.

제 3 절 ▌ 집합적 선택과 애로우의 불가능성의 정리

1. 개인적 선호와 집합적 선호의 관계

(1) 개인적 의사결정과 집합적 의사결정을 위한 기본 공리(公理)

정치라는 것이 단 한 사람의 개인에 관한 것이라면 정치분석이란 매우 단순하다. 그렇지만 우리가 현실 속에서 직면하는 정치적 선택상황은 사회적 맥락 속에서 이루어진다. 정치적 선택에는 여러 사람들이 관련되어 있고, 더욱이 그렇게 관련되는 사람들의 선호는 서로 다른 경우가 대부분이다. 뿐만 아니라 한 개인의 선택행위의 결과가 다른 사람들의 선택행위에까지 영향을 미치기도 한다. 이와 같은 두 가지 사실들은 정치분석을 매우 복잡하게 만든다. 그러므로 정치분석에서의 핵심적 과제는 ① 어떻게 여러 개인들의 선호를 통합할 것인가? ② 어떻게 그들 개개인의 선택을 바탕으로 집합적(사회적) 선택을 도출해 낼 것인가라는 물음들로 귀결된다(Frohlich and Oppenheimer, 1978: 15).

어떤 집합체에서도 집합체 그 자체가 아니라 집합체를 구성하는 개개인이 의사결정을 한다는 전제가 주어지고, 또한 각 개인들은 종종 크고 작은 집합체의 구성원으로서 집합적 의사결정에 참여한다는 전제가 주어진다면 다음과 같은 두 가지 질문들이 제기된다: ① 개개인들의 선호매김(preference ordering)이 어떻게 통합되어서 하나의 집합적 선호매김으로 이루어지는가? ② 개인의 선호매김을 집합적 선호매김으로 통합하기 위하여 어떤 규칙이 적용되어야만 하는가? 전자가 다분히 실증적 문제라면 후자는 규범적 문제이다. 아무튼 집합적 의사결정이란 일단 이루어지고 나면 집합체의 모든 구성원들에게 영향을 미치므로 그 결과에 동의하지 않았던 소수의 사람들도 그것에 따라야만 하는 특성을 갖는다(전상경·홍완식(공역), 1991: 168-169).

우리는 여기서 개인적 의사결정이나 집합적 의사결정을 막론하고 합리적 의사결정을 특징짓는 기본적 공리(公理; axiom)를 설정하고자 한다. 일상생활에서는 합리성(rationality)이란 개념은 지적(知的)이고 사려깊은 것을 지칭한다. 이에 반하여 의사결정분야에서는 합리성이란 개념은 계획적이고, 내적 일관성이 있으며, 의사결정자의 목적함수를 극대화시켜주는 행위를 지칭한다(전상경·홍완식(공역), 1991: 143). 우리는 의사결정에서 다음의 세 가지 공리를 만족시킬 경우 합리성을 충족시키는 것으로 간주한다.

완전성의 공리

현실세계에서는 여러 가지 이유 때문에 쉽게 선택행위를 하지 못할 수 있다. 가장 대표적 사례가 윌리엄 스티론(Styron)이 1998년에 쓴 「소피의 선택(Sophie's Choice)」이라는 소설에서 주인공 소피가 처한 상황이다. 소피에게는 폴란드의 집단수용소에서 가스실로 끌려갈 것으로 예정된 두 자녀 가운데 한 명의 자녀만 살릴 수 있는 선택권이 주어진다. 하지만 자녀는 부모에게 경쟁적 대안이 될 수 없기 때문에 두 자녀 중 어느 한 자녀의 목숨을 선택하는 것 자체가 불가능하다는 것이다. 또한 선택해야 할 대안에 대해서 잘 모를 경우에는 선택행위 그 자체를 꺼리게 될 것이다(김재한 외 6인, 2012: 115). 뿐만 아니라 만약 당신이 지금까지 부모와 같이 누군가가 당신을 대신해서 선택해 주는 데 익숙해 있다면, 혼자서 독자적으로 선택행위를 하는 것 자체가 극히 부담스러울 수도 있을 것이다.

우리는 의사결정에서의 합리성을 위해서는 이러한 상황을 배제할 필요가 있으며, 이와 같은 목적을 위해서 완전성의 공리가 요구된다. 완전성(completeness)의 공리란 의사결정에 참여하는 사람들은 그들이 가장 좋아하는 것이 무엇인지를 알고 있다는 것을 뜻한다. 즉 그들은 여러 가지 대안들 x, y, $z\cdots$[9]사이의 선호관계를 확실히 표명할 수 있다는 것이다. 따라서 만약 어떤 사람이 두 가지 대안들인 x와 y 사이의 선택문제에 직면하였을 때, 완전성의 공리에 의하면 그는 반드시 다음 세 가지 경우 중의 어느 하나에 속해야 한다. 즉 그는 ① x를 y보다도 더 선호하거나($x > y$), ② y를 x보다도 더 선호하거나($y > x$), 또는 ③ 두 대안 x와 y간에 아무런 차별을 두지 않는다($x \cong y$).

이행성의 공리[10]

일상생활에서 이루어지는 선택행위과정에서는 다음과 같은 경우가 발생할 수 있다. 즉 당신은 사과를 포도보다 더 좋아하고, 포도를 감보다 더 좋아하

---

9) 이러한 대안들 x, y, $z\cdots$ 이란 식당에서 메뉴를 정하는 의사결정일 경우에는 자장면과 우동 및 잡채일 수도 있고, 정치적 지도자를 선택하는 의사결정일 경우에는 입후보자일 수 있다. 즉 이것은 어떠한 의사결정을 내릴 때 택할 수 있는 행동방안을 의미하는 뜻으로 사용된다.

10) 본서의 초판에서는 'transitivity'를 '전이성'으로 번역하였으나 '이행성'이라는 용어가 더 널리 사용되므로 독자들의 혼란을 피하기 위해 제2판부터 '이행성'으로 번역한다.

지만, 감을 사과보다도 더 좋아할 수 있다. 현실세계에서 여러 사람들을 대상으로 실험을 해 볼 경우 이와 같은 비이행성(intransitivity)이 종종 발생하는 것으로 알려지고 있다(Feldman, 1980: 10).

합리적 의사결정을 위해서는 이와 같은 비이행성은 배제되어야 한다. 이행성(移行性; transitivity)의 공리란 의사결정에 참여하는 어떤 개인이 x를 y보다 선호하고 y를 z보다 선호한다면, 그는 당연히 x를 z보다 선호하여야만 한다는 것이다. 이 공리의 핵심은 개인의 선택행위에는 내적 일관성이 있어야 한다는 것이다.

극대화의 공리

사람들은 언제나 자신에게 이용가능한 모든 대안들 가운데에서 가장 큰 효용을 가져다 주는 대안을 선택한다. 환언하면 의사결정자들은 자신의 목적함수를 극대화시켜줄 수 있는 행위를 한다는 것이다. 우리는 바로 이것을 극대화의 공리라고 부르기로 한다.

(2) 집합적 선택의 두 가지 접근방법: 공익적 접근방법과 사익적 접근방법

집합적(사회적) 선택의 문제를 다룰 때 경제학자와 정치학자들은 서로 다른 방법론적 시각을 갖는 경향이 있다. 즉 정치학자들은 공익적(公益的; public interest) 접근방법에 익숙하지만, 경제학자들은 사익적(私益的; self-interest) 접근방법에 더 익숙하다. 본서는 정치경제학적 관점에 서 있기 때문에 후자의 입장을 택하며, 아래에 양 접근방법의 특징을 간략하게 소개한다.

1) 공익적 접근방법

정치학자들에게 있어서 사회후생의 개념은 국가론이나 사회계약론에 구체화되어 있다. 이러한 접근방법은 다알(Dahl)과 린브룸(Lindblom)의 저서 「정치·경제와 사회후생」(1953) 및 월다브스키(Wildavsky)의 저서 「예산과정의 정치성」(1964) 등에 잘 설명되고 있다. 이와 같은 공익적 접근방법에 의하면 집합적 선택분석에서의 개인은 집합적 선택을 행하는 사회조직체에 종속적 역할을 하는 것으로 간주된다. 따라서 이 접근방법에서의 분석단위는 조직 또는 집합체이고, 연구대상은 공익실현을 위하여 존재하는 것으로 간주되는 조직이나 집합체들의 행태이다.

공익적 접근방법에서는 집합체가 마치 한 개인처럼 행동하는 것으로 취급한다. 집합체는 그 나름대로의 선호를 갖는 것으로 생각되며, 따라서 집합체로서의 국가는 그 구성원인 국민 개개인들과는 독립적으로 존재하는 것처럼 간주된다. 그러므로 이러한 접근방법을 따를 경우 공익은 개인들이 갖는 사익의 단순 통합이 될 수 없다. 이것이 의미하는 바는 집합체에 의해서 이루어지는 결정이 그 집합체 구성원들의 선호와 반드시 관련될 필요가 없다는 것이다.

이와 같은 접근방법에서 제기될 수 있는 흥미로운 질문은 "그와 같은 공익이 도대체 어디에서부터 연유하는 것인가?"라는 것이다. 이 질문에 대한 간단 명료하고 일치된 대답을 구하는 것은 어려우며 여러 사람들간에 의견이 분분하다. 즉 한 부류의 사람들은 공익을 주어진 것으로 생각하는 합리주의자들로서 그것을 '공동선'(共同善; common good)이라고 즐겨 부른다. 그들에 의하면 '공동선'이란 사람들의 일반의지(common will)를 통하여 표출되고, 정치사회 조직의 주요 기능이란 그러한 일반의지를 해석하는 것이다. 둘째 부류의 사람들은 공익은 자연법(natural law) 내에 존재한다고 생각하는 이상주의자들이다. 그들에 의하면 자연법은 자명(自明; axiomatic)하기 때문에 공익은 그 자체로서 주어진다는 것이다. 셋째 부류의 사람들은 공익은 끊임없이 지속되는 갈등으로부터 나온다고 생각하고, 그러한 갈등을 줄이거나 제거하기 위하여 합의를 도출할 수 있는 정책설계를 요구한다. 이런 부류에 속하는 사람들은 정부정책이 공익의 구현에 도움되는 것으로 생각하며, 개인의 선호도 고정된 것으로 받아들이지 않는다. 즉 그들은 개인들의 선호도 끊임없이 작동되는 정치과정을 통하여 변화될 수 있으며, 그 결과 합의가 도출될 수 있다고 믿는다.

2) 사익적 접근방법

이 접근방법은 공익이란 개개인들이 갖는 사익의 단순 통합이라고 생각한다. 그렇기 때문에 분석단위는 개인이 되고, 따라서 각 개개인의 행태가 연구대상이 된다. 이 방법은 주로 다운즈(Downs)의 「민주주의의 경제적 이론」(*An Economic Theory of Democracy*)(1957)이나[11] 뷰캐넌(Buchanan)과 털럭(Tullock)의

---

11) 본서는 「민주주의 경제학」이라는 이름으로 전인권·안도경(1997)에 의해 국내에 번역되었다.

「국민합의의 분석」(*The Calculus of Consent*)(1962)[12] 등과 같은 연구물들과 밀접히 연관된다.

　이와 같은 접근방법에 의하면 각 개인들은 일련의 선호체계를 가지며, 여러 가지 제약조건들 속에서 자신의 목적(i.e., 효용)극대화를 도모하기 위하여 행동하는 것으로 간주된다. 그와 같은 제약조건들로는 자원제약은 물론이고, 법률적이거나 조직에 의한 제약, 불완전한 지식과 불완전한 선견지명(先見之明)으로 인한 제약 등이 포함된다. 사익적 접근방법을 취하는 경제학자들의 주 관심사는 각 개인이 갖는 목적함수의 독립변수들과 그가 직면하는 제약 및 유인들이다.

　정치행태에 관한 여러 가지 측면들은 이와 같은 사익적 접근방법을 이용하여 설명될 수 있다. 즉 정치행태에 관한 일련의 검증가능한 가설들이 개인들의 효용극대화 행태를 통해서 도출될 수 있고, 그러한 가설들은 경험적 조사를 통하여 검증 가능하다. 따라서 방법론적 측면에서만 본다면 사익적 접근방법은 포퍼식(Popperian sense)의 의미[13]로서 볼 때 더 과학적이다. 즉 이 접근방법은 공익적 접근방법과는 달리 공익을 발생시키는 어떤 외부적 상황을 염두에 두지 않고, 공익이란 오직 개인들이 갖는 사익의 단순 통합으로만 간주한다.

　여러 가지 유형의 많은 집합체들이 집합적 의사결정을 내린다. 그렇지만 이것은 집합체가 마치 한 개인처럼 행동한다고 말하는 것과는 다르다. 즉 사익적 접근방법은 '집단적 사고'(group mind), '집단의지'(group will), 또는 '집합적

　본서는 다운즈가 27세 때인 1957년에 출간되었으며, 그 후 과반세기가 지난 지금에도 세계적으로 널리 읽히고 있는 고전이다. 이 책은 노벨경제학상 수상자인 애로우(K. Arrow)와 정치학자인 다알(R. Dahl)로부터 직접적인 영향을 받았고, 뷰캐넌과 털럭의 「국민합의의 분석」에 상당한 영향을 주었다(전상경, 1999: 245).

12) 이 책의 원제목은 *The Calculus of Consent: Logical Foundations of Constitutional Democracy*이며 흔히 「동의의 계산」으로 번역된다. 그러나 전상경·황수연(1999)은 본서를 번역하면서 「국민합의의 분석」이라는 제목을 택하였다. 뷰캐넌과 털럭은 공공선택론의 창시자로 알려져 있으며, 본서는 공공선택론이 산실(産室)인 버지니아정치경제학파의 왕관에 박혀 있는 보석으로 평가받고 있다.

13) 칼 포퍼(Karl Popper, 1902-1994)는 오스트리아 빈 출생의 영국 철학자이다. 논리실증주의에 대한 비판을 통하여 '비판적 합리주의'를 창시한 그는 과학을 대담한 추측과 이에 대한 반증(反證)을 통하여 발전하는 것으로 보았으며, 과학과 비과학을 가르는 기준으로 반증가능성원리를 제시하였다. 그는 나치즘이나 마르크스주의 같이 종족·국가·계급 등을 통해 사회를 집합적 전체로 다루는 것은 반드시 개인 자유를 희생시킨다고 보았으며 열린 사회를 건설할 방법으로 점진적 사회공학을 제시하기도 하였다.

합리성'(collective rationality)과 같은 개념과는 거리가 멀다. 그렇다고 해서 사익적 접근방법을 극단적인 방법론적 개인주의로 간주하여서도 곤란하다. 왜냐하면 이러한 방법을 사용하더라도 한 집합체에서 행동하는 개인들은 별개의 독립된 개인으로 행동하는 것과는 다른 행동양식을 보일 것이기 때문이다. 따라서 이러한 입장에서도 공익과 사익의 분리는 가능한 것이다. 즉 개인들은 무엇이 공익이고 무엇이 그들 자신의 사익인지를 알 수 있다는 것이다.

(3) 집합적 선택에서 고려되어야 할 주요 이슈들

서로 다른 선호를 갖는 개인들로 구성된 집합체가 몇 가지 행동대안들 중에서 그 집합체에게 가장 바람직한 하나의 대안을 선택해야 하는 선택상황에 직면해 있다고 가정하자. 이와 같은 집합적 선택 상황하에서는 다음과 같은 두 가지 주요한 이슈가 발생한다. 첫째 이슈는 서로 다른 개인들의 선호를 어떤 식으로 집합적 선호체계로 통합(aggregate)할 것인가?라는 것이고, 두 번째 이슈는 상이한 개인들로 이루어진 그 집합체가 그 구성원들 모두가 추구할 집합적(사회적) 목적을 어떻게 결정하는가? 환언하면 그 집합체(사회조직)의 목적함수 또는 사회후생함수는 어떻게 결정될 것인가?라는 것이다. 만약 선호의 통합규칙을 알 수 있고 또한 극대화해야 할 목적함수를 안다면, 합리적인 집합적(사회적) 선택을 위한 표준적 테크닉의 적용이 가능하게 될 것이다.

우리는 일련의 서로 다른 개인들간의 선호로부터 사회적 선호를 도출하는 여러 규칙들이 갖는 제반 성질(properties)들에 관심을 갖는다. 우리가 집합적(사회적) 선택의 규칙들을 다룰 때 우리는 그러한 규칙들을 그 집합체(사회조직)의 '헌법'[14]으로 간주할 것이다. '헌법'은 집합적(사회적) 선택이 이루어지는 과정을 안내해 주고 제약하는 일련의 법적 규칙들인 것이다(Buchanan and Tullock, 1962: 23). '헌법'이 좋은가 나쁜가에 대한 질문은 곧 집합적(사회적) 선택규칙이 나쁜가 좋은가를 묻는 것이다. 이와 같은 질문에 답하려면 우리는 집합적(사회적) 규칙들이 갖는 제반 성질들에 대한 정보를 알아야만 하고 또한 그러한 규칙들을 판단할 수 있는 일련의 기준을 세워야만 한다.

---

14) 일반적 의미에서의 헌법과 여기서 사용되는 의미에서의 '헌법'을 구별하기 위하여 따옴표를 붙여 '헌법'이라고 표기한다.

■ ■ 그림 3-1 개인적 선호, 집합적 선택규칙, 집합적 선택의 관계

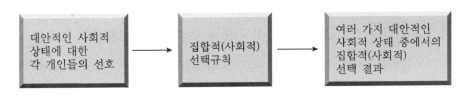

[그림 3-1]은 여러 가지 사회적 대안들에 대한 각 개인들의 선호가 주어졌을 때 그것을 특정의 사회적 규칙에 적용함으로써 사회적 선택결과가 도출되는 과정을 도식화한 것이다. 집합적 선택규칙을 정하는 과정에서는 다음과 같은 네 가지 영역의 질문들이 제기된다: ① 개인의 선호는 어떻게 집합적 선호로 통합되어야만 하는가? ② 그러한 집합적(사회적) 선택규칙은 어떠한 기준에 부합되어야만 하는가? ③ 실제로 개인들의 선호는 어떻게 통합되는가? 존재하는 선택규칙, 즉 헌법의 본성은 무엇인가? 그러한 규칙들의 운영에는 비용이 많이 들지는 않는가? ④ 질문 ③에서의 규칙들은 ②에서 규정하는 기준을 준수하는가? 이상의 네 가지 질문들 가운데 ①과 ②는 규범적 이슈들이고 ③과 ④는 경험적 또는 실증적인 이슈들이다.

집합적 선택은 사회선택이론과 공공선택이론이라는 두 가지 서로 다른 하위의 연구영역으로 세분된다(Brown and Jackson, 1990: 91). 즉 사회선택이론(social choice theory)은 비시장적 의사결정에 관한 매우 추상적 분석으로서, 제도적 구조보다 선호의 구조가 주요 관심사이다. 따라서 "상이한 규칙들이 갖는 효율성의 성질은 무엇인가?"라는 질문처럼 사회적 선택으로 인한 균형의 존재 및 그 안정성 여부가 주된 관심사다. 여기에 반해 공공선택이론(public choice theory)은 집합적 선택을 규정하는 규칙들, 즉 제도적 구조에 더 많은 관심을 두며, 따라서 "그러한 규칙들이 행태에 어떠한 영향을 미치는가?"와 같은 가설검증이 주된 관심사다.[15]

---

15) 최병선은 정부실패에 관한 다양한 시각을 소개하면서 그것을 사회선택이론, 공공선택이론, 전통적 조직이론 등으로 대별하고 있다(최병선, 1992: 148-149).

2. 집합적 선택과 애로우(K. Arrow)의 불가능성의 정리 및 그 반향

(1) 집합적 선택규칙의 윤리적 기준과 애로우의 불가능성의 정리

1) 집합적 선택규칙을 위한 애로우의 윤리적 기준

집합적 선택규칙들에 관한 경제학자들의 사익적 접근방법은 방법론적 개인주의(methodological individualism)와 서수적 선호(ordinal preferences)라는 두 축에 바탕하고 있다. 여기서는 애로우가 그의 기념비적 저서인 「사회적 선택과 개인의 가치」16)에서 사회적 선택규칙(i.e., '헌법')이 윤리적으로 수용되기 위하여 최소한 준수되어야 할 조건들로서 열거한 다섯 가지의 사항들을 언급하려고 한다.

합 리 성

집합적 의사결정에서의 합리성이란 개인들의 어떠한 선호체계에 대해서도 완전성과 이행성을 충족하는 사회적 선호매김(social preference ordering)이 창출되어야만 한다는 것이다. 여기서 완전성이란 모든 사회적 결과를 비교하여 순서지을 수 있어야 한다는 것을 뜻하며, 이행성이란 대안 $x \cdot y$간의 집합적 선호가 $x \succ y$이고, 대안 $y \cdot z$간의 집합적 선호가 $y \succ z$일 경우 대안 $x \cdot z$간의 집합적 선호는 $x \succ z$이어야 한다는 것을 뜻한다.

무관한 대안과의 독립성

일련의 대안들 가운데에서 이루어지는 어떠한 집합적 선택도 그러한 의사결정과 직접적으로 무관한 다른 대안에 좌우되어서는 안 된다는 것이 곧 무관한 대안과의 독립성(IIA: Independence of Irrelevant Alternatives)이다. 좀 더 구체적으로 말한다면 한 쌍의 대안들 x와 y가운데에서 바람직한 집합적 선택을 할 경우, 두 대안 x와 y에 대한 각 구성원들의 선호에 변함이 없다면 (비록 x와 y가 아닌 다른 대안들에 대한 구성원들의 선호변화가 있더라도) x와 y 두 대안들간에 이루어지는 집합적 선택결과는 변하지 않아야 한다는 것이다. 여기서

---

16) Kenneth J. Arrow.(1963). *Social Choice and Individual Values*. New Haven: Yale University Press. 애로우는 사회적 선택이론에 대한 업적을 인정받아 1972년도에 노벨 경제학상을 수상하였다.

무관한 대안이란 곧 의사결정의 직접적인 의제(agenda)에 포함되지 않는 대안을 뜻한다.

파레토 원칙

이것은 긍정적 연관성(positive association)이라고도 하며 어떠한 사회적 선택규칙에서도 개인의 선호가 왜곡된 형태로(in a perverse fashion) 반영되어져서는 안 된다는 것이다. 즉 개개인들이 특정 대안을 더 많이 선호하면 할수록 그 대안은 집합적 선택으로 될 가능성이 더 높아져야 한다는 뜻이다.

파레토 원칙은 다음과 같이도 설명될 수 있다. 즉 사회의 모든 구성원이 x를 y보다 엄격히(strictly) 선호한다면, x는 y보다 사회적으로 선호되어야 한다. 또한 그 사회 내에서 최소한 한 사람은 x를 y보다 선호하지만 그를 제외한 다른 사람은 x와 y에 무차별적일 때도, x는 y보다 사회적으로 선호되어야 한다.

개인의 선호에 대한 비제약성

이것은 종종 보편성(universality)이라고도 하는 것으로서 의사결정에 참여하는 각 개인의 선호에 어떠한 제약도 주어서는 안 된다는 것을 뜻한다. 그러므로 어떤 특정 형태의 선호를 가진 사람들도 사회적 선택과정에서 배제되어서는 안 된다는 의미이다. 즉 사회적 선호는 그 정의역(domain)이 논리적으로 가능한 개인의 모든 선호를 포함한 상태에서 도출되어야만 한다는 것이다.

비독재(非獨裁)성

집합적 선호의 결정에 있어 어떤 특정 개인 i의 선호가 그를 제외한 다른 모든 사람들의 선호에는 상관없이 언제나 사회적 선호로 된다면, 그 특정 개인 i는 독재자라고 불린다. 민주적인 집합적 의사결정에서는 이와 같은 독재자가 존재해서는 안 된다.

애로우가 제시한 이상의 다섯 가지 조건들은 사회를 구성하는 각 개인의 선호에 따라 사회적 선호가 결정되고, 그러한 사회적 선호에 바탕하여 사회적 선택을 도출케 하는 어떠한 집합적 선택규칙들이라도 만족시켜야 할 최소한의 윤리적 조건들인 것이다. 뿐만 아니라 이러한 조건들은 '헌법'의 논리적인 내적 일관성을 보증하기 위해서도 필요하다. 또한 이러한 조건들은 개인들의 서수적 선호에 바탕하고 있기 때문에 대인간의(interpersonal) 효용-비교에 의한 집합적 의사결정은 배제된다. 비록 많은 사람들이 대인간 효용비교에 대한 애로우의 엄격한 제한을 비판하지만, 애로우 자신은 각 개인의 자율성 때문에 그들의 경험을 공통적 척도로 비교할 수는 없다고 주장한다.

2) 애로우의 불가능성의 정리

애로우는 전술한 집합적 규칙이 지녀야 할 다섯 가지의 윤리적 조건을 모두 만족시켜 주는 어떠한 사회적 선택규칙도 존재하지 않는다고 하였다. 바로 이것이 그의 유명한 불가능성 정리(Impossibility Theorem)이다. 애로우는 불가능성의 정리를 다음과 같이 설명하고 있다. "만약 대인간 효용비교를 배제하면, 개인들의 선호로부터 (광범위한 개인들의 선호매김의 집합에 걸쳐 정의되는) 사회적 선호를 도출하는 유일한 방법은 강요된 것이거나 또는 독재적인 것이다."

애로우의 불가능성의 정리는 종종 다음과 같은 형식으로 표현되기도 한다. 즉 ① 합리성 조건, ② 무관한 대안과의 독립성 조건, ③ 파레토 조건, ④ 보편성 조건 등을 만족시키는 어떠한 집합적 의사결정규칙도 한 사람을 독재자로 만든다. 즉 전술한 다섯 가지의 조건을 모두 만족시키는 규칙은 존재하지 않는다는 것이다.

(2) 애로우의 불가능성의 정리에 대한 반향과 그 함의

1950년 애로우가 사회후생개념의 어려움에 대한 그의 기념비적 논문을 (Arrow, 1950) 발표한 이래 그러한 주제에 관해서 수백편의 논문들이 발표되었고, 또 수많은 학자들이 애로우의 불가능성의 정리가 갖는 논리적 분석의 결점을 찾아내려고 노력하였지만 아무도 성공하지 못하였다. 즉 그의 정리는 논리적 완벽성을 갖고 있음이 밝혀진 것이다.

도대체 무엇 때문에 그렇게 많은 학자들이 애로우의 불가능성의 정리와 같은 주제에 많은 관심을 보이고 있는 것인가? 이것에 대한 대답은 애로우의 불가능성의 정리 그 자체가 가져다주는 함의(含意)로부터 도출될 수 있다. 즉 불가능성의 정리는 "완전성과 이행성을 만족시키는 사회적 선호관계를 도출할 수 있는 완벽한 방법이 있을까?"라는 질문에 대하여 "없다"라는 명확한 답을 주고 있기 때문이다.

만족할 만한 사회적 선호관계의 존재가능성에 대한 그와 같은 부정적 결론은 '일반의지'(general will), '사회계약'(social contract), '사회재'(social goods), '국민의 뜻'(will of people), '국민의 정부'(people's government), '국민의 소리'(people's voice), '사회적 편익'(social benefit) 등과 같은 개념의 존재가능성에 상당한 의문을 던져주었다.17) 즉 개인의 선호관계에 견줄 수 있는 것과 동일한 선호관계를 사회에도 부과할 수 있다는 생각에 많은 의문점들이 일어나게 되었다. 그것은 20세기 사회사상의 영역에도 많은 논쟁들을 불러일으켰다.

우리는 여기에서 애로우의 불가능성의 정리에 관한 비판을 두 가지 측면으로 나누어서 고찰해 보려고 한다. 하나는 사회적(집합적) 선호 그 자체의 존재에 관한 부정적 견해를 나타내는 것이고, 다른 하나는 비록 집합적 존재 그 자체는 인정한다고 할지라도 집합적 선호를 도출하기 위하여 애로우가 최소한도의 수준으로 요구한 윤리적 규칙에 대한 부정적 견해이다. 우리는 아래에서 이들을 차례로 고찰하려고 한다.

먼저 사회적 선호의 존재에 관한 부정적 견해를 살펴보자. 이 견해에 따르면 개인의 선호에 견줄 수 있는 사회적 선호를 생각한다는 것 자체가 어리석다. 왜냐하면 사회는 자기 나름대로의 이해관계를 가진 각 개인들의 단순한 집합체에 지나지 않기 때문에 사회적 선호(social preference)를 생각할 수 없기 때문이다. 즉 각양 각색의 개인이 모인 집합체가 개인처럼 사회적 선호를 가져야 한다는 것은 유추에 의한 잘못된 추론(illegitimate reasoning by analogy)의 대표적 보기라는 것이다. 환언하면 개인들이 지니는 특성들을 사회에 귀속시키는 (attribute) 것은 인격화(personification)의 논리적 오류를 범하는 것이라는 생각이다. 뷰캐넌이나 플랏(Charles Plott) 등과18) 같은 학자들이 이와 같은 입장을 견지한다(Feldman, 1980: 191).

이들의 입장을 좀 더 정리해 보면 누구든지 파레토 최적에 관심을 가져야 한다는 생각은 어리석다는 것이다. 왜냐하면 각 개인 i는 단순히 각기 자신의 효용극대화를 추구할 뿐이기 때문이다. 마찬가지로 정부관료들이 공공선(the public good)의 추구에 관심을 갖는다는 생각도 어리석다. 왜냐하면 공익선이란

---

17) 사회적 선택을 연구하는 데는 공익적 접근방법과 사익적 접근방법의 두 가지가 있음을 이미 지적하였다. 여기서 말하는 의문이란 방법론적 개인주의에 입각한 사익적 접근방법의 경우 민주사회에서 용납될 수 있는 윤리적 기준을 수용하는 집합적 선호메커니즘이 존재하느냐에 관한 것이다. '일반의지'나 '사회계약' 등과 같은 개념은 공익적 접근방법에 의한 것이다.

18) 뷰캐넌은 공공선택론에 대한 기여로 노벨 경제학상을 수상한 학자이고, 플랏은 실험경제학 (experimental economics)이라는 새로운 영역을 구축하고 있는 미국의 중진 경제학자이다.

개념은 공허할 뿐 아니라, 설령 추구하여야 할 공공선이 존재한다 하더라도 각각의 정부관리들은 자신들의 효용극대화를 추구하려고 할 것이며, 더욱이 일반국민(the public)에게 좋은 것과 정부관료에게 좋은 것은 서로 다를 수 있기 때문이다. 애로우의 불가능성의 정리에 관한 이 같은 반응이 논리적으로는 매력이 있지만, 어떤 사람들에게는 전혀 호소력을 지니지 못하는 공허한 소리로 들릴 수도 있을 것이다.

　　이제 애로우가 집합적 의사결정시에 윤리적으로 갖추어야 한다고 주장한 조건들에 대한 반응을 살펴보기로 하자. 애로우 분석에서의 전제조건들은 그 하나하나가 그렇게 엄격하지는 않지만, 모든 사람들이 수용할 수 있는 특정 정치철학을 반영해 주지는 않는다. 예를 들면 플라톤(Plato)은 정의로운 사회를 결정하는 데 개개인의 선호는 무관하다고 주장할 것이다. 즉 플라톤의 정의관에 의하면 정의로운 사회는 철학자인 왕이 이끄는 엘리트 집단에 의해서 이루어지고, 보통 사람들은 그것을 위하여 아무런 역할도 할 수 없는 것이다.

　　토크빌(De Tocqueville)의 다수의 횡포에 관한 지적도 이러한 맥락에서 생각될 수 있다. 루소(Rousseau)도 민주주의자이기는 하지만 투표라는 것이 언제나 일반의지를 합리적으로 표출해 줄 수는 없다고 주장한다. 이 같은 비판은 집합적 선택에 관한 공익적 접근방법에 근거한 것이다. 아무튼 애로우는 벤담(Bentham) 류의 공리주의자이며 또한 일반의지라는 형이상학적 사상보다 방법론적 개인주의에 동의하고 있다.

　　우리는 이제 애로우가 합리적 결정규칙의 윤리적 규범으로 설정한 몇 가지 조건들에 주어진 비판에 대해서 알아보기로 한다.

완전성조건

　　모든 대안들간의 비교가 언제나 가능해야 된다는 완전성 조건은 생략될 수도 있다. 예를 들면 어떤 사람들은 파레토 조건(Pareto criteria)만으로 충분하다고 느낄 것이며, 따라서 구태여 파레토 효율적인 두 대안 x와 y간을 비교할 필요가 없다고 생각할 것이다. 그러한 일은 오직 신(神)만이 할 수 있다는 입장이다. 즉 어떠한 합리적 인간이나 정부도 파레토 효율적인 두 대안간의 우위를 결정할 수 있는 방법을 갖지 못할 뿐만 아니라 그들은 그러한 것의 결정과는 아무런 관련도 없다는 것이다.

　　이러한 논의의 함의는 만약 완전경쟁시장에 의하여 파레토 효율의 상태가 달성되었다면 그것은 그 상태로서 받아들여져야 한다는 것이다. 그렇기 때문에 정부관료들이나 정치학자들 및 경제학자들은 부의 재분배를 달성하기 위한 여러 가지 방법을 모색하는 데 시간을 소비할 필요가 없다는 것이다.

이행성조건

이행성의 조건도 생략되거나 아니면 준이행성(quasi-transitivity) 또는 비순환성(acyclicity)의 조건으로 완화될 수 있다.[19] 만약 이행성조건을 완전히 생략한다 해도 다수결 투표는 수용될 수 있으며, 황당스러운 투표의 순환성(voting cycle)만 발생하지 않으면 되는 것이다. 즉 설사 그러한 순환 가능성이 있다고 하더라도 영리한 위원회 위원장이나 의제결정규칙(agenda rules) 또는 다른 해결사(deus ex machina)들은 그러한 상황이 발생되지 않도록 사전에 적절한 조치를 취할 수 있는 것이다.

더욱이 노벨 경제학상을 수상한 바 있는 뷰캐넌은 애로우의 불가능성의 정리가 민주적 정치과정의 생동력에 관해서 아무런 시사점을 주지 못한다고 주장하였다. 뷰캐넌에 의하면 다수결투표는 민주사회에서 얼마든지 수용될 수 있는 제도이다. 왜냐하면 만장일치가 적용될 수 없을 경우 다수결제도는 몇 가지 대안들의 실험적 채택을 가능케 해주기 때문이다. 즉 경쟁적 대안들 중에서 하나가 한시적으로 채택되어서 검증을 받으며, 채택된 대안은 끊임없이 새롭게 구성되는 다수의 집단들이 승인하는 새로운 타협대안으로 언제나 대체될 수 있기 때문이다. 바로 이것이 민주적 선택과정인 것이다(Katz and Rosen, 1994: 657).

이행성을 준이행성의 조건으로 완화하면 새로운 형태의 애로우의 불가능성의 정리가 도출된다. 즉 지바드(Allan Gibbard)에 의하면 완전성, 보편성, 파레토원칙, 그리고 무관한 대안간의 독립성의 조건과 준이행성 조건은 독재자 대신 과두제(oligarchy)를 출현시킨다고 한다. 만약 이행성이 비순환성으로 완화되면 브라운(Donald Brown)에 의한 또 다른 유형의 애로우의 불가능성의 정리가 도출될 수 있다. 즉 완전성과 비순환성, 보편성, 파레토원칙, 무관한 대안과의 독립성의 조건 등은 독재자나 과두제가 아닌 위원회정체(collegial polity)를 출현시킨다. 이러한 위원회정체하에서는 대안 x 나 y 에 대한 사회적 선호를 결정할 수 있는 여러 집합체들이 존재할 수 있게 된다(Feldman, 1980: 192-193).[20]

---

19) 준이행성과 비순환성은 다소 기술적인 용어이기 때문에 여기서는 생략한다. 이것에 대한 자세한 설명은 펠드만(Feldman, 1980: 10)을 참고할 것.

보편성조건

이것은 단봉형선호(single-peaked preference)[21]에 관한 것이다. 즉 개인의 선호에 대한 비제약성을 뜻하는 보편성의 원칙은 애로우의 정리를 증명하기 위하여 개인들의 선호체계에 실제로 필요 이상의 제약을 요구한다는 주장이다. 여기에 관해서는 펠드만(1980: 190)이 구체적 보기를 들어서 자세하게 설명하고 있다.

무관한 대안과의 독립성조건(IIA)

무관한 대안과의 독립성조건에 관한 관심은 다음의 두 가지 이유 때문에 증대되었다. 즉 그 중 하나는 IIA가 애로우의 다섯 가지 조건들 중 직관적으로 가장 이해하기 어렵기 때문이고,[22] 다른 하나는 IIA조건은 한 가지 이상의 선호꾸러미(preference profile)의 존재 및 개인들의 선호의 변화를 가정하기 때문이다. 그래서 "주어진 고정된 선호꾸러미의 통합에만 관심을 한정하는 것이 어떤가?"라는 생각이 대두되는 것이다.

전술한 애로우의 불가능성의 정리에서 보듯이 세 가지의 조건에 IIA가 있으면, 우리는 독재적인 집합적 의사결정 규칙을 인정할 수밖에 없게 된다. 만약 IIA조건을 생각하지 않는다면 받아들일 수 있는 사회적 선택규칙이 무한정으로 발생하게 되어 사회적 결정은 자의적으로 될 수밖에 없다.[23]

---

20) 이러한 주장을 이해하기 위해서는 전이성과 준전이성 그리고 순환성 등에 대한 개념을 이해하여야 한다. 그러한 개념들은 다소 기술적(技術的) 성격을 띠므로 본서의 수준을 넘기 때문에 여기서는 자세하게 언급하지 않는다. 관심 있는 독자들은 펠드만(1980: 10-13)을 참고하기 바란다.

21) 단봉형 선호에 관한 자세한 설명은 본 장의 제4절을 참고할 것.

22) 무관한 대안과의 독립성에 대한 완전한 이해를 위해서는 본장의 제4절을 참고할 것.

23) 이것에 대한 자세한 설명은 펠드만(1980: 193-194)을 볼 것.

제 4 절 ▌ 집합적 의사결정 규칙의 분석

1. 만장일치제와 다수결제도

　　만장일치제(unanimity rule)란 집합체의 구성원 모두가 찬성할 때만 어떤 결정이 이루어지는 것을 뜻한다. 구성원 모두의 동의하에 이루어지는 결정이므로 만장일치에 의한 의사결정은 파레토 증진적(Pareto improvement)이라고 할 수 있다.[24] 왜냐하면 그러한 결정으로 손해보는 사람이 한 사람이라도 있다면 결정이 이루어지지 않을 것이기 때문이다.

　　그러나 실제로 만장일치제는 효율적 결과만을 초래하지는 않는다. 이것을 설명하기 위하여 매년 주기적인 홍수 때문에 많은 피해를 입고 있는 어떤 마을을 상정하고, 그 마을 주민들은 홍수방지를 위해 건설해야 할 댐규모와 그것에 소요되는 비용조달에 대한 결정을 내려야 한다고 가정하자. 이 경우 주민들에게 제시될 제안은 ① 댐 규모와 ② 댐 건설 공사비로 인한 주민들의 추가적인 세금부담에 관한 사항이다.

　　마을 주민들이 댐 건설 비용을 모두 똑같이 부담한다고 생각해 보자. 만약 어떤 주민이 그 댐 건설로 인하여 자기 이웃이 누리게 될 편익이 굉장히 크다는 사실을 알게 되면, 그는 그 댐이 자기에게는 전혀 도움되지 않는 체 하고서 그 댐 건설에 반대하지 않는 대가로 자기 이웃에게 상당한 뇌물을 요구할 수도 있다. 이와 같이 마을 주민들은 댐에 대한 자신들의 선호를 진지하게 밝히지 않으려는 유인을 가질 수 있으며, 그 결과 사회적으로는 필요하지만 댐은 건설되지 않을 수도 있게 된다. 결론적으로 만장일치제는 공갈·협박을 초래할 수도 있는 것이다. 그와 같은 전략적 행위(strategic behavior) 때문에 의사결정에 소요되는 비용이 매우 높게 되고, 어떠한 결정에도 이르지 못하게 될 가능성을 배제할 수 없다.

　　다수결제도란 집합체의 의사결정에 있어 집합체의 구성원들 중 다수가 찬성하면 어떤 결정이 이루어지는 것을 의미한다. 다수가 어떻게 구성되는가에

---

24) 파레토 증진적이란 관련 당사자 모두에게 좋은 결과를 가져다 주는 상태를 나타내는 것으로 소위 "누이 좋고 매부 좋다"라는 표현으로 이해하면 된다.

따라서 다수결제도는 단순다수결(simple majority)제도 혹은 종다수(從多數)제도, 과반수(majority)제도, 조건부다수결(qualified majority)제도로 구분할 수 있다. 여기서 종다수제도 혹은 단순다수결제도란 구성원들 중의 과반수에 이르지 못하더라도 가장 많은 구성원들이 특정 대안을 찬성할 경우 그 집합체가 그 대안을 선택한 것으로 간주하는 제도이다. 우리나라의 제13대 대통령선거에서 노태우 후보는 35.9%라는 극히 낮은 득표율로서 대통령에 당선될 수 있었다. 이것은 우리나라의 대통령선거가 후보자가 2인 이상일 경우 종다수제도를 적용하기 때문에 가능한 것이다.[25]

현실 세계에서 다수결제도라고 할 때 과반수를 지칭하는 경우가 거의 대부분이다. 그렇기 때문에 다수결제도와 과반수제도가 같은 용어로서 이해되는 경우가 많지만, 엄격히 말하자면 과반수제도는 다수결제도의 한 종류일 뿐이다. 과반수제도란 만약 n명이 집합적 선택에 참여한다고 할 경우 어떤 대안이 그 집합체의 대안으로 결정되기 위해서 최소한 $\frac{n}{2}$을 넘는 첫 번째 정수만큼의 구성원들이 지지해야만 된다는 것을 뜻한다.

한편 조건부다수결제도란 구성원의 $\frac{2}{3}$가 찬성해야 하는 것처럼 특정한 비율 이상의 지지를 요구하는 다수결제도이다. 극단적으로 본다면 만장일치제도는 구성원의 다수가 전부인 경우의 특수한 다수결제도라고 생각할 수 있다. 그러나 일반적으로 다수결제도라고 할 때는 과반수제도를 의미하기 때문에 우리는 앞으로 과반수제도를 중심으로 설명하려고 한다.

2. 과반수 투표제도

민주주의제도하에서 가장 널리 사용되는 집합적(사회적) 선택규칙은 앞서 설명한 과반수 투표제도이다. 루소(Rousseau)는 '일반의지(general will)'란 사회 다수의 의견을 뜻하는 것으로 생각하였기에 과반수 규칙에 호의적이다. 콩도르세(Condorcet)도 대수의 법칙(property of large number), 즉 "더 많은 수의 주장은 더 적은 수의 주장과 비교해 볼 때 틀릴 가능성보다 맞을 가능성이 더 높

---

25) 현행 헌법 제67조 제3항은 "대통령후보자가 1인일 때에는 그 득표수가 유권자 총수의 3분의 1 이상이 아니면 대통령으로 당선될 수 없다"라고 규정하고 있다. 그러므로 단독출마는 여러 명이 출마하여 종다수가 적용되는 경우보다 더 많은 표를 획득해야 하는 상황이 생기기 때문에 당선이 더욱 어려울 수도 있다.

다"라는 논리하에 이와 같은 과반수 규칙을 옹호하였다. 하지만 고대 그리스의 철학자 아리스토텔레스(Aristotle)는 다수결규칙은 단지 부자들에 비해 수적 우위에 있는 가난한 사람들에 의해 운영되는 통치의 모습이라고 폄하하면서 다수결에 다소 부정적 입장을 보였다고 하고, 보르다(Borda) 또한 최다득표제(plurality rule)의 결점을 통해서 때때로 다수의 판단이 잘못될 수 있음을 주장하였다고 한다(한정훈, 2012: 141-142).

아무튼 우리는 과반수 투표제도를 매우 빈번하게 사용하고 있기 때문에 부지불식간에 그것을 집합적 의사결정을 위한 최적(optimal) 제도로 생각하는 경향이 있다. 그렇지만 과반수제도는 ① 대안이 세 가지 이상일 경우 어떤 대안도 과반수를 얻지 못할 가능성이 있고, ② 과반수 투표의 결과가 불안정할 수도 있으며, ③ 전략적 조작(strategic manipulation)의 가능성도 내포하고 있다. 여기서는 이러한 과반수 투표가 안고 있는 문제점들을 좀 더 구체적으로 고찰해 보기로 한다.

(1) 과반수 투표제도와 투표의 역설(voting paradox)

우리는 과반수 투표가 안고 있는 문제가 어떤 것인가를 고찰하기 위하여 과반수 투표를 모형지을 수 있는 가장 간단한 경우를 상정하기로 한다. 즉 갑, 을, 병 세 사람의 투표자와 A, B, C로 표시되는 세 가지 대안들이 있다고 하자. 이때 A, B, C는 세 가지 서로 다른 정부정책일 수도 있고 또한 서로 다른 수준의 정부예산을 지칭할 수도 있다. 편의상 여기서는 후자로 생각하기로 하자. 각각의 대안 A, B, C는 정부예산규모를 작은 순서로부터 차례로 열거한 것이며, 이것에 대한 세 사람의 선호는 〈표 3-1〉에 요약되어 있다.

세 대안에 대한 세 사람의 선호가 〈표 3-1〉에서처럼 주어지고 또 과반수 투표가 집합적 선택규칙이라고 한다면, 그러한 개인적 선호를 사회적 선택으로 전환시킬 때 어떤 문제점들이 발생될 수 있을 것인가? 과반수 투표에 의한

■ ■ 표 3-1 대안 A·B·C에 대한 갑·을·병의 개인적 선호 I

	첫 번째 선택	두 번째 선택	마지막 선택
갑	A	B	C
을	B	C	A
병	C	A	B

집합적 선택을 위하여 각 대안간에 짝을 지어 비교해 보기로 하자. 우선 대안 A와 B를 비교해 보면, 갑과 병이 B에 대하여 A를 선호하고 을은 B를 A보다 선호하므로 대안 A와 B의 득표수는 2 : 1이 되어 A≻B가 된다. 이제 대안 A와 C를 비교해 보기로 하자. 을과 병이 A보다 C를 선호하고 오직 갑만 A를 C보다 선호하므로 대안 A와 C의 득표는 1 : 2가 되어 C≻A가 된다. 이 같은 과정으로 집합적 결정을 하게 되면 전체적 승리대안은 C가 된다. 그러나 여기서 만약 대안 C를 B와 비교시킨다면, 이번에는 갑과 을이 B를 C보다 선호하게 되고 오직 병만이 C를 B보다 선호하므로 전체적으로는 B와 C의 득표가 2 : 1이 되어 B≻C가 된다.

위에서 설명한 짝짓기 투표는 이상한 결과를 초래한다. 즉 A≻B이고 B≻C이면 이행성의 공리에 의하여 A≻C이어야 하는데 그렇지 못하다. 이것이 의미하는 바는 과반수 투표제도가 애로우의 합리성전제를 충족시키지 못한다는 것이다. 왜냐하면 집합체를 구성하는 각 개인들의 선호는 이행성의 공리를 충족한다고 하더라도, 그러한 개인들의 선호를 바탕으로 구성되는 집합체의 선호가 이행성을 충족시키지 않기 때문이다. 이런 현상은 투표의 역설(voting para-dox)이라고 불리는데, 그것은 1780년대에 프랑스의 사회이론가인 콩도르세(M. de Condorcet)에 의하여 관찰되었기 때문에 콩도르세 패러독스라고도 불린다.

이와 같이 집합체의 선호가 이행성의 공리를 충족시키지 못하면, 짝짓기 투표(paired voting)는 아무런 결론을 도출하지 못한 채 무한정 계속될 수 있다. 즉 A와 B간의 선거에서는 A가 이기지만, 만약 C가 A에 도전하게 되면 C가 이긴다. 그렇지만 여기에서 B가 C에 도전하면 B가 이긴다. 이러한 과정은 무한정 계속될 수 있으며, 그러한 현상을 사이클링(cycling)이라고 부른다.

사이클링은 단순한 이론적 관심사로서만 아니라 실제로 발생한 적이 있다. 그 대표적 사례는 미국 연방정부의 상원위원을 주민이 직접 선출할 수 있게끔 한 미국 연방정부의 제17차 수정헌법을 채택하는 과정에서 발생한 것이다. 즉 그 당시의 관행대로 상원의원을 각 주의 주 의회에서 뽑는 방안과 새로이 제시된 두 가지 유형의 수정 헌법안들간에 의회의 술책(maneuvers)으로 인하여 이와 같은 사이클링 문제가 발생하였다. 그 결과 제17차 수정헌법이 채택되는 데는 무려 10년이란 시간이 걸렸다고 한다(Katz and Rosen, 1994: 651).

1) 단봉(單峯)형 선호(single-peaked preference)와 투표의 역설

과반수 투표가 언제나 투표의 역설에 직면하는 것은 아니다. 블랙(Duncan Black)(1958)은 개인의 선호를 어떠한 특정 패턴에 맞게 제한시키면 과반수 투표하에서도 이행성이 충족될 수 있음을 보여 주었다. 블랙이 개인의 선호체계에 관하여 부과한 제약이 바로 단봉형 선호(single-peaked preference)이다.

개인의 선호체계에서 봉우리(peak)란 그 주위의 모든 점들보다 더 높은 점을 뜻한다. 환언하면 어떤 개인이 그가 가장 선호하는 점으로부터 어떤 방향으로든지 벗어나면 그의 효용이 언제나 줄어들게 될 경우 그 개인은 단봉형 선호체계를 지녔다고 한다. 만약 어떤 개인의 효용이 그가 가장 선호하는 대안으로부터 벗어남에 따라 일단 감소하였다가 다시 증가하면 그 개인의 선호체계는 단봉형이라고 할 수 없다.

이제 단봉형 선호체계를 설명하기 위하여 〈표 3-1〉의 경우와는 약간 다른 선호체계인 〈표 3-2〉를 생각해 보기로 하자. 앞의 경우에서와 마찬가지로 세 사람의 개인이 세 개의 대안들 중에서 집합적 선택을 한다고 가정하자. 이 경우 B와 C간의 짝짓기 비교에서는 B가 이기므로 B ≻ C이고, C와 A간의 비교에서는 C가 이기므로 C ≻ A이며, A와 B간의 비교에서는 B가 이기므로 B ≻ A가 된다. 이와 같은 선호체계에서는 이행성이 충족된다.

우리는 〈표 3-1〉과 〈표 3-2〉와 같은 서로 다른 선호체계를 [그림 3-2]에 나타내었다. [그림 3-2]의 (a)에 표시된 개인의 선호체계는 집합적 선택이 이행성을 충족하지 않는 경우이며, (b)는 이행성을 충족하는 경우이다. 양자간의 차이는 (b)의 경우 모든 개인들의 선호체계가 단봉형을 이루지만, (a)의 경우는 병의 선호가 두 개의 봉우리를 가지므로 단봉형 선호체계가 아니라는 것이다.

[그림 3-2]를 관찰하면서 우리는 다음과 같은 몇 가지 사실을 지적하고자 한다. 첫째, 개인의 선호가 단봉형의 형태를 띠면 과반수 투표규칙에 의한 결

■ ■ 표 3-2 대안 A · B · C에 대한 갑 · 을 · 병의 개인적 선호 II

	첫 번째 선택	두 번째 선택	마지막 선택
갑	A	B	C
을	B	C	A
병	C	B	A

■ ■ 그림 3-2   단봉형 선호와 비(非)단봉형 선호

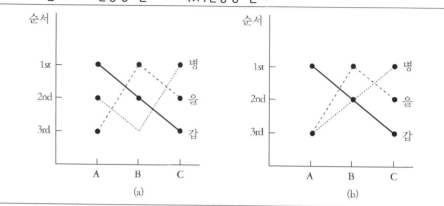

과는 안정적이다. 그러나 전술한 보기에서처럼 단봉형 선호체계가 아닐 경우 이행성이 충족되지 않는 집합적 선택이 발생될 수 있으며, 그 결과 순환(cycling)이 나타난다. 따라서 과반수에 의한 결과는 대안들간에 투표 붙이는 순서에 좌우될 수 있으므로, 특정 결과를 도출하기 위하여 정치과정에 자의성(恣意性)이 개입될 수 있다.

둘째, 단봉형 선호체계가 투표의 역설문제를 극복하긴 하지만, 그것은 집합적 선택의 규칙에 필요한 윤리적 규범으로서 애로우가 주장한 개인의 선호에 대한 비제약성이라는 공리에 위배된다.

셋째, 단봉형 선호체계가 실제로 존재하는가도 문제이다. 블랙은 대부분의 경우 개인의 선호체계는 단봉형일 것이라고 생각하였다. 그러나 경우에 따라서는 사람들이 극단적인 것을 선호할 수도 있고 또한 특정 문제에 관해서는 두 개의 봉우리를 가질 수도 있다고 한다(Brown and Jackson, 1990: 100).

마지막으로 [그림 3-2]의 (b)로부터 알 수 있는 것은 단봉형 선호일 경우 과반수 투표규칙에서는 중위투표자(median voter)의 입장이 결정적이라는 사실이다. 즉 [그림 3-2]에서 대안 A, B, C를 예산의 규모로 생각했을 때, 사회적 선호는 중간적 예산규모 B를 가장 선호하는 중위투표자인 을의 그것과 일치하게 된다.

2) 중위투표자 정리(median voter theorem)

각 구성원 모두의 선호가 단봉형 선호를 이루는 집합체를 생각해 보자. 이

■ ■ 그림 3-3 공공산출물에 대한 중위투표자의 선호

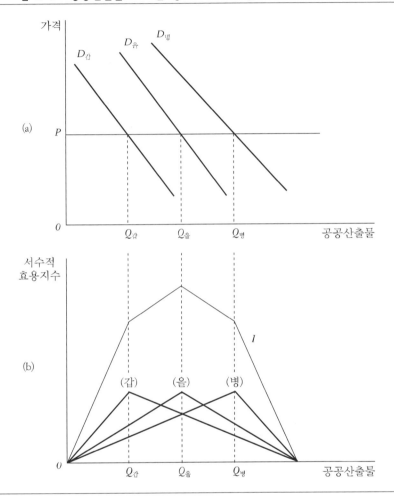

러한 집합체에서 중위투표자(median voter)란 각 구성원들이 가장 선호하는 대안(bliss point)들을 크기순서로 일렬로 늘어놓았을 때 가장 가운데 위치하는 대안을 자신의 가장 선호하는 대안으로 선택하는 사람을 지칭한다. 따라서 중위투표자를 제외한 나머지 투표자들 중의 반수가 선호하는 대안은 중위투표자가 선호하는 대안보다 높은 수준이고, 나머지 반이 선호하는 대안은 중위투표자의 그것보다 낮은 수준이다. 이와 같은 중위투표자의 선호는 정당간의 경쟁에 관한 다운즈 모형(Downsian model)에서 핵심적 역할을 한다.

중위투표자정리(median voter theorem)란 단봉형 선호체계하에서 과반수제

도에 의한 집합적 선택결과는 중위투표자가 가장 선호하는 대안으로 귀결된다
는 것이다. 왜냐하면 중위투표자의 대안은 그 집합체 전체에 최소의 사회적 후
생손실을 초래하기 때문이다.[26]

중위투표자 정리를 좀 더 구체적으로 설명하기 위하여 갑·을·병의 세 사람
으로 구성되는 집합체를 상정하고 그들의 공공산출물(public output)에 대한 수요
함수를 [그림 3-2]의 (a)에서처럼 각각 $D_갑 \cdot D_을 \cdot D_병$으로 표시하자. 이것에 상응
하는 각 개인의 서수적 효용함수(선호함수)는 그림 (b)에 (갑)·(을)·(병)으로 표
시되어 있다. 세 사람 모두 공공산출물에 대한 동일한 가격 OP에 직면해 있는
데, 이 가격에서 갑·을·병이 가장 선호하는 산출량은 각각 $Q_갑 \cdot Q_을 \cdot Q_병$이다.

이제 이 집합체가 공급해야 할 공공산출물의 공급수준을 세 가지 대안 $Q_갑 \cdot$
$Q_을 \cdot Q_병$을 대상으로 과반수 투표로써 결정한다고 생각해 보자. 병과 을 두 사
람 모두 $Q_갑$보다 오른쪽에 있는 $Q_을$와 $Q_병$을 더 선호하지만, 갑과 을은 $Q_병$보다
왼쪽에 있는 $Q_갑$와 $Q_을$을 더 선호한다. 이러한 결과들은 종합하면 중위투표자
인 을이 가장 선호하는 $Q_을$이 이 집합체가 공급할 공공산출물 수준으로 결정된
다. 이 수준은 그림 (b)에서 보는 바와 같이 각 개인들의 효용을 수직적으로 합
하므로써 구해지는 통합된 효용곡선 I의 꼭지점에 해당되는 것이다.

투표극대화를 추구하는 정치인들에게 있어서 중위투표자 정리가 주는 함
의(implications)는 명맥하다. 즉 다수결을 확보하려는 정치인들은 중위투표자가
누구인지를 확인하여야 한다. 특히 양당제하의 정치적 경쟁은 결과적으로 중
위투표자의 환심을 사기 위하여 서로 비슷한 합의정치(consensus politics)를 도
출하는 경우가 많다. 그렇지만 현실 세계에서는 투표자의 투표참가율이 그렇
게 높지 않은 경우가 많다. 그러므로 정치인들은 모든 유권자들을 대상으로 한
중위투표자의 성향을 구하기보다, 어떠한 사회경제적 특징을 지닌 사람들이
적극적으로 투표에 참여할 것인가에 대한 정보를 확보한 후 그렇게 예상되는
투표참가자들 중의 중위투표자의 환심을 사도록 노력하여야 한다.

중위투표자정리에서 강조되어야 할 점은 모든 참가자들의 선호가 단봉형
일 경우 과반수 투표가 안정적 결과는 가져올 수 있지만, 그 결과가 반드시 파
레토 효율적이지는 않다는 점이다. 뿐만 아니라 비록 개인들의 선호가 단봉형

---

26) 중위투표자정리를 비교적 상세하게 설명하고 있는 국내문헌은 김재한(1993)의 "양당제하에서
    의 선거-중간투표자정리"를 들 수 있다.

일지라도 선택의 대상이 단일차원이 아닌 다차원인 경우 과반수 투표도 안정적 결과를 가져올 수 없다.[27]

(2) 과반수 투표와 전략적 행위

선택해야 할 대안이 셋 이상일 경우, 각 개인은 자신에게 유리하도록 선호를 속임으로써 과반수 투표에 의한 선택결과에 영향을 줄 수 있다. 집합적 선택에 관한 지바드(Gibbard)와 새티스웨이터(Satterthwaite)의 정리에 의하면 ① 선택이 두 가지 대안에 한정되지 않거나 또는 ② 단봉형 선호체제와 같이 개인의 선호영역에 엄격한 제약이 가해지지 않는 한, 모든 비독재적 투표절차는 조작이 가능하다. 그렇기 때문에 투표자의 전략적 투표행위가 발생할 수 있게 된다.

전략적 투표행위를 설명하기 위하여 갑·을·병 세 사람과 xyz의 세 가지 대안을 상정하고, 그들이 각 대안에 대해서 갖는 선호는 〈표 3-3〉처럼 주어졌다고 가정하자. 이때 만약 대안 y가 선택된다고 생각해보자. 을의 경우 대안 y는 자신에게 가장 덜 선호되는 것이기 때문에, 자신의 선호가 마치 $x \succ y \succ z$인 것처럼 거짓말하려는 유인을 갖는다. 만약 갑과 병의 선호체계가 고정되어 있다면, 을에 의한 선호의 조작(manipulation)은 대안 x의 선택을 가능케 한다. 비록 x가 을의 최선의 대안은 아니지만, 이와 같은 선호의 조작을 통하여 자신에게 최악의 대안인 y의 선택을 방지할 수 있는 것이다.

만약 모든 사람이 진지하지 않은 투표게임(insincere voting game)을 한다면 어떤 결과가 생길까? 우선 그러한 게임을 하기 위해서는 완전정보가 필요하다.

■ ■ 표 3-3 대안 x·y·z에 대한 갑·을·병의 선호체계

	첫 번째 선택	두 번째 선택	마지막 선택
갑	y	z	x
을	z	x	y
병	x	y	z

[27] 본서의 제3판까지는 다차원적 대안의 다수결투표에 관해 다루었지만 그것은 본서의 수준을 다소 벗어난다고 생각하여 제4판부터는 제외하였다. 이것에 관심 있는 독자는 이전 판을 참고하길 바란다.

완전정보의 획득에는 엄청난 자원이 소요될 뿐만 아니라, 만약 모든 사람이 완전 정보를 가진다면 아무도 그러한 게임을 할 수 없을 것이기 때문에 완전정보는 게임 그 자체를 파괴할 수도 있다. 선호의 조작이 무시될 수 있다 하더라도 의제설정과 로비단계에서의 투표전(投票前) 전략은 여전히 중요하다.

3. 다수결 투표제도와 선호의 강도

다수결 투표하에서 각 개인은 한 표씩을 가지며, 그것을 여러 대안들 중에서 자신이 가장 선호하는 대안에 던지게 된다. 그러므로 각 개인은 각각의 대안에 대한 선호의 강도를 나타낼 수 없다. 이와 같은 투표권은 상품시장에서의 화폐투표권이나 주주총회에서의 주주투표권과는 대조적이다. 시장영역에서 소비자의 선호의 강도는 자신의 예산제약 범위 내에서 어떤 특정 재화에 대하여 기꺼이 더 높은 가격을 지불할 용의가 있는 의사표시로 나타난다. 뿐만 아니라 주주총회에서의 주주들의 발언권은 한 주주당 한 표씩이 아니라 주주의 주식 보유수에 따른다. 여기에 반해 비시장영역에서는 형평성이 중요시되기 때문에 투표에서 선호의 강도가 현실적으로 인정되고 있지 않다. 다음에서 우리는 선호의 강도가 반영될 때 고려될 수 있는 몇 가지 다수결 투표제도에 대하여 설명하려고 한다.

(1) 점수제 투표(point voting)

점수제 투표하에서 각각의 투표자는 자기가 각 대안에 행사할 수 있는 총 점수를 부여받은 후, 그것을 자신의 선호에 따라 각 대안에 배분한다. 투표자들이 각 대안에 배분한 점수의 총합계가 구해지고, 그 중에서 총점이 가장 높은 대안이 선택된다. 이때 투표자는 자기에게 할당된 점수 전부를 어떤 특정 대안에 줄 수도 있고, 또 각 대안에 고르게 나누어 줄 수도 있다. 이와 같은 측면에서 점수제 투표제는 비시장영역의 전형적인 1인 1표 방식과는 달리 시장 요소적 작동원리가 상당히 가미되어 있다고 할 수 있다.

이와 같은 점수제 투표는 각 개인의 선호가 서수적(ordinal)이라기보다 기수적(cardinal)이기 때문에 애로우가 상정하는 집합적 선택 메커니즘의 범주를 벗어난다(Brown and Jackson, 1990: 102). 뿐만 아니라 점수제 투표는 ① 선호의 강도가 반영되기 때문에 단순 다수결 투표와는 다른 결과를 초래할 수 있고, ② 자신이 선호하는 대안이 선택되도록 고의적으로 자신의 진정한 선호와는 다른 대안을 선택하는 이른바 전략적 투표를 유발시킬 수 있으며, ③ 무승부의 결과를 초래할 수도 있다.

(2) 가중투표(plurality voting; weighted voting)

가중투표는 1781년 프랑스의 학자 보르다(Jean-Charles de Borda)에 의하여 처음으로 분석되었는데 그의 이름을 따서 일명 보르다(Borda) 투표라고도 한다. 가중투표는 다음과 같은 원리로 되어 있다. 집합체의 각 구성원은 자신의 선호에 따라 각 대안을 순서대로 나열한다. 그 중에서 자신이 가장 선호하는 대안에는 가장 높은 점수 부여하고, 그 다음으로 선호하는 대안에는 처음보다 낮은 점수를 부여하며, 또 그 다음으로 선호하는 대안에는 그보다 더 낮은 점수를 부여하는 방식으로 이러한 절차를 되풀이한다. 그리고서 각 대안에 부여된 점수를 합하며, 그렇게 구해진 각 대안의 총점수의 순서가 곧 사회적 선호로 되는 것이다. n개의 대안이 있을 경우 n, $(n-1)$, $(n-2)$, ……, 3, 2, 1과 같이 등간격으로 점수를 부여하는 것이 보통이지만, 반드시 등간격을 고집할 필요는 없다.

대안이 두 개만 있을 경우 가중투표에 의한 사회적 선택은 과반수에 의한 결과와 동일하지만(Musgrave and Musgrave, 1989: 94), 대안이 두 개보다도 더 많을 경우 가중투표에 의한 사회적 선택이 과반수에 의한 결과와 다를 수 있다. 보르다(Borda) 투표가 여러 가지 좋은 점을 지니고 있지만, 애로우가 상정한 집합적 의사결정에서 최소한으로 요구되는 윤리적 조건 중의 하나인 무관한 대안과의 독립성(IIA: Independence of Irrelevant Alternative)이라는 조건을 충족시키지 못한다. 무관한 대안과의 독립성이란 어떤 주어진 대안들로부터 하나의 대안을 선택할 때 그 대안과 직접적으로 관련 없는 다른 대안 때문에 최종 선택 결과가 영향을 받아서는 안 된다는 것이다.

보르다(Borda) 투표가 무관한 대안과의 독립성을 충족시키지 않는다는 것을 보기 위하여 다음과 같은 간단한 보기를 생각하자. 즉 갑과 을 두 사람으로 구성된 사회에서 세 가지 대안 $x \cdot y \cdot z$가 있으며, 두 사람은 이러한 세 대안 중 어떤 두 대안에 대해서도 동일하게 느끼지는 않는다. 세 대안에 대한 갑의 선호는 $z \succ x \succ y$이고, 을의 선호는 $y \succ x \succ z$이다. 여기에 보다 투표를 적용하기 위하여 갑과 을이 각각 첫 번째로 선호하는 대안에 5점, 두 번째로 선호하는 대안에 4점, 세 번째로 선호하는 대안에 1점을 부여하기로 하자.[28] 이러한 가중투표의 결과 대안 x는 4+4=8, y는 1+5=6, z는 5+1=6점을 얻게 되어 결국 대안 x는 대안 y에 비하여 사회적으로 선호된다.

만약 갑은 대안 z 때문에 환상에 빠져 그의 선호가 $x \succ y \succ z$로 변하게 되었다고 가정하자. 이때 다시 보다 투표를 적용해 보면 x는 5+4=9, y는 4+5=9, z는 1+1=2가 되어 x와 y가 사회적으로 같게 되어 버린다. 즉 갑과 을 모두 대안 x와 대안 y에 대한 그들의 선호를 바꾸지 않았음에도, $x \cdot y$에 직접적으로 관련이 없는 대안 z 때문에 $x \cdot y$에 대한 사회적 선호가 바뀌어진다. 바로 이것이 보르다(Borda) 투표가 무관한 대안과의 독립성을 유지하지 못하는 사례이다(Feldman, 1980: 181－2).

우리나라의 새천년민주당은 2002년 대통령후보결정을 위한 이른바 국민경선제도[29]를 도입하면서 보르다(Borda) 투표와 유사한 '호주식 선호투표제'(alternative voting system)를 도입한 적이 있다. 이것은 민주당 대통령후보자 지명경선에 출마한 7명의 후보자를 자신이 좋아하는 순서대로 순위를 매기는 제도인데, 7명 모두에게 순서를 중복 없이 기표한 것만 유효표로 인정된다. 각 후보자의 1순위득표수를 계산해서 유효득표수의 과반수를 얻은 자는 당선자가 된다. 이때 과반수가 없을 경우 1순위득표수가 최하위인 후보자는 탈락시키고 그 후보에게 1순위를 기표했던 투표지의 2순위기표를 해당 후보자에게 배분하여 다시 각 후보자별로 합산한다. 이때도 만약 과반수득표자가 나오지 않으면 과반수득표자가 나올 때까지 앞의 절차를 반복한다.[30]

---

28) 앞서 언급하였듯이 이와 같은 점수의 부여는 순전히 자의적이다. 등간적 점수가 아니라도 보다투표 그 자체에는 아무런 문제가 없다.

29) 새천년민주당의 국민경선제에 관해서는 본장의 제5절에서 소개되고 있다.

30) 호주대사관 1등 서기관인 메리제인 리디코트 씨에 의하면 선호투표제는 사표방지는 물론 비슷한 정책과 정치철학을 가진 후보간 연대를 가능케 해 이념정당을 만드는 효과가 있다고 한다. 왜냐하면 소수파후보에게 던져진 표가 최종승자를 결정하는 데 상당한 역할을 하기 때문이다. 그렇지만 그녀는 이 제도가 예상치 못한 결과를 낳아 유권자들을 당황케 할 수도 있고, 주자들이 '선호도 맞바꾸기'전략을 구사할 경우 간혹 당선자결정에 부정적 영향을 미칠 수 있다고 경고한다(매일경제, 2002년 2월 27일).

(3) 투표거래(vote trading)

선호의 강도가 다수결 투표과정에 반영되는 또 다른 방법은 투표거래(vote trading)인데 흔히 로그롤링(log-rolling)이라고도 불린다. 투표거래란 과반수를 달성하지 못하는 집단들이 과반수를 달성하기 위하여 표(votes)를 거래하는 것을 말한다. 이와 같은 투표거래 때문에 다수의 투표자가 반대하는 대안들이 채택될 수도 있게 된다.

투표거래가 일어나기 위해서는 일련의 경제 주체자들간에 비용과 편익이 비대칭적으로 분포되어 있어야 하고, 각 정책들에 대하여 경제 주체들이 갖는 선호의 강도가 선언되어야만 한다. 투표자수가 많거나 비밀투표일 경우 투표거래가 일어나기 곤란하다. 왜냐하면 투표자수가 지나치게 많을 경우 개인간의 투표거래는 최종 결과에 눈에 띄는 영향력을 미칠 수 없기 때문이다. 따라서 로그롤링은 투표거래가 최종 결과에 심대한 영향을 줄 수 있을 경우에 발생하기 쉬우며, 따라서 전국 규모의 선거보다도 국회나 지방의회를 비롯하여 각종 소규모 집단에서의 집합적 결정에 활용될 수 있을 것이다.

우리나라에서도 이러한 로그롤링이 생소한 것은 아니다. 즉 2016년도 예산반영을 위해 윤장현 광주광역시장과 권영진 대구광역시장이 나란히 손잡고 국회 예산결산특별위원장실을 방문하여 자기 지역의 예산반영을 요구하는 대신 권영진시장은 "광주 자동차기지 예산 반영"을, 윤장현 시장은 "대구 물산업 클러스터 예산반영"을 도와달라고 로비활동을 벌인 것은(중앙일보 2015년 11월 13일) 일종의 로그롤링이라고 할 수 있을 것이다.

로그롤링을 행하는 단체들은 공공정책의 편익과 비용의 분포에 영향을 미친다. 또한 로그롤링은 그것이 없을 경우에 비교해서 공공영역의 규모[31]를 증가시키는 경향이 있다. 왜냐하면 로그롤링에 의한 의사결정은 동시에 이루어지기보다도 순차적으로 이루어지는데, 투표거래가 시간에 걸쳐서 이루어지면 공공예산의 크기 또한 증대하는 경향이 있기 때문이다. 이와 같은 공공예산의 팽창은 투표거래가 진정으로 전체적·경제적 효율을 향상시키는지에 관해 의문을 불러일으키게 된다. 우리는 아래에 로그롤링이 사회적 효율을 증가시키는 경우와 감소시키는 경우에 대해 살펴보기로 한다.

---

31) 공공영역의 규모는 여러 가지 방법으로 측정될 수 있지만 여기서는 공공지출의 크기로 정의한다.

로그롤링이 사회적 효율을 증가시키는 경우

로그롤링을 지지하는 사람들은 상품거래가 민간재의 효율적 배분에 기여하는 것처럼 로그롤링은 공공재의 효율적 배분에 기여한다고 주장한다. 뿐만 아니라 그들은 로그롤링이 선호의 강도를 표시해 줄 수 있고 안정적인 균형을 달성할 수 있게 해 준다고 믿으며, 특히 투표거래에 암묵적으로 내재되어 있는 타협은 민주주의의 작동에 필요한 요소라고 생각한다. 이러한 주장을 보기 위하여 다음과 같은 상황을 가정해 보자. 즉 갑·을·병 세 사람으로 구성된 지역사회가 문화회관·시민공원·체육관의 건립을 고려하고 있다. 어떤 것을 건립할지는 갑·을·병 세 사람간의 투표로 결정되며, 그 건립비용은 조세로 충당된다고 한다. 〈표 3−4〉는 각 투표자들이 각 사업에 대해서 갖는 순편익을 나타내는데, 부의 수치는 조세가 편익을 초과하는 경우이다.

〈표 3−4〉에서 알 수 있는 것은 각 사업은 개별적으로 보았을 때 사회적 편익이 비용보다 크므로 실시하는 것이 타당하지만, 만약 이 사업을 과반수 투표에 붙이면 모두 부결된다는 사실이다. 그러나 투표거래가 허용된다면, 을은 자신이 선호하는 시민공원에 대해서 만약 갑이 찬성해준다면 그 대가로 갑이 선호하는 문화회관에 찬성할 수 있다. 왜냐하면 을은 문화회관의 건설로 50만원의 세금을 내지만 시민공원의 건설로 150만원의 편익을 얻게 되어 100만원의 순 편익을 얻을 수 있기 때문이다. 갑도 시민공원의 건설로 40만원의 세금을 물지만 문화회관의 건설로 200만원의 편익을 얻을 수 있기 때문에 순 편익이 160만원이 된다. 마찬가지 논리로 갑과 병도 문화회관과 체육관 건설을 위해서 합의하게 된다. 따라서 비록 사회적으로는 순 편익을 가져올 수 있는 개별 사업일지라도 과반수 투표를 하면 모두 부결되지만, 투표거래를 허용하게 되면 모두 채택되는 결과가 초래되어 사회후생이 증진될 수 있다.

■ ■ 표 3-4 세 가지 사업에 대한 세 투표자들의 선호

	문화회관	시민공원	체육관
갑	200만원	-40만원	-120만원
을	-50	150	-60
병	-55	-30	400
총편익	95	80	220

로그롤링이 사회적 효율을 감소시키는 경우

로그롤링이 사회적 후생을 감소시킨다는 주장도 있다. 이것을 고찰하기 위하여 〈표 3-5〉와 같은 선호체계를 상정하자. 이 표에 의하면 모든 개별사업들은 부의 편익을 나타내고 있어 사회적으로 바람직스럽지 않다. 만약 이 개별사업들에 대해서 과반수 투표를 적용한다면 모두 부결된다. 그러나 투표거래가 허용된다면 이야기는 달라질 수 있다. 즉 갑이 을에게 만약 을이 문화회관사업을 지지해준다면 자신도 을이 선호하는 시민공원사업의 지지를 약속한다고 가정하자. 이렇게 되면 갑과 을은 각각 160만원과 40만의 순 편익을 누릴 수 있으므로 그러한 거래는 성립되어 두 사업은 실시될 수 있다. 똑같은 논리로서 을과 병도 시민공원과 체육관사업을 둘러싸고 협상을 할 수 있으며, 그러한 협상은 타결되어 두 사업은 실시될 수 있다. 결국 사회적으로 비효율적 사업들이 투표거래를 통하여 모두 채택되므로 투표거래는 사회적 비효율을 낳게 된다.

문화회관과 시민공원 건설을 둘러싸고 발생한 갑과 을의 협상과정을 보기로 하자. 그러한 협상은 협상당사자인 갑과 을에게는 분명히 순 편익의 증가를 초래하지만, 그 사회의 다른 한 구성원인 병에게는 순 손실을 초래한다. 즉 로그롤링이 허용되면 과반수의 투표자들이 연합체를 형성함으로써 그들이 선호하는 사업들이 채택되도록 할 수 있지만, 그 비용의 상당부분은 소수인 나머지 사람들이 부담해야만 한다. 환언하면 로그롤링이 허용되면 다수에게는 편익이 비용을 초과하지만, 사회 전체적으로는 반드시 그렇지도 않다는 것이다.

이렇게 볼 때 민간재의 상품거래와 투표거래간의 유추는 잘못된 것이라고 할 수 있다. 민간재의 거래에서는 거래에 참가하는 사람들이 거래가 자신에게 불리하다고 느낄 때는 언제나 그 거래를 중단할 수가 있기 때문에 파레토 효율적 결과를 얻을 수 있다. 여기에 비해 정부는 강제력을 동원하여 비용이 편익

■ ■ 표 3-5 세 가지 사업에 대한 세 투표자들의 선호

	문화회관	시민공원	체육관
갑	200만원	-40만원	-270만원
을	-110	150	-140
병	-105	-120	400
총편익	-15	-10	-10

을 초과하는 사람들까지도 억지로 거래에 참가시킨다. 결론적으로 말하자면 로그롤링하에서 과반수 투표가 어떤 특수한 상황에서는 사회적 효율을 증진시 킬 수 있지만, 언제나 그렇게 될 수 있는 것은 아니다.

4. 거래비용과 효율적인 집합적 의사결정

제3절에서 설명한 사익적 접근방법에서의 집합적 의사결정은 다양한 선호를 갖는 구성원들의 선호가 통합되어 이루어지며, 이와 같은 통합을 위해서는 적절한 규칙이 필요하다. 어떤 집합체의 집합적 의사결정에서 사용되는 그와 같은 선택결정규칙은 종종 '헌법'이라는 용어로 표현된다(Buchanan and Tullock, 1962: 23).

거래비용(transaction cost)은 시장실패의 한 원인으로 지적되지만, 여러 사람들이 하나의 집합적 결정을 내려야만 하는 비시장적 의사결정에서도 매우 중요하다. 집합적 의사결정을 논의할 때 실증적 측면에서 고려되어야 할 사항은 선택결정규칙의 실현가능성과 집합적 의사결정에 수반되는 비용이다.

한 개인이 집합체 속에서 집합적 의사결정과정에 참여할 때에도 순수한 사적 의사결정에서와 마찬가지로 자신의 효용극대화를 추구한다. 그렇지만 이 경우 자신 이외의 다른 사람들의 결정이 집합체 전체의 결정에 중요한 영향을 미친다. 집합적 의사결정에는 다수의 사람들이 단일의 대안에 동의해야만 되며, 그들이 합의를 이루는 과정에는 여러 가지 형태의 비용이 수반된다. 집합체를 구성하는 개인은 먼저 자신의 입장에서 최선의 결정을 내린 후 그것을 다른 사람들과 조정해야만 한다. 그렇기 때문에 그러한 비용은 개인적 의사결정시에 소요되는 그것들의 단순 합보다도 커진다(Buchanan and Tullock 1962: 98).

집합적 의사결정으로 인한 기대비용에는 의사결정비용(decision-making costs)과 외부비용(external costs)이라는 두 요소가 있다. 전자는 집합적 의사결정에 참여하는 두 사람 또는 그 이상의 개인들이 합의도출시의 상호작용과정에서 발생하는 비용을 뜻하며, 후자는 외부적인 것으로서 집합적 결정으로 인하여 자신이 직접 통제할 수 없는 다른 사람들의 행위 때문에 자신이 감수할 수밖에 없는 비용을 뜻한다. 뷰캐넌과 털럭은 집합적 의사결정과 관련하여 이 두 요소의 합을 상호의존비용이라 부르고, '헌법'상의 최적 의사결정규칙은 이 상호의

존비용을 최소화시키는 것이라고 한다(Buchanan and Tullock, 1962: 46).

　　의사결정비용이란 합의를 이루는 과정에 소모되는 시간 및 다른 유형의 자원을 뜻한다. 이것은 집합적 의사결정규칙인 '헌법', 즉 집합체의 최종적 결정을 내리는 데 최소한으로 요구되는 사람들의 수(Na)와 연관지어 아래의 식 (3.1)로 나타낼 수 있다.

$$D_i = f(N_a), \qquad i = 1, \ 2, \ 3, \ \cdots, \ N; N_a \leq N \qquad\qquad \cdots\cdots \ (3.1)$$

　　D_i 는 집합체 내의 i 번째 개인이 집합체 내의 다른 사람들과 합의를 도출하는 과정에서 부담하게 될 비용의 현재가치이다. D_i 는 N_a 가 증가할수록 커질 것이며, 극단적으로 만장일치하에서, 즉 $N_a = N$일 경우 더욱 커질 것이기 때문에 단조증가함수라고 생각할 수 있다. 특히 집단의 규모가 커질수록 각 구성원들은 무임승차자로 될 가능성이 커지기 때문에 각 개인들로 하여금 선호를 정확히 밝히도록 하는 데 그만큼 더 많은 비용이 소요될 수밖에 없다.

　　한편 외부비용함수는 외부비용의 개념을 이용하여 다음과 같이 정의될 수 있다. 즉 어떤 하나의 활동에 관련된 한 개인에 대하여 ① 그가 속하고 있는 집합체 내의 다른 사람들의 행위의 결과로서 자신이 부담하게 될 것으로 예상되는 비용과 ② 그 집합체의 최종적 결정을 내리는 데 동의하도록 요구되는 사람의 수(數)를 연관지을 수 있는데 이것은 식 (3.2)와 같이 표기될 수 있다.

$$C_i = f(N_a), \qquad i = 1, \ 2, \ 3, \ \cdots, \ N; N_a \leq N \qquad\qquad \cdots\cdots \ (3.2)$$

　　C_i 는 집합체 내에서 i 자신을 제외한 다른 구성원들의 행위 때문에 i 에게 부과되는 기대비용의 현재가치이며, N_a는 최종적인 집합적 결정을 내리는 데 동의하도록 요구되는 개인들의 수이다. 동의하도록 요구되는 개인의 수(N_a)가 클수록 C_i 는 줄어들고 극단적으로 만장일치일 경우, 즉 $N_a = N$일 경우 0이 될 것이기 때문에 C_i 는 단조감소함수라고 생각할 수 있다.

　　뷰캐넌과 털럭은 직접 민주주의하에서 이루어지는 집합적 의사결정에서의 최적 규칙, 즉 '헌법'은 이 두 가지 비용함수의 수직적 합인 ($D_i + C_i$)가 최소로 되는 점인 N_1이라고 주장한다(Buchanan and Tullock, 1962: 70-72).

　　[그림 3-4]에서 곡선 C는 외부비용을 나타내고 곡선 D는 의사결정비용을 나타낸다. 투표규칙이 포괄적이 될수록 (i.e., 결과에 대한 보다 많은 사람들의 찬성을 요구할수록) 외부비용은 줄어들며, 그림의 N_{max}에서와 같이 극단적으로

■ ■ ■ 그림 3-4 의사결정비용의 구조

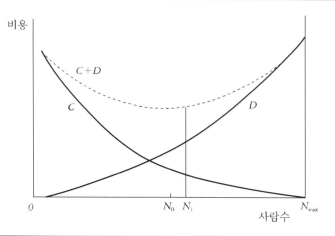

만장일치제하에서는 그 비용이 0이 된다. 그러나 의사결정비용은 그것과 정반대의 형태를 띠게 된다. 그러므로 효율적 투표규칙은 총비용곡선인 $(C+D)$를 최소화시켜주는 것이어야 한다. $(C+D)$ 곡선의 최하위 점에서는 한계외부비용의 하락폭과 한계의사결정비용의 상승폭이 동일하게 된다. 그러므로 효율적 (i.e., 비용을 최소화해 주는) 의사결정 규칙에 의하면 어떤 대안이 채택되기 위해서 최소한 (N_1/N_{max})에 해당하는 구성원들의 동의를 얻어야만 한다.

이러한 사실은 과반수 투표가 효율적 의사결정규칙이라고 생각해야 할 이유가 없다는 것을 뜻한다. [그림 3-4]에서 알 수 있듯이 (N_0/N_{max})는 과반수에 필요한 비율이지만, 그것이 곧 효율적 의사결정기준인 (N_1/N_{max})와 일치하지 않는다. 이러한 사실로부터 우리는 효율성을 높이기 위하여 수정된 다수결 제도가 필요함을 알 수 있다. 왜냐하면 수정된 다수결제도는 다수결의 횡포를 깨뜨림으로써 비효율성을 감소시킬 수 있기 때문이다. 그러나 이 경우 다수결의 횡포가 소수의 횡포로 대체될 가능성도 있다. 특히 만장일치제에서는 소수의 거부권이 막강한 권한을 지니게 된다.[32]

---

32) 여기서 수정된 다수결제도란 단순다수결이 아니고 (2/3) 찬성과 같은 것을 의미한다. 이와 같은 (2/3) 규칙 하에서는 소수의 권한도 강하다. 이러한 예는 박대통령 시절 대통령이 막강한 힘을 보유하고 있었음에도 소수인 야당과 개헌반대세력이 보여준 저항에서도 잘 드러난다. 특히 다수결제도에서의 소수의 횡포는 유엔 안전보장이사회의 의사결정규칙에서 상임이사국들이 행사하는 거부권을 상기하면 쉽게 이해될 수 있다.

뷰캐넌과 털럭의 분석은 재정제도(fiscal institutions)나 정부조직의 운영이 정부의 집합적 결정에 의할 경우 상당한 비용이 수반될 수 있음을 보여주는 것이다. 그러한 비용은 소위 시장영역에서 시장실패를 초래하는 거래비용에 해당되는 것이며, 그것은 정부영역에서도 똑같은 문제를 야기한다. 그러므로 뷰캐넌과 털럭이 말하는 최적 의사결정규칙이란 의사결정에 관련되는 거래비용을 가능한 적게 하는 효율적 의사결정규칙이라고 생각할 수 있다.

5. 몇 가지 투표규칙의 비교와 그 함의

애로우의 불가능성의 정리가 시사하는 바는 이상적인 집합적 의사결정규칙은 존재하지 않기 때문에 현실 세계에서 사용되는 제반 규칙들은 이런 저런 문제점들을 않고 있다는 것이다. 그렇기 때문에 여기서는 현실에서 다수결 규칙으로 사용될 수 있는 몇 가지 의사결정규칙들의 상호비교를 통해 그 특징을 고찰해 보기로 한다. 이를 위해 우리는 ① 유권자들의 총수(N)는 55명이고, ② 그들이 선택하려는 후보자집합은 Y={a, b, c, d, e}이며, ③ 각 후보자에 대한 유권자의 선호 순위를 여섯 가지로 구분하여 각 선호에 속하는 유권자들을 여섯 부류로 분류하기로 한다. 이것을 정리한 것이 〈표 3-6〉이다(한정훈, 2012: 143).[33]

〈표 3-6〉의 자료로서 우리가 비교분석하려는 집합적 의사결정규칙은 대안집합 내의 모든 후보자들과의 일대일 경쟁을 할 때 나머지 모든 후보자들과의 일대일 경쟁에서 과반수를 획득하는 후보자를 승자로 선택하는 규칙을 의미하는 콩도르세 승자규칙(Condorcet Procedure), 각 유권자가 한 후보자에 대해 한 표를 행사했을 때 가장 많은 표를 획득한 후보자를 승자로 선택하는 최다득

■ ■ 표 3-6 후보자에 대한 선호의 유형에 따른 유권자의 분류

유권자 유형	I	II	III	IV	V	VI
유권자 수	18	12	10	9	4	2
선호의 유형	a d ⓔ c b	b e ⓓ c a	c b e ⓓ a	d c ⓔ b a	e b ⓓ c a	e c ⓓ b a

33) 이 표는 한정훈이 Joseph Malkevitch의 1990년 *Annals of the New York Academy of Science* 697호에 게재한 논문 "Mathematical Theory of Elections"에서 인용한 것을 재인용하여 사용한 것이다.

표제(Plurality Rule), 첫 단계에서 일정한 득표수에 미치는 후보자가 없을 경우 일정한 자격을 갖춘 후보자를 대상으로 한두 번째 단계의 투표에서 가장 많은 표를 획득한 후보자를 승자로 결정하는 최다득표결선투표제(Plurality Runoff), 유권자들이 정해진 척도에 따라 모든 후보자에게 투표하여 가장 많은 표를 획득한 후보자를 승자로 선택하는 보르다 투표제(Borda Count), 그리고 유권자가 행사할 수 있는 표에 제한을 두지 않고 자신이 승인할 수 있는 모든 후보자에게 투표하여 가장 많은 승인을 얻는 후보자를 승자로 결정하는 승인투표제(Approval Voting Rule)의 다섯 가지이다(한정훈, 2012: 144–157). 우리는 이와 같은 투표규칙을 분석할 때 각 유권자는 오직 〈표 3–6〉에 주어진 선호에 따른 진정한 투표(sincere voting)를 한다고 가정한다.

(1) 콩도르세 승자규칙(Condorcet Procedure)

먼저 콩도르세 승자규칙을 살펴보기로 하자. 〈표 3–7〉은 후보자 a, b, c, d, e 간에 일대일 경쟁을 했을 때의 각 후보자가 얻는 유권자의 득표수를 나타낸 것이다. 즉 〈표 3–7〉의 제1행은 후보자 a가 다른 후보자 b, c, d, e들과 경쟁했을 때 a가 얻게 되는 득표수(0, 18, 18, 18, 18)를 나타낸다. 같은 방법으로 제5행은 후보자 e가 다른 후보자 a, b, c, d들과 경쟁했을 때 e가 얻게 되는 득표수(37, 33, 36, 28, 0)를 나타낸다. 자신을 제외한 다른 모든 후보자들과의 경쟁에서 과반수(i.e., 28표) 이상을 획득한 후보자는 e이고 그가 승자가 된다.

■ ■ ■ 표 3-7 콩도르세 승자규칙의 결과

	a	b	c	d	e
a	0	18	18	18	18
b	37	0	16	26	22
c	37	39	0	12	19
d	37	29	43	0	27
e	37	33	36	28	0

(2) 최다득표제(Plurality Rule)

최다득표제는 앞 절에서 언급한 단순다수결(simple majority)제도 혹은 종다수제도를 말하는 것이다. 개별 유권자가 다섯 가지의 대안에 대하여 자신이 가장 선호하는 후보자 1명에게 진실한 투표를 한다고 가정하자. 이 경우 주어진 〈표 3-6〉의 선호체계에 의하면 후보자 a는 18표, 후보자 b는 12표, 후보자 c는 10표, 후보자 d는 9표, 후보자e는 2표를 얻게 되어 사회적 선호는 a ≻ b ≻ c ≻ d ≻ e가 되어 후보자 a가 승자가 된다.

(3) 최다득표결선투표제(Plurality Runoff)

이것은 두 단계의 투표과정을 거쳐서 승자를 결정하는 방식으로서 가장 대표적인 사례는 프랑스의 대통령선거제도라고 할 수 있다. 첫 번째 단계에서 각 유권자는 자신의 선호에 따라 1인 1표를 행사한다. 이 때 과반수 등과 같이 미리 규정된 기준에 따른 승자가 없다면, 첫 단계에서 가장 많은 득표를 한 2명의 후보자나 혹은 일정기준 이상을 득표한 모든 후보자들 대상으로 두 번째 단계의 투표를 실시하여 가장 많은 득표를 획득한 후보자를 승자로 결정하는 방식이다.

주어진 〈표 3-6〉의 선호체계에 의하면 제1차 투표에서 과반수인 28표를 획득한 후보자는 아무도 없다. 따라서 각각 18표와 12표를 획득한 상위 득표 후보자 a와 b를 대상으로 〈표 3-6〉의 선호체계에 따라 두 번째 단계의 투표를 실시한다고 하자. 후보자 a는 II, III, IV, V, VI 유권자 집단에서 모두 후보자 b에 밀리게 되어 18표를 얻는데 그치지만, 후보자 b는 자신의 12표와 III, IV, V, VI 유권자 집단에 얻은 10, 9, 4, 2표를 합쳐 모두 37표를 획득하여 승자가 된다.

(4) 보르다 투표제(Borda Count)

유권자의 선호하는 강도에 따라 각 후보자에게 5점, 4점, 3점, 2점, 1점의 점수를 부여한다고 하자. 이 규칙을 주어진 〈표 3-6〉의 선호체계에 적용하면, 후보자가 얻는 점수는 〈표 3-8〉과 같이 되어 사회적 선호는 d ≻ e ≻ c ≻ b ≻ a가 되고 최종 승자는 가장 점수가 많은 후보자 d로 결정된다.

■ ■ 표 3-8 보르다 투표제의 결과

	I	II	III	IV	V	VI	총점
a	5×18	1×12	1×10	1×9	1×4	1×2	127
b	1×18	5×12	4×10	2×9	4×4	2×2	156
c	2×18	2×12	5×10	4×9	2×4	4×2	162
d	4×18	3×12	2×10	5×9	3×4	3×2	191
e	3×18	4×12	3×10	3×9	5×4	5×2	189

(5) 승인투표제(Approval Voting Rule)

승인투표제는 유권자가 승인하는 모든 후보자를 선정한 후, 가장 많은 유권자의 승인을 얻은 후보자를 승자로 선택하는 것이다. 이것은 자신의 선호의 강도에 따라 차등적인 점수를 부여하는 보르다 투표제와 구분되고 또한 한 명의 후보자에게 투표하는 기타의 투표제도와도 구분된다.

〈표 3-6〉의 선호체계는 승인투표제가 시행될 경우 각 유권자집단의 각 후보는 동그라미 표시 안에 있는 후보 위쪽에 위치한 후보자들 모두에 대해 승인할 것임을 나타낸다. 따라서 유권자집단 I은 후보자 a·d·e를 승인하고, II은 후보자 b·e·d를 승인하며, III은 c·b·e·d를 승인하고, IV는 d·c·e를 승인하며, V는 e·b·d를 승인하고, VI는 e·c·d를 승인한다. 〈표 3-9〉는 이 결과를 정리한 것이며, 사회적 선호는 d=e ≻ b ≻ c ≻ a가 되며 복수의 승자 d와 e가 나온다.

표 3-9 승인투표제의 결과

후보자	승인하는 유권자집단	합계
a	I(18명)	18명
b	II(12명), III(10명), V(4명)	26명
c	III(10명), IV(9명), VI(2명)	21명
d	I(18명), II(12명), III(10명), IV(9명), V(4명), VI(2명)	55명
e	I(18명), II(12명), III(10명), IV(9명), V(4명), VI(2명)	55명

(6) 비교로부터의 함의

〈표 3-6〉과 같은 유권자의 선호가 주어졌을 때 승리하는 후보자는 콩도

로세 승자규칙의 경우 후보자 e, 최다득표제의 경우 후보자 a, 최다득표결선투표제의 경우 후보자 b, 보르다 투표제의 경우 후보자 d, 그리고 승인투표제의 경우 후보자 d와 e가 된다. 이것의 시사점은 사회적 승자는 유권자의 선호에 의해서 달라질 수 있지만, 또한 유권자의 선호가 변하지 않더라도 의사결정규칙에 따라 달라질 수 있다는 것이다. 바로 여기에 의사결정규칙의 중요성이 있으며, 따라서 민주주의의 가치이념을 실현하기 위해서는 유권자의 진정한 선호가 왜곡되지 않는 의사결정규칙의 선택이 요구된다. 하지만 애로우의 불가능성의 정리에서 보듯이 민주주의의 가치이념과 병립될 수 있는 완벽한 의사결정규칙은 존재하지 않기 때문에 현실 세계에서 채택되고 활용되는 결정규칙이란 차선책(second best)일 뿐이다.

제 5 절 ▮ 간접민주주의제하의 집합적 의사결정과 몇 가지 대표적 사례

1. 간접민주정치하에서의 국민주권

우리는 공적·사적 일상생활을 통하여 여러 가지 형태의 집합적 의사결정을 경험하고 있지만, 그것이 안고 있는 문제점들에 관해서는 비교적 관심이 적었던 것 같다. 즉 일찍이 사사오입(四捨五入)방식 때문에 야기된 헌법개정 파동이나 제3공화국 시절 3선 개헌을 위한 정족수확보를 위한 집권당의 집요한 노력은 의사결정규칙에 대한 관심을 고조시키기에 충분한 계기가 되었지만, 그것이 일반적 수준에서의 집합적 의사결정규칙에 대한 관심으로 연결되지는 못하였다.

우리나라는 외형적으로도 오랜 기간 동안 민주주의의 틀을 갖추지 못하였기 때문에 민주주의 실현에 대한 노력은 대부분 민주주의라는 이념적 측면에 치우쳐 있었던 것 같다. 그러므로 지금까지 모든 관심이 민주주의라는 추상적 가치규범의 회복에 집중되었지만, 앞으로는 그러한 추상적 규범의 구체화 작업, 즉 구성원의 선호를 더 잘 반영할 수 있는 의사결정규칙의 구축에 더 많은 관심이 주어져야 할 것이다.

최근 우리는 일상생활 곳곳에서 지금까지 진척된 민주화의 덕택으로 역사상 미증유(未曾有)의 여러 가지 선거와 투표를 경험하고 있다. 대통령이나 국회의원, 지방자치단체장이나 자치단체의 의회의원은 물론이고, 대학에서의 총·학장, 노동조합에서의 위원장, 각종 단체에서의 지도자의 선거 등이 그 예이다. 뿐만 아니라 집합적 의사결정을 위해 투표가 이용되기도 하는데 교수임용 후보자결정을 위한 교수회에서의 투표, 대법원의 판결이나 헌법재판소의 최종판결을 위한 법관들의 투표가 대표적 보기이다. 이에 따라 선거 및 투표의 과정이나 절차가 점점 많은 사람들의 관심을 끌기 시작하였다.

애로우의 불가능성의 정리가 암시하듯이 투표를 통하여 집합적 의사를 끌어내는 데는 무수히 많은 결점들이 있을 수 있다. 그러므로 그러한 잠재적 가능성에 대한 충분한 고려 없이 받아들인 선거나 투표는 구성원들의 선호를 엄청나게 왜곡시킬 수 있다. 정치권에서 이루어지는 투표는 비교적 많은 사람들의 주목을 받지만, 다른 영역에서 이루어지는 집합적 의사결정의 문제점들은 무관심 속에 파묻힐 가능성이 높다.

사실 민주주의의 틀을 마련하기 위해서는 거리에서의 격렬한 투쟁도 필요하다. 그러나 민주주의의 기본적 틀이 어느 정도 구비된 지금은 성숙된 민주주의의 실현을 위해 정신적 투쟁이 요구되는 시점이라고 생각된다. 즉 구호(口號)로서의 민주주의에서 벗어나 어떻게 하면 국민의 주권이 왜곡됨이 없이 국정에 잘 반영될 수 있을 것인가와 같은 보다 근본적인 문제에 관심이 주어져야만 한다. 그 한 방편이 개인의 선호를 바탕으로 하여 집합체의 선호를 무리없이 도출할 수 있는 메커니즘의 개발인 것이다. 단순히 헌법에 보장된 보통·평등·직접·비밀·자유투표에 만족할 것이 아니라, 어떻게 하면 그러한 투표를 통해서 간접민주주의제하에서 국민주권을 왜곡됨이 없이 국정에 반영할 수 있을 것인가에 대한 문제의식을 가질 필요가 있다.

오늘날 대부분의 민주국가에서는 "국민의, 국민에 의한, 국민을 위한 정부"(government of the people, by the people, for the people)라는 기치를 내세우고 있는데, 그것은 국민주권주의의 이념인 것이다. 우리나라 헌법 제1조 2항은 "대한민국의 주권은 국민에게 있고, 모든 권력은 국민으로부터 나온다"라는 규정을 통하여 국민주권주의를 명문화하고 있다. 뿐만 아니라 헌법전문은 국민이 헌법을 제정하였고, 국민투표에 의해서 그 헌법이 개정되었음을 밝히고 있으며, 또한 헌법 제1조 1항은 "대한민국은 민주공화국이다"라고 규정함으로써 국민주권원리를 뒷받침하고 있다.

국민주권주의의 구현을 위하여 우리나라 헌법은 원칙적으로 간접민주정
치를 채택하면서 예외적으로 직접민주정치의 방법을 규정하여 전자의 결점을
보완토록 하고 있다. 국민주권원리의 구체적 구현형태로는 ① 국민대표제, ②
직접민주제, ③ 정당제도, 그리고 ④ 지방자치제 · 직업공무원제 · 청원권 등 기
본권보장과 그 목적을 실현하기 위한 권력분립주의 및 법치주의, 특히 헌법재
판소 등을 들 수 있다(김철수, 1993: 124−125). 이와 같은 여러 가지 유형 중에서
우리는 개인의 선호를 바탕으로 집합적 선호를 이끌어 내는 본 장의 주제와 관
련되는 직접민주제와 국민대표제에 관하여 설명하고자 한다.

(1) 직접민주제

대의민주주의제하에서 직접민주주의제도는 다음과 같은 세 가지 점에서
그 의의를 갖는다. 첫째, 대의민주주의는 대표자의 선거와 그러한 대표자의 주
민의사반영이라는 두 수준으로 구성된다. 각 단계에서 직접민주제적 요소가
가미되어 있지만 전체적 관점에서 대표성을 완벽하게 보장하지는 못한다. 둘
째, 정치체(polity)는 쉽게 과두제적(寡頭制的) 성향을 띠게 되고 정책결정은 정
당 · 정부 · 특수이익집단간 협상의 산물이기 십상이기 때문에 직접민주주의제도
는 필요하다. 셋째, 정치체제에서 이익집약과 이익표출을 담당하는 정당이 지
역주민의 선호를 정확하게 반영하지 못하는 경우가 있을 뿐만 아니라 종종 그
들의 선호와 정반대되는 정책을 추진한다(강명구, 1994: 909).

바로 이와 같은 세 가지 정치이론적 함의를 모두 수용해 주는 직접민주제
의 형태로서는 국민(주민)발안(initiative) · 국민(주민)표결(referendum) · 신임투표 ·
국민(주민)소환(recall) 등을 들 수 있다. 우리나라 헌법 제72조는 "대통령은 필
요하다고 인정할 때에는 외교 · 국방 · 통일 · 기타 국가안위에 관한 중요정책을
국민투표에 붙일 수 있다"고 규정하고 있으며, 제130조 2항은 "헌법개정안은
국회가 의결한 후 30일 이내에 국민투표에 붙여 국회의원 선거권자 과반수의
투표와 투표자 과반수의 찬성을 얻어야 한다"고 규정하고 있다.[34] 우리나라의
현행헌법은 국민표결제만을 인정하고 있는데, 제3공화국헌법에서는 헌법개정

---

34) 전자는 임의사항이지만 후자는 강제사항이다.

에 관한 국민발안이 인정되었으나 제4공화국헌법 이후 폐지되었다(김철수, 1993: 672). 이러한 관점에서 본다면 형식적으로는 제3공화국시절이 오히려 국민의 선호반영가능성은 더 높았다고 할 수 있을 것이다.

(2) 국민대표제

　　비록 전체국민이 주권자임에는 틀림없지만, 그들이 직접 주권을 행사하기란 현실적으로 불가능하다. 그래서 주권자인 국민들은 국가권력을 자신들의 대표들에게 위탁하여 행사하게 된다. 즉 주권의 내용이라고 할 수 있는 통치권은 국가기관으로서의 국민과 국민대표기관에 의하여 행사된다. 사실 오늘날 대의제 민주주의에서 국가권력은 국민의 대표기관인 대통령·국회 및 헌법재판소·행정부·법원 등에 수권되고 있는 것이다(김철수, 1993: 124).

　　대표민주제의 법적 구조는 ① 대표위임의 원리와 ② 강제위임 금지의 원리라고 할 수 있다. 즉 대표민주제에서 국민은 선거에 의하여 구성된 대표기관을 통해서만 주권을 행사하고, 대표기관의 행위는 국민의 의사를 반영하는 것으로서 국민의 행위로 간주된다. 그렇기 때문에 국가기관이 어떤 직무를 수행할 때 국민으로부터 구체적 구속을 받지 않고 독립적으로 행동할 수 있다. 그러므로 강제위임금지의 원리는 민법상의 대리인과 국민의 대표를 구별해 준다(김철수, 1993: 618).[35]

　　우리나라 헌법은 국민대표제의 구체적 표현으로 의회제도를 보장하고 있으며, 주권행사기관인 국민은 자신을 대신하여 주권을 행사하는 국회의원이나 대통령을 직접 선거한다. 이를 위하여 국민 개개인은 공무원을 선거할 수 있는 선거권을 가지며, 보통·평등·직접·비밀·자유선거를 통하여 그것을 행사한다. 따라서 국민대표제가 그 소기의 목적을 달성할 수 있느냐의 여부(與否)는 그것의 구체적 실현도구인 선거제도가 국민의 주권을 왜곡됨이 없이 정확하게 반영할 수 있느냐에 달려 있다고 할 수 있다.

---

35) 국민대표에 관한 보다 자세한 사항은 김철수(1993: 617–626)를 참고하기 바란다.

2. 간접민주주의제하에서의 집합적 의사결정의 몇 가지 대표적 사례

투표로서 집합적 의사결정을 할 경우 투표에 들어가기 전에 투표권의 배분 및 투표결정규칙 등을 정해야 한다. 투표권의 배분문제는 집합체의 구성원들 중 누구에게 투표권을 주고 또 그러한 투표권을 어떻게 줄 것인가 하는 문제이다. 집합체의 구성원이라고 해서 자동적으로 투표권이 배분되는 것은 아니다. 우리나라의 경우 투표권이 모든 국민에게 부여되는 것이 아니고 일정한 자격을 갖춘 사람들에게만 주어진다. 즉 현행법으로는 만 19세 이상의 정상인한 사람당 한 표씩이 부여된다.[36] 각종 학술단체의 경우 회장의 선출시에 선거권을 행사할 수 있는 사람들은 회비를 납부한 정회원으로 한정된다. 경우에 따라서는 학회 가입 후 일정기간이 지난 후에라야 투표권이 부여되기도 한다.

현대 민주주의에서는 1인 1표의 투표권 부여가 당연한 것으로 간주된다. 이것은 중요한 결정이 엘리트들에게 의존되는 플라톤의 공화국과는 달리 모든 투표권자의 선호가 동일한 비중을 차지해야 한다는 견해를 반영하는 것이다. 이것은 주식회사의 주주총회에서의 의결권이 주식의 보유수에 따라 주어지는 것과 좋은 대조를 이룬다. 하지만 민주주의의 선진국인 영국에서는 1948년도까지도 국민의 특정 집단들에게 복수의 투표권이 주어졌었다. 즉 대학졸업생과 대학의 교수진은 자기 주소지가 있는 지역선거구에 대한 선거권 외에 별도의 대학선거구에 대해 1표를 더 행사하는 대학선거권(university franchise)을 갖고 있었으며, 자신이 거주하는 지역선거구 외의 지역에 최소한 £10 이상의 가치를 가진 사업처(business premises)를 소유·점유한 사람들도 해당 사업처가 있는 선거구(borough or county)에서 1표를 더 행사하는 사업처선거권(business premises franchise)을 갖고 있었다(홍석민, 2010: 170).[37]

투표결과를 결정짓는 규칙 또한 매우 중요하다. 일반적으로 가장 널리 사용되는 규칙은 투표권을 갖는 모든 구성원들이 한 표씩 투표하고, 그 투표결과의

---

36) 우리나라의 경우 종래에는 헌법에서 선거연령을 규정하였지만 현행 헌법 제24조는 "모든 국민은 법률이 정하는 바에 의하여 선거권을 갖는다"라고 규정함으로써 선거연령은 법률로써 정한다. 2005년 8월 4일 개정된 공직선거법 제15조 1항은 "19세 이상의 국민은 대통령 및 국회의원의 선거권이 있다"라고 규정하고 있다.

37) 이와 같은 복수선거권에 관한 자세한 사항은 홍석민(2010)을 참고할 것.

단순집계에 따라 과반수를 획득하면 그것을 집합적 의사결정으로 채택하는 것이다. 그러나 현실적으로 우리나라의 각종 선거에서는 단 한 표라도 많으면 승리하는 단순다수결(simple majority), 즉 소위 종다수(從多數)제도가 채택되고 있다.

종다수제도는 집합적 의사결정 메커니즘으로서 여러 가지 문제점을 갖는다. 특히 심각한 것은 후보자가 많을 경우 종다수 제도의 결과는 대표성에 심각한 문제를 제기할 수 있다는 것이다. 즉 1987년의 대통령선거에는 노태우, 김영삼, 김대중, 김종필을 비롯한 여러 명의 후보가 출마하였는데, 노태우 후보는 투표자의 과반수에 훨씬 미치지 못하는 약 35.9% 지지를 받고서 대통령으로 당선된 것이다. 이와 같이 종다수 투표제도는 진정한 국민의 의사를 반영하는 데 상당한 한계점을 갖는다.

대통령선거에서 만약 다수의 후보자 때문에 과반수 득표자가 나타나지 못할 경우, 상위 득표자들을 대상으로 한 결선투표제도[38]를 도입하면 국민 개개인들의 선호가 최종 결과에 더욱 충실하게 반영될 수 있다. 우리나라에서는 종종 대통령선거에서 후보단일화가 큰 이슈로 부각되며 실제 2013년 제18대 대통령선거에서 문재인 후보와 안철수 후보는 지루한 대통령후보 단일화논의 끝에 문재인 후보로 단일화하기로 합의하였다. 이와 같은 단일화는 후보난립을 방지함으로써 사표를 줄여 승리가능성을 높일 수 있는 장점도 있지만, 단일화가 국민의 선호보다 당사자들 간의 정치적 흥정 및 거래로 전락할 수 있는 결점도 있다.

결선투표제도가 실시되지 않는다면, '다당제(多黨制)'가 될수록 특정 지역을 기반으로 하는 정당의 대통령후보자가 특정지역으로부터의 몰표를 획득하여 대통령으로 될 가능성이 상존한다. 한때 각 대학에서 실시되었던 교황선출방식의 직선총장선거에서는 거의 대부분 결선투표제도가 도입되었는데, 일차투표에서의 승리자가 최종 투표에서 패배하는 경우가 많았다. 이와 같은 결선투표제도는 단순다수결 투표하의 집합적 의사결정이 안고 있는 문제점들을 상당히 보완할 수 있는 진일보된 제도라고 할 수 있다.

우리는 여기서 간접민주주의 하에서 실시되는 대표의 선출과 그와 같이 선출된 대표들이 내리는 집합적 의사결정 규칙에 관한 몇 가지 이슈들에 대해서 살펴 볼 것이다. 이를 위하여 먼저 간접민주주의 하에서의 직접민주주의적

---

38) 이것은 곧 앞 절에서 소개한 최다득표결선투표제이다.

요소를 띠는 국민투표제를 설명한 후, 대통령 및 국회의원의 선출과 연관된 몇 가지 이슈들, 그리고 국회 내에서 이루어지는 집합적 의사결정이 앓고 있는 문제점들을 설명하려고 한다.

(1) 국민(주민)투표제

전술한 바와 같이 우리나라는 헌법개정의 경우 국민투표가 필수적 사항으로 요구된다. 우리나라는 여러 차례의 헌법개정을 경험하였고 그때마다 헌법개정에 관한 국민투표가 치러졌지만 한 번도 부결된 적은 없었다.

애로우의 불가능성의 기본적 전제조건들 중의 하나인 무관한 대안과의 독립성(IIA: Independence of Irrelevant Alternative)은 보르다(Borda) 투표에서 충족되지 못함을 우리는 이미 지적하였다. 이론적으로 뿐만 아니라 현실적으로도 집합적 의사결정을 내릴 때 무관한 대안과의 독립성이 충족되지 못하는 경우를 자주 경험하게 된다. 가장 대표적인 예는 1969년의 삼선개헌(三選改憲)안에 대한 국민투표라고 할 수 있다.

삼선개헌안의 승인을 위한 국민투표에서 박대통령은 단순히 삼선개헌 그 자체의 찬성(대안 x)이나 반대(대안 y)에 그치지 않고, 국민투표를 자신에 대한 신임여부(대안 z)를 묻는 신임투표로 그 성격을 바꾸어버렸다. 그의 신임여부(대안 z)는 삼선개헌의 찬반여부를 결정하는 국민투표 본래의 의제와는 무관한 것이었지만, 그 결과에는 상당한 영향을 주었을 것이다. 즉 삼선개헌 그 자체에는 반대하지만 박정희 대통령 개인의 치적(治績)에 관해서 호감을 갖는 사람들에게는 문제의 초점이 흐려지는 효과를 초래한 것이다. 사실 직접민주제의 한 형태인 신임투표의 경우 프랑스의 드골(de Gaulle) 대통령이 마지막 국민투표에서 신임을 얻지 못하여 권좌에서 물러난 경우를 제외한다면, 역사적으로 부결된 선례가 거의 없다고 한다(김철수, 1993: 673).

국민투표제에 관한 헌법적 해석은 2004년 3월 12일 국회에서 통과된 대통령(노무현)탄핵소추안에 대한 헌법재판소의 결정문에 잘 나타나 있다. 대통령탄핵소추안은 대통령의 특정 정당지지발언이 공직선거및선거부정방지법[39]을 위반하였다는 데서 촉발되었음은 잘 알려진 사실이지만, 그 소추안에는 국

---

39) 이 법률안은 2005년 8월 4일 공직선거법으로 개정되었다.

민투표와 연관된 사항도 포함되어 있었다. 즉 대통령은 2003년 10월 10일 기자 회견에서 자신의 비서관이었던 최도술의 SK비자금 수수의혹과 관련하여 "수사가 끝나면 무엇이든 간에 이 문제를 포함해 그동안 축적된 국민 불신에 대해서 국민에게 재신임을 묻겠다"고 하였고, 10월 13일에 행한 국회 시정연설에서는 "국민투표는 법리상 논쟁이 없는 것이 아니지만 정치적 합의가 이루어지면 현행법에서도 가능할 것," "정책과 결부시키는 방법이 논의되고 있지만 그렇게 안 하는 것이 좋겠고 어떤 조건도 붙이지 않겠다," "재신임을 받을 경우 연내에 내각과 청와대를 개편하고 국정쇄신을 단행할 계획"이라고 발언하였는데 이것은 헌법에 위배된다는 것이다.

당시 헌법재판소는 헌법상 대통령은 국민에게 자신에게 대한 신임을 국민투표의 형식으로 물을 수 없을 뿐만 아니라, 특정 정책을 국민투표에 붙이면서 이에 자신의 신임을 결부시키는 대통령의 행위도 위헌적 행위로서 헌법적으로 용납되지 않는다고 판결하였다. 즉 대통령이 자신에 대한 재신임을 국민투표의 형태로 묻고자 하는 것은 헌법 제72조[40]에 의하여 부여받은 국민투표 부의권을 위헌적으로 행사하는 것이며, 따라서 이러한 행위는 국민투표제도를 자신의 정치적 입지를 강화하기 위한 정치적 도구로 남용해서는 안 된다는 헌법적 의무에 위반된다는 것이다(조선일보, 2004년 5월 15일).

지방자치제하에서의 주민투표는 직접민주주의적 요소를 도입하려는 시도의 일환이라고 생각된다. 1994년 3월에 개정된 지방자치법 제13조는 "지방자치단체의 장이 지방자치단체의 주요 결정사항 등에 대하여 별도의 법률이 정하는 바에 따라 주민투표에 부칠 수 있다"고 규정함으로써 주민투표의 길을 열어놓았다. 그렇지만 국회에서 주민투표법안이 제정되지 않아 주민투표제도는 유명무실한 상태였다. 즉 1994년 7월 여·야의원들에 의하여 주민투표법안이 국회에 제출되었으나 소관상임위원회에 상정되지 못한 채 의원들의 임기만료로 폐기되었고, 1996년 9월 다시 일부의원들에 의해 제안된 주민투표법안 역시 의원들의 무관심 속에 폐기되었다. 그러다가 마침내 2004년 1월 29일 법률 제7124호로서 주민투표법이 제정되어 지방자치행정의 민주성과 책임성을 제고할 수 있는 법적 수단이 마련되었다.

---

40) 헌법 제72조는 "대통령은 필요하다고 인정할 때에는 외교·국방·통일 기타 국가안위에 관한 중요정책을 국민투표에 붙일 수 있다"라는 조항이다.

주민투표법에 따라 2005년 7월 27일 제주도는 제주시와 북제주군 그리고 서귀포시와 남제주군을 각각 하나로 묶어 2개의 행정시로 통합하고 시장을 도지사가 임명하는 방안에 대해 우리나라 최초의 주민투표를 실시하였다. 전체 유권자 40만 2,003명 가운데 14만 7,656명이 참가하여 36.7%의 투표율을 보임으로써 주민투표가 유효하게 되었고,[41] 투표자 중 57%가 개편안에 찬성함으로서 개편안이 채택되었다.

한편 2011년 8월 24일에는 서울특별시의 오세훈 시장이 무상급식정책을 주민투표에 회부하였으나 유권자의 25.7%만 투표에 참가함으로써 주민투표법 제24조 2항에서 규정한 "주민투표권자 총수의 3분의 1"이라는 기준에 미달함으로써 주민투표 그 자체가 무효화되었다. 무상급식과 관련된 서울특별시의 주민투표는 다음과 같은 몇 가지 문제점을 남겼다.

첫째, 야당을 비롯한 일부 '시민'단체들이 무상급식관련 투표안에 관한 찬·반운동이 아니라 주민투표를 '나쁜투표'로 간주하여 주민투표실시 그 자체에 대한 거부운동을 벌임으로써 시민들의 의사(i.e.,선호)표시를 제한시키는 결과를 초래하여 민주주의의 기본원리와 지방자치의 이념을 크게 훼손시켰다.

둘째, 투표불참운동에 직면한 유권자들은 투표참가 여부에 따라 자신의 정치적 성향이 드러나기 때문에 단계적 무상급식을 찬성하더라도 주변시선 때문에 투표참가를 망설이게 되는 이른바 '낙인투표'의 결과가 초래되었다.

셋째, 유권자의 25.7%인 215만 명이 넘는 사람들이 투표에 참가하였으나 주민투표의 유효투표율을 충족시키지 못하여 투표함이 개함되지 못함으로서 그들의 선호가 사장되었다.

스위스를 제외한다면 지방자치제하에서 직접민주주의가 가장 왕성하게 시도되는 나라는 미국이다. 미국의 경우 지방정부 수준에서 1980년대에 들어 평균 230회를 웃도는 직접민주주의적 선거가 치러졌는데, 그 중 40여 회는 주민발의이고 190여 회는 의회가 발의한 주민투표이다. 미국의 직접민주주의를 총괄적으로 분석한 학자에 의하면 비록 주민투표가 만병통치약은 아니라고 할지라도 대의제 민주주의의 많은 병폐로부터 주민의 기본적 권리를 보호하는 데 도움이 되었다고 한다(강명구, 1994: 911−912).[42] 미국에서의 대표적인 주민투표

---

41) 현행 주민투표법 제24조 2항은 "전체 투표수가 주민투표권자 총수의 3분의 1에 미달할 때에는 개표를 하지 아니한다"라고 규정되어 있다.

42) 직접민주주의적 지방자치의 장·단점에 관해서는 강명구(1994: 910)를 참고할 것.

는 재산세의 제한과 관련된 캘리포니아 주의 유명한 주민발의 13(Proposition 13)을 들 수 있다.

(2) 정당의 당론결정과 각종 선거에서 정당공천의 문제점

1) 당론결정에서의 당원의 선호왜곡

대의민주제하에서의 국회는 국민을 대신하여 주권을 행사하는 것으로 간주된다. 그러나 현실적으로는 국회의원이 국민의 의사를 대변하기보다 자신이 소속된 정당의 당론에 따라 의사결정을 하는 경우가 많다. 집합적 의사결정의 특성은 일단 결정이 이루어지고 나면, 비록 그 결정에 찬성하지 않은 사람일지라도 그 집합적 결정에 구속된다는 점이다. 그러므로 국회의원 개인의 의사가 소속정당의 당론과 다를 경우 자신의 의사를 고집하기보다 당론에 따르는 것은 집합적 의사결정의 속성이자 한계라고 생각된다.

당론이 민주적 절차를 거쳐서 이루어지지 않은 경우에도 맹목적으로 따라야 하는가? 아무리 겉으로는 민주적 정치제도를 지닌다고 하더라도 정당의 당론이 당원의 의사와는 동떨어진 채 결정된다면, 그것을 맹목적으로 추종하는 것은 국민주권주의의 실현에 크게 위배되는 것이다. 이와 같이 당론과 국회의원 개인간의 의견대립이 극명하게 드러나는 사례로서는 제3공화국시절 삼선개헌을 찬성하는 공화당의 당론과 그것에 따르지 않고 끝까지 소신을 밝힌 의원이 당에서 제명된 경우나, 박정희 정부 때 오치성 내무부장관의 해임건의안에 대한 국회표결에서 당론과 반대되는 결정을 한 국회의원들이 엄청난 고통을 당한 경우를 들 수 있다.

김영삼 정부하에서도 1996년 12월 새벽 집권 여당인 신한국당의원들은 중진급이나 초선급을 막론하고 모두 묵묵히 당론에 순응하여 노동법 및 안기부법 날치기 통과에 동참하였다. 새벽의 기습적 투표에 참가하여 당론에 따라 당당히 찬성표를 던진 당의 중진 의원들이나 개혁지향적이라고 스스로 표방하던 의원들도 사회적 여론이 악화되자 당론결정과정의 비민주성과 당내 민주화에 대한 문제점들을 지적하는 해프닝을 야기하기도 하였다.

또한 1997년 1월에 터진 한보사건[43]에 대해서 집권 여당인 신한국당 초선

---

43) 한보사건이란 한보그룹 산하 한보철강이 정치권력의 비호 하에 부당하게 천문학적 금융대출

의원들의 모임인 시월회는 노동법과 한보사건 등으로 인한 어수선한 시국에 관한 입장의 정리과정에서 "지역구의 유권자를 바라보면 당 지도부가 울고, 당명을 따르자니 유권자가 외면한다"는 진퇴양난의 어려움을 호소하기도 하였다. 이것은 주권자의 선호와 당 지도부 선호와의 뚜렷한 괴리를 보여주는 단적인 사례이다.

2) 정당공천제도와 당내민주주의

우리나라의 각종 선거는 정당의 후보자 공천에서 반 이상이 끝난다고 말할 수도 있다. 정당은 공천을 통하여 선택의 폭을 좁혀서 유권자들로 하여금 특정 후보자의 선택을 강요하는 셈이다. 만약 당내 민주주의가 성숙되어 있어 당의 후보자 공천이 당원의 충분한 의견수렴 후에 결정되면 아무런 문제가 없지만, 당내 민주주의가 성숙되어 있지 않을 경우 공천은 한낱 요식행위에 지나지 않는다. 이 경우 국민은 선거를 통하여 정당이 내세운 후보자들에 대한 평가를 내리는 것에 만족하지 않고, 정당 내부에서의 후보자 결정까지 국민의 의사에 따라 이루어지기를 갈망한다(안광일, 1992: 976).[44] 2000년에 실시된 제16대 국회의원선거에서는 그러한 국민적 갈망이 소위 '시민'단체들의 공천부적격자 명단발표 및 특정 후보에 대한 낙선운동[45]이라는 전대미문의 해프닝을 초래하였다.

무소속 출마자들의 당선이나 또는 특정 정당의 공천에서 탈락한 사람이 곧바로 당적을 바꾸어 다른 당에서 공천받아 당선하는 것은 특정 정당의 공천이 잘못되었다는 반증인 것이다. 정당 내부의 민주화가 성숙되어 있지 않고 또한 정치적 시장이 한두 정당에 의해서 독점이나 과점상태에 있을 경우, 무소속 출마의 금지나 또는 무소속 후보자에게 불리한 조건을 부과하는 것은 국민의 올바른 선호표시를 차단하는 효과를 초래할 수 있다.

미국의 경우 대통령선거나 연방의회 의원선거에서 정당의 공천은 거의 예

특혜를 받아왔으나, 갑자기 부도처리되면서 그러한 부당한 금융대출과 관련된 많은 사람들이 구속된 정치적 사건을 일컫는다. 이 사건으로 우리 역사상 두 번째로 국회청문회가 열리고 그것이 TV로 생중계되었다.

44) 이렇게 되면 당 지도부의 세력이 극히 약화되는 결과를 초래할 수 있다. 미국의 정당간부들에 비하여 우리나라의 정당간부 특히 당 총재는 공당(公黨)의 성격을 의심스럽게 할 정도로 비정상적인 막강한 권한을 가져 소위 '제왕적 총재'라는 말도 생겨났다.

45) 이 같은 '시민'단체들의 낙선운동은 2001년의 대법원판결에서 불법판정을 받았다.

비선거(primary election)방식46)에 의존하기 때문에 정당 간부들의 영향력은 크게 감소되고 정당공천에 당원들의 선호가 비교적 잘 반영된다. 이것은 당 간부들이 큰 영향력을 행사하여 소위 '공천장사' 또는 '직할부대의 구축'이라는 말을 낳게 하는 우리나라의 정당 공천제도와는 매우 대조적이다. 환언하면 예비선거를 통한 미국의 공천방식은 당원들의 의사를 보다 잘 반영할 수 있는 메커니즘인 반면, 우리나라의 공천제도는 당 총재의 권한을 강화시킬 수 있는 메커니즘이라고 생각된다.

우리나라 정치지도자들의 정부고위직(정당고위직)에 대한 하마평(下馬評)으로서 "대통령(당 총재)의 의중을 가장 잘 꿰뚫어 보는 사람"이라는 말이 자주 등장한다. 이러한 하마평은 대통령(당 총재)이 국민(당원)의 의사를 수렴하기보다도 자신의 의사를 국민(당원)에게 강요한다는 느낌을 준다. 그러므로 바람직한 하마평은 "국민(당원)의 뜻을 대통령(당총재)에게 가장 용기 있게 전달할 수 있는 사람"과 같은 것이 되어야 할 것이다.

미국의 대통령선거에서 각 정당은 주 예비선거와 당원대회(caucus)에서 자기 정당의 대통령 후보를 선출한다. 1996년의 경우 37개 내지 42개 주47)에서 전당대회의 대의원을 선출하기 위하여 예비선거를 활용하였으며, 그 나머지 대의원들은 당 코크스(causus)에 의하여 선출되었다. 코크스란 원래 회의를 뜻하지만 대통령후보 지명과정에서 지방선거구(precinct) 수준에서의 당원대회를 뜻한다. 이 대회에서 당원들은 공개토론을 통하여 카운티(county) 당원대회에 파견될 대의원을 선출한다. 카운티 당원대회에서 선출된 대의원들은 주의 당대회에 파견될 대의원을 선출하며, 주 수준의 당원대회는 전당대회에 파견될 대의원들을 선출한다. 이렇게 여러 층의 코크스 제도를 마련한 목적은 가능한 한 많은 국민들에게 참정의 길을 열어주고, 재능 있는 참신한 사람들을 정당정치에 불러들일 수 있는 유인을 제공하려는 데 있다(미국공보원, 1996: 48).

미국에서도 당지도자들의 정당에 대한 영향력행사가 크게 문제시되어 개

---

46) 이러한 예비선거에는 폐쇄적 예비선거(closed primary)와 개방적 예비선거(open primary)의 두 유형이 있다. 전자는 당적을 가진 당원만이 투표할 수 있는 당내선거에서 당의 공직(公職) 후보자를 선출하는 제도로서 대부분 주의 예비선거는 이러한 형식을 택한다. 한편 후자는 다른 당의 당적을 가진 유권자나 '무소속'유권자도 당의 공직 입후보자 선출에 투표할 수 있는 제도이다.

47) 공화당이 민주당보다 예비선거를 더 많이 실시하므로 주마다 약간의 차이가 있다.

혁의 대상이 되어 왔다. 1968년 미국 민주당 전당대회에서는 월남전쟁 반대 후보인 맥카시(Eugene McCarthy) 상원의원과 맥거번(George McGovern) 상원의원이 예비선거에서 다수득표를 하였지만, 막상 전당대회장에서의 후보지명은 부통령이었던 험프리(Hubert Humphrey)에게로 돌아갔다. 험프리는 단 한 주의 예비선거전에도 나서지 않았지만, 예비선거를 치르지 않은 주에서 얻은 득표수를 바탕으로 후보지명을 얻을 수 있었다. 이것은 민주당의 대의원선출에 대한 개혁을 불러일으키는 계기가 되었다(미국공보원, 1996: 14-15).

즉 1972년에 미국 민주당은 대통령 예비선거를 위해 유권자 대중이 대의원 선출과정에 참가할 수 있는 두 가지의 새로운 규정을 채택하기에 이르렀다. 그것은 될 수 있는 대로 폭넓은 유권자들이 충분히 참여할 수 있도록 대통령 후보지명과정을 개방하며, 전당대회에서 대의원선출에 참여한 사람들의 선호가 대통령후보 지명과정에서 반드시 공정하게 반영되어야 한다는 것이다. 전자의 원칙에 따라 대통령후보 지명대회에 파견되는 대의원의 절반은 여성이어야 하고, 소수 민족계 대의원들(아프리카계, 히스패닉계, 아시아계, 그리고 아메리카 인디언)도 전체 미국인구에서 그들이 차지하는 비율에 따라 선출될 수 있도록 하는 규정이 채택되었다. 한편 후자의 공정한 원칙에 따라서는 대통령후보들이 각 주에서 얻은 득표율에 비례하는 수의 대의원을 배정받도록 하는 제도가 채택되었다. 또 다른 개혁은 대의원들이 전당대회에서 주 예비선거나 코크스에서 지지했던 대통령후보에게 투표한다는 서약을 받아 놓는 것이었다(미국공보원, 1996: 15).

이러한 '민주화' 개혁은 예기치 않은 결과를 초래하여 예비선거에서 선출되는 전당대회 대의원수의 비율이 1980년도에는 전체의 72%까지 증대되었다. 그래서 권력분산에 다소 회의적 반응을 보이는 당지도자들의 염려를 상쇄하기 위해 민주당은 민주당 출신 주지사, 상원의원, 하원의원 그리고 민주당 전국위원회 등이 전당대회 대의원의 약 20%를 차지할 수 있도록 하는 규정을 채택하였다(미국공보원, 1996: 15).

우리나라도 대통령후보자 지명은 각 정당의 전당대회에서 한다. 그러나 1970년대 초 야당인 신민당의 대통령후보 지명을 위한 김영삼과 김대중간의 경선을 제외한다면, 2000년대 초까지 여·야를 막론하고 대통령후보 지명이 실질적 경선으로 치러진 경우는 거의 없었다. 경선이 없다는 것은 당원들의 의사 반영이 그만큼 어렵다는 의미이다. 특히 집권당의 대통령후보 지명에서는 언

제나 눈에 보이지 않는 '입김'이 작용되고 있는 듯하며 밑으로부터의 선호반영
이 그만큼 어려운 것 같다.

하지만 2002년에 접어들면서부터 여·야를 막론하고 대통령후보결정에 경
선제도를 도입하여 정치풍토에 새로운 분위기가 조성되었다. 즉 당시 집권당
인 새천년민주당은 이른바 국민경선제를 도입하여 전국적으로 인구 1,000명당
1인 이상의 비율로 구성되는 약 35,000명에 이르는 국민선거인단을 구성하였
다. 이들은 전당대회대의원 약 14,000명, 당원 약 21,000명과 함께 대통령후보
결정을 위한 투표에 참가하였다. 당시 야당이던 한나라당도 이러한 국민경선
제에 자극받아 국민참여선거인(모집당원선거인)을 공개모집하여 전당대회대의
원, 일반당원 선거인과 함께 대통령후보자를 결정하였다.[48]

3) 정당공천과정에서 비당원(시민)의 참여

정당은 "국민사회의 정치통합의 실질적인 조직매개체로서 동일한 정견(政
見)을 가진 사람들이 정치과정의 통제, 특히 정권의 획득·유지를 통해서 그 정
견을 실현시키려는 자주적·계속적인 조직단체"로 정의된다(이극찬, 2006: 358).
그렇기 때문에 정당정치가 정상적으로 작동한다면 각 정당의 대표로서 각종
선거에 출마하는 후보자를 선정할 때 가장 먼저 고려해야 할 사항은 그 후보자
의 정견, 즉 정치적 선호와 이데올로기적 정체성이 그 정당의 그것들과 일치하
는가일 것이다.

최근 우리나라에서는 과거 정당 간부에 의한 권위주의적·비민주적 공천
이 안고 있는 폐해를 시정한다는 명목에 입각해서 밑으로부터의 공천을 상징
하는 이른바 '국민경선제' 같은 공천방식을 도입하고 있다. '국민경선제'라고 하
더라도 선거 때마다 각 정당에서 임기응변적으로 다양한 방식을 채택하고 있
어 일률적으로 말할 수는 없지만, 한 가지 공통적 현상은 당원투표와 비당원
(국민)을 대상으로 한 여론조사를 병용한다는 점이다.

당원이 투표에 참여하는 것은 당연하지만, 비당원이 특정 정당의 후보결
정에 참여하는 이른바 국민여론조사는 바람직한 현상은 아니라고 생각된다.
하지만 종종 당원투표에서는 이기고 일반국민을 대상으로 한 여론조사에서 밀

---

48) 민주당의 국민선거인단은 총선거인단에서 50%를 차지하였고, 한나라당의 국민참여선거인은
총선거인단의 약 33%를 차지하였다(매일경제 2002년 2월 27일).

려 후보자가 되지 못하는 경우가 발생하여 정당의 아웃사이더가 더 큰 영향력을 행사하는 경우가 발생한다.[49] 정당을 대표하여 선거에 참여하는 후보자라면 당연히 그 정당 당원들의 지지를 많이 받는 자가 후보자로 선출되어야 한다. 하지만 정당의 후보자 결정에 왜 '국민참여'라는 이름으로 비당원이 참여하는 여론조사가 활용되어야만 하는가? 저자의 생각으로 그 이유는 우리나라 정당이 그 본연의 역할을 하지 못하기 때문인 것 같다.

전술한 정당의 정의에서 보듯이 정당은 '계속성'을 지녀야 하며, 오직 선거 때만 나타나서 선거가 끝나면 곧 해당(解黨)해 버리는 것과 같은 정치단체는 '물거품(泡沫) 정당' 또는 '철새정당'인 것이다(이극찬, 2006: 359). 우리나라 대부분의 정당은 선거에 지면 지리멸렬한 상태로 이합집산하거나 개혁이라는 미명하에 당명변경과 같은 일종의 책임회피성 행태를 보인다. 그리하여 우리나라의 정당수명은 매우 짧을 뿐만 아니라 선거패배와 같은 문제가 생기면 대부분의 정당들이 외부사람의 영입을 통한 이른바 '비상대책위원회'를 꾸려야만 해결되는 매우 취약한 구조를 갖고 있어 '물거품정당'이나 '철새정당'과 다를 바가 없다고 하겠다.

(3) 국민대표기관 선출메커니즘의 실태와 문제점

오늘날은 민주주의가 대의제형식을 통해서 실현될 수밖에 없기 때문에 국민투표나 선거 등과 같은 몇 가지 제한적 경우를 제외하면 국민의 주권은 주로 대표자의 활동을 통해서 행사된다. 그렇지만 대표제도의 본질상 대표자의 활동은 그들을 선출한 국민의 의사에 직접 구속되지 않는 자유위임(무기속위임)으로 이해된다(안광일, 1992: 972). 바로 여기에 위임자－대리인(principal－agent)문제가 발생한다.

대의제 민주주의하에서 주권자의 의사를 대변하는 대표선출을 위한 선거나 또는 국민의 직접적 의사를 표시하는 국민투표는 매우 중요한 의미를 지닌다. 왜냐하면 이러한 과정은 한편으로는 선거를 통해 선출된 대표자에게 국가권력을 행사할 수 있는 정당성을 부여하고, 다른 한편으로는 그들을 통제하는

---

49) 가장 대표적인 사례는 2002년 한나라당 대통령후보 경선에서 이명박 후보는 당심에서는 박근혜 후보에게 졌지만 여론조사에서 승리하여 한나라당 대통령 후보로 결정되었다.

기능을 갖기 때문이다. 아무튼 이와 같이 중요한 의미를 갖는 선거가 충분히 기능을 발휘하려면 무엇보다도 국민의 선호를 왜곡 없이 반영할 수 있는 합리적 선거제도가 요구된다.

선거가 실시되더라도 선거제도 자체가 국민들의 의사를 제대로 반영할 수 없게 설계되어 있으면, 그러한 제도를 통한 선거결과는 무의미하다. 그러므로 선거결과나 유권자들의 투표행태 분석도 중요하지만, 그것보다 더 중요한 것은 개개 국민들의 의사를 왜곡되지 않게 잘 반영해 줄 수 있는 대표선출 메커니즘의 고안인 것이다.

1948년 5월 10일의 총선거를 시발점으로 우리나라에서는 여러 차례의 선거가 치러졌다. 하지만 그동안 여러 가지 정치적 요인 때문에 한국정치에서 선거는 매우 미약한 자리를 차지하였고 또한 선거관련 연구도 마찬가지여서 학자들의 학문적 관심과도 거리가 먼 편이었다(조기숙, 1996: 60). 그러나 1985년 12대 총선 이후 선거에 대한 학자들의 관심이 크게 증가하였다.

우리나라의 선거제도에 관한 연구는 주로 제도변화의 서술적 나열에 지나지 않았으나, 최근 몇몇 학자들(김종림, 1991; 김용호, 1993; 신명순, 1995; 문용직, 1995; 조기숙, 1996)이 이론적인 측면에서 선거제도를 고찰하고 있다. 특히 문용직(1995)은 선거제도를 엘리트들에 의한 합리적 선택의 결과로서 이해하며, 조기숙(1996)은 합리적 선택이론을 적용하여 유권자의 선거행태와 선거제도와의 연관성을 결부시켜 설명하고 있다. 여기서는 우리나라의 대통령선거제도와 국회의원 선거제도에 한정하여 그 제도가 갖고 있는 몇 가지 문제점들을 집합적 선택의 논리라는 관점에서 고찰해 보고자 한다.[50]

1) 대통령선거제도

우리나라는 해방 이후 현재까지 1960년도의 극히 짧은 기간을 제외하고 줄곧 대통령제의 정부형태를 고수해왔다. 내각책임제하의 대통령을 포함하여 2018년 현재까지 총 19번의 대통령선거를 통하여 12명의 대통령을 선출하였다.

초대 대통령은 국회에서 간접선거방식으로 선출되었으나 내각제하의 대통령선거였던 제4대를 제외하면 1971년 제7대 대통령선거까지 대통령은 국민

---

50) 지방의회의원선거에서의 직능대표제, 교육청의 교육위원 및 교육감의 선출방법도 집합적 선택의 논리라는 관점에서 연구되어야 할 주제들이다. 그러나 여기서는 대통령선거와 국회의원선거만을 다룬다.

의 직접선거로써 선출되었다. 그러다가 1972년 제4공화국의 유신헌법에 의한 제5대부터 제5공화국헌법에 의한 제12대까지 대통령은 간접선거방식으로 선출되었고, 1987년의 제13대 대통령선거 이후부터는 다시 국민의직접선거방식으로 선출되었다.

대통령이 간접선거방식으로 선출되었던 시기에도 그 선출방식은 달랐다. 즉 초대에는 국민의 대표기관인 국회에서 선출되었으나, 제8대부터 제11대까지는 통일주체국민회의에서 선출되었으며, 제12대에서는 선거인단에 의해 선출되었다. 이와 같은 간접선거는 국민의 직접투표에 의한 선거보다 국민의 선호를 왜곡시킬 가능성이 크기 때문에 민주화가 실현됨에 따라 국민의 직접선거방식으로 전환되었다.

선거연령도 간선제일 경우 초대에는 25세였지만 제8대부터 제12대까지는 30세였다. 이와 대조적으로 국민에 의한 직접선거일 경우 제2대와 제3대는 21세였지만, 제13대 이후는 20세로 하향 조정되었고, 2005년 8월에 개정된 공직선거법에 따라 다시 19세로 하향 조정되었다. 이것은 민주화의 진척에 따라 국민의 선호를 좀 더 충실하게 반영하기 위한 제도적 변화라고 생각된다.

현행 헌법 제67조는 대통령선거에 관한 것으로서 제1항은 "대통령은 국민의 보통·평등·직접·비밀투표에 의하여 선출한다"로 되어 있고, 제2항은 "제1항의 선거에 있어서 최고 득표자가 2인 이상일 때에는 국회의 재적의원 과반수가 출석한 공개회의에서 다수표를 얻은 자를 당선자로 한다"로 되어 있으며, 제3항은 "대통령후보자가 1인일 때에는 그 득표수가 선거권자 총수의 3분의 1 이상이 아니면 대통령으로 당선될 수 없다"라고 되어 있다.

현행 법령에 의하면 우리나라의 대통령선거는 후보자가 복수일 경우 대통령선거권자의 유효투표결과 한 표라도 많이 얻는 자가 당선되는 단순다수결제도를 채택하고 있다. 대통령이 국민을 대표해서 막강한 권한을 행사한다는 점을 고려한다면, 그것에 상응되는 강력한 정치적 정당성의 확보를 위해서 단순히 후보자 중의 최고 득표자를 당선자로 정하는 종다수(從多數)제도보다 투표자의 일정비율 이상을 확보토록 요구하는 조건부다수결(qualified majority)제도가 바람직하다고 생각된다.

실제로 1987년에 실시된 제13대 대통령선거에서 노태우 후보는 35.9%라는 저조한 득표율로 당선되었다. 그러므로 종다수제도하에서 만약 군소정당이 난립한다면, 20% 미만의 지지를 얻고서도 대통령으로 당선되는 것이 이론적으로는 가능하다(안광일, 1992: 982). 이것은 국민주권주의의 실현이라는 측면에서 상당한 문제점을 지닌다. 그러므로 대통령선거에서 입후보자가 많아 최고 득표자가 유효투표자의 일정 비율을 얻지 못할 경우 상위투표자들을 대상으로 결선투표를 실시하는 것이 국민의 선호를 존중하는 것이라고 생각된다.

프랑스나 페루[51] 같은 나라에서는 과반수 득표자가 없을 경우 다수득표자 순위로 2인의 후보자만이 참가하여 결선투표를 실시하고 있다. 한편 러시아의 경우 투표자가 유권자의 과반수에 미치지 못하면 선거결과가 무효가 되므로 우리나라와 대조적이다.

앞서 언급하였듯이 우리나라에서 결선 투표제는 없지만 입후보자가 단독일 경우 선거권자 총수의 3분의 1 이상의 득표를 요구한다. 그러나 현재와 같은 종다수제도하에서 다수의 후보자가 난립하는 상황이 발생하면 선거권자가 아니라 투표참여자의 5분의 1도 안 되는 지지로서도 당선될 수 있어 단독입후보자의 당선이 더 어려운 경우도 생길 수 있다(안광일 1992: 982).

우리나라에서도 결선투표제도의 도입에 관한 논의가 없었던 것은 아니지만, 그러한 제도의 도입을 주장하던 정당이 실제 선거에 임박해서는 그 제도의 채택에 극히 소극적인 태도를 취하였다. 결선투표제도의 도입에 대한 주장이 국민의 선호를 올바르게 반영하기 위한 목적에서가 아니라 당리당략적인 발상에서 나왔다고 생각된다.

사실 애로우의 불가능성의 정리가 암시하듯이 개인의 선호를 바탕으로 집합적 선호를 도출할 수 있는 완벽한 메커니즘은 없다. 민주주의의 모범국가로 생각되는 미국의 대통령선거제도도 이상적 제도라고만 할 수 없다. 즉 미국의 대통령선거 방식은 매우 독특하다. 미국은 오랫동안 대통령선거인단(electoral college)을 통한 간접선거방식을 택해왔다. 특히 네브라스카 주와 메인 주[52]를 제외한 각 주의 선거인단은 소위 '승자독식'(勝者獨食; winner-takes-all) 방식으로 운영되기 때문에, 각 주에서 얻은 득표수가 한 표라도 많은 후보자가 그 주의 선거인단을 몽땅 차지한다.[53] 각 후보자는 이렇게 선출된 선거인단 중의 과

---

51) 2000년 4월 9일 실시된 대통령선거에서 후지모리 후보는 49.9% 그리고 톨레스 후보는 40.2%의 득표를 얻었지만 과반수에 미치지 못하여 2차 투표를 실시하였다. 그 결과 후지모리가 당선되긴 하였으나, 부정선거 및 장기집권 시비에 휘말려 권좌에서 축출되었다.

52) 이 두 주에서는 '승자독식'(勝者獨食; winner-take-all) 방식과 선거구별 선거인 선출방식이 혼용되고 있다.

반수를 확보해야만 당선되며, 만약 과반수 득표자가 없을 경우에는 하원에서 대통령을 선출한다.[54]

'승자독식' 방식이 갖는 뚜렷한 효과는 제3당이나 무소속의 출현을 어렵게 한다는 것이다. 뿐만 아니라 대통령선거전에서는 선거인단수가 상대적으로 큰 주에 더 많은 관심이 주어지므로 대통령선거에서 각 시민이 갖는 표의 위력이 각 주마다 다를 수 있다. 그래서 선거인단제도를 없애거나 바꾸려는 노력도 꾸준히 제기되어 왔었지만 실제로 실행되지는 않았다.

아무튼 미국 대통령선거제도 개선방안으로서 ① 국민에 의한 대통령 직선제, ② 선거인단에 의한 간선제를 유지하되 현재의 '승자독식' 방식으로부터 각 주에서 각 후보자가 얻는 주민 득표수의 비율에 따라서 그 주의 선거인단을 나누어 갖는 방법, ③ 선거인단을 각 주 전체의 범위가 아니라 하원의원 선거구(congressional district)를 기준으로 구성하는 것, ④ 현재의 골격을 그대로 유지하되 선거인단이 자유롭게 투표할 수 있는 가능성을 제고토록 하는 것 등이 제시되어 왔었다(Wilson, 1983: 307).

2018년 2월 말 현재 미국 대통령선거에서 국민의 직접투표에서 더 많은 표를 획득하고서도 당선되지 못한 경우가 다섯 번 있었다. 1824년에 아담스(John Quincy Adams)는 직접투표에서 30.5%를 획득하였고 잭슨(Andrew Jackson)은 43.1%를 획득하였으나 아담스가 대통령으로 당선되었고, 1876년에는 헤이즈(Rutherford B. Hayes)가 직접투표에서 48.0%를 얻었고 틸든(Samuel J. Tilden)은 51.0%를 획득하였지만 헤이즈가 당선되었다. 그리고 1888년에는 글리브랜드(Stephen Grover Cleveland)가 직접투표에서 48.6%를 얻고 해리슨(Benjamin Harrison)이 47.8%를 얻었지만 해리슨이 당선되었다(Cronin, 1980: 383-384). 그리고 2000년에 실시된 43대 대통령선거에서 공화당의 부시(George W. Bush)후보는 민주당의 고어(Al Gore)후보보다 직접투표에서 47.9% 대 48.4%로 뒤졌지만 프로리다 주에서 537표 차이로 승리하여 선거인단 25명을 모두 확보함으로

[53] 대통령 선거인단은 인구와 무관하게 각 주별로 2명씩 할당되어 있는 연방상원의원 수(총 100명), 각 주의 인구비례에 따라 할당되는 하원의원 수(총 435명), 그리고 워싱턴 DC의 대표 3명을 합한 538명으로 구성된다.

[54] 선거인단이 교차투표(cross voting)하는 것은 이론적으로 가능하다. 미국 50개 주 가운데 24개 주는 선거인단이 자당 후보에 투표할 것을 규정하고 있지만 나머지 26개주는 아무런 규정도 없다. 2001년 2월 현재까지 오직 9명만이 교차투표를 하였지만 승부에 영향을 미친 적은 한번도 없었다.

써 선거인단수에서 271 : 267로서 앞서 당선되었고(동아일보, 2000년 12월 15일), 2016년의 제45대 대통령선거에서 공화당의 트럼프(Donald Trump)후보는 민주당의 클린턴(Hillary Clinton)후보에게 국민의 직접투표에서 47.5% 대 47.7%로 뒤졌지만 선거인단에서 290 대 232로 승리하였다(조선일보, 2016년 11월 11일).

이 다섯 가지의 사례들 중에서 아담스의 경우는 선거인단제도와 직접적인 관련이 없다. 왜냐하면 현행 제도가 1824년 당시에는 존재하지도 않았고, 정당도 없었으며, 또한 6개의 주에서는 직접투표도 없었기 때문이다. 더욱이 아담스를 대통령으로 선출한 것은 선거인단이 아니라 하원이었다(Cronin, 1980: 60).[55]

미국의 정당에서 대통령후보자를 선출하는 경우에도 유권자들로부터 인기가 높은 사람이 반드시 지명되지는 않을 수도 있어 개인의 선호와 집합체의 선호가 상이한 결과를 낳기도 한다. 왜냐하면 일반 평당원(rank-and-file)의 선호와 정치적 활동가들이나 지도자들의 선호가 다를 수 있기 때문이다. 미국의 경우 1952년 민주당원들에게 가장 인기 있는 후보자는 케포퍼(Kefauver)였으나 전당대회에서는 오히려 스티븐슨(Stevenson)이 대통령후보자로 지명되었고, 1972년 험프리(Humphrey)와 월레스(Wallace)가 당원들의 인기도에서는 동률을 차지하였지만 전당대회에서는 제3의 인물인 맥거번(McGovern)이 지명되었다(Wilson, 1983: 154).

2) 국회의원선거제도

대의제 민주주의하에서 국회의원은 국민의 의사를 국정에 반영하는 매개자의 역할을 수행한다. 따라서 국민의 선호가 왜곡됨이 없이 국정에 반영되기 위해서는 올바른 국회의원의 선출이 요구되며, 올바른 국회의원을 선출하기 위해서는 선거제도 자체가 국민의 선호를 최대한 반영할 수 있도록 구성되어야만 한다. 선거제도는 정치지망생들에게는 정치적 기회를 제공하는 기본구조이지만, 국민들에게는 자신들의 선호를 올바르게 국정에 전달시킬 수 있는 통로라는 의미를 지닌다. 본 절에서는 후자의 관점에 입각하여 국회의원제도를

---

55) 직선투표에서 더 많은 표를 얻고도 대통령에 당선되지 못한 후보자가 그러한 제도 자체에 대해서 어떤 반응을 보였는지 확인하지 못하였지만, 적어도 그 제도하에서 이루어진 선거결과에 대해서는 승복하고 있다. 이것은 선거가 끝나기가 무섭게 끊임없이 부정선거시비를 제기할 뿐만 아니라 승복하지 않으려고 하는 우리나라의 정치인들의 정치문화에 상당한 시사점을 주기에 충분하다.

고찰해 보려고 한다.

1948년 제헌국회가 구성된 이후 우리나라의 선거제도는 변화무쌍하였다. 선거제도를 바꿀 때마다 민의의 올바른 수렴을 위한 것이라고 주장하지만, 실제로는 정치인들의 이해관계에 따라 선거제도가 바뀌어 왔다고 해도 과언이 아니다. 그렇기 때문에 언제나 대표성의 문제가 제기되곤 하였다.

선거관련법의 개정은 대체로 선거가 임박해서 여·야간의 줄다리기 끝에 이루어지는 것이 우리나라에서의 관행이었다. 그렇지만 2000년도의 선거제도 개편과정에서는 정치권보다도 소위 '시민'단체의 영향력이 더 컸다. 1997년 IMF로부터 구제금융을 받았을 당시 정치권은 국민들이 각 부문에서의 구조조정으로 인하여 고통받고 있는 점을 감안하여 여·야 한 목소리로 국회의원정수를 50명 정도 감소할 것을 국민들에게 공표하였다.

그러나 막상 2000년 연초에 제시된 여·야 협상안에는 국회의원정수의 감축안이 원점으로 돌아갔다. 이것은 '시민'단체의 강력한 반발을 불러 일으켰고, 여·야는 다시 협상안을 만들 수밖에 없었으며 최종적으로 국회의원정수는 26명 감축되었다. 뿐만 아니라 '시민'단체의 선거운동을 금지하는 공직선거및선거부정방지법 87조도 개정되었다. 또한 동법률은 입후보자의 납세실적과 전과기록 및 병역기록을 공개하도록 규정하였는데, 지금까지의 선거관련법 개정과는 달리 게임의 규칙제정에 당사자가 아닌 제3자의 입김이 크게 작용하였다. 이것은 민의의 올바른 반영을 위해 바람직한 방향이라고 생각된다.

비록 채택되지는 못했지만 2000년의 공직선거및선거부정방지법 개정시에 지금까지의 1인 1표 방식과 달리 1인 2표를 주어 한 표는 지역구의원의 선출에 사용하고 나머지 한 표는 전국구의원을 선출하기 위한 정당에 투표하는 소위 정당명부식 방식이 논의되기도 하였다. 이러한 방안은 국민의 정당에 대한 선호도와 특정 정당출신의 국회의원의 당선으로 국회의원 선거에서 대표성의 왜곡을 어느 정도 줄일 수 있는 장점이 있다.

비록 이 제도가 전국구 후보자의 배분을 국민의 뜻에 따르도록 할 수 있고 또한 정당정치의 발전을 위해서 매우 필요하다고 할 수 있지만, 여·야 모두에게 부담을 줄 가능성도 배제할 수 없다. 왜냐하면 지역구에서의 결과와 전국구에서의 결과가 다르게 나올 경우 그 결과의 해석에 따라 정치적 불안이 조성될 수 있기 때문이다.

뿐만 아니라 전국구 후보자와 지역구 후보자를 2중으로 등록하여 지역구에서 낙선되더라도 전국구에서 당선될 수 있도록 하는 이른바 석패율(惜敗率) 제도의 도입방안도 함께 검토되었었다. 석패율 제도는 국민의 뜻을 수용하기 보다도 특정 정당에서 꼭 필요로 하는 사람을 당선시키기 위한 방안으로서 다분히 당리당략적인 발상이라고 할 수 있다.

　　2004년 제17대 국회의원선거가 실시될 즈음 여느 때와 마찬가지로 선거를 앞둔 몇 개월 전에 공직선거및선거부정방지법이 개정되었다. 즉 제16대 국회에서 273명으로 줄었던 국회의원수를 다시금 늘려 지역구 국회의원수 243명 그리고 비례대표국회의원수 56명 합계 299명으로 하였다. 2004년 공직선거및선거부정방지법개정에서 가장 두드러진 특색은 국회의원선거에 정당명부제를 도입하여 1인 2표제를 실시하는 것이었다. 즉 국회의원선거에서 유권자는 자신이 지지하는 지역구후보와 지지하는 정당에 각각 1표씩을 행사함으로써 지역구국회의원과 비례대표국회의원을 선출하게 되었다.

　　2004년 이전까지 비례대표국회의원은 각 정당의 전국득표율과 지역구의석에 따라 각 정당에 배분되었다. 헌법재판소가 2001년 사표(死票)를 양산하는 현행소선거구제와 그것에 바탕한 비례대표제는 위헌이라는 판결을 내림에 따라 1인 2표제의 정당명부제가 도입되는 계기가 되었다.[56] 한편 2008년의 공직선거법의 개정에 따라 국회의원정수는 지역구의원 245명과 비례대표의원 54명을 합쳐 299명이다.

　　선거구는 그 크기(district magnitude)에 따라 소선구제·중선구제·대선거구제로 구분된다. 우리나라의 경우 대선거구제는 1960년도의 참의원선거에 적용되었고, 중선거구제는 제9대부터 제12대의 기간에 걸쳐 실시되었으며, 그 나머지 기간은 모두 소선거구제가 채택되었다. 1960년의 경우는 내각책임제하의 선거였기 때문에 다소 예외라고 할 수 있지만, 중선거구제도가 실시된 경우는 거의 권위주의적 정부 하에서였다. 상당한 기간 동안 채택되었던 중선거구제는 제13대(1988년)부터 소선거구제로 바뀌었다. 소선거구제 하에서 실시된 제13대 국회의원선거는 우리나라 역사상 처음으로 여소야대(與小野大)라는 결과를 초래하였다. 이것은 그동안 중선구제로 인하여 국민의 선호가 왜곡되고 있었다는 한 반증이라고 생각된다.

---

56) 이러한 헌법재판소의 결정에 따라 2002년 6월 13일 지방선거부터 우리나라 선거사상처음으로 정당명부식투표제가 실시되어 유권자는 자신이 지지하는 후보자와 정당에 각각 1표씩을 행사하였다. 이러한 정당투표에 따라 전국 총 73석의 시·도의회 비례대표의원이 선출되었다.

조기숙(1996: 73)은 공화당이 유신헌법을 통해 중선거구제를 도입한 것은 '여·야 동반당선'이라는 제도적 장치를 통해 도시에서 여당의 열세를 만회하기 위한 책략이었고, 농촌에서조차도 여당지지의 확보에 불안감을 느꼈기 때문이라고 지적한다. 중선거구제도가 도입된 제9대부터는 무소속후보의 출마가 허용되었는데, 이것은 집권당은 전원 당선시키고 나머지 1석의 몫을 제1야당과 무소속으로 하여금 경쟁케 하려는 의도로 생각할 수 있다.

선거권을 갖는 20세 이상의 국민이 1인 1표씩 투표권을 행사하더라도 선거구의 조정 때문에 각 유권자가 국가전체의 대표인 국회의원을 선출하는 과정에서 동일한 영향력을 발휘할 수는 없다. 이것은 곧 표의 등가성(等價性)에 관련된 문제다. 지리적 조건과 행정적 조건 등이 일치하지 않기 때문에 각 선거구 내의 유권자의 수는 서로 다를 수밖에 없다. 이때 발생하는 문제가 전술한 표의 등가성이며, 집권세력은 언제나 자기 당에 유리한 방향으로 선거구를 조정하려 하였다.

우리나라의 경우 1971년 전북 진안·무주·장수 선거구의 표의 가치는 서울 동대문구의 그것에 비하여 무려 6배 이상이 된 경우도 있었다(김용호, 1993: 295). 이러한 현상은 제6공화국 때에도 발견된다. 즉 그 당시 지리한 여·야협상 끝에 여당에게 불리한 소선거구제가 채택되긴 하였지만, 여당이 선거법을 단독으로 처리하는 과정에서 여촌야도(與村野都)현상을 고려하여 도시선거구수를 줄이고 농촌선거구수를 늘렸던 것이다(조기숙, 1996: 76-77).

1995년 7월 15일 국회에서 통과된 '국회의원 선거구 구획표'가 국민의 기본권을 침해한다는 요지의 헌법소원이 제출되기도 하였다. 즉 국회가 지역구 인구상한선을 30만 명, 하한선을 7만 명으로 하도록 한 규정은 최소지역구와 최대지역구의 인구편차를 4.28대 1이나 되게 하였고, 그 결과 전체 선거구 중 인구편차가 3대 1이 넘는 선거구가 50개 이상이 되었다. 이와 같은 선거구간의 지나친 인구비 불균형은 위헌이라는 것이다. 미국의 경우 1964년에 연방대법원이 최대선거구와 최소선거구간의 인구비율이 3대 1인 경우는 위헌이라는 판결을 내렸고, 독일 및 일본 등도 3대 1을 넘지 못하도록 규정하고 있다(조선일보, 1995년 9월 6일).

1995년 12월 27일 헌법재판소는 "전국 선거구의 평균인구수에서 60%를 넘거나 미달하는 선거구가 있을 경우 그와 같은 선거구 획정은 국회의 합리적인 재량의 범위를 일탈한 것으로 헌법에 위반된다"고 판시하였다. 이에 따라

2000년 2월 개정된 공직선거및선거부정방지법에서는 인구의 상한선을 35만명, 하한선을 9만 명으로 함으로써 인구편차가 다소 완화되었다. 헌법재판소는 2001년 현행 국회의원 지역구에서 최대 선거구와 최소 선거구의 인구비율을 4대 1 미만으로 규정한 공직선거및선거부정방지법은 헌법의 평등선거정신에 위배되므로 최대·최소 선거구 인구비율을 3대 1 미만으로 제시하였고, 제17대국회의원 선거를 위한 공직선거및선거부정방지법개정은 이러한 헌법재판소의 판결을 반영하여야 했다.

전국구제도는 제6대부터 도입되었다. 외국의 경우 비례대표제는 사표를 줄임으로써 국민의 의사를 최대한 반영하기 위해 도입되었지만, 우리의 경우는 집권세력들의 정치적 목표달성을 위한 수단으로 도입된 느낌이 든다. 처음 도입당시에는 비례대표의원의 수가 전체 의석의 4분의 1 수준이었지만, 제4공화국의 유신시대에서는 유정회(維政會)[57]라는 이름으로 그 숫자가 전체의석의 3분의 1로 늘어났다.

유정회 소속의 국회의원은 대통령의 추천으로 통일주체국민회의에서 선출되었는데, 이것은 행정부가 입법부를 임명하는 미증유(未曾有)의 제도로서 국민의 의사를 대변하기에는 처음부터 어려웠다. 제12대 국회 이후 전국구의 규모가 감소하고 있음을 알 수 있는데[58] 이것은 민주화의 진척에 따라 국민의 의사를 직접 국정에 반영해야 한다는 입장에서 극히 자연스러운 현상이라고 생각된다.

앞서 설명하였듯이 제17대 국회의원선거 이후부터 우리나라는 국회의원 선거에 정당명부제를 도입하여 각 유권자는 자신이 지지하는 지역구 후보자와 지지정당에 각각 1표씩을 행사할 수 있게 되었다. 그렇기 때문에 비례대표국회의원의 배정도 종전과는 판이하게 다른 방식으로 이루어진다. 즉 가장 두드러진 특징으로서 정당명부제에 의한 비례대표제는 투표자의 선호와 당선자수간의 왜곡을 상당히 줄여주고 있고, 지역구로서는 당선자를 낼 수 없지만 정당투표로서 당선자가 생기는 경우도 있다.[59] 이것은 사표를 방지하기 위한 비례대표제 원래의 취지에 부합된다고 생각된다.

---

57) 정식 명칭은 유신정우회(維新政友會)이다.
58) 하지만 2000년 2월의 선거법개정에서 지역구의 정원은 감축하였지만 전국구의 정원은 종전대로 유지되어 결과적으로 전국구의 비중이 다소 증가되었다.
59) 이와 같은 제도적 변화 때문에 진보정당의 국회진출이 용이해졌다.

(4) 국회 내에서의 집합적 의사결정

간접민주주의하에서의 대표제도의 실행에는 이른바 위임자-대리인 (principal-agent) 문제[60]가 내포되고 있다. 하지만 뷰캐넌과 털럭은 간접민주주의하에서의 집합적 의사결정과 연관하여 보다 더 근원적 문제로서 ① 대표기관(e.g., 국회)의원의 선출규칙, ② 대표기관(e.g., 국회)의원의 대표의 토대(basis of representation), ③ 대표기관(e.g., 국회)의원의 대표성의 정도(degree of representation), ④ 대표기관(e.g., 국회) 내에서의 의사결정규칙 등을 제시하고, 이들 네 요소를 집합적 의사결정을 위한 '헌법'적 변수라고 부른다.[61] 이와 같은 네 가지 헌법적 변수들 중 국회의 행태와 직접적으로 연관되는 변수는 국회 내에서의 의사결정규칙이다(전상경·황수연(공역), 1999: 302-322). 여기서 우리는 국회 내에서의 투표규칙인 이른바 "국회선진화법"과 국회의원들의 표결행태를 살펴보기로 한다.

1) 국회 내에서의 투표규칙과 "국회선진화법"

우리나라 헌법 제49조는 "국회는 헌법 또는 법률에 특별한 규정이 없는 한 재적의원 과반수의 출석과 출석의원 과반수의 찬성으로 의결한다. 가부동수(可否同數)인 경우는 부결된 것으로 본다"라고 규정하고 있다. 〈표 3-10〉은 2012년 5월 18대 마지막 국회에서 이른바 "국회선진화법"이라고 불리는 국회법 제85조와 제85조 2가 통과되기 전까지 국회에서 통용된 몇 가지 중요한 사항들에 대한 투표규칙들을 정리한 것인데, 우리는 여기서 안건의 중요도에 따라 의사결정규칙이 점점 엄격해지고 있음을 볼 수 있다.

하지만 현실적으로는 이러한 투표규칙과는 별개로 여·야간 첨예한 입장대립과 정치적 갈등이 존재했던 법안의 제·개정, 예산안심의, 그리고 각종 인사청문회의 보고서 채택을 둘러싸고 여·야 국회의원들 간에는 엄청난 물리적 충돌사태가 벌여져 국회운영이 마비되기도 하였다(장영수, 2016:107; 박경철, 2016: 311-312; 윤상호, 2013: 3). 즉 2009년 1월 미디어법 처리과정에서 통합진보당 소속 강기갑 위원이 국회사무총장 책상 위에 뛰어 올라 발을 구르는 이른바

---

60) 위임자-대리인 문제에 관한 자세한 사항은 본 서의 제5장을 참조.
61) 이와 같은 네 가지 헌법적 변수들에 관한 자세한 설명은 전상경(2000)을 참조.

■ ■ 표 3-10 투표규칙과 그 적용대상

결정규칙	주요 적용대상
출석의원과반수[1]	국회회의의 비공개 개최
재적의원과반수의 출석과 출석의원의 다수[2]	대통령선거에서 최고 득점자가 2인 이상일 경우
재적의원 4분의 1	임시국회의 소집
재적의원과반수의 출석과 출석의원과반수[3]	헌법이나 법률에 특별한 규정이 없는 경우의 통상적인 안건 처리
재적의원 3분의 1	국무총리 또는 국무위원의 해임안 발의, 국무총리 또는 국무위원 탄핵소추발의
재적의원 과반수의 출석과 출석의원의 3분의 2[4]	법안심사에 대한 대통령의 재의요구를 거부할 때
재적의원과반수	헌법개정안 발의, 계엄해제의 요구, 국무위원의 해임, 대통령에 대한 탄핵소추발의, 국무총리 또는 국무위원 등의 탄핵소추의결
재적의원 3분의 2	국회의원의 제명, 헌법개정안의결, 대통령의 탄핵소추의결

주: 1) 우리나라 헌법은 국회가 의사를 여는 데 필요한 의원수인 의사정족수에 대해서는 규정하고 있지 않지만, 국회법
　　 에서 재적의원 4분의 1 이상으로 개의한다고 규정하고 있다. 그러므로 출석의원 과반수라는 결정규칙은 재적의
　　 원 4분의 1의 과반수라고 해석할 수 있다.
　 2), 3), 4) 재적의원 과반수의 출석과 출석의원의 다수는 재적의원 4분의 1보다 느슨한 규칙이지만, 재적의원 과반
　　 수의 출석과 출석의원 과반수의 찬성은 재적의원 4분의 1의 규칙보다 더 엄격하다. 또한 재적의원 과반수의
　　 출석과 출석의원 3분의 2의 찬성은 재적의원 3분의 1보다도 엄격하지만 재적의원 과반수보다는 느슨한 규칙
　　 이다.

"강기갑 공중부양"사건, 2010년 12월 예산안의 회기내 처리를 둘러싸고 벌어진
한나라당 김성회 의원과 민주당 강기정 의원 간의 피범벅으로 얼룩진 폭력사건,
2011년 11월 한·미 FTA 비준안 처리에 반발하여 민주노동당 소속의 김선동 의
원이 국회 본회의장에 최루탄을 터뜨리는 사태 등의 발생은 민주적 국회운영을
심각하게 위협하였고,[62] 이런 상황은 "동물국회"로 풍자되기도 하였다.[63]
　　이와 같은 상황에 직면하여 국회에서의 쟁점안건 심의과정에서 물리적 충
돌을 방지하고 안건이 대화와 타협을 통해 심의되며, 소수의 의견이 개진될 수
있는 기회를 보장하면서도 효율적으로 심의되도록 하고, 예산안 등이 법정기

---

62) 이 두 사건이 있기 훨씬 전인 1966년 9월에는 한국독립당의 김두한 의원이 국회의사당에 인분
　　을 투척하는 사건이 발생하였다. 하지만 이 사건은 법안처리과정에서 발생한 두 사건과는 달
　　리 삼성그룹소속인 한국비료주식회사의 사카린 밀수사건과 관련된 대정부질의과정에서 발생
　　하였다.
63) 특히 2011년도 예산안 처리과정에서 벌어진 국회의원들 간의 몸싸움 장면은 미국 월스리트저
　　널의 2011년 사건·사고에 선정되는 불명예를 초래하였다(윤상호, 2013:3).

한 내에 처리될 수 있도록 제도를 보완하는 한편, 의장석 또는 위원장석 점거 등을 금지함으로써 국회 내 질서유지를 강화하는 등 민주적이고 효율적인 국회를 구현하기 위한 목적으로 18대 마지막 국회에서 "국회선진화법"이라고 불리는 국회법을 개정하였다.

"국회선진화법"의 주요 내용은 (i) 안건조정제도, (ii) 국회의장의 직권상정 제한 및 안건신속처리제도, (iii) 예산안 본회의 자동부의, (iv) 합법적 의사진행 방해, (v) 폭력국회방지 및 처벌이라는 다섯 가지 항목으로 구분된다(장영수, 2016: 108–109). 이 중에서 의사결정규칙과 관련한 안건신속처리제도는 실질적으로 국회의 의사결정규칙을 재적의원 5분의 3 이상으로 만드는 효과를 초래하였다. 그 결과 국회에서 과반수 의석의 확보한 정당일지라도 소수의 야당이 반대하여 60%규칙을 충족시키지 못하면 어떤 법률도 통과될 수 없게 되었다. 실제로 이런 현상이 자주 발생함에 따라 폭력으로 얼룩진 국회를 "동물국회"로 풍자한 것처럼 과반수 의석을 확보한 여당이 법률안을 통과시키지 못하게 된 상황을 "식물국회"로 풍자하고 있다.

한편 재석의원 192명 가운데 127명의 찬성으로 개정된 국회법, 즉 "국회선진화법"은 의사결정규칙을 실질적으로 60% 찬성으로 바꿈으로써 엄청난 의사결정비용의 증가를 초래하였고, 위헌논란을 불러일으키기도 한다(장영수, 2016). 하지만 60%규칙 때문에 법 개정은 쉽게 이루어질 수 없는 상황이다. 사실 "국회선진화법" 그 자체는 매우 정치적 고려에서 이루어진 것이며, 법제정 당시에는 동법이 시행되면 어떠한 결과를 초래할지에 대한 고려가 충분하게 검토되지 않은 듯하다.[64]

2) 국회에서의 각종 입법활동과 표결행태

국회의원 재임 중 어떤 활동을 하였는지를 가장 잘 나타내 주는 것은 각종 입법활동 및 주요 안건에 대한 표결행태이다. 특정 법안이나 안건 심의의

---

64) 국회선진화법은 18대 마지막 국회에서 통과되었다. 당시 여당이었던 새누리당은 2012년 4월에 실시될 19대 국회의원선거의 전망이 흐림에 따라 그동안 별 관심이 없었던 국회선진화법에 대해 적극적으로 임하였지만, 19대 국회의원선거에서 좋은 결과가 예상된 민주통합당은 매우 소극적이었다. 하지만 19대 선거결과가 예상과 벗어나 새누리당이 좋은 결과를 내자 양당의 입장은 정반대로 바뀌었다. 하지만 그 당시 새누리당 지도부의 강력한 추진에 따라 192명이 출석하여 재적의원 299명의 과반에도 못 미치는 127명의 찬성으로 통과되었다(윤상호, 2013: 4).

표결활동에 실명제가 실시된다면 국회의원의 활동에 대한 정보가 보다 투명해진다. 국회의 표결이 무기명 비밀투표에 의할 경우 국민들은 특정 국회의원이 특정 이슈에 대하여 어떠한 입장을 갖고 있는지 알 수 없다. 이와 같은 비대칭적 정보가 존재하면 국회의원은 자신을 선출해 준 국민들의 입장에서보다 자신의 입장에서 결정을 내리는 도덕적 위해·해이(moral hazard)를 유발시키기 쉽다.

　　뿐만 아니라 정치적 시장이 독과점상태로 되어 있고 정당 내의 민주주의 기반이 취약할 경우 교차투표(cross-voting)가 허용되지 않기 때문에 국회의원들은 소신보다도 정해진 당론에 따라 표결하게 되며,[65] 이 경우에도 또 다른 형태의 도덕적 위해·해이가 발생하게 된다.

　　우리나라 헌법은 국회의원이 국회 내에서 직무상 행하는 발언과 표결에 대해서는 면책특권(免責特權)을 부여하고 있다. 권위주의 시대 하에서는 국회의원이라고 할지라도 상당한 신분상의 제약이 수반되었기 때문에 국회의원의 표결을 무기명으로 하는 것이 의미가 있었지만, 정치적 민주화가 진척된 지금은 모든 표결내용에 대한 정보를 공개함으로써 국회의원들의 도덕적 위해·해이에 대한 유인을 제거할 필요가 있다.

---

65) 국회의원은 국민전체의 대표자로서의 지위와 정당원으로서의 지위를 동시에 지니기 때문에 어떤 지위가 우월할 것인가는 논란거리로 되어 있다(김철수, 1993: 719).

참고문헌

강명구.(1994). "지방자치와 주민투표제: 비교(지방) 정치적 함의를 중심으로." 「한국 행정학보」, 28(3): 903-918.

김용호.(1993). "국회의원선거제도의 변화와 정치적 효과분석." 이남영(편). 「한국의 선거」. 서울: 나남: 285-310.

김종림.(1991). "한국선거제도가 내포하고 있는 왜곡효과는 어느 정도인가?" 「계간사 상」, 겨울호.

김재한 외 6인.(2012). 「공공선택」. 서울: 박영사.

김재한.(1993). "양당제하에서의 선거-중간투표정리." 이남영(편). 「한국의 선거」. 서 울: 나남: 365-377.

김철수.(1993). 「헌법학개론」(전정신판). 서울: 박영사.

문용직. (1995). "한국의 선거제도와 정당제: 소선거구제와 양당제." 「한국정치학회 보」, 29(1): 243-264.

미국공보원.(1996). 「미국의 선거 96」. 서울: 미국공보원.

박경철.(2016). 소위 '국회선진화법'의 의의와 평가. 「강원법학」. 48:307-349.

박지웅.(2000). "시장, 주식시장 및 정치적 시장의 의사결정." 「2000년대를 위한 공적 연금과 퇴직금제도개선방안」(2000년도 한국 공공경제학회 제1차 학술대회발 표논문집): 129-159.

신명순.(1995). "전국구 비례대표 국회의원제도." 한국정치학회월례학술발표논문.

안광일.(1992). "선거의 민주적 기능과 현행 대통령선거제도의 제문제." 「한국행정학 보」, 26(3): 971-988.

윤상호.(2013). 동물국회, 국회선진화법, 그리고 식물국회.「KERI Brief」. 서울: 한국경 제연구원.

이극찬.(2006). 「정치학」(제6전정판). 서울: 법문사.

장영수.(2016). 국회선진화법(국회법 제85조, 제85조의2)의 합헌성 여부에 대한 검토. 「고려법학」. 80:103-144.

전상경.(2000). "집합적 의사결정과 대표제도에 관한 시론적 논의." 「한국행정학보」, 34(1):83-100.

_____.(1999). "공공선택론의 고전들." 「정부학연구」(고려대학교 정부학연구소), 5(1): 228-252.

_____.(1995). "캘리포니아주의 재산세 저항운동과 그 정책적 함의: Proposition 13 을 중심으로." 「사회과학논집」(동아대학교 사회과학대학), 12집: 253-274.

조기숙.(1996). 「합리적 선택 :한국의 선거와 유권자」. 서울: 한울아카데미.

조선일보.(2004. 5. 15). 노무현대통령 탄핵심판헌재결정문전문.

최병선.(1992). 「정부규제론」. 서울: 법문사.

한정훈.(2012)."투표규칙." 김재한외 6인. 「공공선택:」. 서울: 박영사: 141-158.

홍석민.(2010). "영국의회와 복수선거권의 폐지, 1948: 미완의 민주주의." 「서양사론」, 105: 169-199.

Arrow, K.J.(1963). *Social Choice and Individual Values*. New Haven: Yale University Press.

_____.(1950). "A Difficulty in the Concept of Social Welfare." *The Journal of Political Economy*, 58: 328-346.

Black, D.(1958). *Theory of Committees and Elections*. Cambridge: Cambridge University Press.

Brown, C.V. and P.M. Jackson.(1990). *Public Sector Economics (4th ed.)*. Cambridge, Mass.: Basil Blackwell.

Buchanan, J.M. and G. Tullock.(1962). 전상경・황수연(공역).(1999). 「국민 합의의 분석」. 서울: 시공아카데미사.

Cronin, Thomas E.(1980). *The State of the Presidency* (2nd ed.). Boston: Little, Brown and Company.

Dahl, R.A. and C.E. Lindblom.(1953). *Politics, Economics and Welfare*. New York: Harper and Row.

Downs, A.(1957). *An Economic Theory of Democracy*. New York: Harper and Row.

Feldman, A.M.(1980). *Welfare Economics and Social Choice Theory*. Boston: Kluwer Nijhoff Publishing.

Frohlich, N. and J.A. Oppenheimer.(1978). *Modern Political Economy*. Englewood Cliffs, New Jerseu: Prentice-Hall, Inc.

Jackson, P.M.(1982). 전상경・홍완식(공역).(1991). 「관료제의 정치경제학」. 서울: 대영문화사.

Katz, M. and H. Rosen.(1994). *Microeconomics* (2nd ed.). Burr Ridge, Illinois: IRWIN.

Musgrave, R.A. and P. Musgrave.(1989). *Public Finance in Theory and Practice* (5th ed.). New York: McGraw-Hill Book Company.

Wildavsky, A.(1964). *The Politics of Budgetary Process*. Boston: Little Brown.

Wilson, J.Q.(1983). *American Government*. (2nd ed.). Lexington, Massachusetts: D.C. Heath and Company.

04

정책의 평가기준: 효율성과 형평성

제1절 ▌ 서 론

정책평가란 여러 가지 의미로 사용될 수 있는 개념이다. 그러나 우리는 여기서 그것에 대한 엄밀한 개념정의를 시도하기보다도 어떤 특정 정책이 갖는 사회적 측면에서의 바람직함(desirability)의 정도에 대한 객관적 평가라는 다소 느슨한 의미로 사용하려고 한다. '바람직함'이란 가치지향적 개념이기 때문에 매우 주관적이다. 따라서 한 사람의 입장에서는 바람직하다고 하더라도 다른 사람의 입장에서는 그렇지 않을 수도 있다. 이와 같이 '바람직함'이란 주관적 성격을 띠는 것이기 때문에, 정책이 갖는 '바람직함'의 정도를 객관적으로 측정하려면 그것에 대한 기준설정이 필요하다.

어떠한 형태의 정책이라도 우리 사회의 귀중한 희소자원의 배분(allocation)과 분배(distribution)에 중요한 영향을 미친다. 전자는 정부의 정책이 궁극적으로 어떤 재화와 용역을 얼마만큼 생산하게 할 것이며 또한 민간재와 공공재간의 상대적 비율은 얼마로 할 것인가에 관한 것이다. 후자는 정부정책이 그렇게 생산된 재화와 용역을 사람들 간에 어떻게 나눌 것인가에 관한 것이다. 어떠한 정책이라도 그것 때문에 득을 보는 사람들이 있는가 하면 손해보는 사람도 있게 마련이다. 이때 누가 득을 보아야만 하고 누가 손해를 보아야만 하는가를 결정하는 것은 매우 어려운 가치판단의 문제이다.

우리 사회에서 자원은 한정되어 있기 때문에 그것의 효율적 사용은 언제나 우리의 주요 관심사이다. 뿐만 아니라 모든 사람들은 인간으로서의 존엄성을 향유할 권리가 있다. 따라서 형평성 또한 주요한 관심사이다. 이와 같이 자원의 효율적 배분과 그것의 공평한 분배는 모든 사람들이 소망하는 바이지만, 그것을 추구하기 위해서 어떻게 하는 것이 효율적이고 공평한 것인지를 밝히는 것은 쉬운 일이 아니다.

　　이와 같이 어떤 형태의 정부정책이라도 자원배분의 효율성과 자원분배의 공평성에 영향을 준다. 따라서 본 장에서는 정책평가기준의 두 축인 효율성과 형평성에 초점을 맞추려고 한다. 우선 제2절에서는 정책평가기준으로서의 형평성과 효율성의 개념을 설명하고, 제3절에서는 효율성에 입각한 정책평가기법으로서 가장 널리 사용되고 있는 편익비용분석의 기본이론에 대해 설명하며, 마지막으로 제4절에서는 편익비용분석과 연관된 몇 가지 이슈들을 설명한다.

제 2 절 ▮ 정책평가기준의 두 축: 효율성과 형평성

1. 정책평가기준으로서의 효율성

(1) 효율성의 일반적 개념

　　우리 사회의 여러 가지 자원은 언제나 한정되어 있다. 즉 능력 있는 사람, 토지, 맑은 공기, 맑은 물, 석유를 비롯한 각종의 유용한 지하자원 등은 희귀하다. 사실 어떠한 자원이든지 희소성(scarcity)이 있다는 것은 그 자원에 기회비용이 내포되어 있음을 뜻한다. 이와 같이 자원은 한정되어 있는 데 반하여 인간의 욕망은 무한정이기 때문에 사회적 문제가 발생한다. 그러므로 이렇게 희소한 자원을 어떻게 잘 사용할 것인가는 우리들의 주요한 관심사가 될 수밖에 없다.

　　자원은 우리 사회에 매우 귀중하기 때문에 낭비되어서는 안 된다는 사실에 모든 사람들이 공감할 것이다. 그렇지만 이렇게 희소한 자원을 어떻게 사용할 것인가에 대한 생각은 사람마다 다를 수 있다. 만약 자원배분의 변화를 통하여서 그 사회의 다른 모든 구성원들의 후생을 감소시키지 않으면서도 어떤 한 사람의 후생을 증진시킬 수 있다면, 현 상태의 자원배분은 낭비되고 있는 것이다. 따라서 자원배분의 효율성(efficiency)이란 우리 사회에서 이와 같은 낭비적 요소가 없다는 것을 의미한다. 따라서 효율적 자원배분이란 다른 사람의 입장을 더 악화시키지 않고서는 어떤 사람의 입장도 더 좋게 할 수 없는 상태라고 정의된다. 이러한 효율성개념은 그것을 처음으로 정립한 이탈리아의 경제학자인 파레토(Vilfredo Pareto, 1848−1923)의 이름을 따서 흔히 파레토 효율성(Pareto efficiency)이라고 불린다.

정책에서 효율성이 갖는 실질적 중요성을 설명하기 위하여 우리는 세계 각국이 국방에 쏟아 붓는 자원을 생각해 보기로 한다(Friedman, 1984: 26−27). 논의를 단순화시키기 위하여 각국은 타국의 침략으로부터 자국시민의 안전보장을 위하여 노력한다고 생각하자. 이 경우 효율적 국방정책이란 세계 각국이 군사자원을 전혀 갖지 않도록 하는 것이다. 왜냐하면 그렇게 될 경우 세계 어느 곳에 있는 사람들도 군사적 위협에 직면하지 않을 것이며, 따라서 군사적 목적에 사용된 자원을 돌려서 의식주 공급이나 기타 필요한 재화나 용역의 공급에 사용할 수 있기 때문이다.

그렇지만 현실적으로 각국은 상호 불신하며 일종의 보험형태로 상당한 자원을 국방에 배분한다. 특정 국가가 국방 부문에 자원을 증가시키면 다른 국가들은 그것 때문에 위협을 느끼게 되고, 국방 부문에 자원배분을 더욱 증가시킬 것이다. 이러한 악순환은 되풀이되어 비효율적인 무기경쟁을 촉발시킨다. 이와 같은 국방 부문에서의 효율성은 어느 한 나라의 일방적인 노력으로만 달성될 수 없다.

냉전시대에 있었던 강대국 간의 무기경쟁에서 어느 한 국가가 군비경쟁에 불참한다고 해도 여전히 다른 모든 국가들이 참여한다면, 군비경쟁에 불참하는 국가의 국민들은 불안감을 느낄 수밖에 없다. 무기경쟁을 하지 않는 것이 관련 당사국들 모두의 후생증진을 가져올 수 있지만 상호불신 때문에 결국 모든 국가가 무기경쟁을 할 수밖에 없다. 이러한 보기로부터 알 수 있듯이 효율성을 달성하기 위해서는 서로 다른 경제주체들간의 조정(調停; coordination)이 요구되는 것이다.

(2) 효율성과 소비자 주권

효율성은 각 개인의 입장(후생)이 더 개선되었는가 아니면 더 악화되었는가라는 기준을 이용하여 정의된다. 이와 같은 효율성의 정의를 좀 더 실제적 문제에 적용시키기 위해서는 어떤 사람의 후생(well-being)수준의 변화여부를 판단할 수 있는 방법이 요구된다. 그와 같은 방법의 개발에는 소비자주권의 원칙을 적용하는 것이 필요하며, 그것은 곧 각 개인이 자기 자신의 후생에 대한 유일한 판단자라는 것이다. 경제학자들은 소비자주권의 원칙에 입각하여 여러 가지 대안적 자원배분 하에서 개인의 후생이 개선되었는가 또는 악화되었는가를 판단하는 데 필요한 여러 가지 분석기법들을 고안해 내었다. 그러한 분석기법들 중에 가장 대표적인 것이 본 장에서 논의할 편익비용분석(benefit-cost analysis)이다.

대부분의 정책분석은 전술한 소비자주권의 원칙에 입각하고 있지만, 그것만이 효율성의 개념을 구성하는 유일한 논리적 방법은 아니다. 즉 플라톤이 말하는 철학자인 왕과 같은 사람이나 또는 정치과정(e.g., 민주적 사회주의 또는 공산주의)이 각 개인의 후생을 판단할 수도 있는 것이다. 이 경우 효율성은 직접적인 이해당사자들의 후생에 의해서가 아니라 그와 같은 판단자들의 가치나 기준에 의해서 평가된다.

본서에서는 특별한 언급이 없는 한 효율성을 언급할 때는 언제나 암묵적으로 소비자주권의 원칙을 가정한다. 그러나 공공정책의 분석에서는 소비자주권의 원칙을 벗어나는 것이 더 적절한 경우도 많다. 개인들이 불완전하고 잘못된 정보를 갖거나 또는 이용가능한 정보를 처리할 수 없을 경우에 특히 그러하다. 대표적 사례로서 어린이들을 들 수 있다. 즉 어린이들은 정보량도 적고 그것을 이해할 수도 없기 때문에 대체로 부모들이 대신하여 여러 가지 판단을 내린다. 또 다른 보기로는 정부가 공공장소에서 금연을 강제하거나 마약 판매를 불법으로 하는 것을 들 수 있다. 이와 같은 사례들은 부적절한 판단력을 지닌 소비자들의 보호를 위해서 일종의 사회적 판단력이 작동되고 있는 경우이다. 제2장에서 언급한 시장의 외재적 결함을 시정하기 위한 부정적(父情的) 간섭주의(paternalism)는 바로 이와 같은 사회적 판단력 때문에 필요한 것이다.

소비자주권의 원칙을 의존할 때 소비자의 판단력(judgement)과 소비자의 행동(actions)을 구분하는 것은 매우 중요하다. 효율성의 개념을 위하여 우리들이 의존하는 것은 판단력의 주권이다. 그렇지만 정통한 정보를 소유하고 있는

소비자들의 주권적 행동(sovereign action)으로부터 야기되는 비효율적 자원배분
도 많이 있을 수 있다. 이것은 본서의 제6장에서 설명되는 용의자들의 딜레마
(prisoners' dilemma) 상황에서 잘 드러난다. 또한 앞에서 언급한 국방자원의 분
배도 좋은 보기가 될 수 있다. 즉 각국 국민들은 무기경쟁이 야기하는 비효율
성을 인식하고 있지만, 각국이 독단적으로 행동하게 되면 그러한 비효율성은
불가피하게 일어나게 된다. 여기에서의 비효율성의 문제는 국가안보의 가치에
대한 각국 국민들의 판단력에 있는 것이 아니라, 국가안보를 달성하려는 각국
의 행동을 조정할 수 있는 조정메커니즘이 없다는 데 있는 것이다.

(3) 교환경제모형에서의 효율성

효율성의 분석을 설명하기 위하여 우리는 매우 단순화된 순수 교환경제모
형을 활용하려고 한다. 이 모형에서는 두 개의 서로 다른 재화와 효용극대화를
추구하는 두 사람의 소비자만 있을 뿐이다. 재화가 이미 생산되어 있다고 가정
함으로써, 어떤 기술을 이용하여 각 재화를 얼마만큼 생산하여야 할 것인가와
같은 생산문제는 배제된다. 비록 이 모형이 매우 단순하기는 하지만, 여기에서
개발된 효율성의 개념은 보다 더 복잡한 경우에도 그대로 적용될 수 있다. 뿐
만 아니라 이와 같은 순수교환경제모형은 효율성과 소비자주권간의 연결고리
를 설명해 준다.

1) 에지워스(Edgeworth) 상자 그림

교환경제모형에서의 효율성 개념은 에지워스 상자 그림을 사용함으로써
설명될 수 있다. 에지워스 상자 그림은 무차별곡선(indifference curve)과 계약곡
선(contract curve)이라는 분석도구를 이용하여 물물교환이론(theory of barter)을
발전시킨 영국의 경제학자인 에지워스(Francis Edgeworth, 1845－1926)의 이름을
딴 일종의 개념도이다. [그림 4-1]은 에지워스 상자 그림이다.

에지워스 상자 그림은 두 사람의 경제주체(i.e., 갑과 을)와 두 개의 고정된
재화(i.e., X와 Y)로 구성된 교환경제의 모형화에 매우 편리하다. 에지워스 상자
에서의 수평축과 수직축은 각각 그 사회에서 이용가능한 두 재화 X와 Y의 총
량을 나타내고, 점 $O_갑$과 $O_을$은 각각 두 경제주체인 갑과 을의 기준점을 나타
낸다. 따라서 갑에게 돌아가는 재화 X는 $O_갑$에서 오른쪽 방향으로 측정되며,

■ ■ 그림 4-1 에지워스 상자 그림

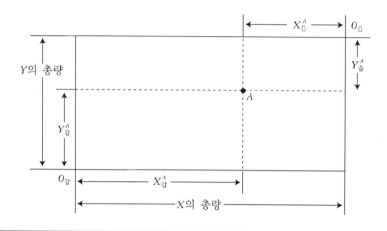

재화 Y는 $O_갑$에서 위쪽 방향으로 측정된다. 이렇게 되면 이 상자 내의 어떠한 점으로서도 갑에게 배분되는 두 재화 X와 Y의 크기를 나타낼 수 있다. 즉 [그림 4-1]상의 점 A에서 갑에게 돌아가는 X와 Y의 두 재화는 각각 $X_갑^A$과 $X_갑^A$으로 표시된다.

에지워스 상자의 오묘한 점은 을에게 배분되는 두 재화의 양도 동일한 점 A로 표시될 수 있다는 것이다. 즉 을에게는 두 재화의 총량에서 갑에게 배분되고 남은 것이 배분된다. 을에게 돌아가는 재화는 을의 기준점인 $O_을$로부터 측정되는 것으로 생각할 수 있으며, 각각 $X_을^A$과 $Y_을^A$로 나타낼 수 있다. 이런 식으로 갑과 을에게 각각 두 재화를 배분하면 그 사회에서 이용가능한 두 재화의 총량은 소진된다. 이와 같은 에지워스 상자 그림은 두 사람간에 생각할 수 있는 모든 가능한 재화의 배분을 표시할 수 있다.

2) 파레토 효율성과 계약곡선

이제 우리는 에지워스 상자 그림을 이용하여 교환경제모형에서의 효율성 개념을 살펴보기로 하자. 우리는 두 사람의 만족수준을 나타내기 위하여 무차별곡선(indifference curve)[1]을 에지워스 상자 그림 안에 그려 넣을 수 있다. 갑의

---

1) 무차별 곡선이란 어떤 사람에게 동일한 효용수준을 가져다주는 모든 재화와 용역의 집합궤적을 뜻한다.

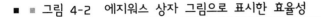

■ ■ 그림 4-2   에지워스 상자 그림으로 표시한 효율성

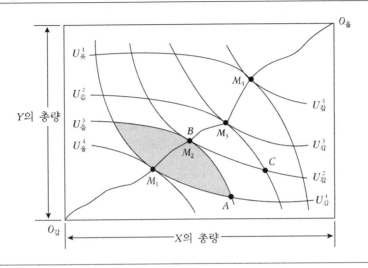

무차별곡선은 갑의 기준점인 $O_{갑}$에서부터 동북쪽 방향으로 올라 갈수록 높은 효용수준을 나타내며, 을의 무차별곡선은 을의 기준점인 $O_{을}$에서부터 서남쪽으로 내려갈수록 높은 효용수준을 나타낸다. 즉 갑의 경우 $U_{갑}^4 > U_{갑}^3 > U_{갑}^2 > U_{갑}^1$이며, 을의 경우는 $U_{을}^4 > U_{을}^3 > U_{을}^2 > U_{을}^1$이다.

이와 같이 에지워스 상자 안에 갑과 을의 무차별곡선을 포개어 그려 넣음으로써, 갑과 을 두 사람 모두에게 유익한 교환행위를 유발시킬 수 있는 자원배분을 알아낼 수 있다. [그림 4-2]의 A점이 갑과 을의 초기 배분점(initial endowment)이라고 생각하자. 이 점은 갑의 무차별곡선 $U_{갑}^1$과 을의 무차별곡선 $U_{을}^3$이 서로 마주치는 점이다. 이 점에서 두 무차별곡선의 기울기[2]는 서로 다르다. 이와 같이 두 사람간의 무차별곡선의 기울기가 다르면 두 사람의 효용을 동시에 증가시킬 수 있는 교환행위가 발생할 수 있다. 즉 [그림 4-2]에서 렌즈모양으로 생긴 빗금친 지역 내의 어떠한 배분도 갑과 을 모두에게 원래의 배분점인 A보다 더 높은 효용수준을 가져다 줄 수 있기 때문에 두 사람간에 자

---

[2] 각 무차별곡선상의 특정 지점에서의 기울기는 흔히 한계대체율(marginal rate of substitution)이라고 하는데, 이것은 어떤 사람이 동일한 효용수준을 누리면서 한 재화와 다른 재화를 기꺼이 교환하려는 비율을 의미한다. 두 사람간의 한계대체율이 다르면 두 사람 모두의 효용을 증진시킬 수 있는 자발적 교환이 발생할 수 있다.

발적 교환행위가 일어날 수 있다. 그러므로 점 A로부터 렌즈모양 내부로의 이동은 파레토 향상(Pareto improvement)을 초래하는 배분이다.

[그림 4-2]의 점 $M_1 \cdot M_2 \cdot M_3 \cdot M_4$처럼 갑과 을의 두 무차별곡선이 서로 접하여 기울기가 동일할 때는[3] 두 사람의 입장을 동시에 좋게 할 수 없다. 이러한 지점에서 한 사람의 효용을 증가시키려면 반드시 상대방의 효용을 감소시켜야만 한다. 그렇기 때문에 그러한 접점들로부터 벗어나게 되면 최소한 한 사람의 효용은 반드시 감소하게 된다. 즉 M_2로부터 A로의 이동은 갑의 효용을 $U_\text{갑}^2$에서 $U_\text{갑}^1$으로 감소시키지만, 을의 효용에는 아무런 변화를 초래하지 않는다. 마찬가지로 점 M_2로부터 점 C로의 이동은 을의 효용을 $U_\text{을}^3$에서 $U_\text{을}^2$으로 감소시키지만, 갑의 효용에는 아무런 변화를 초래하지 않는다.

갑과 을의 두 무차별곡선이 접하는 모든 점들은 파레토 효율적(Pareto efficient)이라고 불린다. 즉 파레토 효율적 배분이란 다른 사람의 효용을 감소시키지 않고서는 어떤 한 사람의 효용도 증가시킬 수 없는 배분을 의미한다. 이것은 일종의 영합 게임(zero−sum game)적 상황이다. 아무튼 파레토 효율성의 정의에서는 효용의 대인간(對人間) 비교가 요구되지 않는다는 점에 주목할 필요가 있다.

[그림 4-2]에서 점 $M_1 \cdot M_2 \cdot M_3 \cdot M_4$은 모두 파레토 효율적 배분점들이다. 우리는 에지워스 상자 그림 안에서 파레토 효율적인 모든 점들의 집합을 계약곡선(contract curve)이라고 부른다. 따라서 계약곡선 밖의 점들은 비효율적인 점들이다. 이와 같이 계약곡선 밖의 배분과 계약곡선상의 배분은 파레토 효율성의 정의로서 비교할 수 있다. 그렇지만 계약곡선상의 모든 점들은 파레토 효율적인 점들로서, 계약곡선상의 두 점들 간에 어느 것이 더 바람직한 것인가는 파레토 효율성의 기준으로서 판단할 수 없다.

파레토 효율의 기준이 바람직스러운 것이기는 하지만 그것의 가장 큰 결점은 특정적이지 못하다는 것이다. 왜냐하면 파레토 효율은 '효율'에만 관련된 것이고 분배문제와는 무관한 것이기 때문이다. 따라서 파레토 효율적이어야 하는데는 쉽게 동의할 수 있지만 어떤 파레토 효율에 도달하여야 할 것인가에 대해서는 많은 이견(異見)이 생길 수 있다. 만약 사회후생함수(social welfare function)

---

3) 여기서 두 무차별곡선의 기울기가 동일하다는 것은 그 지점에서 두 사람이 그 두 재화에 대해서 갖는 한계대체율이 동일하다는 것을 뜻한다. 이럴 경우에는 자발적 교환행위가 발생하지 않는다.

가 존재한다면, 그것은 이와 같은 문제를 해결해 줄 수 있다. 왜냐하면 사회후
생함수는 개개인의 효용함수를 바탕으로 도출된 하나의 '사회적 효용함수'로서
사회적 의사결정자가 상이한 각 개인의 효용함수를 어떻게 취급해야만 할 것
인지를 결정해 주기 때문이다(Varian, 1992: 333).

(4) 상대적 효율성

파레토 효율성의 개념은 절대적인 것으로서 각각의 가능한 대안이 파레토
효율적이냐 아니냐만 결정해 줄 수 있을 뿐이다. 그러나 현실의 정책분석에서는
한 대안과 다른 대안간의 상대적 효율성 비교가 요구된다. 즉 우리는 한 대안이
다른 대안에 비하여 얼마나 더 효율적인가를 알고 싶어 하며, 또한 어떤 대안의
변화가 효율성의 증가를 가져오는지에 대해서도 알고 싶어 한다. 그래서 상대적
효율성의 측정을 위한 여러 가지 기법들이 고안되어 왔으며, 정책분석에서 가장
널리 활용되는 대표적인 방법이 곧 편익비용분석(benefit−cost analysis)이다.

상대적 효율성의 개념은 파레토 효율성의 개념을 응용하여 생각할 수 있
다. 즉 한 대안(B)이 다른 대안(A)과 비교하여 다른 모든 사람들의 효용은 감소
시키지 않으면서 적어도 한 사람의 효용을 증가시킬 수 있다면, 그 대안 B는
다른 대안 A에 비하여 파레토 우위적(Pareto superior)이라고 정의된다. 우리는

■ ■ 그림 4-3 파레토 우위적 대안

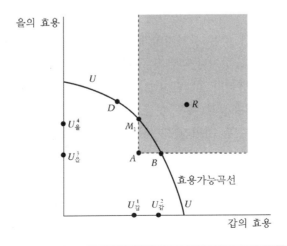

[그림 4-3]을 이용하여 상대적 효율성의 개념을 생각해 보기로 한다.

[그림 4-3]에서 횡축에는 갑의 효용을 표시하고, 종축에는 을의 효용을 표시하기로 한다. 우리는 여기에 효용가능성곡선(utility possibility frontier) UU 를 그려 넣는다. 효용가능성곡선이란 전술한 교환경제모형의 파레토 효율적인 모든 점들을 연결한 궤적이다. 즉 이것은 [그림 4-2]에 나타나 있는 계약곡선 상의 모든 점들을 통과하는 갑과 을의 효용수준을 연결한 궤적이다.

또한 [그림 4-3]에서의 점 $A \cdot B \cdot M_1$ 은 [그림 4-2]에서의 점 $A \cdot B \cdot M_1$ 에 대응 되는 점들이다. 따라서 A 점에서의 갑의 효용은 $U_갑^3$ 이고 을의 효용은 $U_을^3$ 이며, B 점에서의 갑의 효용은 $U_갑^2$ 이고 을의 효용은 $U_을^3$ 이며, 점 M_1 에서의 갑의 효 용은 $U_갑^1$ 이고 을의 효용은 $U_을^?$ 이다. [그림 4-2]와 [그림 4-3]에서 그림자 지 워진 부분들은 점 A 보다 파레토 우위적인 모든 배분점들의 효용수준을 나타낸 다. 하지만 [그림 4-3]에서 그림자 지워진 부분 중 ABM_1 만이 경제 내에서 가 능한 점들이다. 즉 점 R 도 점 A 에 비하여 파레토 우위적이기는 하지만, 그것 은 이 경제 내에서 달성할 수 없는 점이다. 따라서 어떤 경제체제 내에서의 효 율적 자원배분이란 어떠한 파레토 우위적 변화도 더 이상 이룰 수 없는 그러한 배분을 의미한다.

파레토 우위성(Pareto superiority)의 개념 그 자체는 아무런 논쟁거리가 되 지 않지만, 그것이 정책평가기준으로서 활용될 경우 논쟁의 소지가 있다. 왜냐 하면 어떤 정책으로 인하여 다수의 사람들이 아무리 많은 득을 볼 수 있다 하 더라도 만약 소수의 사람들이 조금이라도 손해를 입게 되면, 그것은 파레토 우 위적 기준을 충족시키지 못하기 때문이다. 그렇지만 현실적으로 이루어지는 대부분의 공공정책은 그것으로 인하여 득을 보는 사람과 손해보는 사람들이 혼재되어 있다. 이러한 것은 불가피하게 대인간(interpersonal) 효용비교를 필요 로 하지만, 파레토 효율성이나 파레토 우위성의 기준은 그러한 대인간 효용비 교와는 거리가 먼 개념이다. [그림 4-3]의 경우 파레토 우위적 기준을 적용한 다면 A 점에서의 정책운신의 폭은 빗금친 부분 ABM_1 으로 제약된다.

예를 들어 정부는 두 지역간 교통소통의 완화와 상공업발전을 위해 조그 만 도시를 통과하는 고속도로건설을 계획하고 있다고 하자. 만약 이러한 고속 도로가 건설되면, 새로운 고속도로 이용자 및 고속도로 이용객들을 위한 편의 시설을 지을 수 있는 근처의 토지소유자들은 도로건설로부터 편익을 얻게 된 다. 반면 그 소도시에 있던 주유소 주인과 종업원 및 근처의 식당 주인들은 신

■ ■ ■ 그림 4-4   상대적 효율성 측정도구로서의 효용치의 합

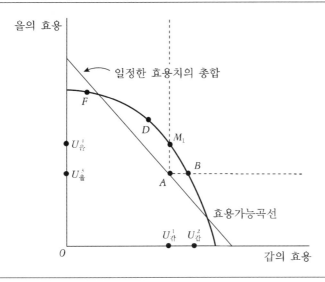

설된 고속도로 때문에 감소된 교통량으로 인하여 손해를 입는다. 이때 손실에 비하여 발생되는 편익이 매우 클 경우, 사회적 관점에서는 그러한 고속도로 건설이 정당화될 수도 있는 것이다.

　이와 같이 어떤 정책으로 인하여 득을 보는 사람이 있는 반면 손해를 보는 사람도 있다면, 그러한 정책은 필연적으로 형평성(equity or fairness)문제를 야기시킨다. 그렇지만 여기서 우리는 형평성 문제를 잠깐 접어두고, 이와 같은 상황에서 상대적 효율성에 관한 객관적 언명(statement)이 이루어질 수 있는지를 생각해 보기로 하자. 이를 위하여 우리는 [그림 4-3]에서 점 A로부터 D로의 이동을 보기로 들려고 한다. 이 이동이 경제를 비효율적 배분상태에서 효율적 배분상태로 바꾸어주는 것은 분명하다. 그렇기 때문에 그러한 이동이 효율증진적(efficiency improvement)임을 나타낼 수 있는 어떤 상대적 효율성 측정치를 상정할 수 있으며, 경제주체간 효용치의 총합(aggregate of utility)은 바로 그러한 상대적 효율성 측정치의 대표적 보기이다.

　효용치의 총합 기준에 의하면 [그림 4-4]에서 A를 통과하는 −1의 기울기를 가진 직선상의 모든 점들의 상대적 효용치는 동일하다. 또한 이 직선의 위쪽에 있는 어떤 직선도 A보다 더 높은 효용치의 총합을 갖는 것으로 생각되며, 따라서 더 효율적인 것으로 간주된다. A보다 파레토 우위적인 모든 배분점들에서는 (적어도 한 사람의 효용은 증가하지만 누구의 효용도 감소되지 않기 때문에) 효용치의 총합이 A에서보다 더 크며, 따라서 상대적 효율성도 더 큰 것으로 간주된다. 또한 효율적이기는 하지만 파레토 우위적이지는 않은 D도 A보다 상대적 효율성이 크다고 할 수 있다. 그렇지만 파레토 효율적인 점 F는 파레토 효율적이지 않은 점 A보다 상대적으로 비효율적이다. 이와 같이 효용치의 총합은 정책분석에서 파레토 우위와 같은 매우 엄격한 제약조건을 피할 수 있는 상대적 효율성조건이다.

상대적 효율성 기준은 파레토 우위적 기준보다 덜 제약적이긴 하지만 여기에도 문제는 있다. 왜냐하면 효용은 측정할 수도 없을 뿐만 아니라 대인간의 비교도 불가능하기 때문이다. 상대적 효율성을 일정하게 유지하기 위해서는 갑에게 발생되는 1유틸(util)[4]의 효용증가가 을에 의한 1유틸의 효용감소로 귀결되어야만 한다. 그렇지만 경우에 따라서 을에게 발생되는 1유틸의 효용감소를 만회하기 위해서 갑에 의한 2유틸의 효용증가가 요구될 수도 있다. 그러므로 효용의 총합으로서 상대적 효율성을 평가하기 위해서는 경제주체들간의 효용에 대한 도덕적 평가가 요구된다. 만약 그와 같은 도덕적 평가에 대한 의견의 일치가 없다면, 효용치의 총합으로 나타내는 상대적 효율성은 여전히 논란의 대상이 될 수밖에 없는 것이다.

2. 정책평가기준으로서의 형평성

에지워스 상자 그림을 이용한 분석으로부터 효율적 자원배분은 무수히 많다는 사실을 알 수 있다. 계약곡선(contract curve)상의 모든 점들은 효율적이며, 그러한 점들은 계약곡선을 벗어난 다른 가능한 배분들을 지배할 수 있다. 이것이 의미하는 바는 다음과 같다. 즉 계약곡선상에 있지 않는 어떠한 배분은 누구의 효용도 악화시키지 않으면서 한 사람 또는 그 이상의 사람들의 효용을 증진시켜줄 수 있는 배분으로 바꿀 수 있다는 것이다. 그러므로 한 사회가 그 경제를 위한 효율적 배분을 선택할 경우, 그러한 배분은 당연히 계약곡선상에 있어야 할 것이다. 그러나 계약곡선상의 수많은 점들 중 어떤 점을 선택해야만

---

4) 유틸(util)이란 효용을 측정할 수 있다고 가정했을 때 효용의 기본적 측정단위를 나타낸다.

하는 것인지에 대해서는 아무도 말할 수 없다.

효율성은 사회적 목표의 한 측면일 뿐이다. 사회적 목표에는 형평성(equity)
이라는 다른 측면도 있다. 형평성이란 경제체제 내에서 이루어지는 재화와 용
역의 공정한 분배(fair distribution)를 뜻한다. 하지만 정책평가기준으로 활용될
수 있는 형평성에 관한 유일한 정의를 내리기란 용이하지 않다. 왜냐하면 이러
한 형평성의 개념은 가치판단을 필요로 하기 때문에, 사람에 따라서 그리고 시
대적 조류에 따라서 또한 국가에 따라서도 다를 수 있기 때문이다.

본 절에서는 형평성 기준으로 널리 활용되고 있는 결과의 균등(equality of
outcome)과 기회의 균등(equality of opportunity)에 관해 설명하려고 한다. 물론
이 두 기준이 정책분석이나 평가에 사용되는 형평성개념을 총칭하는 것은 아
니다.5) 단지 우리가 이 두 기준을 통하여 보여주려는 것은 형평성에 관해서 다
양한 개념이 사용될 수 있고, 또 그러한 다양한 기준에 따라 정책의 공정성에
관한 상이한 결론이 도출될 수 있다는 것이다.

(1) 결과의 균등으로서의 형평성

[그림 4-5]의 계약곡선상의 모든 점들이 효율적이기는 하지만, 그러한 각
점들에 따라서 갑과 을의 후생수준의 배분은 다르다. 우리가 점 $O_갑$에서 점
$O_을$로 옮겨감에 따라서 전체의 재화 중에서 갑이 차지하는 몫은 증가되며, 그
결과 갑의 입장은 을의 그것에 비하여 상대적으로 좋아진다. 극단적으로 점
$O_을$에서는 이 경제 내의 모든 자원이 갑에게 돌아가고 을에게는 아무것도 남지
않는다. 다른 한편 점 $O_갑$에서는 그 반대의 상황이 생긴다.

때때로 형평성은 각 경제주체가 차지하는 재화의 상대적 몫(relative shares)
에 의하여 해석되기도 한다. 따라서 직관적으로 볼 때 계약곡선상의 가운데에
위치하는 점들은 점 $O_갑$나 점 $O_을$와 같은 극단적 점들에 비해서 더 공평한 결

---

5) 이와 같은 두 가지 기준 이외에도 연구의 목적에 따라 여러 가지 다른 기준들이 생각될 수 있
다. 즉 동일한 처지에 있는 사람을 동일하게 취급하는 수평적 형평성(horizontal equity), 서로
다른 처지에 있는 사람을 적절하게 서로 다르게 취급하는 수직적 형평성(vertical equity), 능
력에 따른 것으로부터 필요에 따른 것으로라는 마르크스적 형평성, 눈에는 눈이라는 구약(舊
約)에 의한 형평성, 오른 뺨을 맞으면 왼뺨도 내 놓으라는 신약(新約)적인 형평성, 가장 어려
운 입장에 있는 사람들의 효용을 우선적으로 고려하여야 한다는 로울즈(Rawls)의 형평성 등
이 그러한 여러 가지 형평성의 기준이다.

■ ■ 그림 4-5   효율성 대 형평성

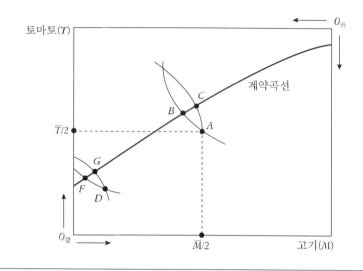

과라고 생각할 수 있다. 바로 이러한 이유 때문에 그러한 점들은 형평성의 견지에서 더 선호될 수도 있다. 형평성 기준으로서 결과의 균등성을 생각하는 것은 바로 이와 같은 논리로부터 추론된 결론이다. 이와 같은 해석에 의하면 가장 공평한 배분은 균등한 상대적 몫이다.

   균등한 상대적 몫이 공평성의 기준으로 사용될 경우, 균등의 대상물에 관한 의문이 제기될 수 있다. 만약 우리의 목적이 후생이나 만족의 균등이라면 균등의 대상은 효용이다. 그러나 효용이란 측정할 수도 없을 뿐만 아니라 더욱이 대인간 비교가 불가능하다. 따라서 현실적으로는 각 경제주체의 효용에 직접적으로 영향력을 미치는 소득이나 부(富)와 같은 측정지표(proxy measures)의 균등화를 모색하게 된다.

   [그림 4-5]의 점 A는 이 경제에서 활용가능한 전체자원 중에서 갑과 을이 각각 반씩 나누어 갖는 점이다. 효용은 측정될 수도 없고 또한 상호비교하기도 어렵다. 따라서 갑과 을에게 균등한 상대적 몫을 보장해주는 가장 최선의 방법은 점 A를 초기 배분점(initial endowment)으로 하는 것이다. 그렇지만 이것은 서로 다른 선호를 갖고 있는 갑과 을이 점 A에서 자발적 교환(voluntary exchange)을 할 수 있다는 가능성이 무시되고 있다. 즉 두 사람은 초기 배분점 A로부터 자발적 교환을 통하여 자신들에게 보다 높은 수준의 효용을 가져다주는 계약곡선

상의 BC로 움직이려는 유인을 갖게 되는 가능성이 무시되고 있다. 뿐만 아니라 갑과 을 두 사람이 A로부터 자발적 교환행위에 의해서 달성될 수 있는 어떠한 효율적 배분결과도 형평성의 논리로서는 그 우열의 구별이 어렵다.

결과의 균등을 사회적으로 추구하여야 할 바람직한 형평성기준으로 정하면 사회적 효율성이 저해될 수도 있다. 즉 능력껏 일하고 필요한 만큼 받는다는 것은 결과의 균등에 해당된다. 이 경우 능력 있는 사람들은 자신들의 능력을 마음껏 발휘하려는 유인을 전혀 갖지 못할 수 있으며, 그 결과 경제전체가 위축될 수밖에 없어 사회적 효율성은 떨어진다.

(2) 기회의 균등으로서의 형평성

많은 사람들은 형평성을 측정하기 위한 바람직한 기준으로서 전술한 결과의 균등은 적합하지 않다고 생각한다. 그들은 결과보다 그와 같은 결과에 이르는 과정(process)의 공정성(fairness)을 강조함으로써 기회의 균등을 형평성의 기준으로 삼는 것이 더 적합하다고 생각한다.

경제가 무(無)에서 첫 출발을 할 경우 [그림 4-5]에서의 A점과 같은 균등한 초기 배분점(initial endowment)은 공평하다고 간주될 수 있다. 그러나 현실적으로 갑과 을의 경제생활은 균등배분이 아닌 D와 같은 다른 초기배분(initial allocation)으로부터 시작된다. 점 D에서는 갑보다 을이 더 많은 자원을 갖는다.

을은 생산활동에서 매우 부지런하고 열심히 노력하지만 갑은 게으르다고 하자. 두 사람간의 능력·기회·지식·행운과 같이 자신의 통제 밖에 있는 모든 조건들은 동일하지만 양자 간의 근면성이 차이 때문에 점 D와 같은 배분결과가 생긴다고 하자. 이 경우 점 D는 매우 공정하며, 그것으로부터 자발적 교환(voluntary exchange)에 의해 도달하는 배분점인 FG선상의 점들도 모두 공정하다고 할 수 있다. 뿐만 아니라 어떤 정책이 점 A와 같은 양자 간의 균등배분을 달성하기 위하여 추진된다면, 그러한 정책은 기회균등이라는 기준에서의 형평성에서 볼 때 결코 공정하다고 할 수 없다.

위의 경우와는 정 반대로 갑과 을 두 사람은 똑같이 매우 열심히 노력하지만, 두 사람간의 성(性)·부모의 재산과 같은 자신의 통제 밖에 있는 차별성(discrimination) 때문에 점 D와 같은 배분결과가 초래되었다고 생각하자. 이와 같은 경우 점 D에서 점 A로의 이동은 공평한 것이라고 생각할 수 있을 것이다. 여기에서의 공평성에 대한 기준은 그와 같은 차별성의 원인에 대해서 갑과 을이 스스로 져야만 하는 책임에 따라 좌우된다.

근면성과 같은 차별성은 자기 자신의 노력부족에 기인하는 것이기 때문에 순전히 자기 자신의 책임이지만, 성이나 부모의 재산 등과 같은 요인에 의한 차별성은 자신의 통제 밖에 있는 요인에 의하여 결정되는 것이기 때문에 자기 자신의 책임이라고는 할 수 없다. 이와 같이 자기 자신의 통제 밖에 있는 요인으로 인하여 정당한 기회를 제공받지 못한 경우에 대해서는 그것을 보상하기 위해 공정한 기회가 주어져야만 한다는 입장을 나타내는 것이 곧 기회의 균등인 것이다.

우리나라에서 1990년에 제정된 장애인고용촉진등에관한법률은 이와 같은 기회균등의 형평성이 정책이념으로 채택된 대표적 사례이다. 즉 동법에 의하면 국가를 비롯한 일정 공공단체와 300인 이상의 상시근로자를 고용하는 사업체는 장애인고용의무 대상사업체가 되며, 이들은 전체 근로자 수의 2%에 해당되는 장애인을 고용하고, 만약 이 기준을 준수하지 못한다면 미고용 1인당 최저임금의 60%를 부담금으로 부과하도록 되어 있었다.[6]

3. 효율성과 형평성 평가의 통합 및 사회후생함수

[그림 4-5]에서 갑과 을의 배분점이 현재 점 G에 있다고 간주하자. 점 G가 효율적이기는 하지만, 그것은 A근처의 배분점들보다 형평성에 있어서 다소 문제가 있음이 분명하다. 이 경우 효율적이기는 하지만 형평성에 다소 문제가 있는 점 G와 다소 비효율적이기는 하지만 상대적으로 공평한 점 A 중에서 어느 것이 더 선호될 것인가? 또한 계약곡선상에 있는 모든 효율적 점들 간에는 어느 것이 더 바람직한가? 이런 물음에 답하기 위해서는 효율성과 형평성간의 상충관계(trade-off)를 반영해 줄 수 있는 사회적 판단이 필요하다. 그와 같은 사회적 판단은 정책분석을 통해서 해결할 수 있는 사실적 성격의 문제가 아니라 사회후생함수(social welfare function)라는 개념을 통해서 얻을 수 있는 규범

---

6) 2000년 1월에 이르러서는 종래의 의무고용 할당 위주의 장애인고용촉진등에관한법률을 폐지하고, 장애인 고용촉진과 직업재활 및 직업안정 등을 상호연계시키는 장애인고용촉진및직업재활법을 제정하여 근본적인 제도변화를 꾀하고 있다(강대창, 2001: 21-23).

적 성격의 문제이다.

사회후생함수는 사회구성원들 간의 효용수준의 분배(distribution)와 그러한 분배로서 얻을 수 있는 사회전체의 만족에 대한 판단인 사회적 효용수준간의 관계를 나타내주는 함수이다. 그것은 수학적으로 식 (4.1)로 표시되며, i는 그 사회내의 개인들($i = 1, 2, \ldots , m$)을 지칭하고, U^i는 그러한 개인들 중 제 i번째 개인의 효용수준을 나타낸다.

$$W = W(U^1, \ U^2, \ \ldots , \ U^m) \qquad \cdots\cdots (4.1)$$

사회후생함수에 대한 개념을 좀 더 알기 쉽게 설명하기 위하여 갑과 을 두 사람만으로 구성된 사회를 가정하자. 이 경우의 사회후생함수란 갑과 을의 효용수준이 독립변수로 구성된 함수이며 식 (4.2)와 같이 표시될 수 있다. 우리는 이처럼 단순화된 사회후생함수를 이용하여 효율성과 형평성의 평가를 통합하는 것에 대하여 살펴보기로 한다.

$$W = W(U^{갑}, \ U^{을}) \qquad \cdots\cdots (4.2)$$

사회적 무차별곡선(social indifference curve)은 식 (4.2)의 사회후생함수로부터 도출된다. 이것은 동일한 사회후생수준을 가져다주는 갑과 을의 모든 효용점들을 연결한 궤적인 것이다. 갑과 을 두 구성원들의 효용배분이 갖는 상충관계(trade off)에 따라 사회후생함수의 구성도 달라지며, 따라서 그것으로부터 도출되는 사회적 무차별곡선의 모양도 달라진다.

[그림 4-6]의 횡축에는 갑의 효용을 표시하고 종축에는 을의 효용을 표시하였다. 여기에 갑과 을의 효용조합에 대한 서로 다른 윤리적 기준을 나타내주는 세 가지 다른 형태의 사회적 무차별곡선을 그려 넣었다. 그림에서 L자형의 무차별곡선 W^R은 로울즈(John Rawls)의 정의론에 입각한 사회후생함수로부터 도출된 것이며, 직선형의 무차별곡선 W^B는 공리주의에 입각한 사회후생함수로부터 도출된 것이고, 완만한 U자형의 무차별곡선 W^M은 두 사회후생함수의 중간적 입장으로부터 도출된 것이다. 우리는 아래에 이들 각각에 대해서 설명하기로 한다.

(1) 공리주의(utilitarianism)의 사회후생함수

공리주의란 19세기 전반에 벤담(Jeremy Bentham)에 의해 주창된 소위 '최대다수의 최대행복'을 지향하는 철학이다. 공리주의하에서는 모든 사회구성원이 갖는 효용의 가치가 동일한 것으로 간주된다. 그렇기 때문에 만약 우리가 어떤 특정 집단으로부터 다른 특정 집단에게로 아무런 추가적 비용 없이 소득을 이전할 수 있다면,[7] 사회후생의 증진을 위해서는 그들간의 소득에 대한 한계효용이 같은 수준까지 소득이전을 하여야 한다. 왜냐하면 가난한 사람들이 추가적 단위소득으로부터 얻을 수 있는 한계효용이 부유한 사람들이 추가적 단위소득을 잃어버림으로써 겪게 되는 한계효용보다 큰 범위에서는 부유한 사람으로부터 가난한 사람들에게로 자원을 이전함으로써 사회후생을 증진시킬 수 있기 때문이다.

■ ■ 그림 4-6 효율성–형평성 평가를 위한 대안적 사회후생함수

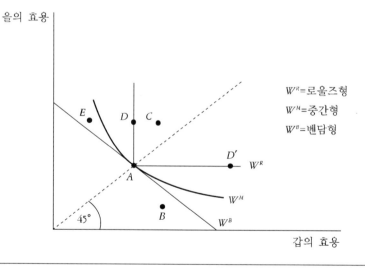

7) 현실적으로는 사회의 한 집단으로부터 다른 집단에게로 소득을 이전시킬 때 상당한 사회적 비용(social cost)이 수반될 수 있다. 오쿤(Arthur Okun)은 이것을 '새는 물 버킷'(leaky bucket)이라는 말로 설명한다(정용덕(역), 1984: 135–148). 또한 털럭(Tullock)은 특정 집단이 다른 집단으로부터 소득을 이전시키기 위하여 기울이게 되는 제반 노력을 지대추구행위로서 설명하고 여기에는 상당한 사회적 비용이 수반된다고 주장한다. 지대추구행위에 관한 보다 자세한 설명은 본서의 제7장을 참고할 것.

[그림 4-6]의 사회적 무차별곡선 W^B은 사회전체의 총량적 효용만이 중요시되고 그러한 효용이 사회 구성원들 간에 어떻게 배분되는지에는 무관심한 사회후생함수를 나타낸다. 이러한 입장의 사회후생함수는 벤담의 이름을 따서 벤담 후생함수라고 불린다. 왜냐하면 벤담은 사회적 목표로서 사회구성원들이 갖는 효용합의 극대화를 생각하였기 때문이다. 따라서 벤담 식의 사회후생함수는 $W = U^갑 + U^을$으로 표시될 수 있다.

위와 같은 벤담형 사회후생함수의 무차별곡선은 −1의 기울기를 갖는 직선이다. 이런 형태의 사회후생함수가 의미하는 바는 사회전체의 효용의 크기가 일정하다면 갑과 을 사이에 어떤 식으로 효용을 주고받든지 그것은 사회 전체의 효용에 전혀 영향을 주지 않는다는 것이다. 그렇기 때문에 만약 갑의 효용이 2이고 을의 효용이 3인 경우와 그 반대로 갑의 효용이 3이고 을의 효용이 2인 경우 사회후생수준은 동일하다.

결국 벤담의 공리주의 철학 하에서는 효용의 증가가 누구에게 일어나든지 관계없이 일단 사회구성원들이 갖는 효용의 총합이 증가하기만 하면 사회적 후생수준이 높아진다는 것이다. 이것을 설명하기 위하여 [그림 4-6]에서 A점을 지나는 무차별곡선과 평행을 이루면서 각각 E점과 B점을 지나는 두 개의 무차별곡선을 생각해 보자. 이 경우 세 점 $A \cdot B \cdot E$를 지나는 무차별곡선들 중에서 가장 높은 사회후생수준을 나타내는 것은 E점이고 가장 낮은 사회후생수준을 나타내는 점은 B이다.

(2) 로울즈 정의론의 사회후생함수

하버드대학의 철학교수인 로울즈(John Rawls)는 어떤 사회의 후생은 그 사회에서 가장 어려운 입장(worst-off)에 처해 있는 사람의 후생에 달려 있다고 주장하면서, 그러한 사람의 후생증진이 없다면 다른 사람들의 후생을 아무리 증진시킨다고 하더라도 사회후생은 증진될 수 없다고 하였다. 이 견해에 의하면 공리주의에서 볼 수 있었던 구성원들 간의 후생의 상충(trade off)은 존재하지 않는다(Stiglitz, 1988: 110). 이와 같은 로울즈의 입장을 사회후생함수로 표시하면 $W = Min\{U^갑, U^을\}$와 같은 형태가 된다.[8] 로울즈의 철학적 입장은 가장

---

8) 일반적으로 $f = min(X_1, X_2, \cdots, X_n)$의 함수값은 이 함수의 변수들인 $X_1, X_2, \cdots, X_n$ 중에

어려운 입장에 있는 사람의 효용을 극대화시키는 것이 가장 정의롭다고 생각하기 때문에 흔히 맥시민(maximin)기준이라고 불리기도 한다.

이와 같은 유형의 사회후생함수로부터 얻을 수 있는 대표적인 사회적 무차별곡선은 [그림 4-6]에서처럼 45°선 위에 꼭지점을 갖는 L자 형이다. [그림 4-6]의 W^R은 철학자인 로울즈의 이름을 따서 로울즈형 효용함수라고 불린다. 로울즈의 철학에 따르면 자유와 기회, 소득과 부, 자존심의 기반과 같은 모든 사회적 기본재(all primary social goods)의 차별적 배분이 가장 어려운 입장에 있는 사람의 효용을 증진시킬 수 있는 한 그와 같은 차별적 배분은 정당화될 수 있다. 바로 이것이 로울즈가 말하는 차별의 원칙(principle of difference)이다.

[그림 4-6]의 A점은 갑과 을의 효용수준이 동일한 점이다. 갑과 을 두 사람 중 어느 한 사람의 효용수준은 현 상태를 유지하지만 상대방의 효용수준이 증가되는 점 D 또는 D'를 생각해 보자. 만약 A가 (3, 3)이라고 한다면 D는 (3, 4) 그리고 D'는 (5, 3)으로 나타낼 수 있다. 점 $A \cdot D \cdot D'$는 사회적 무차별곡선 W^R상에 있기 때문에 그들 점이 나타내는 사회후생수준은 동일하다. 그렇지만 전술한 벤담의 공리주의 원칙에 따르면 $A \cdot D \cdot D'$에서의 사회후생수준은 $D' > D > A$의 순으로 나타난다. 그렇기 때문에 $C \cdot D \cdot D'$와 같이 갑과 을의 효용수준이 서로 다른 점으로부터 사회적 후생을 증가시키려면, 두 사람 중 효용수준이 낮은 사람의 효용을 증가시켜야만 한다는 것이 로울즈 정의론의 핵심이다.

차별의 원칙(principle of difference)에 따라 가장 어려운 입장에 있는 사람의 효용을 극대화시키는 것이 가장 정의롭다는 로울즈의 생각은 그의 '원초적 입장(original position)'과 '무지의 장막(veil of ignorance)'이라는 두 개념에 달려 있다. 로울즈가 생각하는 원초적 입장이란 홉스(Thomas Hobbes), 로크(John Locke), 루소(J. Rousseau)와 같은 전통적 사회계약론자들이 상정하는 자연상태와 같은 의미이다. 한편 무지의 장막이란 계약당사자들은 자신들의 원초적 입장에 대해 전혀 알 수 없는 상황을 지칭한다.

원초적 입장에 대해 무지의 장막에 쌓인다는 것은 나의 계층과 성별, 인종과 민족, 정치적 견해나 종교적 신념도 모르며, 남보다 무엇이 유리하고 무엇이 불리한지도 모르고, 내가 고등교육을 받았는지 고등학교를 중퇴했는지, 부유한

서 가장 작은 변수값으로 정의된다. 예를 들면 $W=\min\{30, 40\}$일 경우 W의 값은 30으로 정의된다.

집안에서 태어났는지 문제 있는 집안에서 태어났는지 전혀 모른다는 것이다. 그야말로 원초적으로 평등한 입장에 서게 된다(이창신(역), 2010: 198-199).

　　로울즈는 사람들이 원초적 입장에 대해서 무지의 장막에 쌓이게 되면, 그들은 자기의 미래상황에 대해 매우 불확실하게 느끼게 되고 따라서 전술한 맥시민(maximin)의 기준에 입각하여 행동하게 된다고 생각한다. 즉 원초적 입장과 무지의 장막이라는 기본원칙에 입각해 있는 로울즈의 정의관에서 개인은 보수적이며 위험회피적(risk-averse)으로 될 수밖에 없다(Abrams, 1980: 28).

　　이러한 개념을 소득분배의 경우를 예로 들어 설명해 보자. 만약 사람들이 소득분배에 대해 무지의 장막에 쌓이면 장차 자신이 부자가 될지 또는 가난한 사람이 될지 전혀 알 수 없게 된다. 그렇게 되면 그들은 자신도 가장 가난한 사람이 될 수 있다는 가능성에 매우 신경을 곤두세우며, 그 결과 가장 어려운 입장에 있는 사람의 소득수준향상을 사회의 가장 바람직한 목표로 정하게 된다는 것이다.

(3) 공리주의와 로울즈 정의론의 중간형태의 사회후생함수

　　[그림 4-6]의 W^M은 벤담의 사상과 로울즈 사상의 중간형태를 지향하는 사회후생함수가 나타내는 사회적 무차별곡선이다. 이와 같은 부류의 사회적 무차별곡선은 통상적인 형태를 띤다. 곡선 위의 각 점에 따라서 그 기울기가 달라지고 특히 [그림 4-6]의 45°선에서는 그 크기가 -1이 된다. 이런 형태의 사회후생함수는 총량적 후생(aggregate utilities)이 충분히 증가하기만 하면 비록 그것이 약간의 분배적 공평성을 해친다고 해도 사회후생의 증가를 가져올 수 있다. 점 A에서 C로의 이동은 바로 그러한 경우를 나타내 준다. 여기에 반해 총량적 후생의 증가가 분배상의 불공평성을 해소할 만큼 충분히 크지 못하면 사회후생은 감소한다. 점 A에서 점 E로의 이동이 그러한 경우이다.

　　이제 우리는 사회후생함수가 효율성과 형평성의 상충관계를 어떻게 판단해 주는가를 살펴보기 위하여 [그림 4-7]을 보기로 하자. UU는 경제 내에서 가능한 파레토 효율을 나타내 주는 효용가능곡선이다. 이때 그러한 모든 파레토 효율적 점들 중에서 어떤 점을 택할 것인가는 사회효용함수의 형태에 좌우된다. [그림 4-7]에는 효용가능성곡선과 더불어 벤담과 로울즈의 중간형태의 사회후생함수가 나타내는 사회적 무차별곡선이 그려져 있다. 사회후생은 무차

■ ■ 그림 4-7   효용가능곡선과 사회효용함수

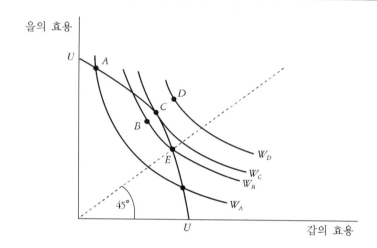

별곡선이 동북방향으로 올라감에 따라서 증가하므로 $W_D > W_C > W_E > W_A$의 관계가 성립된다.

만약 경제가 효율적인 점 A에 있을 경우 그 점에서의 사회적 후생은 W_A이다. 그렇지만 점 B는 비효율적이기는 해도 주어진 사회적 효용함수에서는 오히려 효율적인 점 A의 사회후생보다 더 크다. 이것은 이 사회후생함수가 효율성보다 형평성에 더 많은 비중을 부여하고 있기 때문이다. 그림에서처럼 이 경제에서 얻을 수 있는 최대의 사회적 후생은(i.e., W_C) 효용가능곡선과 사회적 무차별곡선이 서로 접하는 점 C에서 이루어진다. 비록 [그림 4-7]에서 무차별 곡선 W_D가 가장 높은 사회후생을 나타내 주지만 그것은 여기서 상정하는 경제에서는 불가능한 점들이다.

[그림 4-7]에서 주목해야 할 사항은 가능한 최대의 사회적 후생이 두 사람간의 균등한 효용을 나타내는 45°선상에서 이루어지지 않는다는 것이다. 이것은 [그림 4-7]의 효용가능곡선의 형태 때문이다. 우리는 설명의 편의를 위하여 의도적으로 이용가능한 자원 및 갑과 을의 선호체계하에서는 갑보다 을의 효용을 증가시키는 것이 훨씬 용이한 그런 효용가능곡선을 선택하였다. 이 경제체제하에서 달성될 수 있는 균등점 중 가장 높은 사회적 후생은 E이다. 그러나 사회는 E로부터 C로 이동함으로써 잃게 되는 균등성의 손실보다 그러한 이동으로부터 얻게 되는 총량적 효용의 증가를 더 귀중하게 생각한다. 따라서

균등한 점보다 균등하지 않은 점 *C*에서 사회적 후생수준이 가장 높다.

(4) 정책분석에서의 후생함수이용의 제약성

정책분석에서 후생함수를 이용하는 데는 몇 가지 제약이 따른다. 첫째, 효용은 측정가능하지도 않을 뿐더러 또한 대인간(對人間) 비교도 어렵기 때문에 각 개인의 상대적 만족수준을 경험적으로 확인하는 것이 불가능하다. 둘째, 무엇이 적절한 사회후생함수인가에 대한 의견의 일치를 구하기가 어렵다. 왜냐하면 사회구성원 각자는 자기 고유의 선호와 입장을 갖지만, 그러한 각 개인의 입장과 선호를 모두 반영할 수 있는 사회후생함수는 도출될 수 없기 때문이다.

철학자와 경제학자들은 근 2세기에 걸쳐서 사회 전체의 후생측정을 목적으로 두 사람 이상의 효용을 측정하고 합할 수 있는 명확한 절차의 고안을 위하여 노력하였다. 그렇지만 그들의 노력은 마치 납을 금으로 바꾸려고 하는 연금술사들의 노력에 비유될 수 있었다. 즉 애로우가 그의 유명한 저서 「사회적 선택과 개인의 가치」에서 개인들의 선호의 통합을 통하여 사회전체로서의 선호체계를 얻을 수 있는 어떠한 만족스러운 방법도 발견될 수 없다는 사실을 증명함으로써 한 가닥 희망도 이제 완전히 꺼져버리게 되었다(Stokey and Zeckhauser, 1978: 276).

애로우가 사회후생함수의 도출이 불가능하다는 것을 증명하였지만, 특정한 사회적 가치기준을 전제로 하였을 때 거기에 상응하는 사회후생함수의 도출은 가능하다. 현실적으로 이루어지는 모든 정책들은 사회적으로 최적(optimal)인 상태[9]에서 추진된다기보다 어떠한 시대적 사조가 반영된 결과일 뿐이다. 그렇기 때문에 정책분석의 주요 과제는 정부가 특정 시대의 사조나 목적을 가질 때 가장 바람직한 정책대안이 무엇인가를 탐구하는 것이다.

---

9) 사실 애로우의 불가능성정리에 의하면 무엇이 사회적으로 최적인가를 결정할 수 있는 도구조차 없다.

제3절 ▌ 정책대안평가와 편익비용분석

1. 편익비용분석의 개관

정책결정자들은 정책결정과정 사이클의 어떤 특정 시점에서 자신들의 정책을 구성하고 있는 주요한 프로젝트들의 평가를 시도한다. 여기서 프로젝트란 정책목표를 추구하는 데 필요한 수단을 지칭하며, 프로젝트 평가란 각 대안적 프로젝트들의 효율성평가를 의미한다. 그러나 후생경제학자들이나 정책분석가들은 프로젝트 평가를 좀 더 광범위한 의미로 사용하여 그것을 종종 대안적 정책들의 효율성 평가라고 부르기도 한다. 아무튼 이와 같은 프로젝트 평가기법으로서 가장 널리 사용되고 있는 것이 소위 편익비용분석(BCA: Benefit-Cost Analysis)이다.

편익비용분석(BCA)은 사업의 시행에 따라 예상되는 모든 사회적 편익과 비용의 화폐적 가치를 비교함으로써 그 사업의 타당성을 평가하는 분석방법이다. BCA는 정책평가기준의 주요한 두 가지 규범적 축인 효율성(efficiency)과 형평성(equity) 중에서 특히 효율성에 대한 해답을 얻는 데 매우 효과적인 분석방법이다. 따라서 BCA의 기본논리는 경제적 효율성, 즉 전술한 상대적 효율성에 바탕하고 있다(Stokey and Zeckhauser, 1978: 134). 비록 BCA의 기본논리가 경제적 효율성에 있다고 하더라도 그 목표가 거기에만 국한되지는 않는다. 자원배분의 효율성과 더불어 서로 다른 집단간의 후생배분의 형평성에 관한 것도 BCA의 틀 속에서 고려될 수 있다(안종범, 2000: 207).

우리나라에서는 1999년 이전에도 사업부서를 중심으로 BCA를 기본으로 하는 타당성평가가 수행되었지만 형식적 수준에 머물렀다. 그러다가 김대중 정부시절 기획예산처[10]가 1999년도부터 공공투자사업에 대해 예비타당성조사 제도를 도입하면서 타당성평가 및 BCA에 대한 실무적 관심이 고조되었다. 특히 경부고속전철에 대한 타당성 평가결과에 대한 국민적 의혹이 제기되었고 (옥동석, 2000: 159), 공사재개여부를 놓고 민간환경단체는 물론이고 정부부처

---

10) 기획예산처는 이명박 정부의 출범과 더불어 종전의 재정경제부와 통합되어 기획재정부로 개편되었다.

내에서조차도 이견을 보이고 있는 새만금 간척사업[11]의 경제적 타당성을 둘러싼 논쟁(이정전 외 2인, 2001) 등은 BCA에 대한 관심을 불러일으키기에 충분하였다.

(1) 정책대안 평가수단으로서의 편익비용분석

모든 합리적 선택은 그것으로부터 얻을 수 있는 편익과 그것으로 인하여 초래되는 비용간의 객관적인 상호비교에 바탕하여 이루어진다. 그러므로 가장 일반적 의미에서의 BCA는 의사결정자가 직면하고 있는 각 대안들(alternative courses of action)로부터 초래될 수 있는 비용과 편익을 측정하고 비교하여 가장 바람직한 대안이 무엇인지를 찾아내는 과정이라고 할 수 있다. 그렇지만 정책분석에서의 BCA는 희소한 자원이 ① 민간영역과 공공영역간에 그리고 또한 ② 공공영역 내의 대안적 프로젝트들간에 효율적으로 활용되는 것을 보증하기 위하여 고안된 하나의 분석기법이다. 즉 그것은 정부의 어떤 특정사업이 채택되었을 때 그 사회의 모든 구성원들에게 발생되는 유형·무형의 모든 편익과 비용을 계량화의 용이성과는 무관하게 체계적으로 열거하여 일정한 판단기준에 따라 그 사업의 타당성을 평가하는 분석기법이다.

BCA의 분석기법이 가장 널리 사용되는 분야는 고속도로건설, 항만건설, 신공항건설, 새로운 댐의 건설 등과 같은 자본적 프로젝트에 대한 공공투자이다. 그렇지만 최근에는 이와 같은 자본적 프로젝트의 투자는 물론이고 새로운 정책의 도입이나 각종 정부규제의 합리성을 검토하는 수단으로서도 널리 이용되고 있다.[12] 즉 예를 들면 강인재·신종렬·배득종(2003)은 복식부기·발생주의

---

11) 새만금간척사업은 경부고속철도, 시화호와 더불어 정부의 3대 부실국책사업으로 회자되고 있는 사업으로서 전라북도 군산시, 김제군, 부안군에 걸쳐서 방조제를 건설하여 식량안보차원에서 간척농지를 조성하는 사업이다. 1991년부터 공사에 들어갔으나 1조 200억원이 투입되어 외곽공사의 60%정도가 진척된 1999년 4월에는 환경단체들의 사업백지화요구에 따라 공사가 중단되었다(정준금, 2000: 88-89). 그러다가 2001년 5월 사업이 재개되었지만 동년 8월에 주민·시민단체 등이 소송을 제기하여 2003년 7월에는 서울행정법원이 사업의 잠정중단을 결정하였다. 2004년 1월 서울고등법원은 공사재개를 결정하였지만 2005년 2월 4일 서울 행정법원은 새만금간척사업에 따른 환경파괴와 농지조성을 목적으로 하는 새만금사업의 경제성을 들어 사업취소 또는 변경판결을 내림에 따라 새만금간척사업은 또다시 표류하게 되었다.

12) 미국의 경우 정부규제의 정당성을 확보하는 수단으로서 BCA를 활용하는 사례가 점증하고 있지만, 의회 내에서는 이것에 대한 부정적 시각을 가지는 경우도 있다고 한다. 우리나라에서는

회계의 도입에 따른 편익비용분석을 실시한 바 있으며, 그람리히(Gramlich, 1981: 201-220)와 이성우(1995) 그리고 김태윤(1999)은 정부의 각종 규제행위에 관련된 편익비용분석을 다루었다. 비록 BCA가 정부의 공공지출이나 각종 규제에 관한 정책결정의 분석에 널리 사용되는 주요한 분석기법이긴 하지만, 그 기본적 논리는 정부의 의사결정뿐만 아니라 합리성을 추구하는 다른 광범위한 의사결정 분야에도 적용될 수 있다. 그러한 예는 다음과 같은 프랭클린(Benjamin Franklin)[13]의 편지에서도 잘 드러나고 있다.[14]

런던, 1772년 9월 19일

Dear Sir,

당신은 당신에게 매우 중요한 일에 대해서 나에게 조언을 구해왔지만, 내가 그 일에 관한 충분한 사전 지식을 갖고 있지 않기 때문에 어떤 결정을 내리라고 충고하기가 어렵습니다. 그러나 당신이 양해를 한다면, 당신이 어떤 방법으로 결정을 내려야 할지에 관해서는 말씀드리겠습니다. 사실 그러한 어려운 문제가 발생한다면, 그것은 정말 어려운 일일 것입니다. 왜냐하면 우리가 그러한 문제를 생각하는 동안에, 그것의 좋고 나쁜 점(pro and con)의 근거가 동시에 머리에 떠오르지 않기 때문입니다. 어떤 때는 하나의 생각이 떠오르기도 하지만, 이내 그것이 사라지고 또 다른 생각이 나타납니다. 그래서 여러 가지 목적이나 생각들이 교차하게 되고 또한 불확실성이 우리들을 당황케 합니다. 이러한 상황에 부딪칠 때 그것을 극복하는 나의 방법은 다음과 같습니다. 우선 한 장의 종이를 꺼내 그 한가운데를 가로로 줄을 그어 양쪽으로 나눕니다. 그리고서 그 오른쪽에는 좋은 것들(pros)을, 그 왼쪽에는 나쁜 것들(cons)을 적어 넣습니다. 그리고 3~4일 동안 생각하면서 그 문제의 좋고 나쁜 점(pro and con)에 관해 순간순간 떠오르

1997년 8월 22일 행정규제기본법이 공포됨에 따라 정부규제를 신설하거나 폐지할 때는 광의의 편익비용분석기법을 적용하여 규제영향분석을 하도록 의무화하고 있다.

13) 프랭클린(1706-1790)은 미국의 정치학자이자 과학자였으며 1774년에는 미국 동부지역 ivy leauge의 하나로서 널리 알려져 있는 University of Pennsylvania를 창설하기도 하였다.

14) 그람리히(1981: 1)에 소개되고 있는 것을 그대로 재인용한 것이다.

는 여러 가지 동인(動因; motives)들에 대한 암시를 각기 다른 제목하에 기입해 넣습니다. 그러한 모든 요소들을 한 눈에 볼 수 있도록 정리했을 때, 나는 그들 각각의 중요성의 정도에 따라 비중을 추정하려고 애씁니다. 그래서 똑같은 비중을 지니는 두 항목을 오른쪽 난과 왼쪽 난에서 하나씩 발견한다면, 나는 그 두 항목을 동시에 지워버립니다. 만약 오른쪽에 있는 좋은 점 한 항목이 왼쪽에 있는 나쁜 점 두 항목과 동일한 비중을 갖는다고 생각하면, 나는 세 항목을 모두 지워버립니다. 그리고 좋은 점 두 가지 항목이 나쁜 점 세 가지 항목과 같은 비중을 지닌다고 생각하면, 그 다섯 가지 항목들을 모두 지워버립니다. 이런 식으로 하면 마침내는 양쪽에 몇 개씩의 항목만 남을 것입니다. 그때 하루 이틀쯤 더 생각해서, 양쪽 난에 새롭게 추가할 중요한 항목이 더 이상 생기기 않으면 그것을 바탕으로 결정을 내립니다. 비록 그러한 각 항목의 비중이 엄밀한 산술적 수치로서 주어지지는 않는다고 하더라도, 그런 식으로 모든 것이 잘 구분되고 비교되어 고려된 후 전체가 내 앞에 주어진다면, 나는 더욱더 잘 판단할 수 있게 될 뿐만 아니라 성급한 조치를 취할 가능성도 훨씬 줄어들게 됩니다. 사실 소위 도덕적 또는 신중한 계산(moral or prudential algebra)이라고 할 수 있는 이러한 방정식으로부터 지금까지 나 자신은 상당한 이점을 발견하여 왔습니다.

나는 당신이 가장 현명한 결정을 내리기를 진심으로 기원합니다. 당신의 영원한 친구로부터.

B. Franklin

위에 소개한 프랭클린의 편지는 비록 그가 BCA라는 용어를 사용하지는 않았지만 BCA에서 사용되는 모든 핵심적 요소를 포함하고 있어 느슨한 형태의 BCA라고 할 수 있다. 즉 프랭클린은 아주 어려운 문제에 직면하였을 때, 한 장의 종이 위에 좋은 점들(pros)과 나쁜 점들(cons)을 모두 열거하고, 그 각각에 비중을 부여한 후 동일한 비중을 갖는 항목들을 삭제함으로써 복잡한 문제를 단순화시켜 합리적으로 생각하는 방안을 제시한 것이다. 이것은 오늘날의 BCA의 기본적 절차와 거의 같은 논리적 맥락이다.

(2) 정부 프로젝트 편익비용분석의 특성

정부의 정책에 대해 실시되는 BCA에서 가장 핵심적 사항은 그 정책이 가져오는 편익이 그것에 소요되는 비용보다 더 큰가를 따지는 것이다. 이와 같은 절차는 공사(公私)영역을 막론하고 모든 합리적 의사결정과정에 통용되는 논리적 틀이다. 그렇지만 민간영역에서와는 달리 공공영역에서의 투자결정은 사회적 관점에서의 후생증진가능성에 근거하여 이루어져야 하므로 외부성을 충분히 고려하여 사회적 비용과 사회적 편익을 반영하여야 한다. 뿐만 아니라 정부의 프로젝트의 기간은 민간의 그것에 비하여 장기적인 것이 많다. 이러한 특성을 고려해야 하기 때문에 프레스트(Prest)와 터비(Turvey)(1955: 15)에 의하면 BCA는 가까운 장래뿐만 아니라 보다 더 먼 미래의 반향(反響)도 함께 고려하여야 한다는 의미에서 장기적 시야(long view)를 지녀야 하고, 여러 사람들이나 산업 그리고 지역 등에 미치는 부수적 효과를 모두 고려하여야 한다는 뜻에서 폭넓은 시야(wide view)도 지녀야 한다. 우리는 이러한 점을 염두에 두면서 공공영역에서의 BCA의 특징을 다음과 같이 요약하고자 한다.

첫째, 정부는 납세자인 국민과 유리된 실체(entity)가 아니라 납세자의 의지가 결집된 집합체이다. 정부 프로젝트의 편익과 비용은 단순히 정부세입의 증감이 아니라 사회구성원 전체의 후생의 증감으로 정의되어야만 한다. 그렇기 때문에 이윤가능성에만 초점을 두는 민간프로젝트보다 훨씬 넓고 광범위한 결과에 관심을 기울여야 한다. 뿐만 아니라 정부는 어떤 활동이 초래하는 단순한 금전적 증감의 고찰수준을 벗어나서, 예를 들면 댐 공사로 인한 생태적 변화가 초래하는 환경파괴, 보건 및 안전성의 위험, 시간적 낭비 등과 같은 비금전적 요소도 함께 고려하여야 할 책임을 진다.

둘째, 정부의 프로젝트에 소요된 자원과 그러한 프로젝트로부터 도출되는 편익의 가치산정이 민간의 경우와 다르다. 왜냐하면 공공프로젝트의 투입요소나 산출물 중 어떤 것들은 시장에서 거래되지 않기 때문에 시장가격이 존재하지 않는다. 즉 맑은 공기, 생명, 자연상태의 환경보존 등이 그와 같은 보기들이다. 뿐만 아니라 시장가격이 존재한다 하여도 시장실패나 다른 이유 때문에 그것이 진정한 사회적 비용이나 편익을 반영하지 못하는 경우가 많다.

민간기업의 의사결정은 시장가격을 기준으로 하여 이루어진다. 그렇지만 공공투자사업의 투입물과 산출물은 전술하였듯이 그 시장가격이 존재하지 않거나 또는 존재하더라도 그것이 왜곡되어 있는 경우가 대부분이다. 그러므로 공공영역에서 편익비용분석을 하기 위해서는 자원들의 진정한 가치를 반영하는 잠재가격(潛在價格; shadow prices)을 구하여서 그것을 사회적 편익과 비용의 산출에 적용하여야 한다.

셋째, 정부는 이윤극대화를 추구하는 기업과는 달리 여러 가지 서로 다른 정책목표와 수단들을 갖는다. 그러므로 정부가 이와 같은 다른 목표들에 대해서 어떤 태도를 취할 것인가는 프로젝트의 편익과 비용의 계산과 관련된 기본적 문제점이다. 예를 들어 합의된 정부정책의 목표가 실업감소, 물가안정, 경제성장률의 향상, 소득분배의 공평화라고 하자. 만약 정부의 특정 프로젝트가 그렇게 합의된 목표들 중의 하나 또는 그 이상에 영향을 미칠 경우, 그와 같은 영향이 그 특정 프로젝트의 전체적 편익과 비용을 산정할 때 반영되어야 하는지 무시되어야 하는지와 같은 의문이 제기된다.

이와 같이 정부와 민간영역간의 BCA에는 편익과 비용의 확인 및 그 산정에 있어 기본적 차이가 존재한다. 그렇기 때문에 앞으로 설명하게 될 분석기법은 평가자로 하여금 그 활동 수행의 타당성뿐만 아니라 그것이 공공영역에 속해야만 하는지의 여부까지도 결정하게 해준다. 그렇기 때문에 어떤 활동의 편익과 비용을 민간적 차원에서 계산할 때는 BCA의 기준을 통과하지 못할 수 있지만, 그것들을 사회적 차원에서 계산할 때는 BCA의 기준을 통과할 수도 있는 것이다.

(3) 편익비용분석에 대한 잘못된 인식

BCA가 공공영역에서 이루어지는 의사결정을 위한 매우 유용한 기법임은 틀림없는 사실이지만, 그것에 대해 잘못 인식되고 있는 점도 많다. 그러므로 BCA를 자세하게 논의하기 전에 처음부터 그와 같은 잘못된 인식이 무엇인지를 명확히 해두는 것이 필요하다(Gramlich, 1981: 5).

첫 번째 오해는 BCA는 상식의 기계적 대체물이라는 생각이지만, 이것은 전혀 사실과 다르다. 즉 BCA는 생각을 조직화하고, 좋은 점과 나쁜 점들을 열거하며, 그것들의 각각에 가치를 부여한 후 일정한 기준에 따라 평가하는 하나의 분석 틀인 것이다. 현실세계에는 쉽게 확인되거나 가치화될 수 없는 요인들도 많이 있기 때문에 BCA는 추측적(conjectural)일 수도 있다. 그러나 그러한 요인들을 다루는 현명한 방법은 편익과 비용의 확인과 측정을 위한 노력을 포기하는 것이 아니라, 계량화할 수 있는 것은 계량화하고 그것이 어려운 요소들은 정성적으로(qualitatively) 확인하여 순서를 매기는 방식으로 BCA를 활용하는 것이다. 이러한 관점에서 본다면, 설사 BCA 그 자체는 어떠한 결정도 내리지 못하더라도 그것은 매우 중요한 요인들에 대해서 의사결정자들의 관심을 주목시키는 데 도움을 준다.

두 번째 오해는 만병통치약으로 비유될 수 있는 사회후생의 최적이라는 기준과 사회후생의 순증(純增)이라는 기준간의 차이에 관한 것이다. 정부의 정책들은 종종 과대포장되어 선전된다. 어떤 정부정책은 빈부격차를 해소할 수 있을 것이라고 선전되지만, 빈부격차는 여전히 존재하기 때문에 그러한 정책은 실패한 것임에 틀림없다.

사실 오늘날과 같이 다양한 이해관계를 지닌 집단들이 존재하는 사회에서 최적 상태의 사회후생을 상정하는 것 자체가 무의미하다. 그렇기 때문에 만병통치약(i.e., 최적 상태)은 그 존재 여부와는 관계없이 이미 정부정책을 평가할 수 있는 적절한 기준이 될 수 없다. 앞서 소개한 프랭클린의 편지처럼 공공정책은 적절하게 정의된 편익이 적절하게 정의된 비용을 초과하면 채택되어야 하고 그렇지 않으면 기각되어야만 한다. 프로젝트의 성격에 비추어 볼 때 적절하게 정의된 편익의 규모가 작을 수도 있지만, 만약 그것이 BCA의 기준에 부합된다면 그 프로젝트는 그 나름대로의 의미가 있는 것이다.

세 번째 오해는 실증적 사회과학(positive social science)과 규범적 사회과학(normative social science)간의 차이와 관련된 것이다. 전자는 있는 그대로의 세계를 묘사하기 위한 노력을 지칭하지만, 후자는 바람직한 세계를 묘사하기 위한 노력을 지칭한다. 우리가 다루고 있는 BCA는 공공부분의 바람직한 의사결정이 어떻게 이루어져야 하는가에 대한 논의로서 규범적 성격을 띤다. 사실 정부의 움직임에 대한 현실적 감각이 풍부한 사람들은 BCA가 산더미 같은 여러 가지 정치적 고려요소에 파묻혀 사용되지도 않는 경우가 많을 뿐만 아니라 또한 공공영역에서 이루어지는 의사결정이 반드시 이상적이고 합리적이지도 않다고 생각한다. 그렇지만 이것이 곧 BCA는 사용되지 말아야 한다는 것을 뜻하지는 않으며, 더욱이 그것 때문에 BCA를 가르칠 필요도 없고 배울 필요도 없다는 결론을 내릴 수는 없다. 설사 여러 가지 정치적 요인들 때문에 BCA를 수행하는 것 자체가 금지된다고 하더라도, 유능한 정책결정자들로 하여금 여러 가지 정부정책들의 편익과 비용들을 두루 고찰하는 것을 배우게 하고 올바른 절차를 알게 하는 것은 언제나 가치 있는 일이다.

마지막으로, BCA 그 자체가 결코 결정을 내리지는 않는다는 것이다. 그것은 오직 관리상의 매우 중요한 정보를 제공할 따름이다. 공공정책 결정자들은 BCA와 같은 관리정보체제가 지니고 있는 잠재적 결점이나 한계점들을 잘 인식할 필요가 있다. 그러므로 BCA의 유용성과 더불어 그것의 문제점과 한계점을 동시에 이해하는 것이 필요하다. 숫자(numbers)는 주인(masters)이 아니라 종(servants)일 따름이라는 것을 명심할 필요가 있다.

2. 편익비용분석의 발전과정과 PPBS 및 ZBB

BCA는 상당히 오랫동안 사용되어 왔다. 앞서 인용한 프랭클린의 합리적 사고를 위한 논리적 분석 틀과는 달리 오늘날 널리 사용되고 있는 편익분석의 기본 메커니즘은 19세기 프랑스 경제학자인 뒤퓌(Jules Dupuit)의 글 속에서 최초로 공식적인 모습을 드러내었다. 또한 이탈리아의 경제학자인 파레토와 1940년대 영국의 경제학자인 칼도(Nicholas Kaldor) 및 힉스(John Hicks)에 의해서 사회적 후생의 증진(social improvements)을 정의해 주는 개념들이 더욱 정교화되었다(Gramlich, 1981: 7).

뿐만 아니라 그 즈음 정부가 수행하는 활동을 평가해야 한다는 분위기가 서서히 고조되기 시작하였다. 1939년도 미국 연방정부의 홍수관리법은 "(수혜자와 피해자를 명백하게 가리지는 않고) 총체적 편익은 총체적 비용을 초과해야만 한다"는 오늘날 잘 알려진 기준을 최초로 명시하였지만, 편익과 비용을 어떤 식으로 정의해야 하는지에 관한 구체적 언급은 없었다. 이와 같은 초보적 형태의 편익비용분석이 적용된 다른 예로는 미국 테네시계곡 개발청(TVA: Tennessee Valley Authority)[15]과 농무성의 사업예산제도(program budgeting system)를 들 수 있다.

1950년대 초기에 BCA의 활성화를 위한 또 다른 형태의 공식적인 움직임

---

15) 1930년대의 대공황을 극복하기 위한 루즈벨트(F.D. Roosevelt) 대통령의 뉴딜 정책의 일환으로서 채택된 지역적·다목적 개발사업을 추진하기 위하여 1933년에 설립된 미국의 공사적(公社的) 기관을 뜻한다.

이 있었다. 즉 소위 녹서(綠書; Green Book)라고 알려져 있는 수자원 개발에 관한 기관간 위원회의 1950년 보고서는 미국 연방정부활동의 평가기술에 관한 부처간 이견조정을 위한 내용을 포함하고 있었으며, 동 보고서는 경제분석의 개념을 의사결정에 도입하려고 시도하였다. 그리하여 1952년에 이르러서 예산국(Budget Bureau)은 수자원 개발의 평가를 위한 독자적 기준을 채택하게 되었다.

BCA가 몇몇 사람들의 학문적 관심사로부터 벗어나 활발한 정치적 관심사로 부각되기 시작한 것은 '위대한 사회(The Great Society)'의 기치를 내걸었던 존슨(L.B. Johnson) 대통령 시절이었다. 이 당시 대외적으로는 월남전 때문에 그리고 대내적으로는 보건·교육·인력개발사업 등과 같은 소위 '위대한 사회'의 구체적 사업계획 때문에 연방정부 예산이 급격히 팽창하고 있었다. 이와 같은 대부분 신규 사업들의 공통적 특징은 사업초기에는 예산지출규모가 작지만 그것이 전국적 규모를 띠게 될 때 엄청난 규모로 팽창될 수 있다는 것이었다. 그래서 ① 예산기획, ② 각종의 사업확장에 따른 비용과 편익의 추정, 그리고 ③ 우선순위의 설정 등을 위한 기법의 개발이 절실히 요구되었다. 이에 따라 미국 연방정부의 예산국은 그 당시 이미 맥나마라(Robert McNamara) 국방장관이 국방예산의 편성을 위하여 개발한 소위 사업예산(program budgeting)에 관심을 기울이기 시작하였다.

기획예산제도(PPBS: Planning Programming Budgeting System)라고 불리게 된 그 예산제도[16]는 1965년 연방정부에 공식적으로 채택되었으며, 그것의 다섯 가지 기본요소는 다음과 같다: ① 정부활동의 주요 영역에서 이루어지는 정부사업계획이 갖는 기본목적의 구체화, ② 각 정부사업에 대한 산출물분석의 추진, ③ 다년도에 걸친 각 정부사업의 비용측정, ④ 각 대안적 활동간의 비교, ⑤ 연방정부 전체에 걸쳐 공통적으로 사용될 수 있는 분석기법의 설치. 이 같은 PPBS의 다섯 가지 항목들은 여전히 BCA의 기본(pillar)으로 남아있다. 즉 대안들은 비교되어야만 하고, 현재뿐만 아니라 미래에 걸친 편익과 비용도 확인되고 측정되어야만 하며, 이러한 전체 과정이 공통 기법으로서 정부 전체에 걸쳐 적용되어야만 하는 것이다.

---

16) 영국에서는 이와 같은 PPBS를 산출예산(output budgeting) 또는 기능예산(functional budget)이라고 부르며, 교육과학부와 사회복지부 등에 적용되었다. 이것은 전통적으로 사용되는 소위 조직별 또는 목별(目別) 예산을 투입예산(input budgeting)이라고 부르는 것과 대조를 이룬다(Brown and Jackson, 1990: 250).

PPBS는 출발은 순조로웠으나 정부 내에서 오랫동안 지속되지는 못했다. 그 이유는 바로 BCA가 안고 있는 본원적인 제약점 때문이었다. 정부개입 때문에 초래되는 모든 사회적 비용과 편익을 빠짐없이 정의하고 측정하여 BCA를 실시하는 것은 현재에도 불가능하고 가까운 장래에도 여전히 불가능할 것이다. 동일한 목적을 달성하기 위한 경쟁적 정부활동들에 대하여 BCA를 적용하는 것은 비교적 용이하지만, 전혀 상이한 목적 또는 본질적으로 측정할 수 없는 목적을 달성하기 위한 경쟁적 정부활동들에 대해서 BCA를 적용하는 것은 매우 어렵다. 그러한 사실과 정부관료들이 처해 있는 현실(i.e., 정부관료들은 자신의 사업계획을 평가할 수 있는 이상적 집단이 아닐 뿐만 아니라 또한 일상적 업무로 너무 바빠서 그러한 일을 할 수조차 없다는 사실)이 결합되어 PPBS는 곧 공허한 책상 위의 사무로 전락되었다.

그러나 PPBS의 유산이 완전히 사라진 것은 아니었다. 정부기관들은 하나둘씩 기획 및 분석을 담당할 젊고 유능한 사회과학도를 채용하여 점차적으로 정부활동의 편익과 비용에 관한 질문을 하는 전통을 발전시켰다. 즉 X라는 사업계획은 무엇을 하도록 설계되었는가? 그 목적은 다른 방법으로 더 쉽게 달성될 수는 없는가? 사업계획 X의 장·단기적 예산비용은 무엇인가? 이와 같은 전혀 새로운 질문들이 행정부서 내외에서 쏟아져 나왔고, 그것에 따라 의사결정과정의 질은 급격히 향상되기 시작하였다. 다른 한편 1960년대에 제기되었던 사업계획 평가의 필요성 때문에 1970년대에 접어들면서 여러 가지 정부사업들에 대한 BCA가 실시되기에 이르렀다. 이와 같은 분석이나 평가결과는 전문 학술잡지에 출판되어 많은 토론과 반향을 불러 일으켰으며, 많은 대학에서는 이것과 관련된 강좌를 개설하기에 이르렀다. 비록 BCA가 장점과 더불어 약점도 지니고 있지만, 이제는 유능한 정책분석가라면 반드시 숙달해야만 하는 주제가 되었다.

연방정부의 적자는 PPBS의 집행을 위한 보다 직접적 계기가 되었다. 즉 1969년 닉슨(R. Nixon) 대통령이 정권을 인수하였을 때, 인플레이션 및 늘어나는 예산적자는 미국 연방정부의 큰 과제로 부각되었다. 닉슨의 당면 목표는 연방정부의 지출축소였고, 그것은 공화당 정부 8년 동안의 주요한 과제가 되었다. 닉슨 정부는 주요한 몇 개의 사업계획을 평가하기 시작하였으며, 그 평가결과는 긍정적인 것보다 부정적인 것이 더 많았다. 그래서 그 당시에는 자유주의자들보다 예산 보수주의자들이, 민주당보다 공화당이 그와 같은 평가와 BCA

에 더 호의적 생각을 갖고 있었다.

PPBS가 공식적으로 채택된 지 만 12년이 지난 1977년 관리예산처(OMB: Office of Management and Budget)[17]는 BCA의 논리를 예산결정과정에 반영시키려는 새로운 체제인 영기준예산제도(ZBB: Zero-Based Budgeting)를 공식적으로 채택하였다. PPBS와 ZBB하에서 준비해야 할 문서가 동일하지는 않았지만, 두 제도는 여러 가지 면에서 상당한 유사성을 갖고 있었다. 즉 ZBB하에서 연방정부의 각 기관들은 주요한 사업계획의 목적들과 그것들을 달성할 수 있는 대안들을 준비해야만 한다. 원칙적으로 관리예산처는 우선순위가 낮은 대안들을 제거함으로써 가장 필요한 사업을 선택할 수 있다. 예산의사결정을 합리화하려는 이러한 노력이 비록 장기적으로는 매우 중요하겠지만, PPBS에서와 마찬가지로 적어도 처음 몇 년 동안에는 그것이 가져올 예산상의 절약보다 더 많은 비용을 유발시킬 수 있는 업무를 양산시키는 것처럼 보였다.

미국에서의 BCA와 예산제도를 고찰할 때 우리는 다음과 같은 특징을 발견할 수 있다. BCA의 활용을 그 기본으로 하고 있는 PPBS와 ZBB 모두 연방정부에서 전면적으로 채택되기 전에 이미 소규모의 기관이나 지방정부 및 주정부에서 많은 실험을 거쳤다고 한다. 즉 그 같은 관리기법은 보다 작은 규모의 부서나 정부 또는 민간기업에서의 성공사례를 바탕으로 보다 큰 규모의 부서나 정부로 전수되었고, 종국적으로 가장 큰 규모의 연방정부에 도입되었던 것이다. 이러한 사실은 미국의 정치제도상 여러 종류와 계층의 정부가 존재하기 때문에 가능하였겠지만, 선진국의 행정기술을 성급하게 전면적으로 받아들이는 우리나라에 많은 시사점을 던져 준다. 앞으로 우리나라도 지방자치가 알차게 운영되어 각 지방정부가 단순히 선진국의 행정사례를 모방하기보다 독자적인 문제의식에 바탕한 자생적 해결방안을 도출함으로써, 지방정부가 '행정기술을 위한 실험의 장'으로도 활용될 수 있어야 할 것이다.

---

17) 종래의 예산국(Bureau of Budget)이 1970년 7월 1일자로 대통령직속의 관리예산처(OMB)로 바뀌었다.

3. 편익비용분석의 절차

우리는 앞절에서 공공영역의 BCA는 장기적 시야(long view)와 폭넓은 시야 (wide view)에서 이루어져야 함을 지적하였다. 왜냐하면 민간사업과는 달리 공 공프로젝트는 그 수명이 매우 길고, 또한 그것으로부터의 편익과 비용은 이해 당사자뿐만 아니라 사회전체에 미친다는 것을 고려해야 하기 때문이다. 일반적 으로 BCA는 공공프로젝트의 생명기간 동안에 발생되는 직·간접적인 유형·무 형의 모든 편익과 비용을 현재의 금전적 가치로 환산하여 일정한 판단기준에 따라 그 프로젝트의 타당성을 검토하는 분석기법으로 알려지고 있다.

BCA에서 가장 핵심적 과제는 ① 어떤 편익과 비용이 포함되어야 하는가? ② 확인된 편익과 비용은 어떻게 금전적 가치로 환산할 것인가? ③ 프로젝트의 각 기간중에 발생한 편익과 비용을 동일한 기준으로 환산하기 위하여 어떤 할 인율을 사용할 것인가? ④ 현재가치로 환산된 모든 편익과 비용이 어떠한 평가 기준에 입각하여 판단될 것인가?의 네 가지로 요약된다. 본 절에서는 우리는 이러한 네 가지 과정을 차례로 살펴보기로 한다.

(1) 편익비용분석에 포함될 편익항목과 비용항목의 확인

어떤 정책이나 프로그램의 BCA를 행함에 있어서 가장 기본적인 것은 그 것으로부터 초래될 수 있는 모든 편익과 비용을 확인해야 한다는 것이다. 그와 같은 작업이 현실적으로는 용이하지 않지만, 그렇게 하지 않을 경우 누락된 편 익과 비용 때문에 분석결과에 커다란 오류가 발생될 수 있다.

이 과정에서 가장 중요한 것은 프로젝트로 인한 편익과 비용이 실질적 (real)인 것이냐 화폐적(pecuniary)인 것이냐를 구분하는 것이다. 왜냐하면 화폐 적 편익과 비용은 사회의 진정한 후생증대가 아니고 특정 집단들간에 이루어 지는 단순한 후생이전에 불과하기 때문이다. 그렇기 때문에 BCA에서는 이와 같은 실질적 편익과 비용만을 고려한다. 또한 그러한 실질적 편익과 비용은 ① 직접적인 것과 간접적인 것, ② 유형적인 것과 무형적인 것, ③ 중간적인 것과 최종적인 것, 그리고 ④ 내부적인 것과 외부적인 것으로 구분하여야 한다.

1) 실질적인 것과 화폐적인 것

실질적(real) 편익과 비용은 공공프로젝트의 최종소비자가 즐기거나 부담하게 되는 것으로서 사회후생의 증가분이나 감소분을 의미한다. 여기에 반해 화폐적(pecuniary) 편익과 비용은 경제가 공공프로젝트에 적응해 나감에 따라 부차적 시장에서 발생하는 상대가격의 변화 때문에 발생하는 것이다. 이와 같은 상대가격의 변화로 인하여 어떤 특정 집단에 돌아가는 편익이나 손실은 다른 집단이 입게 되는 손실과 편익에 의해서 상쇄된다. 그렇기 때문에 그것은 결국 특정 집단들간에 일어나는 단순한 소득이전에 지나지 않고 사회 전체적으로는 아무런 실질적 후생변화를 가져오지 못한다.

예를 들어 대규모 공공도로건설사업이 진행되어 건설인부들의 노동수요가 증가하면, 건설인부의 기술이 갖는 상대적 희소성 때문에 노동생산성과는 무관하게 그들의 임금이 상승하게 된다. 정부는 도로건설비를 조달하기 위하여 타 산업부문에 대한 조세를 증가시키게 되고 그것은 결국 그 산업을 위축시키게 된다. 이렇게 되면 이 산업에서의 노동력수요도 감소하게 되고 종국적으로는 그 산업에서의 임금이 떨어지게 된다. 결국 도로부문에서의 임금상승은 다른 산업부문에서의 임금하락으로 귀결될 수 있다는 것이다. 따라서 이러한 것은 실질적인 것이 아니기 때문에 BCA에서는 제외되어야 한다. 그렇지만 어떤 공공사업이 소득재분배의 목적을 지향하고 있어 특정 개인에게 생기는 편익이나 비용이 주요 관심사가 될 경우 또는 그러한 편익과 비용이 프로젝트가 평가될 관할지역을 벗어나서 발생하는 경우에는 화폐적인 것도 주요한 분석대상이 될 수 있다.

2) 실질적 편익과 비용의 구체적 유형

실질적 편익과 비용은 반드시 BCA에 포함되어야 하는 것들이며, 여기에도 여러 가지 종류가 있다.

직접적인 것과 간접적인 것

직접적인 편익과 비용이란 프로젝트의 주목적과 긴밀하게 연관된 것이고, 간접적인 것은 부산물(副産物)의 성격을 띠는 것이다. 흔히 전자는 일차적인 편익과 비용이라고 하며, 후자는 이차적인 편익과 비용이라고 한다.

이러한 구분은 다소 상식적 의미에서 이루어져야 하며 엄밀하게 정의되기는 어렵다. 통상적으로는 그 프로젝트와 관련된 입법의도를 기준으로 하여 구분한다. 우주개발 사업은 우주탐험이 주목적이지만, 방위기술의 향상이나 또는 자동차산업의 기술향상에도 기여한다. 방위산업기술의 개발은 국방력향상이 주목적이지만 민간영역의 기술향상에 크게 기여하는 부수효과도 있다. 직업훈련사업은 소득향상이 주목적이지만 범죄예방의 부수적 효과도 거둘 수 있는 것이다. 이와 같이 프로젝트의 직접적인 편익과 비용 및 간접적인 편익과 비용은 구분이 가능하며, 두 가지 모두 분석에 포함되어야 한다.

유형적인 것과 무형적인 것

유형적(tangible) 편익과 비용은 시장에서 측정가능한 편익과 비용을 지칭하며, 무형적(intangible)인 것은 그렇지 못한 편익과 비용을 지칭한다. 정부가 공급하는 공공재의 상당부분은 무형적 성격을 띠며 또한 이른바 사회적 비용(social costs)이란 개념도 대부분 무형적 영역에 속하는 것들이다.

관개(灌漑)사업으로 인한 농산물 수확의 향상은 유형적 편익이지만, 그 지역의 개선된 경관은 무형적 편익이다. 무형적 편익이나 비용의 측정이 어렵기는 하지만 BCA에 반드시 포함되어야 한다. 그렇지 않을 경우 BCA는 상당한 오류를 초래할 수 있다.

중간적인 것과 최종적인 것

공공프로젝트로 인한 편익이 소비자들에게 직접적으로 돌아가는 것과 다른 재화의 생산요소로 들어가서 중간재적 성격을 띠는 것이 있다. 어떤 특정한 프로젝트는 두 가지 유형의 재화를 모두 생산하기도 한다. 즉 일기예보는 외출을 하려는 사람들에게는 최종 소비재로 간주되겠지만, 농부나 항공서비스업자들에게는 중간재로 간주될 것이다.

내부적인 것과 외부적인 것

이것은 공공 프로젝트가 추진되는 관할영역을 기준으로 하는 것으로서, 관할영역 내에서 발생되는 것은 내부적인 것이고 그렇지 않은 것은 외부적인 것이다. 예를 들면 낙동강 상류인 경북지역에서의 공단건설은 낙동강 하류지역에 있는 경남·부산지역 사람들에게도 영향을 미친다. 이 경우 공단건설 때문에 경북지역에 돌아가는 편익은 경북지역에서는 내부적인 것이며, 그와 같은 공단조성이 유발시킬 수 있는 낙동강 오염 때문에 부산·경남지역 사람들이 겪는 식수로 인한 고통은 그들에게는 외부적인 것이다. BCA는 이와 같은 편익과 비용을 모두 포함하여야 하지만, 그러기 위해서는 양 지역간의 협조가 요구된다.

지금까지 우리는 여러 가지 유형의 편익·비용항목들을 설명하였다. 〈표 4-1〉은 그와 같은 다양한 항목들의 개념에 대한 이해를 돕기 위하여 관개사업과 직업훈련사업을 이용하여 구체적 편익·비용항목들을 예시하였다.

■ ▪ 표 4-1   편익항목과 비용항목의 구체적 분류

	실질·화폐	직·간접	유·무형	편 익	비 용
관개사업	실질적인 것	직접적인 것	유형적인 것	농산물 증산	자재비
			무형적인 것	지역의 조경	자연미 파괴
		간접적인 것	유형적인 것	토양부식방지	물줄기의 우회
			무형적인 것	농촌사회보존	야생동물파괴
	화폐적인 것			농기구산업의 상대적 발전	
직업훈련	실질적인 것	직접적인 것	유형적인 것	미래소득의 증가	교사급료, 건물비, 교재비 등
			무형적인 것	풍성한 삶	여가시간의 상실
		간접적인 것	유형적인 것	범죄예방비용의 감소	
			무형적인 것	정치의식의 향상	
	화폐적인 것			훈련교사의 소득향상	

(2) 편익항목과 비용항목의 금전적 가치 측정

프로젝트로부터 발생되는 편익·비용항목들을 확인하고 나면 그것의 금전적 가치를 측정하는 일이 남는다. BCA는 완전경쟁모형의 효율성 기준에 입각해 있기 때문에 거기에 사용되는 가격은 파레토 효율적인 균형가격이라야 한다. 만약 시장가격이 파레토 효율적 가격이라고 믿을 수 있다면, 프로젝트의 편익과 비용의 계산에 시장가격을 그대로 사용할 수 있다.

현실적으로는 여러 가지 요인에 의한 시장실패 때문에 시장가격이 파레토 효율적이지 못한 경우가 많다. 뿐만 아니라 맑은 공기나 환경오염 및 생명의 연장 등과 같이 시장가격 그 자체가 존재하지 않는 경우도 있다. 이와 같은 경우에는 파레토 효율적 가격으로서 역할할 수 있는 잠재가격(潛在價格; shadow prices)을

추정하고 그것을 이용해야 한다(Rosen, 1985: 187). 잠재가격이란 재화가 갖는 '진정한 가격'으로서 그 재화의 사회적 한계비용을 정확하게 반영해 주는 가격이다. 그러나 실제로 사회적 기회비용을 정확하게 추정하는 것이 쉽지 않기 때문에 시장불안정의 원인에 따라 시장가격을 적절하게 조정한 조정된 시장가격 (adjusted market price)을 잠재가격의 대용으로 사용한다.

1) 시장가격의 왜곡과 조정

독점의 경우

정부의 공공프로젝트에 독점적으로 생산되는 투입요소가 사용된다고 가정하자. 생산요소가 완전경쟁시장에서 공급된다고 할 경우 그 생산요소의 가격은 그것의 한계비용으로 결정되지만, 독점기업에 의해 공급될 경우 투입요소의 가격은 한계비용보다 높다. 이 경우 정부는 투입요소의 가격을 그것의 시장가격(이것은 소비자가 느끼는 가치를 나타냄)으로 산정할 것인지 아니면 그것의 한계생산비(이것은 그것의 생산에 이용된 자원의 한계적 가치를 나타냄)로 산정할 것인지와 같은 문제가 생긴다.

여기에 대한 대답은 정부가 공공프로젝트를 위해 구입하는 그 투입요소량이 시장에 미치는 영향에 달려 있다. 즉 투입요소의 생산량이 그 프로젝트에 사용된 수량만큼 증가한다면, 사회적 기회비용이란 추가적 생산에 사용된 자원의 가치인 한계생산비이다. 그렇지만 더 이상의 투입요소가 생산되지 않으면, 정부는 민간 소비의 희생 위에 그와 같은 투입요소를 사용하기 때문에 투입요소의 가치는 수요가격에 의해서 측정된다. 만약 이 두 가지의 중간에 해당되는 경우, 즉 투입요소의 생산량이 증가하였지만 공공사업에 소요되는 양보다 적다면 가격과 한계비용의 가중평균치가 적절한 투입요소가격이 될 수 있다.

조세 부과의 경우

만약 투입요소에 판매세가 부과된다면, 투입요소의 생산자가 받는 가격은 그것의 구매자가 지불하는 것보다 낮다. 왜냐하면 구입가격 중의 일부는 정부의 조세수입이 되기 때문이다. 정부의 프로젝트에 사용되는 투입요소에 이러한 판매세가 부과될 경우, 프로젝트의 비용계산에 투입요소의 생산자 가격을 사용하여야 할 것인지 아니면 투입요소의 구매자 가격을 사용하여야 할 것인지가 문제로 된다.

이 문제에 대한 대답의 원칙도 독점의 경우와 동일하다. 즉 생산이 확대될 것 같으면 생산자의 공급가격이 적절하지만, 생산이 일정한 수준에서 유지될 것 같으면 구매자의 가격이 사용되어야 한다. 그리고 양자의 중간적인 반응이 예상되면, 독점의 경우와 같이 가중평균치가 투입요소가격으로서 사용되어야 한다.

불완전 고용의 경우

BCA는 다른 모든 미시경제적 분석도구와 마찬가지로 모든 자원의 완전고용을 전제로 한다. 그렇지만 어떤 프로젝트는 현재 비자발적 실업상태인 근로자를 고용하는 경우가 있다. 이 경우 실업상태인 근로자의 고용은 경제의 다른 부분에서의 산출저하를 초래하지 않기 때문에, 그 근로자가 지급받는 임금은 진정한 기회비용을 나타낸다고 할 수 없다. 그 근로자가 고용됨으로써 잃은 것이라고는 그가 즐기는 여가뿐이며, 그러한 여가의 가치는 비자발적 실업상태에서 매우 낮다.

여기에는 두 가지 문제가 있을 수 있다. 첫째, 정부가 일정수준의 고용을 유지하기 위한 안정화정책을 실행하고 있다면, 실업자의 고용은 경제의 다른 부분에서의 고용 및 산출감소를 초래한다. 이 경우에는 근로자의 임금이 곧 사회적 비용이라고 할 수 있다. 둘째, 근로자가 비록 프로젝트의 시작시기에는 비자발적 실업상태에 있었다고 하더라도, 그가 프로젝트의 전 기간 동안 비자발적 실업상태에 있으리라는 보장은 없다.

이와 같이 개인들의 장래의 고용상태를 예측하는 것은 대단히 어려운 일이다. 사실 실업의 원인과 성격에 관한 콘센서스가 이루어지지 않은 점에 비추어 볼 때, 고용되지 않은 자원에 대한 가격설정은 논란거리가 된다. 대공황상태가 아닌 경우, 실업상태에 있는 노동력의 가치를 현 임금수준으로 하는 것이 그래도 좋은 근사치가 될 수 있다.

2) 프로젝트로 인한 시장가격의 변화측정

경제전체에 비하여 상대적으로 규모가 작은 민간기업의 프로젝트와는 달리, 공공부문의 프로젝트는 그 규모가 엄청나기 때문에 시장가격의 변화를 초래할 수 있다. 예를 들면 정부의 관개사업(灌漑事業)은 많은 땅을 비옥하게 하여 농산물(쌀)생산의 한계비용을 하락시키며, 이에 따라 농산물의 생산량은 증

■ ■ 그림 4-8 소비자잉여의 계산

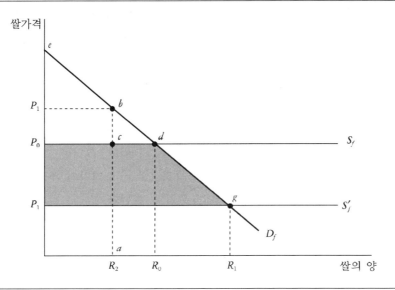

가하고 그 시장가격도 하락한다. 이와 같은 생산물의 증가분의 가치를 금전적
으로 환산할 때 쌀 가격을 ① 원래의 가격으로 할지, ② 프로젝트 완공 후의
가격으로 할지, 또는 ③ 그 중간의 어떤 가격으로 해야 할지가 문제이다.

　이러한 상황의 설명을 위해 [그림 4-8]을 생각하기로 하자. 여기서 수평
축은 쌀의 양을 kg으로 표시하고, 수직축은 쌀의 kg당 가격을 나타내며, D_f 는
쌀의 수요곡선을 나타내고, S_f와 P_o 및 R_o는 관개사업 전의 쌀의 공급곡선과
시장가격 및 공급량을 나타낸다. 관개사업 후에 공급곡선은 S_f'로 되고 이에
따른 새로운 균형점에서의 시장가격 및 공급량은 P_1 및 R_1이라고 하자. 이때
소비자가 이러한 관개사업으로부터 누리게 되는 혜택을 어떻게 측정할 것인가
가 문제로 된다.

　쌀의 수요곡선이란 소비자들이 매 단위당 소비하는 쌀에 대해서 기꺼이
지불하고자 하는 최대의 가치를 나타내 준다. 예를 들어 어떤 임의의 쌀의 양
R_2를 생각하면, R_2번째의 쌀에 대해서 소비자가 기꺼이 지불하고자 하는 최대
의 가치는 그림에서 ab이다. 관개사업이전에 소비자는 실제로 ac만 지불하면
되었기 때문에 그는 bc에 해당되는 잉여치를 향유한다. 이와 같이 소비자가 기
꺼이 지불하고자 하는 최대 금액의 합이 소비자가 실제로 지불한 금액의 합을
능가할 때, 그 차이를 소비자잉여라고 부른다.

관개사업을 시행하기 이전에 이루어진 쌀시장의 균형점에서 소비자들이 향유할 수 있는 소비자잉여는 [그림 4-8]에서 삼각형 P_0de이다. 정부가 추진한 관개사업은 쌀의 시장가격을 P_0에서 P_1로 하락시키며, 이렇게 도달된 새 시장 균형점에서의 소비자잉여는 그림에서 삼각형 P_1ge로 된다. 따라서 정부가 추진한 관개사업은 빗금친 부분만큼 소비자잉여의 증가를 초래하며, 바로 이것이 관개사업으로 인한 편익의 창출이다. 이와 같이 수요함수만 추정할 수 있으면 공공프로젝트로 인한 시장가격하락의 효과는 쉽게 측정될 수 있다.

사실 관개사업은 쌀의 가격하락을 가져오게 되고, 그러한 가격하락은 소비자의 실질소득의 변화를 초래하며, 궁극적으로는 소비자의 추가적 소득 증가분에 대한 가치부여인 소득의 한계효용치도 변한다. 그러므로 엄밀한 의미로는 가격하락으로 인한 소비자잉여가 소비자 후생의 변화를 정확하게 반영해 주지 못하지만, 대부분의 경우는 근사치로 이용될 수 있다고 한다(Willig, 1976).

3) 시장이 존재하지 않는 경우의 가치측정

정부활동이 산출하는 편익과 비용의 범주는 시장에서 거래되는 재화나 용역에만 한정되지 않는다. 정부 프로젝트나 각종 규제업무는 생명의 위험을 감소시키거나 증가시킬 수도 있으며, 시간절약을 가져오기도 하고, 환경의 질을 개선하거나 또는 악화시키기도 한다. 이것들은 시장에서 거래되는 재화나 용역이 아니기 때문에 그 편익과 비용의 측정이 어렵다. 그렇지만 실질적인 것이기 때문에 그것들이 BCA에서 제외된다면 분석자체가 크게 왜곡될 가능성이 있다. 특히 정부에 의한 사회적 규제는 대부분 이러한 성격을 띠는 편익을 산출하기 때문에 정부규제의 정당성을 옹호하기 위하여 BCA를 이용할 경우 이와 같은 유형의 편익 측정은 매우 중요하다. 직접적인 시장가격이 존재하지 않는 이와 같은 경우 사람들의 경제적 행태(economic behavior)를 분석함으로써 편익과 비용을 도출할 수 있다. 우리는 이것에 대해서 설명하려고 한다.

(가) 생명의 가치

공공프로젝트는 사람들의 사망확률의 변화를 가져오는 경우가 많다. 즉 자동차 안전성 제고를 위한 연구나 암 치료약의 개발에 사용되는 자원은 인간의 사망확률을 감소시키는 데 기여하지만, 초고층 건물공사나 지하철 공사 및 터널공사 등에 수반되는 위험은 인부들의 사망확률을 높일 수도 있다. 공공프로젝트에 수반되는 이와 같은 사망확률의 변동은 프로젝트 분석에서 결코 무시될 수 없는 요소이다. 만약 그러한 변화가 무시된다면 자동차 안전성제고를 위해서나 암 치료약의 개발에 돈을 쓸 필요가 없다.

현실적으로 우리는 인간생명의 가치를 무한한 것으로 생각할 수도 없다. 만약 인간생명의 가치가 무한하다면 사망확률의 감소를 가져올 수 있는 자동차 안전성의 개선이나 암연구를 위해서 무진장의 돈이 투자되어야 하는 반면, 공사 도중 인부들의 사망을 초래할 위험성이 있는 초고층 건물이나 지하철건설 공사 등에는 귀중한 자원이 투자되어서는 안 된다. 그렇기 때문에 BCA에서는 양자의 중간 입장을 취해서 인간의 생명을 귀중하게 다루기는 하지만, 그것에 무한정의 가치를 부여하지도 않는다.

공공프로젝트의 편익이나 손실의 일부로서 인간생명의 가치측정 그 자체를 시도해서 안 된다고 생각하는 사람들도 있지만, 그것은 현실을 눈가림하고 아웅하는 짓이다. 그러므로 바람직한 것은 인간생명의 가치측정 그 자체를 경원시하고 기피하기보다 합리적이고 과학적인 방법을 개발하여 그것을 측정하여 BCA에 반영하는 것이다. 인간생명의 가치측정에는 할인된 미래소득(discounted future earning)을 이용하는 방법과 사망확률의 변동에 따라 요구되는 보상(required compensation)으로부터 추정하는 방법의 두 가지가 사용되고 있다.

먼저 할인된 미래소득에 의한 방법은 법률 소송 등에서 자주 이용되는 것으로서, 사망한 어떤 사람의 생명의 가치는 장래에 예상되는 그 사람의 모든 수입을 현재가치로 할인하여 합하므로써 구할 수 있다는 것이다. 이 접근방법의 기본생각은 어떤 사람의 가치는 시장에서 결정되도록 한다는 것으로서, 이 방법은 종종 인적자본접근법(human capital approach)이라고도 불린다.

어떤 사람의 가치가 시장에서 결정되어야 한다는 기본원칙은 그럴듯해 보이지만, 이 접근방법에 의한 생명의 가치측정에는 문제점도 있다. 왜냐하면 ① 어떤 사람의 현재 임금수준은 낮지만 그가 대단히 값진 인생을 꾸리고 있을 경우, ② 그 사람이 이미 은퇴하여 실질적 경제활동을 할 수 없는 경우, ③ 신체장애자나 특별한 이유(i.e., 성차별) 때문에 노동시장에서 부당한 차별대우를 받을 경우, 이 접근방법에 따른 생명의 가치측정은 부당하게 매우 낮게 평가될 가능성이 있기 때문이다.

한편 사망확률의 변동에 따라 요구되는 보상에 의한 방법은 다음과 같은 논리에 입각해 있다. 즉 대부분의 정부규제나 공공투자사업은 사람들의 사망확률에 변화를 초래하게 된다. 그렇기 때문에 어떤 사람의 생명의 가치는 그렇게 감소되거나 또는 증가되는 사망확률을 받아들이는 그 사람의 선택행위로부터 추정할 수 있다는 것이다. 이 방법은 종종 지불의사 접근법(willingness-to-pay approach)이라고도 불린다.

    이 접근방식의 작동메커니즘은 다음의 두 가지 보기로부터 알 수 있다. 실험결과에 의하면, 자동차에 에어백을 장착할 경우 자동차사고 발생시에 사망확률을 감소시킬 수 있다고 한다. 그렇기 때문에 많은 사람들은 자신들의 귀중한 생명을 지키기 위하여 추가적 비용을 부담하면서 에어백을 장착하게 된다. 이 경우 에어백의 장착은 순전히 자신의 생명보호를 목적으로 하고 있기 때문에, 에어백 장착에 소요되는 비용과 에어백 장착이 가져다주는 사망확률의 감소로부터 그 사람의 생명의 가치를 추정할 수 있다는 것이다. 또 다른 보기로서는 위험과 관련된 업무에 종사하는 사람들이 자신이 감수하는 위험의 대가로서 요구하는 위험수당을 추정함으로써 그 사람의 생명의 가치를 추정할 수 있다.

    할인된 미래소득에 의한 추정방법은 사람의 가치가 시장에서 결정되도록 하는 것인 데 반해, 사망확률의 변동에 의한 추정방법은 개인 자신이 자신의 생명가치를 측정하는 데 관여한다는 점에서 다르다. 이것은 마치 시장가격과 수요함수간의 차이와도 같은 논리이다. 즉 시장가격이 소비자잉여가 무시된 채 결정되는 것처럼, 할인된 미래소득방식은 어떤 사람의 생명의 가치 측정에서 그 개인 자신이나 또는 그 가족이 향유하는 추가적 효용이 무시된다.

    논리적으로 생각해 볼 때 사망확률의 변동을 이용하는 접근방법이 할인된 미래수익에 의한 방법보다 더 타당하며, 경험적으로는 후자의 경우보다 생명의 가치가 더 높게 결정되는 경향이 있다. 그렇지만 이 방법에도 문제는 존재한다. 즉 사람들이 시장으로부터 사망확률이나 위험에 대한 충분한 정보를 얻지 못할 수도 있기 때문이다.[18]

    〈표 4-2〉는 각국에서 도로교통 사망자에게 부여하는 생명의 가치를 나타낸 것인데, 대륙형 국가와는 달리 영미형 국가일수록 지불의사액을 생명의 가치 척도로 사용하는 경향이 있음을 알 수 있다. 뿐만 아니라 지불의사액을 기

---

18) Gramlich(1981: 70-71)는 사망확률 변동에 의한 인간생명의 가치추정에 따른 문제점들로서 이것 이외에도 여러 가지를 지적하고 있다.

■ ■ 표 4-2 각 국가별 도로교통사망자의 생명의 가치추정

국 가	생명의 가치(단위: 1,000달러)	추정방법
미 국	2,600	지불의사방법에 의하여 추정
스 웨 덴	1,236	
뉴질랜드	1,150	
영 국	1,100	
독 일	928	인적자본접근방법에 의하여 추정
벨 기 에	400	
프 랑 스	350	
네덜란드	130	
포르투칼	20	

자료: *The Economist*. Dec. 4th. 1996. p. 6 재인용 (이성우, 1995: 51)

준으로 추정한 생명의 가치가 소득에 기초한 인적자본 접근법에 의한 추정치보다 상대적으로 더 높다는 것도 알 수 있다(이성우, 1995: 51-52).

(나) 시간의 가치

"시간은 돈이다"라는 말에 이의를 제기하는 사람은 없겠지만, 그러한 시간에 얼마만큼의 금전적 가치를 부여할 것인지는 논란의 대상이 된다. 고속도로, 지하철, 공항건설, 교량건설 등과 같은 공공프로젝트가 우리 사회에 제공하는 가장 중요한 편익 중의 하나는 출퇴근시나 화물운반시의 시간절약이다. 시간절약으로 인한 편익측정은 지불의사 접근법(willingness-to-pay approach)을 이용하여 개인들이 자신들의 시간을 얼마나 귀중하게 생각하고 있는가를 추정함으로써 가능하다.

노동시장은 사람들이 자신의 시간에 대한 가치판단을 하는 한 영역이다. 즉 노동시장에서의 여가-노동 선택이론은 시간의 가치를 측정하기 위해 널리 사용되는 한 방법이다. 만약 노동시간을 통제할 수 있다면, 사람들은 여가의 주관적 가치와 한 시간 더 일함으로써 얻을 수 있는 소득[19]으로 인한 한계효용이 일치되는 수준까지 노동을 공급하려고 할 것이다. 따라서 이와 같은 균형점에서 사람들이 세금공제 후에 받는 실질임금은 여가에 대한 암묵적 한계가치를 나타낸다.

---

19) 이 경우의 소득은 당연히 가처분소득을 의미하므로 세금공제 후의 소득이다.

　여가–노동선택이론에 의한 시간의 가치추정 방법이 유익하긴 하지만 여기에도 다음과 같은 몇 가지 문제점들이 있다.[20] 첫째, 이러한 방법이 적용되기 위해서는 근로자들이 노동시간을 조정할 수 있는 재량권을 갖고 있어야 한다. 실업상태에 있거나 현 임금수준에서 자기가 원하는 시간만큼 일하는 것이 허용되지 않는 사람들은 [그림 4–9]의 노동공급곡선상에 있지도 않을 뿐만 아니라, 그들의 임금은 여가의 가치를 과대 추정하게 된다.

　두 번째 문제점은 개념적인 것이라기보다 조작적인 것이다. 즉 많은 경제학자들이 생각하는 것처럼 주당 40시간 근처에서 노동공급곡선이 급격히 상승한다면, 여가시간의 한계가치는 수요곡선에 의하여 결정된다. [그림 4–9]에서 높은 수요곡선과 낮은 수요곡선 사이에 있는 어떤 수요에 대해서도 노동자는 주당 약 L_2만큼 일한다. 그러나 이 경우 비록 여가에 대한 기본적인 선호나 근로시간이 바뀌지 않더라도 여가의 가치는 W_0와 W_2 사이에서 변한다.

　세 번째 문제는 임금 W의 해석에 관한 것이다. 즉 사망확률의 변동에 따른 보상으로서 생명의 가치를 측정한다는 논리에 따른다면, 노동자들은 자신에게 위험을 초래하는 어떠한 일에 대해서도 위험수당을 요구하게 된다. 따라

■ ■ ■ 그림 4-9   노동의 공급과 여가시간의 가치

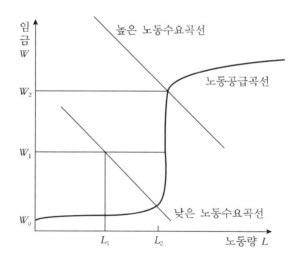

---

20) 보다 자세한 논의는 Gramlich(1981: 72-73)를 볼 것.

서 임금에는 역득이나 근로조건 등과 같은 요인들이 포함된다. 그렇기 때문에 이렇게 결정된 임금으로부터 진정한 시간의 효과를 분리해 낸다는 것이 용이하지 않다.

네 번째 문제는 모든 여가시간이 상호간에 완전한 대체물이라는 암묵적 가정에 관한 것이다. 그렇지만 출퇴근시간에 단축되는 시간과 주말에 고속도로에서 단축되는 시간은 서로 다른 의미를 지닌다. 즉 출퇴근시간에 절약되는 시간은 다른 곳에 사용할 가치가 거의 없지만, 주말에 절약되는 시간은 여러 가지 다른 용도를 가질 수 있다. 따라서 임금은 어느 경우에서도 시간의 가치를 위한 정확한 지표(proxy)가 되는 데 어려움이 있다.

시간의 가치는 이와 같은 노동시장에 의한 방법과는 달리 사람들의 교통수단에 대한 선택행위를 직접 관찰함으로써 측정할 수 있다. 일반적으로 택시는 버스보다 비용은 많이 들지만 더 빠르다. 그렇기 때문에 만약 어떤 사람이 버스나 택시 어느 것을 이용해서 출근할 수 있는 데도 불구하고 시간단축을 위해서 비용이 더 드는 택시를 이용한다고 가정하자. 이때 이 사람이 더 빠른 택시를 타기 위하여 얼마나 많은 추가적 금액을 기꺼이 지불할 수 있을 것인가를 찾아냄으로써 시간 단축을 위한 지불의사를 추정할 수 있고, 이것으로부터 시간의 가치를 계산해 낼 수 있다. 물론 사람들의 소득차이를 비롯한 여러 가지 사회경제적 특성들이 교통수단의 선택에 영향을 미칠 수 있지만, 계량경제학의 기법을 사용하면 그러한 다른 요인들은 적절히 통제될 수 있다(Gramlich, 1981: 73-74).

(다) 환경질(環境質)변화의 가치측정

정부의 사회적 규제나 공공 프로젝트가 가져다주는 환경질의 변화로 인한 편익과 비용의 측정은 주로 헤도닉 가격지수(hedonic price index)를 이용하는 방법, 여행비용법, 조건부가치법(contingent valuation method)[21] 등을 통해서 이루어진다. 헤도닉 가격지수방법은 심미적이거나 공해관련 환경분야에 적용되고, 여행비용법은 레크레이션과 관련되는 환경분야에 적용되지만, 조건부가치법은 보다 다양한 환경분야에 적용가능하다.

우선 헤도닉 가격지수에 의한 방법은 환경질의 변화가 재산가치의 상승

---

[21] 조건부가치법은 가상시장법이라고도 불린다(이정전 외, 2001: 316).

또는 하락에 미친 영향을 계량경제학적인 방법을 동원하여 구하는 것이다(Gramlich, 1981: 74). 이 방법은 시장메커니즘을 이용한다는 측면에서는 장점을 갖지만, 그와 동시에 그러한 환경질의 변화가 얼마만큼 시장메커니즘에 정확히 반영되는가는 문제거리로 남는다.[22]

헤도닉 가격추정기법은 1928년 미국 하버드 대학의 와우프(F.V. Waugh, 1928) 교수가 보스톤의 도매시장에서 야채의 가격과 품질과의 관계를 규명하기 위하여 사용한 데서 유래되었다고 한다. 즉 그는 헤도닉 가격함수(hedonic price function)를 이용하여 아스파라거스(asparagus)라는 야채의 녹색 부분의 길이에 따른 가격 차이를 추정함으로써 오늘날 이 분야의 개척자로 알려지고 있다(양진우·임정민, 1999: 12). 그렇지만 헤도닉이라는 용어는 코트(A.T. Court, 1939)가 자동차의 무게, 마력, 길이 등과 같은 품질 특성이 자동차 가격을 결정하는 데 미치는 영향력을 연구하기 위하여 헤도닉 가격함수를 도출하면서 처음 사용한 것으로 알려지고 있다(양진우·임정민, 1999: 13). 헤도닉이라는 용어가 사용된 것은 재화의 다양한 특성이 그 재화를 사용했을 때 'hedonic pleasure(즐거움이나 쾌락)'를 야기시킨다고 생각하였기 때문이다.

환경 소음개선효과를 고찰하기 위해서 부산발전연구원의 양진우·임정민(1999: 59)이 수행한 연구결과에 따르면 환경소음도가 1dB 상승함에 따라 지가는 단위 면적당(m²) 4,847원 정도 하락한다. 추정된 헤도닉 가격함수의 회귀계수를 부산지역 일반주거용도로 지정된 지역에 적용하면 약 4,900억원 정도인 것으로 계산된다. 이것은 부산시 관할의 일반주거지역에 있어서 환경소음도 1단위(dB) 증가에 따른 사회적 비용이 4,900억원이라는 것을 의미한다.

여행비용법은 레크레이션 장소에서 사람들이 행하는 지출행위, 즉 교통비·숙박비·입장료·여행기간 동안의 기회비용 등으로부터 자연환경의 가치를 평가하는 것이다. 이 접근방법은 1947년 미국 국립공원당국이 레크레이션 시설로부터 발생하는 편익을 금전적 단위로 평가하기 위한 시도로부터 사용되었다고 한다.

호텔링(H. Hotelling, 1949)은 레크레이션 시설을 지도에 표시한 후, 시설 주변에 동심원을 그려 넣어 동일한 지대에 거주하는 주민들이 레크레이션 시설을 방문하는 데는 동일한 교통비가 소요될 것으로 생각하였다. 그렇게 함으로

22) 헤도닉 가격추정방법에 대한 상세한 설명은 양진우·임정민(1999: 13-21)을 참조할 것.

써 그는 사람들이 레크레이션 시설을 활용하는 빈도는 거주지역으로부터의 거리에 반비례할 것이라고 상정하였다. 따라서 다른 모든 조건이 동일하다면, 레크레이션 시설이용에 소요되는 시간이나 경비가 클수록 사람들의 이용기회가 줄어들 것이라고 생각할 수 있다. 이런 관점에서 비용·거리·인구 등과 같은 변수를 토대로 한 레크레이션 시설이용의 수요곡선을 도출할 수 있으며, 이를 바탕으로 하여 레크레에션 시설의 환경편익을 평가할 수 있다.

마지막으로 조건부가치법(contingent valuation method)은 일종의 지불의사접근법(willingness-to-pay approach)이라고 할 수 있으며 질문지방법이 사용된다. 이것은 공공재나 환경질과 같이 가격결정 메커니즘이 결여되어 있거나 또는 그 효과표시가 불확실한 재화나 서비스의 개선효과를 평가하기 위하여 널리 사용되는 기법이다. 이 방법에서는 먼저 가상적 시장을 상정한 후, 그와 같은 가상적 시장의 조건과 제약을 전제로 질문지를 작성하고, 그 질문지의 조사분석을 통하여 소비자의 최대지불의사금액을 도출함으로써 환경질의 가치를 추정한다.

(3) 편익과 비용의 현재가치 환산을 위한 할인율의 선정

1) 할인율의 개념과 그 중요성

할인율은 다양한 기간에 걸쳐 발생하는 가치를 현재가치로 전환하는 데 사용되는 계수이며, 현재가치를 평가하는 목적에 따라 그 개념도 달라진다. 즉 민간기업이 행하는 재무분석에서는 "이 투자사업에 기업의 자금을 사용하면 기업가치는 증가할 것인가?"가 중심적 과제이기 때문에 자금의 기회비용이 곧 할인율 개념으로 된다. 그렇지만 정부의 BCA는 "정부가 조달한 자금을 이 투자사업에 사용하면 사회후생은 증가할 것인가?"가 중심적 과제이다. 따라서 할인율개념을 도출하려면 정부의 자금조달방법과 사회적 후생의 기준이 무엇인가를 생각해야만 한다(옥동석, 2000: 138).

공공투자사업의 편익과 비용은 장기간에 걸쳐 발생될 뿐만 아니라 그것들의 분포 또한 매년 일정하지 않다. 바로 이런 이유 때문에 그것들을 공통적인 잣대로 비교하는 것이 요구되고, 그러기 위해서는 서로 다른 기간에 발생하는 편익과 비용을 현재시점의 가격으로 환산하는 것이 필요하다.

현재의 소득 1단위가 투자되어 미래기간에 $(1+q)$의 소득단위로 된다면 추가되는 가치 q는 투자수익률 개념이며, 미래의 소득 $(1+r)$단위를 소비할 때 얻어지는 가치와 현재의 소득 1단위를 소비할 때 얻어지는 가치가 동일할 때 r은 시간선호율 개념이 된다. 만약 q와 r이 동일하다면 할인율의 개념은 간단해지고 $q=r$인 값을 사회적 할인율로 사용하면 되지만, q와 r의 값이 다를 경우 할인율을 어떻게 구해야 할 것인가가 문제로 부각된다(옥동석, 2000: 140).

오늘 소비하는 백만원은 1년 후의 백만원보다 훨씬 귀중하다. 왜냐하면 백만원을 사용하지 않고 은행에 맡긴다면, 이자율이 10%일 경우 일년 후는 110만원을 받을 수 있기 때문이다. 이자율을 별도로 한다 해도 대부분의 사람들은 동일한 금액의 미래소득보다 현재의 소비를 더 선호한다. 왜냐하면 미래는 불확실할 뿐만 아니라 지금 당장의 만족감을 주는 소비를 연기하기란 쉽지 않기 때문이다.

미래의 일정 시점 t에서 발생되는 편익(B_t) 및 비용(C_t)의 현재가치는 할인율을 r로 잡을 경우 각각 $B_0 = B_t / (1+r)^t$ 및 $C_0 = C_t / (1+r)^t$로 계산된다. 여기에서 기간 t가 짧으면 현재가치는 할인율 r에 큰 영향을 받지 않지만, t가 큰 경우 매우 민감한 영향을 받는다. 일반적으로 할인율이 지나치게 높으면 미래세대에게 돌아가는 편익이나 비용이 과소평가되고, 할인율이 지나치게 낮으면 그 반대 현상이 일어난다.

할인율의 적절한 선택은 다음과 같은 두 가지 이유 때문에 공공투자사업의 평가에서 매우 중요하다. 첫째, 할인율을 너무 낮게 잡으면 사회적으로 비효율적 프로젝트도 선정될 수 있고, 그 반대로 그것을 너무 높게 잡으면 사회적으로 효율적 프로젝트도 타당성시험에 통과하지 못하게 된다.[23] 둘째, 할인율의 선정은 단순히 특정 프로젝트의 타당성 평가뿐만 아니라 경제전체에서 공공투자와 민간투자간의 자원배분과도 연결된다. 이와 같은 중요한 할인율 개념을 둘러싸고 시대에 따라 여러 가지 다양한 논의가 있었지만, 그 대부분은 투자수익률과 시간선호율간의 상대적 중요성에 관한 것이므로 여기서는 이 두 가지에 대해서만 설명한다.[24]

---

23) 특히 대부분의 정부정책은 비용은 단기간에 발생하나 편익은 장기간에 걸쳐서 발생된다. 그렇기 때문에 할인율을 지나치게 높게 잡으면 단기간에 걸쳐 발생되는 비용에 비해 장기간에 발생되는 편익이 과소평가되므로 프로젝트가 타당하지 않은 것으로 판명되기 쉽다.

24) 옥동석(2000: 143-145)은 할인율을 둘러싼 학자들간의 논의를 여섯 가지로 구분하여 소개하고 있다.

2) 할인율 선정을 위한 두 가지 접근방법

(가) 자본의 사회적 기회비용에 의한 접근방법

이것은 공공프로젝트에 사용된 자원이 다른 투자에 활용되었을 때 얻을 수 있는 수익률을 기준으로 할인율을 선정하여야 한다는 것으로서 하버거(Harberger, 1972)나 허쉬라이퍼(Hirschliefer, 1958) 같은 학자들이 견지하는 입장이다. 이 접근방법에 의할 경우 공공투자에 사용되는 자원의 사회적 기회비용은 그러한 자원이 민간투자의 희생으로부터 조달되었는지 아니면 민간소비의 희생으로부터 조달되었는지에 따라 달라진다. 즉 공공투자를 위한 자원이 민간투자의 희생으로부터 조달되었을 경우 세금공제 전 수익률을 할인율로서 사용해야 하지만, 민간소비의 희생으로부터 조달된 경우는 가처분소득을 염두에 두어야 하기 때문에 세금공제 후 수익률을 사용해야 한다(Gramlich, 1981: 95-100).

민간부문에서의 세금공제 전 수익률

정부가 민간부문에 투자될 수 있는 100억원을 공공 프로젝트를 위해서 차출한다고 가정하자. 이때 만약 경제에서의 한계 투자수익률이 연간 16%라면 그 사회는 민간 프로젝트가 발생시킬 16억원의 수익을 잃게 될 것이다. 이런 관점에서 보면 정부 프로젝트의 기회비용은 민간부문에서 얻을 수 있는 16% 수익률이고, 그것은 바로 기회비용을 측정해 주는 것이기 때문에 16%가 할인율로서 사용되어야 한다. 이 논리에서 그 수익률에 부과되는 세금은 문제가 되지 않는다. 왜냐하면 수익 전체가 투자자에게 돌아가든지 또는 그 일부가 세금의 형태로 정부로 귀속되든지 간에, 세금공제 전 수익률은 그러한 투자재원이 사회에 창출시키는 산출물의 가치를 측정하기 때문이다.

민간부문에서의 세금공제 전 수익률과 세금공제 후 수익률의 가중평균치

앞의 경우와는 달리 정부프로젝트를 위하여 사용되는 재원이 민간투자뿐만 아니라 민간소비의 희생으로부터 조달된다고 생각하자. 이때 민간투자의 희생으로 조달된 자금에 대해서는 세금공제 전 수익률을 기회비용으로 생각할 수 있지만, 민간소비의 희생으로 조달된 자금은 가처분 소득의 희생이기 때문에 세금공제 후 수익률을 기회비용으로 산정해야 한다는 입장이다. 그러므로 공공부문에 조달되는 투자재원의 비중(민간투자의 희생분과 민간소비의 희생분)에 따라서 세금공제 전 수익률과 세금공제 후 수익률의 가중평균치를 할인율로 사용해야 한다는 것이다.

(나) 시간선호의 사회적 비율에 의한 접근방법

시간선호의 사회적 비율이란 각기 상이한 기간에 일어나는 소비의 상대적 가치에 대한 사회의 평가를 나타내는 것이며, 여기에는 미래의 경제적 조건에 대한 사회적 규범이나 판단이 반영된다. 이러한 접근방법은 특히 마르그린(Marglin, 1967)이나 미국의 레이건(Ronald Reagon) 대통령시절 대통령경제자문을 맡았던 펠드스타인(Feldstein, 1964) 등에 의하여 주창되었다. 이들이 주장하는 사회적 할인율의 필요성을 열거하면 다음과 같다.

미래세대에 대한 배려

사람들은 미래의 편익이나 비용을 과소평가하는 경향이 있다. 피구(Pigou)는 그러한 문제를 일컬어 '원시안적인 불완전한 기능(defective telescopic faculty)'이라고 지적한다. 이러한 불완전한 원시안적 기능 때문에 사람들은 미래세대에게 많은 외부성을 발생시킬 수 있다. 예를 들면 현세대에 의한 지나친 개발은 미래세대에게 과중한 환경오염을 초래하게 된다. 특히 미래세대들은 자신들에게 영향을 주는 중요한 의사결정과정에 직접 참여할 수 없기 때문에 언제나 그들에게 불리한 결정이 내려질 수 있다. 그렇기 때문에 세대간 형평성이라는 관점에서 미래세대에 대한 배려가 필요하다. 하지만 시장메커니즘은 그것을 충분하게 반영하지 못한다.

우리나라의 환경단체인 녹색연합과 생명회의는 "세계 최대의 갯벌매립사업인 새만금 간척사업은 큰 환경피해가 예상됨에도 불구하고 어른들의 일방적 의사결정에 따라 진행되고 있기 때문에, 미래세대들이 보고 느끼고 혜택을 받을 갯벌을 파괴해 미래세대의 환경권을 침해하는 것"이라고 주장하였다. 이들 단체는 소위 '미래세대 100인' 기자회견을 갖고서 국내 처음으로 미래세대의 환경권보장을 주장하는 집단소송을 제기하기 위하여 생후 40일된 아기 등 18세 미만의 청소년 100명으로 구성되는 원고인단을 5월 5일 어린이날까지 모집키로 결정하였다. 이것은 미래 세대에 대한 배려의 한 보기이다(문화일보, 2000년 2월 29일).

시장의 비효율성

현실 시장은 독점, 조세, 불확실성 등으로 인하여 완전하게 작동하지 못하기 때문에 순전히 민간시장의 작동에 따라 할인율을 결정하는 것은 곤란하다. 특히 공공영역은 민간시장과는 달리 위험을 다양화시킬 수도 있고 분산 (pooling)시킬 수도 있기 때문에 정부투자에는 위험 요소가 훨씬 낮게 평가된다. 그렇기 때문에 애로우와 린드(Lind)는 정부프로젝트를 평가할 때에 대부분의 경우 그러한 위험을 고려하지 않아도 된다고 주장한다(Arrow and Lind, 1970).

3) 인플레이션과 할인율

할인율을 적용할 때 인플레이션을 고려하여야 하는가는 중요한 문제일 수 있다. 어떤 프로젝트의 t기간의 편익과 비용을 각각 $B_t \cdot C_t$라고 하고, 모든 가격이 매년 $i\%$씩 상승한다고 가정하자. 그러면 기간 1에서의 명목(nominal) 순편익은 $(B_1 - C_1)(1+i)$이고, 기간 2에서의 명목 순편익은 $(B_1 - C_1)(1+i)^2$가 된다. 뿐만 아니라 이자율 또한 $i\%$씩 상승하므로 명목 할인율은 $(1+r)(1+i)$이된다. 이 경우 순현재가치의 계산은 다음과 같이 된다.

$$순현재가치 = (B_0 - C_0) + [(B_1 - C_1)(1+i)/(1+r)(1+i)] + [(B_2 - C_2)(1+i)^2/(1+r)^2(1+i)^2] + \cdots\cdots$$

위의 식에서 $(1+i)$항은 모두 상쇄된다. 그러므로 우리들은 인플레이션이 반영되지 않는 가격을 그대로 사용할 수 있음을 알 수 있다. 그러나 우리가 반드시 주의해야 할 것은 ① 명목 순편익을 실질 이자율로 할인하거나, ② 실질 순편익을 명목 이자율로 할인하지 않도록 하는 것이다.

4) 우리나라의 사회적 할인율

우리나라에서의 사회적 할인율에 관한 최초의 연구는 한국개발원(KDI: Korea Development Institute)을 중심으로 1978년에 구본영과 문희화 등에 의해 이루어졌으며, 그들은 민간자본의 한계수익률을 할인율로 사용하였다. 그들은 산업전체의 한계수익률을 12.89%로 추정하였고, 이 수치에 바탕하여 1980년도 이후 공공투자사업에는 13%의 할인율이 일률적으로 적용되었다. 하지만 이 수치가 전력부문 투자사업에는 지나치게 높다는 지적이 있어 한국동력자원연구소의 최기련 등은 1985년에 전력부문의 공공투자사업에 10%의 할인율을 적용할 것을 제시하였다(옥동석, 2000: 152).

그 후 1987년에 KDI의 옥동석과 이선은 유엔공업개발기구(UNIDO: United Nations Industrial Development Organization)의 지침에서 제시된 시간선호율 공식을 따를 경우 4~10%, 경제협력개발기구(OECD: Organization for Economic Cooperation and Development)의 지침을 따를 경우 8.9~13.0%, 세계은행(IBRD: International Bank for Reconstruction and Development)의 지침을 따를 경우 7.0~9.8%의 할인율이 계산될 수 있다고 지적하면서 이 세 가지를 종합하여 대략 10%가 적정할인율이라고 하였다. 1988년에는 서울대학교 경제연구소에서도 시간선호율·투자수익률·해외차관이자율 등을 가중평균하는 방법으로 전원부문의 할인율을 측정하였으며, 8.5%가 사회적 할인율로 적당하다고 결론지었다.

또한 최도성은 1998년도에 민자조달 공공사투자업에 초점을 맞추어 경영학적 관점에서 사회적 할인율을 추정하였는데, 위험프리미엄을 포함한 민간기업의 재무적 할인율인 13~17%를 주장하였다. 한편 1999년도에는 산업연구원의 김휘석이 전원개발사업을 대상으로 앞서 소개한 옥동석과 이선이 사용한 방법에 따라 여러 가지 방법을 동원하여 사회적 할인율을 7%로 추정하였다(옥동석, 2000: 153).

이상의 할인율 추정에 의하면 최도성의 추정치를 제외하고는 할인율의 값이 점점 낮아지고 있는 것을 알 수 있다. 미국과 같은 선진국의 할인율은 7~10%, 개발도상국 내지 중진국의 경우는 10~15%의 할인율이 적용되고 있다는 점을 감안할 때(김동건, 1997: 149), 비록 위에서 열거한 할인율 추정이 전력부문에 한정된 경우가 많지만 우리나라의 할인율도 점점 선진국형으로 바뀌어가고 있는 것 같다.

(4) 평가기준의 선정

단일 프로젝트를 평가하거나 또는 프로젝트간의 우열을 비교할 때 사용하기 위한 프로젝트의 평가기준으로는 순현재가치, 편익비용비, 내부수익률 등이 있다. 이러한 각 평가기준의 내용을 파악하기 위하여 어떤 특정 프로젝트의 t 기간의 사회적 편익 및 사회적 비용의 흐름을 각각 B_t 및 C_t, 사회적 할인율을 r, 그리고 그 프로젝트의 수명을 n이라고 하자. 그럴 경우 각 평가기준은 다음과 같이 정의된다.

1) 순현재가치(NPV: Net Present Value)

편익비용분석에서의 순현재가치란 다음과 같은 식으로 표시된다.

$$NPV = \sum (B_t - C_t)/(1+r)^t$$

단일 공공사업인 경우 NPV가 0보다 크다는 것은 이 프로젝트가 비용보다 더 많은 편익을 생산하는 것을 뜻하므로 타당한 것으로 인정된다. 그러나 두 개의 상호배타적인 경쟁적 프로젝트가 있을 경우 보다 높은 NPV를 갖는 프로젝트가 선택되어야 한다.

NPV에 의한 평가기준은 영국의 경제학자인 칼도(Nicholas Kaldor)와 힉스(John Hicks)에 의해 고안되었기 때문에 흔히 칼도-힉스기준(Kaldor-Hicks criterion)이라고도 불린다. 이 기준의 기본적 논리는 공공프로젝트로 인하여 득을 보는 사람들의 편익이 손해보는 사람들의 비용을 보상할 수 있을 정도로 충분히 커서 (만약 보상하려고 한다면) 보상하고도 여전히 득을 누릴 수 있을 경우 그러한 공공프로젝트는 타당하다는 것이다. 그러나 칼도-힉스 기준은 그와 같은 보상이 실제로 이루어져야 한다는 것을 의미하지는 않기 때문에 정책변화로 인한 소득분배적 결과를 고려하는 것은 아니다.

2) 편익비용비(BCR: Benefit-Cost Ratio)

편익비용의 비는 다음과 같은 식으로 표시된다.

$$BCR = [\sum B_t/(1+r)^t]/[\sum C_t/(1+r)^t]$$

편익비용비(BCR)의 기준은 어떤 프로젝트의 BCR이 1보다 크면 그 프로젝트는 타당한 것으로 간주하는 것이다. 즉 BCR이 1보다 크다는 것은 분자가 분모보다 크다는 것이고 결국 NPV가 0보다 크다는 것을 뜻하게 되어 전술한 칼도-힉스 기준과 동일한 분석 결과를 초래한다고 생각할 수 있다. 그렇지만 두 기준에 의한 분석결과가 반드시 동일하지는 않다. 왜냐하면 편익과 비용은 각각 부(負)의 비용 또는 부(負)의 편익으로 계산될 수 있어 BCR의 값은 편익과 비용의 정의에 따라 달라질 수 있지만, NPV값은 편익과 비용의 정의에 영향을 받지 않기 때문이다. 그래서 BCR의 기준은 칼도-힉스 기준과는 달리 자의성(恣意性)이 개입될 소지가 있다. 예를 들면 백억원의 건설비가 소요되는 어떤

■ ■ **표 4-3   프로젝트 $X \cdot Y \cdot Z$의 편익비용분석 자료**

	비용의 현재값	편익의 현재값	BCR의 값	NPV의 값
프로젝트 X	200	450	2.25:1	250
프로젝트 Y	400	800	2.00:1	400
프로젝트 Z	600	900	1.50:1	300

도시의 요트장은 4백억원에 해당되는 위락편익을 가져다주지만, 200억원에 상당하는 환경파괴를 초래한다고 하자. 이때 그러한 환경파괴를 정(正)의 비용으로 간주하느냐 또는 부(負)의 편익으로 보느냐에 따라 BCR의 값은 2도 될 수 있고 1.33도 될 수 있다.

여러 가지의 대안들이 있을 때 BCR의 판단기준에 의하면 가장 높은 BCR의 값을 갖는 대안이 채택된다. 그러나 이 경우에도 약간의 문제점이 발생한다. 이것을 설명하기 위하여 다음의 〈표 4−3〉에 세 개의 배타적 프로젝트인 $X \cdot Y \cdot Z$의 BCA 자료들을 정리하였다.

〈표 4−3〉의 자료에 의하면 X의 BCR값이 가장 크기 때문에 X가 가장 선호되는 대안으로 선정되어야 한다. 그러나 칼도−힉스 기준에 의하면 NPV값이 가장 큰 프로젝트 Y가 선정되어야 한다. 그러므로 BCR을 사용할 때는 주의가 필요하고, 특히 예산제약이 있을 때는 BCR과 NPV 기준을 동시에 사용하여 NPV의 값을 최대로 만들어 주는 프로젝트의 조합을 선정하는 것이 올바른 방법이다. 예산제약하의 BCA에 관해서는 다음 장에서 보다 자세하게 다룬다.

3) 내부수익률(IRR: Internal Rate of Return)

프로젝트의 내부수익률(IRR)이란 $NPV = \sum (B_t - C_t)/(1+r)^t$의 공식에서 NPV의 값을 0으로 만들어 주는 r값을 지칭한다. 어떤 프로젝트의 IRR가 적정 할인율보다 높을 경우 그 프로젝트는 타당성이 높아 선택된다. 이 기준에 대한 직관적 설명은 다음과 같다. 즉 어떤 프로젝트의 수익률이 자금을 빌린 이자율보다 높거나 또는 의사결정자가 적절하다고 생각하는 이자율보다 높을 때에는 그 프로젝트가 선택되어야 한다는 것이다. 또한 여러 가지 경쟁적 프로젝트들 중에서 하나를 선택하는 경우 그 중에서 가장 높은 IRR을 갖는 프로젝트가 선택된다.

대부분의 경우 IRR은 올바른 선택기준을 제공하고 NPV와 동일한 결과를 가져온다. 특히 NPV와 BCR은 미리 어떤 할인율을 가정한 후 구해지지만, IRR

은 할인율을 가정하지 않은 상태에서 구해지기 때문에 편리한 점도 있다. 그러나 다음과 같은 세 가지 이유 때문에 NPV를 사용하는 것이 더 바람직하다고 한다(Rosen, 1985: 182; Gramlich, 1981: 93): ① IRR을 도출하는 데 사용한 방정식은 몇 개의 해(解)를 가질 수 있지만, 그와 같은 경우 어떻게 해야 할지 아무도 모른다, ② 서로 다른 수명을 가진 프로젝트를 비교할 경우에도 수학적 애매함이 발생될 수 있다. 경우에 따라서 어떤 프로젝트는 IRR은 매우 높지만 수명이 짧고, 다른 프로젝트는 IRR은 낮지만 수명이 길 수가 있다, ③ 경우에 따라 정부의사결정자들은 1년 동안만 존속하는 투자 프로젝트를 비교해야만 하는데, 이 경우 IRR은 계산 자체가 불가능하다.

4. 편익비용분석의 실제: 가상적(假想的) 고속도로 건설사례

여기서는 지금까지 설명한 편익비용분석의 기본적 개념과 절차의 이해를 돕기 위해 고속도로건설 프로젝트에 관한 매우 단순화된 가상적 편익비용분석 사례를 소개하려고 한다.[26] 고속도로건설로부터 얻을 수 있는 주요한 편익은 시간단축, 차량운행비용의 절감, 보다 안전한 도로건설을 통한 인간의 생명보호와 건강증진 등을 들 수 있고, 주요한 비용으로는 건설비용, 도로유지 및 보수비용, 통행권 획득비용 등을 들 수 있다.

우리는 이 프로젝트의 수명을 30년으로 생각하여 그 이후의 편익과 비용은 생각하지 않기로 한다. 문제를 단순화하기 위하여 모든 편익과 비용은 실질금액으로 되어 있다고 가정하고 이 프로젝트의 편익비용분석을 실시하기로 한다.

(1) 편익의 계산

1) 시간단축으로 인한 편익

차량들의 새 고속도로 주행회수는 연간 천만회이며, 새 고속도로를 한 번 주행할 때마다 이전의 도로에 비하여 평균 10분씩의 시간이 단축되고, 차량당 평균 승차인원은 1.25명이라고 가정하자. 운전자 및 승객들은 그들의 시간가치

26) 이 사례는 레비(John M. Levy, 1995: 142-146)의 것을 그대로 소개한 것이다.

를 분당 평균 0.2달러로 평가한다고 하자. 실제 자동차 운전자들의 시간가치는 서베이(survey)자료를 이용하여 추정되거나 또는 통행료의 부과나 변경에 따른 통행량의 변화를 통해서 추정된다. 연간 시간단축으로 인한 가치를 계산하면 $10,000,000 \times 1.25 \times 10 \times 0.2 = 25,000,000$달러가 된다.

설명의 편의를 위해 극히 단순화된 이 보기에서는 새 고속도로건설 때문에 발생하는 다른 도로의 교통량감소로 인한 편익은 고려하지 않았다. 만약 그러한 교통량의 감소로 인한 시간절약을 고려한다면 시간절약으로 인한 가치를 더 완벽하게 구할 수 있을 것이다.

2) 차량운행비용 절감으로 인한 편익

단위 마일당 차량운행비용은 0.25달러라고 하자. 새 고속도로는 차량의 운행거리를 평균 1마일씩 단축시켜줌으로써 차량운행비용이 절감된다. 이것으로 초래되는 연간편익을 계산하면 $10,000,000 \times 1 \times 0.25 = 2,500,000$달러가 된다.

3) 인명손실의 감소로 인한 편익

옛날 도로에서 발생한 지금까지의 사망률과 새 고속도로에서 예상되는 사망률을 비교할 때 연간 사망자수가 1명 정도 감소된다고 하자. 여러 다양한 직종(職種)에서의 사망위험으로 인한 임금격차를 토대로 하여 인간생명의 가치를 일인당 3,000,000달러로 산정하였다.[27]

(2) 비용의 계산

① 건설비용은 2년, 3년, 4년째에 매년 100,000,000달러가 소요된다고 가정한다.
② 관리유지 및 보수비는 5년째부터 시작하여 매년 500,000달러 규모로 계속 소요된다고 가정한다.
③ 도로건설부지의 취득비용은 90,000,000달러이며 1년 후에 지급한다고 가정한다.

---

27) 이 방식은 앞서 설명한 사망확률의 변동에 따라 요구되는 보상에 의한 방법으로서 자발적 지불의사방법이라고도 불리는 것이다.

■ ■ 그림 4-10   소비자잉여와 편익비용분석

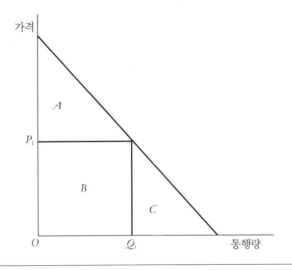

새 고속도로 이용에 통행료를 부과하지 않는다고 가정하자. 그렇기 때문에 다른 도로보다 새 고속도로를 이용함으로써 조금이라도 편리함을 느끼는 사람은 이 도로를 이용할 것이다. 그래서 [그림 4-10]에 나타나 있는 수요곡선 아래의 전체 면적이 곧 소비자잉여(consumer surplus)가 된다. 만약 P_1달러의 통행료가 부과된다면 편익은 삼각형 A로 표시되는 소비자잉여 그리고 사각형 B로 표시되는 통행료수입으로 된다. 삼각형 C로 표시되는 소비자잉여분은 통행료부과로 인하여 사라지는 것으로서 통행료의 초과부담(excess burden)인 셈이다.[28]

〈표 4-4〉는 세 가지의 상이한 할인율에 따라 계산된 편익과 비용의 현재 값이다. 독자들은 할인율이 다름에 따라 동일한 편익과 비용일지라도 상이한 결과가 도출됨을 알 수 있을 것이다. 특히 비용은 그 대부분이 가까운 장래에 발생하기 때문에 할인율에 크게 영향을 받지 않지만, 편익은 그 대부분이 프로젝트의 전 수명기간 동안에 걸쳐 발생하기 때문에 할인율에 상대적으로 훨씬 민감함을 알 수 있다. 즉 할인율을 4%로 택했을 때 타당한 프로젝트라도 할인율이 8%로 되면 타당하지 않은 것으로 나타난다. 이러한 사실로부터 어떤 프

---

28) 이것은 조세부담으로 인한 초과부담과 같은 의미로서 사회적 후생손실을 나타낸다.

■ ■ 표 4-4 상이한 할인율에 의한 편익비용분석   (단위: 천 달러)

편익 또는 비용	연간금액	발생연도	현재가치		
			4%	6%	8%
시간단축	25,000	5~30년	341,554	257,493	198,641
차량운행비절감	2,500	5~30년	34,155	25,749	19,864
사망자감소	3,000	5~30년	40,986	30,899	23,813
건설비	100,000	2, 3, 4년	266,836	252,171	236,620
유지관리비	500	5~30년	6,831	5,150	3,973
도로부지취득비	90,000	1년	86,538	84,906	83,333
총편익			416,695	314,141	242,318
총비용			360,205	342,227	323,926
순현재가치			56,490	-28,086	-83,608
BCR			1.157	0.918	0.743

로젝트의 찬성파와 반대파가 할인율의 선택을 놓고서 왜 서로 다투게 되는가를 짐작할 수 있을 것이다.

그러면 어떤 할인율을 선택하는 것이 올바른가? 여기서는 4%의 할인율이라 생각되는데 이것에 관한 이론적 근거는 다음과 같다. 1995년 당시 30년 만기의 미국 연방정부채권의 이자율은 약 7.0%였고, 인플레이션율은 대략 3% 정도였다. 따라서 미국 연방정부채권과 같은 위험이 없는 장기투자에 대한 실질이자율은 4%로 계산될 수 있다. 〈표 4-4〉에 나타난 모든 편익과 비용은 인플레이션을 감안하지 않은 실질금액이기 때문에 실질할인율은 4%로 추정된다. 이것은 사회적 할인율의 개념에서가 아니라 자본시장에서의 기회비용에 입각한 할인율의 추정이다.

위의 단순화된 보기에는 여러 가지 요인들이 생략되어 있다. 즉 새 고속도로건설이 초래하는 환경질의 변화 및 주변경관의 개선과 같은 화폐적 가치환산이 어려운 요인들이 그러한 보기이다. 편익비용분석에서는 계량화할 수 있는 요인들은 계량화하되 그렇지 못한 요소들도 분석에서 고려될 수 있도록 차례로 열거할 필요가 있다.

제4절 ▌ 편익비용분석과 연관된 몇 가지 이슈들

1. 분배문제 및 정치적 제약과 편익비용분석

(1) 분배문제

정부프로젝트로부터의 편익은 모든 국민들에게 고르게 돌아가지 않는 것이 보통이다. 즉 이익을 보는 집단도 있고 손해를 보는 집단도 있게 마련이다. 그러므로 정부는 프로젝트가 가져오게 될 소득분배의 효과에 관심을 가져야 한다. 그렇지만 칼도-힉스 기준이 암시하듯이 전통적으로 BCA 그 자체는 편익과 비용이 누구에게 귀속되는가에는 관심을 두지 않고, 단지 전체적인 사회적 편익이 전체적인 사회적 비용을 초과하는가에만 초점을 맞춘다. 즉 편익비용분석의 목적은 경제를 파레토 효율곡선(Pareto-efficiency frontier)에 더 근접시키도록 하는 프로젝트를 선정하는 데 있다.

그렇다고 해서 BCA를 이용하는 정책결정자들이 분배문제에 전혀 무관심하다고는 할 수 없다. 정치적으로 빈틈없는 정책결정자라면 오히려 어떤 프로젝트가 가져오는 분배효과에 더 많은 관심을 기울여야 한다(안종범, 2000: 207-209). 그렇기 때문에 단지 우리가 의미하고자 하는 바는 BCA의 주된 목적은 공공프로젝트의 선정시에 분배효과를 평가하기 위한 주된 수단이 아니라는 것이다. 우리의 정책영역에서 분배문제를 해결하기 위한 가장 강력한 수단은 조세제도 및 복지정책인 것이다.

효율성의 측정과는 달리 분배적 효과의 측정은 상대적으로 더 어렵다. 분배적 효과의 측정에는 주관적 요소가 개입될 소지가 크다. BCA에서 분배적 문제를 고려할 때 가장 어려운 문제는 분배적 효과에 대한 가중치(distributional weights)를 어떻게 결정할 것인가이다. 분배적 효과를 고려한 기존의 연구들은 주로 ① 재화나 용역이 갖고 있는 분배적 특성을 이용하기 위하여 그것들의 소득탄력성에 따라 가중치를 달리하는 방법과 ② 소득 및 사회적 특성(social characteristics)에 따른 계층에 따라 가중치를 달리하는 두 가지 방법들이 널리 사용된다(안종범, 2000: 209-213).[29]

---

29) 안종범(2000)은 이 두 가지 방법을 소개한 후 각각의 문제점을 지적하고 두 방법을 포괄하는

■ ■ 표 4-5   가중치가 적용된 편익비용분석

소득집단의 구분	순 편 익	사례 I		사례 II	
		가중치	가중순편익	가중치	가중순편익
1 사분위	100억원	1	100억원	1	100억원
2 사분위	50억원	0.5	25	0.9	45
3 사분위	-50억원	0.25	-12.5	0.7	-35
4 사분위	-200억원	0.125	-25	0.55	-110
총계	-100억원		87.5		0

　　정책결정자나 정치인들의 주관적 판단을 BCA에 반영하는 데는 두 번째 방법이 첫 번째 방법에 비해 훨씬 용이하다. 그렇기 때문에 우리는 여기서 이 두 번째 방법의 작동원리에 대해서 설명하려고 한다. 두 번째 접근방법의 기본 논리는 매우 간단하다.[30] 즉 프로젝트의 편익이 귀속되는 수혜집단을 일정한 기준의 소득계층에 따라 구분한 후 그들 각각의 순편익(net benefit)을 계산한다. 그리고는 특정 정책철학에 따른 가치판단에 따라 각 집단에 부여할 사회적 가중치를 결정하고, 그것을 반영하여 가중된 사회적 순편익을 구한 후 BCA의 통상적인 절차를 따르기만 하면 되는 것이다.

　　각 집단들에 다른 가중치를 부여하는 이유는 무엇 때문인가? 이것에 대한 대답은 BCA가 추구하는 궁극적 목적, 즉 사회후생의 극대화를 초래하는 대안을 가장 바람직한 대안으로 선택해야 한다는 자명한 사실에서 찾을 수 있다. 이것을 설명하기 위하여 소득(편익)의 한계효용은 체감한다고 가정하자. 즉 개인에게 발생하는 추가적 소득증가가 그의 효용을 증가시키기는 하지만 그 증가속도는 점점 감소한다고 가정하자. 이 가정에다 각 집단을 구성하는 개인들의 효용함수에 별다른 차이가 없다는 가정을 덧붙이면, 사회적 효용의 극대화를 위해서는 소득수준이 낮은 집단에 귀속되는 편익에 높은 가중치를 부여해야 한다는 결론이 나온다.

　　우리는 여기서 이러한 분배적 문제를 고려한 BCA의 간단한 사례를 설명하려고 한다. 우선 인구를 소득수준으로 구분하여 가장 낮은 25%를 1사분위, 그 다음 25%를 2사분위 등으로 나눈다. 어떤 프로젝트가 이들 각 집단에게 발생시키는 순편익이 〈표 4-5〉에서처럼 주어졌다고 생각하자. 이들 각 집단에

이론적 논의를 하고 있지만 그것은 본서의 수준을 넘기 때문에 생략한다.
30) Gramlich(1981)의 제7장은 편익비용분석에서의 분배문제에 대하여 자세하게 논의하고 있다.

대한 사회적 가중치가 서로 다를 경우(i.e., 사례 I과 사례 II) BCA의 결과도 다르다는 것이 〈표 4-5〉에 나타나 있다. 즉 소득계층간의 가중치를 전혀 고려하지 않을 경우 이 프로젝트는 −100억원이라는 순편익을 발생시켜 타당성이 없는 것으로 해석되지만, 소득계층에 따라 사례 I에서와 같은 사회적 가중치가 주어질 경우 순편익은 87.5억원이 되어 타당한 프로젝트로 판정될 수 있고, 사례 II에서와 같은 사회적 가중치가 주어지면 순편익이 0이라는 결과가 초래되기도 한다.

이와 같은 방법으로 분배문제를 고려한 BCA를 할 수도 있다. 하지만 이 경우에도 각 집단에 부여하는 사회적 가중치를 어떻게 구해야 할 것인가는 여전히 논란거리로 남는다. 왜냐하면 사회후생함수가 존재하지 않는 상황에서 각 집단의 가중치를 결정할 수 있는 합리적 방법의 모색은 용이하지 않기 때문이다. 결국 이러한 가중치는 정치적 가치판단에 따라 결정될 수밖에 없다.

(2) 정치적 제약

정부의 중요한 결정은 경제적 논리보다 정치적 논리에 의해서 결정되는 경우가 많다. 이 경우 BCA는 무용지물이 되고 만다. 현재 우리나라에는 인천국제공항을 제외하고 전국적으로 14개의 지방공항이 있다.[31] 14개의 지방공항 중 2007년도에는 김포·김해·제주·광주·대구 등 5개 공항이 흑자였으나, 2008년도에는 김포·김해·제주공항 3곳만 흑자였다. 왜 이러한 현상이 발생할 수 있을까? 이것은 공항건설이 정확한 수요조사에 바탕한 경제적 타당성분석보다 정치적 영향력에 따라 이루어졌기 때문이라고 생각된다.

즉 승객이 적어 2004년 폐쇄한 경북 예천공항은 제5공화국 당시 실세이던 이 지역 정치인의 이름을 따서 '유학성 공항'으로, 이용률 2.5%에 불과한 전남 무안공항은 그 공항건설추진에 영향력을 행사한 정치인의 이름을 따 '한화갑 공항'으로, 공정률 85% 상태에서 공사가 중단된 경북 울진공항은 김대중 정부 실세였던 이 지역 출신 정치인의 이름을 따 '김중권 공항'으로 회자되기도 한다 (조선일보, 2009년 2월 9일 A5). 이것은 공항건설에 그러한 정치인들이 발휘한 정

---

31) 김포공항, 청주공항, 군산공항, 무안공항, 제주공항, 여수공항, 사천공항, 김해공항, 울산공항, 광주공항, 대구공항, 포항공항, 원주공항, 양양공항이다.

치적 영향력이 상당히 컸음을 간접적으로 암시해 주는 것이다.

공공프로젝트의 선정에 영향을 미치는 사람은 정치적 의사결정자뿐만 아니라 정부관료들도 있다. 만약 관료들이 선호하는 특정 프로젝트가 있다면, 그들은 자신이 선호하는 프로젝트를 위하여 여러 가지 정보나 자료에 영향을 미칠 수도 있다. 우리는 할인율의 선택 및 사용하는 평가기준의 선택에 따라 프로젝트에 대한 분석결과가 달라질 수도 있다는 사실을 이미 지적하였다. 그러므로 BCA는 특정 프로젝트에 대한 특정 집단의 주장을 정당화시키는 도구로 활용될 가능성도 전혀 배제할 수는 없는 것이다.

특히 불확실한 상황에서 의사결정이 이루어져야만 할 경우 관료들의 영향력은 매우 중요하다. 관료들이 위험회피적이라면(risk averse)[32] 그들은 위험한 상황이 초래할 수도 있는 좋지 않은 결과의 최소화를 위해 노력할 것이다. 그러므로 그들은 자연히 안전제일주의를 보장하는 프로젝트를 선정한다. 관료들이 위험회피적이냐 위험선호적이냐(risk-loving)의 여부는 상당한 정도로 그들이 직면하고 있는 유인구조에 달려 있다.

2017년 4월 현재 우리나라 국가재정법 제38조 1항에 의하면 기획재정부장관은 총사업비가 500억원 이상이고 국가의 재정지원규모가 300억원 이상인 신규사업으로서 ① 건설공사가 포함된 사업, ② 국가정보화기본법 제15조 제1항에 따른 정보화사업, ③ 과학기술기본법 제11조에 따른 국가연구개발사업, ④ 그 밖에 사회복지, 보건, 교육, 노동, 문화 및 관광, 환경보호, 농림해양수산, 산업·중소기업 분야의 사업과 같은 대규모사업에 대한 예산을 편성하기 위하여 미리 예비타당성조사를 실시하고, 그 결과를 요약하여 국회 소관 상임위원회와 예산결산특별위원회에 제출하여야 한다. 다만 ④의 사업은 국가재정법 제28조에 따라 제출된 중기사업계획서에 의한 재정지출이 500억원 이상 수반되는 신규사업으로 하도록 되어 있다. 뿐만 아니라 동법 동조항 제4항에는 제1항의 규정 외에도 국회가 그 의결로 요구하는 사업에 대해서는 예비타당성조사를 실시하도록 규정하고 있다.

이와 같은 예비타당성조사는 1999년부터 도입되었고, 도입초기에는 편익비용분석에 의한 경제성분석 위주로 실시되었다. 그러나 2003년부터 예비타당성조사는 경제성분석에는 포함되지 않지만 사업타당성평가에 필요한 정책적

---

32) 불확실한 상황에서의 위험에 대한 관료들의 태도에 관한 설명은 본서의 제5장 제3절을 볼 것.

요소를[33] 고려하기 위하여 경제성분석과 더불어 분석적 계층화법(AHP: Analytic Hierarchy Process)을 병행하여 사용하고 있다.[34] 분석적 계층화법(AHP)은 의사결정대안의 평가나 미래예측을 위한 기법으로 1970년대 초에 개발되었으며, 정치·경제를 비롯한 광범위한 분야에서 활용되고 있다. 예비타당성조사에서는 이와 같은 AHP분석결과 평점이 0.5 이상이면 사업추진이 타당하고, 0.5 미만이면 사업추진이 타당하지 않을 것으로 결론짓는다. 한나라당 이한구 국회의원에 의하면 "KDI는 2004~2008년 동안 경제성이 없다고 판정받은 48개 사업을 AHP를 통해 사업성을 인정해 주었다"고 비판함으로써 현재의 AHP방식은 정치적 개입을 통해 경제성 없는 사업을 타당한 사업으로 둔갑시키는 역할을 하고 있다고 지적한다(조선일보, 2010년 8월 4일).

비록 국가재정법 제38조 제1항은 예비타당성조사를 규정하고 있지만 동조항 제2항은 공공청사, 초·중등 교육시설의 신·증축사업, 국가안보에 관계되거나 보안을 요하는 국방관련사업, 지역균형발전 그리고 긴급한 경제·사회적 상황에 대응하기 위해 국가적으로 추진할 필요가 있는 사업 등과 같은 10가지의 경우는 대통령령으로 정하는 절차에 따라 예비타당성조사 대상에서 제외할 수 있도록 규정하고 있다. 아무튼 현실적으로는 예비타당성조사에 관한 이와 같은 제반규정과 무관하게 예산편성이 이루어지기도 한다. 즉 국회는 예산안의 계수조정 작업 시에 정부가 예산을 편성하지도 않았을 뿐만 아니라 예비타당성조사도 실시하지 않은 대형 사업들을 여·야 의원들의 합의하에 예산에 끼워넣기도 한다. 이것들은 대부분 국회의원이 벌이는 이른바 "prok barrel politics"의 결과물이라고 할 수 있다.[35] 즉 2008년도 예산안의 경우 국립도서관 광주분관, 화양—적금 국도, 포산—서망 국도, 장수—서창 연결고속도로, 청주산업단지 진입도로 등은 예비타당성조사 없이 국회가 심의과정에서 넣은 사업이다.

뿐만 아니라 예비타당성조사에서 타당성이 떨어진다고 판정받은 사업이

---

33) 예를 들면 국가균형발전의 필요성과 사업추진의지 등이다.

34) 노화준은 AHP를 계층화분석법으로 번역하고 있으며 AHP에 관해 비교적 상세하게 다루고 있다(노화준, 2006: 227-252).

35) "pork barrel politics"란 정부 프로젝트나 자금을 확보하기 위한 정치인들의 노력을 총칭하는 미국의 의회용어로서 종종 "구유통정치"로 번역되기도 하지만(Won-Hee Lee, 2003; 오영민, 2010), 저자는 원어 그대로 사용하거나 "보조금획득의 정치" 또는 "정부프로젝트유치의 정치"로 사용한다. 대체로 "pork barrel"은 의회의 심의과정의 마지막 단계에서 흥정과 타협의 산물로 슬며시 예산에 포함되는 경우가 많다(전상경 외 2인, 2015: 290-292).

■ ■ 표 4-6 예비타당성조사결과 기준미달인데 예산을 편성한 사업

예비타당성조사 실시연도	사 업
2003년 (5건)	- 충주-문경 철도건설(철도청, AHP: 0.488) - 부산지하철 1호선 연장건설(건교부, AHP: 0.310) 등
2004년 (6건)	- 대구도시철도 3호선(건교부, AHP: 0.461) - 태안·만리포 국도(32호선)확장(건교부, AHP: 0.411) 등
2005년 (2건)	- 국도 42호선 확장(백봉령·달방댐)(건교부, AHP: 0.395) 등
2006년 (5건)	- 국도 77호선(신자-고금) 연도교(건교부, AHP: 0.479) - 인덕원-병점 전철사업(건교부, AHP: 0.257) 등
2007년 (3건)	- 용문·홍천 단선전철(건교부, AHP: 0.367) - 국도 77선 신설(압해-화원)(건교부, AHP: 0.336) - 국립중앙도서관 부산분관(문광부, AHP: 0.324)
2008년 (1건)	- 친환경농산물 종합물류센터건립(농식품부, AHP: 0.336)
2009년 (3건)	- 정지궤도복합위성개발사업(교과부, AHP: 0.353) - 울릉(사동)항 2단계개발(국토부, AHP: 0.451) - 간월호 관광도로건설(국토부, AHP: 0.393)

자료: 조선일보(2010년 8월 4일 A3면).

예산에 편성되는 경우도 있고, 그 반대로 예비타당성조사에서 AHP 분석결과 0.5 이상인 사업들도 예산에 편성되지 않는 것도 있다. 이러한 지적에 대해 기획재정부 담당자는 "예비타당성조사가 절대적 기준은 아니기 때문에 예산을 짜다보면 AHP가 기준 이하여도 안 할 수 없는 경우가 있다. 정책적 역할을 어느 정도 인정해 주어야 한다"고 말한다(조선일보, 2010년 8월 4일). 〈표 4-6〉은 예비타당성조사결과 기준미달인 데도 불구하고 예산이 편성된 사업을 요약한 것이다.

국책사업 중에서는 공사가 진행된 이후 총사업비가 2배 이상 증가하는 경우가 많아 예비타당성조사 자체의 신뢰성에 의문이 제기되기도 한다. 당초의 총예산보다 무려 600% 이상 증가한 사업도 있다고 하는데,[36] 당초에 총사업비가 실제보다 낮게 계산된다면 그것을 토대로 한 예비타당성조사는 긍정적으로 나올 수밖에 없을 것이다. 이렇게 되면 타당하지 않은 사업을 타당하다고 평가하는 베타오류[37]를 범하게 된다.

---

36) 본서의 제3판(2005: 241)에서는 총사업비가 당초보다 2배 이상 증가한 사업을 소개하고 있다.
37) 베타오류는 다음의 감사와 편익비용분석 항에서 설명된다.

여기에서 우리는 왜 국책사업의 경우 당초 추정한 총사업비가 늘어나게 되는가라는 의문에 직면하게 된다. 여기에 대한 대답으로는 ① 국책사업은 대부분 장기간 소요되기 때문에 정권이 바뀔 때마다 정치적 이해관계가 달라져 사업의 일관성이 결여되고, ② 처음에는 일단 적은 예산으로 사업을 시작했다가 일단 사업이 시작되어 중단할 수 없을 시점에 가서는 이런 저런 이유로 사업비를 늘리는 전형적인 정부의 예산부풀리기 관행이 존재하며, ③ 공사시행 과정에서 여러 가지 변수들을 충분하게 예측해야 하지만 정부가 그러한 예측능력을 충분하게 갖고 있지 못하기 때문이라고 요약할 수 있을 것이다.

2. 감사와 편익비용분석

우리는 앞에서 BCA의 정치적 이용가능성에 대해서 언급하였다. 사실 경제학자들이 수행한 BCA의 결과를 정치인들이 정치적 목적으로 수정한 사례가 빈번하게 지적되고 비판의 대상이 되어왔으며, 실제로 대형국책사업의 경우 정치적 이해관계 때문에 BCA가 왜곡된 사례도 있다. 이러한 왜곡은 주로 할인율이나 잠재가격의 조정 그리고 편익의 과다 또는 과소 측정을 통해서 이루어지므로(안종범, 2000: 208, 214) 외형적으로는 매우 합리적인 것처럼 보이기 때문에 일반국민들은 쉽게 속을 수 있다.

현행 국가재정법에 의하면 대형공공투자사업의 경우 그 사업을 실시하기 전에 타당성평가를 해야 한다. 그러나 BCA과정에서 개입될 수 있는 정치적 영향력 등으로 ① 타당성이 있는 데도 불구하고 타당성이 없다고 결론지을 수 있으며, ② 그 반대로 타당성이 없는 데도 타당성이 있는 것으로 결론지을 수 있다. 흔히 정책분석에서 전자와 같은 오류는 알파오류라고 부르고, 후자와 같은 오류는 베타오류라고 부른다. 알파오류는 설사 발생했다고 하더라도 그 재원이 소모적으로 사용되는 것이 아니라 다음 순위의 투자사업에 투자되지만, 베타오류는 막대한 국가예산이 사업효과를 거두지 못한 채 낭비되거나 사장되는 결과를 가져오기 때문에 감사에서는 이와 같은 베타오류의 발생에 대해 충분히 대비하여야 한다(신언성, 2000: 39).

대형국책사업이나 행정의 감사를 위해서 합법성 위주보다 효율성을 강조할 필요가 있다. 이것을 위해서 특정 사업이나 행정 그 자체를 BCA의 시각으로 감사하는 것은 물론이고, 특정 대형사업을 위한 타당성분석 그 자체가 감사대상이 될 수 있다.[38] 한때 큰 논란이 되었던 새만금간척사업의 경제적 타당성분석은 전문가들간에도 오랫동안 상당한 논쟁거리가 되었었다. 쌀 생산을 위한 농지조성의 목적으로 시작된 새만금 간척사업은 1988년의 타당성분석을 토대로 1991년도에 착수된 후 약 1조원의 국고가 투입되었으나, 1999년 4월 약 60% 정도의 공정이 완료된 상태에서 환경재앙을 초래한다는 우려 때문에 공사가 중단되었다.

정부는 새만금간척사업을 둘러싼 국론분열을 정리한다는 뜻에서 1999년 5월에 공동조사단을 결성하여 이 사업의 타당성조사를 의뢰하였다. 약 1년간의 조사 및 검토 끝에 동조사단은 2000년 6월 공동조사결과를 정부에 보고하였다. 동 보고서는 이미 진행되고 있는 사업의 타당성을 되짚어 보고 있다는 점에서 매우 이례적인 것이다. 뿐만 아니라 동 보고서는 그 논리와 접근방법이 크게 다르고 따라서 검토대상 사업에 대한 결론도 상이한 두 개의 독자적 연구결과물들을 담고 있었다(이정전 외 2인, 2001: 300−302).

새만금간척사업의 재개와 관련하여 국론통일을 이룬다는 목적에서 실시된 분석 그 자체가 통일되지 않은 결론을 맺고 있어 정치계와 국민들에게 혼란을 주고 있는 셈이다. 우리는 이것으로부터 연구자의 현실인식의 차이 및 가치관의 차이를 비롯하여 분석에 사용되는 각종의 가정과 절차에 따라 BCA의 결론이 다를 수 있음을 알 수 있다. 바로 이와 같은 이유 때문에 BCA의 결과를 맹신하기보다 그러한 결론을 도출해 내는 BCA 그 자체에 대해서 면밀히 검토할 필요성이 제기되는 것이다.

서울행정법원은 2005년 2월 4일 새만금간척사업에 대해 환경연합이 낸 소송의 판결에서 "새만금사업은 경제적 타당성을 기대할 수 없고 환경생태를 파괴시키는 정도의 중대한 사정변경이 그동안 생겼다"라고 지적하였다. 즉 새만금간척사업은 원래 식량안보차원에서 농지확보를 목적으로 시작된 사업인데 이미 농지조성 그 자체가 경제적 타당성이 없기 때문에 사업의 목적을 바꾸라는 것이다. 그렇지만 주무부서인 농림부는 당초 목적인 '농지조성'을 완전히 포기하기 어렵다는 입장을 견지하였다.

---

38) 감사원은 1998년 4월 경부고속철도사업의 비용산정 및 할인율 적용상의 문제점들을 지적한 바 있다. 보다 상세한 내용은 감사원(1998. 4)을 참고할 것.

비록 이 사업의 원래목적은 식량안보차원에서의 농지확보였지만 새만금에 농지가 조성되리라고 보는 사람은 많지 않은 것 같다. 이미 노태우 대통령은 1991년 공사착공 당시에도 항만과 관광레저단지가 들어서는 '종합개발'을 약속했었고, 김영삼 대통령은 새만금지역을 산업거점기지로 개발하도록 지시하였으며, 김대중 대통령은 후보 시절 새만금지역을 서해의 생산·교역·물류기지로 개발할 것을 약속했었고, 노무현 대통령은 당선자 시절 "(쌀이 남아돌아)휴경보상을 하고 있는 만큼 농지로 개발하는 데 대해선 재검토가 있어야 한다"고 언급하였으며, 취임 후에는 "농지보다 더 생산성 있는 용도를 찾겠다"고 하였다. 이렇게 볼 때 새만금간척사업은 원래의 목적과는 완전히 다른 성격을 지닌 사업으로 바뀌었고 법원은 그 점을 지적하였던 것이다.

(1) 감사에서 편익비용분석의 적용 필요성

감사는 전통적으로 합법성 위주로 이루어져 왔지만 BCA를 이용한 감사는 전통적인 합법성을 따지는 것에 비하여 다음과 같은 세 가지 장점을 갖는다(신언성, 2000: 38-39).

첫째, 어떤 사업을 종합적으로 볼 수 있다. 합법성 위주의 감사에서는 사업이나 행정의 단편적인 면에 집착한다는 비난을 받을 수 있지만, BCA를 이용한 감사를 하면 그 사업 또는 행정의 전반적인 모습을 볼 수 있다.

둘째, 유사사업간의 우선순위를 평가함으로써 공공자금의 효율적 사용여부를 점검할 수 있다. 감사원이 행하는 감사의 궁극적 목적이 공공기관 예산의 효율적 사용임을 생각할 때, 투자우선순위의 평가는 감사의 주요한 대상이다. 예산의 효율적 사용이란 공공자금이 가져다주는 사회적 한계효용이 큰 사업에 투자되도록 하는 것이며, BCA기법을 적용하면 예산의 효율적 사용을 평가할 수 있다.

셋째, 예방감사 차원에서 유용하다. 즉 공공 투자사업의 시행전인 계획단계에서 BCA를 이용한 감사를 실시함으로써 타당성 여부를 검증하거나 투자우선순위를 검토한다면 공공자금이 비효율적으로 사용되는 것을 방지할 수 있다.

(2) 편익비용분석의 감사에의 적용방법

BCA기법을 감사실무에 적용하는 데는 다음과 같은 세 가지 방법이 있다 (신언성, 2000: 40-44).

첫째, 감사원이 특정 사업의 BCA를 직접 실시한 후 경제적 타당성이 없거 나 미약한 사업에 공공자금이 투자되었는지를 밝히는 것이다. 감사원의 기준 에 따라 실시할 수 있다는 이점이 있지만, BCA를 행하는 데 소요되는 시간과 경비를 고려할 때 이 방법에는 상당한 한계가 있기 때문에 거의 이용되지 않 는다.

둘째, 수감기관이 실시한 BCA의 적합성여부를 검토하는 것으로서, 이미 실시된 BCA 그 자체에 대한 일종의 상위평가(meta evaluation)방식의 형태를 띤 다. 이것은 수검기관에서 사용한 주요한 가정과 자료의 객관적 근거를 점검하 는 것이다. 이 방법을 이용한 감사로서는 감사원이 서울시 제3기 지하철 제9호 선의 BCA를 대상으로 행한 감사를 들 수 있다. 감사결과 총통행량과 지하철 통행량이 과대 계상되어 있음이 밝혀졌다. 이것을 조정하여 지하철 제9호선의 경제성을 재검토한 결과, BCR이 원래의 2.76보다 53%가 낮은 1.46으로 줄어들 었다. 감사원은 서울시가 행한 타당성분석의 신뢰성에 의문을 제기한 후 서울 시에 지하철 수송수요와 건설사업의 경제적 타당성분석 등 사업계획을 재검토 할 것을 통보하였다.

셋째, 이미 실시된 BCA를 이용하여 각 사업들 간에 투자 우선순위를 산정 하고 그 순위대로 실제 예산이 투입되고 있는지를 감사하는 방법이다. 이 방법 은 BCA가 이미 완료되었다는 전제하에서만 가능하다. 이 방법을 적용한 감사 사례로는 앞의 각주 37에서 지적한 바 있는 경부고속철도사업에 관한 감사 및 대형고속도로 건설사업 등에 관한 감사를 들 수 있다. 대형고속도로 건설사업 에 관한 감사원의 감사에 의하면 1992년부터 2001년까지 신설할 28개 노선별 고속도로 중에서 투자우선순위가 1위(대구-김해), 2위(일산-퇴계원), 5위(구미 -옥포), 9위(청평-가남)인 고속도로는 실시설계조사 하지 않고 있는 반면, 우 선순위 24위(진주-충무)인 고속도로는 2003년 준공예정으로 1997년 5월에 착 공하였고, 11위(청주-상주)인 고속도로와 위의 투자우선순위에도 없었던 공주 -서천간과 전주-함양간의 고속도로건설이 추진되고 있는 것으로 밝혀졌다.

(3) 편익비용분석의 감사 적용상의 어려움

우리는 앞에서 감사에 BCA를 적용함으로써 여러 가지 이점을 얻을 수 있음을 지적하였다. 그렇지만 BCA 그 자체도 여러 가지 방법론상 제약이 있고 또한 감사기관도 인적 및 시간적 자원의 제약을 받고 있기 때문에 BCA의 감사적용에는 다음과 같은 몇 가지 한계점이 있다(신언성, 2000: 44－46).

첫째, 편익을 객관적으로 측정하는 것이 어렵다. 즉 갯벌보존의 효과, 교통혼잡해소의 효과, 환경보존의 효과 등은 평가하는 사람마다 다를 수 있다. 특히 우리나라의 경우 각종 통계자료가 충분하지 못하기 때문에 각종의 편익측정이 개념적으로는 가능하다고 해도 실제로 측정이 곤란한 경우가 많다.

둘째, 감사원에서 감사지적을 할 때는 '정당론'과 '결과'가 필요하다. 감사의 대상이 합법성을 따지는 것이라면 '정당론'은 법령에 제시된 요건이고 그것은 반드시 준수해야 할 준거이다. BCA는 효율성 감사이므로 여기서의 '정당론'은 가장 효율적 방법의 채택이다. 감사지적을 위해서는 '결과'가 있어야 한다. 즉 '정당론'에 입각한 정당한 분석(대안)과 비교하여 실제 수행한 분석이 잘못되어 있다는 것을 입증할 수 있어야 하는데 이것이 그렇게 용이하지는 않다.

셋째, 국책사업이나 공공사업의 BCA를 감사하려면 거기에 사용되는 각종의 가정은 물론이고 비용 및 편익의 추정절차에 대한 충분한 정보가 필요하다. 잘못된 가정이나 자료입력은 올바른 것으로 대체하여 재분석하여야 한다. 그렇지만 주어진 짧은 시간 안에 객관적으로 정당한 대안이 제시되지 못할 수도 있고, 그것이 가능하더라도 각 대안의 평가작업에는 상당한 시간이 필요하기 때문에 현실적으로 불가능한 경우도 많다.

넷째, 비록 기획예산처[39]가 1999년도부터 공공사업의 예비타당성조사제도를 도입하고 있지만 그것이 형식적으로 수행되는 경우가 많다. 왜냐하면 사업시행 전에 수행해야만 하는 의무조항이기 때문에 통과의례형식으로 간주될 수도 있고, 또한 예산부족 때문에 전문가에게 의뢰하기가 어렵기 때문이다. 뿐만아니라 공공사업이 정치적으로 결정되어 경제적 타당성검토 없이 시행되는 경우도 있다. 아무튼 이와 같은 경우 분석에 필요한 자료와 가정 및 접근방법은

---

39) 이명박 정부의 출범과 더불어 기획예산처는 종전의 재정경제부와 통합되어 현재의 기획재정부로 되었다.

매우 부실할 수밖에 없으며, 이렇게 되면 감사원의 감사작업은 근본적으로 곤란해진다.

3. 정부예산규모와 편익비용분석

BCA는 희소자원을 가장 효율적으로 사용할 수 있는 방법을 결정하는 것이다. 그러므로 정부예산편성의 관점에서 볼 때 BCA의 가장 단순한 과제는 예산규모가 한정되어 있을 경우 어떤 사업들을 예산에 반영시키는 것이 사회후생에 가장 도움되는가를 찾아내는 것이다. 그렇지만 BCA는 여기에서 한 걸음 더 나아가서 예산의 크기 그 자체를 결정해야만 하는 더 어렵고 복잡한 문제를 다루어야 하기도 한다. 우리는 이런 문제들을 공공 프로젝트가 분할가능한(divisible) 경우와 분할불가능한(indivisible) 경우의 두 가지로 구분하여 설명하려고 한다(Musgrave and Musgrave, 1989: 131-135).

(1) 분할가능한 프로젝트(divisible projects)의 경우

공공 프로젝트가 분할가능하다는 것은 그것을 조그만한 규모로 증감시키는 것이 가능하다는 의미이다. 프로젝트의 분할가능성은 매우 비현실적 가정이지만, 그러한 가정은 우리들에게 프로젝트 선택에 대한 기본적 논리를 제공하는 데 도움된다. 그렇기 때문에 우리는 공공 프로젝트는 모두 분할가능하다고 가정한 후, 고정된 예산규모와 가변적 예산규모하에서의 BCA의 기본논리를 설명하려고 한다.

1) 예산규모가 고정되어 있을 때

정부의 예산담당 실무자가 한정된 금액, 예를 들어 100억원을 두 경쟁적 사업 X와 Y간에 어떻게 배분하여야 할지에 관해서 고위 정책결정자와 논의한다고 가정하자. 이 상황은 가정에서 살림을 하는 주부가 주어진 가계수입의 범위에서 어디에 우선적으로 지출해야 할지를 결정하는 상황과 매우 흡사하다.

실무자는 우선 각 프로젝트에 소요되는 비용과 그 프로젝트로부터 얻을 수 있는 편익을 도출해야만 한다. 이 경우 한정된 예산은 두 사업으로부터 얻

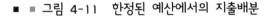

■ ■ 그림 4-11   한정된 예산에서의 지출배분

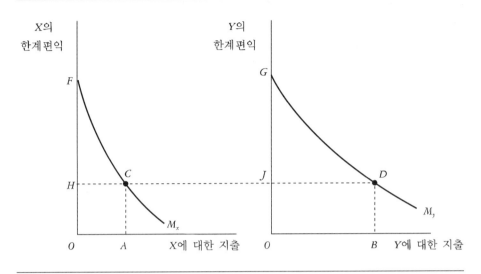

을 수 있는 순편익, 즉 $\Sigma(B-C)$가 극대화될 수 있도록 배분되어야 한다. 총비용 ΣC는 예산규모로 주어지기 때문에 예산담당 실무자가 해야 할 일은 ΣB를 극대화하는 것이다.

　　두 프로젝트 $X \cdot Y$에 연속적으로 자원을 배분할 경우의 한계편익을 [그림 4-11]에 각각 $M_x \cdot M_y$ 곡선으로 나타내었다. 프로젝트 X에 소비되는 1원의 기회비용은 그것을 프로젝트 Y에 소비하지 않음으로써 잃게 되는 편익이다. 그렇기 때문에 두 프로젝트 X와 Y간에 배분되어야 하는 총 지출액은 X에 소비되는 최종적 지출로부터 얻게 되는 한계편익이 Y에 소비되는 최종적 지출로부터 얻게 되는 한계편익과 일치되도록 결정되어야 한다. 따라서 $AC = BD$가 되도록 OA와 OB만큼의 자원이 각각 X 및 Y에 투자되어야 하며, $(OA + OB)$는 허용 가능한 지출예산과 일치한다. 즉 X와 Y에 투자되는 한계투자편익을 일치시킴으로써, 우리는 X로부터 얻을 수 있는 총편익(그림에서의 $OFCA$)과 Y로부터 얻을 수 있는 총편익(그림에서의 $OGDB$)의 합을 극대화시킬 수 있다.

2) 예산규모가 고정되어 있지 않을 때

　　예산편성을 좀 더 광범위한 관점에서 바라보면 정해진 규모의 예산을 특정 사업에 배분하는 것뿐만 아니라 예산규모 그 자체를 결정하는 것까지 포함한다. 따라서 정부는 희소한 자원이 민간부문과 정부부문간에 어떻게 배분되어야만 할 것인지를 결정해야만 한다. 예산규모가 고정되어 있을 경우, 어떤 공공 프로젝트를 추진하는 데 소요되는 기회비용은 다른 프로젝트를 추구하지 않음으로써 잃게 되는 편익의 손실로서 나타난다. 그러나 예산규모가 고정되어 있지 않을 경우, 공공프로젝트의 기회비용은 자원이 공공목적에 사용되기 때문에 더 이상 추진될 수 없게 된 민간프로젝트로부터의 상실된 편익으로서 정의된다.

이 경우 BCA에서 해야 할 일은 민간프로젝트와 공공프로젝트로부터 얻을 수 있는 편익과 비용을 모두 고려해서 순편익, 즉 $\Sigma(B-C)$를 극대화하도록 하는 것이다. 이와 같은 순편익의 극대화는 공공프로젝트에 투자된 마지막 금액의 한계편익과 민간프로젝트에 투자되는 마지막 금액의 한계편익을 일치시킴으로써 달성될 수 있다. 즉 민간부문과 공공부문의 각 영역에서 최종적으로 투자되는 금액으로부터 얻게 되는 편익이 일치될 때까지 공공프로젝트는 확대(축소)되고 민간프로젝트는 축소(확대)되어야 한다. 만약 특정 공공프로젝트를 X로 표시하고 특정 민간프로젝트를 Y로 표시한다면, 우리는 [그림 4–11]의 해법을 여기에서 그대로 적용할 수 있다. 완전한 시장(perfect markets)이 주어진다면 민간부문에 1원을 투자함으로써 얻게 되는 한계편익, 즉 BD는 1원이 된다. 똑같은 논리가 공공부문에서도 성립되어야만 한다. 따라서 공공지출은 최종 소비된 1원의 금액이 1원의 편익을 가져올 때까지 확대된다.

(2) 분할불가능한 프로젝트(indivisible lumpy projects)의 경우

지금까지 우리는 공공 지출이 두 프로젝트 X와 Y간에 세분될 수 있다고 가정해 왔으며, 따라서 각 프로젝트에 투자되는 한계금액의 편익이 일치될 수 있었다. 이와 같은 한계접근방법은 우리가 광범위한 지출영역들간에서의 공공자금의 배분을 다룰 때에는 어느 정도 적용될 수 있다. 그렇지만 부서 내에서의 구체적 배분을 다룰 경우, 우리는 분할불가능하기 때문에 쉽게 확대하거나 축소시킬 수 없는 프로젝트들 가운데에서 선택해야만 하는 상황에 직면하게 된다. 만약 도시 A와 B를 연결시켜주는 도로 길이가 도시 A와 C를 연결시켜주는 도로 길이의 2배라고 가정하자. 이때 두 도로간에 하나를 선택해야 한다면 위에서 설명한 한계적 조정은 불가능하다.

■ ■ 표 4-7   한정된 예산하에서 분할불가능한 덩어리 프로젝트들간의 선택

프로젝트	비용(C)	편익(B)	순편익(B-C)	BCR	BCR순위
I	200억원	400억원	200억원	2.0	2
II	145	175	30	1.2	5
III	80	104	24	1.3	4
IV	50	125	75	2.5	1
V	300	420	120	1.4	3
VI	305	330	25	1.1	6
VII	125	100	−25	0.8	7

1) 예산규모가 고정되어 있을 때

몇 가지 대안적인 고속도로 건설에 사용될 예산은 700억원으로 한정되어 있고, 이 주어진 예산을 이용하여 여러 프로젝트들 중에서 몇 개의 프로젝트를 선정한다고 가정하자. 〈표 4-7〉에는 우리가 검토해야 할 각 프로젝트의 편익과 비용에 대한 정보가 나와 있다. [그림 4-11]에서 OA만큼의 비용을 수반하는 어떤 프로젝트의 총편익은 $OACF$의 면적에 해당된다.

이 문제를 다루기 위하여 여러 가지 결정규칙들을 생각해보기로 하자.

첫 번째 규칙은 BCR의 크기 순서에 따라 모든 프로젝트를 순서지은 후, 주어진 예산범위 내에서 가장 높은 BCR값을 가진 프로젝트부터 차례로 선정하는 것이라고 하자. 이 규칙에 따르면 IV·I·V·III의 4개 프로젝트가 선정되며, 총비용과 총편익은 각각 630억원과 1,049억원이 되어 419억원의 순편익을 가져온다. 프로젝트가 분할불가능한 덩어리로 되어 있기 때문에 70억원의 예산이 남게 된다.

두 번째 규칙은 예산의 범위 내에서 순편익의 극대화를 가져오는 프로젝트를 선정토록 하는 것이라고 하자. 여러 가지 프로젝트를 조합해보면 IV·I·V·II 4개의 프로젝트를 선정할 경우 순편익이 극대화된다는 것을 알 수 있다. 이때 총비용과 총편익은 각각 695억원과 1,120억원이 되고 순편익은 425억원이 되며, 5억원의 예산이 불용액으로 남게 된다.

마지막으로 세 번째 규칙은 BCR이 1보다 넘는 프로젝트를 선정하여 불용예산이 최소화되도록 하는 것이라고 하자. I·II·IV·VI의 프로젝트를 선정하면 총비용이 700억원이 되어 불용액은 없게 되고, 총편익은 1,030억원이 되며 313억원의 순편익이 발생한다.

위의 세 가지 규칙들의 특징들을 비교해 보면 첫 번째와 두 번째 규칙은 세 번째 규칙보다 더 작은 비용으로써 더 큰 편익을 초래하므로 더 우월한 규칙이라는 것은 자명하다. 그러나 첫 번째와 두 번째 규칙들간의 우열을 가리는 것은 어렵다. 첫 번째 규칙은 제약되어 있는 가용자원의 단위당 수익률이 가장 높은 프로젝트부터 차례로 선정하는 것이기 때문에 합리적이기는 하다. 그러나 두 번째 규칙은 III 대신 II를 선정하기 때문에 단위당 수익률의 크기순서는 직접적 관계가 없다. 첫 번째 규칙에서 두 번째 규칙으로 옮겨감에 따라, 65억원의 추가적 비용으로서 71억원의 추가적 편익을 얻을 수 있다. 따라서 한계적 BCR은 1.09가 되므로 이와 같은 이동은 타당성이 있다.

2) 예산규모가 고정되어 있지 않을 때

예산규모에 대한 범위가 설정되어 있지 않을 때 우리가 직면하는 문제는 한정된 자원을 민간부문과 공공부문 중 어디에 사용하는 것이 사회후생의 증진에 도움되는가를 결정하는 일이다. 그 문제를 결정하기 위해서 양 부문에 사용되는 자원의 한계지출로부터 초래되는 편익을 비교해야 한다. 그렇지만 우리는 분할불가능한 덩어리 프로젝트들(indivisible lumpy projects)을 다루기 때문에 그와 같은 한계지출로부터의 편익을 구하는 것이 어렵다. 우리가 의존해야 할 규칙이란 공공프로젝트는 그것으로부터 도출되는 편익이 그 비용을 초과하기만 한다면 추진할 가치가 있는 것으로 판단하는 것이다. 이때 공공부문에 n원을 사용하는 데 소요되는 비용이란 민간부문에 n원을 소비하지 않음으로써 발생하는 손실이다.

참고문헌

감사원.(1998.4). 「경부고속철도사업감사결과」.

강대창.(2001). 「한국장애인 고용정책의 헌법경제학적 재편」(경성대학교 대학원 행정학박사학위 논문).

강인재 · 신종렬 · 배득종.(2003). "복식부기회계제도의 도입과 적용의 비용편익분석." 「한국행정학보」, 37(1): 59-75.

김동건.(1997). 「비용 · 편익분석」. 서울: 박영사.

김태윤.(1999). 「규제영향분석을 위한 비용 · 편익분석기법」. 서울: 한국행정연구원.

노화준.(2006). 「기획과 결정을 위한 정책분석론」(제3전정판). 서울: 박영사.

신언성.(2000). "비용 · 편익분석의 감사적용." 「계간감사」, 68: 38-46.

안종범.(2000). "비용편익분석에서의 분배가중치: 정치적 가중치 이용의 이론적 근거." 「재정논집」(한국재정학회), 15(1): 207-221.

양진우 · 임정민.(1999). 「환경소음 개선효과의 평가에 관한 연구」. 부산: 부산발전연구원.

오영민.(2010). "지방의원의 구유통정치와 사업예산의 분절화:지방의회 의원과 예산담당공무원의 설문조사를 중심으로." 「한국사회와 행정연구」, 20(4): 425-452.

옥동석.(2000). "실용적인 사회적 할인율: 개념과 적용상의 쟁점." 「공공경제」(한국공공경제학회), 5(2): 137-166.

이성우.(1995). 「정부규제의 편익 · 비용분석기법개발」. 서울: 한국행정연구원.

이정전 · 김상우 · 마강래.(2001). "새만금 간척사업의 경제적 타당성 논쟁." 「2001 경제학 공공학술발표대회 논문집」(한국재정학회 · 공공경제학회): 299-318.

전상경 외 2인.(2015). 「현대지방재정론」(제4판). 서울: 박영사.

정준금.(2000). "개발 · 보전과 갈등조정: 새만금 간척사업을 중심으로." 「한국행정연구」, 9(4): 79-103.

Abrams, R.(1980). *Foundations of Political Analysis*. New York: Columbia University Press.

Arrow, K. and R. Lind.(1970). "Uncertainty and the Evaluation of Public Investment Decisions." *American Economic Review*, 60: 364-378.

Brown, C.V. and P.M. Jackson.(1990). *Public Sector Economics* (4th ed.). Cambridge, Mass.: Basil Blackwell.

Court, A.T.(1939). "Hedonic Price Indexes with Automotive Examples." in *The Dynamics of Automobile Demand*. New York: The General Motors

　　　　Corporation.

Feldstein, M.(1964). "The Social Time Preference Discount Rate in Cost Benefit Analysis." *Economic Journal*, 74.

Friedman, L.(1984). *Microeconomic Policy Analysis*. New York: Mcgraw－Hill Book Company.

Gramlich, E.M.(1981). *Benefit－Cost Analysis of Government Programs*. Englewood Cliffs, New Jersey: Prentice-Hall, Inc.

Harberger, A.(1972). *Project Evaluation*. London: Macmillan.

Hirschliefer, J.(1958). "On the Theory of Optimal Investment." *Journal of Political Economy*, 66.

Lee, Won－Hee.(2003). "An analysis of Pork Barrel in the Korean Legislature." 「한국 행정논집」, 15(1): 225－239.

Levy, J.M.(1995). *Essential Microeconomics for Public Policy Analysis*. Westport, CT: Praeger Publishers.

Marglin, A.(1967). *Public Investment Criteria*. London: Allan and Unwin.

Musgrave, R.M. and P. Musgrave.(1989). *Public Finance in Theory and Practice* (fifth ed.). New York: McGraw-Hill Book Company.

Okun, A.M.(1975). 정용덕(역)(1984). 「평등과 효율」. 서울: 성균관대학교출판부.

Prest, A.R. and R. Turvey.(1955). "Cost-Benefit Analysis: A Survey," *Economic Journal*, 65.

Rosen, H.(1985). *Public Finance*. Homewood, Illinois: Richard D. Irwin, Inc.

Sandel, Michael.(2009). 이창신(역)(2010). 「정의란 무엇인가」 .서울:김영사.

Stiglitz, J.(1988). *Economics of the Public Sector* (2nd ed.). New York: W.W. Norton & Company.

Stokey, E., and R. Zeckhauser.(1978). *A Primer for Policy Analysis*. New York: W.W. Norton & Company.

Varian, H.(1992). *Microeconomic Analysis* (3rd ed.). New York: W.W. Norton & Company.

Waugh, F.V.(1928). "Quality Factors Influencing Vegetable Prices." *Journal of Farm Economics*, 84: 34－35.

Willig, Robert.(1976). "Consumer's Surplus without Apology." *American Economic Review*, 66: 589－597.

05

불확실성 · 비대칭정보와 정책

제1절 ▌ 서 론

　일찍이 나이트(Frank H. Knight)[1]가 제창하였듯이 많은 사람들은 위험(risk)
과 불확실성(uncertainty)을 구분하려고 노력하였다. 나이트는 위험이란 한 개인
이 여러 사례들의 '객관적' 분류를 토대로 하여 경험적으로 확률을 계산할 수
있는 상태인 데 반해, 불확실성은 전술한 '객관적' 분류가 불가능하여 경험적
으로 확률을 구할 수 없는 상태라고 말한다(Knight, 1921: 20). 즉 예를 들면 모
가 나지 않는(fair) 주사위를 던져서 1에서 6까지 숫자 중의 어느 한 자리가 나
올 확률은 $\frac{1}{6}$인데 이것은 위험이라고 할 수 있다. 이에 반하여 다음 10년 이
내로 AIDS치료약이 개발될 수 있느냐의 여부를 추정하는 것은 불확실성에 해
당된다.

　본서에서는 나이트와는 달리 불확실성과 위험을 명확하게 구별하지 않는
다. 왜냐하면 그러한 구분이 별로 유익하지 않다는 것이 밝혀졌고 또한 우리들

---

[1] 나이트(Frank Hyneman Knight, 1885-1972)는 바이너(Jacob Viner) 및 사이먼스(Henry Covert
Simons) 등과 더불어 제2차 세계대전이 발생하기 전까지 시카고학파의 중심인물이었다. 그는
「경쟁의 윤리」 같은 훌륭한 사회과학방법론과 자유주의사상을 남겼으며, 특히 「위험, 불확실
성, 및 이윤」은 경제학자로서의 그의 대표작이다. 나이트 이전까지의 경제학은 '불확실성'이
배제되었지만, 그는 이와 같은 '불확실성'이야말로 경제사회의 본질이며, 바로 이것이 존재하
기 때문에 이윤이 발생한다고 생각하였다.

의 목적에 비추어볼 때 양자는 동일한 것을 뜻한다고 생각해도 무리가 없기 때문이다. 우리는 이 책의 전반에 걸쳐 새배지(James Savage)가 발전시킨 '주관적 확률'(subjective probability)의 개념을 다룰 것이기 때문에, 나이트처럼 '객관적' 분류가 가능하냐 그렇지 못하냐 하는 것은 그다지 중요하지 않다. 주관적 확률이란 의사결정자의 평가, 경험, 통찰력 등에 의거하여 그러한 사건(event)이 발생할 것이라고 믿는 믿음의 정도를 뜻한다.

　'객관적 확률' 부여가 가능한 것처럼 보이는 주사위를 던지는 경우조차도 사실은 그러한 가능성은 허구에 지나지 않는다. 왜냐하면 주사위의 특정한 면이 나올 확률이 $\frac{1}{6}$이라는 것은 오직 주사위가 모가 나지 않을(fair) 경우에만 유효한 추론이며, 주사위가 모가 나지 않다는 것은 어느 누구도 확실히 장담할 수 없는 조건이기 때문이다. 그러므로 의사결정자들은 결코 나이트가 말하는 위험의 세계에 있지 않으며, 오히려 언제나 자기 자신이 상정하는 불확실성의 세계 속에 있다고 할 수 있다(Hirshleifer and Riley, 1992: 9-10).

　만약 의사결정이 "외출시에 우산을 갖고 가야할 것인가 말아야 할 것인가"와 같은 사소한 것이거나 또는 불확실성이 당면한 의사결정과 무관한 지식에 관한 것이라면, 불확실성은 관련 의사결정에서 특별한 의미를 갖지 못한다. 그럴 경우 사람들은 심지어 매우 불확실한 세계에 사는 경우에서조차도 자신이 내리는 어떤 의사결정에 대해서는 강한 자신감을 가질 수 있다. 어떤 주어진 상황에서의 불확실성의 정도는 의사결정자가 자신의 결정을 얼마만큼 자신감 있게 내리는가에 의해 표시될 수 있다. 따라서 불확실성은 어떤 특정 조건을 지칭해야만 하는 것이며, 결코 일반적 조건을 지칭할 수는 없다(Downs, 1957: 77-78).

　대부분의 개인적 선택의 경우, 우리는 확실성으로 특징지어지는 환경에서 이루어지는 의사결정을 상정한다. 즉 개인이 어떤 재화를 구입할 때, 그 개인은 자신이 구입하고 있는 재화에 대해서 정확히 알고 있을 뿐 아니라 그러한 재화로부터 얻게 되는 효용도 알고 있는 것을 암묵적으로 가정한다. 그렇지만 실제로는 사이먼(Herbert A. Simon)이 제약적 합리성(bounded rationality)이라는 말로 지적하고 있는 바와 같이 인간은 지식, 학습능력, 기억능력, 계산능력 등에 있어서 많은 제약을 받는다. 그러므로 인간이 내리는 의사결정에는 여러 가지 불확실성이 내재되어 있는 것이 일반적 상황이다.

　하지만 우리의 인간생활에는 이와 같은 유형의 불확실성과는 다른 형태의 불확실성도 존재한다. 즉 사회적 동물인 인간은 다른 사람들과의 관계를 통해서만 그 의미가 있고, 일상생활의 상당한 부분은 자신과 다른 사람들과의 거래로서 이루어진다. 이때 자신과 상대방이 갖고 있는 정보의 양의 다름으로 인해서 불확실성이 발생할 수 있다. 이러한 불확실성은 비대칭정보(asymmetric information)라는 이름으로 다루어진다.

제2절에서는 불확실성의 연구에 필수적인 확률의 개념과 기대치 및 폰노이먼-몰겐스턴 효용함수를 설명하고, 제3절에서는 불확실성에 직면하였을 때의 인간의 태도와 불확실성에 대한 인간의 인식에 대해서 고찰한다. 제4절은 불확실성하의 정책분석에 관한 것으로서 보험에 관련된 여러 가지 문제들과 불확실성하의 편익비용분석을 다루며, 마지막으로 제5절에서는 비대칭정보로 인한 불확실성 때문에 발생하는 역선택과 모럴해저드 그리고 위임자-대리인 모형을 설명한다.

제 2 절 ▮ 불확실성 이해를 위한 몇 가지 기본 개념

1. 확률(probability)과 기대치(expected value)

(1) 확   률

확률론은 도박으로부터 시작되었다고 한다. 즉 지금부터 약 4세기 전 주사위의 도박에서 늘 잃기만 하던 이탈리아의 한 귀족이 갈릴레이(Galileo Galilei)에게 통사정을 하게 되었으며, 이것이 갈릴레이가 오늘날의 확률론의 기초를 세우는 계기가 되었다고 한다. 그로부터 50여 년이 지난 후 또 다른 도박꾼이 파스칼(Blaise Pascal)에게 주사위 게임에서 이길 수 있는 확률을 높일 수 있는 방법에 관하여 문의하였고, 이것이 계기가 되어 파스칼은 프랑스의 수학자 페르마(Pierre de Fermat)와 네덜란드의 물리학자 호이겐스(C. Huygens)의 도움을 받아 확률이론을 발전시켰다.

확률이론의 이해에 필요한 기본개념을 설명하기 위하여 여러 가지 가능한 결과들(outcomes) 중의 하나가 일어날 수 있는 상황을 상정해 보자. 이와 같은 상황의 한 가지 구체적 보기는 우리가 하나의 주사위를 던질 때 1, 2, 3, 4, 5,

혹은 6 중[2]의 어느 하나의 결과가 발생하는 경우이다. 이 보기에서 한 특정 결과가 발생할 수 있는 확률이란 주사위를 반복해서 던질 때 장기적으로 그러한 결과가 발생될 횟수의 비율을 뜻한다. 즉 주사위를 던졌을 때 1이라는 숫자가 나올 수 있는 확률이란 주사위를 수없이 던질 때 1이라는 숫자가 나오는 빈도 수의 비율을 의미한다.

일반적으로 어떤 상황이 매우 많은 횟수 동안(i.e., M) 되풀이될 때 특정 결과인 U가 m번 발생한다면, U라는 사건의 발생확률은 $P(U) = \frac{m}{M}$로 표시된다. 즉 주사위가 모가 나지 않다면 1이라는 숫자가 나올 수 있는 확률은 $\frac{1}{6}$이다. 왜냐하면 주사위를 수없이 많이 던지게 되면 1이라는 숫자는 전체 던진 횟수의 $\frac{1}{6}$만큼 나타날 것이기 때문이다.

이렇게 정의된 확률에 따르면 다음과 같은 세 가지의 기본적 명제는 반드시 성립되어야 한다. 첫째, 불가능한 결과, 즉 일어날 수 없는 결과의 확률은 0이다. 어떤 결과가 불가능하다는 것은 m이 0이라는 것을 뜻하기 때문이다. 둘째, 어떤 결과가 확실하다면 그 결과의 확률은 1이다. 어떤 결과가 확실하다는 것은 그러한 결과가 발생하는 횟수(m)가 전체 발생횟수(M)와 동일하기 때문이다. 셋째, 어떠한 결과의 확률은 0과 1 사이에 있다. 어떤 결과가 발생하는 횟수는 음수가 될 수 없기 때문에 그 확률은 0보다 작을 수 없고, 어떤 결과가 발생하는 횟수는 전체 발생횟수(M)를 초과할 수 없기 때문에 그 확률은 1을 초과할 수도 없다.

앞에서 설명한 확률은 상대도수의 정의에 입각한 것이다. 이와 같은 확률은 예를 들어 주사위나 동전을 던지는 실험 등과 같이 어떤 과정의 메커니즘이 정확히 알려져 있거나 실험을 무한히 반복할 수 있을 때 구해질 수 있다. 그렇지만 현실적으로는 상대도수 개념에 의한 소위 고전적 확률이론의 적용이 곤란한 경우가 많다. 그렇기 때문에 우리는 개개인의 경험이나 판단에 의존하는 소위 주관적 확률(subjective probability)의 개념을 도입할 필요성이 제기된다. 이같은 주관적 확률개념에 따른다면 어떤 사건(event)의 확률이란 의사결정자의 입장에서 볼 때 그러한 사건이 발생할 것이라고 믿게 되는 정도를 뜻한다. 예를 들어 의사결정자가 A라는 결과가 B라는 결과보다 일어날 가능성이 더 많다고 믿으면, A의 확률이 B의 확률보다 더 높은 것이다.

---

2) 여기서 1, 2, 3, 4, 5, 6은 각각 하나의 결과(outcome)로 불린다.

확률이론이란 이상적 인간(idealized human being)이 가능성(plausibility)의 정도를 실수(實數)로써 나타내는 귀납적 추론의 논리적 연장인 것이다. 일반적으로 어떤 확률값 $\frac{A}{B}$는 단순히 A와 B뿐만 아니라, 그러한 이상적 인간이 고려하고 있는 다른 명제들(propositions)의 전체적 배경에도 좌우된다. 확률값의 부과는 그것이 '현실'세계(real world)의 어떤 성질(property)에 대한 기술이라기보다도 지식상태(state of knowledge)의 기술이라는 의미에서 주관적이라고 할 수 있다. 그렇지만 확률값은 그것을 이용하는 사람들과는 독립적이라는 점에서는 객관적인 것이다. 즉 똑같은 지식의 총체적 배경(total background of knowledge)에 직면한 두 사람은 똑같은 확률값을 부여해야만 한다. 이것은 확률이론에서의 기본적 전제(premise)이다(Okrent, 1979: 152).

(2) 확률변수와 기대치 및 기대금액

모가 나지 않는 주사위를 던질 때 여섯 가지의 서로 다른 결과(outcome)가 발생할 수 있다. 확률이론에서는 이와 같은 각각의 결과를 하나의 사건(event)으로 부른다. 한편 나타날 수 있는 모든 가능한 사건의 집합은 표본공간(sample space 또는 event space)이라고 부르며, 이와 같은 표본공간은 집합이론에서의 전집합(universal set)에 해당되는 개념이다.

확률변수(random variable)란 일정한 확률을 가지고 발생하는 사건에 수치를 부여한 것을 지칭하며 통상 X로 표기한다. 확률변수에 대한 구체적 개념은 주사위의 보기를 이용하여 다음과 같이 설명될 수 있다. 즉 주사위를 한 번 던질 때 나오는 숫자를 확률변수로 하여 가능한 모든 결과인 표본공간을 구하면 S = {1, 2, 3, 4, 5, 6}가 되고, 이때 각 확률변수의 확률값은 $P(X=1)=\frac{1}{6}$, $P(X=2)=\frac{1}{6}$, ……, $P(X=6)=\frac{1}{6}$ 이 된다.

기대치(期待値, expected value)는 무작위적 결과(random outcome)를 평가할 때면 언제나 등장하는 개념이다. 어떤 특정한 확률변수 X의 발생이 어떤 세계의 상태(state of world)에 달려 있다고 가정해 보자. 이때 확률변수 X의 기대치는(i.e. 이것은 $E(X)$라는 기호로 표시된다) 각각의 세계의 상태에서 발생하는 X의 값을 그러한 세계의 상태가 발생할 수 있는 확률값으로 곱한 값들의 총합으로 정의되며 기호로서는 $E(X) = \Sigma X_i \cdot P(X_i)$로 표시된다.

이제 위의 주사위 보기를 이용하여 기대치를 설명하기로 하자. 각 사건

(i.e. 1, 2, 3, 4, 5, 6)이 발생할 수 있는 확률은 모두 똑같이 각각 $\frac{1}{6}$이므로, 기대치의 정의에 따르면 $E(X) = 1 \times (\frac{1}{6}) + 2 \times (\frac{1}{6}) + 3 \times (\frac{1}{6}) + 4 \times (\frac{1}{6}) + 5 \times (\frac{1}{6}) + 6 \times (\frac{1}{6})$가 된다. 이것은 아래의 식 (5.1)로 바꾸어서 표기할 수 있다. 이것은 결국 발생가능한 모든 X의 값들인 1, 2, 3, 4, 5, 6의 평균값을 나타낸다. 이것에서 보듯이 확률변수 X의 기대치란 결국 모든 발생가능한 확률변수의 '평균치'라고 해석할 수 있다.

$$1 \times (\frac{1}{6}) + 2 \times (\frac{1}{6}) + 3 \times (\frac{1}{6}) + 4 \times (\frac{1}{6}) + 5 \times (\frac{1}{6}) + 6 \times (\frac{1}{6})$$

$$= (\frac{1}{6})(1+2+3+4+5+6) \qquad \cdots\cdots (5.1)$$

기대금액(expected monetary value)이란 어떤 결과들이 발생하였을 때 받게 되거나 잃게 되는 상금과 그러한 결과들이 발생할 확률값간의 곱의 총합이라고 정의된다. 즉 기업이나 개인은 각각 특정한 상황에 따라서 일정한 금액을 획득할 수도 있고 또한 잃게 되는 수도 있다. 이때 그 각각의 상황에 대한 확률값이 알려져 있으면, 그 기업이나 개인은 모든 경우를 가정하여 평균적으로 얻을 수 있는 기대금액을 계산할 수 있다.

예로서 어떤 제조회사가 자기 회사 생산품의 판매가격을 개당 1,000원씩 인상하려 한다고 가정하자. 회사의 추정에 의하면 그 제품에 대한 현재의 광고가 성공적일 경우 그와 같은 가격인상은 800억원의 이익을 초래하지만, 만약 현재의 광고전략이 실패한다면 500억원의 손해를 입을 수도 있다. 현재의 광고전략이 성공할 가능성은 0.7이고 실패할 가능성이 0.3이라고 평가된다면, 1,000원의 가격인상으로 그 제조회사가 얻을 수 있는 평균적 이익을 나타내는 기대금액은 식 (5.2)와 같이 구해진다.

$$(800)억원 \times (0.7) + (-500)억원 \times (0.3) = 410억원 \qquad \cdots\cdots (5.2)$$

이와 같은 기대금액은 불확실성에 직면한 의사결정자에게 매우 유용한 결정규칙으로 활용될 수 있다. 왜냐하면 경우에 따라서는 불확실성하의 여러 대안들 중 가장 큰 기대금액을 가져다주는 도박(gamble)이나 행위를 택하는 것이 바람직할 수도 있기 때문이다. 그러나 반드시 그렇지 않을 경우도 있으며, 이것을 이해하기 위해서는 기대효용에 대한 이해가 요구된다. 우리는 아래에서 어떤 경우에 그러하고 어떤 경우에 그러하지 아니한가를 살펴보기 위하여 기대효용에 관한 기본개념을 설명하려고 한다.

2. 공정한 게임과 기대효용

(1) 공정한 게임(fair game)

공정한 게임의 개념을 이해하기 위하여 다음과 같은 간단한 게임을 가정해 보자. 즉 갑과 을이 100원짜리 동전을 한 번 던져서 만약 이순신이 있는 면이 나오면 갑이 을로부터 100원을 받고, 100이라는 숫자가 있는 면이 나오면 갑이 을에게 100원을 주기로 한다. 이 게임의 상금은 확률에 따라 결정되므로 확률변수(i.e. X로 표시)라고 생각할 수 있고, 이 게임에서 일어날 수 있는 사건은 ① 이순신(i.e., 1이라는 숫자로 표시함)과 ② 100이라는 숫자(i.e., 2라는 숫자로 표시함)의 두 가지 경우이다. 우리는 각 상황에 따라 받게 되는 상금을 첨자를 사용하여 각각 X_1과 X_2로 나타내기로 한다.

이 경우 두 경기자에게 돌아가는 상금을 생각해 보기로 하자. 갑은 만약 이순신이 나오면 을로부터 100원을 받게 되고(i.e., $X_1 = 100$원), 100이라는 숫자가 나오면 거꾸로 을에게 100원을 주게 된다(i.e., $X_2 = -100$원). 이순신이 나올 확률(i.e., $P(1)$)이나 100이라는 숫자가 나올 확률(i.e., $P(2)$)은 똑같이 $\frac{1}{2}$이다. 이 게임에서 갑이 얻을 수 있는 기대상금은 각각의 상황에 따라 얻게 되는 상금의 액수와 그러한 상황이 발생할 수 있는 확률치를 곱한 값의 총합이 된다. 즉 이 게임에 대한 갑의 기대상금은 식 (5.3)으로 나타낼 수 있다.

$$E(X) = X_1 \times P(1) + X_2 \times P(2) = 100 \times (\frac{1}{2}) + (-100) \times (\frac{1}{2}) = 0 \quad \cdots \quad (5.3)$$

을의 경우도 마찬가지로 생각할 수 있기 때문에 을이 이 게임으로부터 얻을 수 있는 기대상금도 0이 된다. 이것은 이러한 경기가 많이 되풀이 될 경우 갑과 을 어느 누구도 상대방보다 더 앞설 수 없다는 것을 뜻한다. 이처럼 기대금액이 0일 경우 회계상 공정한 게임(actuarily fair game)이라고 한다. 왜냐하면 평균적으로 볼 때 금전적인 면에서는 이득이나 손실이 없기 때문이다. 흔히 기대금액이 정(正)으로 되는 게임은 우호적(favorable)이라고 불리며, 부(負)로 되는 게임은 비우호적(unfavorable)이라고 불린다(Hirshlieifer and Riliey, 1994: 24).

한편 상금의 구조를 약간 바꾸어서 이순신이 나오면 갑은 을로부터 1,000원을 받고 100이라는 숫자가 나오면 을에게 100원을 준다고 가정하자. 이때 갑의 기대금액은 식 (5.4)로 표시된다.

$$E(X) = X_1 \times P(1) + X_2 \times P(2) = 1,000 \times (\frac{1}{2}) + (-100) \times (\frac{1}{2}) = 450 \cdots (5.4)$$

식 (5.4)가 나타내는 것은 위와 같이 주어진 상금구조하에서 게임이 되풀이 될 경우 갑이 을에 비하여 유리하다는 점이다. 따라서 갑은 이 게임을 할 수 있는 기회를 얻기 위하여 이 게임으로부터 자기가 얻을 수 있는 기대금액(i.e., 450원)만큼 지불하려고 할지도 모른다. 앞의 경우처럼 기대금액이 0인 경우뿐만 아니라 게임을 하기 위하여 지불해야 하는 비용이 그 게임의 기대금액과 동일할 경우에도 우리는 그러한 게임을 회계상 공정한 게임이라고 부른다.

(2) 성 피터스버그(St. Petersburg) 패러독스와 기대효용의 필요성

게임이 가져다주는 상금보다도 게임 그 자체를 즐기려는 경우를 제외한다면, 사람들은 대체적으로 공정한 게임은 하지 않을 것이다. 뿐만 아니라 불공정한(unfair) 게임에 참여하는 사람들 또한 게임이 주는 상금보다도 게임 그 자체로부터 효용을 얻는다고 생각할 수 있다. 따라서 우리는 게임의 소비측면과 순수한 위험(risk)측면을 구분할 필요가 있다.

동전을 던져서 앞면이 나오면 상금을 받고, 뒷면이 나오면 동일한 금액의 벌금을 내야 하는 게임이 있다고 하자. 걸려 있는 상금(벌금)이 작을 경우 사람들은 별다른 부담없이 그러한 게임에 동참할 수 있다. 그러나 100만원이라는 거금이 상금(벌금)으로 걸리게 되어 위험이 증가하면 사정은 달라진다. 바로 이 같은 논리 때문에 복권구입처럼 작은 금액을 걸고서 게임을 할 경우, 사람들은 회계상 공정한 게임에는 참가할 것이다. 그렇지만 비록 회계상 공정한 게임이라고 하더라도 사람들은 위험한 게임(risky game)을 하기 위하여 큰 금액을 지불하려고는 않을 것이다.

이 같은 현상을 보다 확실하게 설명하는 것이 소위 성 피터스버그(St. Petersburg) 패러독스이며, 이것은 18세기 수학자인 다니엘 베르누이(Daniel Bernoulli)가 처음으로 검토하였다.[3] 성 피터스버그 패러독스에서는 다음과 같은 게임이 제안된다. 즉 동전의 앞면이 나올 때까지 계속하여 동전을 던지기로 한다. 만약 동전을 n번째 던질 때 비로소 동전의 앞면이 처음으로 나타난다면, 그 게임을 하는 사람은 2^n원의 상금을 받는다. 이러한 게임의 결과들은 수없이 많이 생길 수 있다. 비록 그 가능성은 매우 희박하지만 이론적으로는 지금부터 영원토록 동전을 던져도 동전의 앞면이 나오지 않을 수도 있지만, 딱 한 번 던져서 동전의 앞면이 나올 수도 있다.

i번째에 동전을 던졌을 때 비로소 앞면이 나타날 경우 그때의 상금과 확률을 각각 X_i, π_i라고 표시하자. 그와 같은 각각의 경우에 받을 수 있는 상금은 $X_1 = 2^1$, $X_2 = 2^2$, $X_3 = 2^3$, ..., $X_n = 2^n$ 등으로 표시되고, 그러한 각각의 결과가 발생할 수 있는 확률은 각각 $\pi_1 = (\frac{1}{2})^1$, $\pi_2 = (\frac{1}{2})^2$, $\pi_3 = (\frac{1}{2})^3$, ..., $\pi_n = (\frac{1}{2})^n$으로 표시된다. 그러므로 성 피터스버그 패러독스 게임의 기대치는 식 (5.5)로 나타낼 수 있다.

$$기대치 = \sum_{i=1}^{\infty} \pi_i X_i = \sum_{i=1}^{\infty} (2^i)(\frac{1}{2})^i = 1+1+1+ \cdots +1+\cdots = \infty \cdots (5.5)$$

우리는 식 (5.5)로부터 성 피터스버그의 게임이 가져다주는 기대금액이 무한대라는 것을 알 수 있다. 그러나 조금만 생각해 보면 어느 누구도 이 게임을 하기 위하여 많은 금액을 지불하려고 하지 않을 것임을 알게 된다. 즉 예를 들면 100만원은 이 게임의 기대금액인 무한대에 비한다면 비록 보잘것없는 액수이지만, 어떤 사람도 이 같은 게임을 하기 위하여 선뜻 100만원을 지불하려고는 않을 것이다. 바로 이것이 성 피터스버그 패러독스이다.

이와 같은 패러독스에 대한 베르누이의 설명은 다음과 같다. 즉 사람들은 어떤 게임이 가져다주는 금전적 금액에 직접적으로 관심을 기울이기보다 그러한 금전적 금액이 가져다주는 효용(utility)에 민감하게 반응한다는 것이다. 만약 소득의 한계효용이 소득의 증가에 따라 감소한다면, 성 피터스버그 게임은 유한의 기대효용치(expected utility value)로 수렴될 것이다. 베르누이는 이 같은 기

3) 베르누이는 네덜란드 출생의 수학자로서 일생의 대부분을 스위스의 바젤(Basel)에서 보냈다. 그는 수학자 오일러(Euler)의 절친한 친구로서 성 피터스버그(St. Petersburg)에 가서 수학교수가 되었다. 하지만 그는 그곳을 싫어하여 1733년 다시 스위스의 바젤대학으로 돌아와서 죽을 때까지 의학, 형이상학, 과학철학 등의 교수직을 지냈다. 성 피터스버그 패러독스라는 이름은 1738년 *Commentaries of the Imperial Academy of Science of Saint Petersburg*라는 잡지에 실린 그의 논문 "위험측정에 관한 새 이론의 탐구"(Exposition of a New Theory on the Measurement of Risk)에서 유래되었다.

대효용치를 그 게임의 도덕적 가치(moral value)라고 불렀다. 왜냐하면 그것은 그 게임이 그 개인에게 얼마나 중요한가를 나타내기 때문이다. 효용치는 금전적 액수보다 완만하게 증가하기 때문에 게임의 도덕적 가치는 금전적 기대치보다 훨씬 작을 것이라는 것을 쉽게 알 수 있다. 그렇게 되면 어떤 사람들은 이러한 게임에 참가하기 위하여 얼마간의 금액을 지불하려고 할 수 있을 것이다.

3. 폰 노이먼-몰겐스턴(Von Neumann-Morgenstern)의 기대효용규칙

우리는 다행스럽게도 의사결정자들이 기대금액의 극대화를 목표로 한다고 가정할 필요는 없다. 노이먼과 몰겐스턴(Neumann and Morgenstern)은 그들의 저서 「게임이론과 경제적 행태」(The Theory of Games and Economic Behavior)에서 불확실성하에서의 인간의 경제적 행태에 관한 수리적 모형을 개발하였다. 그들에 의하면 불확실성하에서 인간이 취할 수 있는 합리적 목표란 기대효용(expected utility)의 극대화인 것이다. 우리는 여기에서 이러한 노이먼-몰겐스턴의 이론을 검토해 보려고 한다.

기수적 변수(cardinal variable)란 고도(altitude), 시간, 온도 등과 같이 양적으로 측정될 수 있는 변수이다. 이러한 기수적 변수는 영점(zero-point)이나 단위간격(unit-interval)의 이동에 관계없이 차이(differences)의 상대적 크기는 변하지 않는다. 예를 들어 온도의 경우 섭씨로도 측정될 수 있고 화씨로도 측정될 수 있다. 단지 섭씨 0도가 화씨로는 32도일 뿐이다. 즉 섭씨 1도에 따라서 화씨는 1.8도씩 변한다.[4]

여기에 비하여 서수적 변수는 영점이나 일정한 간격에 의한 양적 측정보다 순서만 따지는 변수를 뜻한다. 확실성하의 선택문제에서는 의사결정자가 A보다 B를 선호한다는 사실을 아는 것만으로 충분하며, 그가 A를 B에 비하여 얼마나 강렬하게 선택하는가는 중요하지 않다.[5] 그러나 불확실성이 개재되는 경우의 선택에서는 서수적 효용함수보다도 기수적 효용함수가 필요하다.[6] 바

---

4) 섭씨(C)를 화씨(F)로 전환하는 공식은 다음과 같다: F=(9/5)C+32°

5) 이것을 기술적으로 표시한다면, 의사결정자의 효용함수에 대하여 어떠한 정적인 단조전환 (positive monotonic transformation)을 하더라도 그 결과에는 아무런 차이가 없다는 것을 뜻한다.

로 여기에 불확실성하의 의사결정의 경우 노이먼-몰겐스턴의 효용함수의 필요성이 제기된다.

그러면 무엇 때문에 위험이 없는 확실한 경우의 선택에서는 서수적 효용함수로 충분하고, 위험이 있는 불확실한 경우에는 기수적 효용함수를 고려하여야 하는가? 우리는 이 문제를 설명하기 위하여 불확실성하에서 의사결정을 해야만 하는 다음과 같은 간단한 보기를 생각하기로 하자. 즉 변덕스러운 일기가 계속되고 있을 때, 복잡한 출근길에 나서는 사람이 그 날의 일기가 어떻게 될지 정확히 모르기 때문에 우산을 휴대해야 할지 아니면 그냥 가야 할지 망설이게 되는 상황을 상정하자.

이때 우산의 휴대여부는 전적으로 그 사람이 결정해야 할 행동이지만, 비가 오거나 오지 않는 것은 자연(Nature)이 결정하는 세계의 상태(state of the world)[7]인 것이다. 따라서 이와 같은 상황에서 만약 의사결정자가 우산을 들고 갈 경우에 비가 올 수도 있고 그렇지 않을 수도 있으며, 우산을 들고 가지 않을 경우에도 비가 올 수도 있고 오지 않을 수도 있다. 의사결정나무(decision tree)를 사용하면 이 같은 상황은 [그림 5-1]과 같이 나타낼 수 있다. [그림 5-1]에서 알 수 있듯이 결국 이와 같은 불확실한 상태(state)와 의사결정자의 행동(action)은 네 가지의 다른 결과(consequences)를 초래한다.

■ ■ 그림 5-1　의사결정나무와 불확실성하의 상황

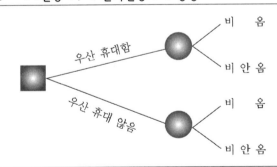

---

6) 이러한 기수적 효용함수의 특징을 기술적으로 언급한다면, 정적인 선형변환(positive linear transformation)은 동일한 결과를 초래한다는 것이다.

7) 세계의 상태란 불확실한 상황에서 발생될 수 있는 모든 가능한 결과(outcome)를 지칭하기 위하여 사용되는 용어이다.

우리는 불확실성하에서 의사결정자가 직면하는 상황을 일반화하기 위하여 위의 간단한 보기에 내포되어 있는 몇 가지 개념들을 통해서 다음과 같은 의사결정요소들을 추출할 수 있다.

행동집합(1, ···, x, ···, X): 의사결정자에게 가능한 행동들(actions)의 집합으로서, 위의 보기에서는 우산을 들고 갈 것인가 말 것인가 하는 두 가지의 요소로 구성되고 있다.

상태집합(1, ···, s, ···, S): 자연(Nature)에서 일어날 수 있는 상태의 집합으로서, 위의 보기에서는 비가 오는 상황과 오지 않는 두 가지 요소로 구성된다.

결과함수 $c(x, s)$: 의사결정자가 취할 수 있는 모든 행동과 자연에서 발생할 수 있는 모든 가능한 상태가 조합된 결과(consequence)를 표시해 주는 함수이다. 위의 보기에서는 네 가지의 결과가 나타나 있다.

확률함수 $\pi(s)$: 각각의 상태가 발생할 수 있는 상황에 대한 의사결정자의 믿음을 나타내주는 함수로서 위의 보기의 경우 비가 올 확률과 비가 오지 않을 확률을 나타내는 함수이다.

선호척도함수(preference−scaling function) $v(c)$: 의사결정자에게 발생되는 서로 다른 모든 가능한 결과의 소망스러움을 측정하는 함수이다.

불확실성이 없을 경우, 의사결정자가 취하는 어떤 행동의 결정은 곧 어떠한 단일 결과의 선택을 의미한다. 그러므로 의사결정자가 자신의 선호에 따라 예상되는 결과들을 순서짓는 것은 곧 그가 자신의 행동을 순서짓는 것과 같다. 그렇지만 불확실성이 개재된 선택(risky choice)의 경우, 의사결정자의 행동들에 대한 순서 매김이 곧 결과에 대한 순서 매김으로 이어지지는 않는다. 왜냐하면 의사결정자들이 취하는 각각의 행동은 가능한 여러 가지 결과들의 확률적 혼합을 의미하기 때문이다. 우리는 행동과 결과간의 명확한 구분을 위하여 앞서 설명한 의사결정요소들을 이용함으로써 [그림 5−1]의 의사결정나무를 다음의 〈표 5−1〉과 같이 재구성해 볼 수 있다.

노이먼과 몰겐스턴의 지대한 공헌은, 개인들의 선호에 관한 그럴듯한 전제가 주어지면, 여러 가지 상태하에서 의사결정자가 내리는 어떤 행동이 초래하는 결과들에 대하여 기수적 선호척도함수 $v(c)$를 구성할 수 있고 그러한 기수적 선호척도함수를 이용하여 의사결정자가 취하는 행동에 대한 선호함수의 도출이 가능하다는 것을 보여주었다는 것이다. 우리는 아래에서 이러한 노이

■ ■ 표 5-1   상이한 행동과 상태에 따른 가능한 결과들

		세계의 상태(state of the world)	
		$s=1$(비가 옴)	$s=2$(비오지 않음)
행동(actions)	$x=1$(우산을 휴대함)	c_{11}	c_{12}
	$x=2$(우산을 휴대않음)	c_{21}	c_{22}

먼-몰겐스턴의 생각을 살펴보기로 한다. 이러한 기수적 효용함수는 오직 정적인 선형전환(positive linear transformation)만 가능하다.[8]

사실 효용은 결과에 직접적으로 부여되고, 행동에는 오직 파생적으로만 부여된다. 이와 같은 구분을 하지 못하면 엄청난 지적 혼란이 초래될 수 있다. 우리는 그러한 혼란을 피하기 위하여 의사결정자가 내리는 어떤 행동에 수반되는 결과인 c에 대한 선호척도함수는 $v(c)$로 표시하고, 그의 행동 x에 대한 선호를 나타내기 위해 $v(c)$함수를 이용하여 도출되는 파생선호함수는 $U(x)$로 표시하기로 한다(Hirshleifer and Riley, 1994: 13).

〈표 5-1〉에서 알 수 있듯이 어떤 행동을 선택한다는 것은 결과행렬 중의 한 행(row)을 선택하는 것과 같다. 즉 우산을 휴대하는 행동의 선택은 결과행렬에서 (c_{11}, c_{12})의 선택을 뜻한다. 의사결정자들은 각 세계의 상태에 대한 자신의 믿음에 따라 그러한 상태에 대한 확률을 부여할 수 있으므로, 그와 같은 각 행은 확률분포로 간주될 수 있다. 따라서 의사결정자가 어떤 행동을 선택한다는 것은 그러한 확률분포들 중에서의 선택으로 생각할 수 있다. 그러므로 불확실한 결과 $c_x = (c_{x1}, c_{x2}, \cdots, c_{xs})$를 초래하는 어떤 행동 x가 각각의 상태확률 $\pi = (\pi_1, \pi_2, \cdots, \pi_s)$와 연관될 때, 그러한 행동 x와 관련된 확률분포는 다음과 같은 벡터로 나타낼 수 있다.

$$x \equiv (c_{x1}, c_{x2}, \cdots, c_{xs}; \pi_1, \pi_2, \cdots, \pi_s)$$

이제 우리가 해야 할 일은 결과에 대한 선호척도함수 $v(c)$를 행동 x의 효용을 측정할 수 있는 어떤 함수 $U(x)$와 연결짓는 것이다. 이러한 연관을 가능하게 한 것이 곧 노이먼-몰겐스턴의 효용함수이고 그 결과가 노이먼-몰겐스

---

8) 확실성하의 경우는 의사결정자의 효용함수에 대한 어떠한 정적 단조전환(positive monotonic transformation)을 이루더라도 동일한 결과를 초래하지만, 노이먼-몰겐스턴의 기수적 효용함수는 훨씬 제약적이다.

턴의 기대효용규칙인 것이다.

(1) 노이먼–몰겐스턴의 효용지수(utility index)

어떤 행동을 취했을 때 일어날 수 있는 결과들에 대한 기수적 선호척도함수 $v(c)$가 곧 노이먼–몰겐스턴의 효용함수이다. 우리는 여기서 이것을 구성해 보기 위해서 불확실성이 개재되는 다음의 게임을 생각하기로 한다. 즉 어떤 개인이 게임에 참여함으로써 얻을 수 있는 가능한 n개의 상금 X_1, X_2, X_3, $\cdots$, X_n을 가정하고, 이들 상금은 그것의 바람직함의 정도에 따라 작은 것부터 차례로 배열되었다고 생각하자. 즉 X_1은 가장 덜 선호되는 상금이고 X_n이 가장 선호되는 상금이다. 이제 이 두 가지의 극단적 상금 X_1과 X_n에 식 (5.6)과 같이 임의의 효용수치 0과 1을 부여하기로 하자. 그러나 0과 1이 아닌 다른 어떠한 수치를 부여해도 우리들의 논의에는 아무런 차이가 없다.[9]

$$v(X_1) = 0, \ v(X_n) = 1 \qquad\qquad \cdots\cdots (5.6)$$

노이먼–몰겐스턴의 효용함수란 이와 같이 양 극단치(X_1, X_n)의 효용을 이용하여 X_2에서 $X_{(n-1)}$까지의 다른 상금들에 부여되는 일종의 기수적 선호척도함수이다. 이와 같은 기수적 효용함수는 통상의 서수적 효용함수와는 근본적으로 다르므로 주의를 필요로 한다.

이제 우리는 전술한 게임에서 가능한 상금 X_1과 X_n의 효용으로부터 임의의 확실한 상금인 X_i의 효용을 구하기 위하여 다음과 같은 실험을 하기로 하자. 어떤 의사결정자에게 ① 가장 좋은 상금 X_n을 탈 수 있는 확률이 π_i이고 가장 나쁜 상금을 탈 수 있는 확률이 $(1-\pi_i)$이 되는 도박(gamble)과 ② 확실한 상금 X_i간에 무차별적이 되기 위하여 π_i의 확률값이 얼마가 되어야 할 것인가를 물을 수 있다. 노이먼과 몰겐스턴의 기본적 논리는 도박에서 가장 최선의 상금(i.e., X_n)을 탈 수 있는 확률(π_i)이 적절한 수준으로 제시된다면, 의사결정

---

9) 이들의 효용함수는 흔히 이야기하는 효용함수와 약간 다르다. 기술적으로 언급하자면 일반적인 효용함수는 단조변환(monotonic transformation)까지 유니크(unique)하지만 폰 노이먼–몰겐스턴의 효용함수는 선형전환(linear transformation)까지만 유니크하다. 즉 후자는 원점(origin)과 간격(scale)의 선택까지만 유니크한 것이다.

자는 언제나 확실한 상금 X_i와 도박간에 무차별적이 될 수 있다는 것이다. 확실한 상금 X_i가 바람직스러울수록 π_i값도 더 높을 것이다. 따라서 X_i가 더 좋을수록, 의사결정자로 하여금 도박에 참여시키도록 최선의 상금(i.e., X_n)을 탈 수 있는 보다 높은 가능성(π_i)이 그에게 제시되어야만 한다. 즉 어떤 의미로 π_i는 상금 X_i의 소망스러운 정도를 나타낸다. 이상과 같은 노이먼-몰겐스턴의 논리는 아래의 식 (5.7)로 표시될 수 있다.

$$U(X_i) = \pi_i \times v(X_n) + (1 - \pi_i) \times v(X_1) \qquad\qquad \cdots\cdots \text{(5.7)}$$

이 식에서 $v(X_n) = 1$, $v(X_1) = 0$로 정의되었기 때문에 식 (5.7)은 식 (5.8)과 같이 된다.

$$U(X_i) = \pi_i \times 1 + (1 - \pi_i) \times 0 = \pi_i \qquad\qquad \cdots\cdots \text{(5.8)}$$

이와 같이 도박에서의 최선의 상금(i.e., X_n)과 최악의 상금(i.e., X_1)에 대한 효용치를 신중하게 각각 1과 0으로 부여함으로써, 다른 어떤 상금에 부여된 효용치는 단순히 식 (5.8)에서처럼 정의되는 확률값으로 귀결된다. 즉 확실한 상금 X_2, X_3, $\cdots$, $X_{(n-1)}$의 각각의 효용은 최선의 상금(i.e., X_n)과 최악의 상금 (i.e., X_1)이 가져다주는 기대효용치와 동일한 확률값으로 정의된다.

위에서 설명한 방법을 이용함으로써 어떠한 상금에 대해서도 그 효용치를 부여할 수 있다. 위의 식 (5.6)에서 나타낸 척도(scale)와 원점(origin) 그리고 식 (5.8)에 따라 특정 상금 X_i의 효용치 $U(X_i)$를 나타나내기 위하여 어떤 확률값 π_i가 할당되었다. 이러한 논리에 따르면 최악의 상금 X_1의 효용치 $U(X_1)$은 0이고 최선의 상금 X_n의 효용치 $U(X_n)$은 1이며,[10] 다른 상금의 효용치는 이 두 수치 사이의 값을 갖게 된다. 바로 이렇게 구성된 것이 노이먼-몰겐스턴의 기수적 선호척도함수이다.

(2) 노이먼-몰겐스턴의 기대효용규칙

효용함수란 일반적으로 어떤 재화나 서비스를 사용함으로써 느끼는 만족의 크기를 서수적으로 표시한 것이며, 각종의 재화나 서비스를 X_1, X_2, $\cdots$, X_n

---

10) 식 (5.6)과 (5.8)에 의하면 $U(X_1) = \pi_1 = 0$이고, $U(X_n) = \pi_n = 1$이다.

로 표시하면 효용함수는 $U(X_1, X_2, \cdots, X_n)$로 나타낼 수 있다. 불확실성이 개재되지 않는 경우, 의사결정자의 합리적 선택을 위한 분석은 서수적 효용함수로도 충분하였음은 이미 지적하였다. 다른 한편 의사결정자의 행동이 세계의 상태(state of the world)에 따라 다른 결과들을 낳게 되는 불확실성이 개재될 경우, 합리적 선택을 위한 분석을 위해서는 기수적 선호함수로 표시된 기대효용함수의 개념이 요구된다.

만약 의사결정자의 어떤 행동 x에 대하여 n개의 세계의 상태가 존재하여 n가지의 다른 결과들 $(c_{x1}, c_{x2}, c_{x3}, \cdots, c_{xn})$ 이 각각 $(\pi_1, \pi_2, \pi_3, \cdots, \pi_n)$의 확률로 발생할 수 있다고 가정하자. 이 경우 불확실한 결과가 개재되는 의사결정자의 행동 x의 효용은 각각의 결과가 갖는 기수적 선호함수의 기대효용으로 나타낼 수 있다는 것이 곧 노이먼-몰겐스턴의 기대효용규칙이다. 이것을 수식으로 표시하면 식 (5.9)로 정리된다.

$$U(x) = \pi_1 \times v(c_{x1}) + \pi_2 \times v(c_{x2}) + \cdots\cdots + \pi_n \times v(c_{xn}) \qquad \cdots (5.9)$$

이와 같은 노이먼-몰겐스턴 효용함수를 이용할 경우, 게임과 관련된 효용은 각 상태에서 발생하는 여러 가지 결과들의 기대효용치로 구할 수 있다. 예를 들어 주사위를 던져서 3이 나오면 1,000원을 받고 그렇지 않으면 100원을 받는 게임을 가정해보자. 각 상금에 대한 효용이 $v(1,000) = 18$, $v(100) = 6$일 경우,[11] 이 게임이 당신에게 얼마만큼의 가치(효용)를 지닐 것인가? 모가 나지 않는(fair) 주사위를 가정한다면, 1,000원을 탈 수 있는 확률은 $\frac{1}{6}$이고 100원을 탈 수 있는 확률은 $\frac{5}{6}$이므로, 이 게임의 가치는 평균적으로 얻게 되는 효용치이며 식 (5.10)으로 표시된다.

$$\frac{1}{6} \times v(1,000) + \frac{5}{6} \times v(100) = \frac{1}{6} \times 18 + \frac{5}{6} \times 6 = 8 \qquad \cdots\cdots (5.10)$$

노이먼-몰겐스턴 효용함수를 가진 어떤 개인이 불확실성이 개재된 몇 개의 선택사항에 직면해 있다고 가정해 보자. 이 경우 그는 어떤 대안을 선택할 것인가? 불확실한 각 대안의 가치란 곧 그것의 기대효용치이므로, 그는 기대효

---

11) 식 (5.6)에서처럼 가장 극단적 상금에 부여되는 효용수치는 임의로 정해진다. 여기서는 v (1,000)=18, v(100)=6으로 정의되었으나 식 (5.6)에서처럼 v(1,000)=1, v(100)=0으로 정의할 수도 있다.

용치가 가장 높은 대안을 선택하게 될 것이다. 따라서 불확실한 상황에서의 개인의 합리적 행위란 기대금액의 극대화가 아니라 기대효용치의 극대화를 추구하는 행위이다. 이와 같은 설명은 성 피터스버그의 패러독스를 해결해 준다.

제3절 ▮ 불확실성(risk)에 대한 인간의 태도와 불확실성의 인식

1. 불확실성에 대한 인간의 태도와 그 함의

(1) 불확실성에 대한 인간의 태도

일반적으로 모든 효용함수는 독립변수의 증가에 따라 그 함수값이 증가하는 것으로 가정할 수 있지만, 그 증가형태가 동일하지는 않다. 즉 금전적 이득의 증가가 효용의 증가를 가져올 수 있지만, 그 증가방식은 서로 다를 수 있다. 왜냐하면 효용함수의 형태는 의사결정자의 선호(preferences)에 따라 다양한 형태를 띠기 때문이다. 일반적으로 불확실성에 처했을 때 생각할 수 있는 의사결정자의 선호는 위험회피(risk-averse)적 성향, 위험선호(risk-loving)적 성향, 위험중립(risk-neutral)적 성향의 세 가지로 분류된다. [그림 5-2]는 그러한 세 가지의 서로 다른 선호를 나타내는 노이먼-몰겐스턴 효용함수이다.

[그림 5-2]의 (a)는 금전적 이득의 증가에 따라 효용이 증가하지만 그 증가속도는 감소하고 있음을 나타낸다. 이것은 추가적 금액의 증가에 따라 한계효용이 감소함을 뜻하는 것이다. 우리는 이러한 효용함수를 지니는 사람을 위험회피자(risk averter)라고 부른다. 이러한 부류에 속하는 사람들은 동일한 기대금액을 갖는 두 가지 도박들(gambles)에 직면했을 때, 보다 확실한 결과를 가져다주는 도박을 더 선호한다.

[그림 5-2]의 (b)에 나타난 효용함수는 금전적 이득의 증가에 따라 효용이 증가하지만 그 증가속도가 점점 커지고 있음을 나타낸다. 이것은 추가적 금액의 증가에 따른 한계효용이 증가하고 있음을 뜻한다. 우리는 이러한 효용함수를 지니는 사람을 위험선호자(risk lovers)라고 부른다. 이러한 부류에 속하는 사람들은 동일한 기대금액을 갖는 두 가지 도박들에 직면했을 때, 보다 확실한

■ ■ ■ 그림 5-2   세 가지 형태의 노이먼–몰겐스턴 효용함수

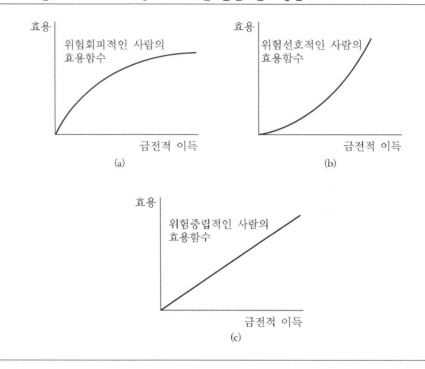

(a)

위험회피적인 사람의
효용함수

효용

금전적 이득

(b)

위험선호적인 사람의
효용함수

효용

금전적 이득

(c)

위험중립적인 사람의
효용함수

효용

금전적 이득

결과를 가져다주는 도박보다 다소 덜 확실하더라도 큰 상금이 걸려 있는 도박을 더 선호한다.

　마지막으로 [그림 5-2]의 (c)에 나타난 효용함수는 금전적 이득의 증가에 따라 효용도 증가하지만 그 증가속도는 일정하다. 이것은 추가적 금액에 따른 한계효용의 크기가 일정하다는 것을 뜻하며, 이 경우의 효용함수는 금전적 이득에 대한 일차함수로 나타낼 수 있다. 즉 $U=a+bM$은 그러한 효용함수의 일반적 형태이며, a와 b(물론 $b>0$)는 상수이고, U는 효용을, 그리고 M은 금전적 이득을 나타낸다. 이러한 형태의 효용함수를 갖는 사람들은 위험중립적(risk neutral)이라고 하며, 이러한 부류에 속하는 사람들은 위험에 관계없이 기대금액의 극대화를 추구하게 된다.

　위험회피자, 위험선호자, 위험중립자에 관한 이상과 같은 설명은 다음의 보기를 이용하면 더욱 명확해진다. 100원을 상금으로 탈 수 있는 확률이 $\frac{1}{2}$이고 100원을 잃을 수 있는 확률도 $\frac{1}{2}$인 도박 G_1과 1,000,000원을 상금으로 탈

수 있는 확률이 $\frac{1}{2}$이고 동일한 금액을 잃을 수 있는 확률이 $\frac{1}{2}$인 도박 G_2가 있다고 하자. 이 두 도박 G_1과 G_2의 기대금액은 동일하기 때문에 양자간에는 차별이 없다고 할 수 있지만, 도박 G_1의 범위는 200원인 반면 G_2의 범위[12]는 2,000,000원이므로 G_1은 G_2보다 상대적으로 더 확실하다. 이때 G_1을 G_2보다 선호하는 사람은 위험회피적 성향을 지녔으며, 그 반대인 사람은 위험선호적 성향을 지녔고, G_1과 G_2간에 무차별적인 사람은 위험중립적 성향을 지녔다고 할 수 있다.

(2) 불확실성하의 관료의 위험회피적 행태

우리나라에서는 새로운 정부가 들어설 때마다 대대적인 공직개혁이 큰 과제로 부각되곤 한다. 특히 김영삼 정부하에서는 개혁이 추진됨에 따라 관료사회에서의 '복지부동'(伏地不動)이 큰 문제로 제기되었다. 이러한 관료사회의 복지부동이 왜 일어나는가에 대해서 여러 가지 분석이 있지만(김호정, 1994; 김병섭, 1994), 저자는 그 원인을 다른 각도에서 고찰해 보는 것이 필요하다고 생각한다.

니스카넨(W. Niskanen)의 예산극대화 모형은 관료들의 행위를 경제학적 시각에서 조명한 것이다.[13] 이 모형에 따르면 관료들은 자기 소관 부서의 예산극대화추구에 도움되는 행위를 한다는 것이다. 이러한 명제로부터 여러 가지 가설들이 연역될 수 있다. 왜냐하면 관료들의 행위는 그들이 직면하고 있는 유인(incentives)이라는 변수를 이용하여 설명될 수 있기 때문이다. 관료들의 실수는 그들의 성공보다도 눈에 더 잘 띈다. 그렇기 때문에 관료들은 자신의 있을 수도 있는 실수에 대한 책임을 모면하기 위하여 자신의 모든 행위를 다른 사람들이 검토하게끔 하는 관료적 절차를 따르게 된다.

그러한 관료적 절차에 바탕하고 있는 집합적 의사결정과정은 어떤 업무가 성공하였을 때 그것에 대한 개인의 공헌도를 감소시킨다. 하지만 관료들은 그러한 공헌도를 있을 수도 있는 실수에 대한 책임과 기꺼이 교환하려고 한다. 이것은 근본적으로 관료들의 위험회피적인 성향 때문이다. 결국 그러한 위험

---

12) 기술적 통계학에서의 범위는 변수의 최대치와 최소치간의 차이를 의미한다.

13) 니스카넨의 예산극대화관료모형은 전상경(2000)을 참고할 것.

회피적 태도는 모든 것이 일정한 절차나 규정을 통과하도록 규정하는 소위 번
문욕례(red-tape)를 유발시키게 되고, 궁극적으로는 복지부동현상을 초래하게
된다. 이러한 현상은 관료들이 직면하는 불확실성이 심할수록 더욱 현저할 수
밖에 없다.

이러한 관료적 절차의 발생에는 위험 회피적 요인이외에 다른 두 가지 요
인이 있다. 그 하나는 관료들의 위험 회피적 행위로 인하여 발생되는 대부분의
비용(i.e., 지체로 인한 비용 및 문서처리에 소요되는 비용 등)은 관료가 개인적으로
직접 부담하는 것이 아니라 조세를 통하여 사회 전체가 부담한다는 사실이
다.14) 다른 하나는 정부관료들은 업무처리를 위하여 자신의 개인적 돈을 사용
하는 것이 아니라는 사실이다. 사람들이 남의 돈을 사용할 때는 자신의 돈을
사용할 때보다 재량권을 적게 가지며 더 많은 주의를 기울여야 하는 것이 일반
적이다.15) 주의를 기울여야 한다는 것은 어떤 규정을 따라야 한다는 것이고,
그것은 그와 같은 자원이 어떤 개인에 의하여 자의적으로 사용되지 않았다는
것을 보증해주는 한 요건인 것이다(Stiglitz, 1988: 208-209). 이것이 지나칠 경우
목적과 수단이 바뀌는 소위 목표대치(goal displacement)현상이 생긴다.

공무원을 선호하는 사람들 중 상당수는 그 이유로서 공직의 신분보장을 드
는 경우가 많다. 이와 같이 공직은 처음부터 신분상의 불확실성이 제거된 직업
인 셈이다. 따라서 관료들의 입장에서는 자신의 신분을 걸면서까지 적극적으로
불확실한 일에 뛰어들 유인을 가질 필요가 없는 것이다. 업무의 창의성은 지금
까지 없었던 새로운 방법이나 제도를 통해서 가능하지만, 그러한 새로운 방법
이나 제도는 언제나 불확실성을 포함한다. 공직사회가 '업무상의 실수'에 대해
서 지나치게 엄격하면 관료들은 자연스럽게 위험회피적 태도를 강화하게 되
고, 그것은 곧 복지부동(伏地不動)으로 연결될 수밖에 없는 것이다. 이러한 현상
은 공무원사회뿐만 아니라 다른 모든 조직에서도 목격될 수 있는 것이다.16)

---

14) 이러한 관점과는 달리 관료들은 그러한 관료적 과정 그 자체를 즐기기 때문에 그렇게 한다고
생각할 수도 있다. 이러한 것은 다소 심리학적으로나 사회학적으로 조명되어야 할 성질의 것이
라고 생각된다.

15) 돈의 출처(자신/타인)와 돈의 사용자(자신/타인)를 조합하면 총 네 가지의 경우가 생긴다. 이
중에서 자신의 돈을 자기가 직접 사용할 경우가 가장 효율적이라고 한다. 관료들의 지출행위
는 타인(국민)의 돈을 국민이 아닌 관료(타인)가 사용하는 경우로서 앞의 경우와는 정반대이
다. 그래서 효율성의 문제가 큰 관심거리로 부각된다.

16) 저자는 평소 행정학이 실천적 학문으로서 문제해결능력의 배양이 다른 어떤 사회과학에서보다

공무원들의 이와 같은 위험회피적 행동으로 인한 주민들의 피해를 줄이기 위하여 제주도에서는 1996년 3월 '공무원 실수 인정제'라는 것을 도입하여 시행한 적이 있었다. 즉 공무원이 주민들의 편의를 위하여 소신과 양심에 따라 ① 포괄적으로 규정된 법령을 적극적으로 해석한 경우, ② 훈령이나 예규 등으로 행정행위를 규제하는 사항을 지역실정에 맞도록 해석한 경우, ③ 법령효력 발생에 지장이 없다고 판단되는 절차를 간소화한 경우에 초래될지도 모르는 실수에 대해서는 책임을 묻지 않겠다는 것이 그 제도의 주요 내용이었다.

중국은 1978년 12월에 개최된 "공산당 제11기3중전회"에서[17] 등샤오핑(鄧小平)이 천명한 개혁개방정책에 힘입어 오늘날 고도경제성장을 이룩하고 있다. 하지만 개혁개방정책이 순조롭게만 진행된 것은 아니었다. 즉 1989년 티엔안면(天安門)사태 이후 중국 경제가 계획된 고속성장의 길을 걷지 못하자 그동안 곳곳에 숨어 있었던 이데올로기적 비판이 고개를 들자 개혁정책에 대한 불안감이 팽배하기 시작하였다. 이러한 불확실한 상황에 직면하여 등샤오핑은 1992년 1월 18일부터 2월 22일까지 우한(武漢)·션쩐(深圳)·주하이(珠海)·상하이(上海) 등을 순방하면서 중요한 담화를 발표하였다. 그것은 등샤오핑의 "남순강화(南巡講話)"로 알려져 있다. 등샤오핑의 남순강화의 주목적은 개혁개방정책 추진에 대한 일선 관료들과 정치인들의 겪고 있는 실패에 대한 불안감이 초래하는 불확실성을 제거함으로써 그들의 도전정신과 창조정신을 고취하기 위한 것이었다(何显明, 2008: 177-178).

사실 공공관료제에서 어떻게 하면 관료들로 하여금 위험에 적절히 대처하도록 동기를 부여할 것인가는 큰 문젯거리로 되어 왔었다. 일찍이 미제스(von Mises)는 공기업관리자들이 기꺼이 위험을 감수할 수 있는지에 대해서 의문을 제기하였고, 하이에크(Hayek)는 공공관료들은 위험한 일보다 안정적 일을 선호

도 중요하다고 생각한다. 그런데 우리나라의 경우 행정학연구에서의 문제는 공무원들이 해결되어야 할 문제를 드러내기보다도 가능한 감추려하기 때문에 야기된다는 점이다. 어떤 문제가 발생할 경우 즉각 해당공무원들의 직위해제와 같은 징계를 내리면 공무원들의 기업가적 정신이 살아나기 어렵다. 그렇지만 우리나라에서는 문제가 발생하면 곧장 담당 공무원을 추궁하는 경향이 있다. 그래서 관료들은 언제나 중요한 행정문제는 숨기려고 하는 유인을 갖는다. 따라서 현장에서의 문제가 무엇인지 모른 채 행정학 연구를 할 가능성이 크다. 그렇기 때문에 우리나라에서의 행정학연구는 '장님이 코끼리 다리 만지기'나 '숨겨진 보물찾기'로 비유될 수 있다.

17) 정식명칭은 "중국공산당 제11기 전국대표대회 제3차 중앙위원회 전체회의"이다.

한다고 지적하였다. 그러나 디킨슨(Dickenson) 같은 사람은 공공관료들도 적절한 유인(incentive)만 있다면 자신들의 일을 실험도 해보고 개선을 위하여 적극적으로 노력할 것이라고 하였다(전상경·홍완식(공역), 1991: 304-305).

기술적 위해(technological hazard)나 환경공해의 위험에 대한 공공관료들의 태도는 일반대중이 용인할 수 있는 것보다도 더 높은가 또는 더 낮은가? 만약 원자력발전소나 유전공학 연구소의 관리자들이 위험선호자들이라면 그들은 사회의 구성원들이 자발적으로 받아들이고자 하는 수준보다도 사회를 더 큰 위험에 빠뜨릴 수 있다. 다른 한편 공공관료들이 위험회피자라면 공공투자의 평균생산성은 위험에 대한 일반대중의 평가에 기초하여 이루어지는 투자에 의한 생산성보다도 더 낮게 될 것이다(전상경·홍완식(공역), 1991: 306).

아무튼 관료들의 복지부동현상을 순전히 관료들의 공직관(公職觀)의 결핍으로 돌리기보다 공직사회에 본원적으로 내재하는 업무의 불확실성 측면에서 생각해 볼 필요가 있다. 그러므로 위험에 대한 관료들의 태도를 위시하여 다음과 같은 여러 가지 질문들은 여전히 경험적 연구를 기다리고 있다. 즉 관료들은 위험을 감수하는가? 그렇다면 그들이 감수하는 위험은 어떤 유형인가? 그들은 위험에 대한 적절한 보상을 받는가? 불확실성(uncertainty)이 내포되어 있는 혁신은 어떤 방식으로 추진되고 실행될 수 있을 것인가?

2. 불확실성의 인식(risk perception)

(1) 인식의 중요성

영국의 철학자 코딩턴(Coddington)에 의하면 인식은 지식(knowledge)을 나타내는 것이 아니라 오히려 '지식의 대용물'(knowledge surrogates)을 상징할 뿐이다. 지식의 대용물은 실체(reality)라기보다도 오히려 억측(臆測; conjectures)이나 소망 또는 두려움과 더 유사하며, 그것은 오히려 복잡한 실체구조에 관한 진정한 불확실성(genuine uncertainty)을 나타내는 것이다(전상경(역), 1991: 46).

위험의 인식도 예외가 아니다. 즉 기존의 위험관련 연구에 의하면 위험에 관한 사람들의 인식은 실제의 위험상황과 반드시 일치하지는 않는다. 동일한 사건에 대해서도 개인별 또는 집단별로 위험인식에 차이가 생긴다. 이것이 가능한 이유는 특정 사건의 발생빈도에 대한 정확한 정보부족 때문이기도 하겠지만 그것보다 오히려 객관적 자료를 이해하고 사용하는 데 필요한 개인의 능력차이 때문이다. 이처럼 위험의 실체와 인식간에 차이가 나타나는 것은 위험에 대한 인식이 단순히 확률적 지식이나 과거의 통계에 의해서 결정되는 것이 아니라 오히려 사람들의 인지구조에 의해서 영향받는다는 것을 뜻한다(정익재, 1994: 52-53).

인식과 실체간의 차이는 다음의 식 (5.11)을 이용하여 공식적으로 설명될 수 있다.

$$\hat{Q} = Q_a + Q_t \qquad \cdots\cdots (5.11)$$

$\hat{Q}$는 인지된 불확실성(위험)수준이고, Q_a는 실제의 위험수준이며, Q_t는 여러 가지 왜곡을 초래하는 영향력 때문에 생기는 일시적 교란을 나타낸다. 교란을 나타내는 항(項)인 Q_t는 0의 평균치를 갖지 않을 수도 있으며 오히려 체계적으로 편향되어 있을 수도 있다. 그렇기 때문에 실제 위험수준인 Q_a 대신 인지된 위험수준 $\hat{Q}$에 얽매이게 된다면 여러 가지 문제가 야기될 수도 있다.

위험의 인식과 실체간의 차이와 연관된 대표적 사례는 1979년에 발생한 미국 펜실베이니아 주의 드리마일 아일랜드(Three Mile Island)원자로 사건이다. 언론매체가 그 사건을 대대적으로 보도한 결과 일반인들은 원자로의 노심(爐心; core)이 녹아내릴 확률이 0.01~0.1 정도라고 믿었다. 그렇지만 원자로의 노심이 녹아내릴 수도 있는 실제의 확률은 0.000001~0.00001인 것으로 알려졌다. 만약 우리가 노심의 용융(熔融)으로 인해 야기될 수 있는 실제의 위험을 Q_a라고 한다면, 앞의 확률이 주어졌을 때 인지된 위험 $\hat{Q}$는 최소한 Q_a의 10,000배까지 과장될 수 있다. 이와 같은 사실을 식 (5.11)에 적용해 보면, 일시적으로 왜곡된 위험효과 Q_t는 적어도 진정한 위험수준 Q_a의 9,999배까지 확대될 수 있음을 알 수 있다(전상경(역), 1991: 57).

(2) 불확실성(위험)의 인식

사람들은 자신들이 인식하는 바에 따라 위험에 대처한다. 그러므로 위험에 대한 인식이 잘못될 경우, 위험에 대처하기 위한 각종 노력은 무용지물로 끝날 수 있다. 그러므로 효과적 위험관리의 출발점은 정확한 위험평가(risk assessment)이다. 그렇지만 위험의 인식은 편견에 좌우될 수 있고, 사람에 따라 상당한 편차도 존재한다. 특히 전문가와 일반인들간의 위험에 대한 인식이 상이한 경우도 많다(최병선, 1994: 32). 이와 같이 위험에 대한 객관적 인식과 주관적 인식간에 차이가 나기 때문에, 위험관리는 단순히 과학기술차원에서만 추구되어서는 안 되며 반드시 사회문화적 차원까지 고려되어야만 한다. 그렇기 때문에 위험인지에 관한 이와 같은 특수성을 배제한 위험관리정책은 정책실패의 원인이 될 수 있는 것이다(김영평 외 3인, 1995: 936).

어떤 위험의 경우에는 광범위한 통계적 자료가 쉽게 이용가능하다. 예를 들면 자동차사고의 빈도수나 가혹함은 이러한 예에 속한다. 그러나 알코올이나 담배로 인한 위험의 경우 그 위험스러운 효과(hazardous effect)가 쉽게 드러나지 않을 뿐만 아니라 그것의 평가는 복잡한 역학 및 실험연구를 필요로 한다. 어느 경우에서나 그러한 발견들을 해석하고 그것들의 미래에 대한 함축성을 결정하는 데는 인간의 판단이 필요하다.

유전자 재조합 연구 또는 원자력과 관련된 위험들은 비교적 생소한 것들이어서 위험평가는 직접적 경험보다 이론적 분석에 의존하여야만 한다. 비록 이러한 분석이 정교하기는 하지만, 여기에도 또한 인간의 판단요소가 많이 포함된다. 그와 같은 판단을 내려야 할 사람들은 그 문제의 구조는 물론이고 고려해야 할 결과 및 있을 수 있는 각종 상황의 중요성을 고려해야만 한다.

일단 그와 같은 분석이 이루어지고 나면 그 분석결과는 실제로 그러한 위험관리를 책임지고 있는 산업가(industrialists), 환경론자(environmentalists), 규제자, 정치인, 그리고 유권자와 같은 여러 계층의 사람들에게 전달되어야만 한다. 만약 이러한 사람들이 그러한 위험관련 통계(risk statistics)를 이해하지 못할 뿐만 아니라 믿으려 하지 않는다면, 불신과 갈등이 생기고 종국적으로는 비효과적 위험관리가 초래될 수밖에 없다.

평범한 사람들이 위험을 평가해 보라는 부탁을 받으면, 그들은 적절한 통계자료를 갖고 있지 않기 때문에, 대체로 문제가 되는 위험한 상황에 대해서 자신들이 직접 보고 들은 것의 기억에 바탕한 추론(inferences)에 의존한다. 최근의 심리학적 연구에 따르면 그러한 상황에서 사람들은 몇 가지 일반적인 추론규칙을 사용하게 된다고 한다. 기술적 용어로는 발견적 규칙(heuristics)이라고 알려져 있는 그러한 판단규칙들은 귀찮고 복잡한 일을 단순한 것으로 전환시키는 데 자주 사용된다. 이와 같은 발견적 규칙은 개인의 경험과 관찰을 중심으로 형성된 심리적 인식 및 판단의 주관적 기준을 의미한다. 따라서 발견적 규칙이 어떤 경우에는 적절할 수도 있지만, 다른 경우에는 크고 지속적인 오류

를 초래할 수도 있다. 이와 같은 발견적 규칙으로서 활용될 수 있는 지침으로
서는 활용가능성(availability), 과신에 의한 인식(overconfidence), 확실성에의 열
망(desire for certainty) 등의 세 가지를 들 수 있다.

발견적 규칙으로서의 활용가능성이란 손쉽게 기억할 수 있고 상상할 수
있는 경험 또는 지식에 의존하여 위험을 평가하는 것이다. 활용가능성에 의거
하여 위험을 평가한다면, 실제로는 질병에 의한 사망률이 훨씬 더 높은 데도
불구하고 오히려 세상을 떠들썩하게 하는 사건의 사망률을 더 높게 평가하는
오류가 발생될 수 있다. 한편 발견적 규칙으로서의 과신에 의한 인식이란 사람
들은 종종 자신의 지식이나 판단에 지나치게 의존하여 위험평가를 한다는 것
이다. 이러한 경향은 전문가와 일반인 모두에게서 발견되고, 위험평가에 상당
한 편견이 개입될 수 있다. 마지막으로 발견적 규칙으로서의 확실성에의 열망
이란 사람들이 위험평가시에 확실성에 대한 편향적 자세를 갖는 것을 뜻한다.
그 결과 불확실성에 대한 자신의 주관적 판단을 감소시킬 수 있는 증거나 정보
를 의도적으로 차단함으로써 위험인식의 오류를 범할 수 있다. 이것은 자기과
신의 또 다른 형태라고 할 수 있다.

이상은 개인 수준에서의 객관적 위험성과 주관적 위험성간에 나타나는 불
일치의 요인을 설명한 것이다. 이 같은 불일치는 개인수준에서뿐만 아니라 집
단적 수준이나 사회적 수준에서도 일어난다. 즉 집단적 수준에서의 불일치는
조직의 운영목표·상벌체계·정보 및 의사전달체계 등과 같은 요인들 때문에
생길 수 있으며, 사회적 수준에서의 불일치는 지역적 특수성·전통·문화·가치
체계 등과 같은 요인들 때문에 생길 수 있다(정익재, 1994: 54).

(3) 불확실성에 대한 한국인의 의식

우리나라는 1994년도에 성수대교가 붕괴되었고,[18] 1995년도에는 삼풍백
화점이 무너져 수많은 인명피해가 일어났다.[19] 이와 같은 대형참사가 발생할

---

18) 1994년 10월 21일 오전 7시 서울시 성동구 성수동과 강남구 압구정동을 연결하는 성수대교의
상부 트러스트 48m가 붕괴하여 출근·등교하던 시민 49명이 한강으로 추락하였고 그 중 32명
이 사망하였다. 사고원인은 부실공사와 부실감리, 안전검사미흡 등으로 밝혀졌으며, 당시 서
울시장 이원종은 사임하였다. 그 뒤 서울시는 1995년 4월 기존의 성수대교를 헐고 새로운 다
리를 지어 1997년 3월 개통하였다.

때마다 그 원인은 인재(人災)라고 지적되며, 정부나 관련당사자들의 안전점검이 허술하고 형식적이라는 데 비난의 초점이 모아진다. 만약 안전점검을 충실히 이행하였더라면 대형사고는 예방될 수 있었다는 점에서 그와 같은 사건들이 인재임이 분명하다(정윤수, 1994: 75).

대형사건이 발생할 때마다 사전예방이 많이 지적된다. 하지만 예방에 관심을 갖기 위해서는 우선 불확실에 대한 정확한 인식이 필요하다. 사실 우리나라 사람들은 사고를 인과관계로 파악하기보다 운수불길로 여기는 경우가 많다. 상당수의 사람들은 자동차의 과속운전이나 음주운전에 내포되어 있는 위험성에 매우 무감각하다. 이러한 사례는 1970년대에 발생한 이리역 화약운반열차의 폭발사고[20]에서 극명하게 드러난다. 즉 폭발사건 당시 폭발물 운반원은 화약이 들어있는 상자 위에다 촛불을 켜고 잠을 잤다고 한다. 이것은 위험에 대한 인식의 결여에 기인하는 것이다(김영평, 1994: 13).

몇 년 전 우리나라에서 발생한 대형 건축물사고에 대하여 외국에서는 그것이 급속한 고도성장의 부산물이라고 지적하기도 한다. 특히 일본 같은 나라에서는 한국과 일본간의 건축기술에 근본적 차이가 없기 때문에 그러한 현상은 기술적 측면에서가 아니라 사회적 측면에서 설명되어야 한다고 하였다(조선일보, 1995년 7월 4일). 저자는 그러한 원인 중의 하나로서 위험에 대한 우리 국민들의 인식결여를 지적하고 싶다.[21] 위험에 대한 관심을 갖기 위해서는 무엇보다도 확률개념의 이해가 절대적으로 필요하다. 최근 다소 변화가 있기는 하

---

19) 1995년 6월 29일 서울 서초동 소재 삼풍백화점이 붕괴하여 사망 501명, 실종 6명, 부상 937명의 인명손실을 초래하였다. 대단지 상가로 설계되었지만 정밀한 구조진단 없이 백화점으로 변경되었고, 완공 후에도 무리한 확장공사를 하였다. 설계·시공·유지관리의 부실에 따른 참사였다. 지상 5층, 지하 4층, 그리고 옥상의 부대시설로 이루어진 삼풍백화점은 붕괴사고 수개월 전부터 균열붕괴의 조짐이 있었다고 한다.

20) 1977년 11월 11일 지금의 전라북도 익산시 익산역에서 발생한 대형열차폭발사고로 사망 59명, 중상 185명, 경상 1,158명의 인명사고와 더불어 가옥 전파 881동, 반파 780동, 소파 6,042동, 그리고 7,873명의 이재민을 발생시켰다. 11월 9일 인천을 출발하여 광주로 가던 한국화약주식회사의 화약열차 호송원 신무일 씨는 "화약류 등의 위험물은 역 내에 대기시키지 않고 곧바로 통과시켜야 한다"는 원칙을 무시한 이리역 측에 항의하다 묵살되자 이리역 앞 식당에서 음주를 한 후 화약열차에 들어갔다. 화물열차속이 어둡자 논산역에서 구입했다는 양초에 불을 붙여 화약상자에 세워 놓은 뒤 침낭 속에 몸을 싣고 잠에 빠졌는데 미처 끄지 않은 촛불이 화약상자에 옮겨 붙었다. 당시 열차에는 다이너마이트 22톤, 초산암모니아 5톤, 초안(硝安)폭약상자 2톤, 뇌관상자 1톤 합계 30여 톤의 위험물이 쌓여 있었다.

21) 정익재(1994: 64)도 우리나라 국민들은 아직 위험을 잘 인식하지 못한다고 지적한다.

지만 일반인들은 말할 필요도 없고 사회과학을 연구하는 대학생들조차도 이러한 확률에 대한 인식이 매우 부족하다는 생각이 든다.

1960년대의 경제개발 과정에서 우리 국민들은 '하면 된다'라는 강한 자신감을 얻었다. 그러한 자신감과 우리 국민들 사이에 뿌리깊은 '설마'라는 사고방식이 결합하여 불확실성에 대한 대처가 다소 만용적 측면을 띠고 있다. 아무튼 우리나라 국민들의 위험인식은 "잘 되겠지"라는 근거 없는 낙관주의, "이 정도 쯤은"이라는 대책없는 모험주의, "나는 괜찮겠지"라는 자기예외주의 등이 복합적으로 작동되어 위험회피적이라기보다 다소 위험선호적 경향을 띠고 있는 것 같다.

삼풍백화점 붕괴사고 이후 아파트의 불법개조에 대해서 일련의 규제조치가 내려졌었다. 실제로 삼풍백화점 붕괴 이후 불법 개조된 아파트의 안정성이 문제시되자 원상복구명령이 내려졌고, 또한 그와 같은 규제는 실내 장식업계의 영업에도 상당한 타격을 주었다고 한다. 아파트의 불법개조는 대개 중산층 이상이 몰려 사는 소위 고급 아파트일수록 더 심하다. 그런 사람들은 소득 수준이 높기 때문에 다른 어떤 계층의 사람들보다 생활을 안전하고 쾌적하게 보내고 싶은 욕구를 갖는다. 물도 수돗물 대신 생수(生水)를 즐기고, 약간의 돈을 더 들여서라도 무공해식품을 사려고 하는 집단들이다.

그렇게 자신의 생명에 애착을 갖는 집단들이 자신의 생명은 물론이고 다른 사람들의 생명을 앗아갈지도 모를 건물붕괴의 위험성을 초래할 수 있는 불법개조를 왜 자행하려고 하는가? 만약 그들이 아파트 개조가 초래하는 위험성에 대해서 실로 공감한다면, 생명에 강한 애착을 가진 그들이기 때문에 아파트 불법개조를 권유받는다고 하더라도 거절할 것이다. 그러므로 무조건 불법개조를 규제하기보다 그것이 건물안전도에 미치는 위험성을 주지시키는 것이 더욱 효과적일 것이다.

정부의 위험성에 대한 홍보에도 문제가 없는 것은 아니다. 사실 정부가 아무리 위험성을 강조한다 하더라도 그러한 정부의 발표가 국민들로부터 신뢰를 얻지 못하면 아무런 효과가 없다. 최근 중앙정부나 지방정부를 막론하고 혐오시설 입지를 둘러싸고 지역주민들의 협조를 확보하는 데 많은 어려움을 겪고 있다. 쓰레기 매립장이나 핵폐기물 저장소와 같은 시설의 안전성(위험성)에 대하여 정부가 아무리 정확한 홍보를 하더라도, 국민들이 정부를 신뢰하지 않으면 아무런 소용이 없는 것이다.

(4) 불확실성(위험)인식에 대한 SNS의 영향과 시사점

우리는 앞에서 실제의 불확실성(위험) Q_a과 인지된 불확실성(위험) $\hat{Q}$간에
는 교란요인 Q_t 로 인하여 상당한 괴리가 발생할 수 있음을 보았다. 교란요인
Q_t 가 0의 평균치를 갖지 않고 체계적으로 편향되면 양자 간의 괴리가 고착화
될 수 있다. 불확실성(위험)에 대한 일반인들의 인식통로는 앞서 언급한 대로
활용가능성(availability), 과신에 의한 인식(overconfidence), 확실성에의 열망
(desire for certainty)과 같은 발견적 규칙(heuristics)이다.

개인들이나 집단들이 의존하는 발견적 규칙(heuristics)은 그들이 처한 상
황이나 가치정향 및 구성원들 간의 응집력 등에 크게 의존될 수 있다. 최근 인
터넷의 발달로 등장한 이른바 SNS는[22] 의사소통의 신속함과 구성원들간의 강
력한 연대감 때문에 개인들의 불확실성(위험)인식에 상당한 영향을 미친다.

특히 SNS는 이른바 "괴담(怪談)"을 확대·재생산함으로써 교란요인 Q_t를
편향되게 하는 경향이 있다. 최근 우리사회에 큰 사회적 문제가 되었던 광우병
사태나 세월호침몰 원인을 둘러싼 논쟁들은 실제의 불확실성(위험) Q_a과 인지
된 불확실성(위험) $\hat{Q}$ 간의 간극을 극명하게 보여 주는 대표적 사례라고 하겠
다. 즉 2008년 4월 18일 광우병위험부위의 수입을 허용하는 한·미 쇠고기협상
에 대한 반발은 "미국산 쇠고기 수입으로 광우병이 창궐할 것이다"라는 광우병
공포를 순식간에 확산시켜 연인원 100만명이 참여하는 촛불집회가 3개월간 계
속되었다. 하지만 현재까지 광우병환자는 발생하지도 않았다.

또한 2014년 4월 16일 수학여행 가던 안산 단원고 학생 324명을 포함하여
승객 476명을 싣고 인천을 출발하여 제주로 가던 여객선 세월호가 전남 진도
군 인근해에서 침몰하여 승객 295명이 사망하고 9명이 실종하는 대형사건이
발생하였다. 세월호사건의 수사와 재판과정에서 세월호는 "불법증축으로 선체
복원력이 약해진 상태에서 규정의 두 배가 넘는 화물을 적재하였고, 짐을 더
싣기 위해 평형수까지 뺐다. 그러한 상황에서 화물이 균형을 잃어 쏟아지면서
침몰했다"라고 밝혀졌다. 하지만 SNS상에서는 미국의 핵잠수함 충돌성 또는

---

22) SNS(Social Network Service)는 온라인 상에서 타인과 소통하거나 관계를 맺게 해 주는 서비
스로서 카카오톡이나 스카이프 같은 모바일메신저, 트위터나 페이스북 같은 마이크로 블로그,
네이버 블로그 같은 블로그 등을 들 수 있다. SNS는 관심사나 활동을 공유하는 사람들 간의
관계망을 구축해 주는 역할을 한다.

한국 해군잠수함 충돌설이 유포되었고, 한 TV방송국에서는 잠수함 충돌가능성을 주장하는 네티즌의 주장을 특집으로 보도하여, 상당한 시청률을 기록했다고 한다. 하지만 2017년 3월 25일 사고 후 3여년 만에 인양된 세월호의 선체는 대체로 원형 그대로를 유지하고 있어 잠수함 충돌가능성의 허구가 드러났다 (조선일보, 2017년 3월 27일 사설).

이와 같이 교란요인 Q_t가 편향되면 혼란이 발생하여 엄청난 사회적 비용을 초래하기 때문에 정부는 실제의 불확실성(위험) Q_a과 인지된 불확실성(위험) $\hat{Q}$간의 괴리를 최소화하도록 노력하여야 한다. 이렇게 하기 위해서는 무엇보다 국민들의 정부에 대한 신뢰감제고가 요구된다.

제 4 절 ▌ 불확실성하의 정책분석의 예

1. 불확실성과 보험

모가 나지 않은 100원짜리 동전을 던져서 이순신이 있는 면이 나오면 상금을 받고 100이라는 숫자가 있는 면이 나오면 동일한 액수의 벌금을 내는 게임을 생각해 보자. 그 상금(벌금)이 천원이든지 백만원이든지 두 경우 모두 0원이라는 동일한 금전적 기대금액을 갖는다. 그렇지만 상금이 백만원일 경우가 천원일 경우에 비하여 더 위험하며, 따라서 불확실성이 그만큼 더 크다고 하겠다.

위험이라는 용어는 어떤 불확실한 상황이 가져다주는 결과의 변이성(變異性; variability)을 나타낸다.[23] 변이성이 작을수록 불확실성은 그만큼 줄어든다. 그렇기 때문에 본 장 제3절에서 이미 지적하였듯이 의사결정자가 위험회피적이라면, 위의 경우처럼 동일한 기대금액을 가져다주는 두 게임에서 대체적으로 변이성이 낮은 게임을 택하게 마련이다. 이러한 논리는 위험회피적 개인에게 있어서 추가적 상금으로 인한 한계효용(marginal utility)은 상금이 클수록 감소한다는 데 근거한다. 따라서 위험회피적 사람은 자신의 현 소득 수준에서 백

---

23) 그래서 때때로 통계학의 분산(variance)의 개념이 위험의 대용물(proxy)로 사용되기도 한다.

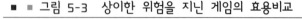

■ ■ 그림 5-3 상이한 위험을 지닌 게임의 효용비교

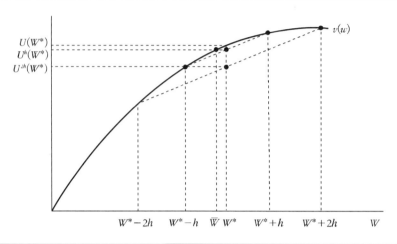

만원이 걸려 있는 동전던지기 게임을 할 경우, 이길 때 얻는 백만원의 상금이 가져다주는 효용보다 질 때 잃게 되는 백만원의 손실이 가져다주는 효용을 더 심각하게 느낀다.

걸려 있는 상금의 액수가 적어 천원 정도라면 잃을 때나 딸 때 초래되는 효용의 크기에는 별반 차이가 없지만, 이처럼 상금의 액수가 커지면 양자간에 뚜렷한 차이가 생긴다. 이러한 사정은 [그림 5-3]에서 잘 나타난다. 여기에서 W^*는 현재 부(富)의 수준을 나타내고 $v(w)$는 각종 부의 수준에 대해서 개인이 느끼는 만족의 정도를 나타내는 노이먼-몰겐스턴의 효용함수이다. $v(w)$는 한계효용이 체감하는 모양으로 되어 있으며,[24] 이와 같이 부의 한계효용이 체감하는 효용함수를 가진 자는 위험회피적이라고 불린다.

현재 부의 수준이 W^*인 위험회피적인 사람이 승률이 50 : 50이고 걸려있는 상금이 각각 h원과 $2h$원인 두 게임을 제안받았다고 가정해보자. 이 경우 현재 부의 효용은 $U(W^*)$이다. 걸려 있는 상금이 h원인 게임이나 $2h$인 게임 모두 기대상금은 0원이지만, 전술하였듯이 걸려 있는 상금이 $2h$인 게임은 상금이 h인 게임보다 불확실성이 더 크다. $U(W)$는 불확실성하의 기대효용을 나타내주는 노이먼-몰겐스턴 효용함수이다. 상금이 h원, $2h$인 경우의 기대효용을

24) 한계효용이 체감한다는 것은 소득수준이 높아짐에 따라서 추가적 1원이 가져다 주는 효용의 크기가 줄어든다는 것을 의미한다.

$U^h(W^*)$, $U^{2h}(W^*)$라고 하면, 이들 각각은 식 (5.12)와 같이 구해지고 그것이 그림의 수직 축에 표시되어 있다.

$$U^h(W^*) = (\frac{1}{2}) \times v(W^* + h) + (\frac{1}{2}) \times v(W^* - h),$$

$$U^{2h}(W^*) = (\frac{1}{2}) \times v(W^* + 2h) + (\frac{1}{2}) \times v(W^* - 2h) \qquad \cdots\cdots (5.12)$$

[그림 5-3]에서 알 수 있듯이 기대효용의 크기는 $U(W^*) > U^h(W^*) > U^{2h}(W^*)$이다. 즉 위험회피적인 의사결정자의 현재의 부가 W^*라면 그는 공정한 게임(fair game)의 경우보다 현재의 부를 더 선호하며, 공정한 게임 중에서는 결과의 변이성, 즉 위험이 적은 쪽을 더 선호한다. 이것은 개인의 효용함수 $v(W)$가 한계체감을 가져오는 형태이기 때문이다. 따라서 기대금액이 동일하더라도 상금의 변이성이 크면 효용감소의 폭도 그만큼 더 커진다.

우리는 매일매일 불확실성하에서 살고 있다. 자동차사고를 당하여 생명을 잃을 수도 있고, 불이 나서 애써 마련한 집을 날릴 수도 있으며, 근무하던 직장에서 쫓겨나 새로운 일자리를 찾아야 할 경우도 있다. 경우에 따라서는 물난리가 나서 귀중한 재산과 인명 및 농산물에 막대한 손실을 입게 될 수도 있다. 또한 귀여운 자녀들이 성장하여 대학에 진학할 무렵 집안이 어렵게 되어 등록금을 낼 수 없을지도 모른다.

사람들은 이러한 불확실한 상황에 대처하기 위하여 각기 자기 나름대로의 자구책(自救策)을 마련하려고 하며, 이러한 불확실성을 줄이는 개인들의 노력에 도움을 주는 대표적인 사회제도(social institution)가 보험이다. 즉 보험제도는 어떤 개인이 불확실성에 대비하여 보험회사에 일정한 금액의 보험료(insurance premium)를 납부하면, 예기치 못한 사건이 발생하여 그가 손실을 입게 될 경우 보상해 주는 제도이다.

우리는 여기서 위험회피적 개인이 왜 보험에 가입하는지를 생각해 보기로 한다. 현재의 부가 W^*인 사람이 자동차 보험에 가입하는 경우를 가정하자. 자동차보험에 가입하지 않고 사고가 난다면 그 사고처리 때문에 h원의 부를 사용하여야 하지만, 그 반대로 보험에 가입한다면 보험회사로부터 사고처리에 필요한 h원을 지급받을 수 있다. 문제를 단순화시키기 위하여 사고가 발생할 확률과 그렇지 않을 확률은 50 : 50이라고 가정하자. 이와 같은 불확실성하에서 노이먼-몰겐스턴의 기대효용은 $U^h(W^*)$이고, 이러한 효용수준을 가져오는 확실한 부의 수준은 [그림 5-3]에서 $\overline{W}$ 이다. 그러므로 이 사람은 자동차보험에 가입함으로써 줄일 수 있는 불확실성의 대가로서 최대한 $(W^*-\overline{W})$만큼의 금액을 기꺼이 지불하려고 할 것이다. 바로 이러한 논리 때문에 위험회피적인 사람들은 보험에 가입하려고 하며, 이때 이 사람이 지불할 수 있는 보험료의 최대 크기는 $(W^*-\overline{W})$가 된다.

(1) 공정한 보험(fair insurance)

보험료는 개인이 보험에 가입하기 위하여 보험회사에 지불하는 경비이다. 어떤 보험의 보험료는 종종 단위 보험계약금액(insurance coverage)에 대한 보험가입비의 비율로 나타내기도 하는데, 우리는 여기에서 그것을 r로 표시한다. 자동차보험에 가입하려는 갑에 대해서 생각해 보기로 하자. 갑은 자동차 사고의 발생여부에 관계없이 보험회사에 단위 보험계약금액당 r이라는 비율로 보험료를 납부해야만 한다. 만약 자동차 사고가 발생하면 갑은 보험회사로부터 보험계약금액을 지급받는다. 따라서 사고가 발생할 경우 갑이 단위 보험계약금액당 지급받게 되는 순보험금(純保險金)은 $(1-r)$원이 된다. 이것은 단위 보험계약금액과 단위 보험계약금액당 보험료의 차이이다. 이것이 바로 현실세계에서 작동되고 있는 대부분의 보험의 실제구조이다.

위와 같은 원리에서 보험가입비 r은 얼마가 될 것인가? 우선 보험료가 보험회사의 기대보험지급액(expected payoff)과 동일한 회계상 공정한 보험(actuarially fair insurance)을 가정하자. 사고가 발생하면 보험회사는 단위 보험계약금액인 1원을 지급하고, 그렇지 않을 경우는 0원을 지급한다. 사고발생확률이 ρ이라면 단위 보험계약금액당 기대보험지급액은 $\rho \times 1$원이 된다. 회계상 공정한 보험일 경우 보험료와 기대보험금액은 일치하므로 $r=\rho$가 된다. 즉 회계상 공정한 보험일 경우 보험계약금 1원에 대한 보험가입비는 곧 사고발생확률과 같다는 것을 뜻한다. 예를 들면 만약 사고발생확률이 $\frac{1}{5}$일 경우, 갑은 회계상으로 공정한 보험 1원어치를 0.2원에 구입할 수 있다는 의미이다(Katz and Rosen, 1994: 191).

(2) 불공정한 보험(unfair insurance)과 정책적 함의

지금까지 우리는 보험료가 기대보험지급액과 동일한 경우를 가정하였다. 그러나 현실세계에서는 보험료가 기대보험지급액보다 클 수밖에 없다. 환언하면 평균적으로 볼 때 보험가입자가 보험회사에 지불하는 금액은 보험회사로부터 지급받는 보험금보다도 더 클 수밖에 없다는 것이다. 우리는 이러한 경우의 보험을 '불공정한(unfair) 보험'이라고 부른다.

현실세계에 불공정한 보험이 존재하는 이유는 다음과 같은 두 가지로 요약될 수 있다.

첫째, 공정한 보험일 경우 보험회사들은 그들의 경상적 경비를 부담할 수 있는 이윤을 남길 수 없다. 만약 보험회사가 보험료와 평균적으로 동일한 보험청구금(claim)을 지불한다면, 보험회사들은 직원들의 급료와 건물의 임대비 등을 지불할 재원을 갖지 못한다. 따라서 보험회사 자체의 기업성을 고려한다면 불공정한 보험은 처음부터 당연한 것이다.

둘째, 보험료는 각 가입자 개개인의 특성에 따라 불완전하게 조정된다. 만약 사고를 낼 수 있는 확률이 서로 다른 두 운전자인 갑과 을이 보험에 가입할 경우, 보험회사는 원칙적으로는 그들 각각의 사고발생확률에 따라서 다른 보험료를 부과해야만 한다. 실제로 보험회사는 보험가입자들의 위험유형(risk classes)에 따라 보험료에 차등을 둔다. 그러한 위험유형은 운전자들의 성별·운전경력·사고경력·결혼여부·연령 등과 같은 관찰될 수 있는 특징들을 이용하여 구분된다. 그렇지만 동일한 유형이라고 해도 사고발생확률은 운전자 개개인에 따라서 다를 수 있다. 그러므로 사고발생확률이 다른 운전자들이 동일한 보험료를 납부하고 보험에 가입하면, 결과적으로 그 중 어떤 운전자들은 불공정한 보험을 구입하는 셈이 된다.

현실적으로 모든 개인의 사고발생위험에 부응하는 보험료를 부과하는 것이 거의 불가능하기 때문에 보험에서의 불공정성은 필요악(必要惡)인지 모른다. 따라서 이와 같은 불공정성이 불가피할 경우, 보험회사들은 지나친 이윤추구를 도모할 유인이 생기므로 보험가입자들은 부당한 피해를 볼 수 있다. 바로 이와 같은 이유 때문에 국가가 보험료산정에 간여하는 것이 정당화될 수 있는 것이다. 뿐만 아니라 보험가입자들을 유형짓기 위하여 보험가입자들에 관한 정보를 보험산업자들끼리 공유하도록 정부가 정책적으로 제도화할 필요성도 대두된다.

(3) 보험에서의 문제점

위에서 언급한 바와 같이 보험회사가 보험가입자들의 사고발생확률에 대한 정확한 정보를 갖지 못한다면 불공정성이 발생한다. 이와 같은 불공정성은 보험가입자와 보험회사 양측에 모두 좋지 않은 결과를 초래할 수도 있다. 보험가입자의 개인적 특성에 대해서는 보험회사보다 보험가입자가 더 잘 알고 있기 때문에 보험가입을 통해 상대적으로 큰 편익을 누릴 수 있는 가능성이 큰 사람들[25]의 보험가입에 대한 수요는 매우 높아진다. 이것은 역선택(逆選擇; adverse selection)을 낳게 되고, 보험가입자와 보험회사 모두에게 좋지 못한 결과를 초래하게 된다.[26]

보험가입자의 특성에 대한 정보가 불충분하기 때문에 보험회사들은 집단보험(group coverage)에 비하여 개인보험(individual coverage)에 대해서는 상대적으로 높은 보험료를 부과시킨다. 그렇게 되면 오직 사고발생확률이 높은 사람들만 개인보험에 가입하려고 할 것이기 때문에 보험회사는 재정적 어려움을 겪을 수도 있다. 이와 같은 보험회사의 재정적 어려움은 보험료 상승을 초래하고, 그것은 다시금 보험가입의 필요성을 절실히 느끼는 사람들만 보험에 가입하게끔 하는 결과를 초래한다. 이러한 악순환이 되풀이되어 보험료가 지나치게 높게 책정되면 종국적으로 사람들은 보험가입을 포기하게 된다.

뿐만 아니라 보험회사들은 보험가입자들의 행동에 대해서도 충분한 정보를 갖지 못한다. 그러므로 보험가입자들은 보험회사들의 이와 같은 약점을 이용하여 일단 보험에 가입한 후 사고발생확률에 변화를 초래하는 행동을 할 유인을 갖는다. 이러한 현상은 도덕적 위해·해이(moral hazard)라고 불리며,[27] 역선택과 더불어 효율적 보험시장의 작동을 저해하는 또 다른 요인이다.

금융감독원은 헌법재판소의 판결에 따라 음주나 무면허 운전을 하다 사고를 일으킨 운전자도 보험에 의한 보상을 받을 수 있도록 하였고, 또한 이 조치

---

25) 환언하면 이러한 사람들은 사고발생확률이 매우 높은 사람들이다.
26) 역선택은 본 장의 제5절에서 상세하게 논의된다.
27) 도덕적 위해·해이는 본장의 제5절에서 상세하게 논의될 것이다.

를 지금부터 2년 전까지 소급하여 적용할 수 있게 함으로써 보다 많은 사람들이 헌법재판소의 판결에 따른 혜택을 누릴 수 있게 되었다(매일경제, 2000년 2월 21일). 이러한 조치는 운전자의 도덕적 위해·해이를 부추길 가능성이 있고 또한 궁극적으로는 준법자들이 위법자들에게 보조금을 지불하는 결과를 초래하는 불합리한 판결이라고 하겠다.

(4) 사회보험(social insurance)

개인은 미래에 닥칠 불확실성에 대비하여 자발적으로 보험에 가입한다. 그렇지만 보험가입을 전적으로 개인에게 맡길 경우 전술한 역선택이나 도덕적 위해·해이 때문에 보험시장의 효율적 작동이 어렵게 되는 경우가 생긴다. 바로 이와 같은 이유 때문에 현대사회에서는 그 가입이 사회적으로 의무화되는 사회보험의 중요성이 대두된다.

사회보험은 다음과 같은 특색을 지닌다. 즉 사회보험은 ① 가입이 강제적이며, ② 그 수혜와 자격이 부분적으로는 개인들의 지금까지의 납부금(contribution)에 달려 있고, ③ 보험금지급은 실업·질병·노령 등과 같이 뚜렷이 확인될 수 있는 사건발생이 있을 경우에 이루어지며, ④ 수혜자의 재산상태를 기준으로(means-tested) 그 수혜여부가 결정되지는 않는다. 우리나라의 경우 의료보험·산재보험·자동차보험·고용보험·각종 연금보험 등이 이러한 사회보험의 유형에 속한다(소영진, 1994: 101). 아무튼 사회보험이 필요한 이유는 다음의 네 가지로 정리될 수 있다.

1) 역 선 택

이미 지적하였듯이 역선택이란 보험에 가입함으로써 편익을 누릴 가능성이 높을 것으로 예상되는 사람들이 보험가입에 대하여 필요 이상의 높은 수요를 갖게 되는 현상이다. 이와 같은 역선택의 가능성과 보험가입자가 갖는 정보의 우월성 때문에[28] 보험회사는 수지를 맞추기 위하여 집단보험(group coverage)보다 개인보험(individual coverage)의 경우 더 높은 보험료를 부과하지 않을 수

---

28) 여기에서 정보의 우월성이란 보험가입자의 개인적 특성에 대해서는 보험회사보다 보험가입자 자신이 더 정확한 정보를 갖고 있음을 지칭하는 것이다.

없다. 이러한 높은 보험료의 부과는 역선택 현상을 더욱 부추기게 된다. 왜냐하면 높은 위험에 부딪힐 가능성이 큰 사람들만이 상대적으로 비싼 보험료를 부담하려 할 것이고, 그렇지 않은 다른 사람들은 자신이 처하게 될 위험성에 비하여 상대적으로 비싼 보험료를 부과하는 보험에는 가입하지 않을 것이기 때문이다. 이렇게 되면 결국 시장에 의해서는 효율적 보험공급이 이루어질 수 없는 상황이 초래된다. 바로 이와 같은 이유 때문에 모든 사람들을 하나의 큰 집단, 즉 국가의 일원으로 생각하여 그 가입을 강제할 필요성이 대두된다. 의료보험의 국민개보험(國民皆保險)·국민연금·자동차보험 중의 책임보험 등은 이러한 특성을 반영해 주는 대표적인 보험형태이다.

2) 부정적(父情的) 간섭주의(paternalism)

사람들은 사고에 대한 충분한 정보를 갖지 못할 수 있다. 따라서 사람들은 자신의 안녕을 위해서 충분한 보험을 사지 않을 수도 있기 때문에 정부는 그들로 하여금 강제로 보험에 가입케 하여야만 한다. 만약 사회보험이 없다면 대부분의 사람들은 은퇴 후에 행하게 될 적절한 수준의 소비행위를 고려한 충분한 재산을 적립하지 않을 수도 있다.

그러나 과연 사람들이 자신의 장래를 걱정하지 않을 정도로 단견적인 생각을 하는지도 의문이다. 또한 그것을 인정한다 하더라고 정부개입이 가장 바람직한 것인가라는 의문이 제기될 수도 있다. 즉 개인주의적 철학사조를 가진 사람은 개인의 문제는 개인이 해결하는 것이 바람직하며, 정부간여는 바람직스럽지 않다고 주장한다.

그렇지만 사회보험의 가입이 정부에 의하여 강제되지 않는다면, 어떤 부류의 사람들은 만약 자신들이 극도로 곤란한 처지에 처하게 될 경우 사회가 자신들을 돕지 않을 수 없게 될 것이라는 배짱으로 보험가입을 회피할 수도 있을 것이다. 그렇지만 사회보험은 강제적이기 때문에 그와 같은 배짱을 지닌 사람들도 보험료를 물고서 보험에 가입하지 않을 수 없게 된다.

3) 의사결정비용의 절약

보험과 연금(annuity) 등은 매우 복잡하다. 따라서 개인이 자신에게 가장 적당한 보험을 선택하는 것은 쉬운 일이 아니며, 그렇게 하는 데는 많은 시간과 노력이 요구된다. 만약 정부가 정책적으로 모든 사람들에게 적합하다고 생각되는 프로그램을 선택하여 제시할 수 있다면, 각 개인들은 자신에게 적절한 보험을 선택하는 데 불필요한 자원이나 에너지를 소모할 필요가 없다. 그렇지만 여기에도 전혀 문제가 없는 것은 아니다. 왜냐하면 정부라고 해서 반드시 가장 좋고 올바른 보험 프로그램을 선정할 수 있다는 보장도 없을 뿐만 아니라, 오히려 각 개인들이 자신의 특수한 사정에 따라 훨씬 더 효율적인 선택을 할 수 있다는 주장이 있을 수 있기 때문이다.

4) 소득재분배

사회보험에서 지급되는 보험금혜택의 일부는 보험가입자 개인이 지금까지 납부한 보험료에서 충당된다. 사회보험은 소득재분배적 성격을 지니기 때문에 사회보험금의 편익과 보험료간의 관계는 매우 미약할 수밖에 없다. 따라서 보험료 납부액이 큰 부유층들은 민간보험(private insurance)을 구입하는 것이 더 유리하다고 생각할 수 있다. 우리나라의 경우 의료보험료는 소득에 따라 상이한데 이것은 사회보험이 소득재분배의 목표도 지니고 있기 때문이다. 정부가 사회보험 프로그램을 강제적으로 실시하는 이유가 바로 여기에 있다. 왜냐하면 강제적이 아닐 경우 사회보험에 가입하는 것이 자신에게 불리하리라고 생각하는 사람들(i.e., 높은 소득층의 사람들)은 보험가입을 회피하려고 할 것이고, 그렇게 되면 위험분산이라는 보험 본래의 목적은 달성될 수 없기 때문이다.

2. 금융시장의 불확실성과 예금자보호법

1997년 IMF구제금융을 지원받기 이전까지 각종 금융기관, 특히 은행에 대한 우리나라 국민의 신뢰는 거의 절대적이었다. 그러나 IMF구제금융 이후 몇몇 은행들과 종합금융회사들이 퇴출됨에 따라 그 회사의 주식은 휴지조각이 되어버렸으며, 예금자들도 상당기간 동안 지불유예를 경험함으로써 금융기관에 대한 절대적 신뢰도는 크게 훼손되었다. 뿐만 아니라 대우그룹의 부실채권이 경제전체에 미친 파장과 유사금융기관인 파이낸스사의 도산으로 국민들의 금융기관에 대한 위험도의 인식은 그 어느 때보다 높아졌다.

이러한 상황하에서 정부는 2001년부터 예금부분보호제도를 도입하여 실시하고 있으며, 이 제도는 불확실한 금융시장에 직면해 있는 금융기관 이용고객들의 금융기관선택행위에 심각한 변화를 초래하였다. 이론적으로 볼 때 위험회피적 고객들이라면 다소 낮은 수익을 받더라도 위험이 적은 금융기관이나 금융상품을 선호하게 될 것임은 분명하다. 실제로도 많은 사람들이 우량은행을 선호하고 있어 자금이 몇몇 은행으로 몰리는 현상이 뚜렷하게 나타났다. 하지만 이런 가운데서도 시중은행보다 다소 높은 이자율을 지급하는 저축은행 등과 같은 금융기관을 이용하는 고객들도 여전히 존재한다.

금융구조조정이 완전히 이루어지지 않은 상태에서 성급한 부분예금보호제도의 실시는 심각한 금융혼란을 초래할 가능성이 있기 때문에, 부분예금보호제도의 도입을 연기하거나 아니면 예금보호한도액을 원래의 2,000만원보다 상향조정해야 한다는 주장도 제기되었다. 마침내 정부는 계획대로 2001년부터 부분예금보호제도는 실시하되 보호한도액은 5,000만으로 크게 상향조정하였다. 우리는 불확실한 금융시장에서 개인의 금융거래행위에 많은 영향을 줄 수 있는 예금보호제도의 의의와 그 잠재적 효과를 설명하려고 한다.

(1) 예금자보호제도의 의의

금융기관이 영업정지나 파산 등으로 고객의 예금을 지급하지 못하는 사건이 발생하면 해당 고객은 말할 것도 없지만 금융제도 전체의 신뢰도에 큰 타격이 초래되어 금융시장에 엄청난 혼란이 일어난다. 이와 같은 상황을 예방하기 위하여 예금자보호법에 의해 설립된 예금보험공사가 평소 각종 금융기관으로부터 소정의 예금보험료를 받아 예금보험기금을 적립한 후, 금융기관이 예금을 지급할 수 없는 상황이 발생하면 예금보험공사가 금융기관을 대신하여 예금을 지급하는 제도가 곧 예금자보호제도이다. 예금보험은 예금자 보호를 위한 목적으로 법에 의하여 운영되는 공적 보험이기 때문에, 만약 금융기관이 납부한 예금보험료만으로 예금을 대신 지급할 재원이 부족할 경우에는 예금보험공사가 예금보험기금채권을 발행하여 재원을 조성할 수 있다.

예금자보호법에서 의미하는 예금은 금융기관이 만기일에 약정된 원리금을 지급하겠다는 약속하에 고객의 금전을 예치받는 금융상품을 의미한다. 그렇기 때문에 실적배당신탁이나 수익증권과 같이 고객이 맡긴 돈을 유가증권이나 대출 등에 운용한 실적에 따라 원금과 수익을 지급하는 투자상품은 여기서 말하는 예금의 범주에 속하지 않는다(www.kdic.or.kr).

　미국에서는 소액예금자와 은행공황사태를 방지하기 위해 1933년 정부기관으로서 연방예금보험공사(FDIC: Federal Deposit Insurance Corporation)를 설립했으며, 일본은 1971년 예금보험기구(JDIC)를 통해 예금보험활동을 하고 있지만, 우리나라의 경우 이보다 훨씬 뒤인 1996년 예금보험기구를 만들었다.

(2) 도덕적 위해·해이의 방지를 위한 부분보험제도의 필요성

　예금액을 모두 보장하는 예금전액보호제도는 예금자와 금융기관간의 도덕적 위해·해이를 유발시킬 가능성이 있기 때문에 금융선진국에서는 좀처럼 실시하지 않는 제도이다. 실제로 2001년 이전까지 전액 예금자보호제도를 적용하고 있는 나라는 전 세계적으로도 한국, 일본, 콜롬비아, 인도네시아, 쿠웨이트, 태국, 멕시코 등 10개국에 불과하였다. 이들은 대부분 금융위기에 직면하여 단기적으로 이를 회피하거나 신속한 수습을 위해 전액보험을 실시한 나라이다. 현재 예금자보호제도를 두고 있는 대부분의 국가들은 예금부분보호제도를 채택한다.

　만약 금융기관의 파산에도 불구하고 예금자의 예금이 전액 보장된다면, 예금자들은 금융기관의 잠재적 불확실성이나 위험을 따지지 않은 채 높은 이자를 지급하는 곳으로 몰리게 될 것이며, 금융기관들은 보다 많은 예금을 유치하기 위하여 무리한 경영을 감행할 수 있다. 높은 이자로 예금을 유치한 금융기관은 경영압박을 받게 될 가능성이 커지고, 비합리적 경영의 결과 문을 닫는 상황도 발생할 수 있다. 이것은 장기적으로 금융시장의 효율적 작동을 저해하게 될 것이다.

　미국은 1934년 의회에서 1934년 첫 6개월 동안만 유효했던 1인당 2,500달러의 한시적 보호한도를 5,000달러로 상향조정하였다. 그 후 1950년도에는 10,000달러, 1966년도에는 15,000달러, 1969년도는 20,000달러, 1974년도에는 40,000달러로 되었다가 1980년도부터 현재까지 100,000달러로 상향조정되었다(예금보호공사, 2000: 8). 한편 일본은 2002년 4월부터 1인당 1,000만엔(약 1억원)까지 보장할 제도를 도입할 예정이지만,[29] 우리나라는 2001년부터 1인당 5,000

---

29) 일본은 예금전액을 보호하던 이제까지의 제도 대신 원금의 1,000만엔까지만 부분 보장하는 제도를 2001년 4월부터 실시할 예정이었으나, 이 제도의 실시가 1년 연기되었다.

만원까지 보장하고 있다(www.kdic.or.kr).

이와 같은 예금부분보호제도가 실시되면 고객들은 수익률과 안정성을 곰곰이 따진 후 금융기관이나 금융상품을 선택하게 될 것이다. 고객들이 금융기관의 건실성을 파악하는 데 손쉽게 이용될 수 있고 또한 일반인들에게 비교적 친숙한 지표가 소위 국제결제은행(BIS: Bank for International Settlements) 자기자본 비율이다.[30] BIS기준 자기자본비율은 $\frac{BIS가중자기자본}{위험가중자산} \times 100$으로 정의된다. BIS 가중자기자본은 ① 자본금과 자본준비금으로 구성되는 기본자본에다 ② 재평가적립금 등과 같은 보완자본을 합한 것이며, 위험가중자산은 $\sum$(자산항목 $\times$ 위험가중치)로 정의된다(인태환, 2000: 580).

BIS비율은 국제적으로는 10% 이상을 요구하지만 은행과 종합금융사 8%, 금고는 4% 이상이면 큰 문제가 없는 것으로 인정되며, 금융감독원이 분기별로 한 번씩 발표한다. 은행의 경우 BIS 자기자본비율 이외에도 앞으로 떼일 가능성이 높은 대출금을 지칭하는 잠재부실규모, 대차대조표, 주가 등을 종합적으로 파악하여 건실성을 평가한다. 한편 보험회사의 경우 BIS 자기자본비율에 해당되는 것이 지급여력비율인데, 이것은 고액들이 한꺼번에 보험을 해약했을 때 돈을 제때에 지급할 수 있는지를 나타내는 것이다. 지급여력비율이 낮으면 재무구조가 부실하다는 신호이고 그 반대이면 상대적으로 우량한 보험회사라는 의미이다. 금융감독원은 100%를 기준으로 삼고 있다.

3. 불확실성과 편익비용분석

우리는 제4장 제3절에서 편익비용분석을 다루었으나 그때는 모든 편익과 비용이 확실하게 알려져 있는 것으로 간주하였다. 그렇지만 어떤 프로젝트의 타당성 분석을 둘러싼 중요한 논쟁은 그 프로젝트의 결과가 확실하게 알려져 있지 않다는 데 있다. 예를 들면 새로 건설하는 지하철은 수송체계의 개선에 어느 정도 기여할 수 있을 것인가? 또 우리가 건설하려는 원자력 발전소의 원자로(nuclear reactor)가 폭발할 가능성은 없는가? 만약 폭발한다면 얼마만한 손

---

30) 정부는 예금부분보호제 시행과 더불어 금융기관의 BIS비율, 자산수익률(ROA: Return On Asset), 자기자본이익률(ROE: Return On Equity) 등과 같은 주요경영지표를 분기별로 공개하여 예금자들의 금융기관 건전도에 대한 정보부족을 보완한다.

해를 초래할 수 있을 것인가? 하는 것 등이 공공 프로젝트와 관련된 불확실성의 문제이다. 우리는 본절에서 이와 같은 불확실성이 고려된 편익비용분석에 대해 설명하려고 한다.

논의의 단순화를 위해서 동일한 비용이 소요되고 단 한 사람의 시민인 갑에게만 영향을 미치는 두 개의 프로젝트 X와 Y를 상정하기로 하자. 프로젝트 X는 백만원의 확실한 편익을 보장하는 데 반해, 프로젝트 Y는 아무런 편익도 창출하지 못할 확률이 $(\frac{1}{2})$이고 이백만원의 편익을 창출할 확률이 $(\frac{1}{2})$이라고 한다. 이때 갑은 어떤 프로젝트를 더 선호할 것인가?라는 질문이 제기될 수 있다.

평균적으로 생각한다면 프로젝트 Y의 편익과 프로젝트 X의 그것은 동일하다. 왜냐하면 프로젝트 Y로부터의 기대편익은 $(\frac{1}{2}) \times 0 + (\frac{1}{2}) \times 2,000,000$ $=1,000,000$이기 때문이다. 만약 갑이 위험회피적이라면 그는 당연히 프로젝트 X를 택할 것이다. 왜냐하면 프로젝트 X는 확실한 편익을 주는 반면 프로젝트 Y는 불확실성을 내포하고 있기 때문이다. 이러한 상황을 좀 더 깊게 생각해 보면 다음과 같은 추론이 가능하다. 즉 만약 갑이 위험회피적이라면, 그는 백만원보다는 다소 작은 어떤 확실한 금액과 프로젝트 Y를 기꺼이 교환하려고 할 수 있을 것이다. 환언하면 갑은 확실성을 보장받는 대가로 얼마간의 소득을 포기할 수 있다는 것이다. 우리는 사람들이 다소간의 보험료를 부담하면서 각종의 보험에 가입한다는 사실로부터, 위험을 회피할 수만 있다면 사람들은 기꺼이 그 대가로서 다소간의 소득을 희생할 수 있다는 경험적 증거는 찾을 수 있다(Rosen, 1985: 197).

어떤 프로젝트에 관련된 불확실성을 평가하기 위해서 확실성 동등치(certainty equivalents)라는 개념이 필요하다. 확실성 동등치란 어떤 프로젝트로부터 발생되는 불확실한 결과의 집합(set of uncertain outcome)[31]과 기꺼이 맞바꿀 수 있는 '확실한' 소득을 뜻한다. 우리는 어떤 프로젝트의 편익 또는 비용이 불확실할 때, 그러한 것들은 확실성 동등치로 환산해서 편익비용분석을 수행해야 한다. 이와 같은 확실성 동등치를 계산하려면 ① 프로젝트로부터 얻을 수 있는 수익의 분포에 대한 정보는 물론이고 ② 관련된 사람들의 위험회피정도

---

31) 불확실한 결과의 집합이란 일종의 로터리(lottery)이다. 위의 경우 (1/2)의 확률로 0원을 얻게 되는 경우와 (1/2)의 확률로 이백만원을 얻게 되는 경우의 조합을 의미한다.

에 관한 정보도 알아야만 한다.

경우에 따라서 이와 같은 두 가지 전제들은 잘 충족될 수 있다. 예를 들면 댐 건설공사로부터의 편익을 추정하려면, 댐 건설 때문에 어느 정도의 홍수재해가 감소될 수 있을지를 추정할 수 있어야 한다. 이와 같은 정보는 각종 공학적 자료 및 기상자료로부터 도출될 수 있을 것이다. 이것과 대조적으로 각종 결과에 확률치를 부여하는 것이 어려운 경우도 많다. 예를 들면 원자로의 기능 장애의 경우 그것을 측정할 수 있을 만큼 충분한 경험이 축적되어 있질 못하다. 또한 어떤 무기체계가 갖는 전쟁억제능력의 가능성도 측정하기가 매우 어렵다.

그러므로 이와 같은 불확실성이 개재되어 있을 경우 분석가는 실질적 분석 전에 자신의 전제를 명확히 설정해야만 하고, 만약 그러한 전제가 바뀌었을 때 분석결과가 어떻게 달라질 것인가에 대해서 미리 충분하게 생각해야만 한다(Rosen, 1985: 198). 이와 같이 편익비용분석시에 사용되는 각종 자료가 불확실한 경우 서로 다른 가능한 값들을 이용하여 각 대안의 비교와 평가에 미치는 영향을 분석할 필요가 있으며, 그러한 분석은 민감도분석(sensitivity analysis)이라고 불린다.

(1) 확실성 동등치의 계산

어떤 불확실한 프로젝트의 확실성 동등치 계산을 설명하기 위하여 다음과 같은 간단한 보기를 상정하자. 갑은 현재의 소득이 W원이며 직업훈련 프로그램에 참가할 것을 고려하고 있다. 그러나 그는 그와 같은 직업훈련 프로그램이 그의 미래소득에 얼마만큼 긍정적 영향을 미칠지에 대한 확신은 갖고 있지 않다. 그 직업훈련 프로그램이 갑의 소득에 아무런 영향을 끼치지 못할 가능성이 $(\frac{1}{2})$이고, 그의 소득을 y원 만큼 끌어올릴 확률도 $(\frac{1}{2})$이라고 상정하자. 이 직업훈련 프로그램의 편익은 갑이 이 프로그램에 참가하기 위해 기꺼이 지불할 수 있는 최대의 금액이며, 여기서의 주요한 문제는 그 금액을 결정하는 것이다.

상식적 수준에서는 이 프로그램의 편익은 그것의 기대편익 $(\frac{1}{2})y$로 생각할 수 있다. 그렇지만 이와 같은 기대편익은 그 프로그램의 결과가 불확실하기 때문에 갑이 위험에 직면해 있다는 사실을 간과한 결과이다. 갑이 위험회피적인 한 그는 확실한 결과를 얻는 대가로 얼마간의 소득을 기꺼이 포기하려고 할

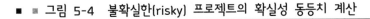

■ ■ 그림 5-4   불확실한(risky) 프로젝트의 확실성 동등치 계산

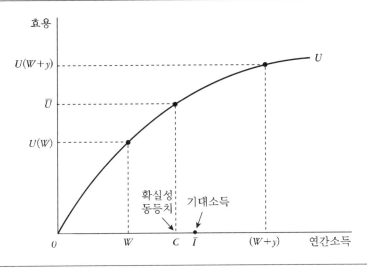

것이다. 그러므로 이러한 사실을 고려하여 프로젝트의 비용과 편익이 불확실할 때에는 그것들을 확실성동등치로 환산한 후 분석을 계속해야만 한다.

[그림 5-4]에서 수평축은 갑의 소득을 나타내고 수직축은 갑의 효용을 나타낸다. 곡선 OU는 각 소득수준에 해당되는 갑의 효용의 크기를 나타내는 효용함수이며, 소득의 증가에 따라 효용도 증가하지만 그 증가속도는 느리다. 이러한 효용함수는 갑이 위험회피적임을 암시해 주는 것이다.

만약 직업훈련 프로그램이 아무런 성과도 주지 못한다면 갑의 소득은 W일 것이고, 이때의 갑의 효용은 [그림 5-4]에서 $U(W)$가 된다. 한편 직업훈련 프로그램이 성공한다면 그의 소득은 $(W+y)$로 증가할 것이며, 이에 따라 그의 효용은 $U(W+y)$가 된다. 직업훈련 계획이 성공할 확률과 실패할 확률은 각각 $(\frac{1}{2})$이기 때문에 직업훈련 프로그램으로 인한 갑의 기대소득은 $[W+(\frac{1}{2})y]$가 된다. [그림 5-4]에서 알 수 있듯이 이것은 W와 $(W+y)$의 중간지점인 $\overline{I}$에 해당되는 금액이다.

갑은 불확실성하에 처해 있기 때문에 그의 관심은 기대소득이 아니라 기대효용이다. 갑의 기대효용은 직업훈련 프로그램이 초래할 수 있는 두 가지 결과의 효용치인 $U(W)$와 $U(W+y)$의 평균치로서 $[(\frac{1}{2}) \times U(W) + (\frac{1}{2}) \times U(W+y)]$이며, [그림 5-4]에서 $\overline{U}$로 표시되고 있다. 갑의 주된 관심은 $\overline{U}$의 효용을 가져다주는 소득이 얼마인가를 찾는 것이다. 그것은 그림의 수평축에 C로 표시되어 있으며 그것이 곧 확실성 동등치이다. [그림 5-4]에서 알 수 있듯이 확실성 동등치 C는 기대소득 $\overline{I}$보다 적다. 이것은 갑이 확실한 소득을 얻는 대가로 $(\overline{I}-C)$만큼의 프리미엄을 기꺼이 지불할 수 있음을 뜻하는 것이다.

이상에서 본 바와 같이 불확실성을 포함하는 프로젝트의 편익과 비용은 프로젝트가 초래하는 단순한 기대금액으로 계산되는 것이 아니라 관련 당사자들의 효용함수, 즉 위험에 대한 태도에 따라 달라지는 소위 프리미엄을 고려한 값으로 결정되어야만 한다. 만약 위험이 수많은 사람들 사이에 골고루 퍼져 있다면 기대금액도 확실성 동등치의 좋은 근사치로 활용될 수 있다(Arrow and Lind, 1970). 그렇지만 개인의 소득에 비하여 위험이 상대적으로 클 경우 확실성 동등치를 계산하여 편익비용분석을 진행해야만 한다(Rosen, 1985: 208–209).

(2) 확실성 동등치를 이용한 불확실성하의 편익비용분석

이제 확실성 동등치라는 개념을 이용하여 편익비용분석을 해보기로 하자. 어떤 프로젝트에는 위험성이 개재되어 있어 그 프로젝트의 내년도 산출이 0원일 확률은 $(\frac{1}{2})$이고 100억원일 확률도 $(\frac{1}{2})$이라고 가정하자. 이 프로젝트의 기대산출액은 50억원이 된다. 그렇지만 우리가 위험을 싫어하면, 이 프로젝트보다 수익이 확실한 50억원을 보증하는 프로젝트를 더 선호하게 될 것이 명백하다.

만약 우리가 50억원의 기대수익을 갖는 위험한 프로젝트와 45억원의 확실한 수익을 갖는 안전한 프로젝트간의 선택에 무차별적이라면, 우리는 50억원의 기대수익을 갖는 위험한 프로젝트의 확실성 동등치는 45억원이라고 생각할 수 있다. 이것을 다르게 표현한다면 확실성 동등치를 구하기 위하여 10%의 위험할인계수(risk discount factor)가 적용되었다고 말할 수 있다. 이제 우리는 위험한 프로젝트를 평가하기 위해서 확실성 동등치의 할인된 현재가치를 계산하기만 하면 된다.

위험한 프로젝트가 채택되기 위해서는 동일한 금액의 기대수익을 가져다주는 확실한 프로젝트보다 더 높은 수익을 올려야만 한다. 우리는 위험한 프로젝트가 위험을 보상하기 위하여 받아들여야만 하는 추가적 금액을 위험프리미엄(risk premium)이라고 부른다.

■ ■ 표 5-4 위험한 투자에 대한 편익비용분석

연도	기대 순편익	위험할인 계수	확실성동등치의 순편익	시간할인율 (10%)	확실성동등치의 순편익의 할인된 값
1	-100만원	1	-100만원	1	-100만원
2	100	0.9	90	0.91	81.90
3	100	0.8	80	0.83	66.40
4	100	0.75	75	0.75	56.25
5	-50	1.5	-75	0.68	-51
총계	150		70		53.55

〈표 5-4〉는 5년차 프로젝트에 대해서 위험프리미엄을 조정하는 과정을 나타낸 것이다. 우리는 첫 연도의 초기투자는 확실한 것으로 가정하였기 때문에 첫 연도의 위험할인계수는 1이다. 2, 3, 4차 연도의 편익은 갈수록 불확실하므로, 각 연도마다 누진적으로 큰 위험할인계수들이 적용되었다. 마지막 연도에는 그 프로젝트가 폐기되는데, 이 같은 프로젝트의 폐기에도 상당한 비용이 소요된다.[32] 그러나 이러한 비용들은 불확실하기 때문에 이 비용에 대한 위험할인계수는 1.5가 된다.

각 연도별 확실성 동등치를 계산하기 위하여 우리는 기대순편익에 위험할인계수를 곱한다. 특정 연도의 확실성 동등치의 순편익의 현재가치를 구하기 위해서 우리는 그 특정 연도의 확실성 동등치의 순편익의 값에 시간할인율을 곱한다. 전체 프로젝트기간의 확실성 동등치의 순편익의 현재가치의 총합을 구하기 위해서는 〈표 5-4〉의 마지막 칼럼을 합하면 된다.

(3) 불확실성(위험)과 할인율

편익비용분석에서 범하게 되는 가장 흔한 실수는 위험에 직면하였을 때 정부는 더 높은 시간할인율을 적용해야한다는 주장이다. 제4장 제3절에서 논의하였듯이 할인율이란 미래의 어떤 시점에서의 1원의 값을 현재값으로 환산할 때 적용되는 비율이다. 위험이 개재된 프로젝트에 시간할인율을 크게 잡으면 엉뚱한 결과를 낳을 수도 있다. 우리는 이것을 보기 위하여 종결시점(termination)에

---

32) 여기에 대한 사례는 원자력발전소의 수명이 완료되었을 경우 원자로의 폐기에 소요되는 경비를 생각할 수 있다.

비용이 소요되는 그러한 프로젝트[33]를 생각해 보기로 하자.

종결시점에 소요되는 비용이 불확실한 경우 그 프로젝트는 훨씬 덜 매력적으로 되는 것이 통상적인 생각이다. 만약 불확실성으로 인한 위험성을 상쇄하기 위하여 높은 시간할인율을 적용한다면 어떠한 일이 일어날지 생각해 보자. 높은 시간할인율은 종결비용의 현재값을 크게 감소시킬 것이고, 그 결과 그 프로젝트의 매력은 감소하는 것이 아니라 오히려 증가된다. 이와 같은 이상스러운 결과는 전혀 다른 두 개의 별개의 이슈인 ① 상이한 시점에서의 소득평가와 ② 위험도의 평가를 전혀 구분하지 못했기 때문에 나타나는 것이다 (Stiglitz, 1988: 270).

제 5 절 ▌ 비대칭정보와 정책

1. 비대칭정보와 그 정책적 함의

(1) 비대칭정보의 의미

일상생활의 거래에서 우리는 상대방의 특성이나 행동에 대해서 잘 알지 못하는 경우가 많다. 전자는 흔히 감추어진 특성(hidden characteristics)이라 불리고 후자는 감추어진 행동(hidden action)이라고 불린다. 감추어진 특성이나 행동과 같이 거래의 당사자들간에 존재하는 불균형적 정보를 비대칭정보(asymmetric information)라고 한다. 비대칭정보는 시장실패를 야기하는 주요한 원인이 될 뿐만 아니라 비시장영역도 효율적으로 작동되지 못하게 한다. 비시장영역, 특히 정부에서 존재하는 비대칭정보는 그 국가의 민주화 수준에 따라 그 정도가 다르다.[34] 특히 오늘날과 같은 대의제적 민주주의하에서 국민과 국민의 대표간에 비대칭정보가 존재하면 대의민주제의 작동 그 자체가 심각하게 위협받을 수 있다.

중고차 시장에 나와 있는 차의 성능에 관해서는 구매자보다 판매자가 훨

---

33) 원자력발전소나 자동차의 수명이 다했을 때 그것을 폐기하는 데는 상당한 비용이 수반된다.
34) 최근 우리나라에서 지방자치가 실시되고 난 이후 정보공개조례가 제정되고 있는 것이 대표적 사례이다.

씬 더 잘 알며, 국민의 대표인 국회의원의 능력이나 인격에 관해서는 국민들
보다 국회의원 자신이 더 잘 안다. 또한 최근 많은 관심이 일고 있는 무공해
식품 판매의 경우 그 식품의 특성(i.e., 무공해성의 여부)에 대해서 생산자와 소비
자들이 갖는 정보는 동일하지 않다. 이와 같이 거래의 한 당사자가 다른 당사
자가 갖고 있는 특징을 알지 못함으로 인하여 발생하는 비대칭정보는 감추어
진 특성(hidden characteristics)으로 불린다.

한편 거래의 한 당사자가 상대방에게 직접적인 영향을 주는 행동을 취하
지만 상대방은 그러한 행동을 인식하지 못할 때가 있다. 즉 소유와 경영이 분
리된 주식회사에서 주주는 경영자가 취하는 행동을 모를 수 있고, 자동차보험
가입자는 보험에 가입하였다는 안도감으로 자동차 안전운전에 소홀할 수 있지
만 보험회사는 그러한 운전자의 부주의를 모를 수 있으며, 국민들이 국회의원
을 선출하였을 때 그가 국회에 가서 어떠한 의정활동을 수행하고 있는지 모를
수 있다. 이와 같이 거래의 한 당사자가 다른 당사자에게 중대한 영향을 미치
는 행위를 하지만, 다른 당사자가 그러한 행위를 관찰할 수 없으므로 인하여
발생하는 비대칭정보는 감추어진 행동(hidden action)으로 불린다.

(2) 비대칭정보로 인한 정책문제

1) 역선택(adverse selection)

(가) 감추어진 특성과 역선택

감추어진 특성이라는 정보의 비대칭성은 거래의 한 당사자가 상대방의 특
성을 전혀 관찰할 수 없거나 관찰하는 데 상당한 비용이 들기 때문에 관찰할
유인이 생기지 않을 때 일어나는 문제이다. 이 경우 정보를 덜 소유하고 있는
당사자는 자신보다 더 많은 정보를 소유하고 있는 당사자들 중에서도 그가 가
장 싫어하는 특성을 지닌 사람들과 거래하게 됨을 알게 될 것이다. 즉 정보를
덜 소유하고 있는 자는 자신에게 도움되지 않는 당사자들을 선택하게 된다는
것이다. 이러한 잘못된 선택은 보험시장이나 노동시장 등에서 흔히 관찰될 수
있는 현상으로서 "악화(惡貨)는 양화(良貨)를 구축한다"는 소위 그레샴의 법칙
(Gresham's Law)과 일맥상통하는 점이 있다. 우리는 이러한 현상을 역선택(逆選
擇; adverse selection)이라고 부른다.

역선택은 여러 분야에서 발견되는 현상이지만 자동차 보험을 통하여 잘

설명될 수 있다. 즉 자동차 보험에서 역선택이 발생하는 가장 큰 원인은 보험
회사가 보험금 지급과 직접적으로 관련되는 사건발생의 확률에 영향을 미칠
수 있는 보험 가입자의 특성을 충분하게 파악할 수 없기 때문이다(Pauly, 1968;
1974). 업무 때문에 운전을 많이 해야만 하거나 또는 운전이 미숙하여 사고발생
의 확률이 높은 사람은 그렇지 않은 사람들보다 자동차보험 가입에 대한 선호
가 강할 것이다. 그러나 보험회사는 보험가입자 개개인의 특성에 관한 정보를
충분히 파악하기가 어렵거나 비용이 많이 들기 때문에 보험가입자에 대한 완
전한 정보를 구축할 수 없다. 결국 보험회사는 사고발생의 위험이 적은 사람들
보다 사고발생의 위험이 높은 사람들을 보험에 가입시키게 되는 결과를 초래
하는데 이것이 곧 자동차보험에서의 역선택이다.

　　이렇게 되면 보험료(premium)가 사고발생 위험도를 정확히 반영하지 못하
게 되며, 그 결과 사고발생이 낮은 보험가입자들은 사고발생확률이 높은 보험
가입자들에게 일종의 교차보조금(cross subsidization)[35]을 지급하는 셈이 된다.
사고발생확률이 높은 사람들에게 보험금이 지급되면 보험회사는 수지를 맞추
기 위해 곧바로 보험료를 인상하게 된다. 사고발생확률이 낮은 사람들은 자기
들의 위험도가 보험료에 정확히 반영되지 않기 때문에 불리한 대우를 받게 되
는 것을 알게 되어 종국적으로 보험가입을 회피하려고 할 것이다. 결과적으로
보험에 가입하게 되는 사람들은 사고발생확률이 높은 사람들뿐일 수도 있게
된다. 이것은 위험의 분산이라는 보험 본래의 취지와도 거리가 멀 뿐만 아니라
마침내는 보험시장 그 자체의 형성을 어렵게 만들 수도 있다. 역선택으로 인하
여 보험시장이 효율적으로 작동되지 않으면 높은 사회적 비용이 초래된다. 정
부가 책임보험 또는 종합보험의 가입을 강제하는 것은 비로 이와 같은 이유 때
문이다.

　　에컬로프(George Akerlof)[36]는 중고차시장(the market for 'lemon')[37]에서의 경
험적 관찰을 통하여 역선택 문제를 예리하게 분석하였다(George Akerlof, 1970).

---

35) 교차보조금이란 어떤 특정 집단의 소비자에게 한계생산비를 초과하는 가격을 부과함으로써 얻
　　을 수 있는 수익을 이용하여 다른 집단의 소비자들에게는 한계생산비에 못 미치는 수준에서
　　가격을 부과함으로써 서비스가 공급되도록 하는 메커니즘이다. 보다 자세한 것은 최병선
　　(1992: 35-36)을 참조할 것.
36) 에컬로프(George Arthur Akerlof)는 비대칭정보이론을 창시한 경제학자로서 정보경제학의 이
　　론적 토대구축에 대한 공로로 2010년도 노벨경제학상을 수상하였다.
37) 여기서 레몬(lemon)은 농산물로서의 레몬이 아니라 품질이 나쁜 중고차를 의미한다.

에컬로프에 의하면 중고차를 파는 사람은 그것이 '레몬'인지 아닌지를 잘 알 수 있지만, 중고차를 구입하려는 사람은 그렇지 못하다고 한다. 그렇기 때문에 중고차의 구입자들은 중고차 중에서 '레몬'이 있다는 사실은 알지만 자신이 사려고 하는 바로 그 차가 '레몬'인지는 모르기 때문에 중고차의 품질에 대한 평균적 정보밖에 이용할 수 없다. 따라서 중고차 구입자들은 중고차시장에서 발견되는 '레몬'의 평균 빈도수를 반영하는 가격만을 지불하려고 할 것이다.

'레몬'의 평균 빈도수를 반영한 중고차 가격은 '레몬'에 비해서는 높은 가격이지만 시장에 나온 상급품의 중고차에 비해서는 싼 가격이다. 따라서 상급품의 중고차 소유주들은 상대적으로 품질이 좋은 자신의 중고차를 '레몬'의 평균빈도수를 고려하여 설정된 가격에 팔려고 하지 않을 것이다. 그 결과 상대적으로 품질이 좋은 중고차가 시장에 출하되는 빈도수는 줄어들지만 오히려 '레몬'이 출하되는 빈도수는 증가할 것이다. 이러한 사실을 아는 중고차 구입자들은 증가된 '레몬'의 수를 고려하여 중고차 가격을 더욱 낮게 평가하려고 할 것이다. 따라서 현재 시장에 출하된 중고차들의 품질은 더욱 낮게 평가될 수밖에 없고, 그 결과 품질이 괜찮은 중고차 소유주들은 상대적으로 싼 값에 자신의 차를 팔려고 하지 않을 것이다. 이에 따라 시장에서 '레몬'의 비율은 점점 증가하게 되며, 궁극적으로는 악화가 양화를 구축하여 중고차 시장자체가 형성되지 않을 수도 있다.

(나) 역선택의 극복방안

감추어진 특성으로 인하여 역선택이 발생될 가능성이 있을 경우 상대적으로 많은 정보를 가진 당사자는 상대방이 잘 모르고 있는 자신의 특성을 알리기 위하여 여러 가지 방법을 동원하여 신호보내기(signalling)를 하려고 할 것이다. 예를 들면 우리가 대학에 진학하려는 것은 장래의 고용자에게 우리가 많은 능력을 갖춘 노동자라는 사실을 신호보내는 것이라고 생각할 수 있으며, 국회의원 출마자가 경력란에 칸이 모자랄 정도의 어마어마한 내용을 기입하는 것도 이러한 신호보내기의 일종인 것이다.

신호보내기의 주된 특징은 상이한 특성을 지닌 사람들은 서로 다른 가치의 신호를 보내려고 한다는 점이다. 시장에서 정보를 덜 소유하고 있는 자가 시장에서 정보를 많이 소유하고 있는 자를 분류하기 위하여 사용되는 하나의 장치는 흔히 거르기(screening)라고 알려져 있다. 기업체에서 신입사원을 채용할 때 제출토록 요구하는 TOEIC이나 TOEFL성적, 그리고 정보처리사와 같은 각종 자격증은 지원자의 능력에 대해서 충분한 정보를 갖지 않은 회사가 수많은 지원자들 중에서 회사가 필요로 하는 사람들을 선발하는 데 필요한 일종의 거름장치(screening device)인 것이다.

자기선택적 장치(self-selection device)란 거래당사자들의 특성을 잘 알지 못하지만 그러한 당사들이 주어진 시장조건에 어떻게 반응하는가를 관찰함으로써 비대칭정보에 대응하는 한 방편이다. 자동자보험에서는 운전자가 사고를 내어 보험처리를 할 경우 사고유형에 따라 운전자 자신이 일정금액을 부담하도록 하는 자기부담금제도(deductibles)가 채택되고 있는데, 이것은 가장 전형적인 자기선택적 장치이다. 자기부담금제도하에서 자기부담금액이 크면, 사고발생시 보험회사가 지급해야 할 보험금지급액은 그만큼 작아진다. 그러므로 비교적 높은 자기부담금을 부담하려는 사람들은 그만큼 운전에 자신있는 사람들일 것이므로 그들에게는 보험가입비를 싸게 할 수 있다. 이러한 논리를 적용하여 자기부담금액이 다른 여러 가지 유형의 보험상품을 개발한다면, 자동차 운전자들은 자신의 운전태도를 고려하여 자신에게 가장 적절한 보험상품을 스스로 택하게 될 것이다.

자동차보험회사는 자기부담금과 같은 자기선택적 장치 이외에도 역선택 현상을 제거하기 위한 다양한 방법을 고안하고 있다. 즉 보험가입자를 여러 가지 카테고리로 분류하여 보험자의 감추어진 특성을 찾아내고 그러한 특성을 보험료에 반영함으로써 역선택을 줄이려고 한다. 보험가입시에 보험가입자의 성(gender), 연령, 결혼상태, 운전경력, 사고경력, 자동차 사용의 주목적(출퇴근 또는 오락용) 등과 같은 여러 가지 항목을 조사하여 그 조사결과에 따라 보험료에 차등을 주는 것이 전형적인 방법이다.

역선택은 결국 거래 당사자들간의 감추어진 특성으로 인하여 발생하기 때문에 원할한 정보의 소통이 가장 확실한 해결방안이다. 하지만 정보 그 자체는 공공재(public goods)적 성격을 띠므로 효율적 정보의 공급은 공공재에 내재하는 집합적 선택의 딜레마 때문에 그렇게 용이하지 않다. 그러므로 정보소통을 보다 용이하게 함으로써 이러한 역선택을 극복하기 위해서는 각종 정부규제나 집단간의 공동노력이 요구된다. 아무튼 상품의 품질에 관한 불확실성, 즉 감추어진 특성이라는 비대칭정보를 감소하기 위하여 제시되고 있는 몇 가지 방안들은 살펴보면 다음과 같다(George Akerlof, 1970: 499-500).

① 보증제도

자동차나 각종 가전제품처럼 내구성(耐久性)이 있는 제품들은 품질에 대한 정보의 비대칭성을 극복하는 한 방안으로서 일정기간 동안의 품질을 보증해주는 보증서가 활용될 수 있다. 제2장에서 설명한 바 있는 제조물책임(PL: Product Liability)법이나 유해식품회수(recall)제도는 보증제도의 좋은 사례라고 할 수 있다. 이와 같은 보증제도는 생산자가 소비자에게 보내는 품질에 대한 강력한 신호보내기장치(signalling device)인 셈이다.

② 상표부착의 의무화

상표(brand-name)는 품질을 암시해 줄 수 있을 뿐만 아니라 품질이 좋지 않을 경우 소비자가 보복할 수 있는 수단을 제공해 준다. 소비자가 품질에 대해서 만족하지 못할 경우 탈퇴(exit)나 주장(voice)과 같은 메커니즘으로 생산자를 보복할 수 있다. 그렇기 때문에 생산자는 그러한 위험성을 피하기 위하여 품질에 관한 비대칭정보를 줄이려고 할 것이다.

최근 불량식품에 관련된 사건들이 빈번하게 보도되고 또한 무공해 식품에 대한 관심이 증대됨에 따라 수박, 쌀 등과 같은 농산물이나 과일 및 멸치젓 같은 식품류에도 상표가 등장하고 있다. 이것은 상품에 대한 불확실성을 감소시키는 데 상당한 도움이 될 것이다.

③ 체인제도(chains)

호텔이나 식당 그리고 각종 편의점들은 체인으로 운영되는 경우가 많은데, 이러한 체인점은 기본적으로 동일한 품질을 유지할 것이 요구된다. 우리가 낯선 곳에 방문하였을 때 그곳의 사정을 잘 모른다면, 어떤 호텔이나 식당 및 편의점을 이용하는 것이 좋은지 알 수 없다. 그렇지만 이와 같은 체인점은 동일한 품질이 보장되기 때문에 그것이 어떤 곳에 있더라도 그 서비스의 질에 대한 불확실성을 어느 정도 해소할 수 있다.

고속도로 휴게소의 음식은 값에 비하여 품질이 좋지 않다고들 한다. 음식점의 입장에서 보면 대부분의 손님들이 소위 뜨내기이기 때문에 굳이 좋은 서비스를 제공할 유인을 갖지 못한다. 미국의 경우 고속도로의 휴게소에는 맥도널드나 버거킹 같은 이름난 햄버거 체인점이 있다. 이러한 체인점은 여행자들로 하여금 햄버거 맛에 대한 불확실성을 상당히 감소시켜 준다.

④ 공인제도

우리나라의 KS마크는 정부에 의하여 품질을 공인하는 제도이다. 이것은 소비자들로 하여금 상품의 질에 관한 정보의 불확실성을 상당히 줄여 준다. 이와 같은 공인제도는 민간영역에서도 찾을 수 있다. Q마크, 모범운전사마크, 모범식당마크, TOEIC시험이나 유도 및 태권도의 승단 인정제도 등이 이러한 예에 속한다.

⑤ 허가제도

전문의사, 변호사, 건축사, 간호사, 이발사 등은 모두 어떤 특수한 업무를 수행할 수 있는 충분한 능력을 갖추어야 한다. 특히 원자력 발전소 건설 등과 같은 고도의 위험성을 내포하고 있는 건설사업에는 건설업자의 기술수준에 대한 불확실성을 줄이기 위하여 특정 분야의 면허소지기업들에게만 그 참여를 제한시키기도 한다. 이와 같은 면허제도는 앞서 열거한 다른 제도들과 달리 특히 업무 그 자체가 위험성을 내포하고 있는 경우가 대부분이다. 그러므로 이러한 허가 또는 면허제도는 국가의 엄격한 통제를 받는 것이 보통이다.

⑥ 식품첨가물 표시제

소비자에게 필요한 정보를 줄 수 있도록 정부는 모든 의약품이나 주요 식품에 그 성분을 정확하게 표기하도록 규제한다. 특히 최근에 유전자변형식품에 대한 관심이 증가됨에 따라서 식품에 유전자변형여부를 반드시 표기하도록 규제하기 시작하였다.[38]

2) 도덕적 위해·해이(moral hazard)

(가) 감추어진 행동과 도덕적 위해·해이

감추어진 행동으로 인한 비대칭정보는 거래의 한 당사자가 다른 당사자의 행동을 전혀 관찰할 수 없거나 관찰할 수 있다고 하더라도 비용이 많이 들기 때문에 관찰할 유인이 생기지 않을 때 발생하는 문제이다. 이 경우 정보를 많이 소유한 자는 정보를 적게 가진 사람에게 불리한 어떤 행동을 유발할 수 있

---

38) 유전자변형(Genetic Modification)이란 한 종으로부터 유전자를 추출한 후 이를 그와 다른 종에 삽입하는 기술을 말한다. 이와 같이 한 종으로부터 추출된 유전자를 다른 종에 삽입하여 새롭게 만들어진 생명체를 유전자변형생물체(GMO: Genetically Modified Organisms)라고 부른다. 우리나라는 1996년부터 많은 국민들이 GMO생산물인 콩, 옥수수 등을 별다른 위험인식 없이 소비해왔다. 그러나 GMO에 관한 무역규제와 관련하여 2001년 유전자변형생물체의 국가간이동등에관한법률이 제정되었다. 동년 3월 1일부터 GM콩, GM콩나물, GM옥수수에 대해 의무표시제가 실시되었고, 2002년 4월부터는 GM감자에도 의무표시제가 실시되고 있다 (전영평·박기묵·최병선·최장원, 2004: 43~44, 58).

는 상당한 유인(incentives)을 갖는데 우리는 그러한 유인을 모럴 해저드(moral hazard)라고 부른다.

모럴 해저드는 일반인들도 자주 사용하는 용어인데 우리말로는 '도덕적 해이' 또는 '도덕적 위해'라고 번역되고 있다. 엄격하게 말한다면 모럴 해저드는 '도덕적 해이'와 '도덕적 위해'의 두 요소를 모두 포함하는 용어이다. 즉 어떤 사건의 발생확률에 대한 정보가 불완전한 상황에서 경제주체들이 보험이나 집단책임과 같은 외적 안전장치를 믿고 자기의 역할에 최선을 다하지 않는 것은 '도덕적 해이'라고 부르는 것이 적절하지만, 각 경제주체들이 자신의 이익을 위해 그 사건의 발생확률 자체를 고의로 조작하는 행위는 '도덕적 위해'라고 부르는 것이 더 적절하기 때문이다(나성린, 1998: 2-3).

감추어진 특성과 감추어진 행동의 차이를 명백히 하기 위하여 다음과 같은 경우를 상정해 보자. 즉 어떤 사람이 외국어학원의 시간제 강사직에 지원하려고 한다. 이때 강사를 고용하는 학원의 주된 관심은 그 강사가 맡은바 일을 얼마나 잘 할 수 있을 것인가일 것이다. 그의 성과는 강사로 채용된 후 그가 취하는 행동(예를 들면 그가 학생들에게 친절히 대하는가?)에 좌우될 것이지만 강사로 채용되기 전 그가 갖는 어떤 특성(예를 들면 그 강사의 설명하는 말투가 어눌하지는 않은가?)에도 좌우될 것이다. 그로 하여금 학원경영에 도움되는 행동을 하도록 하기 위해서는 그 강사를 채용할 때 그에게 합리적인 유인을 유발할 수 있도록 채용계약이 작성되어야만 한다. 그 강사가 지니고 있는 특성을 바꾸기 위해서 학원이 할 수 있는 것이라고는 별로 없다. 단지 학원은 그 강사의 특성을 찾아서 만약 그것이 나쁘다면 강사로서 채용하지 않을 수 있을 뿐이다. 이와 같이 감추어진 특성으로 인한 역선택이 채용당시의 일이라면, 감추어진 행동으로 인한 도덕적 위해·해이는 채용 후의 일인 것이다.

역선택의 경우와 마찬가지로 도덕적 위해·해이도 보험을 이용하면 쉽게 설명될 수 있다. 보험의 경우 도덕적 위해·해이란 보험가입으로부터 얻을 수 있는 편익 그 자체가 보험가입자의 행태에 영향을 미치는 현상을 지칭한다. 만약 보험회사가 보험가입자의 행위를 파악할 수 없다면 보험가입자의 행위가 보험료산정에 정확하게 반영될 수 없다. 이럴 경우 보험가입자는 ① 사고발생의 확률이나 ② 사고발생으로 인한 손실의 규모에 영향을 미칠 수 있는 행위를 취할 유인을 갖는다(McKenna, 1986: 91). 어떤 가정주부가 남편 명의의 생명보험을 여러 군데 가입한 후 고액의 보험금을 타기 위해서 정부(情夫)와 짜고 남편을 독살하려다가 적발된 사건이 있었다. 이것은 도덕적 위해·해이의 적나라한 사례이다.

'도덕적 위해·해이'라는 용어는 보험가입자가 보험금지급을 초래하는 행동을 유발시키는 것이 부도덕하다는 관점에서 유래되긴 했지만, 사실 우리들이 현재 사용하는 맥락에서는 '도덕'(morals) 그 자체보다 더 포괄적인 의미를 갖는다. 화재보험가입자가 보험금을 수령하기 위하여 자신의 집에 불을 저지르는 것이 부도덕한 것임에는 틀림없지만,[39] 여기에는 보험가입자가 화재예방을 위하여 기울여야 하는 조심성과 같은 보다 더 포괄적인 유인(incentives)문제가 개재되어 있다. 즉 우리들이 사용하는 '도덕적 위해·해이'라는 용어는 이와 같은 광범위한 유인효과(incentive effect)를 지칭하기 위한 것이다(Stiglitz, 1988: 299).

도덕적 위해·해이의 보기는 우리의 일상생활 여러 곳에서 찾아볼 수 있다. 즉 의료보험가입으로 인한 필요 이상의 지나친 병원방문, 자동차보험가입으로 인한 자동차 운전시의 주의소홀, 도난보험 가입으로 인한 소지품의 관리소홀, 화재보험 가입으로 인한 화재예방 조치에의 무관심, 보험금을 노린 생명보험 가입자의 살해, 화재 보험금을 노린 방화 등은 모두 도덕적 위해·해이의 대표적인 보기들이다. 최근 약국이나 병원이 실제로 이루어진 투약행위나 진료행위보다 더 많은 의료비를 국민건강보험공단에 청구하는 사례가 언론에 보도되고 있다. 이와 같은 의약기관들의 행위는 의료보험재정에 심각한 위협을 초래하고 궁극적으로는 국민들의 의료비부담증가를 유발시킨다. 이것은 의약기관과 건강관리보험공단간의 비대칭적 정보 때문에 발생하는 도덕적 위해·해이의 또 다른 보기이다.[40]

(나) 도덕적 위해·해이의 극복방안

도덕적 위해·해이의 극복을 위한 궁극적인 방안은 당사자들간에 감추어진 행동과 같은 비대칭정보가 발생하지 않도록 하는 것임은 자명하다. 하지만 어떤 방식으로 그러한 정보의 비대칭성을 예방할 수 있을 것인가가 문제이다. 거래의 당사자들간에 적절한 계약이 이루어지면 감추어진 행동으로 야기되는

---

39) 아무리 화재보험에 가입하였더라도 방화라는 것이 밝혀지면 보험금은 지급되지 않는다.

40) 우리나라는 이와 같은 의료기관의 도덕적 위해·해이를 방지할 목적으로 국민건강보험공단 산하에 의료기관의 부당·허위 청구여부를 심사하기 위한 심사평가원이 있으나 그 역할이 미미하다는 비판이 일고 있다.

문제를 효율적으로 통제할 수 있다. 도덕적 위해·해이는 보험이론을 통하여 잘 설명될 수 있었기 때문에 그 극복방안도 보험산업을 중심으로 설명하는 것이 편리하다. 즉 생명보험에 가입할 경우 보험가입자는 자신의 질병에 대한 병력(病歷) 등을 포함하는 계약 전 고지의무사항을 보험회사에 알려야 하며 이러한 내용 등이 보험청약서에 포함된다. 경우에 따라서 보험가입자는 보험계약 전에 보험회사가 요구하는 건강진단을 받아야만 보험가입이 가능하다.

여기에 덧붙여 보험금 지급사유가 발생하였을 때 보험가입자가 그 손해의 일부를 부담케 하는 공동보험(co-insurance)제도나 어떤 설정된 금액까지의 초기피해액은 보험가입자가 부담하고 그 나머지만 보험회사가 부담하는 자기부담금(deductible)제도 등도 도덕적 위해·해이를 방지하기 위한 제도적 장치이다. 그렇지만 이러한 공동보험제도와 자기부담금제도가 도덕적 위해·해이를 완벽하게 해결해 주지는 않는다. 왜냐하면 공동보험비율이 100%가 되지 못하거나 또는 자기부담금이 무한정이지 않는 한(다른 말로 한다면 개인들이 어떤 형태로든 보험을 구입하는 한) 어떤 형태로든 도덕적 위해·해이의 유인은 존재하기 때문이다.

우리나라의 자동차보험에는 이와 같은 도덕적 위해·해이를 줄이기 위한 여러 가지 방안들이 도입되어 실시되고 있다. 이러한 방안들은 모두 운전자의 운전특성을 보험료산정에 효율적으로 반영하기 위한 것들이다. 즉 운전자의 교통법규위반사항을 그 경중(輕重)에 따라 보험료산정에 차등적으로 반영하는 것이라든지, 에어백 설치 및 도난경보기의 설치유무에 따라 종합보험의 자손보험료를 일정비율 할인해 주는 것은 그러한 방안들 중의 한 보기이다. 이러한 방안들은 보험회사의 거름장치(screening device)라고 할 수 있으며, 이러한 거름장치에 부응하여 운전자들은 자신의 운전행태에 관한 신호를 보내려고 할 것이다.

국내의 현대해상, LG화재, 삼성화재, 동양화재, 신동아화재, 쌍용화재 등은 장기 무사고 운전자에 대해 자동차보험료의 일정 비율을 할인해 주는 우대제도를 도입하고 있다. 더욱이 몇몇 회사들은 일정기간 이상 사고를 내지 않는 운전자에 대해 대출금리를 할인해 주는 우수고객 서비스제도를 시행하고 있는데, 이것은 고객서비스의 차원에서 제공되는 혜택이라고 생각해 볼 수 있지만 그보다도 자기회사 보험가입자들의 도덕적 위해·해이를 방지하기 위한 일종의 제도적 장치라고 생각할 수도 있다. 그러므로 이러한 방안은 보험회사의 입장에서는 일석이조의 효과를 갖는다.

3) 정부의 사면조치로 야기되는 정보의 왜곡

역대 정부는 각종 경축일이나 대통령 취임일을 전후해서 '화해와 화합'을 도모하기 위해서 각종 사면조치를 취한다. 이와 같은 사면조치는 고도의 통치행위로서 긍정적 요소도 있지만, 다른 한 측면에서는 경제주체의 특성에 대한 축적된 정보를 송두리째 제거함으로써 시장질서를 교란시켜 효율적인 시장작동을 저해할 뿐만 아니라 경제주체들간에 심각한 형평성 문제도 야기시킬 수 있다. 이것은 정치적 합리성과 경제적 합리성이 상충되는 대표적 사례이다.

김대중 정부는 출범초기 교통사고 등과 같은 가벼운 벌칙으로 생계에 지장을 받는 자들을 구제하기 위하여 그들의 벌점기록까지 모두 삭제하는 조치를 취하였다. 이 같은 조치는 보험사들로 하여금 운전자들의 운전특성에 대한 정보를 차단시킴으로써, 좋은 운전자와 나쁜 운전자들간의 구별을 어렵게 할 가능성이 제기된다. 운전자들의 특성에 대한 정보를 알지 못하는 보험회사들은 평균적 보험료를 부과하게 된다. 이렇게 되면 결국 좋은 운전자들이 나쁜 운전자들에게 보조금을 지불하는 꼴이 되어 심각한 사회적 형평성 문제가 제기될 수 있다. 이 같은 조치가 문제점이 있음에도 불구하고 역대 정부는 교통법규위반자에 대한 사면을 되풀이해서 실시하고 있다. 이명박 정부하에서도 2010년 9월 현재 모두 433만 4천여 명의 교통법규위반자가 특별사면을 받은 것으로 나타났다(조선일보, 2010년 9월 22일).

김대중 정부는 교통법규 위반자뿐만 아니라 2000년 1월을 기해서 '새 천년 맞이 특별사면'을 실행하여 금융신용불량자에 대한 제재조치도 해제하였다. 이에 따라 은행연합회는 1997년 11월 이후 '주의 거래처'로 등록됐다가 그 뒤에 해제된 신용불량자에 대한 정보 중 연체대출금 100만원 이하, 신용카드 연체대금 100만원 이하인 개인·기업에 대한 정보를 일괄 삭제하게 되었다. 아직 연체금을 상환하지 못하여 '주의 거래처'로 등록된 개인·기업에 대해서도 2000년 3월 말까지 연체금을 상환하면 '주의 거래처' 신분도 해제되고 신용불량정보도 즉시 해제된다고 한다(조선일보, 1999년 12월 30일). 이에 대해 금융관계자는 '새 천년 맞이 특별사면'이 갖는 취지는 동감하지만 신용불량자 일괄사면은 신용사회정착에 역행하는 것이며, 신용을 중심으로 대출체계를 변화시켜 온 그동안의 노력을 물거품으로 만들었다는 평가를 내리기도 하였다.

2. 비대칭정보와 위임자-대리인 모형

(1) 위임자-대리인모형

1) 위임자-대리인 모형의 정의와 그 문제점

위임자(principal)와 대리인(agent) 관계는[41] 뮤추얼펀드(mutual fund) 가입자와 펀드매니저,[42] 환자와 의사, 소송의뢰인과 변호사, 주주와 경영자, 주권자인 국민과 주권의 위임을 받은 정치인 등과 같이 한 사람(위임자)이 다른 사람(대리인)으로 하여금 자신의 이익과 관련된 행위를 그의 재량으로 하여 줄 것을 내용으로 하는 계약관계가 있을 때 성립된다.

위임자는 대리인에게 일정한 보수와 상당한 재량을 부여하고, 대리인은 그러한 보수를 받고 주어진 재량의 범위 안에서 자신의 능력과 지식을 활용하여 위임자를 위한 업무를 처리하며, 그 결과는 모두 위임자의 몫이 된다. 위임자는 자신의 이익 극대화를 위하여 유능한 대리인을 선출해야 할 뿐만 아니라 대리인이 자신의 이익을 위해서 최선의 노력을 경주하도록 지휘·감독해야만 한다.

일반적으로 위임자는 대리인에 비하여 전문성이나 정보가 부족하므로 유능한 대리인의 선정뿐만 아니라 대리인이 자신을 위하여 최선을 다하도록 지휘·감독하는 것도 상당히 어렵다. 더욱이 위임자의 효용극대화를 위하여 고용된 대리인이 위임자와 전혀 다른 목적을 가질 수도 있다. 뿐만 아니라 위임자가 대리인의 행위를 정확히 관찰할 수 없기 때문에 위임자와 대리인의 관계는 위임자에게 지극히 불리한 결과를 초래할 가능성이 처음부터 내재되어 있다. 그러므로 이와 같은 위임자 대리인관계에서의 가장 핵심적인 두 가지 문제는

---

41) 흔히 'principal-agent'를 주인-대리인 또는 본인-대리인 등으로 번역하지만 저자는 이러한 모형의 의미를 생각할 때 위임자-대리인이 더 적절한 표현이라고 생각한다.

42) 펀드(fund)의 사전적 의미는 돈을 모아둔 기금이지만, 재테크에서는 투자신탁운용사나 자산운용사가 증권이나 부동산 등 자산에 투자하기 위해서 고객들로부터 받은 돈을 모아 운용하는 기금을 뜻한다. 가장 대표적인 것이 수익증권과 뮤추얼펀드인데, 뮤추얼펀드는 그 자체가 하나의 회사로 등록되어 운용된다는 점에서 수익증권과 구별되지만 고객입장에서는(i.e., 특히 펀드 운용상의 정보비대칭성이라는 측면에서는) 큰 차이가 없으며, 예금자 보호가 안 되기 때문에 투자시 손실이 발생하면 원금도 찾지 못할 수 있다.

① 위임자가 어떤 방식으로 대리인을 선정할 것인가 하는 문제와 ② 그렇게 선정된 대리인이 위임자의 이익에 부합되는 노력을 경주하게끔 하기 위해서 어떤 식으로 계약을 체결할 것인가 하는 소위 인센티브조화(incentive compatibility)의 문제로 귀결된다(권순만·김난도, 1995: 79).

위임자-대리인 관계를 설명하기 위하여 다음과 같은 간단한 보기를 상정하자. 컴퓨터의 기술적 측면을 잘 모르지만 경영수완이 뛰어난 한 유능한 중소기업인이 그 분야가 전망이 좋다는 이유로 컴퓨터 전문기사를 고용하여 컴퓨터산업에 진출하려고 한다. 이때 그 사업가가 성공하려면 ① 우선적으로 실력 있는 컴퓨터 기사를 고용하여야 하며, ② 그 기사가 비록 월급을 받고 일하긴 하지만 그것이 마치 자기 자신의 일인 것처럼 열심히 노력해 주어야만 한다.

그렇지만 여기에는 다음과 같은 문제가 생긴다. 즉 그 기업가는 비록 사업수완은 뛰어나지만 컴퓨터에 관한 전문지식이 거의 없기 때문에, 자신이 고용한 컴퓨터 기사의 능력에 대해서 잘 알 수 없을 뿐만 아니라 그 기사가 회사를 위하여 업무를 성심성의껏 처리하고 있는지도 잘 파악할 수 없다는 것이다. 이것은 기업가와 컴퓨터 기사간에 존재하는 정보의 비대칭성 때문에 야기되는 문제이다.

우리는 앞 절에서 정보의 비대칭성에는 감추어진 특성으로 인한 것과 감추어진 행동으로 인한 두 가지가 있음을 지적하였고, 그러한 특성은 각각 역선택이나 도덕적 위해·해이를 야기한다고 설명하였다. 우리의 보기에서 기업가가 갖는 컴퓨터기사의 전문능력에 대한 정보는 기사보다 적으며, 그 결과 감추어진 특성과 관련된 비대칭정보가 발생한다. 뿐만 아니라 기업가는 컴퓨터 기사가 능력을 100% 발휘하면서 성심성의껏 일을 하고 있는지 아니면 월급만 받고 적당히 시간을 때우고 있는지에 대한 정보도 기사보다 적으며, 그 결과 감추어진 행동과 연관되는 비대칭정보도 발생한다.

기업가는 능력 있는 기사를 선택하기 위하여 기사를 선발하기 전에 여러 가지 심사절차(screening)를 거친다. 이러한 심사도구로는 시험, 학력, 자격증, 경력 등을 들 수 있다. 이것들은 모두 컴퓨터 기사 자신만 알고 있는 컴퓨터의 전문지식 및 그 개인의 인품에 대한 감추어진 특성을 찾아내어 역선택을 예방하기 위한 장치인 것이다. 다른 한편 기업가는 컴퓨터 기사가 능력의 100%를 발휘하면서 회사를 위하여 일을 할 수 있도록 하는 유인체계를 마련하는 데 관심을 기울여야 한다. 전문지식이 부족하므로 기사의 일상적 행동을 직접 지휘·감독하는 것이 용이하지 않다. 따라서 보수체계를 그의 능력발휘에 비례하게끔 만드는 것과 같은 적절한 유인체제(incentive system)를 구축할 필요가 있다. 이러한 유인체제는 기사의 업무태만과 같은 감추어진 행동을 통제함으로써 그가 유발시킬지도 모를 도덕적 위해·해이를 사전에 방지하기 위한 것이다.

위의 보기에서 기업가와 컴퓨터 기사를 위임자와 대리인으로 바꾸어서 생각하면 정보의 비대칭성 때문에 야기되는 위임자-대리인간의 문제를 쉽게 파악할 수 있다. 여기서의 핵심적 문제는 ① 위임자(i.e., 기업인)가 대리인(i.e., 컴퓨터 기사)을 어떻게 선택하고, ② 대리인이 위임자의 목적을 위해 성실히 일하도록 만들려면 어떤 식으로 그를 통제할 것인가이다. 따라서 이러한 문제를 고려하여 위임자와 대리인간에 어떠한 위임계약을 맺을 것인가는 위임자-대리인 모형에서 고려해야 할 가장 중요한 과제이다.

위임자-대리인 관계에서 발견되는 비대칭정보 중 감추어진 특성으로 인한 역선택은 위임계약 체결시의 문제이고, 감추어진 행동으로 인한 도덕적 위해·해이는 위임계약 체결 후의 문제이다. 이러한 정보의 비대칭성 때문에 발생하는 위임자-대리인 문제를 해결하는 방안으로는 신호보내기(signalling), 거르기(screening), 명성(reputation)의 활용, 복수대리인을 통한 경쟁(multiple agents), 조직 내의 정보와 공동지식의 활용 등이 지적되고 있다. 그렇지만 가장 근본적이고 고전적인 방법은 적절한 유인체계의 설계라고 할 수 있다. 그와 같은 유인체계의 설계는 흔히 인센티브 조화성(incentive compatibility)이라고 불리며, 성과급 제도가 그 한 사례로 활용될 수 있다(권순만·김난도, 1995: 80; 윤성식, 1993).

2) 위임자-대리인 모형에서의 불확실성과 위험부담

위임자-대리인 모형은 대리인이 일정한 보수를 받고 위임자의 이익과 관련된 일을 자신의 재량으로 수행하는 계약관계가 있을 때 생긴다. 따라서 이 모형에서의 가장 핵심적 내용은 두 사람간에 체결되는 계약인 것이다. 그런데 그러한 계약의 기초가 되는 상황이 변할 수가 있을 뿐만 아니라 특히 그것이 양자간의 통제의 범위 밖일 경우 불확실성이라는 문제가 제기된다. 이와 같은 불확실성 때문에 발생되는 문제는 그것으로 인한 위험을 위임자와 대리인간에 어떻게 분담하는 것이 바람직한가 하는 것으로 귀결된다.

양자간의 위험부담에 관한 입장은 각자의 불확실성에 대한 태도에 크게 좌우된다. 대부분의 사람들은 위험회피적 성향을 갖는다고 생각할 수 있지만,

위험의 존재와 부담에 대해 무차별적인 위험중립적 사람들도 있을 수 있다. 위험분담 이론에 의하면 위험회피적인 사람보다도 위험중립적인 사람이 그와 같은 모든 위험을 부담하는 것이 효율적이라고 한다.

불확실성으로 인한 이와 같은 위임자와 대리인의 위험분담을 이해하기 위하여 다음과 같은 상황을 상정해 보자. 최근 무공해 식품에 관한 관심이 증대됨에 따라 도시 시민들이 농부들과 무공해 쌀의 재배에 관한 계약을 하는 사례가 늘어나고 있다. 그래서 A라는 도시인이 B라는 농부와 500m²의 논에 무공해 쌀을 재배하는 계약을 맺는다고 하자. 이때 쌀 생산에 소요되는 모든 경비는 A가 부담하기로 합의하였지만, 쌀 생산에 대한 보상방식을 어떻게 할 것인가를 두고 A와 B가 협의중이라고 생각하자.

이때 여러 가지의 보상방식이 생각될 수 있겠지만 설명의 편의상 ① B는 일정한 수고비만 일시불로 지급받고 그 논에서 산출된 쌀을 A가 전부 갖는 방안과 ② B는 별도의 금전적 보상을 받지 않고 쌀 생산량의 50%를 수고비로 받는 방안의 두 가지를 상정해 보도록 하자.

방안 ①은 일종의 고정급적 성격을 띤다. 따라서 만약 기후가 좋지 않아 쌀 수확량이 예년의 30% 수준으로 격감하더라도 도시인에게는 피해가 돌아가지만 농부는 아무런 손해를 입지 않는다. 그렇기 때문에 농부는 열심히 일할 아무런 인센티브도 없으며, 이 경우 위험은 전적으로 도시인이 부담하게 된다. 이와는 대조적으로 ②의 경우는 성과급적 성격을 띤다. 그렇기는 하지만 농부가 아무리 열심히 일을 하여도 순전히 기후 때문에 쌀 수확량이 예년의 30% 수준으로 격감한다면, 농부에게는 노력한 대가가 돌아가지 않게 되므로 위험은 농부가 부담하게 되는 셈이다.[43]

무공해 쌀 농사의 계약재배의 보기에서 보았듯이 인센티브와 위험분담사이에는 상충관계가 생긴다. 즉 대리인의 보수를 100% 성과급으로 하면 대리인에게 지나친 위험부담을 지우게 되며, 100% 고정급으로 하게 되면 대리인에게는 아무런 위험이 없지만 그에게서 위임자를 위하여 열심히 노력할 인센티브는 기대할 수 없다. 그러므로 이러한 상충관계를 잘 이해하여 전체 보수 중에서 성과급과 고정급간의 적절한 비율을 유지하는 것이 효율적 위험분담을 위

---

43) 설명의 편의상 기후로 인한 영향은 우리가 상정하는 특정 지역에만 한정된다고 가정한다. 그러므로 이 지역에서의 수확량 감소가 전국적 쌀값 상승에는 아무런 영향도 미치지 않는다.

해 필요하다.

(2) 위임자-대리인 모형의 적용사례: 국민-국회의 대리인 문제

위임자-대리인관계는 여러 분야에 적용가능한 모형이며, 최근 행정학 분야에서도 이 모형에 입각한 연구가 자주 등장하고 있다. 건설사업 관리제도의 책임감리제를 연구한 김관보(1996), 행정정보체계를 연구한 김현성(1996), 지방공기업의 효율적 관리를 연구한 김재훈(1996), 정책관리와 계서제를 연구한 박통희(1995), 행정의 조직경제학적 접근을 검토한 권순만·김난도(1995), 감사인의 독립성과 적정규모감사를 연구한 윤성식(1994), 조직의 효율성을 연구한 윤성식(1993) 등이 대표적 연구물들이다. 특히 권순만·김난도(1995)는 국민, 대통령, 국회, 정부관료제, 공기업 등 우리나라 정치행정의 여러 참여자들의 관계와 각 조직 내에서의 구성원의 관계를 연쇄적인 위임자-대리인관계로 파악하면서 국민-국회-정부관료제, 정부관료제내부, 정부규제 및 공기업의 세 가지 경우에 관한 대리인문제를 설명하고 있다. 여기서는 국민-국회의 대리인문제를 간략하게 소개하려고 한다.

오늘날의 대의제 민주주의하에서 의회는 국민의 대표로서 국민의 뜻을 국정에 반영할 책임을 진다. 따라서 국민은 위임자이고 국회의원은 대리인이며 그들간 계약관계의 핵심은 일정한 임기 동안 국민을 위해 봉사할 의무를 지니는 국회의원직에의 선출로서 생각할 수 있다. 그런데 국민은 국회의원의 능력이나 인품(i.e., 감추어진 특성) 및 의회활동(i.e., 감추어진 행동)에 대해서 국회의원보다 적게 안다. 그러므로 여기에는 정보의 비대칭성이 개재되고, 따라서 역선택이나 도덕적 위해·해이가 발생할 수 있다.

이 경우 역선택이라는 것은 국회의원 입후보자가 유세를 통하여 자신의 능력과 인품을 알리지만(signalling) 국민들의 후보자에 대한 투표가 잘못되어 자질이 부족한 사람이 선출(screening)되는 것을 말하며,[44] 도덕적 위해·해이는 그렇게 선출된 국회의원이 국민들의 이익보다 자신의 이익을 위해서 의정활동을 펴

---

44) 이와 같은 역선택에는 비단 자질없는 국회의원의 선출도 포함되지만, A라는 정당의 간판을 걸고 당선된 후 곧바로 B당으로 옮기는 그러한 국회의원의 선출도 포함된다. 왜냐하면 정당은 유권자가 후보자의 감추어진 특성을 파악하는 주요한 도구인데 그러한 도구의 효용성을 파괴시켜 버림으로써 유권자의 의도가 국회의원의 선출과정에서 왜곡되어 버리기 때문이다.

는 것을 뜻한다. 뿐만 아니라 국회의원 선거에서 A라는 정당의 공천을 받아 당선된 사람이 당선된 지 채 한 달도 안 된 시점에서 정당선택의 자유라는 미명하에 지역구민들의 의사는 전혀 무시한 채 자신의 정치적 입지확보를 위하여 탈당하여 다른 당으로 당적을 옮기는 행위도 일종의 도덕적 위해·해이인 셈이다.[45]

　　국민과 국회의원간에 존재하는 이와 같은 비대칭정보를 완화하려는 노력은 올슨(Mancur Olson)이 말하는 집합적 행동(collection action)의 특성을 띠므로 자율적으로는 그 성과를 기대하기 어렵다. 그러므로 자질 있는 사람이 국회의원으로 선출되고 또한 선출된 국회의원이 국민을 위한 의정활동을 펼 수 있도록 하기 위해서는(i.e., 역선택을 줄이고 도덕적 위해·해이를 방지하기 위해서는), 국회의원 후보자 선출을 위한 정당공천제도의 개선이나 국회의원이 국회 내에서 행한 투표내용을 공개하는 것이 도움될 수 있다. 이런 점에서 소위 '시민'단체들의 의정감시활동이나 또한 그들 단체의 노력에 힘입어 2000년 2월에 개정된 공직선거및부정방지법에서 후보자의 납세기록이나 병역의무에 대한 기록 및 전과기록이 공개될 수 있도록 한 것은 유권자와 후보자간 비대칭정보를 줄이는 데 상당한 도움이 된다.

---

45) 2000년 12월 30일에는 집권당인 새천년민주당 소속 국회의원 3명이 자유민주연합(자민련)의 국회원내교섭단체요건(국회의원 20명)을 충족시킬 목적으로 민주당을 탈당하여 자민련에 입당하는 해프닝이 있었다. 비록 그들은 '탈당'을 발표하였지만, 언론에서는 자민련에 대한 민주당의 '의원 임대'라는 표현을 쓰고 있다. 왜냐하면 그들은 정강정책의 차이나 정치적 신념의 차이 때문에 탈당한 것이 아니고, 순전히 당리당략차원에서 행해진 것이며, 또한 이 과정에서 선거구민의 의지는 철저하게 무시되었기 때문이다. 이와 같은 도덕적 위해·해이를 방지하려면 국회의원이 당적을 바꿀 경우 자동적으로 국회의원직을 상실하도록 제도화할 필요가 있다.

참고문헌

권순만 · 김난도.(1995). "행정의 조직경제학적 접근: 대리인 이론의 행정학적 함의를 중심으로."「한국행정학보」, 29(1): 77-95.

김관보.(1996). "제도분석 및 대리인 이론 시각에서 본 현행 책임감리제고찰."「동계학술대회 논문집 I」(한국행정학회): 49-63.

김병섭.(1994). "공무원의 복지부동과 직무몰입도: 동기이론과 스트레스 이론을 중심으로."「한국행정학보」, 28(4): 1279-1299.

김영평.(1994). "현대사회와 위험의 문제."「한국행정연구」, 4(3): 5-26.

김영평, 최병선, 소영진, 정익재. (1995). "한국인의 위험인지와 정책적 함의."「한국행정학보」, 29(3): 935-954.

김재훈.(1996). "지방공기업 관리체계의 효율화: 정부투자기관과의 비교를 중심으로."「연말학술대회논문집」(한국지방재정학회): 1-16.

김현성.(1996). "행정정보체계 관리를 위한 조직경제론적 분석."「한국행정학보」, 30(4): 55-72.

김호정.(1994). "한국관료행태의 결정요인: 복지부동의 원인."「한국행정학보」, 28(4): 1255-1277.

나성린.(1998). "경제위기, 경제학자, 모럴해저드."「재정포럼」(한국조세연구원), 통권 23호: 2-3.

박통희.(1995). "가외적 업무구조와 분할지배에 의한 '정책관리'."「한국행정학보」, 29(4): 1313-1334.

소영진.(1994). "위험의 사후적 관리."「한국행정연구」, 4(3): 86-106.

예금보험공사.(2000).「미 FDIC의 예금보호제도 개선관련 정책제안서 주요내용」(금융분석자료 2000-12).

윤성식.(1994). "감사인의 독립성과 적정 감사인의 규모."「한국행정학보」, 28(3): 653-765.

_____.(1993). "경제대리인 이론과 조직의 효율성."「한국행정학보」, 27(2): 459-470.

인태환.(2000)."금융구조조정용 정부보증채권 발행이 재정에 미치는 영향분석."「새천년 행정학패러다임(II)」(한국행정학회 2000년도 동계학술발표 대회논문집): 575-590.

전상경.(2000). "William A. Niskanen의 관료제 모형." 오석홍 · 송하중 · 박정수(편).「행정학의 주요이론」. 서울: 법문사 137-147.

전영평 · 박기묵 · 최병선 · 최장원.(2004)."유전자변형생산물에 대한 위험인지와 규제정책의 비교연구.“「한국행정연구」, 13(4): 42-65.

정윤수.(1994). “긴급구조와 위기관리.”「한국행정연구」, 4(3): 67-85.

정익재.(1994). “위험의 특성과 예방적 대책.”「한국행정연구」, 4(3): 50-66.

최병선.(1994). “위험문제의 특성과 전략적 대응.”「한국행정연구」, 4(3): 27-49.

_____.(1992). 「정부규제론: 규제와 규제완화의 정치경제」. 서울: 법문사.

何显明.(2008). 「市场化进程中的地方政府行为逻辑」. 北京: 人民出版社.

Akerlof, George.(1970). “The Market for ‘Lemon’: Qualitative Uncertainty and the Market Mechanism.” *Quarterly Journal of Economics*, 84: 488-500.

Arrow, K.J., and R.C. Lind.(1970). “Uncertainty and the Evaluation of Public Investment Decision.” *American Economic Review*, 60: 364-378.

Downs, A.(1957). *An Economic Theory of Democracy*. New York: Harper & Row Publishers.

Hirshleifer, J. and J. Riley. (1992). *The Analytics of Uncertainty and Information*. *Cambridge*: Cambridge University Press.

Jackson, P.M.(1982). 전상경·홍완식(공역).(1991). 「관료제의 정치 경제학」. 서울: 대영문화사.

Katz, M.L. and H.S. Rosen. (1994). *Microeconomics* (2nd ed.). Boston, Massachusetts: IRWIN.

Knight, F.H.(1921). *Risk, Uncertainty and Profit*. Boston: Houghton Mifflin Company.

McKenna, C.J.(1986). *The Economics of Uncertainty*. Brighton, Sussex: Wheatsheaf Books Ltd.

Okrent, D.(1979). “Risk-Benefit Analysis for Large Technological Systems.” *Nuclear Safety*, 20(2): 148-163.

Pauly, M .(1974). “Overinsurance and Public Provision and Insurance: The Role of Moral Hazard and Adverse Selection.” *Quarterly Journal of Economics*, 88(1): 44-62.

_____.(1968). “The Economics of Moral Hazard: Comment.” *American Economic Review*, 58(3): 531-537.

Rosen, H.S.(1985). *Public Finance*. Homewood, Illinois: Richard D. Irwin, Inc.

Stiglitz, J.E. (1988). *Economics of the Public Sector*. (2nd ed.) New York: W.W. Norton & Company.

Wolf, C.(1988). 전상경(역).(1991). 「시장과 정부: 불완전한 선택대안」. 서울: 교문사.

www.kdic.or.kr

06

불확실성과 전략적 행위: 게임이론

제1절 ▌ 서　론

　　우리들의 직장(조직)생활이나 사회생활에서 이루어지는 의사결정은 모두 주변사람들과의 일련의 상호작용과정 속에서 이루어진다. 즉 눈치작전이 치열한 대학입시에서 배짱지원을 할 것인가 소신지원을 할 것인가? 극심한 교통체증이 예상되는 연휴기간 중에 고속도로를 이용할 것인가 국도를 이용할 것인가? 수많은 경쟁기업들 속에서 살아남기 위하여 판매가격을 높게 설정할 것인가 낮게 설정할 것인가? 청소년들을 훈계할 때 꾸중이나 체벌에 의존할 것인가 아니면 칭찬이나 상금에 의존할 것인가? 하는 등등의 물음들은 모두 그러한 상호작용적 상황이 개재되어 있는 보기들이다. 이 같은 상황에서 공통적인 요소들은 그러한 의사결정이 진공 속에서 이루어지는 것이 아니라는 점이다. 우리 주변에는 우리와 입장을 같이 하는 사람들도 있지만 오히려 그렇지 않은 사람들이 더 많다. 그렇기 때문에 우리 주변사람들과의 상호작용은 우리들의 사고방식과 행동에 중요한 영향을 미칠 수밖에 없다.

　　의사결정자로서의 벌목(伐木)꾼과 장군(將軍)이 처한 입장 차이는 분명히 서로 다르다. 우리는 이 두 경우를 이용함으로써 전술한 상호작용을 보다 쉽게 설명할 수 있다. 벌목꾼이 어떤 방식으로 나무를 찍을 것인지를 결정할 때, 그는 나무의 대항을 예상할 필요가 없다. 왜냐하면 나무는 인간과는 달리 아무런 의식이 없으므로 벌목꾼이 직면하는 환경은 중립적이기 때문이다. 이것과 대조적으로 장군이 적군을 쓰러뜨리려고 할 때, 그는 자신의 전략에 대한 적군의 저항을 예상해야만 하고 또한 그것을 극복해야만 한다.

적군의 저항을 예상한 후 전략을 세워야만 하는 장군과 마찬가지로 우리들은 우리들의 경쟁자들도 매우 지능적이고 목적의식이 뚜렷한 사람들이기 때문에 주요한 의사결정을 내릴 때 언제나 그들의 입장을 고려해야만 한다. 경쟁자들의 목적이 우리들의 그것과 조화될 수도 있지만, 경우에 따라서는 우리들의 목적과 상충될 수도 있다. 그렇기 때문에 우리들이 선택행위를 할 때는 상대방과의 잠재적 갈등을 고려해야만 하고, 때로는 상대방의 협조를 얻기 위하여 노력해야만 한다. 이와 같은 상호작용적(interactive) 의사결정상황은 흔히 전략적(strategic) 상황이라고 불리고, 전략(strategy)이란 이상과 같은 상호작용적 의사결정상황에서 의사결정자에게 적합한 행동계획을 뜻한다.

게임이론(game theory)이란 전략적 의사결정을 연구하는 사회과학의 한 분야이다. 이러한 이론 속에서의 게임이란 바둑이나 장기, 연인들간의 사랑게임, 테니스 경기와 같은 각종 운동경기, 경쟁회사간의 시장점유율 경쟁, 강대국간의 무기경쟁에 이르기까지 매우 광범위하다. 이와 같은 모든 유형의 게임에는 두 가지의 서로 다른 기술이 필요하다. 즉 그 하나는 게임 그 자체에 관한 기술이고 다른 하나는 이러한 게임을 운영하는 데 필요한 기술이다. 예를 들면 테니스의 포핸드와 백핸드, 골프에서의 아이언 샷이나 드라이브 샷, 법률에서의 판례에 대한 지식, 씨름에서의 배지기나 업어치기 등과 같은 기본기(基本技)는 게임 그 자체에 관한 기술이라고 할 수 있다. 만약 이러한 기본적 기술이 없다면 게임 그 자체를 즐길 수 없다. 그렇지만 이와 같은 기본적 기술만으로 게임에 승리할 수 없음은 삼척동자라도 안다. 게임에 이기기 위해서는 기본기는 물론이고 그것을 바탕으로 한 게임운영에 관한 기술이 필요하다. 즉 이와 같은 기술을 쌓기 위해서는 전략적 사고(strategic thinking)가 필요하다. 운동경기에서 이와 같은 기술은 흔히 작전이라고 불린다.

전략적 사고는 우리가 갖고 있는 기본기술로부터 시작된다. 법률지식이 풍부한 변호사들도 자신들의 고객들을 성공적으로 변호하기 위해서는 특별한 전략을 구사해야만 한다. 야구선수들의 기본기에는 별반 차이가 없더라도 그러한 기본기술을 활용하는 감독들의 작전기술(i.e., 전략)에 따라 전혀 다른 결과가 초래될 수 있다. 야구감독들의 전략(i.e., 작전)은 상대방의 전략(i.e., 작전)과 밀접히 관련되어 있다. 즉 한국 시리즈의 결승전과 같은 중요시합에서 공격

팀 감독이 오른손 투수에 강하다고 생각되는 왼손타자를 대타로 등장시킬 경우 수비팀 감독은 즉각 왼손투수로 교체하는 것 등이 그 좋은 예이다. 전략적 사고는, 특히 핵전쟁을 유발시킬 위험성이 있는 모험을 고려하는 강대국들간의 대치에서처럼,[1] 게임에 응하지 말아야 할 시점이 언제인가를 알게끔 해주기도 한다.

게임이론은 수학자들에 의해서 창시되었고, 수리적 모형을 즐겨 사용하는 경제학자들에 의해 크게 발전되어 왔다. 그렇기 때문에 그것이 지니고 있는 사회과학 일반에의 유용성에도 불구하고 수학과 경제학에 관한 상당한 지식이 없다면 접근 자체가 어려워 게임이론의 잠재적 고객들로부터 외면당하는 경우가 많다. 이와 같은 점을 고려하여 저자는 게임이론에 생소한 사람들이 게임이론을 쉽게 이해할 수 있도록 하고, 또한 그들이 게임이론의 유용성을 몸소 체험할 수 있도록 소재의 구성에 각별히 유념하였다.

제2절에서는 게임이론의 발전과정과 사회과학을 연구함에 있어서 게임이론의 유용성 및 필요성을 소개하며, 게임이론의 주요 구성요소 및 게임이론에서의 몇 가지 전제조건들을 설명한다. 제3절에서는 동시게임(simultaneous-move game)과 내쉬균형을 다루며, 몇 가지 대표적인 동시게임을 소개한다. 제4절에서는 게임에서 각 경기자가 게임의 결과를 자신에게 더 유리하게 이끌기 위해 게임의 규칙을 조작하는 데 필요한 수단으로 활용하는 전략적 수(strategic move)와 그 대응방안을 다룬다. 특히 우리는 일상생활에서 게임이론에 대한 기본지식이 없더라도 부지불식간에 상대방의 전략적 수에 효과적으로 대응하는 방법들을 모색하기 위하여 고민하는 경우가 많은데, 본절에서는 그러한 대응방안을 게임이론적 맥락에서 체계적으로 설명한다. 제5절에서는 사회과학에서 가장 널리 사용되는 용의자의 딜레마게임(prisoners' dilemma game)을 다룬다. 이것은 게임 참여자들의 행태를 예측하는 데 필요한 전략 및 그것의 함의에 대한 고전적 사례이며, 게임이론을 체계적으로 배우지 않은 사람일지라도 이 게임의 배경이야기와 그 함의에 대해서 다소 알고 있을 것이다. 제6절에서는 사회철학자들이나 경제학자들의 주요한 관심이 되어왔던 집합행동(collective action)의 문제를 게임이론적 맥락에서 고찰한다. 용의자들의 딜레마게임과 집합행동의 문

---

[1] 이것에 대한 좋은 보기는 1962년 10월 쿠바 미사일 사건을 둘러싸고 발생된 미국과 구 소련간의 긴장이 그 좋은 예인데, 이와 비슷한 상황들은 종종 담력게임(chicken game)으로서 묘사될 수 있다.

제는 상호 밀접히 연관되어 있으며, 공공재나 공유재 등과 같은 문제에 쉽게 적용될 수 있다.

제 2 절 ▌ 게임이론의 발전과 그 주요 구성요소

1. 게임이론의 발전과 사회과학

게임이론은 원래 1920년대부터 싹트기 시작하였고, 제2차 세계대전 기간 동안에 군사전략에 대한 공식적(formal) 사고방법을 개발할 필요성에 부응하여 급속히 발전하였다. 게임이론에 대한 선도적 연구의 상당 부분은 수학자인 폰 노이먼(John von Neumann)에 의하여 이루어졌다. 폰 노이먼은 1920년대 중반에 서 1940년대에 이르기까지 포커와 그 밖의 게임들이 지닌 수학적 구조에 관한 연구에 심취하였다. 그는 이러한 연구를 진행하면서 그 결과가 경제학, 정치학, 외교정책을 비롯한 다양한 영역에 적용될 수 있음을 인식하였다. 그는 자신의 연구를 바탕으로 1944년 프린스턴대학에 있던 오스트리아 경제학자인 오스카 몰겐스턴(Oskar Morgenstern)과 함께 「게임이론과 경제적 행태」(*The Theory of Games and Economic Behavior*)[2]를 출간하였는데, 이 책은 현대적 게임이론의 시 초라고 간주된다. 그 책에서 그들은 갈등(conflict)이 수학적으로 분석될 수 있 다는 생각을 소개하였고, 그것에 필요한 용어들을 정리하였으며, 또한 불확실 성하에서의 인간행태를 설명할 수 있는 기대효용이론을 발전시켰다.

1950년에는 미국 랜드연구소(RAND Corporation)[3]에 근무하는 메릴 프럿 (Merrill Flood)[4]과 멜빈 드레셔(Melvin Dresher)가 게임이론의 탄생가운데 가장

---

2) 이 책은 20세기의 가장 영향력 있는 책이면서도 가장 읽혀지지 않는 책 중의 하나로서 알려져 있다.

3) RAND Corporation은 오늘날의 이른바 싱크탱크(think tank)의 원조로서 대륙간 핵전쟁에 관 한 전략연구의 수행을 위해 제2차 세계대전 직후 미 공군의 훈령에 따라 창설되었다. RAND 는 Research ANd Development의 머릿 글자를 따서 만든 이름이다. 랜드연구소는 폰 노이먼 을 자문역으로 고용하였으며, 게임이론의 군사적 이용뿐만 아니라 그 분야의 기초연구에도 상당한 노력을 기울인 것으로 알려져 있다. 랜드연구소는 게임이론뿐만 아니라 PPBS와 같은 관리부문의 기술개발에도 크게 기여하였다.

영향력 있다고 할 수 있는 하나의 특별한 게임을 발견하였다. 그 당시 랜드연구소의 자문역을 맡고 있었던 앨버트 터커(Albert W. Tucker)는 그 게임을 설명하기 위해 고안한 이야기 때문에 그 게임에 '용의자들의 딜레마(prisoners' dilemma)'라는 이름을 붙였다.[5] 1950년대에 발전된 용의자들의 딜레마게임이론과 존 내쉬(John Nash)의 게임의 균형에 관한 연구는 오늘날의 비협조게임(noncooperative game)의 이론적 토대를 마련해 주었다. 또한 이 기간 중에는 협상게임에 관한 내쉬와 새프리(L. Shapley)의 연구 및 게임의 핵(core of game)에 관한 새프리의 연구에 힘입어 협조게임(cooperative game)이론도 크게 발전하였다. 그 결과 1953년도까지 사실상 그 이후 20년 동안 사용될 모든 게임이론들이 발전되었다.

1970년대 중반까지만 하더라도 게임이론은 주류 경제학과는 별다른 연관성을 지니지 못한 채 독자적 학문영역으로 남아 있었다. 그 예외적 연구가 쉘링(Thomas Schelling)이[6] 1960년도에 발간한 그 유명한 「갈등의 전략」(The Strategy of Conflict)이며, 그 책에서는 관심의 초점(focal point) 등과 같은 유용한 개념들이 소개되었다. 1970년대에 들어서면서 정보에 대한 관심이 크게 증대되었다. 이것은 제약된 정보하에서 합리적으로 행동하려는 개인에 대한 모형을 시도함에 따라 자연스럽게 나타난 결과이다. 개개인의 행위자에 관심이 집중됨에 따라, 그들의 행동순서도 게임이론의 틀 속에 포함되기 시작하였다.[7] 이에 따라 게임이론은 여러 가지 흥미있는 결과들을 구성하는 데 응용되고 있

---

4) 프랫은 프린스턴에서 폰 노이먼의 제자였다고 한다(박우석 역, 2004: 105).

5) 'prisoners' dilemma game'은 '죄수들의 딜레마게임'으로 번역되는 경우가 많으며(박주현, 1998: 16; 안문석, 1995: 361; 박효종, 1994: 190; 김준한, 1993) 본서의 초판에서도 그렇게 하였다. 그렇지만 실제로는 그 게임에 임하는 두 사람이 '용의자'일 경우에만 이 이야기의 적실성이 높아지기 때문에 본서에서는 '용의자들의 딜레마게임'으로 번역하고자 한다. 이준구(1993: 440)와 최광(2011: 190)도 '용의자들의 딜레마게임'이라는 용어를 사용하지만, 김영세(1998: 18)는 '공범자의 딜레마게임'으로 번역하고 있다.

6) 쉘링은 1921년 미국 켈리포니아주의 오클랜드에서 태어나 1943년 버클리대학을 졸업하고 1951년 하버드대학에서 경제학박사학위를 받았다. 연방정부 공무원으로 잠깐 동안 근무하다 1953년부터 예일대학에서 근무하였고 1958년부터 1990년까지 하버드대학교의 "리타우어 정치경제학교수(Lucius N. Littauer Professor of Political Economy)"로 일하다가 그 이후부터 메릴랜드대학에서 근무하였다. 쉘링을 유명하게 만든 그의 첫 번째 대표작이 바로 이 「갈등의 전략」이며, 그의 두 번째 대표작은 1978년에 출간된 「미시동기와 거시행동」(*Micromotives and Macrobehavior*)으로 간주되고 있다(정창인(역), 1992: 1).

7) 본서의 제3판까지는 순차게임(sequential-move game)을 소개하였지만 제4판부터는 생략한다.

다. 게임이론은 오늘날 경제학뿐만 아니라 거의 모든 사회과학영역에서 그 유용성을 발휘하고 있는 실정이다(Rasmusen, 1989: 13-14).

　　최근 우리나라 행정학계에서도 이러한 게임이론에 관련된 문헌이 서서히 등장하고 있다. 박통희(1989)는 계서제를 집단선택의 원리로서 파악하고, 계서제 내에서의 상위자와 하위자간의 상호작용적 행태를 게임이론적 시각에서 분석하였다. 김준한(1993)은 개인이해와 집단이해간의 상충관계를 구조화하는 데 가장 널리 사용되는 용의자들의 딜레마게임(prisoners' dilemma game)[8]을 설명하고 그 실험결과를 소개하였으며, 이하형(1993)은 신규주택분양 신청행태를 게임이론적 시각을 통해서 분석하고 있다. 또한 윤성식(1994)은 대리인이론과 게임이론적 분석 틀을 이용하여 감사인의 독립성과 적정감사인의 규모를 연구하였으며, 이명석(1995)은 공유재(共有財; common pool resource)활용과 관련된 용의자들의 딜레마게임[9]을 소개하고 동태적 게임이론모형을 이용하여 공유재 문제의 자치적 해결능력을 고찰하고 있다. 또한 이명석(1996)은 사회현상의 규칙과 개인들의 유인구조를 파악함으로써 정책분석에서 게임이론의 활용을 연구하고 있는데, 구체적으로는 교통수단선택에 적용하고 있다. 김행범(1996)도 게임이론적인 분석 틀을 이용하여 정부공공서비스의 공급을 분석하고 있으며, 김진현(1999)은 광역폐기물 매립장사업의 자치단체간 비용부담을 게임이론적으로 분석하였다.[10]

　　'게임'이라는 단어를 사용함으로써 게임이론이 곧 사소한 활동(frivolous activities)이나 또는 단순한 오락을 위한 활동에 관한 것이라는 것을 의미하려는 것이 아니고, 오히려 오락으로 즐기는 게임의 어떤 구조적 특징이 진지한 정치·경제·사회적 활동과 구조 동일적(isomorhphic)이라는 것을 의미하기 위한 것이다(Abram, 1980: 190). 구조동일성(構造同一性; isomorphism)이란 동형이질(同形異質)·유질동상(類質同像)·동일구조성(同一構造性)과 같은 용어로도 표현되는데, 그것은 어떤 사물과 그 모형간에 유사성이 있다는 것을 뜻한다. 이러한 구조동일성이 성립되려면 ① 사물의 구성 요소와 그 모형의 구성 요소간에 1 대

---

8) 김준한(1993)의 논문에서는 용의자들의 딜레마게임 대신 죄수들의 딜레마게임으로 부르고 있다.

9) 이명석(1995)의 논문에서는 용의자들의 딜레마게임 대신 죄수들의 딜레마 게임으로 부르고 있다.

10) 이처럼 최근 행정학계나 정책학계에 게임이론을 적용하는 연구가 등장하고 있지만, 그러한 논문을 읽기 위해서는 게임이론에 관한 상당한 사전적 지식이 요구된다.

1의 대응 관계가 있어야 되고, ② 그 사물 특유의 어떤 특정한 기능이 보존되어야 한다(강신택, 1995: 86-87).

모든 게임은 경기자, 규칙, 수(moves) 혹은 전략(strategies), 그리고 결과 (outcomes) 및 보상(payoffs)을 갖는다. 축구·테니스·고스톱 등과 같은 대부분의 오락게임에는 승자와 패자가 있으며, 이와 같이 승자와 패자가 뚜렷이 구분되는 그러한 게임들은 영합(零合)게임(zero-sum game)이라고 불린다. 영합이라는 어원은 여러 가지 가능한 결과들에 효용치(utilities)가 부여되었을 때, 승자에게 주어지는 정의 보수(positive payoffs)로부터 얻어지는 효용의 크기가 패자가 입게 되는 효용손실의 크기와 동일하여 그 합이 영이라는 데서 나왔다.

예를 들면 돈이 갖는 효용이 그 금액과 동일하다고 간주할 때, 고스톱판에서 승리자가 딴 돈의 액수는 패자가 잃은 액수와 똑같다는 의미이다. 영합게임은 순전히 갈등관계를 나타내기 위한 게임이라고 생각할 수 있을 것이다. 오락을 위한 경기 이외의 다른 어떤 사회적 상황도 그와 같은 갈등관계로 파악될 수 있다. 즉 두 사람이 하나의 일자리를 놓고 경쟁하거나 두 정당이 정권을 차지하기 위해 경쟁할 때 오직 한 사람만의 승리자가 있을 뿐이며, 이것은 곧 영합게임의 특징을 지닌다.[11] 그렇기 때문에 영합게임은 적대적 게임으로 번역되기도 한다(신성휘, 2003: 29).

이것과는 달리 두 당사자 또는 모든 사람이 득을 볼 수 있는 사회적 상황도 많이 존재한다. 이웃들이 함께 모여 거리 청소를 하면 모두가 승리자가 될 수 있다. 이러한 상황은 갈등관계인 고스톱판과는 매우 다르지만, 어떤 구조적 유사성은 존재한다. 그렇기 때문에 게임이론은 그와 같은 협조게임(cooperative games)도 포함한다. 게임이론에서 협조적(cooperative) 또는 비협조적(noncoo-perative)이라는 용어는 특별한 의미를 갖는다. 즉 협조게임에서는 모든 경기자들이 의사소통을 할 수 있고 경기자 상호간에 협상도 할 수 있지만, 비협조 게임에서는 협상이나 의사소통은 없다. 물론 여기서 의사소통의 목적은 모든 경기자들이 보다 좋은 결과, 즉 좀 더 나은 보상을 얻기 위한 전략을 정비하기 위한 것이다.

---

11) 이와 같은 갈등상황은 경기자들이 한정된 몫을 놓고서 경쟁할 경우에 발생하지만, 경우에 따라서는 이득의 합이 언제나 0이 되지 않을 수도 있다. 그렇기 때문에 영합게임이라는 용어대신 정합(定合)게임(constant-sum game)이라는 용어가 종종 사용되기도 하지만 본서에서는 두 용어를 번갈아가면서 사용하기로 한다.

최근 경제학뿐만 아니라 사회과학의 여러 분야에서 게임이론의 중요성이 점증하고 있는데, 사회과학연구에서의 게임이론의 목적은 다음과 같은 세 가지로 정리될 수 있다.

첫째, 사회현상의 설명(explanation)이다. 우리들이 일상생활에서 부딪히는 여러 가지 사건들이나 결과들은 우리로 하여금 왜 그런 현상들이 일어나게 되는가라는 의문을 품게 만든다. 만약 그와 같은 상황이 서로 다른 목적을 지닌 의사결정자들의 상호작용을 포함하는 것이라면, 게임이론은 그러한 상황을 이해하는 데 필요한 수단을 제공할 수 있다.

둘째, 사회현상의 예측(prediction)이다. 사회현상의 예측은 사회현상에 대한 정확한 설명을 필요로 한다는 점에서 두 번째 목적과 첫 번째 목적은 밀접히 연관된다. 우리가 다수의 의사결정자들이 전략적으로 상호작용하게 되는 상황을 내다보려고 할 때, 그들이 어떤 전략을 구사할 것인지 그리고 그 결과는 어떨 것인지를 미리 알기 위해서 게임이론을 활용할 수 있다.

셋째, 사회현상에 대한 처방(prescription)이다. 우리는 선물시장(先物市場)에서 근무하는 선물거래사들과 같이 미래에 발생할 상호작용에 참여하는 사람들에게 자문하는 경우가 있다. 이때 우리는 그러한 사람들에게 어떤 전략을 택하면 득이 되고 어떤 전략을 택하면 손해가 될 것인가에 대해 조언할 수 있어야 한다. 게임이론은 이와 같이 미래에 일어나는 상호작용적 거래에 관한 필요한 예측을 통하여 미래의 의사결정에 적절한 처방을 내릴 수 있다.

2. 폰 노이먼 및 존 내쉬와 게임이론

(1) 폰 노이먼(John von Neumann)

폰 노이먼은 현대적 게임이론의 발전에 가장 큰 공헌을 한 사람이다. 그는 1903년 12월 28일 헝가리의 부다페스트에서 태어났으며, 1921년 부다페스트대학에 입학하여 베를린대학, 스위스의 연방공과대학 등을 거쳐 대학입학 후 5년 만인 1926년에 부다페스트대학에서 수학박사 학위를 받았다. 그 후 그는 베를린대학 역사상 최연소 조교수가 되었으며, 미국의 프린스턴대학교를 거쳐 1933년부터 아인슈타인(Albert Einstein)을 포함한 당대의 유명한 과학자들이 포진되어 있던 프린스턴 고등연구소에서 일하였다.

폰 노이먼이 일찍이 천재로서의 그의 명성을 얻게 한 연구는 일반인들이 접근하기 어려운 순수과학과 순수물리학이었다. 그는 응용수학에 열정을 품고 있었고, 그 결과가 오늘날 인류에게 가장 큰 영향력을 발휘하고 있는 게임이론, 디지털컴퓨터, 원자폭탄의 탄생으로 나타났다. 노이먼은 에디슨처럼 밤에는 몇 시간 정도밖에 눈을 붙이지 않았을 뿐만 아니라, 깨어 있는 시간 대부분 일하는 극단적인 일벌레로 알려졌다. 그는 여덟 자리 두 수의 나눗셈을 머릿속에서 쉽게 할 수 있었다. 뿐만 아니라 그는 뛰어난 선택적 기억력을 갖고 있었다. 즉 그의 부인에 의하면 "남편은 점심에 뭘 먹었는지 기억하지 못하지만 15년 전에 읽은 책의 모든 단어는 기억해 낼 수 있다"라고 할 정도이다. 1954년에는 미국 원자력위원회의 위원이 되었으나 1957년 2월 8일 골수암으로 죽었다.

폰 노이먼은 포커를 좋아하였다고 한다. 포커를 즐기면서 게임의 특정 요소들을 찾아내었다. 특히 속임수, 허풍떨기와 그것의 간파, 그리고 규칙의 범위 내에서 상대방을 오도하기 위해 노력하는 방법들이 그의 관심을 끌었다. 그리하여 1920년대 중반에서 1940년대에 이르기까지 포커를 비롯한 체스나 주사위와 같은 실내게임들이 갖는 수학적 구조에 관한 연구에 눈을 돌렸다. 게임이론을 연구하면서 폰 노이먼은 "체스는 내가 생각하는 바의 게임이 아니다. 체스는 잘 정의된 계산의 형식이기 때문에, 비록 우리가 모든 해답을 알지 못할 수도 있지만 이론상으로는 어떤 국면에서도 올바른 수순이 반드시 존재한다. 하지만 진짜 게임은 그렇지 않다. 현실의 삶은 그렇지 않다. 즉 세상은 허풍떨기, 속이기, 나의 행동에 대한 상대방의 대응 등으로 꽉 차 있으며 바로 이것이 내가 생각하는 바의 게임이다"라고 하였다(박우석(역), 2004: 15).

사실 게임이론은 생각이 깊고 잠재적으로 사기성이 있는 적수들간에 일어나는 갈등의 연구라고 할 수 있다. 그러므로 게임이론에서는 '전략'이라는 단어가 매우 중요하다. 게임이론은 보통 이해되는 '놀이'에 관한 것이 아니며, 합리적이지만 신뢰하지 않는 존재들간의 갈등에 관한 것이다. 포커에서는 상대방이 생각하고 있는 바가 매우 중요하다. 그러므로 순전히 확률이론만을 신봉하는 자는 훌륭한 포커경기자가 될 수 없다. 훌륭한 포커경기자는 주어진 패에 따라 경기를 하지 않으며, 자신의 행동으로부터 다른 경기자들이 하게 될 행동을 예측하고 또 때로는 상대방을 속이려 한다. 폰 노이먼은 이 사악한 경기방식이 합리적인 동시에 엄밀한 분석이 가능하다는 점을 이해했다는 점에서 그의 천재성을 드러내고 있다.

폰 노이먼은 1928년 "실내게임의 이론"이란 논문에서 두 사람이 대결하는 게임에서는 이익이 완전히 상반되는 한 항상 합리적인 행동노선이 존재함을 수학적으로 증명하였다. 그것이 곧 최소최대의 정리(minimax theorem)이다. 더 나아가서 그는 이익이 상반되는 두 사람 이상이 관여하는 게임뿐만 아니라 경기자들의 이익이 부분적으로 중첩되는 게임도 분석할 수 있도록 최소최대의 정리를 확장하여 게임이론의 토대로 삼고자 하였다. 폰 노이먼은 게임이론이 수학자뿐만 아니라 더 광범위한 독자들에게 도달되기를 원했으며 경제학자들에게 가장 유용하리라고 생각하였다. 그래서 그는 그 당시 프린스턴에 있던 오스트리아출신의 경제학자인 오스카 몰겐스턴과 함께 게임이론을 경제학의 수학적 토대로 간주하여 경제적 갈등을 주요 분석대상으로 끌어들였으며, 그와 함께 1944년 현대적 게임이론의 고전인 「게임이론과 경제적 행위」를 저술하였던 것이다.

폰 노이먼은 현대적 게임이론의 첫 창안자로서 널리 알려져 있지만, 게임이론 창안의 공로를 그에게만 돌릴 수 없다는 주장도 있다. 즉 게임이론의 싹이라고 할 수 있는 폰 노이먼의 "실내게임의 이론"이란 논문보다 7년 앞인 1921년에 이미 프랑스의 수학자인 에밀 보렐(Emile Borel)이 게임이론에 관한 여러 편의 논문을 발표했기 때문이다. 보렐의 논문과 폰 노이먼의 논문들간에는 여러 가지 유사점이 있었다. 즉 보렐도 포커의 게임을 이용하였고 또한 허풍떨기와 같은 문제를 다루었다. 폰 노이먼은 다수의 창조적 개인들처럼 보렐에 다소간의 질투심을 느꼈다고 하며, 그 결과 1928년의 논문과 1944년에 발간한 그의 저서에는 보렐을 오직 각주에서만 언급하고 있다고 한다(박우석(역), 2004: 64−65).

노이먼과 몰겐스턴의 「게임이론과 경제적 행태」가 출간된 이후 게임이론을 발전시킨 곳은 대학이 아니라 RAND연구소라고 할 수 있다. 즉 1940년대 말과 1950년대 초 게임이론 및 인접분야의 거물급들 중 RAND연구소를 위해 일하지 않은 사람은 거의 없었다고 한다. 노이먼을 위시해서 케네스 애로우(Kenneth Arrow), 조지 단치히(George Dantzig), 던컨 루스(R. Duncan Luce), 내쉬, 애나톨 래퍼포트(Anatol Rapoport), 로이드 섀프리(Lloyd Shapley), 마틴 슈빅(Martin Shubik) 등은 전임직으로든지 혹은 자문직으로든지 모두 RAND연구소를 위해서 일하였다. 이처럼 특별한 재능을 가진 사람들이 배타적으로 한 조직에 집중되었던 어떠한 개별 학문분야도 찾아보기 어렵다. 위의 연구자들은 1960

년대에 대부분 RAND를 떠나 사방으로 흩어져 학계전체를 통해 게임이론을 주도해 나갔다(박우석(역), 2004: 149 – 150).

(2) 존 내쉬(John Nash)

노이먼 이후 게임이론에서 가장 큰 영향력을 발휘한 사람은 내쉬이다. 내쉬는 1928년 웨스터버지니아의 블루필드에서 태어났다. 그는 미국 프린스턴대학에서 수학을 공부하면서 게임이론에 흥미를 가졌고, 22세에 박사학위를 받았으며 1994년에는 하사아니(John C. Harsanyi) 및 젤튼(Reinhard Selte)과 함께 게임이론의 연구에 대한 공로로 노벨경제학상을 수상하였다.

내쉬에게는 다음과 같은 두 가지 재미있는 일화가 있다. 그 하나는 그가 스무 살에 카네기 공과대학(현재의 카네기멜론대학교)을 졸업하고 프린스턴대학 수학과에 진학할 때 그의 지도교수가 써 준 추천장에 관한 것이다. 즉 그 추천장은 "이 사람은 천재입니다"라고만 되어 있었다고 한다. 다른 하나는 노벨상 수상에 관한 것이다. 그는 박사학위를 받은 후 정신질환을 앓았고 그 후 평생을 거의 폐인으로 지냈다고 한다. 1969년도에 노벨경제학상이 제정된 후 수상위원회는 그에게 노벨상을 주고 싶었지만, 제정신이 아닌 사람에게 상을 주기가 곤란하다는 이유로 수상이 미루어지다가 결국 1994년도에 노벨경제학상이 수여되었다(김영세, 1998: 6). 노벨상 수상 이후 그의 일생을 그린 소설 및 영화가 *The Beautiful Mind*라는 제목으로 출간되어 많은 사람들의 감동을 자아내기도 하였다.[12]

내쉬는 1948년 6각형 칸으로 구성된 다이아몬드 형태의 판이나 6각형 목욕탕 타일위에 말들을 갖고 노는 게임을 고안했는데 이 게임은 '내쉬' 또는 '존'이라고 불렸다. 체스와 마찬가지로 '내쉬'에도 올바른 방법은 있지만 그것의 발견이 용이하지는 않다. 그렇지만 내쉬는 올바른 전략은 반드시 첫 번째 경기자의 승리로 귀결되는 것을 증명하였다. 이 게임은 다소 변형된 형태로 발전하여 1952년 헥스(Hex)라고 명명되었다고 한다(박우석(역), 2004: 153).

두 사람 이상이 참여하는 게임에 관한 노이먼과 몰겐스턴의 관심은 조화

---

12) 내쉬는 2015년 5월 노르웨이에서 수학계의 노벨상이라 불리는 아벨상(Abel Prize) 수상 후 귀국해 택시를 타고 집으로 가다 교통사고를 당해 사망하였다.

롭게 행동하는 그룹들의 연합이었고, 노이먼이 취급한 유일한 비협조적 게임의 유형은 두 사람간의 영합게임(zero-sum game)이었다. 이러한 영합게임에서는 상호간의 이익이 완전히 상충되기 때문에 연합을 형성할 유인은 전혀 발생하지 않는다. 노이먼은 서로의 이해관계가 완전히 상반되는 것을 아는 합리적인 두 경기자는 상대방도 똑같이 행동하리라는 것을 확신하면서 합리적 노선을 결정한다고 생각하였다. 두 사람간의 영합게임의 이와 같은 합리적 해결책이 곧 게임의 균형인 것이며, 최소최대의 정리는 그와 같은 균형의 존재를 보장해 준다.

내쉬는 노이먼과 몰겐스턴과는 다른 방향으로 게임이론을 확장하였다. 즉 내쉬는 비영합게임(nonzero-sum game)과 3인 이상이 참여하는 게임에 관심을 기울였고 주로 비협조적 게임을 연구하였다. 내쉬는 두 사람간의 비영합게임에서도 균형이 존재함을 밝혔는데 이것은 폰 노이먼의 최소최대정리의 확장인 것이다. 영합게임과는 달리 두 사람간의 이익이 완전히 상충되지 않기 때문에 합리적 해결책의 추구가 더 쉬워 보일 것 같지만, 이러한 균형이 바람직스럽지 않은 결과를 초래할 수도 있음이 밝혀졌다. 용의자들의 딜레마게임은 바로 이러한 상황을 잘 설명해 준다.

3. 게임이론의 주요 구성요소

게임이론이란 게임에 참여하는 경기자가 사용하는 전략과 특정한 전략에 따라서 경기자가 받게 되는 보상(payoff)을 체계적으로 연구하는 것이다. 즉 게임이론은 ① 각 경기자가 전략적 선택을 해야만 하고 또한 ② 그러한 전략적 선택의 결과는 다른 모든 경기자들이 행하는 게임에 좌우되는 상호의존적 상황을 정의해준다. 게임이론을 재미있게 만들고 또한 그것에 일반성을 부여하는 것은 한 경기자의 선택결과가 다른 경기자들의 선택행위에 좌우되는 이와 같은 상호의존성이다. 게임에 따라서 그 복잡성의 정도가 다르기는 하지만, 모든 게임은 ① 경기자, ② 전략, 그리고 ③ 결과에 따른 보상과 같은 세 가지의 기본적 요소로 구성된다. 그리고 어떤 게임들은 여기에 제4의 요소, 즉 균형결과(equilibrium outcome)를 갖기도 한다.

(1) 게임의 경기자

게임의 경기자는 게임에 참여하는 각 의사결정자를 지칭한다. 이러한 경기자는 포커게임에서는 개인일 것이고, 불완전 경쟁시장에서는 경쟁적 기업일 수 있으며, 국가간의 군사적 갈등의 경우는 국가일 수 있다. 모든 경기자들은 그들이 취할 수 있는 일련의 가능한 행동들 가운데서 선택할 수 있는 능력을 갖는 것으로 특징지어진다.

게임에서의 한 경기자가 자연(nature)인 경우도 있는데, 이때 이 경기자(i.e., 자연)의 행동은 선택되는 것이 아니라 특정 확률로서 발생한다. 예를 들면 특정 기후상태는 경기자에 의해 선택되는 것이 아니라 각종의 확률로서 발생되는 것으로 간주된다. 이와 같은 상황을 나타내 주는 것은 종종 자연과의 게임(game against nature)이라고 불린다.[13]

통상 경기자의 수는 게임이 진행되는 동안 줄곧 고정된다. 경기자의 수에 따라 게임은 종종 두 사람간의 게임, 세 사람간의 게임, 그리고 n명간의 게임 등으로 분류되기도 한다. 본서는 게임이론이라는 말을 처음 듣는 사람들에게 게임이론을 소개하고 게임이론의 유용성에 대한 맛을 느끼게 하려는 것이 주목적이다. 그렇기 때문에 줄곧 간단한 두 사람간의 게임만을 다루며, 그러한 두 경기자를 각각 A와 B로 표시한다. 게임이론에서는 각 경기자에 대한 다음과 같은 두 가지 가정을 필요로 한다.

1) 합리성(rationality)

게임이론에서의 중요한 가정들 중의 하나는 경기자의 구체적 신분구분이 무의미하다는 것이다. 즉 게임이론에서는 '착한 사람' 또는 '악한 사람'과 같은 구분은 필요가 없고, 오직 각 경기자는 자신에게 가장 바람직한 행동대안(course of action)을 선택하는 합리적 인간일 뿐이다. 게임이론은 각 경기자들이 완벽한 계산능력을 보유한 사람들이며 그러한 계산에 바탕하여 자신의 효용을 극대화시켜 줄 수 있는 최선의 전략을 실수 없이 선택하는 사람들로 간주한다. 바로 이것이 게임이론이 필요로 하는 합리성의 가정이다.

---

13) 자연과의 게임은 경기자가 한 사람인 경우를 가리키는데 본서에서는 다루지 않는다.

2) 게임의 규칙에 관한 주지(周知)의 사실(common knowledge of rules)

게임의 규칙은 각 경기자들에게 주지의 사실인 것으로 간주된다. 엄격하게 말하자면 게임의 규칙이란 ① 경기자의 이름, ② 각 경기자에게 가능한 전략들, ③ 모든 경기자들이 추구하는 전략조합의 결과 각 경기자들에게 돌아가는 보상, ④ 각 경기자의 합리성 등의 네 가지라고 할 수 있다.

게임의 규칙이 두 경기자 A와 B간에 주지의 사실이 되기 위해서는, A와 B가 각각 그 규칙을 아는 것만으로는 충분하지 않다. 여기에 덧붙여서 각자는 상대방이 그 규칙을 안다는 것을 알아야만 한다. 만약 그렇지 않다면 A는 B가 그 규칙을 모를 것이라고 생각할 수 있고 따라서 게임의 도중에 이와 같은 오해 속에서 행동하게 될 것이기 때문이다. A가 그 규칙을 안다는 사실을 B도 알고, B가 그러한 사실을[14] 안다는 그 자체를 A도 알아야만 한다. B에 대해서도 똑같은 상황이 적용될 수 있다. 만약 그렇지 않다면 A가 그 규칙을 알고 있다는 사실에 대한 B의 가정된 무지(supposed ignorance)를 A가 이용해보려고 할 것이기 때문이다.

이와 같이 주지의 사실이란 상대가 어떤 사실을 알고 있을 것이라는 것을 내가 알고, 또한 상대도 내가 이러한 사실을 알고 있음을 알고 있으며, 또 나는 상대가 이러한 사실을 알고 있음을 알고 … 등으로 계속 사고할 수 있다는 가정이다.

(2) 게임의 전략

게임의 전략이란 게임에서 각 경기자에게 주어진 각 행동대안을 지칭하는 것이며, 게임의 종류에 따라서 그 전략도 다양하다. 블랙잭(blackjack) 같은 게임의 경우 전략이란 다른 카드를 택하는 것으로서 매우 단순하지만, 국가간 무기경쟁과 같은 게임에서의 전략이란 레이저 요격미사일 방어체제의 구축과 같이 매우 복잡해질 수 있다. 순수전략(pure strategy)이란 일어날 가능성이 있는 모든 경우에 각 경기자가 구사할 수 있는 행동에 대한 완전한 계획(a complete plan of action)을 말하며, 혼합전략(mixed strategy)이란 각 경기자가 주어진 확률분포에

---

14) 이것은 A가 그 규칙을 안다는 사실이다.

따라 여러 개의 가능한 행동대안 가운데서 선택하는 전략을 의미한다.[15]

우리들이 상정하는 두 경기자들간의 게임에서 경기자 A가 취할 수 있는 전략들은 a_1, a_2, $\cdots$ a_n로 표시하고, 경기자 B가 취할 수 있는 전략들은 b_1, b_2, $\cdots$ b_n로 표시한다. 각 경기자에게 이용가능한 전략이 수없이 많을 수도 있지만, 극단적으로는 오직 두 개의 이용가능한 전략만으로도 게임이론이 함축하고자 하는 바를 묘사할 수가 있다. 전략은 연속적 형태로 나타낼 수도 있지만, 그렇게 되면 수학을 사용해야 한다. 따라서 본서에서는 연속변수(continuous variable)를 포함하는 전략은 다루지 않고 오직 이산변수(discrete variable)를 포함하는 전략만을 다룬다.

(3) 게임의 보상

게임에서 보상이란 게임이 끝났을 때 게임에 참가한 경기자들에게 돌아가는 최종적인 수익을 뜻한다. 그러한 보상은 경기자가 획득한 돈이나 또는 효용수준으로 측정될 수 있다. 경기자들은 게임의 보상을 자기가 가장 좋아하는 것에서부터 가장 싫어하는 것으로 순서매길 수 있으며, 달성가능한 가장 높은 보상을 추구하는 것으로 가정한다. 만약 게임에 임하는 두 경기자가 기업이라면, 이 같은 언명(言明)은 그들이 이윤극대화의 추구자라는 것을 의미한다.

(4) 게임의 균형

우리는 시장이론에서 공급자와 수요자 모두가 시장결과에 만족하는 균형개념을 개발하였다. 즉 균형가격과 균형량이 주어지면, 시장에 참여하는 어떤 사람도 자신의 행동을 바꿀 유인을 갖지 않는다. 게임이론에서도 시장에서의 균형과 동일한 균형개념이 있을 수 있는가 하는 의문이 제기된다. 즉 일단 경기자들이 특정 전략을 선택하고 나면 그들로 하여금 더 이상 자신의 전략을 바꾸려는 유인을 갖지 않게끔 해 주는 어떤 전략적 선택이 가능할 것인가라는 의문이 생긴다. 결론적으로 말하면 게임에서의 균형은 존재할 수도 있고 그렇지

---

15) 본서의 제3판까지는 혼합전략과 그것이 개재된 게임에 대해서도 비교적 상세하게 다루었지만 제4판부터는 생략하였다.

않을 수도 있다. 따라서 게임이론의 주요과제 중의 하나는 그러한 균형의 존재를 확인하고 그 균형전략을 찾아내는 것이다.

게임에서의 균형결과가 각 경기자에게 반드시 최선의 결과라고 할 수는 없다. 즉 모든 경기자의 합리적인 전략선택이 모두에게 나쁜 결과를 초래할 수 있다. 용의자들의 딜레마게임(prisoners' dilemma game)이 가장 대표적 사례이다. 그렇다고 해서 게임의 균형이 중요하지 않다는 것은 아니며, 실제로 게임의 균형개념은 게임의 분석에 매우 유용한 기술적 도구(descriptive tool)이고 게임을 조직화해주는 개념이다.

게임이 복잡해지면 게임의 균형을 찾는 것이 쉽지 않다. 최근에는 게임의 균형을 찾기 위한 컴퓨터 프로그램이 급속히 발전하고 있다. 가장 대표적인 것이 맥킬비(D. McKelvey)와 맥러넌(A. McLennan)에 의해서 주도되는 미국 국립과학재단(National Science Foundation)의 과제인 '갬빗'(Gambit)이다. '갬빗'은 여러 가지의 불확실과 불완전 정보(incomplete information)하에서 이루어지는 순차게임이나 동시게임에서 순수전략균형과 혼합전략균형을 찾는 데 도움되는 종합 프로그램을 개발하는 프로젝트이다.

제3절 ▮ 동시게임과 순수전략

1. 동시게임의 의의와 구조 및 균형

(1) 동시게임의 의의와 구조

동시게임(simultaneous-move game)이란 게임에 참가하는 각 경기자가 상대방 경기자들의 선택에 대해 전혀 알지 못하는 상태에서 수를 써야만 하는 게임을 의미한다. 가위·바위·보 경기를 할 때처럼 각 경기자들이 동시에 행동하면 상대방의 행동에 대해서 알 수 없다. 뿐만 아니라 만약 각 경기자가 상대방 경기자들이 어떻게 하였고 또한 어떻게 할 것인가에 대해서 전혀 알지 못한 채 서로 떨어져서 각자 행동하게 될 경우, 비록 각자의 행동시점이 서로 다르더라도 이와 같은 게임 역시 동시게임이라고 할 수 있다. 바로 이와 같은 이유 때문에 동시게임은 종종 불완전정보게임(imperfect information game)이라고[16] 부른다.

　이와 같은 동시게임은 우리의 일상생활에서 종종 목격된다. 즉 가장 쉬운 보기 중의 하나가 축구시합에서 페널티킥 찰 때의 골키퍼와 킥커간의 상황이다. 왜냐하면 페널티킥의 순간에 두 선수들은 각자의 방향을 동시에 정해야만 하기 때문이다. 즉 골키퍼는 어느 쪽을 집중적으로 마크해야할 것인가를 결정하기 위하여 킥커가 공을 찰 때까지 기다리면 이미 때는 늦기 때문이다. 여름철 성수기를 대비하여 에어컨을 생산하는 가전제품 회사들이 그들 제품의 모델을 결정할 때도 상대방 경쟁자의 결정을 알지 못한 상태에서 결정해야만 하는데 이것도 일종의 동시게임적 상황인 것이다.

　동시게임은 거의 대부분 보상표(payoff table)[17]로서 쉽게 나타낼 수 있으며, 이 보상표는 게임의 전략적 형태(strategic form) 또는 게임의 정규형 형태(normal form)라고도 불린다. 동시게임 그 자체는 정규형게임(normal-form game) 또는 전략적 게임(strategic-form game)이라고도 불린다. 경기자가 두 사람일 경우 이 보상표가 어떻게 구성될 수 있는지를 살펴보기 위하여 몇 가지 기호를 설명하기로 하자. 우선 두 경기자는 각각 A·B로 표시하고, 그들이 택할 수 있는 전략은 $a \cdot b$로 표시하며, 경기자 A가 전략 a_i를 택하고 경기자 B가 전략

■ ■ 표 6-1　게임의 보상표

A의 전략		B의 전략				
		b_1	b_2	b_3		b_n
	a_1	(A_{11}, B_{11})	(A_{12}, B_{12})	(A_{13}, B_{13})	················	(A_{1n}, B_{1n})
	a_2	(A_{21}, B_{21})	(A_{22}, B_{22})	(A_{23}, B_{23})	················	(A_{2n}, B_{2n})
	a_3	(A_{31}, B_{31})	(A_{32}, B_{32})	(A_{33}, B_{33})	················	(A_{3n}, B_{3n})
	·	················				
	a_n	(A_{n1}, B_{n1})	(A_{n2}, B_{n2})	(A_{n3}, B_{n3})	················	(A_{nn}, B_{nn})

16) 여기서 완전정보게임과 불완전정보게임이란 게임에 참여하는 각 경기자가 자신의 전략을 선택할 때 상대방이 어떤 행동을 취했는지 알고 있느냐의 여부에 따른 구분이다. 한편 완비(完備)정보게임(complete information game)과 불완비정보게임(incomplee information game)이란 상대방 경기자의 특성(characteristics) 혹은 유형(type)을 알고 있느냐의 여부에 따른 구분이다. 불완전정보게임은 영어로는 imperfect knowledge game이라고도 부른다(김영세, 1998: 11).

17) 보상표는 때때로 보상행렬(payoff matrix), 게임행렬(game matrix), 게임표(game table)라는 용어로도 불리지만 본서에서는 보상표라는 용어로 통일하여 사용한다.

■ ■ ■ 표 6-2 가위·바위·보 게임의 보상표

		B의 전략		
		b_s(가위)	b_r(바위)	b_p(보)
A의 전략	a_s(가위)	($T,\ T$)	($L,\ W$)	($W,\ L$)
	a_r(바위)	($W,\ L$)	($T,\ T$)	($L,\ W$)
	a_p(보)	($L,\ W$)	($W,\ L$)	($T,\ T$)

b_j를 택할 때 각 경기자 A와 B에게 돌아가는 보상은 각각 A_{ij}와 B_{ij}로 나타내기로 하자. 두 경기자 A·B간의 게임에서 각자가 취할 수 있는 가능한 전략과 그 전략을 선택했을 때 두 경기자들에게 돌아가는 보상을 표로 나타낸 것이 〈표 6−1〉이다.

두 사람간에 행해지는 가위·바위·보 게임을 이용하여 보상표의 개념을 좀 더 구체적으로 설명하기로 하자. 전략이란 경기자가 구사할 수 있는 완전한 행동계획(a complete plan of action)으로서, 현재 이용가능한 모든 정보가 주어졌을 때 각 경기자가 취할 수 있는 수 또는 행동을 뜻한다. 엄격한 순서가 정해져 있는 전략적 상황을 묘사하는 순차게임에서와는 달리 동시게임에서 각 경기자들은 상황에 조건 지어지는 규칙(contingent rules)으로서의 전략을 수립할 필요가 없다. 따라서 각 경기자의 전략이란 그 게임의 어떤 시점에서 각 경기자가 취하는 행동 혹은 수와 동일하다. 따라서 가위·바위·보 게임에서 두 경기자 모두 가위, 바위, 보라는 세 가지 순수전략밖에 가질 수 없다는 것은 자명하다.

두 경기자가 세 가지 전략, 즉 가위(s: scissors)·바위(r: rock)·보(p: paper)를 구사함에 따라 이기는 경우(W: win), 지는 경우(L: lose), 비기는 경우(T: tie)와 같은 세 가지 다른 결과가 초래될 수 있다. 이것을 정리한 것이 〈표 6−2〉인데, 이 보상표는 이 게임이 영합게임임을 나타내 주고 있다. 즉 경기자 A가 이길 때마다 B는 지게 되며, A가 무승부를 이룰 때마다 B도 무승부를 이룬다. 이와 같은 영합게임의 경우 보상표의 각 셀(cell)에 한 경기자[18]의 보상만 기록하더라도 해석에는 아무런 불편함이 없기 때문에 〈표 6−2〉의 보상표는 〈표 6−3〉과 같이 단순화될 수 있다.

---

18) 본서에서는 A경기자의 보상을 기록하기로 한다.

■ ■ 표 6-3 단순화된 가위·바위·보 게임의 보상표

A의 전략		B의 전략		
		b_s(가위)	b_r(바위)	b_p(보)
A의 전략	a_s(가위)	T	L	W
	a_r(바위)	W	T	L
	a_p(보)	L	W	T

(2) 동시게임의 균형: 내쉬균형

동시게임에서의 균형은 내쉬균형(Nash equilibrium)으로 묘사된다. 내쉬균형이란 명칭은 1940년대와 1950년대에 비협조게임(noncooperative game)에서의 해(solution)를 찾아낸 내쉬(John Nash)[19]를 기념하기 위하여 붙여진 것이다. 내쉬는 다른 모든 상대방 경기자들이 그들의 균형전략을 택할 때 각 경기자가 취하는 전략이 그 경기자의 최선의 전략이 될 수 있도록 해주는 전략의 배열(configuration of strategies)을 일반적인 비협조게임의 균형이라고 설명한다. 즉 내쉬균형에서 각 경기자는 주어진 상황에서 자신이 취할 수 있는 최선의 대응전략(best response strategy)을 택한다. 각 경기자는 상대방이 택할 전략을 예측할 수 있으며, 상대방이 이 예측대로 선택하게 되는 자기예상실현의 특성(self-fulfilling property)이 내쉬균형의 개념 속에 내포되어 있다(박주현, 1998: 50). 그렇기 때문에 내쉬균형에서 각 경기자는 주어진 상황에서 자신의 선택에 만족하게 되고 전략을 바꿀 유인을 전혀 갖지 않는다.

이와 같은 내쉬균형은 다음과 같은 두 가지 문제가 있다. 첫 번째 문제는 비록 각 경기자가 주어진 상황에서 자신이 취할 수 있는 최선의 대응전략을 택하지만 그 결과가 파레토효율적이지 않다는 점이다. 이것에 대한 가장 대표적 보기는 본 절에서 곧 소개할 용의자들의 딜레마게임(prisoner's dilemma game)이다. 두 번째 문제는 어떤 게임에서 복수의 내쉬균형이 존재할 수 있는데, 이 경우 어떤 균형이 채택될 것인가가 문제이다. 이것에 관해서는 본 절의 마지막 부분에서 다룬다.

---

19) 내쉬는 협상(bargaining)을 분석할 때 유용한 협조게임에 관한 해도 탐구하였지만 본서에서는 그것을 다루지 않는다.

2. 동시게임의 균형탐색

동시게임의 내쉬균형전략을 확인하는 데는 몇 가지 방법들이 있다. 우리는 여기서 가장 쉽고 간단한 방법으로부터 보다 어렵지만 더 일반적인 방법의 순서로 소개할 것이다. 그러므로 어떤 게임에 직면하여 그 게임의 균형을 찾으려고 할 때, 여기서 소개하는 순서로 시도해보는 것이 균형전략을 찾는 효율적인 방법이 될 것이다.

(1) 지배적 전략의 개념을 이용한 균형탐색

동시게임에서 각 경기자는 여러 개의 순수전략을 가질 수 있다. 동시게임에서 어떤 경기자의 지배적 전략(dominant strategy)[20]이란 그가 갖는 여러 개의 순수전략들 중에서 상대방 경기자들이 어떤 전략을 구사하든지 관계없이 그에게 가장 좋은 결과를 가져다주는 전략을 뜻한다. 즉 경기자 A가 a_1, a_2, a_3이라는 세 개의 순수전략을 갖고 경기자 B도 b_1, b_2, b_3이라는 세 개의 순수전략을 갖는다고 하자. 만약 A의 전략 a_3는 경기자 B가 b_1, b_2, b_3 중 어떤 전략을 택하든지 관계없이 그의 다른 전략들인 a_1, a_2보다 언제나 그에게 더 많은 보상을 가져준다면 A의 지배적 전략이 된다. 이 경우 a_1와 a_2는 전략 a_3에 의해 지배된다고 하며 피지배전략(dominated strategy)이라고 불린다. 같은 방법으로 경기자 B의 전략 b_3는 경기자 A가 a_1, a_2, a_3 중 어떤 전략을 택하든지 관계없이 다른 전략 b_1, b_2보다 언제나 그에게 더 많은 보상을 가져다준다면 그의 지배적 전략이 되며, b_1, b_2는 피지배전략이 된다.

1) 두 경기자가 모두 지배적 전략을 갖는 경우

만약 두 경기자 모두에게 지배적 전략이 존재할 뿐만 아니라 그들이 그것을 선택한다고 하자. 이것은 각 경기자가 상대방 경기자의 행위가 주어졌을 때 그의 최선의 전략을 택하는 셈이므로 그 결과는 곧 내쉬균형이 된다. 두 경기자 모두 지배적 전략을 갖는 가장 대표적인 게임은 용의자의 딜레마게임

---

[20] 저자는 본서에서 'dominant strategy'와 'dominated strategy'를 각각 '지배적 전략'과 '피지배전략'으로 번역한다. 그러나 이들은 각각 '우월전략'과 '열등전략'으로 번역되기도 한다(김영세, 1998: 18; 박주현, 1998: 38).

(prisoners' dilemma game)이다. 원래 이 게임은 1950년 RAND연구소의 메릴 프
랏(Merill Flood)과 멜빈 드레셔(Melvin Dresser)가 사람들간에 벌어지는 '이익나누
기'와 연관된 실험을 통해서 발견한 것이다. 그들은 자신들의 연구결과가 상당
한 의미를 지닌다고 생각했지만 그것이 과학과 사회에 미칠 엄청난 영향력을
예측하지는 못했다.

프랏은 그 당시 RAND연구소의 자문역을 맡고 있던 폰 노이먼에게 자신들
의 결과를 소개했지만, 노이먼이 그들의 실험을 진지하게 생각하지는 않았
다고 한다. 한편 드레셔는 RAND연구소의 또 다른 자문역을 맡고 있던 터커
(Albert W. Tucker)[21]에게 자신들의 연구결과를 보여주었는데, 터커는 그 결과에
매료되었다고 한다. 마침 1950년 5월 스탠퍼드 대학교의 심리학과는 터커에게
게임이론에 관한 강연을 요청하였다. 터커는 프랏과 멜빈의 실험결과를 소개
하려고 했지만 심리학자들이 게임이론에 대한 배경이 없었기 때문에 그 결과
를 일화로 제시할 필요를 느꼈다. 이렇게 해서 만들어진 것이 오늘날 잘 알려
진 용의자들의 딜레마 이야기다(박우석(역), 2004: 166-176).

용의자들의 딜레마게임의 상황은 다음과 같다. 즉 검사가 어떤 범죄의 공
모자로 의심받고 있는 두 용의자를 체포하여, 서로 의사소통을 할 수 없도록
별도의 감방에 수용하였다. 충분한 증거를 확보하지 못한 검사는 최소한 한 명
의 용의자로부터의 자백을 얻어내지 못하면 그들을 범인으로 지목할 수 없다.
그렇기 때문에 그들로부터 자백을 끌어내야만 하는 검사는 각 용의자에게 그
들의 행동여하에 따라서 다음과 같은 결과가 초래될 수 있음을 알려 준다.

① 만약 한 사람의 용의자는 자백하지만 다른 용의자가 자백하지 않을 경
우, 자백하는 용의자는 국가에 대한 협력의 대가로 석방하지만 자백하지 않는
용의자에게는 10년형을 선고한다. 이 상황은 〈표 6-4〉의 보상표에서 (0, 10)
또는 (10, 0)로 표시된다.

② 만약 두 용의자 모두 자백한다면, 두 사람 모두에게 다소 가벼운 5년형
을 선고한다. 이 상황은 〈표 6-4〉의 보상표에서 (5, 5)로 표시된다.

③ 만약 두 용의자 모두 끝까지 자백하지 않는다면, 두 사람 모두에게 불

■ ■ 표 6-4 용의자들의 딜레마게임의 보상표

		용의자 B의 전략	
		b_1(자백 않음)	b_2(자백 함)
용의자 A의 전략	a_1(자백 않음)	(1, 1)	(10, 0)
	a_2(자백 함)	(0, 10)	(5, 5)

법무기의 소지라는 다소 애매한 죄목으로 1년형을 선고한다. 이 상황은 〈표 6-4〉의 보상표에서 (1, 1)로 표시되고 있다.

위의 보상표에서 두 용의자(경기자) A와 B의 지배적 전략을 확인해 보기로 하자. 우선 경기자 A의 지배적 전략을 확인하기 위해서 경기자 B가 b_1의 전략을 택한다고 가정하자. 이때 A는 1년형을 초래하는 a_1에 비하여 석방을 가져올 수 있는 a_2를 택하는 것이 더 유리하다. 만약 B가 b_2를 택하더라도 A에게는 여전히 a_2 전략이 더 바람직스럽다. 그러므로 a_2는 A의 지배적 전략이다. 똑같은 논리를 적용하면 B에게도 지배적 전략이 존재함을 알 수 있으며, 그것은 곧 b_2이다. 따라서 A와 B의 지배적 전략인 자백은 내쉬균형을 이루며, 두 사람에게 선고되는 5년형이 곧 내쉬균형의 결과이다. 이와 같은 내쉬균형의 결과는 비균형 상황에서 얻을 수 있는 결과인 (a_1, b_1)보다 두 경기자에게 더 나쁜 결과를 초래한다는 특징을 갖고 있다.

2) 한 경기자만 지배적 전략을 갖는 경우

두 경기자 A, B간의 게임에서 한 경기자만 지배적 전략을 갖는 경우도 균형을 찾기가 비교적 간단하다. A, B 두 경기자 중 지배적 전략을 갖는 경기자를 A라고 할 때, 경기자 B는 A가 균형에서 그의 지배적 전략을 구사할 것이라는 가정하에 자신의 균형행동(equilibrium action)(즉 자신의 최선의 대응)을 택할 것이다. 이와 같은 상황은 제2차 세계대전 중인 1943년 2월 연합군과 일본군이 파푸아-뉴기니아(Papua-New Guinea)와 비스마르크군도(Bismarck Archipelago)를 가로지르는 남서태평양의 해역에서 실제로 벌인 해전(海戰)에서 찾을 수 있다. 이러한 상황을 게임으로 나타낸 것이 '비스마르크해의 전투'(the battle of the Bismarck Sea)라는 게임이다(Brams, 1975: 4-9; Dixit and Skeath, 1999: 87-89).

그 당시 뉴기니아의 남쪽 반은 연합군이 차지하고 있었고 북쪽 반은 일본군이 차지하고 있었기 때문에, 뉴기니아의 탈환을 위한 양진영간의 전투는 극에 달하였다. 연합군의 정보에 의하면 일본은 뉴기니아에 주둔하고 있는 자국의 병력강화를 위한 전투부대와 보급물자를 결집하고 있었다. 일본군은 그들을 수송하기 위하여 악천후(惡天候)가 예상되는 뉴 브리턴(New Britain)의 북쪽 지역과 일기가 좋을 것으로 예상되는 뉴 브리턴의 남쪽 지역 중의 어느 하나를 이용해야만 하였다. 최고사령관인 맥아더(MacArther) 장군은 서남태평양지역 연합공군사령관인 케니(Kenney) 장군에게 일본군 수송대에 최대한의 타격을 가하도록 명령하였다. 연합군은 일본군을 뒤쫓아가서 폭격을 감행해야만 하는데 일본군이 어떤 항로를 택할지 모르기 때문에 일본군을 수색하기 위한 정찰대를 보내야 하였다. 정찰용 비행기가 충분하지 않았기 때문에 한 번에 한 쪽만 정찰할 수밖에 없었다.

일본군 수송대의 항해시간은 3일이다. 만약 일본군 수송대가 택한 통로가 공교롭게도 연합군의 정찰대가 먼저 수색하는 통로라면, 연합군은 곧바로 폭격기를 출격시켜 폭격을 감행할 수 있을 것이다. 만약 일본군이 택한 통로와 연합군의 정찰통로가 서로 다를 경우, 연합군은 수색지역을 바꾸는 데 하루를 소비해야만 하기 때문에 폭격가능 날짜는 하루가 줄어든다. 뿐만 아니라 뉴브리턴의 북쪽지역은 일기가 좋지 않기 때문에 3일 중 하루는 폭격하기가 곤란하다고 한다.

연합군이 만약 뉴 브리턴의 북쪽 지역을 먼저 수색하였는데 마침 일본군이 그 쪽 통로를 이용하여 이동하고 있었다면, 날씨 때문에 연합군의 폭격가능 날짜는 이틀로 줄어든다. 그러나 연합군이 북쪽을 먼저 수색하였지만 일본군은 남쪽 통로를 이용하였다면, 수색지역을 바꾸는 데 하루가 걸리므로 이 경우에도 연합군의 폭격가능 날짜는 이틀밖에 되지 않는다. 다른 한편 연합군이 남쪽 통로를 먼저 수색하였는데 마침 일본군이 그 쪽 통로를 이용하였다면, 연합군은 3일간 폭격을 감행할 수 있다. 만약 연합군이 남쪽을 먼저 수색하였지만 일본군은 북쪽 통로를 이용하여 이동하고 있었다면, 수색지역을 바꾸는 데 하루가 걸리고 또한 악천후 때문에 연합군이 폭격할 수 있는 날짜는 하루밖에 되지 않는다.

일본군은 연합군이 어느 쪽을 먼저 수색할 것인지 모르는 상태에서 이동통로를 선택해야만 하고, 또한 연합군도 일본군이 어느 통로를 이용하여 이동할 것인지 모르는 상태에서 정찰해야 한다. 그렇기 때문에 이 상황은 동시게임으로 묘사될 수 있다. 양 진영의 선택에 따라서 기대 가능한 폭격 일수가

■ ■ 표 6-5   비스마르크해 전투의 게임

		일본군의 전략	
		북쪽통로 이용	남쪽통로 이용
연합군의 전략	북쪽 수색	2	2
	남쪽 수색	1	3

〈표 6−5〉에 표시되어 있다. 연합군은 폭격 일수가 많은 것을 선호하지만 일본
군은 폭격 일수가 적은 것을 선호한다. 따라서 이 게임은 영합게임이기 때문에
〈표 6−5〉의 보상표에는 오직 하나의 보상만 표시되어 있다.

　　우리는 〈표 6−5〉의 보상표를 이용하여 연합군과 일본군에 지배적 전략이
있는지를 살펴보기로 한다. 일본군이 북쪽 통로를 이용할 경우 연합군은 북쪽
을 수색하는 것이 유리하며, 일본이 남쪽 통로를 이용할 경우 연합군은 남쪽을
수색하는 것이 유리하다. 그러므로 연합군은 지배적 전략을 갖지 못한다. 한편
연합군이 북쪽을 수색할 때 일본군은 북쪽 통로를 이용하든지 남쪽 통로를 이
용하든지 동일한 보상을 얻게 되지만, 만약 연합군이 남쪽을 수색한다면 북쪽
통로를 이용하는 것이 유리하다. 따라서 북쪽 통로를 이용하는 전략은 일본의
약지배적 전략(weakly dominant strategy)이 된다.

　　일본군은 약지배적 전략을 택하게 될 것이며, 연합군은 수색방향을 선택
할 때 이 점을 고려해야만 한다. 따라서 연합군은 일본군이 북쪽 통로를 택할
것이라는 기대하에 자신에게 가장 좋은 전략인 북쪽을 수색하게 될 것이다. 따
라서 연합군은 북쪽을 수색하고 일본군은 북쪽 통로를 이용하는 것이 이 게임
에서의 내쉬균형이 된다. 연합군과 일본군의 작전담당자들이 1943년 실제 이
런 식으로 생각하였는지 알려지지 않았지만, 그 결과는 게임이론의 예측과 같
았다. 즉 일본군은 북쪽 통로를 택하였고, 연합군도 북쪽을 수색함으로써 이틀
간 폭격을 감행할 수 있었으며, 그 결과 일본군에게 큰 피해를 입혔다고 한다.

(2) 피지배전략의 반복적 제거를 통한 균형탐색

　　지금까지 우리가 든 보기의 게임들은 각 경기자들에게 오직 두 개의 순수
전략만 존재하였다. 따라서 한 전략이 지배적이라면 나머지 전략은 피지배전
략이 되기 때문에, 지배적 전략을 선택하는 것과 피지배전략을 제거하는 것은

동일한 결과를 가져온다. 그러나 두 개 이상의 전략을 갖는 게임에서는 비록 모든 전략들을 지배하는 단일전략이 존재하지 않더라도 어떤 경기자의 특정 전략은 피지배전략이 될 수 있다. 경기자들이 이와 같은 유형의 게임에 직면할 때, 그들은 피지배전략을 선택의 고려대상으로부터 제거함으로써 균형에 도달할 수 있을 것이다. 피지배전략을 제거하면 게임의 크기가 줄어든다. 이렇게 구성된 '새' 게임에는 제거될 수 있는 또 다른 피지배전략이 존재할 수도 있고, 또한 경기자들 중 한 사람에게는 지배적 전략이 존재할 수도 있다.

피지배전략을 반복적으로 제거하면 궁극적으로 더 이상 게임이 줄어들지 않는 단계에 이른다. 만약 이 과정이 유일한 결과로 끝나면, 그것이 곧 이 게임의 내쉬균형이 된다. 이처럼 피지배전략의 반복적 제거가 유일한 균형결과를 낳게 되면, 이 게임은 지배에 의하여 해결가능(dominance solvable)하다고 부른다. 비록 반복적 제거가 그러한 유일한 균형결과를 낳지 않더라도, 한 전략만이라도 제거된다면 게임의 크기가 줄어들어 다른 방법으로 균형을 찾는 것이 훨씬 용이해진다.

피지배전략의 반복적 제거에 의한 내쉬균형의 탐색을 설명해 줄 수 있는 다음과 같은 가상적인 경우를 상정하자. 오늘날의 직장인들은 시간에 쫓기는 생활을 하기 때문에 간단하게 주문하여 먹을 수 있는 음식으로 저녁식사를 해결하는 경우가 많다. 중소도시의 어느 오피스텔에는 이 같은 젊은 독신 직장인들이 모여 사는데, 이들을 주고객으로 하여 '왕서방집'과 '털보집'이라는 두 개의 만두집이 성업중에 있다고 하자. 우리는 문제를 단순화하기 위해서 두 가게의 가격설정 전략은 비싼 가격·보통 가격·싼 가격의 세 가지만 있다고 가정한다. 만약 비싼 가격을 설정한다면 만두 1인분당 1,200원, 보통 가격을 설정한다면 1인분당 1,000원, 그리고 싼 가격을 설정한다면 1인분당 500원의 이익을 얻을 수 있다고 하자.

두 가게는 각기 모두 단골 고객을 확보하고 있어 상대방 가게의 가격이 어떻든 간에 단골들에게 주당 3,000인분의 만두를 팔 수 있지만, 유동적 수요층에 속하는 4,000인분의 만두는 두 가게의 가격설정에 따라 그 판매량이 달라진다. 즉 한 가게가 다른 가게에 비하여 조금이라도 싼값을 매긴다면 그 가게가 4,000인분을 몽땅 팔게 되지만, 만약 두 가게의 가격이 동일하다면 두 가게가 각각 2,000인분의 만두를 팔게 될 것이다. 이러한 상황을 보상표로 나타낸 것이 〈표 6-6〉이다.

■ ■ 표 6-6 피지배전략의 반복적 제거   (단위: 백만원)

		털보집(B)		
		비싼 가격(b_1)	보통 가격(b_2)	싼 가격(b_3)
왕서방집(A)	비싼 가격(a_1)	600, 600	360, 700	360, 350
	보통 가격(a_2)	700, 360	500, 500	300, 350
	싼 가격(a_3)	350, 360	350, 300	250, 250

경기자 B가 b_1을 택하거나 b_2를 택할 때 A의 최선의 전략은 a_2이지만, 만약 B가 b_3를 택한다면 A의 최선의 전략은 a_1이다. 마찬가지로 경기자 A가 a_1을 택하거나 a_2를 택할 때 B의 최선의 전략은 b_2이지만, 만약 A가 a_3를 택한다면 B의 최선의 전략은 b_1이다. 그러므로 이 보상표에서 A·B 두 경기자는 지배적 전략을 갖지 않는다. 그렇지만 각 경기자의 피지배전략은 손쉽게 찾을 수 있는데, 여기서는 싼 가격전략인 a_3와 b_3이다. 왜냐하면 두 경기자 모두 상대방이 어떤 전략을 택하든지 관계없이 싼 가격전략은 그들에게 가장 나쁜 보상을 주기 때문이다. 따라서 두 경기자들 모두 싼 가격전략을 택하지 않을 것이므로, 이것을 제거하면 남는 것은 〈표 6-6〉에서 그림자 지워진 부분이다.

피지배전략을 제거함으로써 구성된 새 보상표를 보면 두 경기자의 보통가격 전략인 a_2와 b_2가 그들의 지배적 전략으로 되며, 그것이 곧 내쉬균형을 이룬다. 경쟁기업들이 가격설정을 할 때는 이윤의 폭과 판매량과의 상충관계를 항상 염두에 두어야만 한다. 위의 상황에서 왕서방집과 털보집은 각기 단골손님을 충분히 확보하고 있기 때문에 그들 모두에게 낮은 가격을 요구하는 것은 어리석은 전략이 될 수밖에 없다.

(3) 정합게임에서의 맥시민-미니맥스방법을 통한 균형탐색

지배적 전략이나 피지배전략을 갖지 않는 동시게임도 많다. 이와 같은 경우는 맥시민-미니맥스방법(maxmin-minimax method)[22]을 이용하여 내쉬균형을 찾을 수 있다. 맥시민-미니맥스방법의 기본논리는 게임에 임하는 각 경기자들이 게임의 결과에 대해서 매우 비관적이라는 데 있다. 따라서 각 경기자는 자

---

22) 영합게임에서 균형을 찾는 이 같은 방법은 간단히 줄여서 미니맥스방법(minmax method)이라고 부른다(Dixit and Skeath, 1999: 94).

■ ■ 표 6-7 지배적 전략이 없는 보상표

		B 의 전략		
		b_1	b_2	b_3
A의 전략	a_1	(-5, 5)	(10, -10)	(-12, 12)
	a_2	(-2, 2)	(6, -6)	(3, -3)
	a_3	(-3, 3)	(-4, 4)	(8, -8)

신이 처하게 될 가장 나쁜 경우를 먼저 상정한 후 그 중에서 가장 바람직한 결과를 가져오는 전략을 택하게 된다.

〈표 6-7〉의 보상표는 두 경기자 모두 지배적 전략과 피지배전략을 갖지 않는 상황을 보여준다. 이 경우 두 경기자들이 모두 비관적 입장을 견지한다고 가정한다면, 우선 자신들의 보수 중에서 가장 나쁜 것부터 먼저 고려하게 된다. 따라서 A가 전략 $a_1 \cdot a_2 \cdot a_3$를 택함으로써 얻을 수 있는 가장 비관적인 보상은 각각 -12, -2, -4가 되고, B가 전략 $b_1 \cdot b_2 \cdot b_3$를 택함으로써 얻을 수 있는 가장 비관적인 보상은 각각 2, -10, -8이 된다. 두 경기자들이 이와 같은 각자의 비관적인 예상결과 중에서 가장 좋은 것을 선택하는 것으로 가정하면, A는 전략 a_2를 택하게 되고 B는 전략 b_1를 택할 것이다. 이 결과는 내쉬균형이다. 왜냐하면 어느 경기자도 이 점 (a_2, b_1)을 이탈함으로써 더 좋은 결과를 얻을 수 없기 때문이다.

이 게임에서의 내쉬균형점 (a_2, b_1)는 이 게임의 안장점(鞍裝点; saddle point)이라고 불린다. 안장점이란 A의 보상과 B의 보상을 삼차원의 그래프로 나타낼 때 그것이 마치 자전거나 말의 안장(鞍裝)과 비슷하다는 점에서 사용된 용어이다. 즉 [그림 6-1]의 북쪽에서 남쪽으로 향하여 볼 때 A의 전략으로 얻어지는 A의 보상은 상향(上向)의 능선(稜線; ridge)으로 나타나고, 동쪽에서 서쪽으로 향하여 볼 때 B의 전략과 보상은 하향(下向)하는 계곡(溪谷; valley)으로 나타난다. 안장점은 A의 능선 중에서 가장 높은 점과 B의 계곡 중에서 가장 낮은 점이 된다. 비록 [그림 6-1]는 연속적 전략을[23] 나타내고 〈표 6-7〉은 불연속적인 전략을 나타내지만, [그림 6-1]의 연속적 전략은 안장점의 개념을 쉽게 설명하기 위하여 소개하였을 뿐이다.

---

23) 연속적 전략을 포함하는 게임은 본서에서 다루지 않는다.

■ ■ 그림 6-1   경기자의 보상과 안장점

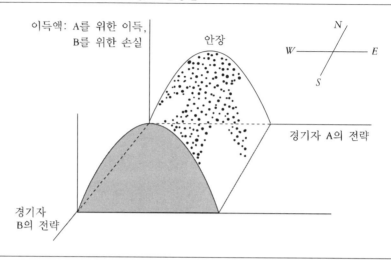

〈표 6-7〉의 보상표는 영합게임을 나타내기 때문에 앞에서 설명한 바대로 〈표 6-8〉처럼 경기자 A의 보상만으로도 기술할 수 있다. A가 a_1, a_2, a_3의 전략을 택할 때 각각 얻을 수 있는 가장 나쁜 보상은 '행의 최소치'(row minima)에 기록한다. 영합게임에서 B의 보상은 A의 보상에 −를 붙인 것이다. B가 b_1, b_2, b_3의 전략을 택할 때 각각 얻을 수 있는 가장 나쁜 보상은 〈표 6-8〉의 보상표에서는 가장 큰 수치로서 나타나며, 이것은 '열의 최대치'(column maxima)에 기록된다. 따라서 A는 행의 최소치 중에서 가장 큰 값(maxmin)을 택할 것이고 B는 열의 최대치중 최소치(minmax)를 택할 것이며, 이 두 수치가 마주치는 (a_2, b_1)이 내쉬균형을 이룬다. 이런 이유 때문에 이 방식은 맥시민−미니맥스방법이라고 불린다.

■ ■ 표 6-8   미니맥스해법에 의한 균형의 탐색

		B 의 전략			행의
		b_1	b_2	b_3	최소치
A의 전략	a_1	-5	10	-12	-12
	a_2	-2	6	3	-2
	a_3	-3	-4	8	-4
열의 최대치		-2	10	8	

(4) 내쉬균형의 정의를 이용한 균형탐색

미니맥스방법에 의해서도 균형을 찾지 못할 수 있을 뿐만 아니라 또한 이 방법은 비영합게임(non-zero-sum game)에서는 작동되지 않는다. 이와 같은 경우에는 보상표의 칸 하나하나가 내쉬균형의 정의를 충족시키는가를 검토함으로써 내쉬균형을 찾을 수 있다. 이 방식은 앞에서 소개한 방식에 비해 적용하기가 훨씬 성가시다는 단점을 갖고 있다. 그러나 다른 방법들, 특히 반복적 제거에 의한 방법은 복수의 내쉬균형이 존재할 경우 그것들을 모두 찾아내지 못할 가능성이 있는 데 반해, 이 방식은 어떤 게임에서 존재하는 모든 내쉬균형을 찾게 해준다는 장점을 지닌다.

3. 복수의 내쉬균형이 존재하는 경우

한 게임에서 복수의 내쉬균형이 존재할 수도 있으며, 이와 같은 복수의 내쉬균형은 다음과 같은 몇 가지 다른 상황 속에서 일어난다.

첫째, 어떤 균형에서도 경기자들간의 보상이 동일하기 때문에 특정 균형 상태에서는 경기자들간에 아무런 갈등이 개재되지 않는다. 이러한 형태의 균형을 갖는 게임은 확신게임(assurance game)이라고 부른다.[24]

둘째, 두 경기자가 두 개의 내쉬균형을 갖지만, 각 경기자는 두 균형 중 어느 하나를 더 선호하고 또한 균형이 아닌 결과를 나머지 균형보다 더 선호한다. 이러한 상황을 나타내는 게임은 담력게임(chicken game)이라고 부른다.[25]

셋째, 두 개의 균형이 존재하고 각 경기자가 그 중 어느 하나를 더 선호하는 것은 담력게임과 같지만, 각 경기자가 균형을 이루지 않는 결과보다 두 균형을 더 선호하는 점이 담력게임과 다르다. 이러한 상황을 묘사하는 게임은 성의 대결(battles of Sexes)이라고 불린다.

---

24) 본서의 초판에서는 'assurance game'을 보장게임으로 번역하였었다. 다른 저자들도 '보장게임'으로 부르지만(박효종, 1994) 앞으로는 '확신게임'으로 부르기로 한다.

25) 'chicken game'은 비겁자게임이라고 번역되기도 한다(박효종, 1994: 251)

(1) 확신게임(assurance game)

이 유형의 게임을 설명하기 위하여 우리는 스위스태생의 프랑스 철학자인 루소(Jean Jacques Rousseau)가 1755년에 저술한 「인간불평등기원론」(*A Discourse on Inequality*)에 나오는 사슴사냥의 일화를 게임으로 구성한 이른바 사슴사냥 게임을 소개하려고 한다. 두 명의 사냥꾼 A와 B가 사슴사냥을 나섰다고 가정하자. 이들이 사슴사냥을 가는 도중에 그들의 손이 닿는 곳에 토끼들이 지나가고 있었다. 이제 두 사냥꾼은 사슴사냥을 위해 사슴몰이를 계속해야 하는 전략(a_1, b_1)을 택해야 할지 아니면 눈앞에 있는 토끼를 잡기 위해 사슴몰이를 포기해야 하는 전략(a_2, b_2)을 택해야 할지 결정해야만 한다.

사슴 사냥은 혼자서는 불가능하기 때문에 두 사람이 힘을 합해야 하지만, 토끼사냥은 한 사람만으로도 할 수 있다. 두 사냥꾼이 사슴사냥을 위해 계속 협력하여 한 마리의 사슴을 잡는다면 그것을 반씩 나누어 가질 수 있지만, 두 사냥꾼 모두 토끼를 잡기로 한다면 두 사람이 협력하여 한 마리의 토끼를 잡아 반씩 나눈다. 만약 한 사냥꾼은 사슴사냥을 계속하지만 다른 사냥꾼이 토끼를 잡으러 대열을 이탈한다면, 전자는 사슴을 잡지 못하지만 후자는 한 마리의 토끼를 잡는다. 두 사냥꾼 모두 한 마리의 토끼보다 반 마리의 사슴을 더 선호한다고 가정하자. 이러한 상황을 보상표로 구성한 것이 〈표 6-9〉이다.

내쉬균형의 정의에 따른 탐색방식을 이용하면 〈표 6-9〉에서 그림자 지워진 두 개의 내쉬균형을 확인할 수 있다. A·B 모두 사슴사냥을 계속하는 전략을 토끼사냥 전략보다 더 선호하지만, 그것이 곧 두 사냥꾼의 사슴사냥계속 전략을 자동적으로 보장해 주지는 않는다. 만약 한 사냥꾼이 상대방이 이런 저런 이유 때문에 토끼사냥 전략을 택할 것이라고 생각한다면, 자신도 토끼사냥 전략을 택하는 것이 낫다. 두 가지 내쉬균형 중 어느 하나에 이르기 위해서 두 경기자는 자신들의 전략을 조정(coordination)해야 하지만, 그러한 조정은 암묵

■ ■ 표 6-9 확신게임으로서의 사슴사냥게임

		사냥꾼(B)의 전략	
		사슴사냥계속(b_1)	토끼사냥(b_2)
사냥꾼(A)의 전략	사슴사냥계속(a_1)	(3, 3)	(0, 2)
	토끼사냥(a_2)	(2, 0)	(1, 1)

적으로 이루어진다. 각 사냥꾼이 사슴사냥을 계속하는 전략을 택할 수 있으려면 상대방 사냥꾼도 자신과 마찬가지로 사슴사냥을 계속하는 전략을 택할 것이라는 확신(assurance)을 가져야만 한다. 바로 이런 이유 때문에 이와 같은 유형의 게임에 '확신게임'이라는 이름이 붙여졌다.

확신게임에서 가장 핵심적 사항은 각 경기자가 상대방 경기자의 전략에 대해 어떻게 확신(assurance)을 갖게 되고 그럼으로써 조정(coordination)[26]을 이룰 수 있을 것인가라는 것이다. 여기에는 전략적 수(strategic move)와 관심의 초점(focal point)을 이용하는 두 가지 방법이 있다. 먼저 전자에 관해서 설명하기로 하자. 확신게임에서 각 경기자는 ① 두 균형 중 어느 것이 자신에게 더 유리한지를 결정하고 ② 그 균형을 달성하기 위한 선수(先手; preemptive move)를 침으로써 균형의 선택에 영향력을 발휘할 수 있다. 위의 사슴사냥 게임에서 한 사냥꾼은 사냥을 시작하기 전에 자기는 사슴가죽이 꼭 필요하다는 것을 천명할 수 있다. 이와 같은 한 사냥꾼(A)의 선수는 다른 사냥꾼(B)에게 자신의 전략에 대한 확신을 주게되므로 〈표 6-10〉의 보상표에 의하면 사냥꾼 B도 사슴사냥전략을 택하게 된다. 이 경우 사냥꾼 A가 취하는 선수가 곧 전략적 수에 해당되는 것이다.[27]

복수의 균형 중 하나가 소위 쉘링(Schelling)이 말하는 관심의 초점(focal point)[28]일 경우에도 조정을 이룰 수 있다. 여기서 관심의 초점이란 게임의 가능한 모든 균형 중에서 특정 균형이 그 게임에 임하는 경기자들이 틀림없이 선택하게 될 균형이라고 모두 믿게 되는 균형을 의미하는 것으로서 흔히 특출한 해결책(prominent solution)이라고도 한다. 이러한 관심의 초점이 어떻게 결정되는가에 관한 완전한 설명은 용이하지 않다. 하지만 경기자들의 국적, 역사적 배경, 언어, 문화, 상호간의 친밀성 등이 관심의 초점을 형성하는 데 매우 중요한 역할을 하는 것으로 알려지고 있다.

관심의 초점 또는 특출한 해결책은 그 게임에 임하는 경기자들간에 기대의 수렴(convergence of expectations)을 필요로 한다. 즉 위의 보기에서 한 사냥꾼 A가 그러한 상황에 처하는 사냥꾼이라면 당연히 사슴사냥 전략을 택해야만

---

26) 균형에 이르기 위해서는 조정이 필요하다는 사실 때문에 확신게임(assurance game)을 조정게임(coordination game)이라고 부르기도 한다(Dixit and Skeath, 1999: 108).

27) 전략적 수에 관해서는 다음 절에서 상세하게 다룰 것이다.

28) focal point는 그것을 고안한 쉘링의 이름을 따서 Shelling point라고도 불린다.

한다고 믿는 것만으로는 충분하지 않다. 사냥꾼 A는 상대방 사냥꾼 B도 자기처럼 생각할 것이라고 믿어야만 하며, 사냥꾼 B 역시 사냥꾼 A도 자기처럼 생각할 것이라고 믿어야만 하는 것이다.

위의 보기는 두 균형의 보상값이 서로 다르기는 하지만, 각 균형에서 각 경기자가 갖는 보상의 크기는 동일한 경우이다. 이 경우와는 달리 두 균형의 보상값이 동일하여 어느 균형에 이르든지 각 경기자는 무차별적으로 되는 경우도 있으며, 이것은 종종 순수조정게임(pure coordination game)이라고 불린다. 이와 같은 게임은 다음과 같은 상황으로 구성될 수 있다. 즉 A와 B 두 사람이 텅 빈 길을 서로 마주보고 걸어오고 있다고 가정하자. 이때 '좌측통행' 또는 '우측통행' 같은 통행규칙이 없더라도, 좌측으로 가든 우측으로 가든 두 사람이 같은 방향을 택하는 한 통행에는 아무런 문제가 발생되지 않는다. 그러므로 이 경우는 (1, 1)이라는 보상을 부여할 수 있다. 그러나 만약 두 사람이 서로 반대방향으로 움직이면 맞부딪치게 되어 통행을 하지 못하므로 (0, 0)의 보상을 부여한다. 이러한 것을 나타낸 것이 〈표 6−10〉이다.[29]

위의 보상표에서 그림자 지워진 두 개의 결과는 모두 내쉬균형점이지만, 그 어느 균형점에서도 각 경기자들에게 돌아가는 보상은 동일하다. 그렇기 때문에 이와 같은 복수의 균형 중에서 하나의 균형이 선택되는 것은 앞서 설명한 바와 같이 경기자들의 전략적 수나 관심의 초점으로서 설명할 수 있다. 특히 관심의 초점에 의한 균형의 모색은 경기자들의 전략에 대한 수학적 계산을 통해서 설명되기보다 오히려 경기자들의 개인적 배경을 통해서 잘 설명된다.

■ ■ ■ 표 6-10 두 경기자간의 순수조정게임

		B의 전략	
		b_1(우측통행)	b_2(좌측통행)
A의 전략	a_1(우측통행)	(1, 1)	(0, 0)
	a_2(좌측통행)	(0, 0)	(1, 1)

29) 최근까지 우리나라에서는 보행인들이 좌측통행을 하도록 되어 있었지만, 미국은 오래전부터 우측통행을 한다. 좌측통행에 익숙해 있던 필자는 미국유학시절 본의 아니게 길가에서 마주 오는 미국여학생과 맞부딪쳐서 당황스러운 경험을 한 적이 있다. 즉 저자는 좌측통행을 하는데 상대방이 우측통행을 하니까 서로 부딪히게 되고, 또 부딪히는 것을 피하기 위하여 두 사람이 모두 반대방향으로 피하니까 또다시 부딪히게 된다. 이러한 시행착오를 몇 번 거친 후에라야 비로소 상대방의 보행습관 때문에 이런 상황이 발생한다는 것을 알게 된다.

(2) 담력게임(chicken game)

복수의 내쉬균형 중에서 어떤 한 균형을 선택하는 것은 앞의 확신게임에서 필요로 하는 기대의 수렴(convergence of expectations) 이상의 어떤 것을 포함한다. 담력게임(chicken game)[30]은 새로운 전략적 고려사항이 발생하는 대표적 보기이다. 용의자들의 딜레마게임처럼 인간갈등의 중요한 모델인 담력게임은 제임스 딘(James Dean)이라는 배우가 주연한 1955년에 제작된 영화 "이유없는 반항" 덕택으로 많은 사람들의 주목을 끌었다. 이 영화에서 버릇없는 로스앤젤스의 10대들이 훔친 자동차를 몰고 가서 누가 더 담력이 센가를 결정하는 시합을 한다. 이 시합은 두 젊은이가 차를 동시에 절벽 끝으로 몰고 가서 가능한 최후의 순간에 탈출하는 것인데, 먼저 뛰어내리는 자가 겁쟁이로 낙인찍히게 된다. 그 영화의 플롯은 한 운전자의 옷소매가 자동차 손잡이에 걸리게 만든 것이었고 그는 차와 함께 바다로 추락한다.[31] 그 영화가 개봉되기 직전 주연배우인 제임스 딘이 교통사고로 죽게 됨으로써 그 영화와 담력게임은 더 많은 주목을 받았다.

영국의 철학자이자 수학자인 러셀(Bertrand Russel)은 10대들이 상대가 물러서기를 기다리면서 서로 도전하는(playing chicken) 대담한 장난 속에서 그 당시 미·소간의 핵교착 상태에 관한 메타포를 보았다. 비록 그는 게임이론가는 아니었지만 1959년에 출간한 그의 저서 「상식과 핵전쟁」(*Common Sense and Nuclear Warfare*)에서 10대들의 담력게임을 각색함으로써 오늘날 가장 많이 분석되는 게임들 중 하나인 담력게임의 기본적 골격을 고안한 후 그것을 '겁쟁이 딜레마'(chicken dilemma)라고 명명하였다고 한다(박우석(역), 2004: 107).

담력게임은 다음과 같이 설명된다. 즉 두 운전자가 좁은 도로의 반대편에서 각자의 왼쪽 바퀴를 도로의 중앙선에 물리게 한 상태에서 출발하여 고속으로 상대방을 향하여 돌진하게끔 한다. 이때 각 경기자는 비켜서서 정면 충돌을 피하거나(i.e., 협동하거나) 또는 충돌의 길로 계속 돌진하는(i.e., 협동하지 않는) 두 가지 선택을 갖는다. 이러한 상황은 다음과 같은 네 가지 결과를 발생시킬 수 있고, 이것을 정리한 것이 〈표 6−11〉의 보상표이다.

---

30) 'chicken'이라는 단어에는 겁쟁이라는 뜻이 있다.

31) '이유없는 반항'이란 영화가 대성공을 거둔 후 많은 영화에서 이러한 담력게임을 각색하였는데 주로 나쁜 사람들을 제거하는 장치로 사용되었다고 한다(박우석(역), 2004: 288).

■ ■ 표 6-11   담력게임의 보상표

A의 전략		B의 전략	
		b_1(비켜섬)	b_2(돌진함)
A의 전략	a_1(비켜섬)	(3, 3)	(2, 4)
	a_2(돌진함)	(4, 2)	(1, 1)

① 상대방이 비켜설 때 비켜서지 않는 경기자는 그의 용맹스러움의 대가로 가장 높은 보상인 4를 얻지만, 비켜섬으로써 꽁무니를 빼게 되는(chicken out) 경기자는 불명예를 덮어쓰고 2의 보상을 얻는다. 이것은 〈표 6−11〉에서 (2, 4)와 (4, 2)에 해당된다.

② 만약 두 경기자 모두 최악의 결과인 충돌로 돌진할 의사가 부족하면, 두 사람 모두 약간의 위신의 손상을 입게 되어 3의 보상을 얻게 된다. 이것은 〈표 6-11〉에서의 (3, 3)에 해당된다.

③ 만약 두 경기자가 타협하기를 거부하면, 두 경기자는 모두 상호파멸의 길로 돌진하게 되며 가장 적은 1의 보상을 사후(死後)에 받게 된다. 이것은 〈표 6-11〉에서 (1, 1)의 보상으로 나타난다.

이 보상표로부터 우리는 담력게임을 정의할 수 있는 다음과 같은 네 가지 요소를 도출할 수 있다. 첫째, 각 경기자는 강한 전략(여기서는 돌진하는 전략)과 약한 전략(여기서는 비켜서는 전략)을 갖는다. 둘째, 두 개의 순수전략 내쉬균형이 존재하는데,[32] 이 균형에서 두 경기자 중 한 사람은 약한 전략을 택하는 겁쟁이(chicken)가 된다. 셋째, 각 경기자는 상대방 경기자가 겁쟁이가 되는 균형을 더 선호한다. 넷째, 두 경기자 모두 강한 전략을 택할 때 그들 각자에게 돌아가는 보상은 가장 나쁘다.

우리는 다시금 순수조정게임을 설명할 때와 비슷한 상황에 직면한다. 즉 경기자는 게임의 두 균형 중 어느 하나에 이르기 위해서 규칙제정(rule making)이나 전략적 수 및 관심의 초점 등을 활용할 수 있다. 그렇지만 담력게임에서는 순수조정게임과는 달리 각 경기자는 한 균형을 다른 균형에 비해 확실히 더

---

32) 이 균형은 위협에 취약하다(vulnerable)(Nicholson, 1990: 496). (a_1, b_2)의 경우 만약 A가 "너 죽고 나 죽자"는 식으로 B에게 위협을 가한다면, (1, 1)의 보상을 두려워하는 B는 결국 원래의 b_2 대신에 b_1 전략을 택할 수도 있기 때문이다. (a_2, b_1)의 경우도 마찬가지로 논리로 설명될 수 있다.

선호한다. 따라서 그들은 자기에게 유리한 결과를 도출할 수 있도록 영향력을
행사하려고 할 것이며, 동시에 두 경기자들 모두 가능하다면 최악의 결과는 피
하려고 노력할 것이다. 따라서 한 경기자는 경쟁자들을 겁주기 위하여 누구나
가 감지할 수 있는 '강력한 의지'를 보여야만 한다.

　　담력게임은 국가들간의 협상전략에서 군사력을 사용하려는 위협이 현저하
게 나타나는 국제정치 분야에서 그 유사성을 찾을 수 있다. 이와 같은 상황을
가장 잘 묘사하는 것이 1962년 10월 쿠바문제를 둘러싸고 13일간에 걸쳐서 일
어난 미국과 소련간의 대치상황이다(Brams, 1975: 40). 또한 한국·일본·독일·대
만의 반도체업체들간에 치열하게 벌어지는 생존경쟁도 치킨게임으로 묘사된
다. 즉 반도체는 기술발전으로 인해 생산량이 급증하면 공급과잉과 가격폭락
현상이 빚어지는데 이러한 상황에 직면하여 각 업체들이 수립하는 가격책정
전략과 설비투자 전략은 곧 치킨게임적 성격을 띤다.

(3) 성의 대결게임

　　게임이론가들인 루스와 레이퍼(Luce and Raiffa, 1957: 91)는 앞에서 소개한
확신게임(assurance game)과는 달리 조정적 요소뿐만 아니라 경쟁적 요소도 포
함하는 게임을 '성의 대결'(Battle of Sexes)이라는 이름으로 구성하였다. 이른바
상생(相生)게임(win-win game)은 성의 대결게임의 대표적 보기라고 할 수 있다.

　　성의 대결게임은 토요일 저녁을 함께 보내려는 젊은 남녀간의 이야기를
토대로 구성된다. 즉 남자(B)는 권투시합을 구경하고 싶어하지만 여자(A)는 발
레를 구경하고 싶어한다. 만약 A·B 모두 자신의 전략을 고집한다면 두 사람은
즐거운 시간을 함께 보낼 수 없지만, 자신의 선호를 양보하여 동일한 전략을
택하면 함께 시간을 보낼 수 있게 된다. 전자의 경우 두 경기자 모두에게 가장
나쁜 결과가 초래되어 그 보상은 0으로 표시된다. 그러나 후자의 경우 각 경기
자는 상대방이 자신이 원하는 것을 따른다면 5의 보상을 얻지만, 자신이 상대
방이 원하는 것을 따른다면 4의 보상을 얻게 된다. 이것을 보상표로 표시한 것
이 〈표 6-12〉이다.

　　〈표 6-12〉의 보상표를 자세히 보면 그림자 지워진 두 개의 결과는 내쉬
균형이다. 이 게임이 담력게임과 비슷한 점은 두 경기자 A·B가 선호하는 균형
이 서로 다르다는 것이다. 그렇지만 담력게임과의 근본적 차이는 두 경기자들

■ ■ ■ 표 6-12 성의 대결게임의 보상표

		남자(B)의 전략	
		b_1(권투)	b_2(발레)
여자(A)의 전략	a_1(권투)	(4, 5)	(0, 0)
	a_2(발레)	(0, 0)	(5, 4)

이 다른 어떤 결과보다도 두 균형을 더 선호한다는 점이다. 뿐만 아니라 이 게임에서 는 균형이 아닌 결과의 보수가 그렇게 매우 나쁘지는 않다. 즉 서로 협조하지 못하여 균형에 이르지 못했을 때 받게 되는 벌칙이 담력게임에서만큼 그렇게 심각하지는 않다는 것이다. 그렇지만 이 경우에도 조정의 필요성은 여전히 중요하다. 확신게임에서와 같이 이 경우에도 규칙(예를 들면 두 사람이 한 번씩 번갈아가면서 자신의 주장을 관철하기)이나 역사(예를 들면 지금까지 두 사람간의 관계) 및 관심의 초점(focal point)(예를 들면 사회적 규범) 등이 균형을 찾는 데 도움을 준다. 뿐만 아니라 두 사람은 의견의 합의점을 찾지 못할 경우에 발생될 수 있는 바람직스럽지 않은 결과를 염두에 두고서 협상을 벌일 수도 있다.

제 4 절 ▌ 게임에서 사용되는 전략적 수(strategic moves)

1. 전략적 수의 의미와 그 유형

(1) 전략적 수의 의미

게임은 각 경기자가 채택하는 전략, 경기자의 경기순서, 경기자의 선택에 따른 보상 등에 의하여 규정된다. 그렇기 때문에 경기자가 사용할 수 있는 전략이 바뀌거나 보상이 달라지면 게임의 성격 그 자체도 달라진다. 따라서 게임의 규칙이 권위 있는 제3자에 의해서 고정되지 않는다면, 각 경기자는 자신에게 유리하도록 게임의 규칙을 조작하려는(manipulate) 유인을 갖는다. 이와 같이 각 경기자가 게임의 결과를 자신에게 더 유리하게 이끌기 위하여 게임의 규칙을 조작하는 데 필요한 수단이 곧 전략적 수(strategic moves)인 것이다.

전략적 수를 통하여 원래게임(original game)의 규칙이 바뀌어지고, 그 결과 성격이 다른 새로운 두 단계게임(new two-stage game)이 만들어진다. 첫 단계의 게임은 각 경기자가 두 번째 단계의 게임에서 어떻게 행동해야만 할 것인지를 규정하며, 두 번째 단계의 게임은 원래의 게임에서 게임의 순서나 보상이 약간 변경된 것이다. 전략적 수의 사용에서 수의 순서(order of move)는 매우 중요하며, 전략적 수를 이해하기 위해서는 '선수치는 것'의 의미를 알 필요가 있다. '선수치는 것'에는 ① 각 경기자의 행동이 상대방 경기자에게 관찰될 수 있어야 한다는 행동의 관찰가능성(observability)과 ② 한 번 이루어진 행동은 돌이킬 수 없다는 행동의 비가역성(irreversibility)이라는 두 가지 요소가 포함된다.

두 경기자 A와 B는 전략적 상호작용의 관계에 있고, A가 선수친다고 생각하자. 만약 A의 행동이 B에게 관찰되지 않는다면, B는 A의 행동에 대응할 수 없기 때문에 두 경기자들간에 일어나는 단순한 행동의 순서는 아무런 의미가 없게 된다. 또한 만약 A의 행동이 가역적(reversible)이라면, A는 어떤 일을 하는 체하여 일단 B를 끌어들인 후 자신에게 유리하도록 자신의 행동을 바꿀 수 있다. 물론 B는 이런 책략을 예상하여 현혹되지 않도록 주의할 것이며, A의 행동에 대응하지 않을 것이다. 이렇게 되면 A는 진정한 전략적 의미에서 선수친다고 할 수 없다. 아무튼 행동의 관찰가능성과 비가역성은 전략적 수의 성격이나 유형뿐만 아니라 그러한 전략의 신뢰성(credibility)에도 영향을 미친다.

(2) 전략적 수의 유형

1) 무조건적인 전략적 수(unconditional strategic move)

경기자 A는 첫 단계의 게임에서 전략적으로 관찰가능하고 비가역적인 수를 쓰는 사람이라고 상정하자. 그는 "앞으로의 게임에서 나는 언제나 특정 수 X를 채택할 것이다"라고 선언할 수 있다. 이와 같은 A의 선언은 A가 취하게 될 수가 무조건적임을 뜻한다. 그러한 선언이 신뢰될 수 있는 것이라면 그 선언은 A가 X라는 수를 먼저 쓰고 B가 대응하는 식으로 순서를 바꾸는 것과 같으며, 이러한 전략적 수는 확언(commitment)[33]이라고 불린다. 만약 둘째 단계의 게임에 관한 규칙이 A가 먼저 수를 쓰는 것으로 되어 있다면, 그와 같은

---

33) 김영세는 'commitment'을 공약으로 번역하고 있지만(김영세, 1998: 106-107) 박주현은 확언으로 번역하고 있는데(박주현, 1998:19), 저자는 후자에 따르기로 한다.

선언은 아무런 적실성이 없다. 그러나 둘째 단계의 게임이 동시게임이거나 A
가 두 번째로 수를 쓰게 되어 있다면, 그러한 확언이 신뢰될 수 있을 경우 결
과를 바꿀 수 있다. 왜냐하면 그것은 A의 행동에 대한 B의 믿음을 바꾸기 때
문이다.

2) 조건적인 전략적 수(conditional strategic move)

첫 단계 게임에서 A가 선언할 수 있는 또 다른 가능성은 "나는 앞으로의
게임에서 당신이 택하는 수와 똑같은 수를 쓸 것이다"라는 것이다. 이것은 A의
수가 B의 수에 조건적이라는 의미이다. 이와 같은 형태의 조건적인 수는 종종
대응규칙(response rule or reaction function)이라고 불린다. A가 위와 같이 선언함
으로써 그는 둘째 단계의 게임에서 두 번째 수를 쓰는 경기자가 된다. A의 선
언이 의미 있으려면, A는 B의 비가역적 행위를 관찰할 때까지 둘째 단계에서
자신의 수를 쓰도록 물리적으로 기다릴 수 있어야만 한다.

조건적인 전략적 수(conditional strategic move)는 그 목적이나 방법에 따라
서 다른 형식을 띤다. 만약 B가 어떤 일을 하는 것을 A가 중지시키고 싶어 한
다면 우리는 A가 B를 저지(deterrence)한다고 말하며, B가 어떤 일을 하도록 A
가 유도하고 싶어 한다면 우리는 A가 B에게 강요(compellence)한다고 말한다.
우리가 여기서 관심을 두는 것은 이와 같은 저지와 강요를 실현하는 데 사용되
는 방법이다.

경기자 A가 "만일 당신의 행동이 나의 목적에 부합되지 않는다면 나는 당
신에게 해를 끼치는 방식으로 대응할 것이다"라고 선언한다면 그것은 협박
(threat)[34]이 되고, "만일 당신의 행동이 나의 목적에 부합된다면 나는 당신에게
보상을 할 수 있는 방식으로 대응할 것이다"라고 선언한다면 그것은 약속
(promise)이 된다. 협박과 약속은 우리가 본 절에서 분석하려고 하는 두 가지
조건적인 전략적 수이다.

---

34) 위협이라고 번역되기도 한다(김영세, 1998: 97)

2. 전략적 수의 구체적 수단

(1) 확언(commitment)

우리가 앞장에서 고찰한 담력게임은 ① 두 개의 내쉬균형을 가지며, ② 이 두 균형결과 중에서 각 경기자는 자신이 돌진하고 상대방이 회피하는 결과를 더 선호한다. 만약 담력게임이 순차게임의 형태를 띠면, 선수치는 경기자(first mover)는 돌진함으로써 두 번째 움직이는 경기자를 비켜서게 만들어 언제나 자신에게 유리한 결과를 얻을 수 있다. 우리는 이 문제를 다음과 같은 시각에서 다시 생각해보려고 한다. 비록 이 담력게임이 동시게임적 수를 갖는다고 하더라도 만일 한 경기자가 다음과 같은 전략적 수, 즉 둘째 단계의 게임에서 자신이 취할 행동[35]에 대하여 첫 단계의 게임에서 신뢰할 만한 선언(credible declaration)을 하는 전략을 취한다고 생각하자. 그러면 그 경기자는 돌진할 것이라고 확언(commitment)함으로써 선수치는 경기자가 누릴 수 있는 것과 똑같은 이점을 누릴 수 있게 된다. 우리는 다음에서 이것을 좀 더 구체적으로 고찰해 보기로 한다.

A와 B간의 담력게임에서 A가 전략적 수를 쓰는 사람이라고 상정하자. [그림 6-2]는 두 단계 게임(two-stage game)을 나타내는 게임나무인데, 첫 단계 게임에서 A는 확언할 것인지의 여부를 결정해야만 한다. 위쪽 가지는 확언하지

■ ■ 그림 6-2 행동자유의 제약을 통해 확언이 이루어지는 담력게임

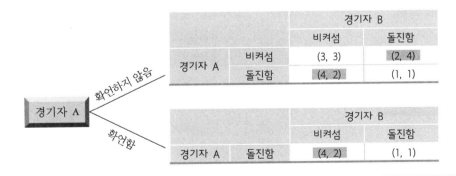

---

35) 여기서는 돌진하는 행동을 가리킨다.

않는 것이며, 따라서 둘째 단계에서는 동시게임이 진행된다. 이 둘째 단계의 게임에는 두 개의 내쉬균형이 존재하며, A는 그 중의 하나를 다른 것에 비하여 더 선호한다. 아래쪽 가지는 확언하는 것으로서 돌진전략이 그의 유일한 전략임을 밝히는 것이며, 따라서 둘째 단계의 게임표에는 A의 경우 한 가지 전략만 표시된다. 이때 B의 최선의 행동은 비켜서는 것이며, 그 결과 달성되는 균형에서 A는 자기가 얻을 수 있는 최선의 보상을 얻는다. 따라서 A는 첫 단계에서 확언하는 것이 자신에게 이롭다는 것을 알게 된다.

경기자 A는 자신의 확언에 대한 신뢰성을 어떻게 확보할 수 있을까? 우리는 서두에서 전략적 수는 행동의 관찰가능성(observability)과 행동의 비가역성(irreversibility)을 필요로 함을 이미 지적하였다. 이러한 두 가지 요소를 보증하기 위하여 A는 자동차의 운전대를 절단하여 창 밖으로 내던질 수 있을 것이다. 이렇게 되면 B는 A가 더 이상 비켜설 수 없음을 알게 되므로 A의 확언은 신뢰성을 얻게 된다.

만약 담력게임이 매주 반복된다면 경기자 A는 터프한 그의 행동[36]에 대한 명성을 얻을 수 있으며, 이러한 A의 평판은 그의 행동을 보증해 주는 역할을 할 수 있다. 따라서 만약 A가 비켜서면 그는 평판의 손상에 해당되는 만큼의 보상감소를 감수해야 한다. 만약 A의 평판손상으로 인한 보상감소가 3이라고 한다면, 둘째 단계게임의 보상표는 달라진다. [그림 6-3]은 이렇게 재구성된

■ ■ 그림 6-3 보상표의 변경을 통해 확언이 이루어지는 담력게임

		경기자 B	
		비켜섬	돌진함
경기자 A	비켜섬	(3, 3)	(2, 4)
	돌진함	(4, 2)	(1, 1)

		경기자 B	
		비켜섬	돌진함
경기자 A	비켜섬	(0, 3)	(-1, 4)
	돌진함	(4, 2)	(1, 1)

---

36) 이 경우 터프한 행동이란 돌진전략을 의미한다.

게임의 게임나무이다.

경기자 A가 확언하는 둘째 단계의 게임을 보면 돌진하는 것이 그의 지배적 전략이 되고, 이 경우 경기자 B의 최선의 전략은 비켜서는 것이다. 첫 단계에서 이와 같은 결과를 내다보는 경기자 A는 확언함으로써 4의 보상을 얻을 수 있지만, 확언하지 않을 경우 4의 보상을 확신할 수 없으며 경우에 따라서는 더 나쁜 보상을 얻게 된다는 사실을 알게 된다. 따라서 역추론방법을 적용하면 A는 확언해야만 한다는 결론이 나온다.

물론 두 경기자가 모두 확언할 수 있지만, 이 경우 확언의 성공은 ① 선수(先手)를 치는 속도와 ② 선수에 대한 상대방의 신뢰에 좌우된다. 만약 상대방의 행동을 관찰하는데 지연(遲延)이 생기면, 두 경기자들이 양립될 수 없는 동시적 확언(incompatible simultaneous commitment)을 하게 될 위험이 생긴다. 즉 각 경기자는 상대방 경기자의 절단된 핸들이 날아오는 것을 보는 바로 그 순간 이미 자신의 핸들도 창 밖으로 내던져지고 있음으로써 충돌은 피할 수 없게 된다. 한편 비록 두 경기자 A와 B 중 한 경기자인 A가 확언하는 데 유리한 위치에 있다고 하더라도, B는 A의 확언을 인식할 수 있는 자신의 능력을 의도적으로 공공연하게 제거함으로써 B가 확언하지 못하도록 훼방놓을 수도 있다.

(2) 협박과 약속

협박과 약속은 상대방 경기자들의 예상을 바꾸어서 궁극적으로는 그들의 행동을 자신에게 유리한 방향으로 바꾸기 위한 대응규칙이다. 각 경기자가, 만약 나중에 자기 마음대로 바꿀 수만 있다면, 결코 준수하고 싶지 않은 그와 같은 규칙에 경기자 자신을 얽어매는 것이 협박과 약속의 과정에서 필수적 요소이다. 그러므로 각 경기자가 처음에 표명하는 언명은 신뢰성이 있어야만 한다.

협박은 한 경기자(A)가 만약 상대방 경기자(B)가 그의(A) 이익에 배치되는 행동을 할 경우 그(B)에게 나쁜 결과를 가져다 주는 대응규칙인 반면, 약속은 상대방 경기자(B)가 자신(A)의 이익에 부합되는 행동을 할 경우 그에게 좋은 결과를 가져다 주는 대응규칙이다. 그러므로 협박은 만약 그것이 없었더라면 다른 경기자들이 하게 될 행동을 금지시키려는 것이 목적이므로 저지(deterrence)의 성격을 띠며, 약속은 만약 그것이 없었더라면 하지 않을 행동을 하게끔 하는 것이 목적이므로 강요(compellence)의 성격을 띤다.

1) 협박의 사례: 미국과 일본간의 무역관계

국제무역과 관련하여 모든 국가는 다른 국가에게 자신의 시장을 개방하거나 보호하려는 두 개의 전략을 갖는다. 우리는 미국과 일본간의 국제무역관계를 게임의 형식으로 다음과 같이 구조화시켜 보려고 하는데, 우선 미국의 입장부터 살펴보자. 미국은 두 국가가 모두 시장개방전략을 택할 때 4로 표시되는 최선의 보상을 얻는다. 왜냐하면 미국은 전통적으로 자유무역체제의 수호를 확언해왔을 뿐만 아니라, 미국의 소비자들이나 생산자들은 품질이 우수하고 값싼 자동차나 가전제품을 사용할 수 있고 농산품이나 첨단 기술장비는 해외로 수출할 수 있기 때문이다. 한편 미국은 두 국가가 모두 시장보호전략을 택할 경우 1로 표시되는 최악의 보상을 얻는다. 만약 한 국가만 시장개방전략을 택하고 나머지 국가는 시장보호전략을 택하게 된다면, 미국은 자신이 시장개방전략을 택할 경우 3의 보상을 얻지만 자신이 시장보호전략을 택하면 2의 보상을 얻는다. 왜냐하면 일본시장은 상대적으로 규모가 작아 미국이 일본시장을 공략하지 못하기 때문에 잃게 되는 손실은 워커맨이나 소형자동차 같은 좋은 제품을 이용하지 못하기 때문에 잃게 되는 손실보다 작기 때문이다.

일본의 경우 미국시장은 개방되고 자신의 시장은 보호될 때 4로 표시되는 최선의 보상을 얻으며, 그 반대일 경우 1로 표시되는 최악을 보상을 얻는다. 일본은 두 국가 모두 시장개방전략을 택할 때 얻는 결과에는 3의 보상을 부여하고, 두 국가 모두 시장보호전략을 택할 때 초래되는 결과에는 2의 보상을 부여한다. 미국과 일본간의 무역거래관계를 보상표로 나타낸 것이 〈표 6-13〉이다.

미국과 일본 모두 지배적 전략을 갖는다. 내쉬균형은 미국이 시장개방전략(a_1)을 택하고 일본은 시장보호전략(b_2)을 택할 때 이루어지며 그 결과는 (3, 4)이다. 이 결과는 양국간의 무역거래관계에 대한 일반적인 인상과 거의 유사함을 알 수 있다. 일본은 이 균형에서 자신의 최선의 보상을 얻을 수 있기 때

■ ■ 표 6-13   미국과 일본간의 무역게임

		일본(B)	
		시장개방(b_1)	시장보호(b_2)
미국(A)	시장개방(a_1)	(4, 3)	(3, 4)
	시장보호(a_2)	(2, 1)	(1, 2)

■ ■ 그림 6-4   협박이 활용될 경우의 미국과 일본간의 무역게임

		일본(B)	
		시장개방	시장보호
미국(A)	시장개방	(4, 3)	(3, 4)
	시장보호	(2, 1)	(1, 2)

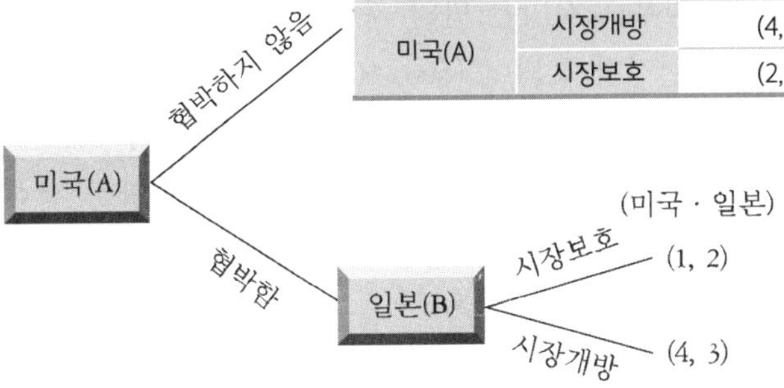

미국(A) — 협박하지 않음 → 미국(A)

미국(A) — 협박함 → 일본(B)

(미국 · 일본)

일본(B) — 시장보호 → (1, 2)

일본(B) — 시장개방 → (4, 3)

문에 어떠한 전략적 수를 쓸 유인을 느끼지 않지만, 미국은 3의 보상 대신에 4의 보상을 얻기 위하여 노력하려고 할 것이다. 이 경우 통상적인 무조건적 확언(unconditional commitment)은 효력을 발휘하지 못한다. 왜냐하면 미국이 어떤 전략을 구사하든지 관계없이 일본의 최선의 대응책은 시장보호전략이기 때문이다.

미국이 "일본이 시장보호를 하면 우리도 시장보호를 할 것이다"라는 조건적인 대응규칙을 선택한다고 상정해보자. 이렇게 되면 상황은 [그림 6-4]와 같은 두 단계 게임이 된다. 미국이 협박(threat)을 활용하지 않으면 둘째 단계의 게임은 앞의 것과 동일한 전략에서 균형을 이룬다. 만약 미국이 협박을 활용하면 둘째 단계에서는 일본만 선택의 여지가 있을 뿐이고 미국은 일본의 선택을 따르기만 하면 된다. 따라서 게임나무의 아래쪽 가지의 경우 일본이 개방하면 미국도 개방하여 (4, 3)의 결과가 도출되고, 일본이 보호하면 미국도 보호하여 (1, 2)의 결과가 도출된다.

이제 역추론방식을 적용하여 보면 미국은 게임의 첫 단계에서 협박이라는 전략적 수를 사용하는 것이 좋다는 것을 알게 된다. 즉 미국은 협박을 통해서 일본의 시장개방을 유도할 수 있고, 그 결과 자신의 최선의 보상을 얻게 된다.

2) 약속의 사례: 왕서방집과 털보집간의 만두판매경쟁

우리는 왕서방집과 털보집간의 만두판매와 관련된 용의자들의 딜레마게

임의 보상표인 〈표 6-14〉를 이용하여 전략적 수의 한 수단인 약속을 설명하려고 한다. 만약 양측 모두 "당신이 높은 가격을 설정하면 나도 그렇게 하겠다"라는 신뢰할 수 있는 약속을 한다면, 협조적인 결과가 도출될 수 있다. 즉 털보가 그와 같은 약속을 할 경우 왕서방은 만약 자신이 높은 가격(a_1)을 설정하면 털보도 높은 가격(b_1)을 설정하게 되어 (600, 600)의 결과를 얻을 수 있지만, 자신이 낮은 가격(a_2)을 설정하면 털보도 낮은 가격(b_2)을 설정하여 (500, 500)의 결과가 도출됨을 알게 된다. 물론 이 두 결과 중에서 왕서방이 선호하는 것은 전자이며 따라서 그는 높은 가격을 설정하게 된다.

　　털보가 첫 단계 게임에서 약속을 할지의 여부를 선택할 수 있도록 구성된 두 단계 게임의 게임나무를 그림으로써, 우리는 좀 더 적절한 분석을 할 수 있다. 그렇지만 여기서도 털보의 약속에 대한 신뢰성에는 의문이 제기될 수 있다. 털보가 왕서방의 전략에 대응한다는 의미는 둘째 단계 게임에서 털보는 두 번째로 행동하도록 순서가 정해져야만 한다는 것이다. 둘째 단계 게임에서 왕서방이 취하는 행동은 비가역적이고 관찰가능한 것임을 상기할 필요가 있다. 그렇기 때문에 왕서방이 먼저 움직여서 전략 a_1을 택하면, 털보는 왕서방을 속여 전략 b_2를 선택하려는 강렬한 유혹을 갖게 된다. 그러므로 털보는 왕서방에게 자신이 그를 속이지 않을 것이라는 점을 확신시켜야만 한다.

　　털보는 어떤 방법으로 왕서방을 안심시킬 수 있을까? 털보는 만약 왕서방이 높은 가격전략 a_1를 택하면 자기 가게도 높은 가격전략인 b_1로서 대응하라는 문서화된 지침서를 실무진에게 맡김으로써 가격결정을 실무자에게 위임할 수 있다. 그런 후 털보는 왕서방을 초청하여 이 지침서를 검토케 한 후 자신은 더 이상 그것에 관심을 기울이지 않을 수 있다.[37] 이러한 시나리오는 둘째 단

■ ■ 표 6-14 만두판매경쟁에서의 용의자들의 딜레마게임(단위: 백만원)

		털보집(B)	
		비싼 가격(b_1)	싼 가격(b_2)
왕서방집(A)	비싼 가격(a_1)	(600, 600)	(360, 700)
	싼 가격(a_2)	(700, 360)	(500, 500)

---

37) 이렇게 하더라도 왕서방은 털보의 조치에 의심을 할 수 있지만, 여기서는 그와 같은 털보의 조치는 믿을 수 있다고 간주한다.

계의 게임에서 털보가 속임수를 쓰지 못하게 하는 것과 같은 효과를 갖는다. 이러한 방법이외에도 왕서방을 안심시킬 수 있는 방법은 여러 가지로 고안될 수 있을 것이다.

우리는 앞에서 모든 협박에는 암묵적 약속이 붙어있음을 보았는데, 모든 약속에도 암묵적 협박이 붙어 있다. 우리의 보기에서 "당신이 싼 가격전략을 택하면 나도 그렇게 할 것이다"라는 것이 곧 암묵적 협박인 셈이다. 이러한 암묵적 협박이 명백하게 선언될 필요는 없다. 왜냐하면 그것은 왕서방의 싼 가격전략에 대한 털보의 최선의 대응책을 나타내는 것이므로 그 신뢰성이 자동적으로 보장되기 때문이다.

협박과 약속간에는 중요한 차이가 있다. 즉 협박이 성공하기 위해서는 그것이 반드시 실행되어야 할 필요는 없다. 따라서 협박자에게는 비용이 들지 않으며, 그 결과 협박은 필요이상으로 커질 수 있다. 바로 이것 때문에 협박의 신뢰성이 상실될 수 있는 위험도 상존하게 된다. 여기에 비해 만약 약속을 통해 상대방의 행동을 바람직한 방향으로 바꾸는 데 성공하려면, 약속자는 그가 약속한 것을 제공하여야만 한다. 따라서 약속을 실행하는 데는 비용이 소요되기 때문에, 약속자는 약속의 규모를 그것이 효력을 발휘할 수 있는 최소한도의 수준으로 만들려고 할 것이다.

3) 협박과 약속의 목적인 저지(deterrence)와 강요(compellence)간의 차이

원칙적으로는 협박이나 약속 모두 저지나 강요를 달성할 수 있다. 예를 들면 자녀들이 열심히 공부하기를 바라는(i.e., 강요) 부모는 자녀들의 학교성적이 좋을 경우에는 상금(i.e., 스마트폰)을 주겠다고 약속할 수 있지만, 만약 학교 성적이 나쁠 경우 벌칙(i.e., 다음 학기 내내 일요일 외출금지)을 내릴 것이라고 협박할 수도 있다. 마찬가지로 자녀들이 나쁜 친구들과 어울리지 않기를 바라는(i.e., 저지) 부모는 상금(약속)이나 처벌(협박)을 모두 이용할 수 있다. 그러나 실제로 두 유형의 전략적 수는 약간 다르게 작동되므로 어떤 전략적 수를 택할지 결정하여야 한다. 일반적으로 저지는 협박을 통해서 잘 달성되고 강요는 약속을 통해서 더 잘 달성될 수 있다. 그 이유는 시기맞추기(timing)와 주도권(initiative)의 차이 때문이다.

저지를 위한 협박(deterrent threat)은 ① 당신이 저지하고자 하는 바를 상대방이 하지 않는 한 당신이 실제로 무엇인가를 행동으로 옮길 필요가 없다는 점에서 소극적일 수 있고, ② 당신이 어떤 시간제한을 설정할 필요가 없다는 점에서는 정태적(static)일 수 있다. 자녀들이 나쁜 친구와 사귀지 않기를 바라는 부모는 "만약 너가 X라는 친구와 함께 있는 것이 발각되면, 앞으로 1개월간 너의 통금시간은 오후 7시다"라고 말한 후 가만히 지켜보기만 하면 된다. 즉 부모는 자녀들이 그들의 소망대로 하지 않을 경우에만 협박을 실행하면 된다. 그러나 똑같은 저지를 "너가 한달간 X라는 친구와 어울리지 않는다면, 너에게 10만원의 용돈을 준다"와 같은 약속을 이용해서 달성하려면 훨씬 복잡하고 지속적인 모니터링과 감독이 필요하다.

　　강요는 마감시간이 필요하며, 그렇지 않을 경우 무의미해진다. 상대방은 꾸물댐으로써 시간을 끌거나 또는 야금야금 당신의 협박을 침식함으로써 당신의 목적을 무너뜨릴 수 있다. 그렇기 때문에 강요를 위한 협박(compellent threat)은 강요를 위한 약속(compellent promise)보다 실행하기가 더 어렵다. 자녀들이 열심히 공부하기를 바라는 부모는 간단히 "매학기 네가 평균 B 이상을 받으면, 나는 100만원의 상금을 주겠다"고 말하기만 하면 된다. 왜냐하면 자녀가 주도권을 갖고서 부모에게 그 조건의 완성여부를 보여주기 때문이다. 그러나 똑같은 강요를 "매학기 너의 성적이 평균 B 이하로 떨어지면, 일요일은 쉬지 못하도록 하겠다"는 협박을 이용해서 달성하려면, 부모가 더 부지런하게 감독해야만 한다. 왜냐하면 자녀들은 부모에게 성적표를 늦게 제출하는 등과 같은 잔꾀를 부릴 가능성이 있기 때문이다.

3. 상대방의 전략적 수에 대응하기

　　상대방 경기자가 당신을 불리하게 할 수 있는 확언(commitment)이나 협박(threat) 및 약속(promise)을 할 수 있다면, 당신은 그가 실제로 행동에 옮기기 전에 먼저 역공세적인 전략적 수를 쓸 수 있을 것이다. 즉 당신은 ① 상대방 행동의 비가역성을 제거하거나 ② 상대방 행동의 신뢰성을 손상시킴으로써 상대방이 앞으로 사용할 전략적 수의 효과를 감소시킬 수 있다. 우리는 여기서 이와 같은 목적으로 활용될 수 있는 몇 가지 장치들을 살펴보기로 한다.

　　비합리성(irrationality)**의 누설**: 비합리성은 확언이나 협박의 가상적인 수신자(would-be receiver)뿐만 아니라 그 발신자에게도 영향을 미친다. 만약 당신이 매우 비합리적이라서 어떠한 협박에도 굴복하지 않고 상대방이 그 협박을 실행할 때 고스란히 손해를 떠맡는 사람으로 알려져 있다면, 당신의 상대방은 처음부터 그러한 협박을 하지 않을 것이다. 왜냐하면 그러한 협박을 수행하면 결국 자신도 손해를 입을 수밖에 없기 때문이다. 여기서 당신의 비합리성에 대한 상대방의 신뢰성은 매우 중요하다.

의사전달통로의 차단: 만약 상대방이 당신에게 확언이나 협박을 하고 있다는 메시지가 당신에게 전달되지 못하게 할 수 있다면, 당신의 상대방은 확언이나 협박을 할 아무런 이유가 없다. 어린애들은 가끔 매우 크게 소리 내어 울므로써 부모들의 협박에 대응하는데, 우는 소리가 충분히 커서 의사전달통로가 차단된다면 부모가 어떠한 전략적 수를 사용하더라도 의미가 없게 된다.

탈출구(escape routes) **열어두기**: 상대방이 배수의 진을 치지 못하도록 항상 도망갈 수 있는 길을 열어두도록 한다. 즉 포위된 적에게 언제나 도망갈 길을 남겨놓으라는 말이 있다. 이 말의 참뜻은 적이 도망가도록 하려는 것이 아니고, 적에게 안전한 길이 있다는 것을 확신시켜 줌으로써 전의(戰意)를 꺾으려는 것이다. 막다른 골목에 이르면 쥐도 고양이를 문다는 말은 바로 이 경우를 두고 하는 말이다.

평판(reputation)**유지 동기의 제거**: 만약 당신을 협박하는 사람이 "나는 이 협박을 실행하고 싶지 않지만 나에 대한 다른 사람들의 평판을 유지하기 위해서 어쩔 수 없이 실행해야만 한다"고 말한다면, 당신은 "당신이 나를 처벌하지 않았다는 사실을 공표함으로써 내가 얻는 것은 아무것도 없다. 나는 그저 당신과 원만하게 지내고 싶을 뿐이다. 나는 끝까지 입을 다물 것이며, 그러면 우리 모두 서로 해가 되는 결과는 피할 수 있고, 당신의 평판은 그대로 유지될 수 있을 것이다"라고 대응할 수 있다.

얄금얄금 파고들기(salami tactics): 얄금얄금 파고드는 전략이란 마치 살라미(salami)[38]가 한 번에 한 조각씩 잘려지듯이 상대방의 협박을 얄금얄금 깎아내리는 데 사용되는 장치이다. 당신이 상대방의 소망에 부응하지 못하는 정도가 매우 미미하면, 상대방은 그와 같은 미미한 일탈행위에 대응하기 위하여 과격하거나 상호 해가 될 수 있는 협박행위를 실행하는 데 주저할 것이다. 만약

---

38) 살라미란 향이 강한 이탈리아 소시지를 가리키며, 살라미전략(salami tactics)이란 어떤 조직에서 달갑지 않은 사람을 한 사람씩 얄금얄금 제거해 나가는 전략을 지칭한다.

이것이 통한다면 당신은 조금씩 조금씩 상대방의 협박을 무기력하게 만들 수 있게 된다.

얄금얄금 파고드는 전략(salami tactic)은 시간의 이점을 살릴 수 있기 때문에 강요(compellence)의 대응에 특히 유효하다. 예를 들어 엄마가 딸에게 방청소를 하라고 할 경우, 딸은 숙제핑계 등을 이유로 방청소를 몇 시간 연기할 수 있으며, 그 후 또 다른 급박한 핑계를 둘러댐으로써 계속하여 방청소를 연기할 수 있다. 이와 같은 얄금얄금 파고드는 전략에 대응하려면, 그것에 상응하는 단계적인 협박을 강구해야만 한다.

4. 전략적 수의 신뢰성과 그 확보방안

우리는 앞에서 전략적 수의 신뢰성이 갖는 중요성을 되풀이하여 언급하였으며, 몇몇 보기에서 신뢰성 확보장치를 간단하게 설명하였다. 신뢰성 확보장치는 상황특정적(context-specific)이며, 그러한 장치를 개발하고 활용하기 위한 다양한 기술들이 있다. 일반적으로 신뢰성을 확보하는 데는 두 가지 접근방법이 있다. 즉 그 하나는 전략적 수에서 규정된 바대로 행동할 수밖에 없도록 우리가 미래에 취할 수 있는 행동의 자유를 감소시키는 접근방법이며, 다른 하나는 전략적 수에서 규정된 바대로 행동하는 것이 우리에게 가장 바람직하도록 미래의 보상구조를 바꾸는 접근방법이다.

(1) 미래에 취할 행동의 자유를 이용하는 방법

자동적 수행(automatic fulfillment): 이것은 둘째 단계에서 취할 수 있는 행동을 첫째 단계에서 포기하고, 적절한 상황이 발생하면 우리의 확언·협박·약속 등이 자동적으로 수행되도록 프로그램화된 기계적 장치에다 우리가 첫 단계에서 포기한 행동선택권을 맡기는 것이다. 만약 우리가 다른 사람에게 이와 같은 메커니즘을 공포한다면, 그들은 우리가 행동을 바꿀 수 없음을 확신할 수 있다.

위임(delegation): 자동적 수행장치가 반드시 기계적이어야 할 필요는 없다. 우리는 다른 사람이나 조직에게 권한을 위임함으로써 그들로 하여금 미리 정해진 어떤 규칙이나 절차를 따르게끔 할 수 있다. 그렇지만 위임이 신뢰성을 완벽하게 보증해주지는 않는다. 왜냐하면 상대방이 권한의 위임장치 그 자체를 의심할 수 있을 뿐만 아니라 권한위임은 언제나 변경될 수 있기 때문이다.

배수진의 구축(burning bridges): 동서고금을 통하여 많은 침략자들은 자신의 군대가 최선을 다할 수 있도록 하기 위하여 자기군대의 퇴각로를 의도적으로 차단하였다고 한다. 야수(野獸)들은 궁지에 처하면 필사적으로 싸운다고 하는데 사람들도 마찬가지다. 다른 대안이 없다는 것을 알면 싸울 수밖에 없는 것이다.

의사전달통로의 차단: 만약 우리가 상대방에게 우리의 확언을 나타내는 메시지를 보내면서 동시에 그가 우리와 연락할 수 있는 수단을 차단해 버리면, 상대방은 우리의 행동을 제지하기 위하여 우리와 어떠한 논쟁도 벌일 수 없게 된다. 만약 두 경기자가 동시에 이와 같은 행동을 택하면, 그것은 곧 두 사람이 양립될 수 없는 상호간의 확언(mutually incompatible commitment)을 하는 셈이 되므로 두 사람 모두 큰 손해를 보게 된다. 그렇지만 협박의 수단을 이용할 경우 의사전달통로를 차단하기란 어렵다. 왜냐하면 상대방이 협박을 수용하는지의 여부를 확인하고 또한 협박의 실행여부를 상대방에게 전달할 수 있는 통로는 열려 있어야 하기 때문이다.

(2) 미래의 보상구조를 이용하는 방법

평판(reputation): 우리는 협박을 실행하고 약속을 이행함으로써 신뢰성에 대한 평판을 얻을 수 있다. 이와 같은 평판은 우리가 동일한 경기자와 반복되는 게임을 할 때 매우 유익하다. 뿐만 아니라 우리가 다른 경기자들과 다른 게임을 할 때도, 만약 그들이 다른 사람과의 게임에서 행하는 우리의 행동을 관찰할 수만 있다면, 평판은 유익한 것이다. 좋은 평판을 유지하는 상황은 용의자들의 딜레마 상황에서 협조를 도출하는 것과 마찬가지이다.

상호작용이 지속될 가능성이 클수록 그리고 현재에 비해 미래에 대한 관심이 클수록, 경기자들은 미래의 이익을 위하여 현재의 유혹을 희생할 가능성이 커진다. 그러므로 경기자들은 좋은 평판을 얻고 그것을 유지하려고 노력한다. 신뢰할 수 있는 약속이 상호간에 이익을 가져올 수 있는 게임에서 각 경기자들은 평판 메커니즘의 개발을 촉진하는 데 동의하고 협조할 것이다. 그렇지만 경기자들간의 상호작용이 정해진 한정된 기간에 끝난다면, 다음 절에서 설명할 반복되는 용의자들의 딜레마게임에서처럼 언제나 막판게임(endgame)의 문제가 발생할 수 있다.

게임의 분할: 경우에 따라서 하나의 게임을 일련의 소규모게임으로 분할한 후 평판 메커니즘을 작동시킬 수 있다. 즉 중동평화협상에서 이스라엘은, 팔레스타인 당국이 이스라엘을 인정하고 폭력주의(terrorism)를 끝낸다는 단 한 번의 약속에 대한 대가로서, 그들에게 웨스터 뱅크(West Bank)지역을 일거에 완전히 반환하겠다고 결코 동의하지 않았다. 단계적 진척이 협상과정을 지속시킬 수 있게 한 것이다. 여기서도 막판게임(endgame)에 이르면 모멘텀(momentum)을 지속시키는 것이 용이하지는 않다.

팀워크(teamwork): 팀워크는 어떤 게임을 보다 더 큰 게임의 틀 속에 끼워 넣음으로써 전략적 수의 신뢰성을 증진하는 방법이다. 여기서는 각 경기자가 서로를 감시해야만 한다. 따라서 만약 한 경기자가 협박이나 약속을 이행하지 않으면 나머지 경기자들이 그를 처벌해야만 하고, 만약 이들이 처벌하지 못하면 또 다른 경기자들이 그들을 처벌해야만 한다. 이것은 보다 큰 틀 속의 게임에서 각 경기자의 보상구조가 바뀌는 꼴이 되며, 따라서 팀의 윤리강령(team's creed)에 대한 준수를 신뢰할 수 있는 것으로 만들 수 있다.

비합리성(irrationality): 우리는 상대방 경기자가 협박을 집행하는 데는 상당한 비용이 들기 때문에 그가 합리적이라면 실제로 협박을 집행하지 않을 것이라고 생각할 수 있다. 그렇지만 이와 같은 우리의 생각에 대해 상대방 경기자는 미친척 가장함으로써 그의 보상구조가 우리와 다를 것이라는 신호를 보낼 수 있다. 따라서 협박의 신뢰성이 문제될 경우, 그의 의도적인 비합리성, 즉 합리적인 비합리성(rational irrationality)은 훌륭한 전략적 수가 된다. 그렇지만 상대방의 그러한 행위는 의심의 대상이 될 수 있다. 그렇기 때문에 그의 의도적 비합리성이 효력을 발휘하려면, 반복게임에서 자신이 비합리적이라는 평판을 얻어야만 하고 또한 자신의 비합리성에 대한 신뢰할 수 있는 신호를 보낼 수 있어야 한다.

약정(contracts): 협박을 실행하지 않거나 약속을 준수하지 않을 경우 상당한 벌금을 부담토록 규정하는 명문화된 약정서를 만들어 거기에 사인토록 함으로써 신뢰성을 보증할 수 있다. 일반적으로 명문화된 약정서가 구두로 된 약정보다 구속력이 더 크지만, 경우에 따라서는 구두약정서도 상당한 위력을 발휘한다.

벼랑끝전술(brinkmanship): 이것은 전략적 수로서의 협박을 어느 정도까지 미리 통제의 범위 밖에 둠으로써 의도적으로 위험(risk)을 창출하려는 것이다. 소위 "너 죽고 나 죽자"식의 위협전략이 여기에 해당된다. 벼랑끝전술의 가장 대표적 사례는 세계를 핵전쟁 일보직전까지 몰고 갔던 쿠바미사일 위기사건이다. 기업이나 대인관계에서 볼 수 있는 갈등, 즉 파업이나 절교는 벼랑끝전술이 잘못 작동된 결과이다.[39)

협박이 성공하면 그 행동은 실제로 발생하지 않는다. 그렇기 때문에 협박 행위(threatened action)의 비용에 대한 상한선이 없다. 그렇지만 그러한 협박이 소기의 목적을 달성하지 못할 경우, 즉 협박받는 행위가 실수로 일어날 경우의 가능성 때문에 전략가들은 목적 달성에 필요한 최소한의 협박을 동원하려고 할 것이다. 벼랑끝전술은 확률이 가미된 협박(probabilistic threat)으로서 매우 미묘하고 위험한 것이며 실행될 경우 관련자 모두가 손해볼 수 있다(Dixit and Skeath, 1999: 436).

제 5 절 ▮ 용의자들의 딜레마게임

1. 협동 및 신뢰의 문제와 용의자들의 딜레마게임의 일반적 구조

(1) 협동 및 신뢰의 문제와 용의자들의 딜레마게임

인간은 이기적 동물이다. 그렇기 때문에 인간들간의 협동행위는 그만큼 어려운 것이다. 협동을 통해서 모두에게 더 좋은 결과를 가져올 수 있는데도 불구하고 자신에게 더 나은 결과를 추구하려는 극단적인 이기심의 발로와 상대방에 대한 불신이 함께 작용함으로써 모두에게 좋지 않은 결과를 초래하는 경우가 많다. 우리는 이러한 상황을 설명하기 위하여 제3절에서 소개한 용의자들의 딜레마게임을 다시 살펴보기로 한다.

---

39) 이와 같은 벼랑끝전술(brinkmanship)의 개념은 쉘링(Thomas Schelling)이 만들어 낸 것이나 다름없으며 그는 이 분야연구의 선구자였다(Dixit and Nalebuff, 1991: 205).

〈표 6-4〉의 보상표로 요약되는 용의자들의 딜레마게임에서 두 용의자들은 각자가 처한 상황에 대해서는 잘 알고 있지만 별도의 방에서 취조받기 때문에 서로 의사소통을 할 수 없는 것으로 가정하였다. 이러한 상황에서 이루어진 내쉬균형은 각자 5년씩의 감옥생활을 하는 것이지만 그것이 두 경기자 모두에게 가장 바람직한 결과는 아니다. 왜냐하면 두 사람 모두 1년씩의 감옥생활을 할 수 있는 방안이 있기 때문이다. 문제는 왜 두 사람이 더 나은 결과가 있다는 것을 알면서도 그러한 결과를 가져올 수 있도록 협동하지 못하는가이다. 우리는 이러한 문제를 검토하기 위하여 〈표 6-4〉의 용의자의 딜레마게임상황을 다음과 같이 약간 변경하려고 한다.

먼저 두 경기자는 자기들끼리만 만나서 의사소통을 할 수 있는 것으로 간주한다. 그래서 그들은 더 나은 결과를 얻을 수 있는 방안을 공동모색하여 검사의 취조에 대응할 수 있다고 가정해 보자. 두 용의자는 모두 게임의 규칙(i.e., 게임의 보상표)을 알고 있기 때문에 두 사람이 합리적이라고 가정한다면 검사의 취조에 대해 서로 자백하지 않기로 약속하게 될 것이다. 이것은 두 사람이 공동의 목적을 위해 협동한다는 것을 뜻한다.

이와 같이 두 용의자가 은밀하게 만나서 서로 협동하기로 약속하였다고 생각해 보자. 이와 같은 약속하에서는 상호간의 신뢰가 문제이다. 즉 만약 상대는 자백하지 않지만 나만 자백할 경우 상대는 10년의 감옥생활을 하지만 나는 석방될 수 있다. 이러한 결과(i.e., 석방)는 상대방과 협동함으로써 얻을 수 있는 보상(i.e., 1년의 감옥생활)보다 더 유리하기 때문에 상대방과의 약속을 파기하려는 유인을 생기게 한다. 다른 한편 나는 자백하지 않지만 만약 상대가 자백한다면 상대는 석방되나 나는 10년의 감옥생활을 하게 된다. 이렇게 되면 나만 억울하게 된다. 따라서 자백하지 않기로 약속한 상대방을 신뢰하지 못할 경우 배신의 아픔(i.e., 여기서는 10년의 감옥생활)을 느끼기보다는 차라리 5년의 감옥생활이 더 유리하다고 판단하므로 자백할 유인을 갖는다.

이렇게 되면 〈표 6-4〉의 보상표에 나타난 각 경기자의 자백하지 않는 전략은 '협동'전략으로, 자백하는 전략은 '변절'전략으로 바꾸어 표현할 수 있다. 따라서 〈표 6-4〉는 〈표 6-15〉와 같이 재구성된다. 〈표 6-15〉의 보상표에 재구성된 용의자들의 딜레마게임은 다음과 같이 해석될 수 있다. 즉 용의자들의 딜레마게임에서 각 경기자는 협동하는 전략과 변절하는 두 개의 전략을 가지며, 변절하는 전략이 각 경기자의 지배적 전략이 된다. 따라서 변절이 곧 내

■ ■ 표 6-15 협동과 변절의 전략으로 표시된 용의자들의 딜레마게임

		용의자 B의 전략	
		b_1(협동; 자백 않음)	b_2(변절; 자백함)
용의자 A의 전략	a_1(협동; 자백 않음)	(1, 1)	(10, 0)
	a_2(변절; 자백함)	(0, 10)	(5, 5)

쉬균형이 된다. 각 경기자가 협동하면 변절했을 때보다 더 좋은 결과를 얻을 수 있지만, 자신이 얻을 수 있는 극단적 이익을 고려한 결과 오히려 두 사람 모두에게 더 나쁜 결과를 초래하게 된다. 이것은 개인적 합리성과 사회적 합리성이 서로 배치되는 것을 의미하며, 바로 이것이 용의자들의 딜레마게임이 나타내고자 하는 바이다.

이러한 용의자들의 딜레마게임이 나타내 주는 일반적 해석에 대해서 털럭 (G. Tullock, 1967: 229－230)은 다른 함의(implication)를 제시한다. 즉 비록 용의자들로 구성되는 조그마한 사회에서는 자백이 사회적으로 비합리적일지 모르지만, 검사 및 그가 집행하는 법전(法典)으로 대표되는 전체 사회적 입장에서는 용의자들의 자백이 합리적이라는 것이다. 검사는 의도적으로 용의자들을 그와 같은 딜레마상황으로 빠뜨림으로써 전체사회(society as a whole)의 입장에서는 합리적인 결과를 가져오게 한다. 즉 용의자들이 그들의 개인적 수준에서의 합리성을 추구하면(i.e., 상호협동하지 않고 자백하면), 용의자들 두 사람으로 구성되는 작은 사회의 보상극대화를 위하여 행동하는 경우보다도(i.e., 상호협동하여 자백하지 않을 때보다도) 전체사회의 후생은 더 좋아질 수 있게 된다. 왜냐하면 전체 사회적 입장에서는 죄를 지은 사람들에게 그것에 상응하는 벌을 줄 수 있기 때문이다.

위와 같은 상황은 흔히 있을 수 있으며, 따라서 용의자들의 딜레마는 사회통제를 위한 유용한 수단이 될 수도 있다는 인식이 점점 확산되고 있다. 만약 사회 내의 어떤 일부 집단이 나머지 사람들의 희생 위에서 득을 누리고 있다고 가정하자. 그럴 경우 우리는 그 집단을 대상으로 용의자들의 딜레마상황을 구성하여 그 집단구성원들로 하여금 각자의 사리(私利)를 추구토록 함으로써 궁극적으로는 그들의 이기적 행위가 전체 사회의 후생에 도움되게 할 수 있다.

이것에 대한 좋은 보기는 경쟁시장이다. 어떤 특정 상품을 판매하고 있는 모든 판매자들은 가격을 좀 더 올림으로써 득을 누릴 수 있다. 그러나 그럴 경

우 어떤 판매자들은 다른 판매자들이 가격을 올릴 때 자신은 오히려 가격을 낮춤으로써 큰 이득을 볼 수 있다. 이것은 결국 다른 판매자들도 가격을 낮추지 않을 수 없게끔 만드는 거대한 용의자들의 딜레마 상황이다. 그렇지만 전체 사회의 입장에서는 가격하락이 오히려 바람직스러운 것이며, 독점금지법의 초점은 관련 기업들을 이와 같은 용의자들의 딜레마상황으로 몰아넣는 것이다.

　　용의자들의 딜레마게임은 비협동자들을 처벌함으로써 해결될 수 있을 뿐만 아니라 협동자들에게 적절한 보상을 해줌으로써도 해결될 수 있다. 여기서 중요한 것은 누가 그 보상을 해줄 것인가이다. 만약 그 보상을 해주는 사람이 제3자라면, 그 제3자가 거기에 필요한 경비를 부담할 유인을 느낄 수 있도록 각 경기자들이 이루는 협조적 행위에 그 제3자는 충분한 이해관계를 갖고 있어야만 한다. 미국이 이스라엘과 이집트에 대규모 원조를 제공하면서 캠프데이비드협정을 중재한 것은 이와 같은 대표적 사례라고 할 수 있다.

　　만약 그 보상이 경기자 자신들간에 이루어져야 한다면 ① 오직 상대방경기자가 협동할 때만 보상이 지급될 수 있도록 하는 조건설정과 ② 다른 경기자가 협동한다면 보상지급이 보증될 수 있는 신뢰성의 구축이 요구된다. 이와 같은 두 가지 요건을 충족하기 위해서는 특별한 장치가 필요하다. 예를 들면 그러한 약속을 하는 경기자는 신뢰할 수 있는 중립적인 제3자가 관리하는 위탁계좌(escrow account)에 보상금액을 미리 예치해야만 하고, 그 계좌를 관리하는 제3자는 상대방 경기자가 협동하면 보상하고 그렇지 않으면 원래 그 금액을 맡긴 자에게 되돌려주도록 하는 것이다.

(2) 용의자들의 딜레마게임의 일반적 구조

　　용의자들의 딜레마상황은 농업, 경제, 법률 등과 같은 다양한 분야에서 찾아볼 수 있다. 심지어 예술작품, 즉 푸치니(Puccini)의 오페라 '토스카'(Tosca)에 나타난 음모(plot)에서조차 그러한 딜레마상황은 발견된다. 또한 용의자들의 딜레마가 제기하는 문제는 국가론(a theory of the state)의 핵심적 사항인 것으로 제시되어왔다. 적어도 홉스(Hobbes) 이래의 정치철학자들은 강제적인 사회계약(social contract)의 필요성 및 경우에 따라서는 강제에 의한 정부수립을 정당화하기 위해 무정부상태의 무질서(anarchy)를 이용해왔던 것이다(Brams, 1975: 33).

　　용의자들의 딜레마게임이 갖는 가장 핵심적 특징은 ① 각 경기자는 지배

■ ■ 표 6-16 용의자들의 딜레마게임이 갖는 일반적 보상구조

		경기자(B)	
		협동(b_1)	비협동(b_2)
경기자(A)	협동(a_1)	$(C,\ C)$	$(L,\ H)$
	비협동(a_2)	$(H,\ L)$	$(D,\ D)$

적 전략을 가지며, ② 각 경기자들이 지배적 전략을 택했을 때 얻게 되는 균형 결과가 그들이 피지배전략을 택했을 때 얻게 되는 결과보다 더 나쁘다는 점이다. 이와 같은 특성을 갖는 용의자들의 딜레마게임은 일반적으로 다양한 상황에서 발생될 수 있으며, 거기에는 언제나 협동적 전략(cooperative strategy)과 비협동적 전략(cheating or defecting strategy)이 존재한다. 특히 비협동적 전략을 언급할 때 우리는 그것을 기만전략 혹은 속임수전략 등의 용어로도 표기할 것이므로 독자들은 이 점에 유념할 필요가 있다.

각 경기자가 모두 협동할 때 각자에게 돌아가는 보수를 C(cooperation)로 표시하고, 모두 협동하지 않을 때 각자에게 돌아가는 보수를 D(defect)로 표시하기로 하자. 또한 한 경기자는 협동하지만 상대방 경기자가 협동하지 않을 경우, 비협동자에게 돌아가는 보수는 H(high)로 표시하고 협동자에게 돌아가는 보수는 L(low)로 표시하자. 이러한 상황을 정리하면 〈표 6−16〉과 같은 보수표를 얻을 수 있다. 이 보상표에서 $H > C > D > L$의 관계가 성립하기만 하면 그 보상표는 용의자들의 딜레마게임상황을 나타내는 것이다.

용의자들의 딜레마게임에서 각 경기자 모두 균형결과보다 더 좋은 결과를 찾을 수는 있지만 그러한 결과의 달성 그 자체는 매우 어렵다는 것을 알게 된다. 본 절에서 우리는 ① 용의자들의 딜레마게임에서 경기자들이 개인적 이익을 이루려는 유혹을 뿌리치고 서로에게 모두 유익한 협동적 결과를 도출해 낼 수 있는지의 여부와 ② 만약 그것이 가능하다면 어떤 방식이 사용될 수 있는지를 고찰해보려고 한다. 일반적으로 가장 널리 알려진 방법은 전형적인 일회게임(standard one−shot game)의 반복이지만, 상벌(penalties and rewards)이나 리더십도 이와 같은 딜레마의 해결방안으로서 활용될 수 있다.

■ ■ ■ 표 6-17 협동과 변절의 전략으로 표시된 담력게임

		경기자 B의 전략	
		b_1(협동; 비켜섬)	b_2(변절; 돌진함)
경기자 A의 전략	a_1(협동; 비켜섬)	(3, 3) 타협	(2, 4) B의 승리
	a_2(변절; 돌진함)	(4, 2) A의 승리	(1, 1) 충돌

(3) 용의자들의 딜레마게임과 담력게임의 비교

담력게임도 용의자들의 딜레마게임처럼 두 사람간의 협동과 신뢰문제가 연관되어 있는 것으로 생각할 수 있다. 〈표 6-11〉의 담력게임을 다시 검토해 보기로 하자. 담력게임에서 각 경기자에게 최악의 결과는 두 사람 모두 돌진하여 충돌하는 경우이며, 최선의 결과는 상대방은 비켜서지만 자신은 돌진하는 경우이다. 만약 두 경기자 모두 비켜서면 각 경기자에게 최선의 결과는 아니지만 최악의 결과도 아닌 경우가 된다. 이러한 상황은 두 경기자가 "전부 아니면 전무"(all or nothing)와 같은 전략이 아니라 상호 수긍할 수 있는 수준의 보상을 가져다주는 타협을 할 수 있다는 의미이다. 그렇지만 각 경기자의 개인적 입장에서 보면 타협하는 경우보다 상대방은 비켜서지만 자신은 돌진하는 경우가 더 좋은 결과임은 명백하다.

우리는 담력게임에 포함되어 있는 협동과 신뢰의 문제를 도출해내기 위하여 담력게임의 상황을 다음과 같이 해석해 보려고 한다. 두 경기자가 최악의 결과를 피하기 위하여 타협하기로 약속하였다고 가정하자. 이러한 약속을 지키려는 각 경기자의 노력은 협동전략이라고 부를 수 있다. 그렇지만 각 경기자는 상대방이 약속을 지킬 것이라는 것을 확신할 수 있다면 자신은 그러한 약속을 파기함으로써 타협할 때보다 더 좋은 결과를 얻게 되리라는 것을 안다. 그렇기 때문에 약속을 깨뜨리려고 하는 유인을 갖게 되며, 그것을 우리는 변절이라는 전략으로 부를 수 있다. 〈표 6-17〉은 협동전략과 변절전략을 이용하여 〈표 6-11〉을 재구성한 것이다.

우리는 〈표 6-15〉에서 협동과 변절의 두 전략으로서 용의자들의 딜레마게임을 표시하였다. 협동과 변절로 표시된 〈표 6-17〉의 담력게임은 인간행위에 있어서의 협동과 신뢰가 개재되어 있다는 점에서 〈표 6-15〉에 표시된 용의

자들의 딜레마게임과 유사하지만 그것과는 근본적으로 다르다. 용의자들의 딜레마게임에서는 각 경기자에게 지배적 전략(dominant strategy)이 존재하며 또한 고 두 개의 내쉬균형이 존재한다. 이와 같은 두 게임의 구조적 차이는 다음과 같은 차이점을 가져오게 한다. 즉 용의자들의 딜레마게임에서 최악의 결과는 상대방이 변절전략을 택할 때 협동전략을 택하는 경기자에게 돌아가지만,[40) 담력게임에서 최악의 결과는 두 경기자 모두가 변절전략을 택할 때 그들 모두에게 돌아간다. 또한 용의자들의 딜레마게임에서 최악 바로 다음의 결과는 두 경기자가 변절전략을 택할 때 그들 모두에게 발생하지만, 담력에서 최악 바로 다음의 결과는 상대방이 변절전략을 택할 때 협동전략을 택하는 경기자에게 발생한다.

용의자들의 게임에서 최선의 결과는 상대방은 협동전략을 택하지만 자신은 변절전략을 택하는 경기자에게 돌아간다. 이것은 담력게임에서도 마찬가지이다. 그렇지만 용의자들의 딜레마게임에서는 이 결과가 균형이 될 수 없지만 담력게임에서는 그러한 결과가 균형이 된다. 바로 여기에 담력게임의 기묘함이 있는 것이다. 즉 담력게임에서는 줄곧 상대방 경기자가 무엇을 하든 그것과는 반대의 전략을 원한다는 것이다. 그래서 상대방이 벗어나려는 것을 안다면 당신은 돌진하기를 원할 것이고, 반대로 상대방이 돌진할 것이라는 것을 안다면 당신은 벗어나려고 할 것이다. 왜냐하면 죽는 것보다는 낫기 때문이다. 그러므로 담력게임에서는 상대방이 무엇을 할 것인가를 추측하는 데 큰 상금이 걸려 있는 셈이다.

담력게임에서 가장 불편한 점은 비합리적 경기자가 유리하거나 또는 그럴 것이라고 여겨진다는 점이다. 전략적 수(strategic moves)의 한 형태로서 비합리성(irrationality)과 벼랑끝전술(brinkmanship)은 담력게임에서 활용될 수 있으며, 이런 유형의 전략적 수는 북한의 외교전략으로서 빈번하게 사용되고 있다(신성휘, 2003: 136–138). 미래학자인 허만 칸(Herman Kahn)은 그의 저서 「단계적 확대」 (On Escalation)[41)에서 "담력게임에서 어떤 10대들은 재미있는 전술을 이용한다. 즉 기량이 뛰어난 경기자는 만취한 채로 차에 올라 위스키 병을 창 밖으로 내던짐으로써 다른 사람에게 그가 취했다는 것을 분명히 알릴 수 있다. 또한

---

40) 바로 이런 이유 때문에 용의자들의 딜레마게임에서는 변절이 더 안전한 전략이라고 말한다.
41) Herman Kahn.(1965). *On Escalation: Metaphors and Scenarios*. New York: Praeger.

그는 짙은 선글라스를 착용함으로써 시야가 좋지 않다는 것도 암시할 수 있다. 자동차의 속도가 점점 빨라질수록 그는 핸들을 뽑아 창밖으로 던져버린다. 만약 이러한 것을 상대방경기자가 보고 있다면 그는 이미 이긴 것이나 다름없다. 하지만 만약 상대방이 이것을 보지 못한다면[42] 그는 문제에 직면한다"라고 기술하고 있는데(박우석(역), 2004: 310−311), 이것은 곧 의사전달통로의 차단과 같은 전략적 수의 활용가능성을 의미하는 것이다.

2. 용의자들의 딜레마게임에 대한 가능한 해결방안

(1) 게임의 반복

용의자들의 딜레마게임에서 협동을 유발할 수 있는 여러 가지 메커니즘들 중에서 가장 널리 알려져 있을 뿐만 아니라 극히 자연스러운 것이 게임의 반복(repetition)이다. 왜냐하면 경기가 되풀이될 경우 각 경기자들은 한 번의 속임수(cheating)가 앞으로의 협동가능성을 봉쇄할 수 있다고 믿기 때문이다. 즉 만약 앞으로의 협동을 통해서 얻을 수 있는 이익의 가치가 한 번의 속임수로 얻을 수 있는 가치를 능가한다면, 각 경기자들은 그들이 얻을 수 있는 장기적인 이익 때문에 제3자로부터의 상벌이나 제재가 없더라도 자동적으로 속임수를 쓰지 않게 된다.

우리는 앞 절에서 소개한 바 있는 왕서방집과 털보집간의 만두가격설정과 연관된 용의자들의 딜레마게임을 다시 이용하려고 한다. 두 가게는 아파트단지에 있는 잠재적 고객을 대상으로 가격경쟁을 벌인다. 두 가게 모두 가격설정에 영향받지 않는 3,000명의 단골고객을 확보하고 있는 것으로 가정하기 때문에, 주요 경쟁대상 고객은 유동적 수요층에 속하는 4,000명이다.[43] 두 가게가 만두가격을 비싸게 설정하면 일인분당 1,200원의 이익을 얻을 수 있고, 싸게 설정하면 일인분당 1,000원의 이익을 얻을 수 있다. 가격에 민감한 4,000명의 고객은 두 가게 중 가격이 싼 곳에서 만두를 사지만, 만약 만두가격이 동일하다면 4,000명의 고객은 균등하게 양분된다고 한다. 이러한 상황을 고려하여 만든 것이 〈표 6−18〉의 보상표이다.

---

42) 앞서 소개하였듯이 상대방 경기자들은 자신의 적수가 사용하는 메시지를 읽지 않기 위하여 의도적으로 처음부터 의사전달통로 그 자체를 차단하는 전략이라고도 할 수 있다.

43) 이러한 예상고객의 숫자는 1주일이라는 기간을 염두에 두고 가정된 것이다.

■ ■ 표 6-18 왕서방집과 털보집간의 만두가격경쟁(단위: 백만원)

		털보집(B)	
		비싼 가격(b_1)	싼 가격(b_2)
왕서방집(A)	비싼 가격(a_1)	(600, 600)	(360, 700)
	싼 가격(a_2)	(700, 360)	(500, 500)

두 가게의 지배적 전략은 낮은 가격설정이며, 따라서 내쉬균형 결과는 (500, 500)이 된다. 이것은 두 경기자가 협동하였을 경우에 얻을 수 있는 보상보다 100만원이 작은 금액이다. 만약 처음에는 두 경기자가 비싼 가격전략(i.e., 협동전략)을 택하기로 협동한다고 가정하자. 이때 만약 털보집(B)이 전략 b_1 대신에 전략 b_2을 택한다면(i.e., 왕서방집과의 가격협정을 깬다면), 털보집은 주당 600만원에서 700만원으로 수입을 늘릴 수 있다. 이렇게 되면 왕서방(A)도 더 이상 원래의 협동전략인 a_1를 고집할 아무런 이유가 없게 되므로, 털보집의 이익은 그가 협동을 깨뜨리지 않았을 때 올릴 수 있는 600만원에서 500만원으로 감소된다. 털보집은 기만행위로 일주일간은 100만원의 수입을 증가시킬 수 있었지만, 협동분위기를 깨뜨림으로써 그 이후부터는 100만원씩 손실을 보게 된다. 이러한 상황이 3주만 지속된다고 하더라고 협동을 깨뜨리는 것이 털보집의 최선의 대응이 아닐 수 있다는 것을 알 수 있다. 왕서방집의 경우도 마찬가지다. 그러므로 두 가게가 3주 정도 경쟁한다고 가정하면, 일회게임에서 예견되는 비협동전략인 (a_2, b_2)보다도 협동전략인 (a_1, b_1)가 일어날 수도 있을 것이다.

1) 유한반복(finite repetition)

우리는 위에서 3주 정도의 기간을 갖고 게임이 반복될 경우 협동의 가능성도 있음을 지적하였지만, 딜레마의 해결이 그처럼 간단한 것은 아니다. 만약 게임이 정확하게 3주간 계속될 경우 어떻게 될지 살펴보기로 하자. 두 가게는 전 기간 동안의 게임을 분석한 후 각자의 최적 가격전략을 선택할 것이다. 두 경기자는 매주 어떤 가격을 설정할지 결정하기 위하여 역추론방식을 사용하게 된다.

맨 마지막 주인 3주부터 분석한다면, 그들은 3주의 시점에서는 더 이상 고려해야 할 미래가 없다는 것을 알게 될 것이다. 그러므로 각 경기자는 자기가 상대방을 속이려는(i.e., 협동하지 않으려는) 지배적 전략을 갖고 있음을 알 것이다. 이렇게 되면 두 번째 주에서도 마찬가지로 그 이후를 고려할 필요가 없게 된다. 왜냐하면 각 경기자는 세 번째 주에서 두 사람 모두 기만전략을 택하리라고 생각하기 때문에, 그들은 두 번째 주에서도 기만전략을 택하게 된다. 이같은 논리는 첫 번째 주에도 적용될 수 있다. 즉 두 사람 모두 2번째 주와 3번째 주에서 기만전략을 택할 것이라고 생각하기 때문에, 첫 번째 주에서 행하는 협동전략은 아무런 미래의 가치도 없다. 따라서 두 경기자는 경기시작부터 기만전략을 택하게 되고, 딜레마는 지속될 수밖에 없다.

이 같은 결과는 매우 일반적인 것이기 때문에 용의자들의 딜레마게임에서 두 경기자간의 관계가 정해진 일정기간 동안 지속된다면, 비협동의 지배적 전략균형이 게임의 마지막 순간을 지배하게 된다. 즉 일단 경기자들이 게임의 마지막 순간에 이르게 되면, 계속 협력하는 전략은 아무런 가치가 없게 되므로 기만행위가 일어날 수밖에 없다. 역추론을 적용해보면 게임의 첫 순간부터 두 경기자 모두 기만행위를 하게 되는 것이다. 논리적으로는 이와 같은 결론이 도출되지만, 실제로는 한정된 반복게임에서 협동이 도출되기도 한다.[44]

2) 무한반복(infinite repetition)

어떠한 반복게임에서 그 게임의 순차적 성격이 의미하는 바는 각 경기자들이 그 게임의 앞 단계에서의 행태에 좌우되는 전략을 선택할 수 있다는 것이다. 그와 같은 전략은 조건부전략(contingent strategy)으로 알려지고 있는데, 대부분의 조건부전략은 촉발전략(trigger strategy)이다. 촉발전략을 택하는 경기자는 상대방이 협동적 전략을 택하는 한 협동적 전략을 택하지만, 상대방이 기만행위를 하면 일정의 처벌기간이 촉발되어 곧바로 비협동적 행위를 하게 된다. 가장 대표적인 두 가지 촉발전략은 무자비전략(grim strategy)과 맞대응전략(tit-for-tat strategy)이다.

무자비전략에서는 각 경기자가 상대방이 협동을 깨뜨리기 전까지는 그와 협동하지만, 일단 상대방이 협동을 깨뜨리는 순간 그 이후부터의 모든 게임에서는 그에게 보복행위를 한다. 한번 촉발된 보복은 다시 돌이킬 수 없다는 의미에서 무자비전략이라고 불린다(김영세, 1998: 195). 여기에 비해 맞대응전략은

---

44) 용의자들의 딜레마게임에 대한 실험결과는 딕싯과 스키스(Dixit and Skeath, 1999: 271~274)에 정리되어 있으며, 김준한(1993)에도 소개되고 있다.

지속적 보복(permanent punishment)을 하지 않고서도 용의자들의 딜레마게임을 해결할 수 있다는 점에서 무자비전략과 구별된다. 즉 맞대응전략이란 상대방 경기자가 가장 최근의 게임기간 동안 협동했다면 협동하고 그렇지 않았다면 협동을 깨뜨리는 전략으로서, 보복은 상대방의 기만(cheating)이 계속되는 기간 까지만 이루어진다.

우리는 앞의 왕서방집과 털보집간의 반복게임에서 한 경기자[45]가 조건부 전략인 맞대응전략을 사용할 경우 게임이 어떻게 전개되는지 살펴보기로 하자. 털보집이 일주일간 협동을 깨뜨릴 경우 100만원의 이익을 추가할 수 있음은 명백하다. 그러나 만약 털보의 경쟁자인 왕서방이 맞대응전략을 구사한다면, 왕서방은 다음 주일동안 털보에게 보복행위를 하게 된다. 이 시점에서 털보는 다시 협동하는 전략과 계속해서 협동하지 않는 두 가지의 선택대안을 갖는다.

털보가 한 차례 기만전략을 택했다가 다시 협동전략으로 돌아설 경우, 왕서방의 보복을 받는 기간 동안 240만원의 손실을 감수하게 된다.[46] 맞대응전략을 사용하는 왕서방은 다음 주에는 협동전략으로 돌아서게 되므로, 두 경기자 모두 600만원의 수익을 올리게 된다. 만약 털보가 계속해서 낮은 가격전략을 채택하면, 맞대응전략을 채택하고 있는 왕서방도 계속 보복하게 될 것이다. 이렇게 되면 털보는 그 이후 계속해서 600만원 대신 500만원의 수익을 올리므로써 100만원의 손실을 입게 된다. 털보가 이미 한차례 협조를 깨뜨린 대가로 왕서방으로부터 보복을 당한 상황에서는, 계속해서 협동를 깨뜨리는 전략이나 즉각 협동으로 돌아서는 전략 모두 원래의 100만원의 수익증가를 의미있는 것으로 만들지 못할 수 있다.

털보는 협동을 깨뜨림으로써 첫 주에는 100만원의 수익을 올릴 수 있었지만, 그 이후로는 손실을 입게 된다. 그러므로 이 두 가지 간의 상대적 중요성은 현재와 미래 간의 가치에 좌우될 수밖에 없다. 이것을 따지기 위해서는 현재와 미래 간의 가치차이에 대한 기준이 필요하다. 1년 후의 100만원과 현재의 100만원은 동일하지 않다. 즉 현재의 100만원은 1년 후에는 100만원보다 더 커지며, 1년 후의 100만원은 현재에는 100만원보다 더 작아진다. 따라서 현재의 일정금액을 미래의 값으로 환산할 때는 이자율을 적용하며, 미래의 일정금액을

---

45) 여기서는 왕서방이라고 가정한다.

46) 왜냐하면 둘 다 협동하였을 때 얻을 수 있는 600만원에서 360만원으로 수익이 감소되었기 때문이다.

현재값으로 환산할 때는 할인율을 적용해야 한다.

(가) 맞대응전략을 구사하는 상대방을 단 한 번만 속일 경우

앞에서 언급하였듯이 맞대응전략을 구사하는 왕서방과의 게임에서 털보가 취할 수 있는 전략 중의 하나는 협동으로 시작했다가 단 한 번의 기만전략을 사용한 후 곧바로 협동전략으로 되돌아오는 것이다. 이 전략은 털보에게 첫 주에는 100만원의 이익을 가져다 주지만, 두 번째 주에는 240만원의 손실을 안겨준다. 세 번째 주부터 협동이 회복된다고 할 때, 단 한 주 동안의 기만행위가 털보에게는 의미있는 일일까?

첫 주에 얻을 수 있는 100만원과 일주일 후에 잃게 될 240만원을 비교하려면 일주일 후의 240만원을 현재값으로 환산해야만 한다. 일주일간의 할인율(discount rate)을 r이라면, 일주일 후의 240만원의 현재가치는 $\frac{240}{(1+r)}$로 환산된다. 그러므로 ① $100 > \frac{240}{(1+r)}$일 경우 털보는 한번 속인 후 곧바로 협동하게 되는 전략이 가치있는 것으로 되지만, ② $100 < \frac{240}{(1+r)}$일 경우는 그러한 행위가 무의미하게 된다. 즉 $r > 1.4$일 경우만 한 번 속이고 협동전략으로 되돌아가는 것이 가치있는 것으로 판명된다. 그렇지만 할인율은 통상 1보다 작아야 하기 때문에 $r > 1.4$라는 값은 현실적으로 수용되기 곤란하다. 따라서 털보는 왕서방이 맞대응전략을 구사할 때는 한 차례의 기만행위를 하기보다 처음부터 계속 협동하는 것이 자신에게 가장 이로운 전략이 된다.

(나) 맞대응전략을 구사하는 상대방을 영원히 속일 경우

왕서방이 맞대응전략을 구사할 때, 만약 털보가 한 번 속인 후 속임수전략을 계속한다면 어떠한 결과가 일어날까? 이러한 전략은 털보에게 첫 주에는 100만원의 이익을 가져다 주지만, 왕서방이 맞대응전략을 구사하기 때문에 그 이후 계속하여 매 주 100만원의 손실을 안겨 준다. 이렇게 매 주마다 계속해서 발생되는 총손실의 현재가치는 다음의 식으로 얻어진다.

$$\frac{100}{(1+r)} + \frac{100}{(1+r)^2} + \frac{100}{(1+r)^3} + \cdots\cdots = \frac{100}{r}$$

따라서 ① $100 > \frac{100}{r}$일 경우 털보는 무한정 비협동전략을 사용하는 것이 좋지만, ② $100 < \frac{100}{r}$일 경우는 전혀 그렇지 않다. 즉 $r > 1$일 경우에만 무한정 비협동전략을 계속하는 것이 바람직한데, 앞에서 이미 지적하였듯이 할인율은

1보다 작은 값을 띠어야 하기 때문에 $r>1$의 조건은 현실적으로 불가능하다. 따라서 우리는 두 경기자 모두 맞대응전략을 택할 경우 한 경기자가 협동을 깨뜨릴 것으로 기대할 수 없으며, 궁극적으로 협동전략(i.e., 우리의 경우 비싼 가격 설정)이 내쉬균형이 된다. 이와 같이 맞대응전략은 용의자들의 딜레마상황을 해결하게 되는 것이다.

맞대응전략은 반복되는 용의자들의 딜레마게임에서 경기자들이 취할 수 있는 여러 가지 촉발전략들 중의 하나일 뿐이며, 다른 것에 비해서 다소 유연한 편이라고 할 수 있다. 그렇기 때문에 위의 털보집과 왕서방집간의 게임에서 맞대응전략이 딜레마상황을 해결할 수 있다면, 맞대응전략보다 더 엄격한 촉발전략들도 당연히 그러한 딜레마상황을 해결할 수 있어야 한다. 즉 맞대응전략보다 더 엄격한 무자비전략은 무한정 반복되는 게임에서 협동을 도출하기 위해 사용될 수 있는 것이다.

(2) 상벌의 활용

용의자들의 딜레마게임으로 인한 문제는 각 경기자들이 협동하지 않았을 때 그들에게 적절한 벌칙을 부과함으로써 해결될 수도 있다. 즉 일단 그와 같은 벌칙을 용의자들의 딜레마게임이 나타내는 보상표에 포함시킨다면, 경기자들은 협동하는 것이 더 낫다는 것을 스스로 알게 될 것이다. 우리는 이것을 설명하기 위하여 〈표 6-4〉를 이용하여 소개한 용의자들의 딜레마게임을 다시금 이용하기로 한다.

이 게임에서는 한 경기자만 자백하면 자백하는 사람(i.e., 비협동자)은 석방되지만, 끝까지 자백하지 않는 사람(i.e., 협동자)은 10년형을 살도록 되어 있다. 만약 자백한 용의자가 석방되었을 때, 자백하지 않는 용의자의 친구가 배반의 대가로서 그에게 계속해서 신체적 위협을 가한다고 하자. 그러한 신체적 위협이 너무나도 극심하여 8년간의 감옥생활에 비견될 수 있다고 하면, 그와 같은 위협이 고려된 게임의 보상표는 〈표 6-19〉와 같이 재구성될 수 있다.

〈표 6-19〉에서는 더 이상 지배적 전략이 존재하지 않지만, 내쉬균형의 정의를 이용하여 두 개의 내쉬균형인 (a_1, b_1)와 (a_2, b_2)를 찾을 수 있다. 이 보상구조하에서 각 경기자는 상대방이 협동하면 자신도 협동하는 것이 자신에게 가장 좋다는 것을 알게 된다. 즉 배반하는 경기자에게 벌칙을 부과함으로써 용

■ ■ 표 6-19   비협동자(i.e., 자백하는 자)에게만 벌칙을 부과할 경우

		용의자(B)	
		자백하지 않음 (i.e., 협동함)(b_1)	자백함 (i.e., 협동하지 않음)(b_2)
용의자(A)	자백하지 않음 (i.e., 협동함)(a_1)	(1,　1)	(10, 8)
	자백함 (i.e., 협동하지 않음)(a_2)	(8, 10)	(5,　5)

의자들의 딜레마게임이 확신게임으로 그 성격이 바뀌어 버렸다. 이제 남은 문제는 두 개의 균형 중에서 하나를 선택하는 것인데, 경기자 모두 두 개의 균형결과 중 하나를 다른 것보다 더 선호한다. 그러므로 만약 기대의 수렴이 이루어진다면 관심의 초점(focal point)을 이용함으로써 더 나은 균형결과가 달성될 수 있다.

　지금까지는 상대방이 자백하지 않을 때 혼자서만 자백하는 경기자에게 벌칙을 부과하고, 그것을 각 경기자의 보상에 반영하는 것을 다루었다. 이제 모든 자백자에게 8년간의 감옥생활과 같은 벌칙을 가하는 좀 더 엄격한 경우를 생각해 보기로 하자. 이 경우의 벌칙은 두 경기자가 각각 상대방 경기자들에게 부과하는 것이 아니라, 두 경기자들에게 영향력을 행사할 수 있는 제3의 인물이 두 경기자들에게 부과한다. 만약 두 경기자들이 어떠한 신체적 위협하에서도 경찰에서의 자백이 허용되지 않는 범죄조직의 구성원이라면, 〈표 6−19〉의 보상표는 〈표 6−20〉과 같이 바뀐다.

　우리는 〈표 6−20〉의 보상표로부터 두 경기자 모두 지배적 전략을 갖고 있음을 알 수 있으며, 그 결과 두 경기자 모두가 협동하는 내쉬균형인 (a_1, b_1)

■ ■ 표 6-20   모든 비협동자(i.e., 자백하는 자)에게 벌칙을 부과할 경우

		용의자(B)	
		자백하지 않음 (i.e., 협동함)(b_1)	자백함 (i.e., 협동하지 않음)(b_2)
용의자(A)	자백하지 않음 (i.e., 협동함)(a_1)	(1,　1)	(10,　8)
	자백함 (i.e., 협동하지 않음)(a_2)	(8, 10)	(13, 13)

을 찾을 수 있다. 이와 같이 제3자가 배반자에게 엄격한 벌칙을 집행할 경우, 각 경기자들은 협동하지 않는 전략(i.e., 자백하는 전략)이 매력적이지 않음을 알게 되고 그 결과 협동하는 전략이 이 게임의 새로운 균형이 될 수 있다.

(3) 리더십의 발휘

대부분의 용의자들의 딜레마게임은 대칭적인 것으로 간주된다. 즉 모든 경기자들이 협동(또는 비협동)으로부터 얻는(또는 잃는) 보상의 크기는 동일한 것으로 간주된다. 그렇지만 실제의 전략적 상황에서 만약 한 경기자가 다른 경기자에 비하여 상대적으로 규모가 크다면 리더의 역할을 할 수 있기 때문에, 이와 같은 리더십을 활용함으로써 용의자들의 딜레마상황이 해결될 수 있다. 우리는 이것을 설명하기 위하여 앞서 설명한 왕서방집과 털보집간의 만두판매 경쟁게임을 다시 이용하기로 한다.

가격변동에 영향받지 않는 왕서방의 골수적인 단골손님의 숫자가 주당 3,000명에서 11,000명으로 증가한 것을 제외하고는 게임의 모든 구조는 동일하다고 하자. 즉 이윤의 폭은 여전히 비싼 가격에서는 일인분당 1,200원이고 싼 가격에서는 1,000원이며, 가격에 민감한 부동층 손님의 수는 여전히 주당 4,000명이라고 가정하자. 이와 같은 상황을 보상표로 정리하면 〈표 6-21〉이 된다.

상대적으로 규모가 작은 가게인 털보집의 경우는 싼 가격(b_2)이 지배적 전략이지만, 골수적인 단골손님을 많이 확보하고 있는 규모가 큰 왕서방집의 경우는 비싼 가격(a_1)이 지배적 전략이다. 따라서 (a_1, b_2)가 새로운 내쉬균형을 이룬다. 도대체 무엇이 왕서방의 전략선택을 바꾸게 하였을까? 대답은 왕서방이 확보하고 있는 골수 단골손님의 숫자에 있으며, 이들 단골손님들은 가격변동에 전혀 영향을 받지 않는다. 따라서 왕서방이 가격을 낮추면 단골손님에게

■ ■ 표 6-21 규모가 큰 왕서방집과 소규모인 털보집간의 만두가격경쟁(단위: 백만원)

		털보집(B)	
		비싼 가격(b_1)	싼 가격(b_2)
왕서방집(A)	비싼 가격(a_1)	(1560, 600)	(1320, 700)
	싼 가격(a_2)	(1500, 360)	(1300, 500)

팔 수 있는 11,000인분에 대하여 일인분당 200원씩 손해를 보기 때문에 총 2백 2십만원의 손실을 입게 된다. 여기에 반해 두 사람 모두 가격을 낮출 경우 두 사람은 가격에 민감한 부동층 고객을 반씩 나누어 갖기 때문에 왕서방은 2,000 인분의 판매량이 증가하여 2백만원의 추가수익을 올릴 수 있을 뿐이다. 따라서 가게의 규모가 커서 리더로서의 역할을 할 수 있는 왕서방은 높은 가격전략이 더 유리하다는 것을 알게 되기 때문에 결국 이 게임에서 협동전략(i.e., 높은 가격전략)을 택하게 된다.

만약 두 경기자들이 부가적 보상(side payment)을 지불할 수 있을 뿐만 아니라 서로 신뢰할 수 있는 약속을 할 수 있다면, 더 나은 결과가 도출될 수 있다. 협동적 전략이랄 수 있는 (a_1, b_1)으로부터 얻을 수 있는 총 수익은 1,560만 원+600만원=2,160만원이지만, (a_1, b_2)로부터 얻을 수 있는 총 수익은 1,320만 원+700만원=2,020만원밖에 되지 않는다. 만약 왕서방이 털보에게 높은 가격 전략(i.e., b_1)을 설정하는 대가로서 150만원의 보상금을 지불할 수 있다면 두 사람간의 보상은 (1,410만원, 750만원)이 되는데, 이것은 두 사람 모두에게 (a_1, b_2)의 결과보다 더 유리한 것이다. 사실 왕서방은 털보에게 1,560만원−1,320만원 =240만원보다 작은 어떠한 부가적 보상금도 지불하려고 할 것이며, 털보 또한 만약 그 보상금이 700만원−600만원=100만원보다 크기만 하면 그것을 기꺼이 수용하려고 할 것이다.

용의자들의 딜레마가 계속될 수도 있는 상황이 리더십의 발휘를 통하여 해결되는 사례는 국제정치나 기업에서 종종 발견될 수 있다. 이 경우 리더의 역할은 자연스럽게 규모가 가장 크거나 지위가 확고한 경기자가 떠맡게 된다. 제2차 대전 후 미국은 수십년 동안 NATO와 같은 군사동맹국에 비하여 더 많은 방위비부담을 해 왔을 뿐만 아니라 상대국이 보호주의를 고집하고 있을 때도 자유무역체제를 견지하였다. 이와 같은 상황에서 미국이 계속 리더로서의 역할을 떠맡을 수 있었던 것은 미국의 이해관계가 다른 국가들의 그것과 긴밀하게 연관되고 있을 뿐만 아니라 이익의 규모가 상대적으로 크기 때문이다.

제6절 ▎ 집합행동의 게임(collective-action game)

1. 집합행동(collective action)의 문제와 집합행동의 게임

집합행동의 문제는 상당히 오랜 기간 동안 사회철학자들이나 경제학자들에 의해서 인식되어 왔었다. 즉 영국의 철학자인 홉스(Thomas Hobbes)는 1651년에 출간한 그의 「리바이어턴」(*Leviathan*)에서 '만인에 대한 만인의 투쟁' 상태에 있는 사회가 전제군주나 전제국가(Leviathan)에 의해 통치되지 않는다면 붕괴되고 만다고 주장하였다.

홉스의 100년 후쯤 프랑스의 철학자인 루소(Jean-Jacques Rousseau)는 1755년에 출간한 그의 「인간불평등기원론」(*A Discourse on Inequality*)에서 사슴사냥이라는 예화를 통하여 집합행동의 문제점을 지적하였다. 〈표 6-9〉의 보상표가 나타내는 사슴사냥게임에서 사슴사냥에 나선 사슴몰이꾼들이 사슴을 둘러싸서 포획할 수 있으려면 그들 모두 협동하는 것이 필요하다. 그러나 루소는 그들 중 누군가가 사슴몰이에 나가는 도중 산토끼를 보았다면 그것을 잡는 것이 자신에게는 더 유리하다고 생각하여 사슴몰이 대열에서 벗어날 수 있다는 것을 지적함으로써 집합행동의 딜레마를 포착하였던 것이다. 루소의 저술들은 원시인들을 이상화했고 가장 심각한 사회적 악은 문명자체의 산물이라고 주장한다(박우석(역), 2004: 319). 그렇기 때문에 루소는 집합행동의 딜레마 같은 문제는 문화의 산물이며, 자연상태에서(in the natural state) 사람들은 문명에 때문지 않은 천진난만한 원시인(noble savages)으로서 조화롭게 살았다고 생각하였다(Dixit and Skeath, 1999: 368).

한편 흄(David Hume)은 1739년에 출간한 그의 「인성론」(*A Treatise on Human Nature*)에서 호의를 베풀 때 사람들은 그것에 대한 장래의 보답을 기대하기 때문에 사람들간의 협동이 유지될 수 있다고 주장하였으며, 스미스(Adam Smith)는 1776년에 출간한 그의 「국부론」(*Wealth of Nations*)에서 순전히 사적 이윤 때문에 동기지어지는 재화와 용역의 생산이 사회 전체에 가장 좋은 결과를 초래한다는 경제관을 발전시켰다.

상당수의 경제학자들과 정치학자들은 어떤 결과가 집단 전체(group as a whole)에 유익하다면 그 집단 구성들은 당연히 그러한 결과를 초래하는 행동을 하게 될 것이라는 낙관적 믿음을 갖고 있었다. 그러나 이와 같은 믿음은 올슨 (Mancur Olson)이 1965년에 「집합행동의 논리」(*The Logic of Collective Action*)라는 책을 출간함에 따라 송두리째 흔들리게 되었다. 올슨에 의하면 집합적으로 볼 때는 최선의 결과라고 하더라도 만약 그것이 구성원 각 개인의 사적 이익과 부합되지 않는다면, 즉 그것이 내쉬균형이 아니라면 실현되기 곤란하다는 것이다. 그렇지만 올슨은 집합행동의 게임을 구체적으로 규정하지는 않았다. 비록 그것이 용의자들의 딜레마게임처럼 보이지만, 올슨은 그것이 반드시 그렇지는 않다고 주장하였다. 우리는 다음 절에서 이와 같은 집합행동의 게임이 경우에 따라서는 용의자들의 딜레마게임이나 담력게임 또는 확신게임의 형태를 띨 수 있음을 설명하려고 한다(Dixit and Skeath, 1999: 368).

공유자원(CPRs: Common Pool Resources)의 고갈과 관련한 또 다른 유형의 집합행동의 문제가 거의 같은 시점에 주목받기 시작하였다. 즉 수산자원이나 지하자원 및 목초지 같은 자원들이 모든 사람들에게 개방되어 있다면, 각 이용자는 그가 할 수 있는 범위에서 최대한으로 그 자원을 남용하려 할 것이다. 왜냐하면 그가 그러한 자원의 남용을 스스로 자제한다면, 다른 사람들이 이용할 수 있는 자원의 양을 그만큼 늘리는 결과가 될 뿐이기 때문이다. 하딩(Garret Hardin)은 1968년에 발표한 '공유목초지의 비극'(The Tragedy of the Commons)이라는 논문에서 이 문제를 예리하게 지적하였다. 각 개인은 공유자원을 최대한으로 남용할 강력한 유인을 갖게 되고, 그 결과 사회의 다른 구성원들은 그러한 공유자원의 황폐로부터 초래되는 사회적 비용을 물게 되는 것이다.

최근까지 많은 사회과학자들과 대부분의 자연과학자들은 모든 사람들로 하여금 협동을 강제할 수 있는 권한을 지닌 정부만이 공유자원 문제를 해결할 수 있다는 소위 홉스(Hobbes)식의 노선을 견지해왔다. 그렇지만 아담 스미스적인 낙관주의적 논리를 견지하고 있는 경제학자들은 그러한 공유자원에 적절한 소유권만 부여되면 그것을 소유하는 각 개인들이 그러한 자원의 사용을 사회 최적인 방식으로 유도할 수 있다고 믿는다. 본서의 제2장에서 이미 고찰하였듯이 오스트롬(E. Ostrom)은 미국, 아프리카, 캐나다, 터키, 일본 등의 여러 국가들을 대상으로 공유자원의 관리를 연구한 결과 많은 지역에서 정부개입 없이 지역주민들의 자발적 노력만으로도 공유자원이 잘 관리될 수 있음을 실증적으로 보여 주었다.

오늘날 여러 관점을 지닌 학자들은 집합행동의 문제가 매우 다양한 형태로 일어나기 때문에 그것에 대처할 수 있는 가장 좋은 유일한 방법이 없다는 것을 인식하기 시작하였다. 그렇지만 집단이나 사회가 그러한 집합행동의 문제를 수수방관하고 있지는 않으며, 여러 가지 대응방안들이 강구되고 있다. 그러한 방안들의 상당수는 반복적인 용의자들의 딜레마게임이나 다른 비슷한 게임들의 분석을 통해서 알려지고 있다.

지금까지 우리가 다루어 온 게임이나 전략적 상황은 모두 두 사람간의 상호작용을 염두에 두고 설명되었다. 그렇지만 현실에서 발견되는 정치적, 사회적, 경제적 상호작용은 동시에 두 사람 이상의 수많은 경기자들을 포함하는 전략적 상황이다. 이와 같이 어떤 사회 내의 여러 경기자들로 구성되는 게임은 그 사회 구성원의 대다수 혹은 구성원 전부에게 만족스럽지 않은 결과를 낳는 경우가 많다. 즉 일반적인 형식으로 말한다면 그와 같은 여러 사람들로 구성되는 게임은 집합행동의 문제를 내포하고 있는 것이다.

만약 사회의 각 구성원들이 어떤 특정 행동을 할 경우 그 사회의 전체 목적은 가장 잘 성취될 수 있지만, 집합행동의 문제가 개재되는 상황에서는 그러한 특정 행동이 각 구성원들의 개인적 이익과 부합되지는 않는다. 즉 사회적 최적 결과가 여러 사람들로 이루어지는 게임의 내쉬균형으로서 자동적으로 성취되지는 않는다. 그렇기 때문에 최적 결과를 도출하거나 혹은 만족스럽지 않은 내쉬균형보다 더 나은 결과를 얻기 위하여, 그와 같은 게임이 어떻게 변형될 수 있는지를 검토할 필요가 있다. 그렇게 하기 위해서 우리는 먼저 그러한 게임의 특성을 이해해야만 한다. 그러한 게임은 대체적으로 용의자들의 딜레마게임, 담력게임, 확신게임 등의 형태를 띤다. 본 절에서 우리의 궁극적 목적은 여러 사람들이 동시에 이와 같은 게임을 할 경우를 분석하는 것이지만, 우리는 먼저 두 사람간의 상황을 분석한 후 그것으로부터의 함의를 앞으로의 논의에 활용하려고 한다.

2. 두 경기자들간에 일어나는 집합행동의 게임

농부인 당신과 당신의 친구는 모두 관개사업(irrigation) 및 홍수방지사업으로부터 상당한 편익을 누릴 수 있다고 가정하자. 이와 같은 사업은 두 사람이 함께 추진할 수도 있고 두 사람 중 한 사람이 단독으로 추진할 수도 있다. 그렇지만 일단 그 사업이 완수되고 나면 상대방도 자동적으로 편익을 누릴 수 있다. 그렇기 때문에 두 사람 모두 자신이 아닌 상대방이 그 사업을 수행하기를 바랄 것이다.

위에서 설정한 관개사업은 다음과 같은 두 가지 특징을 지닌다. 첫째, 관개사업에 기여하지 않는 사람이 그 사업으로부터 나오는 편익을 즐기는 것을 막을 방도가 없기 때문에 관개사업의 편익은 비배제성(nonexcludability)을 지닌다. 둘째, 상대방이 그 편익을 즐긴다고 해서 당신이 즐기는 편익이 감소되지 않기 때문에 관개사업의 편익은 비경합성(nonrivalry)을 지닌다. 우리는 이러한 두 가지 특성을 지니는 재화를 순수공공재(pure public goods)라고 부르며, 국방이 가장 대표적인 보기임은 이미 제2장에서 설명하였다.

(1) 용의자들의 딜레마게임으로서의 집합행동게임

1) 유형 1

관개사업의 건설과 관련되는 편익과 비용은 누가 그 사업의 건설에 참여하는가에 달려 있다. 만약 당신(A)이나 당신의 친구(B)가 혼자서 그 사업을 추진한다면 7주가 걸리지만, 두 사람이 함께 추진한다면 각각 4주씩만 노력하면 완성될 수 있을 뿐만 아니라 단독으로 추진할 경우에 비하여 공사의 질도 더 좋아질 수 있다고 하자. 단독공사일 경우 누가 그 공사를 추진하는가와는 무관하게 두 사람 모두 각각 6주의 노동력에 해당되는 편익을 누리지만, 함께 추진할 경우 각각 8주의 편익을 누릴 수 있다고 한다. 위와 같은 상황을 정리하면 〈표 6-22〉와 같은 보상표를 얻는다.

〈표 6-22〉를 보면 만약 B가 공사에 참여하지 않을 때 A가 취할 수 있는 최선의 대응전략은 그도 역시 참여하지 않는 것이다. 만약 둘 중 누군가가 단

■ ■ 표 6-22 용의자들의 딜레마상황으로서의 집합적 행동 I

		당신의 친구(B)	
		공사에 참여(b_1)	공사에 불참(b_2)
당신(A)	공사에 참여(a_1)	(4, 4)	(-1, 6)
	공사에 불참(a_2)	(6, -1)	(0, 0)

독으로 공사를 추진하면 두 사람 모두 6주에 해당되는 편익을 얻을 수 있지만, 공사를 추진하는 사람은 7주의 비용을 부담하므로 −1의 순보상을 얻게 되고, 공사를 추진하지 않는 사람은 아무런 비용을 부담하지 않기 때문에 6의 순보상을 얻는다. 이와 같이 아무런 비용의 부담없이 편익을 고스란히 누리는 사람은 무임승차자가 된다. 아무튼 이 게임에서는 상대방이 어떤 전략을 택하든지 관계없이 공사에 참여하지 않는 것이 두 사람 모두에게 지배적 전략이 되지만, 두 사람 모두가 함께 공사에 참여하면 두 사람 모두 더 나은 보상을 가질 수 있다.

〈표 6-22〉는 용의자들의 딜레마게임을 나타내는 전형적 보상표이며, 우리는 이 보상표로부터 집합행동의 게임에서 일어나는 문제점들 중 하나를 발견한다. 즉 개인적으로는 최적 전략일 수 있는 불참전략이 사회 전체적 관점에서는 최적이 아니라는 점이다. 집합행동의 게임에서 '사회적'으로 최적인 결과는 각 경기자들의 보상의 총합이 극대화될 때이다. 위의 보상표에서 '사회' 최적인 결과는 (a_1, b_1)이지만, 이것이 내쉬균형(i.e., (a_2, b_2))과 다르다는 점에 주목할 필요가 있다. 이와 같은 내쉬균형 결과와 사회 최적 결과간의 괴리는 모든 형태의 집합행동의 게임에서 나타난다. 따라서 집합행동의 게임에 관한 연구는 사회 최적 결과를 달성하기 위하여 내쉬균형의 행태를 개선할 수 있는 방법을 찾는 데 집중되고 있다.

2) 유형 2

이제 이 게임의 보상이 다음과 같이 바뀐다고 가정하자. 즉 A, B 두 사람이 함께 공사를 추진할 경우 각자에게 돌아가는 편익이 8주에 해당되는 노동력에서 6.3주로 감소된다고 하자. 이렇게 되면 A, B 각자가 받는 순보상은 2.3주가 되어 〈표 6-22〉는 〈표 6-23〉과 같이 재구성된다. 이 게임은 여전히 용의자들의 딜레마게임이며, (a_2, b_2)에서 내쉬균형을 이룬다.

■ ■ 표 6-23 용의자들의 딜레마상황으로서의 집합적 행동 II

		당신의 친구(B)	
		공사에 참여(b_1)	공사에 불참(b_2)
당신(A)	공사에 참여(a_1)	(2.3, 2.3)	(-1, 6)
	공사에 불참(a_2)	(6, -1)	(0, 0)

그러나 〈표 6−22〉와는 달리 A, B가 (a_1, b_1)전략을 택할 경우 총보상은 4.6밖에 되지 않으며, 사회 최적(i.e., 이 경우 5)은 (a_1, b_2) 또는 (a_2, b_1)에서 일어난다. 따라서 사회 최적을 달성하기 위하여 A, B 두 경기자 중 누가 공사에 참여함으로써 공사비를 부담하고 −1의 순보상을 얻으며, 누가 무임승차자가 되어 6의 순보상을 즐길 것인가가 문제거리로 된다.

(2) 담력게임으로서의 집합행동의 게임

1) 유형 1

이제 공사비가 크게 감소되어 상대방이 공사를 추진하지 않더라도 당신이 혼자서 공사를 추진하는 것이 더 유리하도록 게임의 구조가 바뀐다고 가정하자. 즉 혼자서 공사를 추진할 경우 비용이 원래의 7주에서 4주로 대폭 감소되고, 두 사람이 함께 추진할 경우에도 각자가 부담할 비용이 원래의 4주에서 3주로 감소된다고 하자. 만약 편익이 앞의 경우와 동일하다면 이 게임의 보상표는 〈표 6−24〉와 같이 된다. 〈표 6−24〉를 보면 각 경기자의 최선의 전략은 상대방이 공사에 참여하면 자신은 참여하지 않고, 상대방이 참여하지 않을 경우에는 자신이 참여하는 것이라는 것을 알 수 있다. 이것은 곧 담력게임의 상황이다. 즉 공사에 참여하는 것은 비켜서는 것(i.e., 협동하는 것으로서 약한 것)과 같고 공사에 불참하는 것은 돌진하는 것(i.e., 협동하지 않는 것으로서 터프한 것)과 같다.

만약 〈표 6−24〉의 게임이 두 개의 내쉬균형 중 하나로 귀결된다면 총보상은 8이 된다. 이것은 두 경기자가 (a_1, b_1)전략을 택할 때 얻을 수 있는 총보상인 10보다 작은 값이다. 즉 어떠한 내쉬균형의 결과도 두 경기자가 (a_1, b_1)전략을 택하도록 협동하는 결과보다 전체 사회에 가져다주는 보상은 작다.

■ ■ 표 6−24 담력게임으로서의 집합적 행동 I

		당신의 친구(B)	
		공사에 참여(b_1)	공사에 불참(b_2)
당신(A)	공사에 참여(a_1)	(5, 5)	(2, 6)
	공사에 불참(a_2)	(6, 2)	(0, 0)

2) 유형 2

이제 게임의 구조를 좀 더 바꾸어서 두 사람이 관개사업을 함께 추진하는 것이 혼자서 추진하는 것보다 그렇게 이롭지 않다고 가정하자. 즉 두 사람이 함께 추진할 경우 각자가 얻을 수 있는 보상이 6.3주인 데 반해, 혼자 추진할 경우 얻을 수 있는 보상이 6주라고 하자. 또한 두 사람이 함께 추진할 경우 각자가 부담하는 비용이 3이고, 혼자서 추진할 경우 그 비용은 4라고 하자. 이러한 보상구조의 변화를 반영한 보상표가 〈표 6-25〉이다.

〈표 6-25〉의 보상구조는 이 게임이 여전히 두 개의 내쉬균형을 갖는 담력게임임을 나타내준다. 그러나 각 내쉬균형에서 얻을 수 있는 총보상 8은 두 경기자가 (a_1, b_1)전략을 택할 때 얻을 수 있는 보상 6.6보다 더 크다는 점이 〈표 6-24〉의 경우와 다르다. 그러므로 여기에서 사회 최적은 두 내쉬균형전략인 (a_2, b_1) 또는 (a_1, b_2)에서 달성되지만, 각 경기자는 이 두 균형 중에서 상대방이 공사에 참여하고 자신은 불참하는 것을 더 선호한다.

■ ■ 표 6-25 담력게임으로서의 집합적 행동 II

당신(A)		당신의 친구(B)	
		공사에 참여(b_1)	공사에 불참(b_2)
	공사에 참여(a_1)	(3.3, 3.3)	(2, 6)
	공사에 불참(a_2)	(6, 2)	(0, 0)

(3) 확신게임으로서의 집합행동의 게임

이제 게임의 보상구조를 다음과 같이 바꾸어 보자. 즉 두 사람이 함께 관개사업을 추진할 경우 각자에게 돌아가는 편익과 비용은 각각 8주와 4주라고 하고, 혼자 추진할 경우 얻을 수 있는 편익과 비용은 각각 3주과 7주라고 하자. 이것을 정리한 것이 〈표 6-26〉의 보상표이다. 〈표 6-26〉〉을 보면 이제 무임승차자로서 누릴 수 있는 편익이 매우 줄어들었기 때문에 상대방이 공사에 참여하면 자신도 참여하는 것이 더 좋은 전략이 된다. 뿐만 아니라 상대방이 공사에 불참하면 자신도 불참하는 것이 더 좋은 전략이 된다. 이것은 확신게임을 나타내는 보상표이다.

■ ■ 표 6-26   확신게임으로서의 집합적 행동

		당신의 친구(B)	
		공사에 참여(b_1)	공사에 불참(b_2)
당신(A)	공사에 참여(a_1)	(4, 4)	(-4, 3)
	공사에 불참(a_2)	(3, -4)	(0, 0)

위에서 설명한 유형 2의 담력게임에서와 같이 이 게임에서도 두 개의 내쉬균형이 존재한다. 그러나 담력게임에서는 두 내쉬균형에 대한 각 경기자의 선호가 달랐지만, 이 게임에서는 두 경기자가 동일한 내쉬균형을 선호한다. 그러므로 확신게임은 담력게임보다 사회 최적을 달성하는 것이 더 용이하다고 할 수 있다.

3. 집합행동문제의 해결책

이 절에서 우리는 용의자들의 딜레마게임, 담력게임, 확신게임의 형태로서 나타나는 집합행동의 문제에 대한 개념적 및 실질적 해결방안들에 대해서 설명하려고 한다. 이 세 가지 형태의 게임에 공통적인 요소는, 비록 각 경기자가 상대방 경기자와 다르게 행동하는 것이 자신에게 가장 바람직할 수 있음에도 불구하고, 경기자로 구성되는 사회 전체에 도움될 수 있도록 경기자들간의 협동적인 행동을 유도해야만 하는 필요성이다. 인간사회는 그들 구성원간에 이와 같은 협동적 행동을 유도하기 위해서 의도적으로 사회적·문화적 관습(customs)이나 규범(norms) 및 제재(sanctions) 등을 활용한다. 이러한 방법들은 집합행동의 문제를 해결하는 데 필요한 게임을 설계하기 위한 수단으로 이용될 수 있다.

(1) 용의자들의 딜레마게임에서의 집합행동

우리는 이미 제5절에서 용의자들의 딜레마게임과 연관된 집합행동의 문제를 고찰하였다. 용의자들의 딜레마상황에서 협동적 행동을 도출하기 위하여 널리 사용되는 방법은 게임의 반복, 벌칙이나 보상, 그리고 리더십의 발휘라는

것을 지적하였다. 그곳에서 우리의 관심은 두 사람간의 딜레마 상황에 한정되었지만, 약간만 수정한다면 똑같은 논리가 많은 사람들이 관련된 집합행동의 문제에도 그대로 적용가능하다.

사회는 여러 가지 방법으로 비협동자들(defectors)을 처벌할 수 있다. 그 하나는 그 집단의 다른 구성원들이 부과하는 제재이다. 이것은 종종 그 집단이 앞으로 하게 될 게임에 비협동자들의 참가자격을 박탈하는 형식을 띤다. 뿐만 아니라 사회는 개인의 보상에 직접적 영향을 주는 행태규범(norms of behavior)을 창출함으로써 협동적 행동을 유도할 수도 있다. 이와 같은 행태규범은 교육과정이나 문화를 통해서 확립된다. 사람들이 규범을 준수하는 것은 다른 사람들도 그것을 따를 것이라는 기대감 때문이 아니라, 그것을 준수하지 않았을 때 수반되는 추가적 비용 때문이다. 이것이 규범과 관습이 다른 점이다. 한편 어떤 개인이 규범을 준수하지 못할 경우에 물게 되는 추가적 비용은 그의 보수척도(payoff scale)에 내부화된다(internalized). 그렇기 때문에 다른 사람들이 그에게 불이익을 주기 위한 어떠한 명백한 행동도 취할 필요가 없다. 이런 점에서 규범은 제재와도 구분된다.

규범은 그 사회에서 통상 준수되고 있는 것이 목격되면 강화된다. 하지만 반대로 그것이 위배되는 사실이 자주 목격되면 그 위력을 잃게 된다. 복지국가의 출현 이전에는 어떤 사람이 경제적 어려움을 겪게 되어 친지나 가족에게 의존하게 될 때, 근로윤리(work ethic)가 작동하여 스스로 노력은 게을리한 채 다른 사람들의 도움에 무임승차하려는 유혹을 뿌리치게 하는 규범이 형성되었었다. 그러나 정부가 그러한 지원책을 떠맡게 되었고 또한 복지수혜가 자격요건(entitlement)에 의존하게 됨에 따라 근로윤리의 규범(norm of work ethic)은 서서히 붕괴되기 시작하였다. 1980년대 후반과 1990년대 초반 유럽에서 실업률이 급격히 상승함에 따라 인구의 상당 부분이 정부의 공식적인 지원체제의 수혜자가 되었고, 근로윤리의 규범은 더욱 약화되었다.

상이한 사회나 집단은 동일한 목적을 달성하기 위해서 상이한 규범을 발전시킬 수 있다. 그렇기 때문에 문화적 배경이 서로 다른 두 사람이 만날 경우 오해가 발생하기도 한다. 특히 서로 다른 회사나 사무실은 그 나름대로의 조직풍토를 갖고 있기 때문에 각각의 규범도 다르다. 이와 같은 규범상의 차이를 꼭 꼬집어 내기란 쉽지 않지만, 이와 같은 조직풍토의 충돌 때문에 많은 합병 기업들이 상당한 어려움을 겪는다고 한다.

제재와 같은 외부적 벌칙이나 규범과 같은 내부적 벌칙은 반복되면 그 위력이 더욱 강하게 나타나고 유지되지만, 원칙상으로는 단 한번으로 끝나는 집합행동의 게임에서조차 작동될 수 있다. 우리는 이미 제5절에서 기만(cheating)은 종국적으로 협동의 붕괴를 초래한다는 가능성을 부각시킴으로써, 두 사람간의 반복적인 용의자들의 딜레마게임에서 협동적 결과가 게임의 균형결과로서 달성될 수 있음을 보았다. 일반적으로 협동을 견지하기 위해 필요한 것은, 기만을 통해 얻게 되는 개인들의 편익이 매우 일시적일 뿐만 아니라 그것은 조만간에 협동을 통해서 얻을 수 있는 보상보다 더 적은 보상으로 대체될 것이라는 기대감을 각 경기자들의 마음속에 불어넣는 것이다. 장기적으로 보았을 때 기만이 득이 되지 않는다는 것을 각 경기자들로 하여금 믿게 하려면, 기만은 신속히 간파되어야 할 뿐만 아니라 그것에 수반되는 처벌도 신속하고 확실하며 매우 고통스러운 방식으로 이루어져야만 한다.

기만을 간파하고 처벌하는 것은 쉬운 일이 아니다. 대부분의 실제 상황에서 경기자들에게 돌아가는 보수는 전적으로 경기자들의 행동만으로 결정되지 않고 다소간의 무작위적인 외재적 충격(random fluctuations)에 영향을 받는다. 어떤 사람의 기만행위가 이와 같은 불확실성 속에 위장될 수 있기 때문에, 다른 경기자들은 기만행위가 실제로 일어났는지조차 인식하지 못할 수 있다. 설사 기만행위가 일어난 사실을 안다 하더라도 누가 기만행위를 유발했는지는 모를 수 있다. 잘못이 없는 사람에게 가혹한 처벌을 내리는 것은 도덕적으로 용납될 수 없을 뿐만 아니라 오히려 역효과를 유발한다. 즉 실수 때문에 협동적 행동이 오히려 처벌받게 된다면, 그것은 협동하려는 유인을 깡그리 없애버린다.

집합행동문제의 성공적 해결책은 기만행위의 신속한 간파와 그것에 대한 적절한 처벌에 달려 있다. 일반적으로 집단의 규모가 작을수록 그 구성원들의 특성과 그들의 행동에 관한 정보가 쉽게 파악된다. 따라서 구성원들의 기만행위는 그만큼 간파하기 쉬워진다. 뿐만 아니라 소집단에서는 기만자를 처벌할 경우에도 구성원들의 조직화가 훨씬 용이하다. 바로 이와 같은 이유 때문에 대도시에서나 국가수준에서는 전혀 상상조차 할 수 없는 성공적인 협동의 사례가 작은 마을단위에서는 쉽게 발견될 수 있다. 따라서 집단의 규모가 작아지면 집합행동의 문제를 스스로 해결하도록 하자는 논리가 제기될 수 있다. 특히 오스트롬(E. Ostrom)은 몇 가지 조건들이 충족되면 공유재의 자치적 해결도 가능하다고 주장한다.[47] 아무튼 이와 같은 맥락에서 바라보면 집합행동의 문제를 해결하기 위해서 집권화된 정책이나 정부정책이 필요하다는 주장은 종종 잘못된 것이라는 것이 판명된다.

우리는 이미 제5절에서 경기자들이 속하는 집단의 규모가 다를 경우에도 용의자들의 딜레마상황은 사라질 수 있음을 지적하였다. 왜냐하면 보다 큰 집단에 속하는 경기자들(A)은 자신들이 계속해서 협동하고 작은 집단에 속하는 경기자들(B)의 기만을 수용하는 것이 자신들(A)의 개인적 이익에 더 부합될 수 있다고 생각하기 때문이다. 대부분의 집단에서는 그 구성원들의 선호가 다른 것이 보통이며, 많은 집단에서는 전체의 이익을 위해서 자신의 개인노력을 경주하는 데 즐거움을 느끼는 사람들이 얼마간 존재하기 마련이다. 만약 그와 같은 유형의 사람이 충분히 많다면 집합행동의 문제는 사라진다. 상당수의 학교, 병원, 복지시설 등은 자원자들의 노력에 크게 의존하는데, 이 경우에도 소집단이 상대적으로 더 효율적이다. 왜냐하면 집단의 규모가 작을수록 자원자들의 행동결실이 수혜자들에게 더 긴밀하고 직접적으로 보여질 수 있으며, 이것 때문에 자원자들은 더욱 고무되어 자신들의 행동을 계속하는 경향이 있기 때문이다.

(2) 담력게임에서의 집합행동

이 경우의 해결책의 성격은 가장 큰 사회적 총보상이 ① 모든 경기자들이 참여할 때(i.e., 우리의 보기에서 첫 번째 유형의 담력게임인 〈표 6-24〉) 이루어지는가 아니면 ② 몇몇 경기자들은 협동하고 나머지 경기자들은 협동하지 않을 때(i.e., 우리의 보기에서 두 번째 유형의 담력게임인 〈표 6-25〉) 이루어지는가에 따라서 달라진다. 첫 번째 유형의 담력게임에서는 모든 경기자가 협동하지 않으려는 유인을 갖게 되며, 따라서 여기서 제기되는 문제는 용의자들의 딜레마게임에서 협동을 이끌어내는 그것과 동일하다. 그렇기 때문에 그때 언급된 설명이 여기서도 그대로 적용된다.

그렇지만 두 번째 유형의 담력게임에서는 사정이 달라진다. 여기서는 참여자(i.e., 협동자)와 불참자(i.e., 비협동자)간의 역할분담이 주어지고 나면, 어느

---

47) 오스트롬 교수가 말하는 그러한 조건들은 본서의 제2장에 소개되고 있다.

누구도 자신의 역할을 바꾸려는 개인적 유인을 갖지 않는다. 즉 담력게임에서 상대방 운전자가 돌진하는 역할을 맡는다면 이쪽 운전자는 피하는 것이 더 좋으며, 상대방 운전자가 피하는 역할을 맡는다면 이쪽 운전자는 돌진하는 것이 더 좋다. 그러므로 관습에 의해서 하나의 균형에 대한 기대감이 창출된다면, 제재와 같은 더 이상의 사회적 간섭이 없더라도 그 균형은 유지될 수 있다. 그렇지만 이 균형에서 불참자(i.e., 비협동자)는 참여자(i.e., 협동자)보다 더 높은 보상을 얻게 되며, 이와 같은 보상의 불균형 때문에 긴장이나 갈등과 같은 또 다른 문제가 생긴다. 만약 그러한 갈등과 긴장이 커지면 사회의 존립자체가 위협받게 된다. 이러한 문제는 장기적으로 보상을 균등화하기 위하여 참여자와 불참자의 역할을 바꿀 수 있도록 게임을 반복함으로써 해결될 수도 있다.

두 번째 유형의 용의자들의 딜레마게임(i.e., 〈표 6-23〉)이나 담력게임(i.e., 〈표 6-25〉)상에 나타나는 차별적 보수로 인한 문제는 보수의 평등을 회복함으로써 해결되기보다 경우에 따라서는 강압(oppression)이나 강제(coercion)에 의존함으로써 해결될 수 있다. 즉 강제력을 동원하여 사회의 피지배집단에게는 낮은 보수를 수용하도록 강요할 수 있고, 지배집단에게는 높은 보수를 즐기도록 허용할 수 있다. 오랫동안 계속된 인종차별이나 소수민족 및 여성에 대한 부당한 대우는 그와 같은 관행의 생생한 사례들이다. 일단 그러한 체제가 확립되고 나면 피압박집단의 구성원들 어느 누구도 그러한 상황을 변화시키기 위한 어떠한 조치도 취할 수 없다. 왜냐하면 담력게임의 경우 상대방 경기자가 돌진한다는 것을 안다면 다른 경기자는 피하는 것이 더 좋기 때문이다. 아무튼 피압박집단이 전체 체제를 바꾸려고 하면 하나의 집단으로 뭉쳐야만 하는데, 이러한 일 자체가 또 다른 집합적 문제를 제기한다.

(3) 확신게임에서의 집합행동

집합행동의 문제가 확신게임의 형태를 띨 경우 그 해결책은 비교적 간단하다. 확신게임의 경우 각 경기자가 다른 경기자도 자신과 똑같은 행동을 할 것이라고 기대한다면, 사회적으로 가장 바람직한 행동을 하는 것이 자신의 개인적 이익에도 가장 잘 부합된다. 확신게임에는 두 개의 내쉬균형이 존재하며, 그 중 하나는 사회 최적이지만 다른 하나는 사회 최적에 미치지 못한다. 따라서 사회 최적인 내쉬균형 결과를 얻기 위해 필요한 것은 그 결과가 모든 경기자들의 기대가 수렴될 수 있는 소위 관심의 초점(focal point)이 되도록 만드는 것이며, 그와 같은 관심의 초점은 사회적 관습으로부터 도출될 수 있다. 예를 들면 옛날 농촌에서 살고 있는 사람들이 자신들의 일상생활에 필요한 물품들을 서로 교환하기 위하여 한 곳에 모인다고 할 경우, 그들에게 가장 필요한 것은 자신과 거래를 할 수 있는 상대방을 만날 수 있다는 확신이다. 따라서 5일마다 한 번씩 서게 되는 시골장의 관습은 모든 사람이 정해진 날자에 장터에 나오는 것이 최적이 되게끔 해 준다.

참고문헌

강신택.(1995). 「사회과학 연구의 논리」. 서울: 박영사.

김영세.(1998). 「게임이론: 전략과 정보의 경제학」. 서울: 박영사.

김준한.(1993). "개인이해, 집단이해와 협조: 죄수딜레마 게임의 이론, 실험결과와 응용." 「정책분석평가학회보」, 3(1): 119-136.

김진현.(1999). "지방자치단체간 재정공동사업(광역폐기물매립장사업)의 비용배분방안: 게임이론적 접근." 「한국행정학보」, 33(1): 133-150.

김행범.(1995). "정부의 공공서비스 공급이론에 관한 게임이론적 연구." 「인제논총」, 11(2): 575-604.

박주현.(1998). 「게임이론의 이해」. 서울: 도서출판 해남.

박통희.(1989). "계서제에서 업무행태분석: 대리인모형에 입각한 게임이론적 접근." 「한국행정학보」, 23(2): 891-908.

박효종.(1994). 「합리적 선택과 공공재 I」. 서울: 인간사랑.

신성휘.(2003). 「게임이론 길라잡이」. 서울: 박영사.

안문석.(1995). 「계량행정론」(개정판). 서울: 박영사.

윤성식.(1994). "감사인의 독립성과 적정감사인의 규모: 대리인이론과 게임 이론의 관점." 「한국행정학보」, 28(3): 753-765.

이명석.(1996). "정책분석에서의 게임이론의 활용." 「한국행정학보」, 30(2): 49-63.

_____.(1995). "공유재문제의 자치적 해결가능성." 「한국행정학보」, 29(4): 1291-1312.

이준구.(1993). 「미시경제학」(제2판). 서울: 법문사.

이하형.(1993). "신규주택분양신청에 대한 게임이론적 분석." 「한국행정학보」, 27(3): 753-771.

최 광.(2011). "재정제도 및 정책논의 관련 개념·용어의 오류에 대한 고찰." 「재정학연구」, 4(4): 181-214.

Abrams, R.(1980). *Foundations of Political Analysis*. New York: Columbia University Press.

Brams, S.J.(1975). *Game Theory and Politics*. New York: The Free Press.

Dixit, A. and B.J. Nalebuff.(1991). *Thinking Strategically*. New York: W. W. Norton & Company.

Dixit, A. and S. Skeath.(1999). *Games of Strategy*. New York: W. W. Norton & Company.

Luce, R.D. and H. Raiffa.(1957). *Games and Decision*. New York: Wiley and Sons.

Nicholson, W.(1990). *Intermediate Microeconomics and Its Application*(fifth ed.). Chicago: The Dryden Press.

Poundstone, William.(1992). 박우석(역).(2004). 「죄수의 딜레마」. 서울: (주)양문.

Rasmusen, E. (1989). *Games and Information: An Introduction to Game Theory*. Cambridge, Massachusetts: Basil Blackwell Ltd.

Schelling, Thomas C.(1978). 정창인(역).(1992). 「미시동기와 거시행동」. 서울: 한국경제신문사.

_____.(1960). *The Strategy of Conflict*. Cambridge, Ma.: Harvard University Press.

Tullock, G. (1967). "The Prisoner's Dilemma and Mutual Trust." *Ethics*, 77(3): 229-230.

07

지대추구와 사회적 비용

제1절 ▌ 서 론

　시장지향적 경제체제를 갖추고 있는 대다수의 국가에서도 경제활동에 대한 정부간섭(i.e., 규제)은 불가피한 것으로 인식되고 있다. 제2장에서 보았듯이 이러한 정부간여는 시장실패의 개선이라는 목적 때문에 정당화되며, 정부에 의한 시장개입의 결과는 공공정책이라는 수단을 통하여 어떤 특정 기관에다 특정 기능을 법률적으로나 행정적으로 부여하게 된다. 각종의 규제업무, 순수 공공재 및 준 공공재의 공급, 이전지출 등은 그와 같은 공공정책의 구체적 형태인 것이다.

　이와 같은 정부의 시장개입행위는 특정 개인이나 집단에게 다른 개인이나 집단에 대하여 행사할 수 있는 권한을 부여하게 되며, 이러한 권한은 의도적으로 불가피하게 몇 사람들에게만 귀속되고 다른 사람들에게는 배제된다. 이것은 결국 특권이나 특혜인 것이다. 사람들은 이 같은 한정적인 특권이나 특혜를 얻기 위하여 많은 노력을 기울이게 되고, 그러한 특권을 놓고 상호간 경쟁을 벌이기도 한다. 그와 같은 경쟁이 때로는 합법적 형태를 띠기도 하지만 경우에 따라서는 뇌물, 부정부패, 협박, 뒷거래 등을 불러일으키기도 한다.

　우리나라의 경제는 오랫동안 정부주도형으로 성장해 왔으며, 그 결과 국민의 일상적인 경제활동에 대한 정부의 영향력이 매우 크다. 각종 사업을 위한 인·허가의 폭이 매우 광범위하여 신규 사업의 허가를 위하여 제출해야 되는 서류의 종류가 엄청나다고 한다. 따라서 정부는 당연히 그러한 과정마다 나름 대로의 권한행사를 하려고 할 것이며, 사업을 하려는 사람들은 그와 같은 정부의 인·허가를 얻기 위하여 노력하지 않을 수 없다. 따라서 인·허가를 얻는 것이 사업 그 자체를 수행하는 것보다 더 어렵다는 푸념이 나오기도 한다.

공무원의 비리와 관련된 사건들은 대부분 정부가 재량권을 갖고 인·허가권을 부여하는 과정에서 발생된다. 공무원들은 여러 보직 중에서도 소위 '노른자위'라고 불리는 자리로 옮기려고 애쓴다. 그러한 '노른자위'의 보직은 대부분 인·허가와 관련된 대민 접촉업무가 빈번한 곳이고, 공무원들은 소위 '한직'보다도 '노른자위'의 자리로 옮기기 위하여 나름대로 상당한 노력을 한다. 그러한 노력은 때때로 악화가 양화를 구축하는 현상을 초래하여 궁극적으로는 합리적 인력관리를 어렵게 만듦으로써 상당한 사회적 비용을 초래한다.

우리 국민들은 누구나 부정부패를 싫어한다. 정권이 바뀔 때마다 고위직이나 하위직을 막론하고 상당수의 공무원들이 부정축재의 혐의를 받아 사회적 지탄의 대상이 되었고, 불명예스럽게 공직에서 추방되기까지 하였다. 공무원의 부정부패행위를 척결하겠다는 방침이 매 정권마다 되풀이되었지만 부정부패의 관행은 사라지지 않고 있다. 왜 그럴까? 저자의 생각으로는 부정부패의 발생원인을 공무원 개개인의 양심불량 탓으로만 돌리고, 공무원들을 부정부패로 빠져들게끔 하는 유인(誘因; incentive)이나 '제도적 배경'을 지나치게 경시한 데도 원인이 있는 것 같다.

그렇기 때문에 불명예의 멍에를 걸머지고 공직에서 추방되는 경우에도 죄의식을 느끼기에 앞서 "다른 사람들은 괜찮은데 하필 재수 없게 내가 걸리다니! 나는 속죄양일 뿐이다"라는 생각을 하는 것 같다. 그러한 모습을 대하는 일반국민들도 "저렇게 뻔뻔스러운 사람도 있다니!" 하는 식의 직설적인 비난만 퍼부을 뿐이고, 정작 그러한 사회적 병폐의 구조적 원인에 대한 분석에는 지극히 인색한 편이다.[1]

우리사회에서 흔히 들을 수 있는 준조세, 괘씸죄, 접대비, 1원으로 대형 정

---

[1] 많은 경우 공무원의 부정부패의 원인으로서 박봉이 지적되고 있으며 그 해결책으로서 처우개선이 제시된다. 저자도 그러한 방안을 전적으로 부정하지는 않지만, 본 장에서 고찰하는 지대추구이론은 공무원의 부정부패를 좀 다른 시각에서 고찰할 수 있게 해 준다. 그렇기 때문에 저자는 부정부패의 효과적 척결방안을 위해서 지대추구이론에 대한 이해가 필요하다고 생각한다.

부공사에 응찰하기2) 등은 이러한 부정부패나 특혜와 밀접하게 연관된다. 우리 나라는 1980년대에 아파트 투기붐이 극심하였고, 그것이 아파트 가격의 폭등 을 초래하였다. 아파트 투기붐과 그것으로 인한 아파트 가격 폭등의 주원인은 정부의 부적절한 시장개입이었다. 하지만 많은 사람들은 그것을 정부가 아닌 아파트 투기자들3)의 책임으로 돌려버렸다.

각종의 정부공사에 바람직스럽지 않은 경비가 초래되더라도 그것이 곧바 로 사회적 비용으로 인식되지 않을 수도 있다. 하지만 궁극적으로는 사회적 낭 비를 유발하게 된다. 경우에 따라서는 그러한 사회적 비용이 국민들에게 엄청 난 충격을 주면서 가시화되기도 한다. 대표적 사례가 1990년대 중반에 발생한 부실공사로 인한 교량붕괴와 규정을 준수하지 않음으로써 발생한 대형건물의 붕괴 및 각종 재난사고 등이다.4)

우리는 종종 어떤 특정기업이 소위 '괘씸죄'의 적용을 받아 곤경을 치른다 는 신문보도를 접한다. 정부의 합리적 규제에도 사회적 비용이 수반될 수 있는 데, 합리적이지 못한 그러한 '괘씸죄'로 인한 정부의 관여는 엄청난 사회적 비 용을 초래할 수 있다. 기업의 입장에서는 그러한 '괘씸죄'를 피하기 위해서 상 당한 정도의 낭비적 비용을 감수하여야만 한다. 기업은 이러한 낭비적 비용의 대가로 특혜나 특권을 얻을 수도 있으며, 그것이 곧 이권(利權)인 것이다.

이와 같은 이권이라는 개념은 본 장에서 논의하려고 하는 소위 '지대'(rent) 와 같은 의미다. 지대, 즉 이권의 개념은 털럭(1967)에 의해서 체계적으로 착상 되었고, 그 후 많은 학자들에 의해서 규범적으로나 실증적으로 연구되었다. 특 히 세계은행 부총재를 역임한 크루거(Anne Krueger)는 지대추구(rent-seeking)라 는 용어를 처음으로 학계에 소개하였고(Krueger, 1974), 이 분야에 대한 관심을 고조시키는 데 크게 기여하였다.5) 이렇게 발전된 지대(추구)이론은 정부관여로

2) 정부의 어떤 대형공사에 1원으로 응찰한 기업이 낙찰받을 경우 외형적으로는 상당한 정부예산 절감을 기할 수 있지만, 그 이면에 숨어 있는 '뒷거래'로 야기될 수 있는 어마어마한 사회적 비 용의 가능성은 쉽게 간과되는 경향이 있다.
3) 정부의 입장에서는 투기자로 부르고 싶겠지만 개인의 입장에서는 자신을 투기자라기보다도 합 리적 투자자라고 생각할 것이다.
4) 1994년에 발생한 성수대교의 붕괴사고나 1995년에 발생한 삼풍백화점 붕괴사고는 규정을 준 수하였더라면 결코 일어날 수 없는 사건들이었다. 이러한 것은 모두 부적절한 규제로 인하여 야기될 수 있는 가시화된 사회적 비용이다. 아직 가시화되지 않은 잠재적 비용의 규모가 어느 정도일지는 아무도 모르지만 엄청날 것이라는 생각이 든다.

인하여 유발되는 여러 가지 사회현상을 이론적으로 조명하는 데 유용한 분석틀을 제시해 준다.

제2절에서는 털럭이 '지대' 개념을 착상하게 된 배경을 소개한 후 지대추구이론에 관한 규범적 논의를 하며, 제3절에서는 각종 정부활동과 관련된 지대추구를 살펴본다. 제4절은 지대추구와 연관된 각종 이익집단이론을 고찰하고, 제5절에서는 지대추구행위에 대한 기업의 인식 및 지대추구행위의 억제방안들을 고찰한다.

제 2 절 ▐ 지대추구이론의 규범적 논의

1. 지대개념에 대한 털럭의 착상(着想)

1950년대 후반에 접어들면서 독점이나 관세가 초래하는 사회적 후생손실(social welfare costs)을 측정하려고 시도한 연구물들이 많이 쏟아져 나왔었지만, 그러한 연구들은 한결같이 그러한 손실이 실제로는 매우 작다고 지적하였다. 대부분의 경제학자들이 독점과 보호관세가 나쁘다고 주장해 온 사실에 비추어 볼 때 이와 같은 실증적 연구결과는 경제학자들을 곤혹스럽게 만들기에 충분하였다. 이러한 연구결과에 대해 국제통화기금(IMF)에 근무했던 먼델(R. A. Mundell)이라는 경제학자[6]는 「자유무역, 보호주의 그리고 관세동맹」이라는 잔센(Janssen)의 저서에 대한 서평에서 "그러한 연구물들이 근거하고 있는 분석도

---

5) 많은 사람들은 털럭(1967)을 지대연구의 출발점으로 생각하지만, 실제 지대추구라는 용어는 크루거(1974)가 처음 사용하였다. 특이한 점은 크루거(1974)의 논문에는 털럭에 대한 언급이 전혀 없다는 사실이다. 사실 크루거는 자신의 논문 작성시에 털럭(1967)의 논문을 접하지 못하였다고 한다. 털럭은 자신의 논문(1967)을 처음에는 미국경제학회지(*American Economic Review*)에 투고하였지만 심사에서 탈락되었고, 그것을 다시 남부경제학회지(*Southern Economic Journal*)에 투고하였지만 거기에서도 탈락되었기 때문에 상대적으로 덜 알려진 서부경제학회지(*Western Economic Journal*)에 투고하게 되었다. 여기에 반해 크루거(1974)의 논문은 미국경제학회지에 실렸었기 때문에 독자층이 두꺼워 훨씬 강력한 메시지를 전달할 수 있었다(Tullock, 1993: 11, 19).

6) 캐나다 출신의 경제학자로서 국제통화 및 재정정책 전문가로 활약하였으며 이 분야에 대한 공로로 1999년도 노벨 경제학상을 수상하였다.

구들의 타당성에 대한 완벽한 이론적 재검토 작업이 없다면 … 분명히 누군가는 경제학은 이제 별 의미가 없게 되었다는 결론을 내리게 될 것이다"라고 주장하였다(R. A. Mundell, 1962: 622).

털럭은 먼델의 그와 같은 지적에 자극받아 "관세·독점·절도의 사회적 비용"이라는 논문을 집필하였다. 여기서 그는 독점이나 보호관세를 얻으려면 실제로 엄청난 노력을 기울여야 하지만 경제학자들은 그것들을 마치 신의 선물이나 단순한 행운처럼 공짜로 주어지는 것이라고 가정하는 오류를 범하고 있음을 발견하였다. 그는 독점이나 보호관세로 야기되는 사회후생손실의 실증적 측정이 예상과는 달리 매우 낮은 이유는 경제학자들의 이와 같은 잘못된 가정 때문이라고 생각하였다(Tullock, 1967). 털럭은 이 논문에서 비록 '지대'(rent)라는 말을 직접 사용하지는 않았으나,[7] 오늘날 지대추구(rent-seeking)에서 말하는 지대의 개념을 예리하게 포착하면서 독점이나 관세로 인한 후생손실이 소위 하버거(Arnold Harberger)의 삼각형으로 측정되는 것보다 훨씬 크다는 것을 쉬운 보기를 들면서 설명하고 있다.[8] 그렇기 때문에 지대추구(rent-seeking)라는 의미에서의 지대라는 개념은 털럭의 이와 같은 예리한 지적으로부터 발전되었다고 할 수 있다.[9]

(1) 관세와 사회후생 및 하버거의 삼각형

관세로 인한 후생손실 문제를 분석하기 위하여 털럭은 하버거가 사용한 단순한 [그림 7-1]을 원용하였다. 이 그림에서 고려하는 상품은 일정한 비용 P_1으로 국내생산이 가능하지만, P_0의 가격으로 수입될 수 있다. 그림과 같은 수요곡선하에서 관세가 부과되지 않는다면 P_0의 가격에서는 Q_0만큼의 상품이

---

7) 사실 그의 논문 전체를 통하여서 주석에서만(Tullock, 1967: 226) 'temporary rent'라는 단어를 딱 한 번 사용하고 있는데, 이것은 오늘날 우리가 의미하는 '지대추구'(rent-seeking)에서의 지대는 아니다.

8) 하버거의 삼각형이란 독점으로 인한 사회후생의 손실을 지칭하는 것인데 다음 항에서 상세하게 설명된다.

9) 최광(1988: 352)은 경제학사적으로 볼 때 비록 스미스(Adam Smith)가 지대추구라는 용어를 직접 사용하지는 않았지만 지대추구 현상을 논의하였다고 지적한다. 뿐만 아니라 스미스 이래 19세기 초의 경제학자들도 지대추구 현상을 인식하고 있었지만, 19세기 중반 이후부터 망각되기 시작하였다고 한다.

■ ■ ■ 그림 7-1   하버거의 삼각형

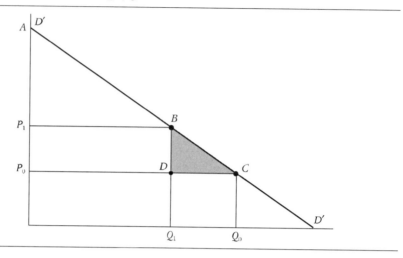

구매될 것이지만, 만약 금지관세(prohibitive tariffs)가 부과되면 가격은 P_1으로 상승되고 Q_1만큼의 상품이 구매될 것이다.

위의 [그림 7-1]에서 관세부과 전의 소비자잉여는 $\triangle ACP_0$이지만, 관세부과로 인하여 가격이 P_1로 상승되면 소비량이 감소되어 소비자잉여는 $\triangle ABP_1$로 줄어든다. 감소된 소비자 잉여분인 사다리꼴 P_0P_1BC 중에서 □ P_0P_1BD는 정부의 관세수입이 되지만, 빗금 친 $\triangle BCD$는 누구에게도 귀속되지 않는 소비자 잉여의 감소분으로서 흔히 사회적 후생비용(social welfare cost) 또는 하버거의 삼각형이라고 불린다. 관세로 인한 사회적 후생손실을 측정하려고 할 경우 대개 이 하버거의 삼각형을 측정하게 되며, [그림 7-1]에서 알 수 있듯이 이것은 그렇게 크지 않다. 앞서 언급하였듯이 1950년대 후반에 여러 학자들에 의하여 측정된 후생손실은 바로 이 삼각형의 측정이었던 것이다.

털럭은 그와 같은 하버거의 삼각형으로 측정된 후생손실에는 상당히 많은 다른 종류의 비용들이 누락되어 있다고 생각하였다. 따라서 관세로 인한 진정한 사회적 비용이란 그렇게 누락된 모든 비용까지 포함되어야 한다고 생각하였다. 즉 관세를 징수하려면 세관원뿐만 아니라 관세를 실제로 징수하는 사람이 필요하고 또한 밀수 방지꾼도 필요한데, 여기에는 상당한 비용이 소요된다. 뿐만 아니라 상품 주인은 신속한 상품 통관을 위하여 통관 브로커를 고용해야 하며, 여기에도 또한 불필요한 비용이 수반되는 것이다.

관세 때문에 야기되는 비용은 그다지 크지 않기 때문에 오랫동안 별다른 주목을 받지 않았지만, 그러한 비용은 하버거의 삼각형으로 표시되는 비용보다 크다. 그러므로 하버거의 삼각형으로 표시되는 사회적 후생손실에 이와 같은 징수비용을 고려하면 관세의 사회적 비용은 크게 증가할 수밖에 없다. 이것이 털럭의 기본적 생각이었고, 물품세 부과나 독점의 경우에도 똑같은 그림을 사용하여 그것으로 야기되는 사회적 손실이 하버거의 삼각형보다 클 수 있음을 보여 주었다.

(2) 독점 및 절도와 사회후생

독점으로 인한 소비자의 후생감소는 독점기업 또는 정부로 이전되는 부분과 그렇지 않은 부분으로 구성되는데, 지금까지 오직 후자만이 독점으로 인한 사회적 비용으로 간주되었다. 그렇지만 털럭은 소비자의 후생이 독점기업가로 이전되는 과정에서도 사회적 손실이 발생할 수 있음을 절도(theft)의 경우를 예로 들면서 설명한다.

하버거의 삼각형이 독점으로 인한 후생손실을 매우 과소평가하고 있음을 보이기 위하여 다시 [그림 7-1]을 이용하기로 하자. 여기서 P_1은 독점가격이고 P_0은 경쟁시장가격이다. 독점기업가는 경쟁시장가격 P_0 대신에 독점가격 P_1을 부과할 것이고, 따라서 상품소비는 Q_0에서 Q_1로 감소된다. 하버거의 삼각형인 $\triangle BCD$가 사회적 손실임은 분명하지만, $\square P_0 P_1 BD$는 소비자로부터 독점기업가로 옮겨지는 단순한 후생이전으로 간주된다. 비록 이와 같은 후생이전이 소비자와 독점기업간의 소득분배문제를 야기시키기는 하지만, 지금까지는 그것을 사회적 후생손실로 받아들이지는 않았다. 털럭은 "과연 그것이 단순한 부이전(富移轉)에 지나지 않고 사회적 후생손실을 초래하지 않는가?"라는 의문을 제기하면서 그렇지 않다는 것을 절도의 예를 이용하여 다음과 같이 설명한다.

절도는 순수이전(pure transfer)이기 때문에 거기에는 아무런 사회적 후생변화가 수반되지 않는다고 생각할 수 있을 것이다. 그렇지만 털럭은 그러한 생각이 잘못되었음을 다음과 같이 설명한다. 즉 절도 그 자체는 단순한 부이전임이 틀림없지만, 절도의 존재는 엄청난 사회적 비용을 초래할 수 있다. 왜냐하면 잠재적 절도자는 절도를 하기 위하여 상당한 노력과 자본적 투자(i.e., 최신 열쇠

따는 장비와 같은 도둑장비구입)를 하고, 자신의 재산을 지키려는 사람들도 도난 방지를 위하여 상당한 노력과 자본적 투자(i.e., 고급 자물쇠나 각종의 경보장치)를 하지만, 이와 같은 노력과 자본적 투자는 사회에 아무런 정(正)의 산출물을 유발시키지 못하기 때문이다.

도둑에게 돌아가는 잠재적 기대수익은 자신의 투자뿐만 아니라 도둑을 맞지 않으려는 사람들의 투자에도 좌우된다. 마찬가지로 도난예방에 대한 투자로부터 얻을 수 있는 기대수익(i.e., 도둑맞지 않음으로써 얻게 되는 절약) 또한 자신들의 노력뿐만 아니라 도둑들의 투자에 좌우된다. 아무튼 이들 두 집단간의 노력은 시간이 지남에 따라 결국 균형을 이룬다. 비록 절도행위 그 자체는 단순한 부이전일 뿐이지만, 그러한 균형이 이루어지는 과정에는 엄청난 사회적 비용이 소요된다. 즉 절도의 총 사회적 비용은 절도행위에 투자되는 노력, 절도예방을 위한 민간의 투자, 그리고 경찰력과 같은 방범서비스를 위한 공공투자를 모두 합한 것이라고 할 수 있다.

이 같은 절도로 인한 사회후생손실의 논리는 소득이전과 관련된 후생문제에도 그대로 적용될 수 있다. 즉 소득이전은 단순한 부이전에 지나지 않을 수도 있지만, 일단 소득이전의 가능성이 보이기만 하면 사람들은 소득이전을 시도하거나 방지하기 위하여 상당히 많은 자원을 동원하게 된다. 은행 강도의 성공은 한편으로는 잠재적인 은행 강도들의 노력을 부추길 것이지만, 다른 한편으로는 강도 예방을 위한 은행들의 투자를 증가시킬 것이다. 바로 이러한 것들 모두가 사회적 비용을 구성하는 요소들이며, 그것은 실로 엄청난 것이다.

독점의 사회적 비용을 고찰하기 위하여 잠깐 털럭의 절도의 경제학을 소개하였는데, 다시 [그림 7-1]로 돌아가도록 하자. 하버거의 삼각형 옆의 사각형은 성공적 독점기업가가 소비자들로부터 탈취해 가는 소득이전이다. 이만한 크기의 이권이 눈앞에 걸려 있다면, 잠재적 독점자들을 독점행위를 위하여 기꺼이 상당한 투자를 할 것이다. 독점 기업가들은 독점으로 얻게 되는 수익의 할인된 현재가치와 일치되는 수준까지 자신들의 자원을 투자하려고 할 것이다. 잠재적 소비자들 또한 소득이전의 방지에 관심을 가질 것이며, 그것을 위하여 상당한 투자를 할 것이다. 독점 기업들의 이익은 매우 좁게 집중되어 있지만 잠재적 소비자들의 편익은 매우 넓게 분산되어 있다. 그렇기 때문에 이러한 게임에서는 독점 기업가들이 언제나 유리한 입장에 서게 된다.

일단 독점이 형성되면 다른 경제주체들이 그러한 독점을 깨뜨리거나 또는 거기에 끼어들기 위하여 노력할 것임을 쉽게 상상할 수 있다. 그들은 그렇게 하기 위하여 엄청난 자원을 투자하려고 할 것이지만, 독점권의 기득권자들 역시 이와 같은 이전금의 보호를 위하여 상당한 금액을 투자할 것이다. 이것은 마치 절도의 성공사례가 한편으로는 잠재적 도둑들에게 그릇된 희망을 주고, 다른 한편으로는 잠재적 피해자들로 하여금 경각심을 유발시켜 절도 예방조치에 더 많은 투자를 하게끔 만드는 것과 같다. 이와 같이 독점권의 확보나 절도행위는 더 많은 소득이전을 획책하기 위한 자원의 일탈(diversion)을 촉진하게 될 것이다.

독점의 경우 그와 같은 자원일탈의 확인과 측정이 용이하지가 않은데, 그 이유 중의 하나는 독점행위 그 자체가 불법이기 때문이다. 독점이 초래하는 대표적인 사회적 비용을 소개하면 독점금지 업무를 담당하는 부서의 예산과 독점금지법의 위반에 대비하여 기업이 고용하는 대규모의 법률자문단에 소요되는 경비를 들 수 있다. 이것은 독점으로 인한 사회적 비용의 대표적 사례로서 전체 비용의 일부에 지나지 않을 것이다. 이와 같이 우리 사회에는 독점형성, 독점분쇄, 또는 독점력의 확장을 위한 노력에 매우 귀중한 자원과 숙련된 인력들이 소모되고 있는 것이다.

독점비용은 비록 현재는 독점권을 갖고 있지 않지만 앞으로 독점권을 쟁취하기 위한 목적으로 상당한 자원을 동원하여 공을 들이는 잠재적 독점기업들에 의해서도 야기된다. 이러한 목적에 동원된 자원들은 어떠한 경제기법을 동원하더라도 모두 확인하기란 불가능하다. 아무튼 독점이 초래하는 총사회적 비용은 독점권의 획득에 성공한 기업들이 동원한 자원뿐만 아니라 그것의 획득에 실패한 기업들이 동원한 자원도 함께 고려되어야만 한다. 그렇기 때문에 독점으로 인한 사회적 비용의 구체적 측정문제와는 관계없이 독점권의 획득과 그것의 보호에 투자된 자원의 크기는 독점권에 걸려 있는 이전소득의 함수임이 분명해진다. 따라서 이와 같은 이전소득의 규모가 크다면, 거기에 관련된 사회적으로 바람직스럽지 않은 투자규모 또한 클 것이다. 하버거의 삼각형에는 이와 같은 중요한 요인들이 간과되고 있기 때문에 독점의 사회적 비용이 과소평가되는 것은 당연한 결과이다.

2. 지대와 지대추구의 개념

(1) 지   대

지대(地代; rent)는 경제학에서 다양한 개념으로 사용되고 있다. 원래는 토지 소유자가 생산을 목적으로 토지를 임대하고 임차인으로부터 그 대가로서 받는 임대료를 지칭하였었다. 그러한 지대는 그 토지의 서비스 차이, 즉 생산능력의 차이에 따라 달라지는 것으로 생각되었고, 이에 관한 정밀한 분석은 리카르도(Ricardo)에 의하여 이루어졌다.

오늘날 지대라는 개념은 단순히 토지라는 생산요소뿐만 아니라 다른 생산요소에도 적용되며, 어떤 생산요소의 소유자가 그 생산요소의 기회비용[10]을 초과하여 얻을 수 있는 대가를 지칭하게 되었다. 즉, 지대란 마치 토지 소유자가 각종 불로소득을 얻는 것처럼 공급이 제한된 재화나 서비스를 소유한 사람이 누리는 일종의 독점적 이윤이라고 할 수 있다.

톨리슨(Tollison)은 경제적 지대를 ① 수요와 공급곡선의 이동에 따라 가격체제에서 '자연적으로 발생하는 것'과 ② 정부의 간여(action)나 개인적 담합에 의하여 '인위적으로 창출되는 것'의 두 가지로 구분하였다(Tollison, 1982: 575). 전자형태의 지대는 초과수익에 대한 기대감을 심어주기 때문에 기업가정신의 자극 및 효율적 자원배분의 촉진에 긍정적인 역할을 할 수 있다. 그러므로 이러한 입장에서의 '지대추구'란 경쟁시장에서의 '이윤추구'와 같은 맥락으로 사용되며, 시장체제를 구동시켜 경제전체의 가치창출(i.e., 신제품의 생산)을 유발시키는 극히 정상적인 경제활동으로 간주된다. 한편 톨리슨이 말하는 두 번째 유형의 지대는 정부의 간섭 등으로 인하여 인위적으로 창출되는 것이며, 바로 이것이 우리의 관심 대상이다.

이와 같이 '지대'라는 동일한 용어가 사용되어도 그 의미하는 바가 다를 수 있기 때문에 주의가 필요하다. 이제 이러한 지대와 관련된 문제를 살펴보기 위하여 독점지대(monopoly rent)를 생각해 보기로 하자. 정부의 간섭에 의하여 독점지대가 인위적으로 창출되면 이러한 독점지대를 향유하기 위한 경쟁이 일

---

10) 여기서 생산요소의 기회비용이란 그 소유자가 그것을 현재의 용도가 아닌 다른 차선의 용도에 사용하였을 때 얻을 수 있는 금액을 지칭한다.

어난다. 이와 같이 정부에 의하여 인위적으로 발생한 독점권의 획득을 위하여 잠재적 독점가들이 경쟁적으로 쏟아 넣은 자원은 사회적 후생에 아무런 기여도 하지 못하는 자원의 낭비인 것이다.

(2) 지대추구

지대추구(rent-seeking)란 정부의 간여나 개인적 담합 때문에 인위적으로 창출되는 이전금(transfers)의 확보를 위하여 기울이는 총체적 노력을 뜻한다.[11] 그러므로 지대추구행위는 특정 사회구성원들이 자신들의 경제적 이익을 증대시킬 목적으로 각종의 정부규제나 또는 법률제정 등을 통하여 그 사회의 다른 집단들로부터의 부이전을 꾀하는 사회적으로 생산적이지 못한 활동이라고 정의된다. 기업이나 특정 집단 및 개인들이 정부로부터 각종 특혜를 받기 위하여 정부에 대해서 행하는 여러 형태의 로비 등은 지대추구행위의 대표적 사례인 것이다(Tollison, 1987: 146-147).

앞에서 언급하였듯이 이러한 유형의 지대의 개념은 독점의 사회적 비용이 과소평가되고 있다는 먼델(1962)의 지적에 대하여 털럭(1967)이 절도와 같은 쉬운 보기를 이용하여 설명함으로써 정립되기 시작하였다. 지대추구라는 낱말은 수입량이 엄격하게 한정되어 있을 때 수입면허를 얻기 위한 경쟁이 초래하는 효과를 분석하는 과정에서 크루거(1974)여사가 최초로 사용한 것이며, 이것이 지대추구행위(rent-seeking behavior)라는 용어를 창출하는 직접적 계기가 되었다. 그녀에 의하면 지대추구행위의 존재는 경제체제에 대한 사람들의 인식을 바꾸어 놓아 시장경제체제 자체에 대한 의구심을 불러일으킬 수 있다고 한다(Krueger, 1974: 302).

지대추구이론은 공공선택이론의 선구자 역할을 한 털럭에 의하여 주도적으로 발전되어 왔지만, 앞서 언급한 바 있는 크루거(1974)의 논문은 바그와티

---

11) 'rent-seeking'을 이권추구로 번역할 수도 있지만, 선행연구자들이 이미 지대추구라는 용어로 사용하고 있기 때문에 더 혼란을 피하기 위하여 저자도 지대추구라는 말을 쓰기로 한다. 최광은 'rent-seeking'을 '정치적 이권추구'로 번역하는 것이 좋다고 주장한다(최광, 2011: 191). 한편 바그와티(Bhagwati, 1982)는 지대추구활동이라는 용어 대신에 그보다 더 포괄적인 직접적으로는 비생산적인 이윤추구(DUP: Directly Unproductive Profit-seeking)활동이라는 용어를 사용하고 있다.

(1982)에 의하여 '직접적으로는 비생산적인 이윤추구'(DUP: Directly Unproductive Profit-seeking)라고 명명된 별도의 연구를 촉진시키기도 하였다. 아무튼 이 두 부류의 연구는 모두 합리적이고 사리(私利) 추구적 본성을 지닌 개인 혹은 집합체의 경제적 행위에 초점을 맞추고 있으며, 그러한 행위는 사회에 활용가능한 자원의 증가보다 오히려 자원의 감소를 초래한다고 주장한다. 이러한 접근방법에 의한 연구는 정치적 혹은 관료적 시장(political or bureaucratic markets)에서의 행태에 대한 지금까지의 우리 생각들을 상당히 바꾸어 놓았으며, 또한 헌법적 제약의 가치에 대해서도 많은 사람들의 견해를 바꾼 것 같다. 그러나 두 접근법은 특히 지대추구 사회에서의 정치적 시장(political market)에 관해 서로 매우 다른 입장을 취한다.

   털럭은 지대추구에 관한 연구의 시발점이 된 자신의 1967년도 논문이 사회후생의 손실을 연구하는 학자들의 관심을 '민간에 의한 독점으로부터 공공에 의하여 창출되는 독점'으로, '하버거의 삼각형으로부터 털럭의 사각형'으로 돌려놓았다고 생각한다(Tullock, 1993: 24).[12] 그는 보호무역 수단으로서의 관세부과를 위한 이익집단의 로비가 없을 경우 정부 스스로 관세부과와 같은 조치를 취하지는 않는다고 언급함으로써(Tullock, 1967: 228) 공공선택론적 시각을 암시하였다. 그렇지만 털럭은 그와 같은 공공선택론적 함의를 그 논문의 핵심적 특징으로 부각시키지 못함으로써, 그가 1971년에 "이전비용"(costs of transfers)(Tullock, 1971)이라는 논문을 쓸 때까지 결과적으로 약 4년 동안이나 지대추구와 공공선택론간의 연계가 미루어지게 되었다(Tullock, 1993: 23).

   털럭은 "이전비용"이라는 그 논문에서(Tullock, 1971) 부(富)이전이 (적어도 부분적으로는 강제적 토대 위에서) 정부기구를 통하여 이루어지면, 개인들이나 집단들은 그러한 부이전을 획득하기 위해서 또는 자신들로부터의 부가 다른 사람들에게로 이전되는 것에 대항하기 위하여 많은 자원을 투입하게 된다고 지적하였다. 그 결과 그러한 형식의 부이전은 네거티브섬 게임(negative sum game)의 형태로 로비와 역(逆)로비의 발생을 유발시킨다고 주장하였다(Tullock, 1971).

   이러한 통찰력에 내재되어 있는 중요한 공공선택론적 측면은 부이전의 가능성 그 자체가 부이전 결과를 초래하는 지대추구활동이나 지대보호활동에 상당한 지출을 유발한다는 것이다. 이것을 보다 일반적 수준에서 말한다면 정부

---

12) 털럭의 사각형은 다음 절에서 상세하게 설명된다.

의 명령이나 인·허가가 유발시키는 특정 지대는 지대추구활동에 투입되는 지출수준과 그 구성내용에 의하여 결정되며, 결코 지대자체가 그러한 지출수준과 구성내용을 결정하지 않는다는 것이다. 즉 지대추구과정에서 정치과정 그 자체가 내생적(endogenous)이라는 것이다.

그러나 털럭의 접근방법과는 달리 전술한 DUP는 외생적(外生的)으로 결정된 지대에 입각하여 지대추구를 분석한다. 그렇기 때문에 자연히 그와 같은 지대추구 시장에서의 공공선택론적 특징에 거의 주의를 기울이지 않거나 또는 아예 관심조차 둘 수 없다. DUP라는 용어가 매력적이기는 하지만, 우리는 본서에서 지대추구에 대한 DUP접근방식은 무시하고 오직 공공선택론적 접근방법에 의존하려 한다.

지대추구이론은 정부에 의해 부여되는 독점권에만 적용되는 것은 아니며, 민간 영역에서의 여러 가지 제도적 과정(institutional processes)에서도 적용될 수 있다. 가장 잘 알려진 보기로는 챔버린(Chamberlin)이 말하는 불완전 경쟁기업들간에 일어나는 가격외적 경쟁(non-price competition)을 들 수 있다. 담합하지 않는 두 기업은 가격외적 경쟁의 한 형태로서 광고비지출 경쟁을 할 수 있다. 즉 두 기업 모두 협동하여 광고비에 필요 이상의 경비를 지출하지 않으면 두 기업 모두 순이익의 증가를 얻을 수 있지만, 상대방 기업은 협동하는데 만약 한 기업만 일방적으로 그러한 광고비 자제의 협약을 파괴한다면 전자는 큰 손해를 보지만 후자는 큰 이익을 얻을 수 있다. 이와 같은 기대감 때문에 궁극적으로는 두 기업 모두 서로 협동할 수 없게 되어 필요 이상의 광고비를 사용하게 되고, 결국 두 기업 모두 수익감소를 경험하게 된다(Tollison, 1982: 587). 뿐만 아니라 지대추구이론은 폭력배 집단의 세력권 다툼이나 가끔씩 신문에 보도되는 것과 같이 재산상속을 둘러싸고 벌어지는 형제들 간의 법정투쟁 같은 곳에도 적용될 수 있다(Tollison, 1987: 145).

3. 지대추구행위의 사회적 비용

지대추구행위에 수반되는 사회적 비용을 고찰하기 위하여 정부가 법률이나 규제를 통해서 민간 부분에서 독점권을 조장하는 경우를 생각해 보자. 아래의 [그림 7-2]는 민간영역에서 독점화된 어떤 생산품의 수요곡선과 공급곡선을 나타낸 것이다. 공급곡선은 일반성을 손상하지 않으면서 논의의 간편성을

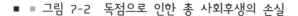
■ ■ 그림 7-2 독점으로 인한 총 사회후생의 손실

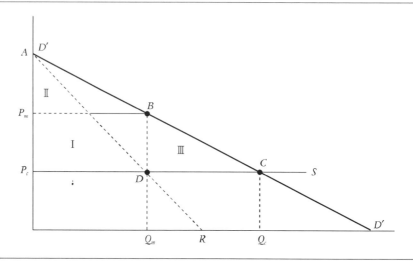

위해 단위당 일정한 한계비용을 가정하여 수평선 S로 나타내었고, 주어진 수요곡선 $D'D'$하에서의 한계수입곡선은 점선 AR로 표시하였다.[13]

만약 완전경쟁을 가정한다면 균형은 수요곡선과 공급곡선이 만나는 점 C에서 이루어지고, 소비자잉여는 $\triangle ACP_c$가 되며 그것이 곧 사회 후생의 크기이다. 그러나 생산자가 독점적 위치에 서면 전술한 소비자잉여(i.e., 이 경우에는 사회 후생)는 경쟁시장의 그것과 같을 수 없다. 기업이 독점력을 행사할 수 있을 경우 한계비용과 한계수입이 일치되는 점 Q_m로 생산량을 제한하기 때문에 가격은 P_m로 상승한다. 이 경우 완전경쟁시에 소비자잉여의 한 부분이었던 그림에서의 영역 Ⅰ인 □ P_cP_mBD는 이제 독점이윤으로 된다. 그 결과 소비자잉여는 영역 Ⅱ인 $\triangle P_mAB$로 줄어들며, 영역 Ⅲ인 $\triangle BCD$는 사회의 어떤 구성원에게도 돌아가지 않는 부분으로서 하버거의 사중적 손실(deadweight loss) 또는 단순히 후생비용(welfare cost)이라고 부른다.

위의 경우에서 털럭은 독점이윤인 Ⅰ가 소비자로부터 생산자로 옮겨가는

---

13) 한계수입곡선의 도출과정은 다음과 같다. 수요곡선을 $Q = a + b \times P$라고 하면 그것을 $P = (a/P) + (Q/P)$로 바꾸어 쓸 수 있고, 총수입(TM)은 가격과 수요량과의 곱인 $P \times Q = (a \times Q)/P + (Q^2/P)$로 표시된다. 한계수입(MR)은 $\partial TM/\partial Q$이고 $(a/P) + 2 \times (Q/P)$로 된다. 그러므로 그림에서 수요곡선 $D'D'$에 대한 한계수입곡선은 OD'의 (1/2)되는 지점인 점 R과 점 A를 연결한 점선으로 표시된다.

단순한 소득이전(transfer)이 아닐 수도 있다는 생각을 하였다. 즉 잠재적 독점
기업은 독점이윤 I를 보장해 주는 독점권의 획득을 위하여 실질자원(real
resource)을 투자할 수 있으며, 바로 그와 같은 행위가 지대추구활동인 것이다.
즉 정부규제나 법률에 의거하여 특정 기업이 독점권을 행사할 경우 이로 인한
사회적 손실은 소위 하버거의 사중적 손실뿐만 아니라, 특정 기업이 정부로 하
여금 그러한 규제나 법률을 수립토록 하기 위하여 쏟아 넣는 비용까지도 포함
되어야 한다. 지대추구로 인한 사회적 비용이란 잠재적 독점기업들이 독점권
의 획득과 행사를 위하여 소비하는 실질자원을 지칭한다. 그러므로 [그림 7-2]
에서 그것의 최대 크기는 독점이윤의 크기인 □P_cP_mBD이다. 이 사각형은 하
버거의 삼각형에 대비하여 흔히 털럭의 사각형이라고 불린다.

　　털럭의 생각처럼 과연 독점기업이 독점권의 획득을 위하여 독점이윤의 크
기만큼 실질자원을 투자할 것인가에 상당한 관심이 주어졌다. 우리는 그것을
고찰하기 위하여 다음과 같은 세 가지 가정을 통하여 문제를 단순화 시켜보기
로 하자. 즉 ① 지대추구자들은 위험중립적이며,[14] ② 그들의 입장은 모두 동
일하고,[15] ③ 지대추구는 누구에게나 문호가 개방되어 있다고 가정하자. 이와
같은 세 가지 가정하에서는 독점지대가 그것을 추구하는 비용에 의해서 완전
히 소모된다는 결론이 도출된다.

　　지대추구자들의 개개인의 효용함수(U)가 돈(Y)으로 표시되면 $U=Y$가
된다. 잠재적 지대의 크기를 R로 표시하고, 그것을 얻기 위한 투자를 I로 표시
하며, 지대추구자들의 수자를 n으로 표시하자. 주어진 가정에 따른다면 모든
지대추구자들은 동일한 초기수입을 갖고, 동일한 수준의 지대추구활동을 벌이
며, 동일한 지대획득의 가능성을 갖는다. 지대추구활동의 참가(entry)에 아무
런 제약이 없다면, 지대추구자의 기대수익과[16] 지대추구활동에 참가하지 않
는 사람의 수익이 같아질 때까지 사람들은 계속하여 지대추구활동에 참여할
것이다.

　　지대추구활동에 참여하는 사람의 기대수익은 ① 지대추구활동에 성공할

---

14) 위험중립적이란 개념에 대해 자신이 없는 독자들은 제5장을 다시 읽어보기 바란다.

15) 입장이 동일하다는 것은 효용함수도 동일하고, 초기재산(initial endowment)도 동일하며, 또한
　　지대추구에 쏟아 넣는 비용까지 동일하다는 의미이다.

16) 기대수익은 평균수익이라고도 할 수 있는데, 이것에 관한 개념에 자신이 없는 독자는 본서의
　　제5장을 참고할 것.

확률(i.e., $\frac{1}{n}$)과 그때 얻을 수 있는 소득(i.e., $Y-I+R$)을 곱하고, ② 실패할 확률(i.e., $\frac{(n-1)}{n}$)과 그때 돌아오는 소득(i.e., $Y-I$)을 곱한 후 그것을 합하면 된다. 이렇게 구해지는 기대수익은 지대추구활동에 참가하지 않는 사람과의 수입과 같아야 하므로 이러한 관계는 식 (7.1)로 표시된다.

$$E(Y) = (\frac{1}{n}) \times (Y-I+R) + \frac{(n-1)}{n} \times (Y-I) = Y \qquad \cdots\cdots (7.1)$$

식 (7.1)을 풀면 $R=nI$의 관계가 도출된다. 이것이 의미하는 바는 지대추구활동에 소요되는 총비용과 그때 얻을 수 있는 지대의 크기가 같게 될 때까지 지대추구활동이 계속된다는 것이다. 이것은 독점지대가 100% 소멸된다는 것을 뜻하는데, 이러한 독점지대와 하버거의 삼각형의 합이 곧 지대추구활동으로 인한 총 사회적 비용인 것이다.

이러한 결론은 전술한 ①·②·③과 같은 세 가지 전제하에서 도출된 것이기 때문에, 그러한 조건들 중 어느 하나라도 충족되지 않으면 독점지대가 100% 소멸된다는 결론을 내리기는 어렵다. 사실 어떤 지대가 지대추구활동으로 소멸되는 정도는 여러 가지 요인들에 달려 있다. 그렇기 때문에 모든 경우를 포함하는 일반적 결론의 도출은 용이하지 않다. 아무튼 지대에 비하여 지대추구를 위한 투자가 상대적으로 적을 것이라고 단정하기는 곤란하다. 우리는 이러한 경우를 다음 절에서 소개할 크루거(1974)의 실증적 연구를 통해서도 확인할 수 있다.

제3절 ┃ 각종의 정부활동과 지대추구행위

1. 정부규제와 지대추구

정부규제에 관한 전통적인 경제적 논거 이면에 깔려 있는 생각은 피규제산업을 마치 장기평균비용이 감소하는 '자연독점산업'(natural monopoly)처럼 간주하는 것이다. 자연독점산업의 고전적 보기로서 다리를 생각해 보자. 오직 하나의 다리만 필요한 어떤 마을에 일단 다리가 건설되면, 추가적인 자동차가 그 다리를 건너는 데 드는 한계비용은 0이며 따라서 최적 통행료도 0이 된다. 그렇지만 만약 민간 기업이 그 다리를 운영한다면, 수입극대화 수준에서 통행료를 설정할 것이고 그 결과 그 다리는 사회적인 최적 수준보다 비효율적으로 이용될 것이다. 장기평균비용이 지속적으로 감소하는 어떤 산업도 오직 하나의 기업으로서 그 산업의 산출물을 공급할 수 있다는 점에서 '자연독점산업'처럼 취급될 수 있다.

규제는 하나의 기업이 독점적 지위를 이용하지 못하도록 억제하기 위하여 필요한 것이다. 따라서 [그림 7-2]로서 설명하자면 규제란 소비자들이 Ⅲ과 같은 소비자잉여의 일부분을 차지할 수 있도록 도와주기 위하여 필요한 것으로 생각된다.

규제과정에서는 생산자와 소비자의 이해관계가 상반된다. 규제자가 설정하는 가격이 높으면 높을수록, 독점생산자에게 돌아가는 독점지대(i.e., [그림 7-2]에서의 Ⅰ)는 커진다. 규제는 정치행정적 과정이기 때문에, 규제대상품목의 판매자들은 자신들의 독점지대를 유지하거나 증대시키기 위하여 규제자들에게 어떠한 영향력을 행사할 것이라고 생각할 수 있다. 스티글러(George Stigler)[17]는 규제이론에 관한 그의 기념비적 논문에서(Stigler, 1971) "독점으로 인한 하버거의 삼각형(i.e., [그림 7-2]에서의 Ⅲ)을 최소화하기 위해 어떤 가격설정을 하여야만 하는가?"라는 규범적 논의로부터 관심의 초점을 "독점지대(i.e., [그림 7-2]에서의 Ⅰ)를 획득하기 위한 독점기업들의 노력이 가격설정에 어떠한 영향을 주는가?"와 같은 실증적 측면으로 돌려놓았다. 비록 스티글러의 이 논문은 지대추구의 문헌이 나오기 전의 것이긴 하지만, 그의 이 논문은 규제자의 지대창출력과 피규제자의 지대추구노력에 대한 관심을 불러일으키기에 충분하였다.

한편 펠츠만(Sam Peltzman, 1976)은 정부규제는 득표극대화를 꾀하는 정치인들이 야기시키는 것으로 가정하였다. 그는 스티글러의 논의를 더욱 확장하여 지대추구를 위한 노력의 과정에 생산자와 소비자를 동시에 포함시키는 모형을 개발하였으며, 그 모형에서 상정하는 최종적 투표극대화 균형에서는 소비자와 생산자간의 상충관계가 강조된다. 다수의 학자들이 스티글러의 이론을 일반화시키려는 펠츠만의 모형을 검증하기 위하여 생산자인 판매자와 소비자

---

17) 시카고대학의 교수로서 정부규제의 효과와 원인에 관한 연구의 공로로 1982년도에 노벨 경제학상을 수상하였다.

의 이익을 측정할 수 있는 변수들을 발견하려고 노력하였다. 그들의 연구에 따르면 규제의 최종적 결과는 소비자와 생산자의 이해가 어떤 비중을 지닌 채 나타나는 것으로 밝혀지고 있다(Mueller, 1989: 237).

비록 스티글러와 펠츠만의 모형이 독점으로 야기되는 지대와 규제를 통하여 이루어지는 그것의 배분에 초점을 맞추고 있지만, 이익집단이 규제자에게 그리고 규제자가 이익집단에게 영향을 미치는 과정에 대해서는 상세한 언급이 없었다. 뿐만 아니라 독점지대(i.e., [그림 7-2]에서의 Ⅰ)가 낭비적인 경쟁적 지대추구활동을 통한 경쟁으로서 소멸될 것인지 아니면 순수한 이전(transfer)으로 남을 것인지의 여부에 관해서도 아무런 언급이 없었다(Mueller, 1989: 237).

독점지대(i.e., Ⅰ)가 경쟁을 통하여 모두 소멸되지는 않는다고 하더라도 상당부분이 소멸될 것이라고 생각할 수 있는 충분한 이유가 있다. 이것은 경험적으로도 알 수 있다. 즉 1990년대 초 제6공화국의 수서지구 택지분양스캔들[18]에 대한 검찰조사에서 관련 기업인인 정태수 씨가 "사업하는 사람들 중에는 1백억원을 얻기 위해 1억원도 안 쓰는 사람이 있지만, 나는 90억원을 쓸 수도 있으며, 앞을 내다보고 110억원까지도 쓸 수 있다"라고 말한 것은 그와 같은 독점지대의 소멸가능성에 대한 좋은 반증이다.

실제로 규제자는 정치인이 아니라 관료들이다. 그들은 자신들의 결정이 생산자나 수요자 양쪽에 매우 민감한 영향을 주리라는 것을 잘 안다. 또한 그들은 정치인들과는 달리 표를 얻기 위하여 노력할 필요가 없다. 오히려 소비자와 생산자 모두 자신들에게 유리한 가격설정을 하도록 규제자인 관료들을 설득하기 위하여 상당한 자원을 동원하게 된다. 그들은 상반되는 가격변화를 요구하기 때문에 적어도 한 쪽의 비용은 쓸모없이 낭비되어야만 한다. 왜냐하면 그러한 비용은 후생극대화 가격이 아닌 다른 어떤 가격설정을 달성하기 위한 노력에 소모되기 때문이다.

규제가 경쟁의 한 측면은 통제하지만 다른 측면을 통제하지 않을 때 그것 또한 낭비를 초래할 수 있다. 이것에 대한 좋은 보기는 항공산업에 대한 미국

---

18) 수서지구 택지분양사건이란 1990년 말 한보그룹이 자연녹지 3만 5천평을 매입한 후 청와대와 정치권에의 로비를 통하여 그것을 택지로 용도변경하여 택지특별공급이 이루어질 수 있도록 한 스캔들을 말한다. 한보그룹의 로비대상은 정책집행기구인 서울시와 건설부, 특혜분양에 대한 청원을 승인해 줄 국회건설위원회, 청와대 등이었다. 이 사건으로 청와대비서관 1명, 여당의원 3명, 야당의원 2명, 건설부간부 1명 등이 구속되었다.

민간항공국(Civil Aeronautics Board)의 규제에서 찾을 수 있다. 즉 민간항공국은 가격경쟁은 엄격하게 통제하였지만, 무료 음료수나 영화 등과 같은 가격 이외의 경쟁을 통한 승객유치 경쟁은 용인하였다. 그리하여 항공사들은 민간항공국이 설정한 가격으로부터 얻을 수 있는 지대를 가격외적 경쟁에 소요되는 추가적인 비용 때문에 경쟁적으로 소진시켜 버리는 결과를 초래하였다(Mueller, 1989: 238).

포즈너(Richard Posner, 1975)는 피규제산업에서의 지대추구로 인한 낭비를 강조하고 있다. 즉 그는 독점지대(i.e., [그림 7-2]에서의 Ⅰ)가 전부 소멸된다고 가정하고, 규제가 초래하는 사회적 비용으로서 [그림 7-2]에서의 (Ⅰ+Ⅲ)을 계산하기 위하여 몇몇 산업에서 규제로 인한 가격인상의 추정치를 이용하였다. 이것은 주로 민간영역에서의 독점으로 인한 사회적 비용측정을 주로 Ⅲ에만 의존하는 것에 비하여 볼 때 절대적으로나 상대적으로 매우 크다고 할 수 있다. 특히 그는 민간의 독점보다 공공규제가 더 큰 사회적 비용의 원천임을 밝히고 있다.

정부의 인·허가권한이 지대추구행위의 대상이라는 점은 이미 언급하였다. 인·허가권한의 행사는 정부에 의한 일종의 규제행위 또는 규제완화행위라고 할 수 있다. 인가는 타인의 법률행위에 동의를 부여하여 그 행위의 효력을 보충함으로써 법률상의 효력을 완성시키는 행위를 뜻하며 실정법상으로는 허가와 승인 등의 표현이 사용되기도 하지만, 타인의 행위를 전제로 하는 점에서 허가나 특허와 구분된다(유지태, 1996: 117). 여기에 반해 허가는 법령에 의한 상대적·일반적 금지를 특정의 경우에 상대방에게 해제하여 일정한 행위를 적법하게 행할 수 있게 해 주는 처분을 뜻한다(유지태, 1996: 115-116). 특히 이와 같은 인·허가권이 제한적일 경우 이의 획득을 통해서 잠재적 이익을 창출할 수 있는 사람들은 그것을 획득하기 위하여 상당한 자원을 동원하여 경쟁할 것이며, 그러한 경쟁과정에서 지대는 발생하게 된다.

"한국에서 집 한 채를 짓다보면 야당이 되고, 세 채를 짓고 나면 반체제가 된다"는 말이 있다. 그만큼 건축관련 각종 인·허가 절차에 관한 민원(民怨)이 심각하다는 뜻이다. 사실 각종 인·허가 절차가 워낙 복잡하여 건축업자가 서류더미에서 헤어나지 못할 뿐만 아니라 그 기준 또한 애매하여 공무원의 자의적 판단에 의존하게 되고, 따라서 건축업자들은 관련 공무원들을 구워삶는 길을 택하게 된다. 이리하여 어떤 경우 총공사비의 10% 정도는 인·허가 담당공무원에게 들어간다고 한다(정희상, 1995: 154-156).

2. 정부에 의한 관세 및 쿼터와 지대추구

자유무역이 사회후생의 극대화에 도움된다는 명제에 대해서는 거의 모든 경제학자들이 공감대를 형성하고 있다. 그러나 현실적으로는 관세나 쿼터 및 무역에 관한 다른 형태의 제한조치가 많이 이루어지고 있으며, 세계 각국에서 무역정책은 끊임없는 논쟁거리가 되고 있다. 자유무역이 가져오는 배분적 효율성의 이점은 뚜렷하지만, 무역에 대한 여러 가지 제재가 발생시키는 명백한 지대 및 소득분배적인 이득은 그러한 배분적 효율성의 희생 위에서 이루어진다.

■ ■ 표 7-1   지대의 추정

지대의 원천	지대의 금액(단위: 백만 루피)
공공투자(public investment)	365
수입면허(imports licences)	10,271
통제된 상품(controlled commodities)	3,000
신용배분(credit rationing)	407
철도	602
합 계	14,645

모든 기업들이 수입경쟁으로부터 보호받지는 않으며, 보호받는 기업의 보호의 정도도 다양하다. 스티글러와 펠츠만의 규제이론이 암시하듯이 소비자들보다도 기업이 유리한 대우를 받을 것이라고 생각할 수 있으며, 특히 집중적(concentrated) 시장구조를 지니고 지리적으로 집중된 생산패턴을 지닌 기업들이 더 좋은 보호를 받을 것이라고 생각할 수 있다.

관세로 인한 지대추구는 이 개념을 정립시킨 털럭(1967)의 논문에서 잘 설명되고 있다. 크루거는 수입량이 제한되어 있을 때 수입면허를 획득하기 위한 경쟁효과를 분석하면서 털럭이 지적했던 문제를 '지대추구'(rent-seeking)라는 용어를 사용하면서 처음으로 부각시켰다(Muller, 1989: 229).[19] 크루거는 인도에서의 여러 부분에서 발생되는 지대를 〈표 7-1〉과 같이 추정하였다.

---

19) 지대추구와 관련된 많은 논문들이나 저서들(Mueller, 1989: 229; 소병희, 1993: 94; 최광, 1988: 352; 윤영진, 1992: 129-130)에서 '지대'라는 개념을 체계화시킨 사람은 털럭이고 '지대추구'라는 용어를 처음으로 사용한 사람은 크루거라고 지적한다.

〈표 7-1〉은 1964년도 인도의 각 부문에서 발생되는 지대금액을 매우 보수적인 방법[20]으로 추정한 것이다. 투자허가(investment licences)와 관련된 것은 자료의 신빙성 때문에 포함되지 않았으며, 그 이외에도 많은 사소한 통계들은 제외되었다. 총지대는 1964년도 인도 국민소득 2천 10억 루피 중 약 7.3%에 해당되며, 수입면허로 인한 지대는 전체 지대중 70%로서 그것은 GNP의 약 5.1%를 차지한다. 크루거는 터키에 대해서도 지대를 추정하였으며, 수입면허(import licence)와 관련된 지대가 1968년도 GNP의 15%를 차지하고 있다고 밝혔다 (Krueger, 1974: 293-294).

우리나라는 철강이나 자동차 및 반도체를 비롯한 여러 산업이 미국시장에 진출하여 경쟁을 벌이고 있으며, 이것에 대한 미국 측의 경계도 만만치 않음은 잘 알려진 사실이다. 미국은 슈퍼 301조 등을 내세워 통상압력을 행사하려고 하며, 통상협상에 임하는 미국 교섭대표부들과의 원만한 협상을 기대하는 사람들은 그들의 고압적 태도를 소개하는 기사를 읽고 분개하기도 한다. 미국에서의 실증적 연구에 의하면 미국 내의 각 이익집단들이 내는 정치헌금의 크기와 의회의원들이 규제산업의 보호법안에 찬성표를 던지게 되는 확률간에는 의미있는 정(正)의 상관관계가 있는 것으로 나타났다. 그러므로 미국기업들의 지대추구행위는 그러한 통상협상에 참여하는 교섭대표부의 행동에도 상당한 영향을 줄 수 있을 것이다.

3. 정부계약(contracting)과 지대추구

정부의 공공사업은 비교적 큰 소득분배적 효과를 지닌다. 따라서 정부사업으로 인하여 잠재적 영향을 받을 수 있는 집단들은 그러한 정부사업의 결정에 영향을 미치려고 노력하게 된다. 아란손과 오데슉(Aranson and Ordeshook, 1981: 81-82)은 이러한 과정을 미국의 고속도로 건설을 예로 들면서 다음과 같이 설명하고 있다.

"어떤 계약자는 다른 계약자들을 물리치고 고속도로를 건설하게 되며, 어떤 콘크리트 제조업자들은 하도급을 받지만 다른 제조업자들은 그렇지 못하다. 또한 어떤 관료들은 건설을 기획하고 감독함으로써 혜택을 받지만, 다른

---

20) 보수적 방법이란 실제는 이것보다 더 클 수 있는데 가능한 적게 추정한 수치라는 의미이다.

관료나 심지어 민간영역의 납세자들은 그러한 혜택을 누리지 못한다. 특정 지역의 땅에 잘 투자한 사람들은 엉뚱한 지역에 잘못 투자한 사람들에 비해 횡재한다. 결국 연방정부가 지원하는 고속도로 건설은 민간재와 같은 속성을 지니게 된다. 즉 그것의 공급이 제약되어 있을 뿐만 아니라 배제도 가능하다. 그러므로 연방정부의 모든 예산은 가장 큰 정치력을 발휘하는 사람들이 움켜잡게 되는 거대한 지대로 간주될 수 있다."

정부계약이 갖고 있는 이와 같은 소득분배적 결과는 로비활동의 흐름과 정치헌금에도 영향을 줄 수 있다. 정치헌금은 정부와의 계약을 모색하는 사람들로부터 나오게 되고, 또한 정부계약은 그러한 정치헌금을 기부한 사람들에게로 흘러간다. 미국에서의 한 연구에 의하면 기업이 내는 정치헌금의 액수는 연방정부와 주정부가 구입하는 그 기업 생산품의 수량과 의미 있는 상관관계가 있고, 또한 어떤 특정적 규제가 그 기업에 적용되는지의 여부와도 관련이 있음이 밝혀졌다(Zardkoohi, 1985).

우리나라의 경우 구체적인 실증적 연구는 없지만 특정 사업에 정부와의 계약을 이끌어 내기 위하여 소모하는 경비나 또는 특정 지역에 정부예산을 끌어가기 위하여 노력하는 행위들이 존재함은 사실이며, 그러한 행위들은 모두 이러한 맥락에서 파악될 수 있다. 기업이나 어떤 특정 집단의 그러한 행위는 지대를 추구하거나 지대를 보호하기 위한 것이고, 그것이 유발하는 사회적 비용은 각종 부실공사(不實工事)를 비롯하여 눈에 드러나지 않는 형태로 사회 곳곳으로 스며든다고 생각된다. 이러한 사실은 전직 대통령이 연루된 천문학적 액수의 비자금사건(秘資金事件) 및 그것과 관련된 많은 기업들의 수, 그리고 그동안에 발생된 여러 가지 대형 사고를 관련지어 생각해 본다면 충분히 짐작될 수 있는 일이다.

특히 비자금의 경우는 그것이 갖고 있는 직접적 폐해는 차치하고서도 비자금의 성격상 그것을 은밀하게 관리하기 위해서는 엄청난 기술과 노력이 필요하기 때문에 결과적으로 엄청난 사회적 비용이 수반된다. 즉 비자금 관리업무는 유능한 엘리트들이 담당하므로 상대적으로 높은 그들의 생산성을 고려한다면 비자금관리는 엄청난 사회적 기회비용을 유발시키는 셈이다. 따라서 비자금의 존재 그 자체만으로도 상당한 사회적 손실이 초래되는 것이다.

이러한 행위는 비단 정부와의 계약관계에서만 발생되는 것은 아니다. 하도급업체들이 대기업의 도급을 받기 위한 노력에서도 발생될 수 있는 것이다.

최근의 한 신문보도(한국일보, 1996년 8월 15일)는 사회간접자본 사업의 부실을
크게 다루고 있는데, 이러한 부실은 지대추구행위가 초래하는 사회적 비용의
일부로서 나타난 것이라고 생각된다. 즉 "1980년대 말과 1990년대 초에 집중적
으로 시작된 대부분의 대형 국책사업은 사업 현장의 특성과 사업의 타당성을
고려하지 않고 정치적으로 결정되었다는 것에 대하여 정부관계자들은 이의를
제기하지 못하고 있다." 그리고 "국책사업 현장에서 원도급액의 20% 안팎의
초저가 하도급이 횡횡하는 것은 이미 널리 알려진 사실이다. 1980년대 초 하도
급 발주가 심사제도에서 신고제로 바뀌면서 전혀 규제를 받지 않게 됨에 따라
힘없는 중소업체들은 울며 겨자 먹는 식으로 대형 업체들로부터 초저가 하도
급을 받아 사업을 실행하고 있다." 이것은 대기업이 지대추구에 소요된 비용을
하도급 업체에게 전가시키는 결과이기도 하며, 그 비용은 부실공사의 형태로
서 궁극적으로는 납세자인 국민들에게 돌아간다. "그리고 대형 업체들이 하도
급을 주지 않고 직접 공사를 할 경우에도 발주자로부터 받은 도급액의 일정액
을 '순수익'용으로 우선 떼어 놓고 '실행예산'으로 불리는 나머지 금액만으로
공사를 마치도록 현장 소장들에게 강요하고 있어 안전시공을 위협하고 있다"
고 한다.

4. 정치과정과 지대추구

지대추구에 관한 대부분의 문헌은 정부가 지대창출과 배분을 위한 주요한
수단이라고 간주하고 있지만, 정부기관의 작동에 관하여 이러한 가정이 갖는
함의에 대해서는 상대적으로 관심이 적었다. 그러나 맥코믹(McCormick)과 톨리
슨(Tollison)은 '입법부의 크기'라는 스티글러(1976)의 논문에 바탕하여 정치과정
에 관한 일련의 모형을 개발하였는데, 모든 법률제정에는 부(富)의 이전이 수
반된다는 것이 그들 모형의 기본 전제였다.

맥코믹과 톨리슨에 의하면 입법부는 부의 효율적 이전을 위하여 조직되었
으며, 모든 개인이나 이익집단은 부이전의 잠재적 공급자인 동시에 잠재적 수
요자라는 것이다. 따라서 입법부는 부이전의 요구에 효율적으로 대처하지 못
하는 개인이나 이익집단으로부터 부이전에 대한 자기들의 주장을 관철시키기
위하여 가장 잘 조직화되어 있는 개인이나 이익집단들에게 부를 이전시킨다.
맥코믹과 톨리슨은 부이전을 위하여 기울이는 개인이나 집단간의 노력에 개재

되어 있는 이와 같은 지대추구행위에 관심을 기울였다.

란데스(W. Landes)와 포즈너(R. Posner)는 맥코믹과 톨리슨의 정부모형을 보완하여 독립적 사법부이론(the theory of independent judiciary)을 발전시켰다. 맥코믹 및 톨리슨과 마찬가지로 그들 또한 입법가들은 '선거자금, 득표, 장래퇴임 후의 보장, 때로는 뇌물' 등을 받는 대가로 법률을 제정한다고 생각한다. 이같은 상황의 경우 독립적 사법부는 장차 그러한 법률의 의도를 완화시키거나 또는 전복시키려는 어떠한 단기적인 정치적 압력으로부터 현재 제정된 법률을 보호함으로써 그러한 법률의 가치를 증대시킬 수 있다. 즉 란데스와 포즈너(1975)는 독립적인 사법부의 존재와 입법부의 헌법적 규칙(i.e., 법률제정을 위한 다수결투표의 요구)은 어떤 특정 집단을 보호하기 위하여 제정된 초창기의 법률적 판단에 항구성(恒久性)을 부여하는 수단이라고 생각한다.

사실 헌법상의 권한은 법률적 권한보다 취소하기가 더욱 어렵기 때문에 통상적 법률안보다도 훨씬 수명이 길다. 이런 관점에서 보면 헌법은 두 가지 목적을 갖는다. 하나는 이익집단 정치체제를 위한 기본규칙(ground rule)을 제정하는 것이며, 또 다른 하나는 자기들에게 유리한 헌법상 조항을 얻는 데 필요한 경비를 기꺼이 부담할 능력이 있는 그러한 특별히 효과적인 이익집단들에게 오랫동안 지속될 수 있는 보호적 법률을 부여하는 것이다. 왜냐하면 경험적으로 볼 때 사법부는 원래 그 법률안을 제정한 입법부의 의도를 강조함으로써 법률분쟁을 해결하기 때문이다. 그렇기 때문에 사법부의 독립성과 그로 인한 현(現) 입법부와의 연결고리의 차단은 입법부가 특별이해집단과 맺은 '계약'의 현재가치를 높여주는 결과를 낳는다. 그래서 그들은 독립적 사법부를 이익집단이론에서 장기계약을 유발하는 기관(long-term contracting institution)으로 생각한다(Landes and Posner, 1975: 892-893).

미국 수정헌법 제1조(the First Amendment)의 언론자유에 대한 규정은, 그 헌법수정의 목적이 국회의원 및 대통령 선출의 선거과정을 보호하기 위한 것이라는 이론에서 볼 때, 정치적 표현에 한정되어야만 한다는 견해도 있다. 그러나 란데스와 포즈너는 수정헌법 제1조를 좀 더 넓게 바라볼 경우 그것은 출판업자, 언론사, 광고업자, 기타 출판물 등을 통하여 금전적 수익을 올리는 사람들로 구성된 이익집단들에 의해 발췌된 일종의 보호법률제정으로 간주될 수 있다고 생각한다(Landes and Posner, 1975: 893).

우리나라의 경우도 법률폐지는 상대적으로 어렵다. 이른바 '문민정부'라는 김영삼 정부 출범 이후에도 소위 과거의 악법(惡法)들을 정리하는 데 상당한 시간이 걸렸다. 모두가 공감하는 것의 정리도 그렇게 어려운데 이해관계가 걸려 있는 경우의 법률폐기는 더욱 어려울 수밖에 없다. 바로 여기에 일몰법(日沒法; Sunset Law)의 필요성이 대두된다. 이러한 요청에 부응하여 우리나라는 1997년 8월 22일 규제일몰제도가 포함된 행정규제기본법이 제정되어 공포되었다.

5. 공직자의 퇴직후 취업과 지대추구

공직자의 퇴직후 취업에 관한 부정적 시각을 잘 드러내는 것이 이른바 "전관예우(前官禮遇)"라는 용어일 것이다. 원래는 "전직 판사 또는 검사가 변호사로 개업할 때 그가 변호사로서 처음 맡은 소송에 대해서 유리한 판결을 받게 되는 특혜"를 지칭하지만(네이버 두산백과), 통상적으로는 판사와 검사에 국한하지 않고 모든 전직 공무원들이 재직시의 업무와 관련된 공공기관 및 협회나 민간기관에 재취업하여 받게 되는 일종의 특혜를 지칭한다.[21] 이러한 의미로서의 "전관예우"를 누리는 집단들은 종종 관료와 범죄집단을 지칭하는 마피아(mafia)와의 합성어인 "관피아"라고 불리고 있다.

공무원들이 퇴직후에 재직시의 업무와 연관된 분야에 재취업하면 재직시 터득한 여러 가지 경험을 살릴 수 있는 이점이 있어 국가발전에 기여할 수 있는 긍정적 측면도 없는 것은 아니다. 하지만 퇴직 공무원들의 재취업은 대체적으로 그와 같은 긍정적 측면 보다 관련 당사자들의 지대추구의 도구로 이용되는 부정적 측면이 더욱 강한 것 같다.[22] 그리하여 2011년에는 법조계의 전관예우를 방지하기 위하여 "판·검사 등이 변호사 개업시 퇴직 이전 1년 이상 근무한 곳에서의 사건을 1년간 수임할 수 없도록 하는 것"을 골자로 하는 변호사법이 개정되었지만 형사처벌 조항은 없었고 대한 변호사협회가 자체징계하도록

---

21) 뿐만 아니라 각종 건축 인·허가 과정에서 건설회사의 편의를 봐준 공무원들이 감사에 적발되어 파면되면 건설회사는 이들을 회사간부로 채용하는데 이것은 또 다른 형태의 "전관예우"라고 할 수 있다(정희상, 1995:157).

22) 관료들의 재취업과는 다소 다른 면이 있긴 하지만 일정 기간 관련 정부기관에 종사한 사람들에게 거의 자동적으로 부여되는 법무사, 관세사, 세무사등과 같은 자격증제도도 일종의 지대추구라고 볼 수 있다.

하였지만 실제 징계한 사례는 드물었고 처벌의 강도가 경미하여 실효성 논란을 불러일으켰다(네이버 두산백과).

　2014년에는 이른바 "관피아방지법"이라는 공직자윤리법 개정안이 통과되었지만 퇴직공무원의 재취업시 업무연관성에 대한 심사기준이 형식적이라는 비난을 받고 있다. 또한 2016년에는 퇴직공무원이 정부부처의 연결고리가 되어 청탁의 중개자로서 로비활동을 방지하기 위한 소위 '김영란법'[23]이 제정되어 시행되고 있지만 주요한 이해충돌규정은 처음부터 배제되었다(박민정, 2015: 132).

　퇴직관료의 재취업으로부터 야기될 수 있는 사회적 문제점들은 일본관료계의 "아마쿠다리(天下り)"라는 관행으로부터 많은 시사점을 얻을 수 있다. 아마쿠다리란 "관료가 국가공무원으로서 일정한 기간을 보낸 후 자신이 속한 성(省)·청(廳)에서 퇴직한 다음, 공무원의 신분이 아닌 상태에서 정부산하의 공기업,[24] 사기업, 그리고 지방정부 등에 재취업하는 관행"을 지칭한다. 아마쿠다리[25] 관행은 2차대전 이전의 시기에는 예외적이었지만, 1950년대 퇴직관료의 사기업에로의 재취업, 그리고 1960년대 공기업과 지방정부에로의 재취업 등이 시작되면서 점차적으로 보편화된 관행으로 자리매김하였다(김상준, 2003: 269). 그리하여 "고위 공직자는 은퇴하지 않는다. 다만 재취업할 뿐이다"라는 유행어까지 생겨나고 있다.

　관료의 제도창출(institution design)능력, 정책결정(policy making)능력, 그리고 정책집행(policy implementation)능력 등은 관료의 재취업의 벽을 낮추면서 아마쿠다리가 용이하게 하도록 작용한 측면이 있다. 즉 관료의 제도창출능력은 성(省)·청(廳)의 관할영역 자체를 확장시키고, 정책결정능력은 공기업이나 사기업을 성(省)·청(廳)의 관할영역으로 귀속시키며, 정책집행능력은 구체적으로 관료와 특정 기업 사이에서 이익의 상호교환이 가능하도록 함으로서 아마쿠다리를 현실화 시키는데 기여한다(김상준, 2003: 276).

　1993년대에 관료와 기업의 회사원을 대상으로 일본경제신문사가 실시한 조사결과에 의하면, 조사대상자의 대다수가 1980년대 규제완화 이후에도 여전

---

23) '김영란법'에 대해서는 본 장의 제5절에서 상세하게 다룬다.

24) 공공법인이라고도 불린다.

25) 학자에 따라서 관료가 위에서 아래로 이동한다는 의미가 내포된 아마쿠다리와 구분하여 관료가 사기업이 아닌 특수법인 등의 공기업으로 재취업하는 관행을 관료의 수평이동이라는 이미지가 강한 "와타리도리(渡り鳥り)"라고 별도로 분류하기도 한다(김상준, 2003: 269).

히 관료권력이 유지되고 있다고 인식하지만 관료에 대해 전반적으로 부정적 인식을 보이고 있다. 조사에 참가한 기업의 과장급들 중 82%는 "관(官)과 민 (民)은 거리를 두어야 한다"고 하였고, 12%는 "현상유지"를 바랐으며, 오직 6% 만 "양자간에 보다 밀접한 관계가 요구된다"고 하였다. 특히 이들 가운데 90% 는 아마쿠다리는 필요하지 않다고 응답하였다(김상준, 2003: 283).

제 4 절 ▌ 이익집단이론과 지대추구행위

정치학 연구의 여러 분야에 경제학적 접근방법이 활용되고 있지만 이익집 단에 관한 경제학적 연구는 생각보다 적은 편이다. 올슨(M. Olson, 1965)을 제외 한다면 1960년대까지는 오직 뷰캐넌과 털럭만이 조직화된 이익집단에게 피상 적으로나마 주의를 기울였을 뿐이다. 1970년대 이후부터 핀커스(Pincus, 1977)를 비롯하여 공공선택론의 원류라고 할 수 있는 버지니아(Virginia)학파[26] 경제학 자들과 베커(1983)를 위시한 시카고학파 경제학자들은 이익집단의 역할에 관련 된 문제들의 연구에 많은 관심을 기울이기 시작하였다. 이들의 연구는 주로 경 제학 잡지에 소개되었고 또한 추상적인 수리분석모형을 이용하였기 때문에 정 치학분야에는 상대적으로 덜 알려져 있었다.

올슨이나 버지니아학파 학자들의 연구는 주로 이익집단이 창출하는 비효 율성으로 인한 정부실패의 가능성에 초점이 주어져 있었지만, 시카고학파 학 자들은 정치적 시장에 경제적 시장의 논리를 적용함으로써 이익집단이 갖는 순기능적 면을 부각시키려고 노력하였다. 비록 이익집단을 연구하는 경제학자 들간에도 관점의 차이가 있긴 하지만, 그들은 ① 방법론적 개인주의와 ②개인 의 효용극대화라는 두 가지 신조는 공유하고 있다.

경제학자들은 개인적 수준에서의 합리적 선택이 여러 가지 제도적 장치

---

26) 버지니아학파란 뷰캐넌과 털럭이 중심이 되어 버지니아주의 샤롯스빌, 페어팩스를 중심으로 하 여 공공선택론의 이론적 토대를 마련한 일련의 학자군을 가리킨다. 이 학파는 나이트(Frank Knight)와 사이먼즈(H. Covert Simons) 등이 중심이 된 시카고대학에 뚜렷한 뿌리를 두고 있 다(전상경, 1999: 235).

(institutional arrangements) 때문에 비합리적이고 바람직하지 못한 정치적 결과로 통합되는 메커니즘의 연구에 정치학자들보다도 훨씬 많은 관심을 갖고 있다. 이들의 논리에 따르면 개개인의 입장에서는 합리적 선택이라도 국가 전체로서는 비합리적 선택이 될 수 있다는 것이다. 이러한 현상은 용의자들의 딜레마게임을 이용하여 본서의 제6장에서 이미 설명하였다.

본 절의 주목적은 지대추구행위와 관련된 이익집단의 행위를 이해하기 위한 것이기 때문에 경제적 관점에 입각한 이익집단이론을 고찰한다. 올슨과 버지니아학파 학자들은 이익집단이론이 갖는 부정적 측면에서 다소간의 공통성을 갖는다. 따라서 우리는 먼저 올슨의 이익집단이론과 버지니아학파의 이익집단이론을 설명한 후 시카고학파들의 이익집단이론에 대하여 설명하려고 한다.

1. 올슨의 이익집단 모형과 지대추구

이익집단에 관한 전통적인 정치학적 견해를 견지하는 벤트리(Bentley), 레이텀(Latham), 트루먼(Truman) 등에 의하면 이익집단의 형성은 극히 자연스럽고 바람직한 것이다. 왜냐하면 공동의 목적을 가진 개인들이 자신들의 공동적 이익과 가치를 증진시키기 위하여 이익집단 조직을 형성하는 것이라고 보았기 때문이다. 그러나 올슨은 1965년에 출간한 그의 저서 「집합행동의 논리」에서[27] "공식적인 이익집단(formal interest group)의 형성과 그것에의 참여가 과연 그 집단의 잠재적 구성원들의 이익에 부합되는가?"와 같은 의문을 제기하면서 이익집단에 관한 전술한 전통적 견해에 강력하게 도전하였다.

올슨은 이익집단에 관한 설명을 하기 전에 집합행동(collective action)의 문제점을 제기하고 공공재에 대한 설명을 하였다. 그에 의하면 집합행동으로서 얻을 수 있는 대부분의 이득은 공공재적 성격을 띠기 때문에, 집합행동에는 공공재가 갖는 비배제성과 비경합성의 특성으로 야기되는 무임승차의 문제가 발

---

27) 올슨은 이 책 때문에 1993년도에 미국경영학술원(American Academy of Management)으로부터 '영원한 기여상'(Enduring Contribution Award)을 받았고, 1995년도에는 미국정치학회(American Political Science Association)로부터 '엡스타인상'(Leon D. Epstein)을 받았다. 본서가 출간된지 30년이 지난 시점에서 이와 같은 저술상을 받는다는 사실로부터 이 책의 영향력을 실감할 수 있다(최광, 2000: 257).

생하게 된다. 바로 이와 같은 무임승차의 문제가 이익집단의 형성에 대하여 올슨이 제기한 근본적 의문점이었다.

올슨의 생각은 사람들이 이익집단에 참여하는 것은 사익(self-interest)추구가 아니라 그보다 더 고상한 동기 때문이라는 정치학자들의 규범적 인식과 모순된다. 올슨은 이익집단이 형성될 수 없다는 것을 주장하지는 않았다. 그 대신 그는 이익집단 형성의 필요충분조건인 제한적인 크기(restrictive size), 개인들 간 이해관계의 비대칭성, 그리고 제재(制裁; sanction)의 역할 등을 구분해내려고 노력하였다. 올슨에 있어서는 집단의 규모가 작다는 것은 매우 중요하다. 올슨의 이론에 의하면 고도로 집중된 산업에서는 구성원들에게 이로운 지대추구(profitable rent-seeking)가 가능하지만, 고도로 분산된 소비자 집단에서는 그것이 거의 불가능하다. 그는 이익집단의 공동활동은 본질적으로 구성원들의 사익추구를 위한 노력의 부산물일 뿐이기 때문에, 대규모 집단의 성공적 조직화와 유지를 위해서는 선별적 유인(selective incentive)을 통한 강제력의 확보가 필요하다고 주장한다.

올슨은 「집합행동의 논리」 이후 상당기간이 지난 1982년에 「국가의 흥망성쇠」(*The Rise and Decline of Nations*)라는 책[28]을 출간하였다. 그는 이 책에서 민주주의 정치체제 아래서 이익집단의 조직이 자유로우면 시간이 지남에 따라 점점 많은 종류의 강력한 이익집단이 발생하게 되고, 이것이 궁극적으로는 사회체제를 경직화시켜 경제의 원활한 순환을 저해하고 종국적으로는 경제성장에 부정적 영향을 미친다고 주장한다. 그렇게 조직된 '분배적 연합'(distributional coalitions)의 규모가 모든 사람들을 망라할 정도로 충분히 크지 않다면, 그 이익집단의 사익추구가 공익에 해가 됨은 분명하다. 특히 그러한 조직이나 연합들은 일단 형성되기만 하면 지속되는 경향이 있다. 그와 같은 각 연합들이 사회적 비용에는 아랑곳없이 GNP의 큰 몫을 차지하려고 노력함에 따라 결과적으로는 그 조직에 속하지 않는 많은 사람들에게 손해를 입힌다.

올슨의 요점은 개인적으로는 사익을 합리적으로 추구하는 이익집단들이 궁극적으로 전체 경제체계를 억압하게 되고, 경제의 생명력을 위축시키며, 다른 모든 개인들의 사회적 선택메뉴를 제한시킨다는 것이다. 올슨이 나타내고

---

28) 이 책은 오랜 기간 동안에 걸쳐 준비된 책인데 출판 직후인 1983년도에 미국정치학회로부터 클렘머러상(Glady M. Klammerer Award)을 받았다고 한다(최광, 2000: 257).

자 하는 중요한 함의는 정치조직이 조직화된 이익집단의 경제적 이익을 잘 대변할수록 그 정치조직은 자신의 경제관리에 더욱 엉망이 된다는 사실이다. 올슨은 이익집단이 규모가 클수록 그리고 그것이 더욱 망라적(encompassing)일수록, 사회적 해(害)는 적어지고 더 좋은 것이 이루어진다고 주장한다. 왜냐하면 규모가 크고 그 구성원이 망라적 이익집단이 갖는 유인은 규모가 작고 좁은 토대 위에서 구축된 이익집단이 갖는 그것과 매우 다르기 때문이 아니라, 이익집단이 커질수록 하나의 단위로서 행동을 실행에 옮기는 것이 어렵기 때문이다.

보다 규모가 큰 집단은 필연적으로 보다 다양한 이해관계를 포함하며, 따라서 그러한 다양한 이익에 주의를 기울여야만 한다. 동시에 보다 망라적인 집단은, 공동의 복지에 보다 더 큰 이해관계(stake)가 얽혀 있기 때문에, 자신들이 다른 집단에 부과하는 부담에 주의를 기울이지 않을 수 없다. 따라서 그들은 자신들의 사익에 입각하여 초과부담(excess burden)을 최소화하는 정책을 지지할 것이다. 베커는 올슨과는 독립적으로 이와 같은 중요한 사항을 파악하였으며, 올슨보다도 이러한 점을 훨씬 더 강조하였다(Becker, 1983).

올슨은 자신의 이야기를 순수 실증이론으로서만 끝내지 않는다. 괴물(i.e., 이익집단)의 정체를 확인한 후 그것의 반사회적 행태를 길들이고 수정하는 수단을 제시하였는데, 그것은 곧 자유시장의 회복(restoration of free market)이라는 것이다(Mitchell and Munger, 1991: 518). 그의 원대한 자유개혁은 사회의 식자층(informed public)으로부터 모든 특별이해관계와 지대는 사라져야만 한다는 인식과 요구가 있어야만 비로소 힘이 실리게 될 것이다. 그렇지만 올슨 자신의 초기분석이 우리로 하여금 이러한 처방의 유용성에 의문을 품게 할 수도 있다. 왜냐하면 정보를 많이 가진 개인들은 그것을 자신의 로비노력의 향상에 활용함으로써 여전히 GNP의 보다 더 큰 몫을 얻을 수 있기 때문이다.

올슨은 지대추구를 순수한 수요현상으로 취급함으로써 정부가 할 수 있는 강력한 역할을 배제시켰지만, 현실적으로 국가는 이익집단의 요구에 대한 단순한 수동적 반영자는 아니다. 정부는 인력과 각종 정책은 말할 것도 없고 게임의 기본규칙을 조작할 수 있는 강력한 힘을 소유하고 있으며, 따라서 정부 의사결정자들은 배분적 이득(distributional gains)의 직접적 공급자들인 셈이다. 니스카넨(Niskanen, 1971)에 의하면 정부 관료들이란 항상 어떻게 하면 자신의 이익을 가장 잘 추구할 것인가를 염두에 두면서 여러 가지 현안들을 결정한다. 아무튼 올슨의 분석에서는 이익집단과 공무원 및 선거구민들간의 상호작용 메커니즘이 그가 예측한 후생감소를 초래하는지에 대해서는 거의 언급이 없다.

노스(North, 1979)는 올슨이 이익집단 및 그것으로 인한 국가의 흥망성쇠에 관한 설명에서 공급측면, 즉 국가(정부)의 존재를 소홀히 하였다고 비판하면서 국가가 재산권의 형성과 관리에 관한 특별 권한을 부여받는 국가이론을 발전시키기 위한 몇 가지 과제들을 발표하였다. 이와 같은 과제들은 그 후 레비(Levi, 1988) 등에 의해 확대·발전되었지만, 이들의 생각은 다원론적 이익집단론자 및 올슨의 견해와 매우 대조적이다. 왜냐하면 이들은 국가란 이익집단의 선호를 대변해 주는 단순한 수동적 도구로 간주될 수는 없다고 생각하기 때문이다.

2. 버지니아학파의 이익집단 모형과 지대추구

비록 올슨의 이익집단에 관한 연구가 버지니아학파들의 그것보다 더 잘 알려져 있기는 하지만, 버지니아학파들의 이익집단에 대한 관심이 올슨의 그것보다 앞서 있었다는 좋은 사례가 있다. 그것은 바로 이익집단의 존재이유라고도 할 수 있는 지대추구(rent-seeking)의 분석이다. 조직화된 집단이 갖는 위력에 대한 버지니아학파의 관심은 뷰캐넌과 털럭의 「국민합의의 분석」(*The Calculus of Consent*)(1962)에서 나타나고 있다.

지대추구이론에 관한 현대적 연구의 공식적 시발점은 털럭(1967)의 논문과 인도와 터키의 실증적 자료를 이용한 크루거 여사의 경험적 연구(1974)이지만, 이 분야에 관한 더 많은 연구는 1970년대에 주로 버지니아학파에 의해서 이루어졌다. 이러한 노력들은 1980년대 초기에 지대추구에 관한 논문집 모음(Buchanan, Tollison, and Tullock, 1980)이 발간되기 전까지 공공선택론에는 그다지 많은 영향을 주지 못했고, 특히 정치학에는 전혀 영향을 주지 않았다고 한다.

올슨의 주 관심은 이익집단의 형성과 그것이 사회에 미치는 부정적 영향에 관한 것이었다. 여기에 반해 버지니아학파, 특히 톨리슨(Tollison)은 이익집단의 관점에 의한 정부이론(interest group theory of government)을 제창하였다. 그의 이론에 의하면 이익집단들은 정치인들, 관료들, 시민들의 행태를 설명하기 위한 모형에서 중심축을 이룬다. 새로운 지대추구 문헌은 부분적으로는 「국민합의의 분석」의 논리를 따르지만, 특히 연구의 취지나 방법론에서는 다양한 방법(hybrids)을 활용하였다. 즉 톨리슨과 그의 공동 연구자들은 스티글러식의 방법론을 따르며, 그 결과 그들의 연구는 실증적일 뿐만 아니라 시카고학파식의 이익집단이론으로부터 도출된 가설검증에 치우쳐 있었다.

버지니아학파들에게는 정부가 공공재의 생산과 외부성의 극복을 통하여 사회후생을 창출하는 기관이 아니다. 오히려 그것은 부이전을 중개하고 지대를 강탈하는 데 필요한 준시장적 환경을 만들어 주는 기관이다. 슈그할트(Shughart)와 톨리슨(1986)은 시민들이 자신들의 부를 증진시키기 위하여 정부기구를 이용하는 과정에서 느끼는 편익과 비용이 곧 정부산출물 및 정부성장을 초래하는 원동력이라고 주장한다. 즉 그들에 의하면 국회의원들은 자신의 지역구민들을 탐색하여 부이전의 순수요자 집단들과 순공급자 집단들을 찾아내고, 자신에게 돌아올 정치적 지지표를 극대화할 수 있는 부이전의 수준과 유형을 입법의제의 형태로서 개발한다. 의사결정비용에 미치는 영향 때문에 입법부의 크기뿐만 아니라 단원제·양원제 같은 입법부의 형태는 입법부의 행태(legislative behavior)를 설명하는 데 매우 중요하다.

이익집단 자유주의(interest group liberalism)에 대한 정통적 옹호론자들에 의하면, 이익집단으로부터 얻을 수 있는 귀중한 정보서비스의 가치는 이익집단 때문에 야기되는 심각한 시장왜곡과 소비자와 납세자에 대한 지속적 착취보다 훨씬 크다. 즉 이익집단 조직의 형성은 다양한 목소리를 들을 수 있도록 보장해 주는 가장 효율적 수단이며, 따라서 이익집단의 제거는 불가능할 뿐만 아니라 바람직스럽지도 않다. 그렇지만 버지니아학파 학자들은 이와 같은 이익집단이론에 결코 동의하지 않는다. 왜냐하면 그들은 특별 이익집단들의 이기적 활동이 보다 많은 새로운 이익집단의 형성을 통해서 균형을 이룬다고는 생각하지 않기 때문이다.

버지니아학파 학자들은 자유시장의 회복(restoration of free market)이라는 올슨의 처방에 회의적이다. 그들의 견해에 따르면 낭비적 지대추구를 줄일 수 있는 유일한 수단은 우선 헌법적 처방(constitutional prescription)을 통해서 정부행위자들로부터 지대창출의 능력을 제거시키는 것이다. 그들은 비단 헌법적 처방뿐만 아니라 법률적 행위를 통해서도 지대추구의 기회를 감소시킬 수 있다고 주장한다.

비록 상당수의 버지니아학파 학자들은 일몰법이나 대통령의 항목별 거부권 및 단일소득세(flat-rate income tax)의 채택 등과 같은 임시방편적 조치에 찬성은 하지만, 그들이 주장하는 가장 중요한 개혁안은 지출 및 조세에 관한 정부권한의 제한을 목적으로 하는 헌법개정이다. 톨리슨을 비롯한 버지니아학파 학자들에 의하면, 일반세(general tax)라는 형식을 빌어 모든 사람들로부터 동원한 자원을 특정 집단에게만 배분할 수 있는 권한을 가진 (끊임없이 증대하는) 정부가 곧 지대추구의 근본 원천이라는 것이다. 그렇기 때문에 우리가 지대의 헌법적 공급자로서의 정부역할을 인식할 수만 있다면 정치적 '지대추구경기'(rent race)의 규모나 빈도수를 크게 감소시킬 수 있을 것이다.

　버지니아학파학자들은 유권자, 이익집단, 관료, 정치인들로 구성되는 정치적 시장이란 강력한 헌법적 조항이 없다면 오직 부의 재분배를 담당하는 역할을 할 뿐이라고 믿는다. 이들은 이 같은 정치적 시장에서 이익집단의 역할은 매우 중요하며, 이익집단들은 동등한 위치에 있지 않고 정치적 시장에 접근하는 능력에서 큰 차이가 있다고 믿는다. 이들은 정치적 시장에서 이익집단, 특히 특별 이익집단에 중요한 의미를 부여한다. 득표 관리에 관심을 갖는 정치인들은 다수의 분산된 미약한 이익보다 소수의 집약된 이익을 지원하는 경향이 있다. 그렇기 때문에 특수 이익집단들은 정치인들에게 모종의 이득을 제시하고 유권자들의 합리적 무지(rational ignorance)[29]를 적절히 활용함으로써 자신들의 이익을 추구해 나간다.

3. 시카고학파의 이익집단 모형과 지대추구

　시카고학파 정치경제학의 지배적 견해는 민주적인 정치적 시장이 부의 이전을 결정하는 데 효과적이며, 이익집단은 부의 이전과정에서 나타날 수 있는 사회적 손실을 최소화시키는 데 중요하고 유익한 역할을 한다는 것이다. 이 학파의 핵심적 공헌자들로서는 스티글러, 펠츠만, 바로우(R. Barro), 베커(G. Becker) 등을 들 수 있으며, 이들 모두 시카고 경제학파에서 중시되는 엄격한 '사전적 균형이론'(*a prior* equilibrium model)에 기본적 시각을 두고 있다(김일중, 1995:

---

29) 다운즈(Anthony Downs, 1957)에 의하면 유권자들의 정보획득비용이 아무리 작더라도 그것은 정보에 근거한 투표(informed voting)에서 얻을 수 있는 기대순편익을 능가할 것이기 때문에 유권자들은 정보획득을 위해 노력하기보다 무지상태에 머무는 것이 개인적으로는 오히려 합리적이라고 생각한다.

111). 비록 정치학도들에게는 이들의 이름이 올슨 보다 훨씬 덜 알려져 있지만, 그들의 규제이론은 경제학 문헌에서 가장 지배적인 단일 견해를 이룬다. 그들의 규제이론은 기본적으로 이익집단에 바탕하고 있기 때문에 이익집단의 행태를 이해하기 위해서는 그들의 규제이론을 간략하게 고찰할 필요가 있다. 그들의 이익집단이론은 수요와 공급에 바탕한 보다 일반적인 경제분석에 바탕하고 있음이 특징이다.

이들 시카고학파 학자들은 "규제가 실제 특정 산업의 행태에 차이를 유발시키는가?" "규제가 과연 공익의 실현을 위한 것인가?"라는 등의 의문을 제기하고 그것에 답하려고 노력하였다. 그 결과 그들은 규제가 부의 외부성 및 독점을 최소화하려는 공익적 관점에서 이루어지는 것이 아니라는 이론을 발전시켰다. 그들이 부각시킨 문제는 순전히 규제자와 피규제자의 상호이익을 목적으로 발생하는 규제를 완전히 제거하거나 또는 통제하기 위하여 어떠한 제도적 장치를 고안해야 할 것인가였다. 이와 같은 문제는 바로우(1973)에 의해서 잘 제기되었고 그 이후 지대추구에 관한 버지니아학파의 문헌에서 주요한 과제로 등장하였다. 특히 스티글러의 연구(1971)는 버지니아학파의 지대추구(rent seeking)이론에 심대한 영향을 끼쳤다.

시카고학파 규제이론의 대부분은 전력산업에 관한 구체적 연구로부터 (Stigler and Friedland, 1962; Demsetz, 1968) 발전되었다. 시카고학파 규제이론의 가장 큰 특징은 지금까지의 규제이론들과는 달리 규제에 대한 수요의 원천이 공익이 아니라 피규제산업 그 자체라는 점을 부각시켰다는 것이다. 즉 규제의 주요한 수혜자는 일반 소비자가 아니라 오히려 피규제산업 자신이라는 것이다.

특정 산업의 이윤보호 및 증대를 위해서는 진입장벽을 세워야만 하고 또한 카르텔 내에서의 엄격한 감독 및 협정위반자의 단속이 요구된다. 하지만 산업 내의 생산자수가 많으면 그러한 산업 내의 자구 노력에는 무임승차문제가 발생한다. 이것과 대조적으로 정부에 의한 강제적 규제는 무임승차문제가 발생되지 않을 뿐만 아니라 규제의 사익추구적 성격도 위장할 수 있어 특정 산업의 자율적 규제보다 훨씬 선호될 수밖에 없다. 시카고학파의 학자들에 의하면 정부는 가격고정(price fixing), 진입제한, 보조금, 대체산업의 억제, 보완산업의 장려 등과 같은 각종 규제 서비스의 공급자인 셈이다. 피규제산업들은 이와 같은 귀중한 서비스를 얻는 대가로 국회의원들에게 정치자금을 기부하기도 하고, 자기산업 종사자들의 정치적 지지를 보장하기도 하며, 규제자들에게 퇴임

후 좋은 일자리를 약속하기도 있다.

　규제자들은 피규제자들뿐만 아니라 소비자들의 요구에도 부응해야만 한다. 규제는 가격인상을 통하여 이윤증가를 가져오기 때문에 당연히 그 산업에게는 매력 있는 일이다. 그렇지만 규제 때문에 후생감소에 직면하는 소비자들의 불만은 누적될 것이고, 따라서 그들은 가격상승에 대한 책임이 있는 현직자에게 분노를 느낄 것이며, 마침내는 그들에게 등을 돌리게 될 것이다. 그렇기 때문에 규제자들이 직면하는 주요 문제는 '효율적' 규제의 설계이다. 여기서 효율적 규제란 단위가격의 상승으로 인한 정치적 지지의 증가가 소비자 불만으로 인한 정치적 지지의 감소와 상쇄되는 지점까지의 가격상승을 초래하는 것이다. 이러한 효율적 규제에 관한 문제는 펠츠만(1976)이 제기하였다.

　시카고학파 이론이 갖는 매력에도 불구하고 거기에는 까다롭고 성가신 문제가 남아 있다. 즉 이 이론은 어느 산업들이 규제받을 것인지 정확하게 예측해주지 못하고 또한 규제완화나 철폐(deregulation)에 관하여 설명하지도 않는다. 물론 경험적으로 볼 때 많은 회원을 지닌 산업들은 규제를 획득하였지만, 그렇지 않은 다른 산업은 획득하지 못하였다. 미국의 트럭운송업자(trucker)와 농부들은 오랫동안 정부와의 관계가 좋았지만, 공익사업(utilities)이나 다른 서비스 산업은 그러하질 못했다. 시카고학파의 이론은 다양한 경제적 규제정책에 적용될 수 있지만, 그 이론의 주요한 예측은 유어반복적(類語反復; tautological)이거나 또는 경험적으로 입증되지 않는 경우가 많다.

　이 이론은 규제기관이 더 잘할 수 있는 중요한 기회에 직면한 상태에서조차도 그것의 수동적 행동패턴을 주장한다. 장기적 '포획'(long-term capture)은 규제기관 공무원들의 권력이나 특권이 남용되는 권력투쟁으로 발전할 수 있다. 야심찬 정치적 활동가들이라면 자신의 선거목적을 위하여 그와 같은 어떠한 남용도 놓치지 않고 정치적으로 활용하려고 할 것이다. 만약 특정 산업의 지대가 너무 큰 비용을 수반하면, 그러한 제품을 이용하는 소비자와 그 산업의 하위 산업자들(downstream)은 재빨리 정치적 반대를 천명하거나 또는 시장의 대체제품을 추구한다. 그렇기 때문에 우리들은 기존의 조직화된 이익집단의 성공에 대항하는 또 다른 조직화된 이익집단의 힘을 과소평가해서는 안 된다.

　베커[30]의 이익집단연구(Becker, 1978; 1983; 1985a; 1985b)는 경제학자들에 의

30) 베커(Gary Becker)는 미시경제의 분석영역을 인간행동과 상호작용에 적용한 공로로 1992년

한 이익집단연구 중에서 가장 대담하고 도전적인 것으로서, 경제분석의 위력과 유용성을 극명하게 드러낸 대표적 사례이다. 베커는 이념적 역할은 무시하고 가격분석만 강조하였다. 그의 연구가 다른 시카고학파 학자들이나 버지니아학파 학자들과 구별되는 점은 ① 일반균형이론의 도구에 의존하고 있다는 것과 ② 지대추구의 결과에 대한 훨씬 긍정적 견해를 갖는다는 것이다. 아무튼 베커는 지금까지의 연구에 도전하는 창조적 접근방법을 제시하였다. 그것은 벤트리, 트루만, 레이덤의 견해로 회귀하는 것을 예고하는 것이기도 하였다. 그의 주목할 만한 공헌은 정치학에서 전통적 이익집단이론가들이 사용하지 않았던 도구를 사용하여 정통적 다원론주의자들(orthodox pluralists)이 지금까지 줄곧 언급해 왔던 것을 재음미하도록 한 것이었다.

베커의 모형에서 개인들은 투표와 정치헌금으로서 후보자를 지지하고 그 대가로서 정치적 특혜를 얻으려고 경쟁하는 여러 이익집단들에 소속된다. 이익집단들은 승자연합을 결성하려고 노력하면서 연합구성원들에게 돌아가는 비용과 이익을 생각해야만 한다. 이익집단들은 자신들의 목적을 추구하는 과정에서 다음과 같은 세 가지 유형의 활동, 즉 ① 자신이 선호하는 후보자에 대한 지지행위, ② 자신이 기피하는 후보자에 대한 반대행위, ③ 자기 조직 내에서의 무임승차행위의 통제와 같은 활동에 관여한다.

베커는 비록 벤트리에 찬사를 보내지만 이익집단간 경쟁의 형태를 설명할 때는 벤트리의 생각을 초월한다. 각 집단이 발휘하는 정치적 압력은 그 집단의 구성원 수 및 그 집단의 총 정치적 지출에 좌우되는 생산함수로 표시된다. 똑같이 중요한 것은 경쟁자의 활동과 그러한 경쟁의 무대가 되는 정치제도이다. 베커는 지대를 놓고 벌이는 이익집단간 경쟁을 쿠르노-내쉬(Cournot-Nash)게임으로 묘사한다. 즉 이 게임에서 각 이익집단은 다른 이익집단들의 정치적 노력을 주어진 것으로 받아들이고 그러한 집단과의 경쟁에 투입할 자신의 최적 투입 자원량을 계산한다. 이때 지대추구를 위하여 각 이익집단들이 지출한 총 비용은 각 집단들이 사용한 금액의 합계로서 얻어진다. 베커모형은 지대추구가 영합(zero-sum)게임적 상황에서 일어난다는 중요한 가정에 의하여 제약된다. 그렇기 때문에 한 집단이 받는 보조금과 그 집단이 납부하는 조세는 다른 집단들의 조세와 보조금에 영향을 미치게 된다.

노벨경제학상을 수상하였다.

다른 집단들보다 상대적으로 효율적인 집단들은 자신의 조세부담규모는 줄이지만 국가로부터의 보조금 수혜규모는 늘릴 수 있다. 이것은 사중적 손실의 증가가 초래되는 방식으로 일어나게 된다. 즉 패자(loser)[31]가 납부할 총 조세비용은 국가의 조세수입을 초과할 것이며, 국가가 지출하는 금액과 이익집단들이 수령하는 보조금도 일치하지 않을 것이다. 만약 패자나 승자(gainer)들[32]이 집중시키는 압력의 크기에 따라 그들의 이익과 부담의 규모가 비례한다면, 그러한 불균형은 매우 중요한 것이다. 어떤 정책으로 인한 사중적 손실이 크면 클수록, 패자가 잃는 것은 승자가 얻는 것보다 더 많다. 그렇기 때문에 만약 거래비용이나 조직비용이 없다면, 비효율적 지대를 감소시키는 정책만이 정치적으로 인기가 있을 것이기 때문에 오로지 효율적인 정책만이 입안될 수 있다는 것이다. 바로 이것이 베커분석의 가장 중요한 결과이며, 전통적인 정치학이론 및 버지니아학파의 공공선택이론과 가장 대립되는 점이다.

베커는 효율적 조세제도는 경쟁과정에 의해 지지되지만 효율적 보조금제도는 경쟁과정에 의해 반드시 지지되는 것은 아니라고 결론짓는다. 베커의 입장에서 보면 총체적으로 비효율적(grossly inefficient)인 정책들은 보다 가시적일 수 있기 때문에 납세자들이 쉽게 수용할 수 없게 된다.[33] 바로 여기에서 베커는 모든 지대추구가 사회적 관점에서 볼 때 비효율적이라는 버지니아학파와 견해를 달리한다. 다른 한편 사중적 비용(deadweight cost)의 크기에 대한 베커의 강조는 독점이 미국 국민들에 그렇게 많은 비용을 초래하지는 않았다는 시카고학파의 견해를 지지한다. 후생손실을 나타내는 하버거의 삼각형의 크기가 작다는 것은 효율적 이익집단의 산물이며, 이러한 이익집단 체제하에서 소비자나 납세자들은 버지니아학파나, 다운즈, 올슨, 그리고 심지어 스티글러나 펠츠만이 생각했던 것보다 훨씬 더 많은 정보를 갖고 있는 것으로 간주된다.

베커의 연구는 정치학자들과 경제학자들에게 매우 중요한 다음과 같은 논

---

31) 여기서 패자란 다른 집단에 비해 조세부담보다 국가로부터 받는 보조금수혜규모가 적은 집단을 의미한다.

32) 여기서 승자란 앞서 설명한 패자의 반대되는 개념이다.

33) 소득이전의 가장 효율적 수단은 소득을 직접 이전하는 것이다. 하지만 정치인, 유권자, 관료, 또는 많은 재화의 공급자들에게는 그러한 전달체제가 매력적이지 않다. 예를 들면 정치인들은 진입장벽이나 소비자보호 등과 같은 조치를 통해 그러한 이전을 감추려고 한다. 왜냐하면 그러한 조치를 통해서 그들은 마치 보호받아야 사람들을 지원하고, 생산적 활동을 장려하며, 무고한 자들을 보호하는 것처럼 행세할 수 있기 때문이다(Mitchel and Munger, 1991: 534).

쟁점을 지닌다. 즉 이익집단의 수가 많으면 많을수록, 그리고 그들간의 경쟁이
균형을 잘 이룰수록 정치적 결과는 더 효율적이라는 것이다. 그렇지만 이러한
견해는 버지니아학파 학자인 앤더슨(Anderson)과 톨리슨(1988)에 의해서 명백하
게 거부된다. 아무튼 베커의 분석은 모든 이해관계는 그 당사자들이 직접 표명
해야만 된다는 소박한 생각에 바탕하고 있다. 왜냐하면 ① 정부는 꼭 알아야
할 필요한 모든 사항들을 국회의원들을 통해서 알 수는 없으며, ② 대부분의
이익요구는 정당화될 수 있고, ③ 정치적 논의에서의 실제적 경쟁정도는 낭비
적 요소인 파레토 비효율적 결과를 제거하기 위하여 요구되는 수준에 부합되
기 때문이다.

사실 이렇게 요구되는 경쟁수준은 다원주의에 관한 논의에서 매우 중요하
지만, 갈브레이스(Galbraith)나 스티글러를 제외하고는 어느 누구도 그것을 심도
있게 연구하지 않았다. 갈브레이스(1956)는 '대항력의 원칙'(doctrine of counter-
vailing power)이라는 말을 내세우면서 경제나 정치시장에서 독점적이거나 불균
등한 세력들이 존재하면 그것은 필연적으로 반대세력을 유발시킬 수밖에 없다
고 주장한다. 즉 권력은 어느 정도까지 반대를 야기시키기 때문에 처음에는 경
쟁적이지 못한 상황도 궁극적으로는 경쟁적으로 될 수 있다는 것이다. 한편 스
티글러(1972)는 경제적 경쟁과 정치적 경쟁간의 중요한 차이점을 논의하면서,
정치적 대리인 문제(political agency problem)의 해결이나 정치적 영향력의 불균
형적 배분을 시정하기 위한 수단으로서의 경쟁이 갖는 효과성에 훨씬 덜 낙관
적이다.

베커 역시 어떤 특정 산업이나 전체 시장체제에서 이익집단간의 정치적
경쟁이 균등화되기는 쉽지 않다는 것을 인정한다. 경쟁에 참여하고 정보를 획
득하려는 개인의 유인이 심각하게 줄어들 수 있기 때문에, 최선의 경우라 할지
라도 정치적 경쟁은 불완전하다. 그렇기 때문에 베커는 스티글러(1972)나 뎀싯
(1982)과 마찬가지로 정치적 경쟁이 갖는 독특한 성질을 강조하였고, 그것을 시
장경쟁과 똑같이 다루지는 않았다.

베커의 연구 속에는 버지니아학파 학자들과 시카고학파 동료들의 연구에
뿌리깊이 스며들어 있는 정부에 대한 통렬한 비판이 존재하지 않는다. 베커가
상정하는 정치과정 속에서는 정부가 아니라 이익집단들이 조세의 배분과 보조
금의 분배를 결정하고 또한 그러한 이득이 이루어지는 정책수단들을 선택한
다. 이러한 관점에서 볼 때 베커는 정부가 자율적 행위자(autonomous actors)로

서가 아니라 재산권의 집행자 및 경쟁적 이익집단들의 활동에 대한 심판관으로서 행동한다는 벤트리에 충실하다. 그는 정치인들이, 성가신 규제나 높은 비용부과 등과 같은 위협적 수단을 동원함으로써 이익집단들로부터 지대를 탈취하는 것과 같이, 순전히 자기 자신을 위한 목적으로 행동한다는 가능성을 인정하지 않는다.

제5절 ▌ 지대추구행위에 관한 기업의 인식·김영란법· 지대추구행위의 억제방안

이상에서 우리는 지대추구를 이론적으로 고찰하였다. 우리나라는 정부주도의 경제개발 과정에서 재벌위주의 산업정책을 취해 왔으며 이러한 상황하에서 기업들은 자연스럽게 천민자본주의(賤民資本主義)적[34] 관행에 익숙해졌다. 즉 정부는 지대창출자인 동시에 지대배분자이고, 기업은 정부에 의해서 창출되는 지대가 기업생존에 필요불가결한 요소이기 때문에 그것을 획득하기 위하여 전력투구를 하지 않을 수 없게 된다. 이러한 지대추구활동은 자칫 관례화된 사회적 부패의 한 단면일 수도 있다.[35] 사회적 부패는 선·후진국을 막론하고 나타날 수 있는 사회적 병리현상이지만, 후진국이나 발전도상국의 그것은 상대적으로 더욱 심각하다. 특히 정부주도형 경제발전 전략을 취하는 후진국의 경우, 정부는 기업들이 직면하는 여러 가지 불확실성을 제거하기 위한 유인책

---

34) 독일의 사회학자 막스 베버(Max Weber)가 사용한 사회적 용어로서 근대 이전의 비합리적인 정치기생적 자본주의를 의미하며, 유럽경제사에서 상인·금융업자로 특이한 지위를 차지하였던 유대인들의 상업활동에서 유래되었다. 즉 고대말기로부터 유태인들은 오직 상업과 금융업에만 종사하였는데, 중세봉건사회에서는 이 부분에 대한 제한이 있었기 때문에 그들은 스스로 천민민족(Pariavolk)화하여 제도권에 기생하면서 이득을 취해왔었다. 따라서 천민자본주의(Pariakapitalismus)는 비합리적이며 종교나 도덕적으로 비천하게 여겨졌던 유대인들의 생산활동을 의미하고, 정도의 차이는 있지만 근대이전의 영리활동은 모두 전술한 유대인적 상업활동과 유사한 성격을 띠고 있기에 그것을 지칭하기 위하여 사용된 용어이다.
35) 전직대통령의 천문학적 비자금과 각종 선거시에 선거자금조달과 관련된 스캔들은 바로 지대의 배분을 담보로 하여 이루어지는 은밀한 거래의 한 단면인 것이다.

으로서 지대를 창출하고 배분함으로써 기업들의 투자의욕을 고취시키는 정책을 채택할 수도 있다.

경제의 효율성 증진을 위한 개혁을 추진하기 위해서는 엄청난 사회적 낭비를 초래하는 지대추구비용에 대한 실증적 연구가 필요하다. 그렇지만 지대추구행위에 관한 경험적 연구는 상당한 구체적 자료가 없다면 불가능하다. 지대추구를 하고 있는 개별기업들은 공개적 방법보다 은밀한 루트를 활용하기 때문에 그러한 지대추구행위를 관찰하고 더욱이 그것에 소요되는 비용을 추정하는 것은 매우 어려울 수밖에 없다. 바로 이런 이유 때문에 지대추구행위의 경험적 연구가 그렇게 많지 않을 뿐만 아니라 한 상당한 한계점을 지닌 채 이루어진다.[36] 우리는 본 절에서 지대추구행위에 대한 우리나라 기업들의 인식에 관한 조사결과(김문겸, 1995)를 소개하고, 2016년 9월에 시행된 부정청탁및금품수수에관한법률[37]을 지대추구적 관점에서 고찰한 후, 이와 같은 지대추구행위를 억제하기 위한 방안들을 제시하려고 한다.

1. 지대추구행위에 관한 기업의 인식

우리나라 기업은 정부주도의 경제성장 과정에서 각종 정부규제나 특혜를 활용하여 커 왔기 때문에 기업의 지대추구행위에 대한 탐색은 기업의 사회적 책임에 대한 연구에 매우 필요하다. 이러한 관점에 입각해서 김문겸(1995)은 시장에서 실제로 이루어지는 기업의 지대추구행위의 범위와 기업인들의 지대추구행위에 관한 인식을 파악할 목적으로 우리나라 주식시장의 상장기업과 사업자단체를[38] 대상으로 설문조사를 실시하였다.[39] 여기서는 김문겸의 조사결과

---

36) 윤영진(1992)은 1950년대의 외환부분 그리고 1960년대와 1970년대의 금융부분을 중심으로 한 경제적 지대규모를 추정하였고, 국경복(1997)은 1995년 7월의 임시국회에서 통과된 소주 관련 주세법개정과 연관된 지대규모를 추정하였다.

37) 이 법은 '김영란법' 혹은 '청탁금지법'이라고 불리기도 한다.

38) 사업자단체란 같은 업종에 종사하는 기업들끼리 공동이익의 증진을 위해 조직한 상호협조적이고 자발적인 조직을 지칭한다. 특별법에 의하여 설립된 중소기업협동조합, 수출조합 등과 민법에 의해 설립된 협회란 명칭을 갖는 단체가 모두 여기서 말하는 사업자단체의 보기이다.

39) 조사대상에 포함된 기업 수는 재벌계열사 33, 일반기업 42, 사업자단체 24였다. 조사의 성격상 설문지회수율은 저조하였다고 하지만 구체적으로 몇 %인지는 언급되지 않았다.

의 일부를 다음과 같은 세 영역으로 나누어 간단히 소개한다.

(1) 정부의 특혜 및 규제와 연관된 지대추구행위

정부의 제도, 즉 특혜를 이용하여 독점적 이익을 확보하는 것은 전형적 지대추구행위이다. 로비활동은 기업들이 정부의 특혜를 확보하기 위해서 벌이는 활동을 일컫는데, 여기서는 기업들의 로비활동 경험과 그 목적을 중심으로 조사한 내용을 소개한다.

로비활동의 경험

"정부기관에 대해 자신의 목적을 달성하기 위하여 로비활동을 벌인 적이 있는가?"라는 질문에 대한 응답을 분석한 것이 〈표 7−2〉이다. 이 자료는 일반기업이나 사업자단체에 비하여 재벌계열사의 로비가 훨씬 광범위하게 일어나고 있음을 보여주고 있다. 전체적으로는 응답자의 41.9%가 정부의 특혜를 누리기 위한 로비를 하였다고 답하고 있어 지대추구를 위한 로비가 기업들에게 일반화되어 있음을 알 수 있다.

■ ■ 표 7-2 **로비활동의 경험여부**(단위: %)

	있다	없다
재벌계열사	61.5	38.5
일반기업	21.4	78.6
사업자단체	33.3	66.7
전체평균	41.9	58.1

로비활동의 목적

로비활동을 하였다고 응답한 사람들을 대상으로 "로비활동의 주요 목적이 인·허가의 획득, 정부 또는 지원단체의 보조금수혜, 법해석의 유리한 적용, 세금의 감면이나 절세, 공해규제문제, 법·규정의 입안 또는 개정, 법률로 보호받는 독점권(지위)의 확보(산업보호 등), 행정절차상의 시간단축, 기타라는 항목 중 어느 것에 속하느냐?"라는 질문에 대한 응답[40]을 분석한 것이 〈표 7−3〉이다.

---

40) 복수의 응답이 허용되었다.

■ ■ 표 7-3 로비활동의 주요 목적

순위	재벌계열사	일반기업
1	인·허가 획득	인·허가의 획득
2	행정절차 시간단축	행정절차 시간단축
3	독점권확보	면세와 절세
4	면세와 절세	규제의 유리한 적용

이 표에 의하면 정부로부터 인·허가획득과 행정절차상의 시간단축을 위한 로비가 가장 많다.[41] 흥미로운 점은 재벌기업사는 독점이윤 확보에 상대적으로 더 많은 관심을 갖는 데 반해 일반기업은 절세와 규제적용시 유리한 취급을 받기 위하여 로비한다고 응답한 경우가 많았다는 것이다.

(2) 기업 및 사업자의 거래와 연관된 지대추구행위

자유시장경제주의 원칙은 공정한 경쟁을 통해서만 달성될 수 있다. 그러나 개별기업은 자신들만의 독점이윤 확보를 위해서 공정한 경쟁을 방해하는 행위를 할 유인을 갖는다. 이러한 유인들은 곧 가격통제를 통한 경쟁제한, 거래처의 차별 및 거래조건이나 지급조건의 제한, 생산수량 및 판매물량의 제한, 기득권을 보호하기 위한 진입제한 등의 형태로 나타난다. 우리는 이 중에서 가장 영향력이 큰 가격통제 행위와 신규참여 저지에 관한 조사결과를 소개한다.

가격통제행위

시장거래에서 발생할 수 경쟁제한과 관련된 지대추구행위 중 가장 주된 것이 가격통제를 통한 경쟁제한 행위이다(김문겸, 1995: 310). 〈표 7-4〉는 "귀사

---

41) 우리나라의 경우 공장을 신설하려고 할 때 60단계의 행정절차와 312가지의 서류를 갖추어야 한다. 여기에 비해 일본은 46단계의 절차와 325가지의 서류, 대만은 20단계의 절차와 238가지의 서류, 미국은 9단계의 절차와 23가지의 서류가 필요하다고 한다. 이러한 행정절차의 연처리기간은 한국이 1,000일로서 제일 길고, 미국은 175일로서 가장 짧다고 한다(조선일보, 1992년 6월 2일). 이렇게 볼 때 기업은 신속한 업무처리를 위하여 로비활동을 하려는 강렬한 유인을 가질 수밖에 없고, 반대로 정부관료들은 자신들의 지대추구의 원천이 되는 그러한 인·허가 과정을 복잡하게 만들려는 강렬한 유인을 떨치기가 어려운 것이다. 최근 중국에 진출하고 있는 기업인에 의하면 한국에서 공장신설에 필요한 인·허가를 얻으려면 기업인이 정부관료들을 대접해야 하지만, 중국의 경우는 오히려 거꾸로 정부관료들이 공장을 건설하려는 기업인들을 대접한다고 한다.

는 다른 기업(사업자단체)들과 공동으로 또는 단독으로 판매가격의 설정, 판매가격의 제한, 가격변동의 제한 등의 행위를 한 적이 있습니까?"라는 질문을 분석한 것이다. 이 표로부터 가격통제는 사업자 단체보다 재벌 계열사나 일반기업을 통해서 이루어지고 있음을 알 수 있다.

■ ■ 표 7-4 **가격통제행위의 경험**(단위: %)

	그렇다	아니다
재벌계열사	36.3	63.7
일반기업	35.7	64.3
사업자단체	16.6	83.3
전체 평균	32.3	67.7

신규진입의 방해

정부의 인·허가업무는 지대추구행위가 발생할 수 있는 가장 대표적 분야이다. 민간기업은 자신의 독점적 지위를 유지하기 위하여 정부의 힘을 빌리거나 아니면 개별적으로 영향력을 발휘함으로써 다른 기업의 신규진입을 저지하려고 할 것인데, 이것도 지대추구행위의 한 단면인 것이다. 〈표 7-5〉는 "귀사 또는 귀 사업단체와 거래를 하거나 가입하려고 하는 사업자에게 대하여 거래자격을 한정하거나 요건을 강화하여 신규참여를 방해하는 행위를 한 적이 있습니까?"라는 질문을 분석한 것이다. 이 표에 의하면 전체적으로 22.6%가 시장에서 독점적 지위를 취하기 위한 수단으로 다른 기업의 신규진입을 방해한 적이 있는데, 이것은 가격통제 행위 다음으로 기업들이 즐겨 채택하는 수단이라고 한다(김문겸, 1995: 315).

■ ■ 표 7-5 **신규진입의 방해**(단위: %)

	그렇다	아니다
재벌계열사	27.3	72.7
일반기업	21.4	78.6
사업자단체	16.7	83.3
전체 평균	22.6	77.4

(3) 정치경제분야와 연관된 지대추구행위

지대추구행위는 사회적으로 바람직하지 않은 자원의 낭비라고 인식되고 있다. 여기서는 지대추구행위와 경제발전간의 관계 및 지대추구활동의 존속여부에 관한 기업인들의 인식을 조사한 결과를 소개한다.

경제발전과 지대추구행위

지대추구행위는 사회적 낭비로 간주되며 따라서 효율적 경제운용을 위해서는 지대추구행위가 억제되어야 한다는 것이 일반적인 생각이다. 우리나라의 경우 재벌기업들의 경쟁적 지대추구행위는 사회적 낭비를 초래할 것으로 인식되었으나, 그동안 이루어 온 고도경제성장을 돌이켜 볼 때 재벌의 지대추구가 자원의 비생산적인 낭비를 그렇게 심각하게 초래하지는 않았던 것으로 해석하는 학자도 있다(소병희, 1994: 18). 아무튼 〈표 7-6〉은 경제성장과 지대추구행위 간의 관계에 관한 분석결과인데, 지대추구행위와 경제발전간의 관계가 생각보다 그렇게 부정적 측면으로 나타나고 있지 않음을 알 수 있다. 특히 사업자단체의 경우 50% 정도가 지대추구행위와 경제성장간에 긍정적 관계가 있다고 응답하고 있는데, 이것은 이익단체로서의 역할을 의식하기 때문이라고 해석된다.

■ ■ 표 7-6 **경제발전과 지대추구행위간의 관계**(단위: %)

	정의 관계	부의 관계	관련 없음
재벌계열사	27.3	45.5	27.2
일반기업	28.6	42.9	28.5
사업자단체	50.0	32.9	17.1
전체 평균	32.3	42.0	25.7

정부규제와 지대추구행위의 존속

지대추구행위와 정부의 규제수준과 관련된 질문에 대해 응답자들은 대부분 정부규제가 기업들의 지대추구행위를 심화시키며 규제가 기업 활동에 방해된다고 하였다. 또한 "기업의 목적은 이윤의 창출이기 때문에 기업이 존재하는 한 정도는 달라도 어떤 형태로든지 지대추구활동은 존속할 수밖에 없다는 견해에 동의하십니까?"라는 질문에 대한 응답을 분석한 것이 〈표 7-7〉이다. 이

분석에 의하면 거의 대부분의 응답자들이 필요악으로서의 지대추구행위의 존재를 인정하고 있음을 알 수 있다.

■ ■ 표 7-7 **지대추구행위의 존속**(단위: %)

	그렇다	아니다
재벌계열사	81.8	18.2
일반기업	92.9	7.1
사업자단체	100.0	0.0
전체 평균	90.3	9.7

2. 김영란법과 지대추구행위

(1) 김영란법의 탄생배경

김영란법[42]의 정식명칭은 부정청탁금지및금품등수수금지에관한법률이며 청탁금지법이라고도 불린다. 동법은 공직자나 공공기관에 종사하고 있는 자들이 공·사 구분을 못한 채, 경제적 이익이나 향응에 대한 대가로 공적 권한을 사적인 목적을 위해 불공정하고 부당하게 사용하지만, 그러한 행위들이 제대로 규제되거나 처벌되지 않고 오히려 이 사회의 부패구조를 더 심화시키고 있다는 사회적 인식과 동의에서 출발하였다. 뇌물수수나 공금횡령 같은 전통적 의미의 부패행위뿐만 아니라 명백한 대가[43]와 결부되지 않은 채 관행이라는 명분 속에 묵인되어 왔던 공직자들의 비윤리적 행위가 비록 지금 당장 위법은 아니라고 하더라도 부정부패의 시발점이 될 수 있기 때문에 제재해야 된다는 공감대가 형성되었다(차동욱, 2016: 270).

김영란법의 제정을 위한 결정적 계기는 2011년에 발생한 이른바 "벤츠 여검사 사건"이라고 할 수 있다. 이 사건은 어떤 변호사가 사건을 담당하고 있는

---

42) 김영란은 2004년 만 48세의 나이로 우리나라 최초의 여성대법관으로 임명되었다. 2010년 6년의 대법관임기가 끝난 후 동년 10월 서강대학교 법학전문대학원 석좌교수로 임명되었다. 2011년부터 제3대 국민권익위원회 위원장을 지내면서 2011년 6월 동법을 처음 제안하였고 2012년에 동법을 발의하였다.

43) 접대행위는 당장 직무관련성과 대가성을 입증하기 어렵기 때문에 형사처벌을 받지 않아 법의 사각지대로 남아 있었지만 김영란법 시행으로 직무관련성 및 대가성과 무관하게 접대행위는 처벌받을 수 있게 되었다(이정주, 2017: 668).

여자검사에게 벤츠 자동차와 샤넬가방 등을 선물한 것이 탄로나 기소되었지만, 법원이 내연관계에 있는 사람들끼리 주고받은 선물일 뿐이므로 대가성이 없어 무죄라는 판결을 내림으로서 국민적 공분을 불러일으킨 사건이다. 즉 대법원이 직무관련성과 대가성이 충족되지 않는다는 논리로 무죄판결을 내림으로써 국민들의 사법시스템에 대한 누적된 불신과 불만이 폭발되었고, 이에 따라 공직자들에 대한 스폰(i.e., 후원)이나 청탁행위에 대해 엄격한 처벌이 필요하다는 사회적 공감대가 형성되었다(이정주, 2017: 671-672).

김영란법은 2015년 3월 3일 국회 본회의에서 통과되어 3월 27일 공포되었으며, 1년 6개월의 유예기간을 거쳐 2016년 9월 28일부터 정식으로 시행되었다. 동법은 그동안 우리사회에서 묵인되어 왔던 여러 가지 관행 및 미풍양속들과 정면으로 부딪히는 부분들도 많고 또한 잠재적 이해당사자들의 저항에 부딪혀 국회의 입법과정 중에서 상당히 변모되었다.

국민권익위원회는 2012년 ① 부정청탁의 금지 ② 금품등 수수 금지 ③ 공직자의 이해충돌 방지의 세 영역[44]으로 구성된 부정청탁금지및공직자의이해충돌방지법이라는 법률안을 제정하였다. 하지만 동 법률안은 상당한 반발을 초래하였으며, 마침내 이해충돌방지영역은 완전히 삭제되었고, 원안에는 없었던 사립학교 관계자와 언론인과 같은 민간인이 적용대상에 포함되었다(차동욱, 2016: 255-256). 이와 같은 우여곡절 끝에 탄생된 김영란법은 시행되기 두 달 전인 2016년 7월 28일 사단법인 한국기자협회, 언론사 대표이사, 편집인, 기자, 사립학교법인 이사, 대학교 총장, 고등학교 교장, 고등학교 교사, 고등학교 행정실장, 사립유치원의 원장, 유치원 교사로 구성된 청구인들이 동법에 대한 헌법소원을 청구하였지만 헌법재판소는 그러한 청구를 받아들이지 않았다(차동욱, 2016: 261-266).

---

44) 주요 내용으로는 ① 공직자가 자신 또는 가족, 친족 등과 이해관계가 있는 직무를 수행하는 것을 금지하고 사적 이해관계가 있는 직무에 대한 제척·회피·기피제도를 마련하여 공정한 직무수행을 담보하고, ② 차관급 이상의 공직자, 지방자치단체의 장, 공공기관의 장 등 고위공직자가 신규로 임용되는 경우 임용되기 전 2년 이내의 민간부문 재직시 이해관계를 신고해야 하며, 자신과 이해관계가 있는 특정 직무를 임용 이후 2년간 수행하는 것을 금지하며, ③ 공직자가 직무관련자로부터 금전을 차용, 대부하거나, 물품·용역·공사 등의 계약을 체결, 부동산·유가증권 등의 재산상 거래를 하는 등 부정한 거래를 통해 재산증식을 도모하거나 편법적으로 금품 등을 수수하는 행위를 금지하는 조항 등을 포함하고 있었다(부정청탁금지및공직자의이해충돌방지법(안) 제15, 16, 18조).

(2) 김영란법의 주요 내용

1) 적용대상

김영란법의 제1조는 동법의 목적, 제2조는 동법에서 사용되는 공공기관·공직자·금품등의 용어를 정의하고 있다. 김영란법은 "공직자 등에 대한 부정청탁 및 공직자 등의 금품 등의 수수(收受)를 금지함으로써 공직자 등의 공정한 직무수행을 보장하고 공공기관에 대한 국민의 신뢰를 확보하는 것을 목적으로 한다"고 되어 있다(김영란법 제1조).

동법에서 지칭하는 공공기관은 ① 국회, 법원, 헌법재판소, 선거관리위원회, 감사원, 국가인권위원회, 중앙행정기관(대통령 소속기관과 국무총리 소속기관을 포함한다)과 그 소속 기관 및 지방자치단체, ② 공직자윤리법 제3조의 2에 따른 공직유관단체, ③ 공공기관의운영에 관한법률 제4조에 따른 기관, ④ 초·중등교육법, 고등교육법, 유아교육법 및 그 밖의 다른 법령에 따라 설치된 각급 학교 및 사립학교법에 따른 학교법인, 그리고 ⑤ 언론중재및피해구제등에관한법률 제2조제12호에 따른 언론사로 규정되며(동법 제2조제1항); 공직자란 ① 국가공무원법 또는 지방공무원법에 따른 공무원과 그 밖에 다른 법률에 따라 그 자격·임용·교육훈련·복무·보수·신분보장 등에 있어서 공무원으로 인정된 사람, ② 동법 제2조 제1호나목 및 다목에 따른 공직유관단체 및 기관의 장과 그 임원, ③ 동법 제2조 제1호라목에 따른 각급 학교의 장과 교직원 및 학교법인의 임직원, 그리고 ④ 동법 제2조 제1호마목에 따른 언론사의 대표자와 그 임직원으로 규정되고(동법 제2조제2항); 금품이란 ① 금전, 유가증권, 부동산, 물품, 숙박권, 회원권, 입장권, 할인권, 초대권, 관람권, 부동산 등의 사용권 등 일체의 재산적 이익, ② 음식물·주류·골프 등의 접대·향응 또는 교통·숙박 등의 편의 제공, 그리고 ③ 채무면제, 취업제공, 이권(利權) 부여 등 그 밖의 유형·무형의 경제적 이익으로 규정되고 있다(동법 제2조제3항).

2) 부정청탁금지

김영란법 제2장은 부정청탁의 금지에 관한 것으로서 제5조제1항은 "누구든지 직접 또는 제3자를 통하여 직무를 수행하는 공직자등에게 부정청탁을 해서는 아니된다"고 규정하면서 15가지의 부정청탁행위유형을 열거하고 있으며, 제2항은 부정청탁금지에 대한 예외사항을 7가지로 유형화하여 열거하고 있다.

3) 금품수수금지

김영란법 제3장은 금품등의 수수 금지에 관한 것으로서 제8조 제1항은 "공직자등은 직무 관련 여부 및 기부·후원·증여 등 그 명목에 관계없이 동일인으로부터 1회에 100만원 또는 매회계연도에 300만원을 초과하는 금품등을 받거나 또는 약속해서는 아니된다"고 되어 있고, 제2항은 "공직자등은 직무와 관련하여 대가성여부를 불문하고 제1항에서 정한 금액 이하의 금품 등을 받거나 요구 또는 약속해서는 안 된다"라고 되어 있다.

(3) 김영란법 시행의 효과

김영란법이 시행된 후 동법 위반 신고 1호는 "수업시간에 한 대학생이 교수에게 캔커피를 드렸다"는 것이었다. 즉 취업이 됐는데 강의에 참석을 안 해도 결석한 걸로 하지 않고 출석한 걸로 해 줬다는데 대한 감사의 표시로 건넨 캔커피에 대한 신고였다. 하지만 경찰은 이 학생이 학교와 교수 이름 등 구체적 정보를 밝히지 않았기 때문에 신고를 접수하지 않고 "서면으로 신고하라"고 안내하였다고 한다. 김영란법의 위반 신고는 신고자가 실명으로 기재한 서면신고가 원칙이며, 100만원 이상 금품을 받은 현행범인 경우에만 예외적으로 112 신고만으로 경찰이 출동하도록 되어 있다(조선일보, 2016년 9월 29일).

한국경제연구원은 김영란법의 시행전인 2016년 6월 20자의 보도자료를 통해 동법의 시행으로 음식업 8조 5천억원, 선물관련 산업 2조원,[45] 골프장 1조 1천억 등 총 11조 6천억원의 경제적 손실이 발생할 것으로 추산하였다(이정주, 2017: 668). 실제 동법이 시행된 후 8개월이 지난 2017년 5월 현재 지금까지 관행으로 여겨왔던 스승에 대한 감사표시에도 상당한 변화가 초래되었을 뿐만 아니라[46] 대학병원 등과 같은 대형병원에서의 입원 및 수술과 관련된 청탁도

---

45) 여기에는 화훼산업과 한우를 포함한 농축산물 산업이 포함된다.

46) 스승의 날에 일선학교에선 "카네이션 없는 기념일"을 준비한다고 한다. 특히 서울 혜화경찰서는 지난 해 2월 정년퇴임한 교수에게 후배교수들이 돈을 모아 730만원의 골프채를 선물한 서울대학교 대학병원 17명의 병원 현직교수들을 기소의견으로 서울중앙지검에 송치하였다고 한다. 선물한 교수들에 의하면 그 교수님이 지난해 병을 앓아 몸이 약해져서 퇴임하면 운동 더욱 열심히 하라는 취지에서 드린 선물이라고 하면서 사실상 학교를 떠난 분에게 청탁하거나 뇌물을 주려는 전혀 없었다고 하였다(조선일보, 2017년 4월 27일).

■ ■ 표 7-8 접대비 많이 줄어든 상위 10대 그룹

그룹	조사기업수	2016년 4분기 접대비	2015년 4분기 접대비	증감률
금호아시아나	1	113(단위: 백만원)	327(단위:백만원)	-65.4(%)
롯데	7	672	1,675	-59.9
GS	4	468	1,041	-55.0
미래에셋	3	898	1,806	-50.3
삼성	4	794	1,581	-49.8
OCI	4	327	651	-49.8
대우건설	1	726	1,351	-46.3
포스코	7	313	569	-45.0
영풍	6	414	711	-41.8
신세계	2	23	37	-37.8

자료: 중앙일보(2017년 5월 4일)

줄어들었다고 한다(조선일보, 2017년 5월 6일).

　　기업 경영성과 평가사이트 CEO스코어[47])가 국내 30개 그룹 중[48]) 지난해 접대비 내역을 공시한 111개 사를 대상으로 김영란법의 시행 직후인 지난 4분기 접대비를 조사한 결과 전년 동기 보다 약 28.1%(83억 3,900만원) 줄어든 212억 8,600만원으로 집계되었다. 하지만 같은 기간에 30대 그룹의 매출은 2.3% 증가하였고 영업이익도 48% 증가한 것으로 나타났다(중앙일보, 2017년 5월 4일). "공짜점심은 없다(There is no free lunch)"라는 말이 시사해 주듯이 접대는 단순히 접대에만 끝나는 것은 아니라, 앞으로의 지대추구(rent-seeking)를 위한 일종의 "미끼"로서 장기적 투자인 셈이다. 〈표 7-8〉은 조사기간 동안 접대비가 많이 줄어든 상위 10대 그룹의 접대비현황이다. 아직 시행된지 오랜 기간이 지나지 않았고 또한 접대비 감소가 단순히 김영란법의 영향 때문인지 그 인과관계가 확실하진 않지만 지대추구비용이라고 간주될 수 있는 접대비가 줄어들고 있음을 알 수 있다. 특히 긍정적인 것은 동 기간 동안 접대비가 줄어들고 있음에도 전술하였듯이 매출은 2.3%, 영업이익은 무려 48% 증가하였다는 사실이다.

　　앞에서 언급하였듯이 김영란법으로 인하여 각종 교육기관에서 스승의 날 행사가 기피되어 지금까지의 미풍양속과 충돌되는 점도 있음을 보았다. 또한

---

47) 국내 500대기업과 30대 그룹CEO 등에 대한 경영성과의 평가사이트이다. www.ceoscore.co.kr

48) 30대 그룹 중 이번 조사에서 사업보고서를 제출하지 않은 부영그룹과 접대비내역을 공시하지 않은 대우조선해양, KT&G, 대우건설 그룹은 제외되었다.

김영란법이 원활한 국제적 상거래행위에도 부정적 영향을 미치는 경우도 있다. 즉 미국 애플사는 매년 6월에 개최되는 애플 세계개발자회의(WWDC)에서[49] 아이폰 운영체제의 최신 버전을 발표하고 스티브 잡스(Steve Jobs)나 팀쿡(Tim Cook) 같은 최고경영자가 기조연설을 통해 스마트폰의 기술흐름과 신제품개발동향을 소개하면서 세계 각국 기자들에게 선별적으로 초청장을 보내 행사취재를 지원해 왔다. 180만원 안팎인 행사장 입장티켓과 항공료·숙박비용은 모두 애플사가 부담해왔다. 하지만 "세계개발자회의(WWDC) 2017"에는 2016년 9월부터 발효된 김영란법에 저촉될 소지가 있어 한국언론사들만 초청하지 않았다고 한다(조선일보, 2017년 5월 25일).

3. 지대추구행위의 억제방안

지대추구행위는 직접적으로는 비생산적인 이윤추구(DUP: Directly Unproductive Profit-seeking)활동이라고 정의되는 데서도 알 수 있듯이 비록 그것에 참여하는 개인 수준에서는 효율적일지 몰라도 사회 전체적 입장에서 본다면 엄청난 경제적 비효율을 야기한다. 우리는 이미 이와 같은 지대추구활동의 상당부분은 정부규제, 특히 인·허가와 관련된 부분에서 발생됨을 고찰하였다. 그렇기 때문에 정부주도형 경제성장 모델을 추구하는 후진국 또는 개발도상국의 경우, 부족한 산업자본을 확보하고 기업 수익성의 불확실성(risk)을 제거하기 위한 정부의 정책수단이 곧 지대추구활동의 원천이 되어왔다.

지대추구행위는 비단 기업-정부 간에만 국한되지 않고 사회 모든 분야에서의 부정·부패행위로 연결될 수 있으며, 〈표 7-7〉에서도 알 수 있듯이 앞으로도 여전히 필요악으로서 존재할 것 같다. 전술한 김영란법의 제정배경도 이와 같은 부정부패행위와 연관된 지대추구행위의 근절이라고 할 수 있다. 아무튼 지대추구활동으로 인한 사회적 낭비의 최소화를 통한 국가발전 잠재력의 극대화를 위해서는 정치적으로도 가능하고(politically feasible) 경제적으로도 실

---

49) 애플 세계 개발자 회의(영어의 Apple Worldwide Developers Conference를 줄여서 WWDC로 표기)는 애플사가 매년 6월 경 캘리포니아에서 개최하는 회의이다. 회의는 주로 애플이 개발자들을 위한 새로운 소프트웨어와 기술들을 공개하는 데에 사용되며, 체험 활동과 피드백 세션도 함께 한다.

행가능한(economically implementable) 지대추구행위의 극소화 방안들이 모색되어야 한다. 우리는 이러한 몇 가지 방안들을 다음과 같이 고찰해 보려고 한다.

(1) 기업의 소유와 경영의 분리

소유경영체제는 천민자본주의적 지대추구를 용이하게 한다. 즉 소유경영인은 정부의 특혜로 얻어지는 이익이 전부 자신에게 귀속되기 때문에 어떠한 비합법적 수단을 동원하더라도 그것을 획득하기 위해 노력할 유인을 갖지만, 전문경영인은 특혜를 통한 이득이 자신에게 돌아온다는 보장이 없기 때문에 잠재적 위험을 무릅쓰고 특혜나 이권을 얻기 위해 노력할 유인을 갖기가 상대적으로 어렵다. 따라서 기업운영의 주축이 소유경영인으로부터 전문경영인으로 바뀌면 특혜라는 반대급부를 위해 관료들에게 뇌물을 증여하거나 정치인들에게 음성적인 정치자금을 제공하는 일도 현저하게 줄어들 수 있다(소병희, 1994: 19 - 20).

(2) 규제완화를 통한 경쟁가능시장의 조성

우리나라의 정부주도 경제성장과정에서 정치권의 인정과 비호가 기업의 성장에 절대적 요건이었음은 부인하기 어렵다. 기업은 정치권의 지배에 순응함으로써 한편으로는 은행으로부터 자금조달상 정책금융이라는 특혜를 얻을 수 있었고, 다른 한편으로는 위험부담 없이[50] 수익성이 높은 사업에의 참여권을 부여받을 수 있었다. 정치권(i.e., 정부)이 이와 같은 힘을 행사할 수 있는 것은 정부에게 인·허가권을 부여한 각종 규제법 때문이라고 할 수 있다.

독점이윤의 보장이 종종 기술혁신에 절대적인 것으로 인식되기도 하지만, 기술혁신의 근본적 동인은 독점보다도 위협적인 외부로부터의 경쟁자가 등장할 때 작동된다. 즉 버몰(Baumol)이 말하는 경쟁가능시장(contestable market)의 존재가 기술혁신의 동인이 되는 것이다. 그렇기 때문에 정부는 규제완화를 통하여 경쟁가능시장의 분위기를 조성함으로써 기업이 누릴 수 있는 잠재적 지

---

[50] 우리나라의 고도성장과정에서 기업인들이 무모할 정도의 슘페터적 모험정신을 발휘할 수 있었던 것은 정부가 이윤을 보장하거나 적어도 도산방지를 보증해 주었기 때문에 가능하였다는 해석도 있다(소병희, 1994: 21).

대를 제거하여야 한다. 이때 경쟁의 공정성을 제고하기 위해서 대등한 경쟁자들간의 경쟁은 규제하지 않지만 대기업의 중소기업 고유 업종에의 침투 같은 대등하지 않은 경쟁자들간의 경쟁은 오히려 규제를 강화할 필요가 있다.[51] 뿐만 아니라 환경보존, 공해, 위생, 노동자보호 등과 같이 공익과 직결되는 사회적 규제는 오히려 기업의 로비활동 등으로 인해 완화되지 않도록 주의하여야 한다(소병희, 1994: 22).

(3) 정부역할의 재정립

우리나라는 그동안 고도압축 성장과정에서 천민자본주의적 틀을 벗어나지 못하였다. 그러나 경제 규모가 커지고 개방화됨에 따라 세계의 기업과 경쟁해야만 하는 환경하에서는 더 이상 정부 규제와 특혜에 의존한 경제성장을 기대할 수는 없다. 더욱이 1996년 경제협력개발기구(OECD)에 가입함으로써 자유시장 경제질서의 틀을 벗어나기가 점점 어렵게 되었다. 자유시장 경제체제하에서 정부의 역할은 경쟁의 규칙을 공정하게 집행하는 데 국한되어야 하며, 각종 특혜를 통해서 게임의 승자가 될 사람을 정하는 데까지 확대되어서는 안 된다. 오늘날 정부개혁과 관련된 프로그램에서 정부활동의 투명성이 강조되는 이유도 바로 여기에 있는 것이다. 기업활동은 불확실성이 제거되면 상당한 효율성을 기대할 수 있다. 마찬가지로 정부도 정치권력자들의 자의적 판단이 아니라 정해진 규칙에 의해서 운영될 수 있도록 각종 제도개선을 추구한다면 지대추구의 범위도 그만큼 감소되어 사회적 효율을 증가시킬 수 있을 것이다.

(4) 정치적 선택시의 합리적 무지 제거와 정치적 시장에서의 경쟁가능시장 조성

지대추구활동은 정부로부터의 특혜를 얻기 위해 자원을 비효율적으로 사용하는 과정이다. 우리는 앞에서 경쟁가능시장(contestable market)의 조성은 지대추구의 범위를 제거하거나 줄여줄 수 있다고 언급하였다. 이러한 논리는 정치적 시장에도 그대로 적용된다. 즉 정치적 시장을 경쟁가능시장으로 만들면

---

51) 2010년 12월 이명박 정부하에서 출범함 동반성장위원회가 중소기업 적합 업종·품목을 선정하여 추진하려고 하는 것은 바로 이러한 이유 때문이다.

정치적 시장에서의 지대추구범위도 제거되거나 감소될 수 있다.

시장에서의 경쟁가능시장 조성과 정치적 시장에서의 경쟁가능시장 조성 간에는 다음과 같은 두 가지 근본적 차이가 있다.

첫째, 우리나라의 경제규모가 커지고 개방화가 진척됨에 따라 시장이 미치는 범위는 우리나라가 아니라 전 세계이지만, 정치적 시장의 범위는 우리나라에 한정된다. 바로 이런 이유 때문에 기업은 살아남기 위해서 정치보다 선진화될 수밖에 없다.

둘째, 시장에서의 선택은 그 결과가 모두 선택자 자신에게 귀결되므로 선택자들이 선택행위를 할 때 매우 신중해진다. 그렇지만 정치적 시장에서의 선택은 집합적 선택이어서 그러한 선택으로 인한 편익이나 비용을 선택자 혼자만 즐기거나 부담하지 않고 사회전체가 즐기거나 부담한다. 정치적 선택(i.e., 각종 선거에서의 투표)행위로 인해 개인이 느끼는 비용이나 부담은 미미하지만 사회적 수준에서의 그것은 엄청나다. 뿐만 아니라 그러한 정치적 선택행위로 인한 편익이나 비용은 즉각적으로 나타나지도 않는다. 여기에 덧붙여 종종 정치적 무관심이 증폭되어 지지하는 정당이 없다고 말하는 사람들도 많다. 민간재 시장에서는 한계분석(marginal analysis)이 매우 중요한데, 전술한 정치적 혐오로 인한 무관심은 정치적 시장에서 한계분석을 불가능하게 만든다.[52] 그렇기 때문에 정치적 선택행위시에 개인은 합리적 무지(rational ignorance)상태에 빠지기 쉽다.

유권자들의 정치적 선택은 정치적 서비스라는 일종의 공공재 구입을 위한 선택행위라고 생각할 수 있다. 개인이 민간재를 구입할 때 기존의 잘 알려진 회사의 제품을 선호하는 것은 상식이다. 그렇기 때문에 회사의 브랜드(brand)는 매우 중요하며 신설회사들은 시장개척을 위해 엄청난 비용을 치러야 한다.[53] 그렇지만 우리나라 정치적 시장에서의 선택행위는 민간재의 그것과 정반대인 경우가 많다. 유권자들은 잘 알려진 회사(i.e., 정당)보다 오히려 신설 회사(i.e., 정당)를 선호하는 경향이 매우 뚜렷하다.[54]

---

52) 정치적 시장을 의미 있게 하려면 모든 정당을 싸잡아 비난할 것이 아니라 그 중에서 조금이라도 나은 정당을 지지하는 태도를 지녀야 한다. 그렇지 않으면 정치인들의 도덕적 해이·위해 (moral hazard)를 방지할 수가 없게 된다.

53) 바로 이런 이유 때문에 기업은 회사의 명칭을 자주 바꿀 수 없으며, 회사의 지명도(name recognition)를 높이기 위해 지속적으로 엄청난 비용을 들여 광고를 하게 된다.

54) 이러한 정당은 엄밀히 말하자면 진정한 의미의 신당(新黨)이라기보다 새로운 간판을 단(i.e., 신장개업을 한) 정당에 지나지 않는다. 왜냐하면 대개의 경우 신당은 이념적 차별성보다 그때

　　민간재의 경우 소비자가 제품의 품질에 불만을 느낄 때 그것에 항의할 수
있는 회사가 존속하는 경우가 대부분이지만, 우리나라의 정당은 워낙 이합집
산의 속도가 빨라 유권자들의 심판대상이 되는 정당 그 자체가 사라져 버리는
경우가 많다. 또한 민간재의 경우 소비자는 그 품질을 비교적 쉽게 판별할 수
있지만, 정치적 서비스의 경우 유권자들은 그 품질은 판별하기가 어렵다.[55] 뿐
만 아니라 김영삼 정부 대신 "문민정부," 김대중 정부 대신 "국민의 정부," 노
무현 정부 대신 "참여정부"라는 구호를 사용함으로써 정치적 서비스 생산자들
에 대한 유권자의 객관적 판단을 흐리게 하거나 지속적으로 세뇌하여도 아무
런 이의가 제기되지도 않는다.[56] 더욱이 객관성을 생명으로 하는 학계에서조
차도 그러한 구호가 무비판적으로 사용되고 있다. 민간기업 같으면 과대광고
라는 경고를 받을 수도 있을지 모른다. 이러한 상황하에서 정치적 서비스의 소
비자인 유권자들이 정치적 시장을 경쟁가능시장으로 만드는 데는 한계가 있을
수밖에 없다.

　　그때의 정치적 이해관계에 입각하여 정치적 보스를 따라 이합집산한 결과 탄생되기 때문이다.
어찌 보면 한국의 정당 창당과정은 마치 꿀벌들이 여왕벌을 쫓아 새롭게 집을 꾸리는 것에 비
유할 수 있을 것이며, 따라서 그렇게 창당된 정당은 "여왕벌 정당"이라고도 부를 수 있을 것
이다.

55) 이렇게 되면 정보의 비대칭성으로 인한 도덕적 위해·해이(moral hazard)가 발생한다. 즉 정치인
들은 정치적 서비스의 소비자들인 유권자들을 자신들의 필요에 맞게 얼마든지 이용할 수 있
는 것이다.

56) 오늘날 수박이나 각종 농산물 같은 것은 물론이고 미용실이나 각종 학원도 제품이나 서비스
생산자의 이름을 상표로 사용하여 서비스의 품질로서 심판받으려고 한다. 이에 반하여 정치권
에서 가치지향적인 구호를 사용함으로써 정치서비스의 소비자인 유권자들로 하여금 선입관을
갖게 하는 것은 잘못된 것이라고 생각된다. 민간재의 경우 소비자들에게 선입관을 갖게 하는
구호는 소비자보호법이나 공정거래법에 저촉되어 곧장 시정조치의 대상으로서 경고를 받을 것
이다.

참고문헌

국경복.(1997). 「정치적 렌트 추구활동과 경제적 효과: 1995년 국회재무위주세법 개정안을 중심으로」(1995-1996년도 한국의회발전연구회 연구지원논문).

김문겸.(1995). "기업의 사회적 책임과 렌트추구행위에 대한 인식연구." 양운철(편). 「렌트추구행위의 사회적 비용」. 서울: 세종연구소: 285-328.

김상준.(2003). "일본 관료의 아마쿠다리: 권력과 권위를 중심으로." 「한국정치학회보」, 37(5):267-287).

김일중.(1995). 「규제와 재산권」. 서울: 한국경제연구원.

박민정.(2015). "퇴직 공직자 재취업 현상에 관한 지대추구론적 분석." 「한국자치행정학보」, 29(4): 131-155.

소병희.(1994). "재벌위주의 산업정책과 지대추구의 효율성." 「한국정책학회보」, 3: 7-31.

_____.(1993). 「공공선택의 정치경제학」. 서울: 박영사.

유지태.(1996). 「행정법신론」(제2판). 서울: 신영사.

윤영진.(1992). "정부-기업관계에 대한 지대추구적 접근: 외환 및 금융부문을 중심으로. 「한국행정학보」, 26(1): 127-148.

이정주.(2017). "청렴문화 확산을 위한 청탁금지법의 발전적 재검토." 「2017년 한국지방정부학회 춘계학술대회 발표논문집」: 667-690.

전상경.(1999). "공공선택론의 고전들." 「정부학연구」(고려대학교 정부학연구소), 5(1): 228-252.

정희상.(1995). "김영삼 개혁의 손이 닿지 않는 곳(2): 건축 인허가 비리." 「한국논단」, 73: 153-157.

차동욱.(2016). "'부정청탁 및 금품등 수수의 금지에 관한 법률(일명 김영란법)'에 대한 검토." 「의정연구」, 22(3):253-274.

최광.(2011). "재정제도 및 정책논의관련 개념·용어의 오류에 대한 고찰." 「재정학연구」(한국재정학회), 4(4): 181-214.

_____.(2000). "올슨교수의 생애와 학문세계." 「공공경제」(한국공공경제학회), 5(2): 251-268.

_____.(1988). 「현대경제학의 이해: 사회문제의 경제학적 분석」. 서울: 비봉출판사

Anderson, G.M. and R.D. Tollison. (1988). "Legislative Monopoly and the Size of Government." *Southern Economic Journal*, 54: 592-645.

Arsonson, P.H. and P.C. Ordeshook.(1981). "Regulation, Redistribution and Public Choice." *Public Choice*, 37(1): 69–100.

Barro, R.(1973). "The Control of Politicians: An Economic Model." *Public Choice*, 13: 19–42.

Becker, G.(1985a). "Public Policies, Pressure Groups, and Deadweight Costs." *Journal of Public Economics*, 28: 330–347.

_____.(1985b). *Special Interests and Public Policies*. The Frank E. Seidman Distinguished Award in Political Economy, Acceptance Paper, Rhodes College. Memphis: P.K. Seidman Foundation.

_____.(1983). "A Theory of Competition among Pressure Groups for Political Influence." *Quarterly Journal of Economics*, 98: 371–399.

_____.(1978). *The Economic Approach to Human Behavior*. Chicago: University of Chicago Press.

Bhagwati, J.N.(1982). "Directly Unproductive, Profit-seeking(DUP) Activities." *Journal of Political Economy*, 90(5): 988–1002.

Buchanan, J.M.(1980). "Reform in the Rent-Seeking Society." Pp. 359–367 in Buchanan, Tollison and Tullock (eds.). *Toward a Theory of Rent—Seeking Society*. College Station: Texas A&M University Press.

Buchanan, J.M. and G. Tullock.(1962). 전상경 · 황수연(공역).(1999). 「국민합의의 분석: 헌법적 민주주의의 논리적 기초」. 서울: 시공아카데미.

Demsetz, H.(1982). *Economic, Legal, and Political Dimensions of Competition*. Amsterdam: North-Holland.

Downs, A.(1957). *An Economic Theory of Democracy*. New York: Harper and Row.

Galbraith, J.K.(1956). *American Capitalism: The Concept of Countervailing Power*. Boston: Houghton Mifflin.

Krueger, A.O.(1974). "The Political Economy of the Rent Seeking Society." *American Economic Review*, 64(3): 291–303.

Landes, W. and R. Posner.(1975). "The Independent Judiciary in an Interest-Group Perspective." *The Journal of Law and Economics*, 18(3): 875–901.

Levi, Margaret.(1988). *Of Rule and Revenue*. Berkeley: University of California Press.

Mitchell, W.C. and M.C. Munger.(1991). "Economic Models of Interest Group: An Introductory Survey." *American Journal of Political Science*, 35(2): 512–546.

Mueller, D.C.(1989). *Public Choice II*. Cambridge: Cambridge University Press.

Mundell, R.A.(1962). Book Review of *Free Trade, Protection and Customs Union* by L. H. Janssen. *American Economic Review*, 52(3): 621–622.

Niskanen, W.(1971). *Bureaucracy and Representative Government*. Chicago: Aldine-Atherton.

North, D.C.(1979). "A Neoclassical Theory of the State." *Exploration of Economic History*, 3: 250-251.

Olson, M., Jr.(1965). *The Logic of Collective Actions: Public Goods and the Theory of Groups*. Cambridge: Harvard University Press.

Peltzman, S.(1976). "Toward a More General Theory of Regulation." *Journal of Law and Economics*, 19(2): 211-240.

Pincus, J.(1977). *Pressure Groups and Politics in Antebellum Tariffs*. New York: Columbia University Press.

Posner, R.(1975). "The Social Cost of Monopoly and Regulation." *Journal of Political Economy*, 83(4): 807-827.

Shughart, W.F., and R. Tollison.(1986). "On the Growth of Government and the Political Economy of Legislation." *Journal of Law and Economics*, 19: 111-127.

Stiegler, G.J.(1976). "The Size of Legislatures." *The Journal of Legal Studies*, 5(1): 17-34.

_____. (1972). "Economic Competition and Political Competition." *Public Choice*, 13: 91-106.

_____.(1971). "The Theory of Economic Regulation." *Bell Journal of Economics and Management Science*, 2(1): 3-21.

Stigler, G. and G. Friedland.(1962)."What can Regulators Regulate?: The Case of Electricity." *Journal of Law and Economics*, 5: 1-16.

Tollison, R.D.(1987). "Is The Theory of Rent-Seeking Here to Stay?" in Charles K. Rowley(eds). *Democracy and Public Choice: Essays in Honor of Gordon Tullock*. New York: Basil Blackwell Inc.

_____.(1982). "Rent Seeking: A Survey." *KYKLOS*, 35(4): 575-602.

Tullock, G.(1993). *Rent Seeking*. Brookfield: Edward Elgar Publishing Company.

_____. (1971). "The Costs of Transfer." *KYKLOS*, 24: 629-643.

_____.(1967). "The Welfare Costs of Tariffs, Monopolies, and Theft." *Western Economic Journal*, 5(3): 224-232.

Zardkoohi, A.(1985). "On the Political Participation of the Firm in the Election Process." *Southern Economic Journal*, 51: 804-817.

찾아보기

국문

ㄱ

찾아보기

영문

A

B

C

저자약력

부산대학교 전자공학과 졸업(공학사, 1970~1976)
서울대학교 행정대학원 졸업(행정학 석사, 1977~1980)
서울대학교 대학원 행정학 박사과정수학(1980~1982)
미국 The Wharton School, University of Pennsylvania 졸업
　(정책학석사 및 박사, 1983~1989)
한국방송통신대학교 중어중문학과 졸업(문학사, 2017)
한국방송통신대학교 실용중국어학과 석사과정 재학중
일본 큐슈대학 국제교류기금 방문연구교수(1993)
미국 University of California(Berkeley), Fulbright Research Associate
　(1994~1995)
미국 The Wharton School, University of Pennsylvania, Senior Fellow
　(2003~2004)
중국 강소성사회과학원 방문연구원(2009~2010)
한국행정학회 「한국행정학보」 편집위원장(2002); 지역담당부회장(2010)
한국정책학회 지역담당부회장(2004)
한국지방재정학회 「한국지방재정논집」 편집위원장(2004~2005)
한국지방정부학회 「지방정부연구」 편집위원장(2005); 학회장(2008)
동아대학교 동북아국제대학원장 겸 동아시아연구원 원장(2005-2007)
(현) 동아대학교 행정학과 교수

주요 연구업적:

「현대지방재정론」. 서울: 박영사, 2002; 2007(개정판); 2011(제3판); 2015(제4판)
「국민합의의 분석」. 서울: 시공아카데미, 1999. (전상경·황수연 공역)
　(원저: Buchanan and Tullock. *The Calculus of Consent*. Ann Arbor: The
　University of Michigan Press, 1962)(2002년도 대한민국학술원선정
　우수학술번역도서).
「시장과 정부: 불완전한 선택대안」. 서울: 교문사, 1991.
　(원저: Wolf, Jr. *The Markets or Governments: Choosing between Imperfect
　Alternatives*. Cambridge, Mass.: The MIT Press, 1988)(한국 학술진흥
　재단번역총서 119).
「관료제의 정치경제학」. 서울: 대영문화사, 1991. (전상경·홍완식 공역)
　(원저: Jackson. *The Political Economy of Bureaucracy*. Oxford: Phillip Allan, 1988).
「현대지방재정의 주요이론」(공저). 서울: 대영문화사, 2009.
「행정학의 주요이론」(제3판)(공저). 서울: 법문사, 2005.
「정책학의 주요이론」(제2판)(공저). 서울: 법문사, 2000.
"Intergovernmental Fiscal Relations" in Kwang Choi et al.(eds.) *Public Finance in
　Korea*. Seoul: Seoul National University Press, 1992.
"The Distribution of National Subsidies in Korea" in *Korean Social Science
　Journal,* 23 (1997).
등 다수

제 5 판
정책분석의 정치경제

초판발행	1997년 7월 30일
개정판발행	2001년 9월 10일
제 3 판발행	2005년 8월 15일
제 4 판발행	2012년 2월 25일
제 5 판발행	2018년 1월 25일

지은이	전상경
펴낸이	안종만

편 집	전채린
기획/마케팅	박세기
표지디자인	김연서
제 작	우인도·고철민

펴낸곳	(주) **박영사**
	서울특별시 종로구 새문안로3길 36, 1601
	등록 1959. 3. 11. 제300-1959-1호(倫)
전 화	02)733-6771
f a x	02)736-4818
e-mail	pys@pybook.co.kr
homepage	www.pybook.co.kr
ISBN	979-11-303-0512-7 93350

정 가   29,000원